Soi Sans Soi

Shri Ramakant Maharaj

Shri Ramakant Maharaj

Soi Sans Soi

Shri Ramakant Maharaj

Édité par
Ann Shaw

Titre original : *Selfless Self*
© 2015 par Ann Shaw

Publié par Selfless Self Press U.K.
© 2016 La Première Édition Française
© 2025 La Deuxième Édition Française

ISBN: 978-1-7393093-2-9

www.ramakantmaharaj.net
admin@ramakantmaharaj.net
www.selfless-self.com
admin@selfless-self.com

Traduction française : Guillaume Fraysse

Tous droits réservés. Aucune partie de cette publication ne peut être reproduite, stockée dans un système de recherche documentaire, traduite ou transmise sous toute forme ou par tout moyen, électronique, photocopie mécanique, enregistrement, ou autrement, sans autorisation écrite préalable de '**Selfless Self Press**'.

Alan Jacobs, **Président de la Fondation Ramana Maharshi UK**
"Ann Shaw a vraiment fait un travail remarquable en éditant ce grand travail encyclopédique, enregistrant les enseignements du Sage Réalisé Shri Ramakant Maharaj, successeur de l'estimé Jnani Nisargadatta Maharaj. En plus de 400 pages, Shri Ramakant explore chaque aspect des Pratiques Spirituelles ou Sadhanas qui sont requises à l'aspirant ardent afin d'atteindre la Réalisation du Soi. Dans ce livre important, des questions sont posées au Sage, auxquelles il donne des réponses lucides et précisément appropriées. Dans ce livre, l'aspirant sérieux trouvera sûrement les questions-réponses appropriées à ses besoins. En lisant le livre entier, il ou elle trouvera tout ce qui lui est essentiel pour former sa propre synthèse et continuer son grand voyage vers l'Illumination. C'est véritablement un grand livre et un digne successeur au très célèbre 'JE SUIS' de Shri Nisargadatta Maharaj, le propre Maître de Shri Ramakant."

New World Library, **Californie**
"Un livre pénétrant et provoquant."

Ricky James, **Manager, Watkins Books, Londres**
"Soi Sans Soi - sans aucun doute – va devenir un classique de la 'Voie Directe'. Si vous avez 'JE SUIS' de Shri Nisargadatta Maharaj dans votre bibliothèque alors "Soi Sans Soi" mérite une place à côté de lui. L'auteur (Shri Ramakant Maharaj), a passé 19 ans 'en proximité physique' de son Guru, et ces discours n'ont pas été interprétés par un traducteur puisqu'ils étaient donnés en anglais. Écrit par Soi Sans Soi pour Soi Sans Soi. Page après page, ce livre vous frappe directement entre les deux yeux."

Christopher Quilkey, **Editor,**
'Mountain Path' Journal Trimestriel, Sri Ramanasramam.
"On doit respirer ce livre, et non pas y penser. Il se produit davantage dans les dialogues que les mots ne peuvent dire. Après la lecture de ce livre, j'en suis venu à la conclusion que d'être en présence de Ramakant Maharaj c'est d'entrer dans une autre dimension de compréhension."

"Le chercheur est celui qui est à la recherche de lui-même."
Shri Nisargadatta Maharaj

"Je suis Un avec le Dévot. Il n'y a pas d'autre Soi excepté Moi en tout être. C'est l'unité sans second."
Shri Siddharameshwar Maharaj

"Dire 'je' est illusion, dire 'tu' est illusion, dire 'Dieu' est illusion. Tout est illusion."
Shankaracharya

"Quand le bonheur n'est pas nécessaire, vous avez atteint la destination."

*"Soyez un Maître de la Réalité,
Et pas juste un Maître de Philosophie et de Spiritualité.
Un Professeur peut enseigner en parlant de la Vérité,
Alors qu'un Maître la vit."*

*"Soyez clair ! Il n'y a pas de 'je suis', il n'y a pas de 'vous êtes'.
Ce sont juste des mots.
La Réalité n'a rien à voir avec les mots."*
Shri Ramakant Maharaj

SOMMAIRE

Préface — *vi*
Note de l'éditeur — *ix*
Qui est Shri Ramakant Maharaj ? — *xi*
Introduction — *xii*
Inchegiri Navnath Sampradaya — *xv*

PREMIÈRE PARTIE :
INVESTIGATION DU SOI

1. *Vous êtes déjà Réalisé*   1
2. *Quel est le rôle de la spiritualité ?*   2
3. *Soi Sans Soi*   4
4. *Trois étapes*   6
5. *Vous n'êtes pas le corps, vous êtes le Support du corps*   9
6. *Vous êtes un millionnaire, pas un mendiant*   12
7. *Pourquoi continuer à voyager quand vous êtes la destination ?*   15
8. *Le monde entier est votre Projection Spontanée*   18
9. *Essence divine*   20
10. *Qui veut vivre éternellement ?*   23
11. *Il n'y a pas d'expérimentateur et pas d'expérience*   26
12. *La rencontre avec Nisargadatta Maharaj*   30
13. *L'histoire de l'auditeur*   33
14. *La méditation est ennuyeuse*   36
15. *Le corps est l'enfant du voisin*   39
16. *Échapper à la connaissance corporelle*   42
17. *Effacez toutes les mémoires*   44
18. *Vous êtes sans forme*   47
19. *Le secret de la vie spirituelle*   50
20. *Le Guru est plus qu'un miroir*   52
21. *Le Maître régénère votre Pouvoir*   55
22. *Visitez votre propre site web*   59
23. *Nagez dans la mer, pas dans une flaque d'eau*   61
24. *Tenez-vous sur vos propres pieds*   62
25. *Barattez, barattez, barattez*   66
26. *Pouvoir Spontané*   67
27. *Le mental, le flot des pensées*   69
28. *Vous seul êtes, vous seul êtes !*   72

29. Nettoyez votre maison   *76*
30. La méditation est l'anti-virus pour l'illusion chronique   *81*
31. Ma Présence est partout   *83*
32. Le Naam Mantra – La Clé Maîtresse   *86*
33. Faites de la méditation une obsession   *88*
34. Le Maître n'est pas un homme miracle   *90*
35. Le patient malade   *94*
36. Quand il pleut, utilisez un parapluie   *97*
37. Jouer avec des poupées   *101*
38. Votre Présence est comme le ciel   *104*
39. Êtes-vous réalisé ?   *107*
40. La connaissance du corps de nourriture   *110*
41. Le Maître est l'Ultime   *113*
42. La corde et le serpent   *117*
43. Tout sort de rien   *120*
44. La Réalité est gravée dans l'Auditeur Invisible   *124*
45. Concentrez-vous sur le Concentrateur   *128*
46. Les mots ne sont que des indicateurs   *131*
47. Tout commence et finit avec vous   *133*
48. Qui veut le darshan ?   *135*
49. Vous êtes couvert de cendres   *138*
50. Le processus de fusion est en marche vers l'Unité   *140*
51. Il n'y a pas de 'mon passé'   *142*
52. C'est un long rêve   *145*
53. Soyez indépendant et envolez-vous !   *148*
54. Gravez la Réalité comme un tatouage !   *149*
55. Savourez les sucreries de la Connaissance   *151*
56. Qui compte les années ?   *154*
57. Les bons fichiers sont corrompus   *158*
58. L'Unité n'a pas de mère, pas de père   *160*
59. Dites 'Boo !' au fantôme de la mort   *162*
60. Où était votre famille avant d'être ?   *164*
61. Qui souffre ?   *166*
62. Les pieds qui démangent   *169*
63. 'Je suis quelqu'un' est très dangereux   *170*
64. 'Vous' dérangez la paix   *173*

DEUXIÈME PARTIE:
CONNAISSANCE DU SOI

65. *L'Esprit ne connaît pas sa propre Identité*   *177*
66. *Un sur un billion*   *180*
67. *Qui est bon et qui est mauvais ?*   *182*
68. *Les mots sophistiqués*   *187*
69. *Dieu tout-puissant*   *192*
70. *L'univers est en vous*   *195*
71. *Rien n'arrive*   *199*
72. *Lavage de cerveau*   *202*
73. *La Vérité manquante vous a trouvé*   *206*
74. *Vous êtes la Vérité*   *210*
75. *Le cœur de qui ?*   *212*
76. *Essayer d'attraper le 'je'*   *2015*
77. *Fausse monnaie*   *217*
78. *L'arbre à nectar a été planté en vous*   *219*
79. *Avons-nous besoin d'un Maître ?*   *224*
80. *La vision du Maître*   *226*
81. *La Réalité sans les mots*   *227*
82. *Vous souriez maintenant*   *229*
83. *La Réalité Ultime n'a pas de visage*   *231*
84. *Le Maître vous montre 'Dieu' en vous*   *233*
85. *Votre disque dur est saturé*   *236*
86. *Ce ne sont que des M.O.T.S.*   *239*
87. *La justice des insectes*   *242*
88. *Bénissez-vous*   *246*
89. *Qui tombe amoureux ?*   *249*
90. *Oubliez tout ce que vous avez lu !*   *251*
91. *Mon Maître est grand*   *254*
92. *Formation commando*   *255*
93. *Vous êtes plus subtil que le ciel*   *257*
94. *Le chercheur est la Vérité Ultime*   *259*
95. *Vous avez rendu le 'lecteur' séparé*   *261*
96. *Les lunettes de Dieu*   *263*
97. *Devrais-je laisser tomber mon travail ?*   *265*
98. *Il n'y a pas de 'je' dans le ciel*   *267*
99. *L'amour de soi*   *270*
100. *Il faut un arrêt total !*   *272*
101. *Addict aux mots*   *275*
102. *Lire tous ces livres - pour qui ?*   *280*
103. *'Je Suis'*   *283*

104. 'Je Suis' est illusion   *286*
105. Au-delà des mots, au-delà des mondes   *288*
106. Un Maître jusqu'à l'os   *292*
107. Soyez entouré par votre Maître Intérieur   *297*
108. Vous êtes un Sadhu. Vous êtes un Maître   *299*
109. Pas de haut, et pas de bas   *301*
110. La balle est dans votre camp. Smashez-la !   *305*
111. Osez vivre sans concepts   *306*
112. La Connaissance au-delà des miracles   *309*
113. Nager dans une mer de peurs   *312*
114. Lisez votre propre livre   *314*
115. Votre histoire   *316*
116. Vous êtes l'administrateur   *318*
117. La Réalité devrait toucher votre cœur   *320*
118. Le sommet de la montagne   *322*
119. Le Maître est le Dieu de Dieu   *325*
120. Le Maître attise le feu   *328*
121. Maya ne veut pas vous laisser aller vers la Vérité Ultime   *331*
122. Marteler et marteler encore   *333*
123. Prosternez-vous devant votre grandeur   *334*
124. Vous devez connaître le secret, votre secret   *336*
125. Transfert de Pouvoir   *339*
126. Divertissement spirituel   *341*
127. Retomber dans le fossé   *345*
128. Pouvez-vous vider mon disque dur ?   *347*
129. Regardez-vous ! Regardez-vous !   *349*
130. Pas de pays, pas de nationalités   *351*
131. Jetez un œil au-dedans   *355*
132. Brûler de savoir   *356*
133. Irritation   *358*
134. Vous avez donné naissance au monde   *359*
135. L'amour du cœur   *361*
136. Jouez dans votre propre film   *364*
137. Voulez-vous un autre rêve ?   *366*
138. Vous êtes séparé du monde   *368*
137. Silence tangible   *370*
140. Fusionner avec la mer   *372*
141. Rien signifie rien   *375*
142. Écoutez avec des oreilles neuves   *377*
143. Un roi sur un trône royal   *378*
144. Ce n'est pas une idée - vous êtes la Vérité Finale   *381*
145. Secret Établi   *383*

146. La plante grimpante   *384*
147. Un Mantra inestimable   *387*
148. La mort   *388*
149. Vous précédez Dieu   *392*
150. Ils parlent depuis leur existence invisible   *396*
151. Cercles de lumière   *399*
152. Le poussin et l'œuf   *402*
153. Où était le karma avant la première naissance ?   *405*
154. Conviction   *408*
155. Finis les voyages   *410*
156. Arrêtez vos clowneries !   *414*

TROISIÈME PARTIE : RÉALISATION DU SOI

157. Mâchez le chocolat   *416*
158. Lentement, silencieusement, en permanence   *418*
159. Soyez loyal envers vous !   *420*
160. Embrassez votre Réalité   *423*
161. Identifiez votre Soi Sans Soi   *425*
162. Un avec Soi Sans Soi   *429*
163. En pleine lumière   *431*
164. Faites que le dernier moment soit doux   *434*
165. Bonheur exceptionnel   *440*
166. La Réalité n'a rien à voir avec les mots   *443*
167. Soyez en Soi Sans Soi   *446*
168. Soyez un Maître de la Réalité   *449*
169. La Réalité sans pensée   *451*
170. Profitez du secret   *454*
171. Restez en compagnie du Soi Sans Soi   *455*
172. Votre bonheur est mon bonheur   *457*
173. Désir intense   *459*
174. Je ne sais rien   *460*
175. En feu de contentement   *462*
176. Le mental est parti   *464*
177. Votre histoire : la plus grande histoire jamais contée   *467*
Glossaire   *472*
Au sujet de l'éditrice   *474*

PRÉFACE

Nous sommes très fortunés d'avoir parmi nous Shri Ramakant Maharaj, un rare Maître Réalisé. Ce Maître parlant anglais est un disciple direct de Shri Nisargadatta Maharaj. Le livre *I Am That*[1], (1973, Ed. Maurice Frydman), contenant les enseignements de Nisargadatta Maharaj, aida grandement à amener les anciens Enseignements Non-duels de l'Advaïta à l'attention du reste du monde. Il est maintenant largement considéré comme l'un des plus grands classiques spirituels du 20ème siècle.

Ce livre *Soi Sans Soi*, suit les pas de *'Je Suis'*. Ce sont les mots non dilués du Maître, délivrés mot pour mot en anglais, sans nécessité d'un traducteur ou d'un interprète. Quel cadeau ! Cela réduit la probabilité d'interprétation erronée de ces enseignements des plus précieux et rares. Les entretiens ont été enregistrés et retranscrits, autant que possible, avec les mots originaux de Maharaj. L'objectif de ce livre est de transmettre les significations de façon claire et simple. Ces enseignements sont novateurs, radicaux et absolus : "Dans notre Lignée, nous donnons la 'Connaissance Directe' à votre 'Présence Invisible' et non pas à la forme corporelle. La forme corporelle n'est pas votre Identité", dit le Maître.

Ce n'est pas un énième livre sur le sujet de l'éveil ou de la réalisation afin de nourrir l'intellect. La connaissance dans ce livre n'est pas une connaissance intellectuelle, mais 'Connaissance Spontanée', Connaissance Directe qui va au-delà des vocables de *Brahman*, *maya*, etc. "Les Maîtres de notre Lignée minimisaient les mots sophistiqués dans leurs enseignements pour faciliter la Connaissance Directe", révèle t-il. Ramakant Maharaj va encore plus loin, évitant ces 'doux' mots autant que possible, et se concentrant sur la 'Réalité' qui n'a aucun langage quel qu'il soit, c'est-à-dire l'état 'antérieur au langage'.

Soi Sans Soi n'est pas rempli de concepts offrant au chercheur spirituel plus d'indications. Il est au-delà des indications, au-delà de la connaissance, "au-delà des mots et des mondes". Le livre vibre avec la Présence du Maître. Il est bien là, guidant le lecteur en retour vers lui-même. Il est aussi proche et aussi présent que si vous étiez assis à côté de lui.

"C'est mon devoir de partager cette Connaissance, cette même Connaissance que mon Maître a partagée avec moi". Dans cette intention, il a autorisé l'Éditrice à effectuer le travail de présentation des enseignements dans un langage simple et terre à terre. Il est facile d'utilisation, pour les débutants et les plus avancés, aussi bien que pour les néophytes complets de l'Advaïta, de l'Unité, de la Non-dualité. Le titre du livre, *Soi Sans Soi*, fut choisi par le Maître, ainsi que le format actuel du livre, afin d'encourager et de permettre une facilité de réflexion, de contemplation et d'absorption de la 'Réalité'.

---

[1] paru sous le titre *'Je Suis'* en français, (1982, Ed. Les Deux Océans)

'L'Orateur Invisible' dans le Maître, et 'l'Auditeur Invisible' en vous, sont un seul et même. Il s'adresse à l'Auditeur Invisible en vous. Le magnétophone de l'Auditeur Invisible est toujours allumé, pleinement présent et réceptif. Quand il parle, c'est depuis le 'gouffre sans fond de la Réalité', la 'Réalité Sans Pensées'.

"Ce livre narre Votre histoire, 'l'histoire du Soi Sans Soi'", dit le Maître. "C'est un livre qui communique votre Réalité simplement et directement, boosté par la force, le pouvoir et l'énergie de mon Maître, Shri Nisargadatta Maharaj. Nous avons affaire à une énergie qui vient de 'l'Unité'. Cela signifie que le Lecteur, l'Auditeur et l'Auteur sont Un. Il n'y a pas de différence, pas de séparation. Tout cela est Un. Et c'est pourquoi le livre vit. Vous devenez Un avec cette énergie. Cette matière, cette énergie est incorporée à l'intérieur de ce livre.

Il explique plus en détail : "C'est comme si quelqu'un avait écrit votre histoire, votre biographie, et alors vous vous écriez : "Ah ! C'est ma biographie !" Quand vous lisez ce livre, vous 'savez' qu'il parle de vous : 'Ah ! C'est ma Connaissance !' Cet état rare de Connaissance, de compréhension et d'Unité est bâti dans la structure même du livre. En fait, c'est la structure même de ce livre qui le rend unique. En le lisant, vous faites Un avec le matériau. Il y a reconnaissance".

Les mots de Shri Ramakant Maharaj ne sont pas là pour le débat. Il est un 'Connaissant', un *Jnani*, dont les mots ont le potentiel de réveiller votre Maître Intérieur. Pour que cela survienne, une méthode de martèlement et de répétition est utilisée afin de pénétrer les couches d'illusion, accompagnée de l'investigation du Soi, et de la Méditation.

Le corps est un corps matériel et toute connaissance est connaissance matérielle. Pas de connaissance est Connaissance. "Vous êtes non né. Vous n'êtes pas le corps, vous n'étiez pas le corps, vous ne resterez pas le corps", déclare le Maître. Quand cette Réalité, de ce que vous n'êtes pas, est pleinement acceptée, cela est appelé 'Conviction Spontanée'.

"Tout est en vous. Vous êtes la Source". Ce qui suit est votre histoire, l'histoire du *Soi Sans Soi*. Jusqu'à maintenant, ce livre Source très important, Vous, a en quelque sorte été manqué, contourné, ou même pas remarqué du tout. Dans un monde peuplé de 'Selfies' et consorts, il n'est peut-être pas surprenant que 'Votre Histoire', l'histoire du *Soi Sans Soi* ait été complètement négligée !

Comment cela s'est-il produit ? Le Maître cite Nisargadatta Maharaj : "Vous avez oublié votre Soi Sans Soi. Excepté votre Soi Sans Soi, il n'y a pas de Dieu, pas de *Brahman*, pas d'*Atman*, pas de *Paramatman*, pas de Maître". Tous les livres spirituels corrects ont été lus, avec leurs histoires au sujet de la Réalité, des Maîtres, de Dieu, de *Brahman*, mais, demande le Maître : "Vous avez lu les livres, mais avez-vous lu le lecteur ?"

Vous avez gagné la connaissance, mais c'était une connaissance stérile provenant de tous ces concepts de la connaissance corporelle, non pas la Vraie Connaissance, non pas la Connaissance du Soi, non pas Votre Connaissance.

Avant d'être, Vous n'aviez pas de forme. Il n'y avait pas de connaissance, pas de livre. Nisargadatta Maharaj dit : "Restez comme vous étiez, antérieur à l'existence, et vous n'aurez pas de problème !"
"Tous ces livres, toutes ces lectures, pour qui sont-elles ?", défie le Maître. "Et quelle est votre conclusion ?" La conclusion est qu'alors que vous lisiez tous ces livres spirituels, vous avez oublié de lire votre propre livre ! Vous avez oublié votre Livre Original, ce Manuel fondamental, ce livre Fondateur, lequel est Vous dénué de forme, Vous Sans Forme !

Ce livre, l'Édition Finale, *Soi Sans Soi*, échappa à votre attention. Il ne pouvait être trouvé dans aucune bibliothèque ou librairie. Vous aviez oublié à propos du *Soi Sans Soi*. Vous aviez oublié d'ajouter votre propre, et essentielle, unique autobiographie à votre liste de livres 'à lire absolument'. Mieux vaut tard que jamais ! Au moins a-t-elle été trouvée par la grâce du Maître.

Ce livre a été écrit par le *Soi Sans Soi*, pour le *Soi Sans Soi*. Le Narrateur, Ramakant Maharaj, et le Lecteur Invisible, sont Un seul et même. C'est Votre histoire, l'unique véritable histoire. Le Maître ouvre le livre du *Soi Sans Soi* et commence à narrer Votre Histoire n'ayant ni commencement, ni fin.

Ces pages vous remémorent votre Identité oubliée, votre Réalité Ultime. *Soi Sans Soi* est votre propre Maître portatif, votre Guru, votre 'Spiritographie', qui vous guidera chez Vous, lentement, silencieusement, en permanence.

"Le Guru n'est pas une personne.
Il est l'Absolu Impersonnel Non-Manifesté
dans une forme manifeste."
Shri Ramakant Maharaj

NOTE DE L'ÉDITEUR

Soi Sans Soi est divisé en trois parties : Investigation du Soi, Connaissance du Soi, Réalisation du Soi, ceci avec la compréhension qu'il n'y a pas de processus, ni d'ordre établi. Le livre brille d'une simplicité sans précédent. Cette clarté est complétée d'une présentation méthodique de ces enseignements de haut niveau.

Lire et Écouter: Les discussions sont agencées en un tout cohérent afin d'être lues comme un manuel ou un guide, conduisant le lecteur de ses fondations mêmes jusqu'au sommet et au-delà. Le mieux étant de lire et d'absorber lentement, du début jusqu'à la fin.

Le Maître ne s'adresse pas à vous, mais à 'l'Auditeur Invisible' en vous. Écoutez la musique de ces enseignements avec votre oreille intérieure, et absorbez-les sans poser de questions. Laissez les mots vous dissoudre. Le Maître expose la plus haute Connaissance de façon claire et directe. Il vous martèle avec la Réalité, essayant de vous convaincre ! Soyez ouvert, dans l'acceptation, et grandissez dans la Conviction du Soi !

Afin d'acquérir le meilleur de ce livre, l'investigation du Soi est essentielle. La méditation est encouragée en tant qu'outil pour la concentration. Utilisez le mantra de votre choix. Cela peut être "Je suis *Brahman*, *Brahman* je suis", "*Aham Brahmasmi*", ou ce qui fonctionne le mieux pour vous. Chantez des chants dévotionnels si le cœur vous en dit, car ils élèvent l'Esprit, ou peut-être écoutez les *bhajans* sur le site web de Maharaj. Ne vous mettez pas la pression ! Faites ce qui vous convient !

La Méthode d'enseignement: Le martèlement est utilisé comme une méthode, afin de changer les concepts et illusions enracinés et convaincre le lecteur/l'auditeur. Ces répétitions peuvent sembler un peu fastidieuses par moments, mais sont en fait essentielles au processus de nettoyage de la connaissance corporelle. Les impressions de toute une vie doivent être effacées, par conséquent la persévérance est absolument cruciale.

Pas d'indicateurs: Les enseignements dans ce livre ne sont PAS destinés à être lus comme des concepts, ou pris comme de simples indicateurs ou idées. Il n'est pas question de débat. Cherchez la signification derrière les mots. Ce livre est rempli de la Connaissance Spontanée qui communique directement la Réalité. Le Maître parle depuis "le fond insondable de la Réalité". La Connaissance Spontanée n'a rien à voir avec la connaissance intellectuelle. Cette sorte de Connaissance, provenant d'un Maître Réalisé, est très rare.

La Connaissance Spontanée est inséparable de la Réalité et du Maître Réalisé. C'est l'Unité au-delà de la connaissance, elle ne peut donc pas être saisie ou comprise par l'intellect. Soyez comme une page vierge, et essayez de lire ce livre, comme si c'était le premier livre que vous ayez jamais lu. "Tout ce que vous avez lu et entendu jusqu'à maintenant, oubliez-le et écoutez simplement !"

Faites confiance au Maître: Ses mots sont la Vérité - à nouveau - ils ne sont pas là pour le débat. Ces mots ont un immense potentiel à pénétrer et éveiller votre Maître Intérieur. Ne vous empêtrez pas dans les mots en les prenant trop littéralement. Maharaj tente de vous convaincre. Acceptez ce que vous entendez, convainquez-vous, et laissez la Conviction s'approfondir.

Si vous lisez ces entretiens régulièrement et réfléchissez à leur sujet, votre Pouvoir Spirituel sera sûrement régénéré. La Présence du Maître vibre dans chacune des lignes de ce livre, étincelant avec la Vérité Spirituelle. Les rayons de lumière concentrés du Maître viennent à travers ses mots pour enflammer votre Essence Magistrale. Cette Connaissance est votre Connaissance, elle est votre héritage légitime. Servez-vous ! Prenez tout !

Le Maître de Nisargadatta Maharaj, Siddharameshwar Maharaj, a dit : "Les Êtres Réalisés parlent vraiment depuis la fontaine de leur propre expérience et une grande Conviction est présente dans leurs paroles. Leurs paroles ont le pouvoir de mettre au rebut l'ignorance de l'ego. Chaque phrase prononcée a le pouvoir d'éradiquer l'ignorance du lecteur concernant son Vrai Soi et de faire émerger la Vraie Nature de son Être".

À la demande de Maharaj, ce livre contient peu de termes Sanskrits. Le but de ses enseignements est d'éradiquer tous les concepts, toute la connaissance corporelle et de retourner à ce qui est 'avant d'être' : sans langage ni mots, sans connaissance, rien.

C'est un grand honneur et un immense privilège de présenter ces Enseignements Directs, cette Connaissance Spontanée. L'unique intention fut de suivre les instructions du Maître, et d'être confiante et ouverte au Soi Sans Soi guidant le stylo. Sincères excuses pour toutes omissions et erreurs.

10 mars 2015 **Ann Shaw**
Londres   Éditrice

"Je ne fais pas de vous un disciple, je fais de vous un Maître."

QUI EST SHRI RAMAKANT MAHARAJ ?

Shri Ramakant Maharaj (8 juillet 1941), est un disciple direct du défunt Shri Nisargadatta Maharaj (décédé le 8 septembre 1981), avec lequel il passa dix-neuf ans. C'est un enseignant spirituel Indien de l'Advaïta, Non Dualité, et un Guru appartenant à la branche Inchegiri de la Navnath Sampradaya. Il offre l'initiation à cette Sampradaya.

Ramakant Sawant fut élevé dans la commune rurale de Phondaghat, Gadgesakhal Wadi. En 1965, il intégra le prestigieux établissement Elphinstone Collège de Bombay, à la demande de Nisargadatta Maharaj. Suite à cela, il fut diplômé de l'Université de Bombay en 1972, (M.A. en histoire et politique). En 1976, il obtint la qualification LLB, du Siddhartha Law College de Bombay. Il travailla dans une banque, au service juridique, de 1970 jusqu'à sa retraite en tant que Directeur en 2000.

Il est marié à Anvita Sawant, qui est aussi une disciple de longue date de Shri Nisargadatta Maharaj. Ils ont deux fils.

En 1962, Ramakant Maharaj fut présenté via relations familiales à son futur Guru, Shri Nisargadatta Maharaj. Après avoir passé quelques mois avec le Maître, il prit le *Naam Mantra*, le Mantra du Guru, le 2 octobre 1962. Dès lors, il assista fidèlement et écouta régulièrement les discours de Nisargadatta Maharaj. Il était présent au Mahasamadhi de son Maître le 8 septembre 1981.

Au cours de la dernière décennie, à l'Ashram de Nashik Road (Maharashtra), Shri Ramakant Maharaj fit découvrir ces enseignements aux étudiants, disciples et dévots venus du monde entier, et, à l'occasion, les initiant dans la Lignée Inchegiri Navnath Sampradaya.

Concernant sa vie, Maharaj dit : "Je connais mon passé, et d'où je viens. Je suis un miracle. Tout cela grâce à mon Maître, Shri Nisargadatta Maharaj".

INTRODUCTION

Shri Ramakant Maharaj est comme un médecin. Une nouvelle personne se présente dans la salle d'attente. Le cas de ce chercheur n'est pas différent de ceux qui l'ont précédé, il est à la recherche d'un remède. Le diagnostic fait état d'une 'Erreur d'Identité'. La condition du patient est universelle. Il souffre 'd'illusion chronique'. Il ignore qu'il est dépourvu de naissance.

En tant qu'incarnation de la Vérité Ultime, le Maître est aussi un déboulonneur qui sait ce qui doit être fait. Ne perdant pas de temps, il se met au travail. Avec la compétence et la précision d'un chirurgien, le Maître démarre l'opération. Chaque jour, il opère sur ces 'patients'. Sur peu d'entre eux le travail est mineur, mais la plupart nécessitent un traitement intensif, une refonte majeure. Il fait quelques incisions, tranchant dans le 'corps' placé devant lui, puis, sans plus d'hésitation, il pénètre les nombreuses couches de la connaissance corporelle, jusqu'à atteindre le cœur de la matière, la source de la maladie.

Les valeurs profondément enracinées et les attachements sont jetés dehors, qu'ils soient intellectuels, égotiques, personnels, sociaux, familiaux, éthiques, expérimentaux, spirituels, etc. La connaissance théorique et la connaissance livresque, incluant toutes les différentes philosophies et religions du monde, etc, sont toutes mises au rebut, et rendues prêtes pour le processus de dissolution.

Les rituels orthodoxes et les codes de conduite placardés, accompagnés des systèmes de croyances conformistes et non conformistes largement répandus, alternatifs, non-conventionnels sont annihilés. La spiritualité, sous toutes ses myriades de formes, est amenée sous le projecteur.

La Connaissance du Maître est Connaissance Vivante, Connaissance Spontanée, Connaissance Pragmatique. Il met au défi la validité de toutes les idées, préconceptions, et tout ce qui a été appris depuis l'enfance jusqu'à aujourd'hui.

Dans sa totalité, tout ce qui est 'connu', est 'connaissance corporelle', et 'connaissance relative au corps'. 'Avant d'être', il n'y avait pas de 'corps' et pas de 'connaissance corporelle', par conséquent, tout jusqu'à aujourd'hui, toute la connaissance amassée, est une connaissance de seconde main provenant de l'extérieur, une illusion inutile.

"Vos fondations ont été bâties sur l'illusion, non sur la Réalité". C'est le diagnostic donné par le praticien au dernier patient en date. "Avant d'être, vous n'aviez pas besoin de langage, pas besoin de connaissance et pas besoin de spiritualité." Le seul traitement disponible dans ce cas précis est donc la dissolution de toutes les illusions, de toute la connaissance corporelle incluant concepts, souvenirs, expériences, etc. "Oubliez tout !"

"Et qu'en est-il de la spiritualité ?" s'enquiert le nouveau venu. Il répond : "Le but de la spiritualité est de vous connaître dans un sens réel, d'éliminer l'illusion, et de dissoudre toute la connaissance corporelle. À présent, vous ne vous connaissez que dans la forme corporelle. Ce n'est pas votre Identité. Votre Présence Spontanée est Silencieuse, Invisible, Anonyme, Identité Non Identifiée."

Le praticien fait sauter la fausseté et la vacuité de tout ce qui sous-tend en apparence la réalité de l'individu, et sous-tend en effet le tissu même de la société. Tout ce qui est perceptible et concevable, ces choses qui sont habituellement acceptées et considérées comme normes établies, sont mises en examen et disséquées. Il fait ainsi exploser le mythe de l'identité corporelle, du sens de soi et de la perception du monde. En fait, il défie systématiquement et infirme les constructions de la réalité et de l'image de soi jusqu'à leur noyau même.

Un par un, il abat les concepts illusoires qui sont devenus les indicateurs de la soi-disant 'réalité'. Il fait exploser ces bulles d'air chaud, les *raisons d'être*, qui entraînent les gens à la dérive dans ce long rêve de la vie. Il tranche à travers les nombreuses couches d'illusion avec une précision magistrale et révèle finalement la 'Réalité' du patient, Vérité Ultime, Réalité Ultime.

Le Maître secoue les frêles fondations du soi-disant individu, sa perception de lui-même et ses identifications, et démolit sa jadis confortable maison. Avec le temps, les fondations qui furent bâties sur l'illusion commencent à se désagréger, préparant la voie afin que la Réalité soit établie sur de fermes et très solides fondations.

Quels sont les dires et conseils du médecin ? "Ce corps est un corps matériel", déclare-t-il. "Tout ce que ce corps matériel connaît est connaissance matérielle, et donc illusion". Il conseille au patient : "Effacez tout depuis votre enfance jusqu'à aujourd'hui. Soyez comme un écran vierge et vous trouverez la connaissance Réelle de l'intérieur". La Connaissance Réelle est la Connaissance du Soi. C'est ce qui reste "après s'être réveillé du rêve".

"Premièrement, vous devez coopérer. Découvrez par vous-même que vous êtes 'Réalité Ultime'. Deuxièmement, cette Connaissance doit être pragmatique. Afin éradiquer votre maladie de votre système, je prescris un comprimé spirituel très efficace, à savoir, le *Naam Mantra*. Prenez-le et faites-en usage dans votre vie quotidienne".

Si ces instructions sont suivies et acceptées sérieusement, alors le résultat du traitement sera assurément très favorable. Excellent, en fait !

Quel est le pronostic ? Le médecin présente un tableau idyllique. Le patient sera guéri. Il détermine qu'il y aura une abondance de bonheur sans aucune cause matérielle et une fin paisible pour le corps, sans aucune sensation d'attachement, de perte ou de peur.

Quand le temps sera venu pour le rêve de se terminer, la connaissance sera gravée : Il n'y a jamais eu un commencement et il n'y a pas de fin car vous êtes non né. Patient suivant, s'il vous plaît !

Comme davantage de gens sont inexorablement tirés vers ces enseignements éternels, les opérations vont battre leur plein. Durant les années

1970, Shri Nisargadatta Maharaj rendit visite à un disciple, Babusav Jagtap, à sa maison de Nashik. Là, il fit une annonce auspicieuse :

"Traitez ce jour, le 25 janvier, comme un Jour de Fête. Dans le futur, de grandes et merveilleuses choses arriveront dans ce coin de Nashik. Bâtissez un ashram ici ! Un jour, cela deviendra un ashram très animé, avec des visiteurs venant du monde entier".

L'ashram actuel de Nashik Road fut construit en 2002. Un programme annuel s'y tient le 25 janvier, conformément aux souhaits de Nisargadatta Maharaj. Cette zone est maintenant appelée 'Jagtap Mala', en l'honneur de ce disciple et son Maître.

1977 avec son Maître Shri Nisargadatta Maharaj

LA LIGNÉE INCHEGIRI NAVNATH SAMPRADAYA

L'origine de la Lignée Navnath Sampradaya remonte à plus de mille ans, à Dattatreya. Une branche de la Lignée Navnath, (les Neuf Maîtres), devint finalement l'Inchegiri Navnath Sampradaya, fondée par Shri Bhausaheb Maharaj. C'est la ligne directe qui mène à Shri Ramakant Maharaj.

Cette Lignée est relativement inconnue à cause de l'attitude très humble des Maîtres. Ils ne se donnaient pas à eux-mêmes d'importance, mais étaient dévoués à la diffusion de la Connaissance et de l'enseignement. Shri Bhausaheb Maharaj, Shri Siddharameshwar Maharaj et Shri Nisargadatta Maharaj étaient tous des gens ordinaires.

L'Unité de la Connaissance et de la Dévotion, (*Jnana* et *Bhakti*), est la clé des enseignements de la Lignée. La Dévotion est la Mère de la Connaissance. Ce n'est que par une intense dévotion au Guru et Son adoration avec une foi totale que la Connaissance de la Réalisation du Soi sera révélée. Au final, il y a unité totale entre la connaissance et la dévotion.

La Lignée est une Tradition centrée sur le Guru où le Maître fait de ses disciples des Maîtres. Le Guru initie le disciple avec le Mantra du Guru, (*Naam Mantra*), la Clé Maîtresse. Le Mantra, le Guru et l'Initiation sont inséparables. La foi dans le Guru, la complète acceptation du Maître et du Guru Mantra sont essentiels. Les Maîtres de cette Lignée ont tous reçu le même Mantra. En prenant le *Naam* Sacré, on reçoit l'aide et le pouvoir des Maîtres de la Lignée. Finalement, on devient Un avec le Maître, le *Sadguru*. Ramakant Maharaj dit : "La récitation du Guru Mantra mène à la vraie Connaissance du Soi, et est la seule voie efficace pour retourner à l'État Originel".

Siddharameshwar Maharaj lui-même donnait tout crédit à Bhausaheb Maharaj. Nisargadatta Maharaj faisait de même avec Siddharameshwar Maharaj. De même, Ramakant Maharaj rend tous les honneurs à son Maître, Nisargadatta Maharaj. Une connexion très forte parcourt la Lignée dans son entier : "Je suis seulement un squelette, une marionnette de mon Maître", dit Ramakant Maharaj.

"Dans notre Lignée, nous donnons une 'Connaissance Directe' à votre 'Présence Invisible', non pas à la forme corporelle", dit le Maître. "Cette Connaissance est Connaissance Spontanée, ce n'est pas une connaissance livresque, c'est la Connaissance Spontanée. Les mots sont différents, la manière de parler peut être différente, mais le principe est le même. Il n'y a rien excepté Soi Sans Soi". La Connaissance est une Connaissance Rare, étant donné que les Maîtres ne font pas que parler de la Réalité, mais montreront la Réalité en soi, dans le disciple. Cette Connaissance Directe venant telle quelle de cette longue Lignée de Maîtres étincelants, est de plus habilitée par le *Naam Mantra* sacré.

DIRECT LINEAGE
To Ramakant Maharaj.
Origins in DATTATREYA

NINE MASTERS

Les enseignements sont forts et solides, avec l'appui de l'entière Lignée. Ils sont purs et extrêmement puissants. Les Maîtres partagent tous les secrets. Rien n'est tenu caché.

C'est une Vérité Ouverte qui a toujours été partagée gratuitement, sans aucune attente. Il n'y a aucune extorsion commerciale de la Connaissance qui est propriété - Vérité inhérente à chacun. Bhausaheb Maharaj a dit : "Dans notre Lignée, on ne doit pas prendre d'argent aux dévots. Toute association avec l'argent polluera le *Naam Mantra*. La Sampradaya ne demande rien".

Bhausaheb Maharaj (1843-1914), fut initié par Shri Raghunathpriya Maharaj. Son Sadguru était Shri Gurulingajangam Maharaj qu'il aimait profondément. Il était connu comme le Saint d'Umadi, et était un chef de famille. Bhausaheb Maharaj avait de nombreux disciples, incluant Shri Siddharameshwar Maharaj, Shri Gurudev Ranade et Shri Amburao Maharaj, pour n'en mentionner que quelques-uns.

Sa Voie est connue comme la 'Voie de la Fourmi', utilisant la méditation, le détachement et la renonciation. Il mettait principalement l'accent sur le médium de la méditation, plutôt que sur la connaissance. Cela car nombre de ses disciples venaient de communautés rurales et étaient illettrés. Bhausaheb Maharaj endura de grandes épreuves dans sa lutte pour trouver la Réalité. Il se tint dans la forêt pendant dix-huit ans sans prendre de repos, méditant douze heures d'affilée. Soulignant l'importance de la remémoration du Nom Divin, il aurait dit : "Prenez-le jusqu'à vos os. Faites toujours une répétition mentale acharnée du Nom Divin avec la méditation".

Siddharameshwar Maharaj (1888-1936), est né à Pathri, Sholapur. Quand Bhausaheb Maharaj vit Siddharameshwar Maharaj pour la première fois, il annonça : "Cet homme est grandement béni", et il lui donna l'Initiation le jour même.

Il resta en compagnie de son Maître durant sept ans. Après sa disparition, il était si déterminé à atteindre la Réalisation du Soi qu'il était prêt à sacrifier sa vie pour elle. Il débuta une intense méditation, couplée de pénitence. On raconte qu'il atteint des niveaux tellement extraordinaires en méditant, qu'il émettait un parfum aussi beau que celui d'un nectar, lequel parfumait l'air tout autour de lui.

Siddharameshwar Maharaj, comme beaucoup d'autres Maîtres de la Lignée, travaillait et avait une famille. Être un chef de famille n'était pas perçu comme un obstacle, mais plutôt comme une opportunité pour le détachement et l'absence d'ego.

Au cours de sa pratique, il devint clair pour lui que la méditation n'était que le stade de départ dans le processus pour atteindre la Réalité Finale. Et ainsi, il fit avancer les enseignements, passant de la 'Voie de la Fourmi', à la 'Voie de l'Oiseau'. La Réalité peut être atteinte par la discrimination et le détachement : "'Illusoire' signifie que l'on n'a pas à s'en débarrasser. L'on a simplement à réaliser sa forme trompeuse et le mettre en actes dans la vie de tous les jours.

Autrement, même si la Connaissance du Soi est comprise intellectuellement, elle ne sera jamais totalement imprimée sur notre cœur et mental. Elle ne pourra devenir active". Sa spiritualité, comme celle de son Maître avant lui, était une spiritualité pragmatique.

Deux ans plus tard, son Maître bien-aimé, Bhausaheb Maharaj, le bénit par une vision et annonça : "Maintenant tu as atteint la Réalité Finale. Tu n'as rien de plus à faire".

Gurulingajangam Maharaj

Bhausaheb Maharaj

Siddharameshwar Maharaj

Nisargadatta Maharaj

Il commença à enseigner, faisant usage d'un langage simple pour transmettre la Connaissance et la dévotion. Il est dit qu'il initia de nombreuses personnes venant de tous les horizons. Le nombre exact n'est pas connu, mais il est présumé que plusieurs douzaines se soient Réalisés avec ce Maître extraordinaire ! Cela inclut Ganapatrao Maharaj, Bainath Maharaj, Nisargadatta Maharaj, Ranjit Maharaj, Muppin Kadsiddheshwar Maharaj, Balkrishna Maharaj.

Il garda ses enseignements pragmatiques, faisant usage d'exemples de la vie quotidienne. Les méthodes de l'investigation du soi, de la discrimination et du détachement étaient encouragées.

Pour empêcher la connaissance de rester stérile et vide, Siddharameshwar Maharaj insista sur l'importance de la dévotion, et le fait d'honorer son Maître. Le livre *Le Maître de la Réalisation du Soi*[2], contenant ses enseignements, est un classique spirituel.

Nisargadatta Maharaj (1897-1981), était dévoué à son Maître, Shri Siddharameshwar Maharaj. Il fut très fortuné d'avoir rencontré son Maître seulement trois ans avant sa disparition, à l'âge de quarante-huit ans. Il atteint lui-même, remarquablement, la Réalisation du Soi quelques années plus tard.

Maharaj fit une nouvelle fois progresser les enseignements avec sa Connaissance Directe parfois brusque, quoique toujours perçante. Ses enseignements remarquables éveillèrent de nombreux chercheurs. Le célèbre livre, *I Am That* (*'Je Suis'*), publié en 1973, avec l'appel au clairon de : "Le Chercheur est celui qui est à la recherche de lui-même", entraîna une avalanche de visiteurs Occidentaux.

Parlant du *Naam Mantra*, il disait : "Le Mantra est très puissant et efficace. Mon Guru me donna ce Mantra, et le résultat est tous ces visiteurs venus du monde entier. Cela vous montre son pouvoir".

Ramakant Maharaj (né en 1941), fut initié en 1962 par son Maître, Nisargadatta Maharaj, et fit évoluer les enseignements de la Lignée une fois de plus. Son approche est percutante, radicale et absolue. Il n'entretient pas les concepts, tranchant rapidement à travers tout, incluant le concept 'Je Suis'. Il offre un raccourci à la Réalisation du Soi, présentant les plus hauts Enseignements, dans un langage terre-à-terre.

Ces Maîtres de la Lignée transmettent la plus haute Connaissance, d'une manière désintéressée et ouverte. La dépendance au Maître et à la forme du Maître est fortement découragée. Leur sincère et noble souhait est de transformer le disciple en un Maître. En ceci réside la particularité de l'Inchegiri Navnath Sampradaya.

---

[2]*Master of Self-Realisation*, édition française non disponible à ce jour.

*"C'est par la grâce de mon Maître
Shri Nisargadatta Maharaj,
Que je partage cette Connaissance avec vous,
La même Connaissance qu'il partagea avec moi."*

Shri Ramakant Maharaj

PREMIÈRE PARTIE : INVESTIGATION DU SOI

1. Vous Êtes Déjà Réalisé

Ramakant Maharaj: Mon Maître, Nisargadatta Maharaj, disait : "Je ne fais pas de vous des disciples, je fais de vous des Maîtres". Cette Essence du Maître est déjà en vous. Tout est en vous.
**VOUS ÊTES DÉJÀ RÉALISÉ,
SIMPLEMENT VOUS NE LE SAVEZ PAS.**
Vous n'êtes pas le corps, vous n'étiez pas le corps, et vous n'allez pas rester le corps.
**LE CORPS N'EST PAS VOTRE IDENTITÉ.
C'EST UN LONG RÊVE.
LA RÉALISATION SIGNIFIE 'APRÈS LE RÊVE'.**
Écoutez et contemplez ! Sachez ce que vous n'êtes pas ! Je vous indique votre place originelle, comme vous étiez avant d'être. Je parle de 'ce qui précède', avant que l'Esprit ne s'associe avec le corps, avant que votre Présence Spontanée ne soit recouverte des couches de l'illusion.
**COMME VOUS ÉTIEZ AVANT D'ÊTRE
EST LA RÉALISATION.**
Il n'y a pas de différence entre vous et moi, excepté que je sais que je ne suis pas le corps, alors que vous non. Vous avez oublié votre Identité.
**L'ORATEUR INVISIBLE EN MOI,
ET L'AUDITEUR INVISIBLE EN VOUS,
SONT UN SEUL ET MÊME.**
Vous êtes couvert par les cendres des concepts illusoires. Le Maître retire les cendres. Il réveille et régénère votre Maître Intérieur.

Ici, nous partageons une Connaissance Directe. Je m'adresse au Questionneur Invisible. Avant d'être, vous n'aviez pas de questions. Vous ne connaissiez même pas le mot 'connaissance'.
**VOUS ÊTES NON NÉ ! RIEN N'EST ARRIVÉ,
RIEN N'ARRIVE,
RIEN NE VA ARRIVER.
TOUTES VOS QUESTIONS SONT DES QUESTIONS
BASÉES SUR LE CORPS.**
Il n'y a pas de naissance ou de mort pour vous. Votre Présence était là avant d'être. Elle sera là après la dissolution de l'être. Elle est ici et maintenant, en tant que support du corps.

La Connaissance n'est pas une connaissance intellectuelle, une connaissance expérimentale, une connaissance livresque, une connaissance littérale, une connaissance stérile ou de seconde main. Tout ce que vous savez, toute la connaissance que vous avez rassemblée depuis l'enfance jusqu'à aujourd'hui, est une connaissance basée sur le corps, laquelle est sortie des impressions, des concepts illusoires, des contraintes et du conditionnement. Cela vous a tenu piégé dans le cercle de la connaissance corporelle. Sortez du cercle de la connaissance corporelle et connaissez-vous dans un sens réel !

**TOUT DOIT ÊTRE EFFACÉ,
INCLUANT TOUS LES SOUVENIRS ET EXPÉRIENCES DEPUIS
L'ENFANCE JUSQU'À AUJOURD'HUI.**

Vous avez besoin d'un Maître Réalisé pour vous sortir de l'illusion. Le Maître connaît de première main tous les détails, par conséquent il peut vous guider. Afin d'éliminer l'illusion et de régénérer votre pouvoir, il vous faudra passer par un processus d'Investigation du Soi, Méditation, Connaissance, et *Bhajans*.

Ce temps est le vôtre. Vous avez une opportunité en or de connaître la Réalité.

**MAIS À MOINS QUE TOUTE CONNAISSANCE CORPORELLE
NE SOIT DISSOUTE,
LA RÉALITÉ N'ÉMERGERA PAS.**

Il vous faut oublier tout ce que vous avez jamais lu et appris. Soyez comme un écran vierge, et ensuite écoutez et absorbez. C'est un fait que le corps n'est pas votre Identité du tout. Avant d'être, il n'y avait rien. Il n'y a rien en dehors de vous, ou séparé de vous, ou à l'extérieur de vous. Tout est en vous. Excepté votre Soi Sans Soi, rien n'est là. Mon *Sadguru*, Nisargadatta Maharaj, résumait la Réalité en une phrase :

**EXCEPTÉ VOTRE SOI SANS SOI,
IL N'Y A PAS DE DIEU,
PAS DE *BRAHMAN*, PAS D'*ATMAN*, PAS DE *PARAMATMAN*,
PAS DE MAÎTRE.**

2. Quel est le rôle de la Spiritualité ?

Maharaj: Le rôle de la spiritualité est de se connaître dans un sens réel, d'éliminer l'illusion et de dissoudre toute la connaissance corporelle. Écoutez à nouveau :

**LE RÔLE DE LA SPIRITUALITÉ EST DE SE CONNAÎTRE
DANS UN SENS RÉEL, D'ÉLIMINER L'ILLUSION,**

ET DE DISSOUDRE TOUTE LA CONNAISSANCE CORPORELLE.

Nous devons savoir quel est le rôle de la vie humaine et ce que nous voulons exactement. Nous devons savoir ! Les êtres humains sont dotés d'un intellect, aussi nous pouvons trouver. Vous êtes intéressé par la spiritualité, vous cherchez, vous êtes en quête, alors vous êtes venu chercher ici. Que cherchez-vous ? Que voulez-vous ?

"Je veux le bonheur" est souvent la réponse. Tout le monde veut le bonheur. Nous avons besoin de paix, d'une vie sans peur, d'une vie libre de tension.

VOUS NE TROUVEREZ PAS CE QUE VOUS CHERCHEZ PAR DES SOURCES EXTERNES.

Ici, vous écouterez et redécouvrirez votre propre Connaissance, votre propre Connaissance Spontanée. Votre Présence Spontanée Invisible est la Source de votre Bonheur. Tout est en vous, mais vous n'en êtes pas conscient. Votre Présence est un Secret Établi.

VOTRE PRÉSENCE N'A BESOIN DE RIEN, PAR CONSÉQUENT, QUI VEUT LA PAIX ? QUI VEUT LE BONHEUR ? VOTRE PRÉSENCE SPONTANÉE EST INCONNUE À ELLE-MÊME. VOTRE PRÉSENCE SPONTANÉE EST SILENCIEUSE, ANONYME, INVISIBLE, IDENTITÉ NON IDENTIFIÉE.

Après des années de spiritualité, êtes-vous parvenu à une conclusion ? Ne faire que lire des livres n'est pas suffisant. C'est une connaissance vaine, une connaissance matérielle.

POUR QUI LISEZ-VOUS TOUS CES LIVRES ? VOUS ÊTES SANS FORME, VOUS ÊTES LA VÉRITÉ ULTIME.

Vous n'êtes pas le corps, vous n'étiez pas le corps, vous n'allez pas rester le corps. Ce doit être votre Conviction. Le seul moyen d'établir cette Conviction est au travers de la méditation et de l'investigation du Soi. Oubliez la spiritualité un moment. Le corps n'est pas votre Identité car il est soumis au changement. Le corps a un temps limité. Fait établi ! Un jour, il sera enterré ou brûlé.

L'INCONNU VINT DANS L'EXISTENCE ET DEVINT CONNU AU TRAVERS DU CORPS. L'INCONNU VINT À ÊTRE CONNU. LE CONNU SERA ABSORBÉ DANS L'INCONNU. ENSEIGNEMENTS SIMPLES !

Quand la Présence Spontanée entra dans l'existence via la forme corporelle, la souffrance commença : souffrance physique et souffrance mentale. La spiritualité vous donne le courage de faire face à la souffrance. L'attachement et la perte sont causes de souffrance. Les problèmes psychologiques, les problèmes émotionnels, toutes ces perturbations corporelles seront dissoutes avec l'aide de la méditation.

Nisargadatta Maharaj dit : "Bien que vous ayez une bonne connaissance, une bonne connaissance spirituelle, la seule façon dont cette connaissance puisse être absorbée est avec l'aide de la méditation.

Avant d'être, il n'y avait pas de corps, pas de problèmes et pas de besoins. Pas de langage, pas de mots, pas de concepts. Vous n'aviez pas besoin de nourriture, pas besoin de connaissance, pas besoin de spiritualité. Il n'y avait pas de Maître, pas de disciple et pas de besoin de Réalisation. Vous n'aviez pas de nom, pas de femme, pas de mari, pas de mère, pas de père, pas de frère, pas de sœur, pas d'ami. Toutes les relations sont relatives au corps. Le monde est la Projection Spontanée de votre Présence Spontanée.

C'EST UNE CONNAISSANCE DIRECTE.
NON PAS UNE APPROCHE INTELLECTUELLE,
NON PAS UNE APPROCHE LOGIQUE,
NON PAS UNE APPROCHE ÉGOTIQUE,
ETANT DONNE QUE TOUTES CES CHOSES SONT ARRIVÉES
APRÈS VOTRE PRÉSENCE.

Vous êtes ici pour vous connaître dans un sens réel, pour connaître la Réalité. Pour que cela se produise spontanément, il vous faut éliminer tout ce que vous n'êtes pas, avec l'aide de l'investigation du Soi, de la méditation et de la Connaissance provenant du Maître.

VOUS N'AVEZ JAMAIS ÉTÉ DANS LA SERVITUDE.
VOUS ÊTES LIBRE COMME UN OISEAU.
VOUS AVEZ SIMPLEMENT OUBLIÉ VOTRE IDENTITÉ.
LE MAÎTRE EST LÀ POUR VOUS LA REMÉMORER.

Vous êtes la Vérité Ultime, la Réalité Ultime, la Vérité Finale. Vous êtes Dieu Tout-Puissant !

VOUS ÊTES TOUT,
ET TOUT EST EN VOUS.

3. *Soi Sans Soi*

Q: Que voulez-vous dire par 'Soi Sans Soi' ?
Maharaj: 'Soi' est relatif à la connaissance corporelle : ça signifie tout ce qui est venu avec le corps. Quand toute cette connaissance corporelle est dissoute, nous appelons ce qui subsiste 'Soi Sans Soi' : Soi sans aucun contenu, Soi sans Illusion.

Soi Sans Soi est notre Présence Spontanée, Invisible, Anonyme qui est au-delà de l'identification. Tous ces mots qui indiquent cette Identité Inconnue sont supposés être dissous totalement une fois que l'adresse a été atteinte. Quand leur travail est fait, débarrassez vous-en. Souvenez-vous ! Soi Sans Soi est au-delà des mots.

'Soi' est relatif à la connaissance corporelle et à toutes les illusions relatives au corps : "Je suis quelqu'un, quelqu'un d'autre[3], je suis un individu". Il n'y a pas 'quelqu'un'. C'est de la connaissance corporelle. Soi se réfère à l'identification avec le corps : 'moi', 'lui', 'elle'. Soi Sans Soi se réfère à 'rien'. Cela veut dire qu'il n'y a rien là : pas de témoin, pas d'expérimentateur. Rien !

Q: Oui ! Et vous dites aussi que notre Présence est un 'Secret Établi'. Que voulez-vous dire par cela ?

Maharaj: Oui, votre Présence est un Secret Établi. Votre Présence Spontanée est recouverte par le corps. Il se peut que vous n'en soyez pas conscient, mais votre Présence est ici. Vous ne vous donnez pas d'attention et vous vous négligez. Vous regardez au dehors de vous-même constamment, au lieu de regarder à l'intérieur. Tout est en vous ; rien n'est au dehors.

Q: Alors c'est un Secret Établi au Soi Sans Soi ?

Maharaj: Oui, au Soi Sans Soi, pas au soi. Tout sort de rien, et tout retourne se dissoudre en rien. Et dans le rien, il semble qu'il y ait quelque chose. Quand vous n'êtes pas averti, quand vous n'êtes pas conscient de votre Présence qui précède l'existence, vous acceptez ce rien comme quelque chose.

**AVANT D'ÊTRE VOUS ÉTIEZ INCONSCIENT
DE TOUT ET DE RIEN.
VOUS NE CONNAISSIEZ RIEN,
PAS MÊME LE MOT 'CONNAISSANCE'.**

Après avoir quitté le corps, vous ne saurez pas ce qui se passe dans le monde. Après avoir quitté le corps, vous demeurerez inconnu. En conséquence, tout sort de rien, et tout retourne se dissoudre en rien.

**TOUT SORT DE RIEN,
ET RETOURNE SE DISSOUDRE EN RIEN.**

À présent, entre les deux, nous nous considérons comme 'quelque chose'. Nous croyons être quelque chose. Cependant, ce 'quelque chose' n'est lié qu'à la connaissance corporelle. Pour le dire factuellement, ce corps ne va pas demeurer une constante, par conséquent bien qu'il apparaisse comme quelque chose, il n'est, en fait, rien. Avant le corps, il n'y avait pas de nom, pas d'aspect, pas de forme, pas d'expérience, pas d'expérimentateur, pas de témoin.

---

[3] autre que le Soi Réel.

Ce fait s'explicitera davantage par la méditation. Ce monde vous a trompé en vous faisant accepter que vous êtes un homme ou une femme, que vous êtes né et que vous allez mourir.

LE CORPS A L'APPARENCE DE QUELQUE CHOSE,
MAIS IL N'EST RIEN.
IL EST ILLUSION.

Écoutez attentivement ! Avant d'être, vous étiez inconnu à vous-même. Après avoir quitté le corps, vous serez inconnu à vous-même. À présent, vous vous connaissez sous forme corporelle. Cette forme corporelle ne va pas se maintenir. Ce corps n'est pas votre Identité permanente, et il ne va pas durer. Ce quelque chose, quoi que ce quelque chose soit, que vous considérez être vous-même, doit avoir surgi de rien. Aussi, ce que vous considérez être quelque chose, est, en fait, illusion.

LA RÉALITÉ EST AVANT L'EXISTENCE.
LA RÉALITÉ EST APRÈS L'EXISTENCE.
CE LAPS DE TEMPS DANS LA FORME CORPORELLE
EST ILLUSION.
IL PEUT ÊTRE VU COMME UN INTERLUDE,
UNE INTERRUPTION, UNE PERTURBATION DE LA RÉALITÉ.

Mon Maître, Nisargadatta Maharaj, déclare : "Vous êtes la Réalité". À part vous, rien d'autre n'est là. La Réalité n'existe pas autre part. Il résume ses enseignements en une phrase : "Il n'y a pas de Dieu, pas de *Brahman*, pas d'*Atman*, pas de *Paramatman*, pas de Maître, excepté Soi Sans Soi", c'est-à-dire, il n'y rien excepté le VOUS SANS FORME. Il n'y a rien excepté votre Soi Sans Soi. En dehors du Soi Sans Soi, il n'y a rien.

IL N'Y A RIEN,
EXCEPTÉ SOI SANS SOI.

4. Les trois étapes

Q: Vous avez mentionné qu'il y a trois étapes : premièrement l'investigation du Soi, deuxièmement, la Connaissance du Soi et troisièmement, la Réalisation du Soi.

Maharaj: Il y a trois étapes et en même temps, il n'y en a pas. En fait, il n'y a pas d'étapes. Ce ne sont que des mots que nous utilisons pour guider au départ. Dans un but pédagogique, on peut dire qu'il y a trois étapes. Elles ne sont pas précisément définies ou linéaires, comme dans un, deux, mais sont utiles en tant que cadre global.

L'investigation du Soi mène à la Connaissance du Soi, et ensuite, cette Connaissance du Soi mène à davantage d'investigation du Soi, etc. C'est donc plutôt comme avancer et puis revenir sur ses pas, une sorte de processus de va-et-vient. Mais, oui, vous pouvez dire qu'en gros, il y a trois étapes déterminées.

Pour faire simple, lorsque l'Esprit cliqua avec le corps, et que l'être humain apparut, il eut une grande peur. Hors de cette peur et de cette confusion, il ne savait pas qui il était. Cela le mena au dilemme suivant : "Qui suis-je ? Je suis dans une forme corporelle ! Mais si le corps n'est pas mon Identité alors qui suis-je ?" Ceci est la racine de l'investigation du Soi et de l'éternelle quête de l'homme. Il tente de découvrir "Qui suis-je ?" et "Pourquoi ai-je tant de besoins ?"

La question survient car il n'y avait pas de besoins avant la connaissance corporelle. Au stade initial, il tente de découvrir "Qui suis-je ? Quelle est la signification du 'Je'?" C'est l'investigation du Soi basique.

En quête de réponses, il commence à rassembler des connaissances via différentes sources : Livres, amis, cours, retraites, ateliers, enseignants, éventuellement des Maîtres. Par cette connaissance, il en vient à la réalisation, il en vient à savoir "Je ne suis rien". Il apprend qu'en langage spirituel, ce 'rien' est appelé *Brahman*, *Atman*, *Paramatman* ou Dieu. Cette connaissance que le chercheur a trouvée est une connaissance littérale.

Le corps est un corps matériel et la connaissance que le corps a rassemblée est aussi une connaissance matérielle. Cette connaissance a été récupérée dans des sources créées par l'homme qui n'avaient pas d'existence avant l'être. C'est par conséquent la connaissance du corps. La connaissance livresque ou la connaissance de seconde main n'est pas la Connaissance. La Connaissance est Connaissance du Soi Spontanée, et cela signifie se connaître soi-même dans un sens réel.

Quand la Connaissance que vous avez déjà est absorbée, que vous êtes *Brahman*, et non le corps, alors cette Connaissance tourne en Conviction. Vous pouvez avoir atteint cette conclusion il y a longtemps, que le corps n'était pas votre Identité, et avoir accepté ce fait de manière intellectuelle, mais il vous faut aller plus profondément. "Connais-toi Toi-même !" Ici, je partagerai la Connaissance que mon Maître a partagée avec moi, et vous montrerai votre Réalité. Vous serez débarrassé de la peur et en viendrez à vous connaître dans un sens réel.

**QUAND LA CONNAISSANCE TOURNE EN CONVICTION,
ELLE DEVIENT CONNAISSANCE DU SOI.
CONNAISSANCE DU SOI SIGNIFIE QUE
VOUS ÊTES EN TRAIN D'ABSORBER
LA CONNAISSANCE, "JE NE SUIS PAS LE CORPS".**

Vous avez découvert dans les livres spirituels et autres sources secondaires que "Vous n'êtes pas le corps".

QUAND CETTE CONNAISSANCE EST ABSORBÉE,
C'EST L'ÉTAT DE RÉALISATION DU SOI.

Pour récapituler, l'investigation du Soi mène à la Connaissance du Soi. Avec l'aide de l'intellect et de certains mots, vous avez gagné la Connaissance "Je ne suis pas le corps et j'ai été appelé *Brahman*, *Atman*, *Paramatman*, Dieu, etc." Mais c'est seulement de la connaissance littérale. Vous atteindrez l'étape de la Réalisation quand cette connaissance littérale sera absorbée. À cette étape, il ne restera rien : pas d'expérience, pas d'expérimentateur, pas de témoin, rien.

CELA SIGNIFIE QU'À L'ÉTAPE DE RÉALISATION DU SOI,
VOUS SEREZ COMPLÈTEMENT DÉTACHÉ DU MONDE.
COMME VOUS ÉTIEZ AVANT D'ÊTRE
EST L'ÉTAPE DE RÉALISATION DU SOI.

Q: Alors le processus n'est pas linéaire puisque, comme vous dites, la Connaissance du Soi vous ramène à continuer l'investigation du Soi, et vice versa. Aussi nous allons constamment de l'investigation du Soi à la Connaissance du Soi dans ce processus, qui en quelque sorte ne finit jamais. Il y a toujours de plus en plus de connaissance étant révélée, davantage à découvrir.

Maharaj: Comme je l'ai dit, la Connaissance signifie simplement se connaître dans un sens réel. Nous nous connaissons dans une forme corporelle. Ce n'est pas notre Identité. Afin d'aider le processus, le Maître prescrit le 'Médicament de la Méditation' afin de surmonter tous les problèmes physiques, spirituels, mentaux et égotiques. Après une période de forte et profonde concentration, la Conviction Spontanée surgira, et la Réalité apparaîtra en vous.

IL Y AURA UNE IMMENSE SURPRISE !
UNE EXPÉRIENCE MIRACULEUSE,
UNE EXPÉRIENCE SPECTACULAIRE ET MAGIQUE !

Quand cela se produit, vous ressentirez : "Je ne suis pas du tout concerné par le corps. Le corps n'est pas mon Identité". Et bien que vous viviez dans le corps, vous resterez détaché, indifférent, sans implication.

LA MÉDITATION FAIT UNE FONDATION PARFAITE.

Tout est en vous. Tout est là mais enterré, couvert de cendres, couvert de couches d'illusion, de concepts. Crevez ce ballon de concepts. Cela se produira automatiquement, et explosera spontanément.

5. Vous n'êtes pas le corps, vous êtes le Support du corps

Q: Vous avez dit que nous nous connaissons sous forme corporelle et qu'il nous faut connaître notre Identité réelle. Alors qu'est-ce que notre Identité, notre Existence ?
Maharaj: Votre Existence est Existence Spontanée, Présence Spontanée. Votre Présence Spontanée est Silencieuse, Invisible, Anonyme, Identité Non Identifiée. Le monde est projeté hors de votre Présence Spontanée.
**VOTRE PRÉSENCE SPONTANÉE EST SILENCIEUSE, INVISIBLE, ANONYME, IDENTITÉ NON IDENTIFIÉE.
LE MONDE EST PROJETÉ
HORS DE VOTRE PRÉSENCE SPONTANÉE.**
Vous n'avez pas du tout de naissance, mais vous pensez : "Je suis né et je vais mourir". Ce sont les concepts, les pensées illusoires.
**VOUS ÊTES NON NÉ !
VOUS ÊTES LA VÉRITÉ ULTIME !**
J'invite l'attention de l'Auditeur Silencieux, Invisible, en vous.
**J'INVITE L'ATTENTION DE L'AUDITEUR
SILENCIEUX, INVISIBLE EN VOUS,
QUI EST VÉRITÉ ULTIME.**
C'est la Vérité Ultime, elle n'a pas de naissance. Elle ne connaît ni la mort ni la naissance. Avant d'être, vous ne connaissiez ni la mort ni la naissance. Vous ne connaissiez rien au sujet de 'Dieu'. C'est seulement quand l'Esprit cliqua avec le corps, que l'être est arrivé accompagné de tous les concepts et illusions : votre père, votre mère, frère et sœur, pour en nommer quelques-uns, tous sont des relations du corps qui ont émergé de cette sensation corporelle.

On vous a dit : "Dieu existe ! Dieu Tout-Puissant est ici, ou là. Il se trouve dans cette religion-ci, ou celle-là, dans cette église ou ce temple". Quand il n'y avait pas de sensation corporelle, il n'y avait pas d'être. Avant d'être, rien n'était là. Pas d'autre, pas de relations. Rien.
**VOUS N'ÊTES PAS LE CORPS, VOUS N'ÉTIEZ PAS LE CORPS,
VOUS NE RESTEREZ PAS LE CORPS.
FAIT ÉTABLI.**
Voici un simple exemple : vos parents vous ont dit : "Ce corps est appelé un 'garçon' et ce corps est appelé 'fille'. Vous avez accepté cette information. Ils vous ont donné un nom, disons, 'Ravi' ou 'Sita', 'Suzanne', 'Paul', etc, et vous avez accepté cette identité sans questionner. Vous êtes passé par les stades du corps, du jeune homme ou de la jeune femme, à l'âge mûr, jusqu'à la vieillesse. En chemin, vous avez posé beaucoup de questions,

telles que : "Suis-je seulement ce corps avec un nom marqué dessus ? Et, si non, qui suis-je ?"

Maintenant que vous êtes arrivé ici, vous pouvez aller plus profondément. Arrêtez-vous et regardez à l'intérieur ! Découvrez ce que vous êtes ! Débarrassez-vous de l'illusion, alors votre Réalité sera découverte ! Examinez-vous ! Faites usage de la discrimination ! Tout est en vous.

LE MAÎTRE DIT : "VOUS ÊTES LA RÉALITÉ ULTIME, LA VÉRITÉ ULTIME, DIEU TOUT-PUISSANT". VOUS AVEZ UN POUVOIR ET UNE FORCE IMMENSE, MAIS VOUS ÊTES INCONSCIENT DE VOTRE POUVOIR CAR VOUS AVEZ ACCEPTÉ CETTE FORME CORPORELLE.

Le Maître dit que vous êtes la Réalité, Dieu ! Il vous faut accepter ce que le Maître dit. Spiritualité mise à part, vous savez que le corps n'est pas votre Identité car il ne dure qu'un certain nombre d'années. Le Maître vous montre votre Réalité.

Q: Donc ce que vous dites, Maharaj, est qu'il nous faut écouter le Maître et accepter ses enseignements, et rester concentré sur la Réalité. Mais, au départ, n'est-il pas nécessaire de faire des efforts pour dissoudre l'illusion ?

Maharaj: Oui, au début vous avez à faire un peu de travail pour éliminer les illusions et établir la Réalité. Vous voyez, quand vous avez pris connaissance de tous ces concepts, vous les avez acceptés aveuglément. Par exemple : "Je suis un homme ou une femme." J'appartiens à cette religion-ci, ou cette religion-là". Nous nageons dans un monde de concepts : péché et vertu, salut et damnation.

Il y a un nombre infini de concepts d'enfer, paradis, *moksha*, *prarabdha*, naissance, mort. Tous ceux-ci se trouvent dans les écritures, livres, Gurus, enseignants, Maîtres. L'illusion est partout ! Il y a tant de concepts qui vous font vous sentir dans la servitude, alors qu'en fait vous ne l'êtes pas. Vous n'êtes pas dans la servitude, vous êtes aussi libre qu'un oiseau.

TOUS CES CONCEPTS SONT ARRIVÉS AVEC LE CORPS. AVANT D'ÊTRE, IL N'Y AVAIT PAS DE CONCEPTS. IL N'Y AVAIT PAS DE "CONNAÎTRE". NOUS NE SAVIONS RIEN DU BONHEUR OU DE LA PAIX. APRÈS QUE LA PRÉSENCE INVISIBLE [ESPRIT] ENTRA EN CONTACT AVEC LE CORPS, TOUS LES CONCEPTS ONT DÉBUTÉ. TOUS LES BESOINS ONT DÉBUTÉ.

Tout le monde a peur de la mort. Nous ferons tout pour rester en vie. Mais, au lieu de s'en tenir à cette peur, pourquoi ne pas vous poser la question : "Qu'est-ce que la mort ?" Quand vous allez vous coucher, avez-vous peur de vous endormir ? Vous dites : "Laissez-moi dormir, ne me dérangez pas." En quoi est-ce différent de la mort ? C'est la même chose ! Investiguez ! Chaque jour, vous pouvez entendre parler, lire à propos, ou même avoir été avec quelqu'un qui vient de mourir. La mort du corps est une certitude inévitable. Les cadavres sont ensuite enterrés ou brûlés.

LE CORPS S'EN IRA, C'EST INÉVITABLE.
MAIS VOUS N'ALLEZ NULLE PART.
VOUS N'ÊTES PAS LE CORPS,
VOUS ÊTES LE SUPPORT DU CORPS.

Vous n'êtes pas le corps, vous êtes le support de ce corps. Vous êtes Esprit, et totalement différent du corps. Le corps est uniquement la partie externe de chair, de sang et d'os. Qui agit via le corps ? Qui expérimente des pensées telles que : "J'ai de très mauvaises pensées. J'ai des rêves horribles" ?

QUI EST TÉMOIN DE TOUTES CES CHOSES ?
C'EST L'IDENTITÉ SILENCIEUSE, INVISIBLE,
ANONYME, NON IDENTIFIÉE,
APPELÉE 'VÉRITÉ ULTIME'.

Q: Je vais y réfléchir ! Au cours des années, j'ai lu nombre de livres sur la spiritualité, et aussi médité. Quand je vais voir un enseignant ou me rends à un *Satsang*, l'expérience est plutôt exaltante. Je me sens heureux aussi longtemps que j'y suis, assis paisiblement dans l'instant, mais ce ressenti ne semble pas durer.

Maharaj: Bien, alors vous avez lu des livres, écouté des Maîtres, et vous avez fait un peu de méditation. Faisons le point ! Quel effet tout cela a-t-il eu sur vous ? Avez-vous trouvé une paix totale ? Êtes-vous libre de toute tension ? Êtes-vous dénué de peur ? Êtes-vous heureux ? Si la réponse est 'Non', alors il vous faut faire l'investigation du Soi afin de trouver un bonheur réel et permanent. Je parle d'un Bonheur complet sans aucune cause matérielle.

Si vous lisez continuellement des livres qui ajoutent de plus en plus de connaissance externe, vous devez faire une pause, arrêtez un moment, et demandez-vous : "Cette connaissance m'apporte-t-elle bonheur et plénitude ? Suis-je sans peur ?" Soyez honnête dans votre examen. "Cette connaissance m'aidera-t-elle quand viendra le moment de quitter le corps ?"

Si la connaissance que vous recueillez maintenant ne vous amène pas paix et bonheur, alors cela signifie que ça ne fonctionne pas pour vous. C'est simple ! Si ça ne vous aide pas maintenant, comment cela pourra-t-il vous aider sur votre lit de mort ? Par conséquent, de quelle utilité est toute cette connaissance ?

DÉCOUVREZ À QUI EST L'HISTOIRE
NARRÉE DANS TOUS CES LIVRES,
AU NOM DE LA SPIRITUALITÉ !
C'EST L'INVESTIGATION DU SOI.

Q: Que voulez-vous dire par "À qui est cette histoire" ?

Maharaj: C'est votre histoire ! Je ne vous raconte pas une histoire à propos de *Brahman*, *Atman*, *Paramatman*, ou Dieu.
**JE NARRE VOTRE HISTOIRE.
C'EST L'HISTOIRE DE L'AUDITEUR, L'AUDITEUR INVISIBLE,
L'AUDITEUR ANONYME EN VOUS.
C'EST L'HISTOIRE DU SOI SANS SOI,
VOTRE SOI SANS SOI.**

Mon Maître, Nisargadatta Maharaj, stipula clairement qu'il n'y a rien à l'exception du Soi Sans Soi. À part Soi Sans Soi, il n'y a rien. Soi Sans Soi seul est Vérité Ultime, Vérité Finale. En ses mots : "Excepté Soi Sans Soi, il n'y a pas de Dieu, pas d'*Atman*, pas de *Brahman*, pas de *Paramatman*, pas de Maître".
**CETTE CONNAISSANCE RARE, ILLUMINATION,
VOUS AIDERA À RÉALISER CE QU'EST LA VÉRITÉ ULTIME,
CE QU'EST LA VÉRITÉ FINALE.
VOUS ÊTES CELA !**

6. *Vous êtes un millionnaire, pas un mendiant*

Maharaj: Pour découvrir, et SAVOIR dans un sens réel que vous êtes la Vérité Ultime, il faut aller à la racine, et questionner : "Comment étiez-vous avant la forme corporelle ? À quoi ressembliez-vous avant d'être ? Comment étiez-vous ? Comment étiez-vous avant d'être ?"
Q: Je ne sais pas.
Maharaj: C'est correct. Et comment serez-vous après avoir quitté le corps ?
Q: Je ne sais pas.
Maharaj: "Je ne sais pas" est la réponse correcte.
**"JE NE SAIS PAS", SIGNIFIE QUE VOUS SAVEZ
QUE VOTRE PRÉSENCE ÉTAIT LÀ,
MAIS SANS AUCUN CONTOUR OU FORME.**

Il ne peut y en avoir cognition, mais vous savez que la Présence Silencieuse, Invisible était là. En réalité, la racine de la Connaissance, Vérité Ultime, est en vous, mais vous avez ignoré et négligé cette Vérité. Vous vous êtes sous-estimé. En d'autres mots, bien que vous soyez millionnaire, vous vous êtes comporté exactement comme un mendiant.

Prenons l'histoire du garçon mendiant : Un garçon mendiait dans la rue. Un jour son oncle vint le voir, et demanda : "Pourquoi mendies-tu ? Tu n'es pas un mendiant, tu es millionnaire !" Naturellement, le garçon ne le crut pas et répondit : "Tu plaisantes, tu veux me faire passer pour un idiot. Tu mens ! C'est impossible !"

Finalement, l'oncle le persuade d'aller avec lui à la banque, là, il lui indique un compte à son nom rempli à millions ! Avec toutes les preuves disposées devant lui, le garçon mendiant est finalement convaincu et accepte son nouveau statut.

De la même manière, le Maître dit : "Vous êtes *Brahman*, *Atman*", mais vous ne croyez ou n'acceptez pas les mots du Maître. Il est possible que vous ne le verbalisiez pas, mais quelque part dans le fond, une toute petite voix est peut-être là, qui dit : "Moi ? Non ! Vous rigolez".

Comment pouvez-vous être convaincu ? Afin d'avoir la Conviction, vous avez besoin du processus de méditation. La méditation aura pour effet de dissoudre toutes les couches illusoires. Alors, vous rencontrerez votre Perfection : "Oh ! Je Suis Cela !" [Le Maître fait montre d'une plaisante surprise.] Le Maître est parfait. Il vous montre la Vérité Ultime et pour cela, il est digne de votre respect.

Ainsi, pour avoir la Conviction, et pour connaître votre Perfection, la méditation est essentielle. C'est le seul moyen d'absorber la Connaissance et d'éliminer l'illusion en même temps. C'est le moment pour vous d'arrêter de mendier, et d'en venir à connaître votre valeur.

VOUS ÊTES MILLIONNAIRE, MAIS VOUS VIVEZ ET VOUS EXPRIMEZ COMME UN MENDIANT, DISANT : "OH DIEU, FAITES QUELQUE CHOSE, BÉNISSEZ-MOI, AIDEZ-MOI".

Demander à d'autres bénédictions et grâce peut vous donner une paix momentanée, un bonheur spirituel momentané, tout comme prendre un analgésique à l'occasion, mais cela ne vous amènera pas une plénitude et un contentement durable. Il est temps d'être fort maintenant. Soyez ferme ! Ce temps est vôtre, ce temps pour connaître votre propre force et pouvoir. Connaissez votre force et découvrez votre pouvoir.

Le Maître dit : "Vous n'êtes plus handicapé". Votre Existence est emplie de Connaissance. Vous êtes la Source de la Connaissance, mais vous n'en êtes pas conscient. Vous n'êtes pas conscient d'être la Vérité Ultime, Dieu Tout-Puissant.

VOUS ÊTES TOUT-PUISSANT, DIEU TOUT-PUISSANT, OMNIPRÉSENT.
VOTRE PRÉSENCE EST PARTOUT.
VOUS ÊTES AU DELÀ DU CIEL.
IL N'Y A PAS D'INDIVIDUALITÉ.

Q: [Riant] Je trouve ça difficile à croire que ce 'petit moi', est tout ça ! Si je suis tout cela, comme vous dites, comment est-ce possible que je n'en sois pas conscient ? Et si je ne le suis pas, alors comment puis-je commencer à devenir conscient de Moi-même ?

Maharaj: Comment puis-je ? Il n'y a pas de 'Je' du tout. Il n'y a pas de 'Vous' et il n'y a pas de 'Je'. Tout est juste comme le ciel. Vous voyez, même quand le Maître vous dit que vous êtes Tout-Puissant, que vous êtes la Vérité Ultime, la Vérité Finale, vous ne l'acceptez pas. Vous n'êtes pas capable d'accepter cette Vérité car vous êtes pris dans toutes sortes de pensées illusoires. Vous vous considérez comme un 'petit moi', et cela vous rend aveugle à votre Pouvoir Inné.

Un remède très simple pour ceci, comme je l'ai dit, est la méditation. La méditation est l'anti-virus pour l'illusion. C'est l'un des meilleurs remèdes au stade initial. C'est comme un puissant remède prenant du temps à traverser le corps entier. Les bénéfices deviendront apparents par la suite. Combien de temps cela met à devenir effectif, et guérir de soi-même, dépend du corps spirituel. Une méditation disciplinée aidera à dissoudre toute la connaissance corporelle, de sorte qu'en temps voulu tout sera complètement effacé.

À MOINS QUE VOTRE CONNAISSANCE CORPORELLE NE SE DISSOLVE ET NE DISPARAISSE COMPLÈTEMENT, VOUS NE SEREZ PAS CAPABLE DE VOUS CONNAÎTRE DANS UN SENS RÉEL.

C'est très important, alors écoutez à nouveau : à moins que votre connaissance corporelle ne se dissolve et ne disparaisse complètement, vous ne serez pas capable de vous connaître dans un sens réel. Je vous dis ça pour vous secouer, afin que vous vous lanciez de tout votre cœur dans l'entreprise de dissolution de l'illusion.

Ça signifie que tout doit disparaître, se dissoudre et s'évanouir, tout ! Incluant toutes les impressions, conditionnements et mémoires, depuis l'enfance jusqu'à aujourd'hui !

Q: Maharaj, je suis venu ici pour qu'on me rappelle que je suis la Vérité Ultime.

Maharaj: VOUS ÊTES la Vérité Ultime. VOUS ÊTES la Vérité Ultime, mais à cause d'une longue association avec le corps, vous n'acceptez pas la Réalité. Vous hochez la tête, et dites peut-être "Oui, oui, d'accord." Mais ce qui est requis est votre implication totale. Ce n'est pas difficile, c'est vraiment très simple. Pensez-y, investiguez !

LE CORPS N'EST PAS VOTRE IDENTITÉ. C'EST UN FAIT.

Votre connaissance corporelle sera dissoute et éliminée avec l'aide de la méditation. En même temps, il vous faut vouloir découvrir "Qui suis-je ?". Vous devez avoir de la motivation, de le la fougue, du feu ! Vous devez être déterminé pour découvrir "Qui suis-je ?" Une spiritualité désinvolte seule n'aura pas d'effet.

Q: Mon ego est très fort, Maharaj, il ne montre pas de signe de dissolution.
Maharaj: C'est parce que vous avez trop d'attachement au corps et au mental, à l'ego, à l'intellect. Vous fournissez de l'énergie au mental, à l'ego, à l'intellect. Vous fournissez tout le temps de l'énergie au mental, à l'ego, à l'intellect.

**À VRAI DIRE, VOUS ÊTES LE MAÎTRE,
MAIS VOUS AGISSEZ COMME UN ESCLAVE
DU MENTAL, DE L'EGO, DE L'INTELLECT.**

Q: J'ai été intéressé par la spiritualité toute ma vie, vous savez, cherchant la paix et le bonheur. C'est décevant et un peu déprimant à ce stade de ma vie de ne pas avoir encore trouvé ce que je cherchais.
Maharaj: Tous ces problèmes de dépression, déception, confusion, conflits, etc, toutes ces choses sont des concepts prenant leur base avec le corps. Les attentes croissent car vous vous pensez et vous considérez être un individu, un "quelqu'un d'autre", séparé de la Réalité que vous êtes. "Je veux la paix. Je veux le bonheur. Je veux être spirituel". Quand vous en viendrez à connaître la "spiritualité", vous verrez, qu'elle aussi, est illusion.

**POURQUOI LA SPIRITUALITÉ EST-ELLE REQUISE ?
PARCE QUE VOUS AVEZ OUBLIÉ VOTRE IDENTITÉ.
C'EST POURQUOI LA SPIRITUALITÉ EST REQUISE.**

Avant d'être, il n'y avait pas de spiritualité. Il y a tant de livres sur la spiritualité, tant de Maîtres de spiritualité, clamant : "Je suis un Maître exceptionnel". Où étaient-ils tous avant d'être ? Le besoin de spiritualité survient car vous vous considérez en tant que corps, en tant que forme corporelle. Quand toutes les couches illusoires seront dissoutes, alors,

**VOUS RENCONTREREZ VOTRE PERFECTION :
"OH ! JE SUIS CELA !"
PERFECTION SPONTANÉE :
"OH ! JE SUIS CELA !"**

7. *Pourquoi continuer à voyager quand vous êtes la destination ?*

Q: Quand je médite, Maharaj, comment devrais-je méditer ?
Maharaj: Je vous enseignerai une technique, mais vous devez avoir une foi forte en vous-même. Et, une fois que l'on vous a montré ce que vous devez faire, il ne devrait plus y avoir aucune tentation d'aller quelque part ailleurs. C'est votre dernier voyage.

POURQUOI CONTINUER À VOYAGER

QUAND VOUS ÊTES LA DESTINATION ?

C'est le terminus. Il n'y a nulle part ailleurs où aller. Si vous continuez la pratique avec une profonde implication de vous-même, vous obtiendrez cent pour cent de résultat. En retour de vos efforts, vous obtiendrez cent pour cent de résultat.

Q: Ces enseignements semblent simples parce que vous n'utilisez pas beaucoup de mots. J'aime la simplicité, et je sens que ce n'est vraiment pas verbal du tout. Quelque chose se produit à un niveau différent.

Maharaj: Si vous avez un bagage spirituel, alors vous pouvez comprendre le langage. Le langage utilisé ici est simple, un langage simple, avec une approche simple et directe. Parfois je fais usage de références sous forme d'histoires, juste pour illustrer un certain sens, ou donner une indication pour aider la compréhension.

De nos jours, les gens ont une spiritualité 'fait maison'. Ils lisent beaucoup de livres, écoutent beaucoup de Maîtres différents, et effectuent différents rituels ou pratiques. Ça va un moment, mais ensuite, doit venir un temps où l'on fait une pause, et l'on s'arrête pour faire le point, évaluer ces choses et se demander :

JE DOIS SAVOIR POURQUOI JE FAIS TOUTES CES CHOSES.
QU'EST-CE QUE J'OBTIENS DE TOUTES CES LECTURES ?
QU'EST-CE QUE J'OBTIENS EN ALLANT ÉCOUTER TOUS CES MAÎTRES ?
QU'EST-CE QUE J'OBTIENS EN ALLANT VISITER TOUS CES SITES SACRÉS ?

Vous devez connaître la raison derrière vos actions. Pourquoi faites-vous toutes ces choses, toutes ces activités ? La réponse sera généralement : "Pour la paix et le bonheur", ou "Pour avoir une vie sans peur, une vie libre de tension".

MAIS QUI VEUT CELA ?
QUI VEUT UNE VIE SANS PEUR ?
QUI VEUT LA PAIX ?
QUI VEUT UNE VIE LIBRE DE TENSION ?

Q: Moi, je prends !

Maharaj: Qui est ce 'moi', ce 'Je'? Posez la question à nouveau.

Q: Je pose bien cette question, mais la réponse semble être au-delà des mots.

Maharaj:

APRÈS ENQUÊTE DU SOI,
L'ENQUÊTEUR ARRIVE AU CENTRE DU SOI,
OÙ IL Y AURA UN SILENCE EXCEPTIONNEL,
ET L'ENQUÊTEUR DISPARAÎTRA.

Numéro un : Demandez-vous : "Ce 'moi', ce 'Je', à quoi ressemble-t-il ? Comment est-il ?" Pouvez-vous localiser ce 'moi' ? Réponse : 'Non'.

IL EST ANONYME, INVISIBLE, NON-IDENTIFIABLE.
Numéro deux : "Tous ces besoins et toutes ces nécessités que nous avons, afin obtenir le bonheur et la paix, étaient-ils requis avant d'exister ?" Réponse : 'Non'.
Et trois : "Seront-ils requis après la disparition du corps ?" Réponse : 'Non'.
**CE N'EST QUE PARCE QUE VOUS MAINTENEZ CE CORPS QUE TOUS CES BESOINS ONT DÉBUTÉ.
IL S'ENSUIT ET ÇA SIGNIFIE DONC QUE
TOUTE LA CONNAISSANCE QUE NOUS AVONS EST CONNAISSANCE BASÉE SUR LE CORPS
ET CONNAISSANCE RELATIVE AU CORPS.**

'Vous' êtes complètement et totalement inconnu à vous-même à cause des relations corporelles qui vous ont séparé de votre Réalité. Cette séparation illusoire vous a fait penser que vous êtes séparé et différent de la Source que vous êtes vraiment. Vous pensez peut-être, "Je suis quelqu'un, un individu". "Je suis un homme ou une femme, *Brahman* ou *Atman*, *Paramatman*, Dieu".
Q: J'aime le son de '*Brahman*', et 'Je suis *Brahman*'. Ça sonne juste et ça me convient. Je l'ai répété encore et encore pendant des années, comme un Mantra.
Maharaj: Ça n'a pas d'importance, la façon dont vous vous appelez, ou quels noms vous préférez. '*Brahman*' est seulement un mot. Nous devons utiliser des mots, un langage pour communiquer. Ce sont seulement des noms, et par conséquent tout ça est la même chose.
Q: Je préfère toujours '*Brahman*'.
Maharaj: D'accord, d'accord, tant que vous vous rappelez que NOUS avons donné les noms à différentes choses. Nous avons créé l'alphabet, l'abécédaire. Des noms ont été attribués à tout. "C'est un S.I.N.G.E", et "c'est D.I.E.U", mais souvenez-vous :
**CES MOTS N'AVAIENT PAS D'EXISTENCE AVANT D'ÊTRE.
CELA SIGNIFIE QUE 'L'EXISTENCE SPONTANÉE INVISIBLE'
QUI EST SANS NOM, A REÇU LES NOMS
'*BRAHMAN*', '*ATMAN*', '*PARAMATMAN*', 'DIEU'.
C'EST LA VOIE DE L'INVESTIGATION DU SOI.
L'INVESTIGATEUR DEVIENT SILENCE, INVISIBLE
ET CETTE 'CONNAISSANCE LITTÉRALE' DEVIENT LA RÉALITÉ.**

8. *Le monde entier est votre projection spontanée*

Q: Et qu'en est-il du monde ? Le monde est *maya*, illusion, c'est ça ?
Maharaj: Vous êtes totalement différent de ce monde tout entier car le monde entier est votre Projection Spontanée.

**LE MONDE EST PROJETÉ
HORS DE VOTRE PRÉSENCE SPONTANÉE.**

Sans votre Existence, sans votre Présence, vous ne pouvez pas voir le monde.

**VOUS PRÉCÉDEZ LE MONDE, VOUS PRÉCÉDEZ L'UNIVERS,
ET VOUS PRÉCÉDEZ TOUT.
POUR DIRE, '*BRAHMAN*', '*ATMAN*', '*PARAMATMAN*',
'DIEU', 'UNIVERS', 'CIEL', etc.
VOTRE PRÉSENCE EST REQUISE.**

Votre Présence n'a pas de limitations. Elle n'a pas de limite de temps, ni aucun cercle autour d'elle. Elle est au-delà du cercle. C'est une connaissance simple.

**VOUS TOURNEZ EN ROND
À L'INTÉRIEUR DU CERCLE
DE LA CONNAISSANCE CORPORELLE.
POURQUOI ?
SORTEZ DE CE CERCLE !**

Q: Comment puis-je sortir de ce que vous appelez ce 'cercle de la connaissance corporelle' ? N'est-ce pas trop difficile, trop fermement établi ? Comment puis-je changer ?
Maharaj: En acceptant que vous n'êtes pas le corps, que vous n'étiez pas le corps, que vous n'allez pas rester le corps. Vous êtes non né. Vous êtes la Réalité Ultime, la Vérité Finale.

Mettez la spiritualité de côté un moment. Tenez-vous un peu en retrait et jetez un coup d'œil froid et rationnel. Faites preuve de discrimination ! Vous savez que le corps n'est pas votre Identité car vous avez vu les changements prendre place, d'une jeune enfant à une vieille dame. Aussi, comment cela peut-il être votre Identité ? Ce n'est pas permanent.
Q: C'est vrai. Donc ce que vous dites c'est que si j'accepte que je ne suis pas le corps, que "je suis non né", 'Réalité Ultime', alors c'est la voie à suivre ?
Maharaj: Oui, oui, avec discrimination et détachement.
Q: Même si je n'y crois pas totalement, ou ne le ressens pas, et que j'ai encore des questions à ce sujet ?
Maharaj: Oui, oui, ça viendra. La Conviction viendra, mais c'est une Conviction Spontanée. Toutes les questions qui s'élèvent sont simplement des questions prenant base sur le corps. Tous ces conflits, confusions et doutes prennent leur base sur le corps, tous sont liés au corps.

**AVANT D'ÊTRE, IL N'Y AVAIT PAS DE DOUTES,
IL N'Y AVAIT PAS DE CONNAISSANT.
LES DOUTES ONT DÉBUTÉ AVEC LE CORPS.
MAIS VOUS N'ÊTES PAS LE CORPS.
LE CORPS NE VA PAS RESTER, PAS DU TOUT.**

Vous êtes Vérité Ultime, mais vous avez oublié la Vérité Ultime. Vous pensez maintenant que vous êtes quelqu'un d'autre, un homme ou une femme ordinaire, qui doit demander un autre : "S'il vous plaît, bénissez-moi. Posez votre main sur ma tête et bénissez-moi". Pourquoi ?

Q: Vous dites que cela arrivera de soi-même ?

Maharaj: C'est très simple, mais une totale implication est indispensable. Pour connaître ce principe en vous, pour en découvrir plus sur la Réalité Ultime, sur la Vérité Ultime, il doit y avoir du sérieux, de l'implication de soi, comme une soif insatiable, ou un feu brûlant à l'intérieur, qui vous fait vouloir découvrir, qui vous pousse à connaître la Réalité.

**LA DÉVOTION S'EFFORCE DE CONNAÎTRE LA RÉALITÉ
CONTINUELLEMENT.**

Je vais vous donner un exemple : Si quelqu'un vous insulte, faisant usage d'un langage horrible et obscène envers vous, alors, ces mots se répercuteront automatiquement à l'intérieur de vous, en chaque cellule. Quand quelqu'un est injurieux, de fortes vagues de sensations peuvent, et vont éclater. Nous connaissons tous ce sentiment : "Quelqu'un a dit du mal de moi. Je vais prendre ma revanche. Laissez-le m'approcher et je lui rendrai la monnaie. Je lui ferai quelque chose pour lui faire payer la manière dont il m'a traité. Comment ose-t-il !", et ainsi de suite.

LA DÉVOTION EST COMME ÇA.

Q: Je comprends, [riant]. Vous avez besoin de détermination et d'une implication totale, comme quand vous ne pouvez plus penser à rien d'autre ! J'ai expérimenté ça à plusieurs reprises !

Maharaj: Donc, comme ceci, une implication complète alors que vous tentez de vous connaître réellement est essentielle, c'est la seule voie. Un dévouement complet dans la poursuite de la Connaissance du Soi est dévotion. Vous n'allez pas rester tranquille et l'oublier. Vous devez découvrir. Rien ne peut vous arrêter : "Je veux savoir. Je dois savoir qui je suis !"

**JETEZ-VOUS COMPLÈTEMENT DANS
LA RÉALISATION DU SOI.**

Quand vous dites "Je suis un homme", ou "Je suis une femme", ce n'est pas vrai. Et même quand vous dites "Je suis *Brahman*", ce n'est pas vrai. Vous n'êtes ni *Brahman*, ni *Atman*, ni *Paramatman*. Ces noms ont été assignés. Ce sont de bons noms, mais ils sont seulement utilisés pour indiquer votre Vérité

Ultime, votre Identité Ultime. Ces mots, *'Atman'*, *'Brahman'*, *'Paramatman'* ont des limitations.
CE SONT SEULEMENT DES MOTS, JUSTE DES MOTS.
VOUS ÊTES AU-DELÀ DES MOTS.

9. Une essence divine

Q: Je suis attaché aux pensées, sensations et émotions, et donc je me sens être un corps.
Maharaj: Toutes ces sensations circulent car vous maintenez le corps. La Présence ne sait pas qui est Steven, ou si c'est un homme ou une femme car la Présence est invisible, tout comme le ciel ne connait pas son nom, aucun nom.

La Vérité est placée face à vous mais malheureusement vous ne l'acceptez pas. Vous acceptez toutes ces sensations tristes et pleines de peur, ces sensations crispantes. Vous les acceptez très profondément. Et, à cause de cela, ces sensations colorent cette Présence pour ainsi dire. Et cela résulte en, 'Je suis quelqu'un d'autre'.

Nous tentons d'inviter l'attention de l'Auditeur Invisible en vous. Vous êtes Dieu Tout-Puissant. Vous êtes Dieu Omniprésent, partout.
CETTE ESSENCE DIVINE N'A PAS EXPÉRIENCE
D'ÊTRE UN INDIVIDU.

Vous avez accepté Steven comme 'quelqu'un', mais si le corps et la Présence sont absents, alors qui va parler de ce 'Steven' ? Le corps ne peut avoir aucune activité sans le pouvoir de l'Esprit. La combinaison corps-Esprit est essentielle. C'est une Connaissance très Directe.
LA PRÉSENCE NE CONNAÎT PAS SA PROPRE EXISTENCE.
LA PRÉSENCE EST DÉPOURVUE DE CONNAISSANCE.
ELLE N'A PAS D'EXPÉRIENCE, PAS D'EXPÉRIMENTATEUR,
PAS DE TÉMOIN, PAS DE COGNITION.

Au moment où l'Esprit s'associe avec le corps, vous dites "Je suis". Le ventilateur ne peut fonctionner qu'avec l'électricité. Sans courant - pas d'électricité ! Votre Pouvoir est comme l'électricité, invisible, mais vous voyez uniquement le corps, au lieu du Pouvoir.

Ce que nous avons à faire est donc d'effacer toutes les mémoires, toutes nos mémoires basées sur le corps. Cela prendra du temps. Il y aura un silence total après que tout ait été effacé.

Vous devez avoir une fondation solide pour cette compréhension, cette Connaissance. Pour rendre vos fondations solides, il vous faut passer par la discipline de la méditation. Une connaissance littérale ne vous aidera pas. La connaissance livresque n'est pas suffisante comme elle n'est qu'une tentative corporelle d'indiquer votre Identité.

TOUT SERA CLAIR QUAND TOUTE LA CONNAISSANCE DU CORPS DE NOURRITURE SERA DISSOUTE.

Q: Quand la connaissance du corps disparaît, toutes ces émotions intenses disparaîtront-elles aussi ?

Maharaj: Oui ! Spontanément ! J'utilise des mots comme 'effacer' et 'disparaître' simplement pour communiquer. Mais ce processus est un processus spontané qui dévoilera votre Omniprésence, indiquant votre Présence en tout. Toutes les pensées illusoires s'en iront, et tout disparaîtra.

Dans les rêves, parfois vous voyez de bonnes choses, parfois de mauvaises choses. Au réveil, il peut vous arriver de dire : "Qu'ai-je fait ?" Une fois que vous connaissez la Réalité, tous les concepts seront dissous. Vous savez quand vous vous réveillez que vous n'avez rien à voir avec ces rêves, et que vous n'avez rien fait. De manière similaire, par la Connaissance, vous réaliserez que ce pour quoi vous vous preniez, ce que vous pensiez être, et bien cela n'était en fait pas le cas. C'était un rêve !

Q: Car je me prenais pour une forme corporelle ?

Maharaj: Correct ! Si vous arrêtez d'alimenter le corps en nourriture, le corps va s'amincir. Qui consomme cette nourriture ? C'est la nourriture pour la chair, tout comme quand l'huile dans une lampe s'assèche et cesse de brûler. Quand l'huile vient à manquer, la lumière s'éteint. La nourriture est comme l'huile. Qui utilise l'huile ?

Q: Le feu à l'intérieur de vous. Est-ce que je nourris mon Existence Spontanée ?

Maharaj: Vous ne faites rien. Je ne fais que donner des exemples. Si la lampe brûle, il y a de l'huile. Votre Présence sera remarquée jusqu'à ce que vous arrêtiez de fournir de la nourriture au corps. Si vous cessez de boire et de manger, le corps s'en ira. Où la lumière de la lampe va-t-elle ? Au paradis ou en enfer ? Votre Présence sera ressentie jusqu'à ce que le corps expire, comme la lumière de la lampe.

La lumière est partout, tout ce qui est requis est un contact, comme pour la boîte et l'allumette. Tout ce qui est requis est un contact, et hors de ce contact vous verrez la flamme. La lumière est partout, le feu est partout, mais avec un contact vous pouvez le voir. C'est invisible, mais un simple 'clic' le rend visible.

LA PRÉSENCE EST OMNIPRÉSENCE, LE FEU QUI EST PARTOUT.

Le 'clic' l'amène dans le champ d'attention pour un temps, pour la durée de vie du corps, et ensuite quand l'huile s'épuise, elle disparaît à nouveau.

Q: Comme un feu visible, une flamme ?

Maharaj: Votre Présence Spontanée est un feu invisible. C'est seulement à cause de cette combinaison, du contact entre l'Esprit et le corps, que vous pouvez dire 'je'. Vous connaissez votre Présence via le corps. Avec lui, vous pouvez dire 'je'.

Après la Connaissance de cette Réalité, vous aurez un courage spontané, et serez totalement sans peur. Vous serez hors de cette atmosphère craintive de mort et de naissance, aussi quand vous quitterez le corps, il n'y aura pas de peur aux alentours.

Q: Est-ce que cette sensation de peur vient avec le corps ?
Maharaj: Je dois utiliser des mots.
CETTE SENSATION SPONTANÉE, CETTE PEUR EST DANS LES PARAGES À CAUSE DE VOTRE AMOUR POUR LE CORPS.
Quand vous saurez : "je ne suis pas le corps", il n'y aura pas de peur ! Si vous avez quelque chose dans votre poche, vous serez effrayé par le voleur. Si vos poches sont vides, alors il n'y a rien de quoi s'inquiéter.
VOUS ÊTES INQUIET AU SUJET DE LA MORT CAR VOUS PENSEZ QUE VOUS ÊTES QUELQU'UN.
Tous vos revenus, vos biens, vous font penser que vous avez tellement à perdre.

Q: Alors ce que vous dites est que je n'ai pas cette Connaissance à cause de la peur ?
Maharaj: Oui, il vous faut passer par la pratique de la méditation pour vous débarrasser de toute cette illusion. Au moment où la Connaissance sera digérée, vous verrez les effets, et des miracles apparaîtront au-dedans. Cela prendra un peu de temps.

Q: Ramana Maharshi eut une expérience de la mort. Après ça, il fut Réalisé. Est-il nécessaire de traverser cette expérience ou non ?
Maharaj: Non. Chacun a différentes expériences, des expériences différentes. Oubliez Ramana Maharshi ou tout autre Maître.
L'EXPÉRIMENTATEUR EST UN SEUL ET MÊME. CONCENTREZ-VOUS SUR L'EXPÉRIMENTATEUR, NON PAS SUR L'EXPÉRIENCE.
Les expériences peuvent être différentes, elles ne sont pas importantes. J'invite l'attention de l'Expérimentateur qui est Invisible, Anonyme.
REGARDEZ-VOUS VOUS-MÊME, NON PAS LES AUTRES !
Cette vie est comme un grand océan. Tant sont en train de se noyer. Tout est devenu sombre. Vous cherchez des moyens de sortir de ce monde illusoire, de cet océan illusoire. Vous suivez les autres en espérant que leurs méthodes fonctionneront pour vous. N'allez pas chercher ici et là. Vous devez vous échapper d'ici et là !
CESSEZ DE PRÊTER ATTENTION À LA FAÇON

**DONT IL OU ELLE NAGE,
OU VOUS ALLEZ COULER.**

Vous avez été jeté dans l'océan de ce monde illusoire, maintenant il vous faut nager jusqu'à sortir de cet océan illusoire.

LES MAÎTRES VOUS ONT DIT COMMENT VOUS ÉCHAPPER. ILS VOUS ONT MONTRÉ COMMENT NAGER. FAITES-LE !

Sauvez-vous d'abord, ensuite sauvez les autres. Le *Naam Mantra* est une technique qui vous enseigne comment nager confortablement et aisément. Une connaissance hasardeuse et dépendre des autres, emprunter à d'autres est toujours dangereux.

Q : Maharaj, en parlant de connaissance hasardeuse… Pendant des années j'ai cherché partout un Maître Réalisé authentique, quelqu'un comme vous. Il y a des enseignants autoproclamés à foison sur le marché, mais ils sont ce que vous pourriez appeler des Neo-Advaitins, ou font part de la culture *Satsang*.

J'ai trouvé que ces Néo-Advaitins avaient des enseignements sans substance et prêtant à confusion car ils ne vous donnent pas une carte routière détaillée, ou ne vous montrent pas le tableau entier. Ils peuvent donner des indications, mais leur connaissance reste superficielle car il y a un manque de Connaissance du Soi. Ils vous montrent uniquement une partie de l'éléphant. L'approche est commerciale, avec beaucoup d'argent changeant de mains, et certains sont très chers. Je suis tellement heureux de vous avoir enfin trouvé. De ma propre recherche, je peux dire que vous êtes le seul qui nous parlez depuis l'État Réalisé.

Maharaj : Je suis heureux que vous soyez venu ici. C'est votre terminus, arrêt final !

10. Qui veut vivre éternellement ?

Q : J'ai eu pour pratique de demeurer dans le soi.
Maharaj : Ce ne sont que des mots. Tous ces concepts sont des couches sur votre Présence. Avant le corps, il n'y avait pas de 'demeurer dans le soi', pas de soi du tout. Il n'y avait pas de soi du tout avant d'être. Ce concept de demeurer est juste apparu à cause du corps.

**NE NAGEZ PAS DANS LA MER DES MOTS SPIRITUELS.
VOYEZ VOTRE SOI SANS SOI.**

C'est la Vérité Établie.
Q : Mais difficile ?
Maharaj : Ce n'est pas difficile du tout ! Ce corps n'est pas votre Identité, alors où est la difficulté à ce sujet ? C'est une Vérité évidente. Pouvez-vous

reporter votre propre mort ? Pas du tout, alors où est la difficulté ? Ne faites rien. Votre recherche vous perturbe. Soyez seulement !

**SOYEZ SEULEMENT AVEC 'SEULEMENT ÊTRE'.
VOYEZ VOUS SEULEMENT VOUS-MÊME,
ET COMMENT VOUS ÉTIEZ AVANT LE CORPS !**

Ces mots comme 'soi', 'moi-même', 'lui-même', 'sans soi', sont juste des mots qui apparaissent. Le concept de soi apparut en face de vous quand l'Esprit se mit en contact avec le corps.

**VOUS ÊTES DÉJÀ LA VÉRITÉ FINALE
SANS IMAGINATION, SANS CONCEPTS.**

Tous ces mots sont utilisés pour indiquer votre Vérité Finale. Ces mots spirituels ne sont rien de plus que des indications qui causeront de la confusion et ajouteront plus d'ego.

**IL N'Y A PAS DE SÉPARATION,
PAS D'INDIVIDUALITÉ.
QUAND VOUS ÊTES UN AVEC LA VÉRITÉ ULTIME,
ALORS QUELLE SIGNIFICATION
PEUT AVOIR 'RÉSIDER DANS LE SOI' ?**

Le ciel ne se connaît pas lui-même ou quoi que ce soit. Votre Existence, votre Présence est au-delà du ciel. Nous avons reçu des impressions de la connaissance corporelle depuis notre enfance jusqu'à aujourd'hui. Comme il est très ouvert et impressionnable, un enfant accepte immédiatement ce que ses parents disent. Les adultes sont plus suspicieux, et déforment et analysent tout, ils n'acceptent donc pas si facilement. Des dizaines de milliers de concepts sont gravés à l'intérieur de nous, et c'est pourquoi le *Naam Mantra* est requis pour tous les effacer.

Q: Le *Naam Mantra* n'est-il pas demeurer dans le soi ?

Maharaj : La Conviction Totale est demeurer dans le Soi. Le *Naam Mantra* invite l'attention du Méditant Invisible sur le fait que vous êtes Vérité Ultime :

**VOUS NE POUVEZ PAS DIRE QUE C'EST À PROPOS DE
COMMENT VOUS ÉTIEZ AVANT D'ÊTRE
CAR VOUS ÉTIEZ INCONNU À VOUS-MÊME,
ET PAR CONSÉQUENT VOUS NE SAVEZ PAS.
LA CONNAISSANCE EST VENUE APRÈS.**

Avant votre existence dans le corps, la Présence était là, Invisible et Anonyme. Avant votre existence, le feu était là, mais c'est uniquement avec le contact de l'Esprit et du corps, que la flamme peut être vue. La combinaison de la boîte et de l'allumette produit la flamme d'un simple coup. De même, la combinaison de l'Esprit et du corps est nécessaire pour dire 'je'.

Q: L'Existence Spontanée est-elle la flamme, ou la flamme potentielle ?

Maharaj : L'existence du feu est là, mais elle est inconnue. Vous 'cliquez' et la voyez, ensuite elle disparaît. Elle ne va nulle part. Au moment où l'Esprit a cliqué avec le corps vous dites, "je suis". Mais ne vous mesurez pas dans la forme corporelle. Le principe de base de la spiritualité établit que vous n'êtes pas le corps. Le corps est sujet à la naissance et à la mort, pas vous.

**QUAND LE TEMPS VIENT DE QUITTER LE CORPS,
LA FORME CORPORELLE EST ÉPUISÉE,
MAIS VOTRE PRÉSENCE NE L'EST PAS.
LA PRÉSENCE CONTINUE.**

Votre Présence Invisible a une importance exceptionnelle. Votre Présence Invisible a une importance exceptionnelle que vous ignorez. Vous sous-estimez cela. Vous donnez de l'importance aux choses extérieures. Regardez-vous, regardez en vous, voyez à l'intérieur de vous. Une implication sérieuse est nécessaire dans votre pratique de la méditation, et par la suite toutes les questions seront résolues en vous-même. Votre Maître Intérieur est très puissant.

Donc une forte implication est requise.

**LA PUISSANCE EN VOUS
EST LA MÊME QUE LA PUISSANCE
DERRIÈRE MES PAROLES.**

Les corps sont différents, l'Esprit est Un. Comme je l'ai déjà dit,

LA CONVICTION TOTALE EST DEMEURER DANS LE SOI.

Tout comme vous ne pouvez restituer un seau d'eau après qu'il ait été versé dans la mer, tout sera clair comme du cristal après que vous ayez récité le Mantra.

C'est une très, très simple connaissance spirituelle. Vous devez avoir confiance en votre Soi Sans Soi, et en même temps, avoir confiance en votre Maître.

**VOUS MENDIEZ : "OH S'IL VOUS PLAÎT, AIDEZ-MOI !"
CAR VOUS NE CONNAISSEZ PAS VOTRE GRANDEUR.**

Chaque créature lutte pour sa survie parce que l'Esprit ne se connaît qu'à travers le corps. L'Esprit veut conserver le corps parce qu'il est effrayé par la mort. Ceci est vrai de la plus grande créature à la plus petite. Regardez les fourmis par exemple, elles aussi souhaitent survivre. Une fois qu'elles connaissent le goût du sucré, elles s'accrochent à la vie.

Il y eu jadis un saint avec de la prescience. Il dit à ses dévots qu'en tel et tel jour et moment, il quitterait son corps. "Je vais prendre naissance dans un village à proximité, je peux ressentir la pression de quelque animal, c'est un sanglier. Quand vous me verrez en tant que ce sanglier, venez et tuez-moi ! Je ne veux pas rester dans cette forme de sanglier. Souvenez-vous de ça ! Tuez-moi, découpez-moi !"

Ainsi, plus tard, il meurt et prend naissance en tant que sanglier. Ses disciples se rendent à ce village et comme raconté dans son histoire, le sanglier est présent. Ils le saisissent. Le sanglier hurle : "S'il vous plaît, ne me tuez pas, j'aime ce corps. Oubliez ce que je vous ai dit, oubliez ce que je vous ai dit, ne me tuez pas ! Je veux rester".

Ceci illustre la condition humaine. L'Esprit est attaché à la forme corporelle. L'Esprit, le principe derrière la vie, aime la forme corporelle et souhaite demeurer dans un corps particulier. L'Esprit ne connaît pas son Identité. Il ne se connaît qu'à travers le corps. La Présence Spontanée est l'Identité non Identifiée. En dépit de cela, chaque être vivant souhaite assurer sa propre préservation dans la forme corporelle. Il veut vivre éternellement !

11. Il n'y a pas d'expérimentateur et pas d'expérience

Maharaj: Nous nous connaissons d'une perspective basée sur le corps.
CETTE CONNAISSANCE DE LA FORME CORPORELLE DOIT SE DISSOUDRE.
C'EST LE PRINCIPE DERRIÈRE LA SPIRITUALITÉ.

Bien que vous puissiez savoir "je ne suis pas le corps", cette Connaissance se doit de tourner en Conviction. Les gens disent : "Je ne suis pas le corps, je suis *Brahman*, je suis *Atman*, je suis *Paramatman*, je suis Dieu". C'est très facile à dire, mais cette Connaissance doit être réelle, établie, totalement établie.

Il est vrai que chacun sait que le corps n'est pas notre Identité puisqu'il est soumis au changement. Nous voyons les changements : d'abord vient l'enfant, puis le jeune homme, puis le vieil homme. Et ensuite, un jour ou l'autre, qu'on le veuille ou non, nous devons quitter ces corps.
LE CORPS N'EST PAS NOTRE IDENTITÉ.
CECI EST LA VÉRITÉ ÉTABLIE.

Q: Oui, je sais cela. C'est évident.

Maharaj: Vous dites que c'est évident, mais vivez-vous comme cela ? Nous n'acceptons pas cette Vérité. Nous avons beaucoup d'amour et d'affection pour le corps. Cela doit être dissout.

Q: Parce que nous sommes trop attachés au corps ?

Maharaj: Le Roi Bharat demanda une fois à son Ministre : "Qui a l'amour le plus fort pour un autre ? Est-ce l'amour de la mère pour son enfant, ou l'amour de la sœur pour son frère, l'amour de la femme pour son mari, etc, qui ?" Le Ministre répondit : "Chacun s'aime lui-même le plus. Les gens s'aiment eux-mêmes le plus."

Il y a une autre histoire sur le même thème à propos d'une mère singe et son enfant. Un jour ils étaient assis, jouant joyeusement dans l'eau de l'étang. Soudainement, l'eau se mit à affluer et à monter. La mère singe souleva rapidement l'enfant, le mettant hors de danger. Puis, à mesure que l'eau continuait de monter, la mère soulevait son enfant de plus en plus haut pour qu'il ne se noie pas. L'eau continuait toujours à monter jusqu'à ce que finalement, par désespoir, la mère relâche son étreinte protectrice de son enfant pour sauver sa propre vie. On fait usage de cette histoire pour illustrer que personne n'aime un autre plus que lui-même.

Q: L'amour de soi ?

Maharaj: Personne n'aime quelqu'un d'autre plus que lui-même. Il y a beaucoup d'amour et d'affection pour le corps, le mental, l'ego, l'intellect. Il s'en suit que nos attentes sont souvent si élevées qu'elles ne peuvent être satisfaites par les autres.

Q: Alors est-ce que tout notre amour est pour le corps ?

Maharaj: Oui ! Mais prenez soin de votre corps, ne le négligez pas. Mais en même temps, sachez que le corps n'est pas la Vérité Ultime. Aussi longtemps que vous vous verrez comme le corps, vous serez sous l'illusion de la peur et tout ce qui l'accompagne.

Q: Si je ne suis pas le corps, alors qui suis-je ? J'ai eu des expériences, comme des lumières brillantes dans ma tête, le voyage astral, des prémonitions, des visions, et des sensations de chaleur spirituelle, et ainsi de suite. Je sais que je suis bien plus que ce corps. Je suis au-delà, quelque chose au-delà. C'est difficile à expliquer.

Maharaj: Les expériences ne sont pas si importantes. Quand vous serez plus proche de Soi Sans Soi, vous découvrirez qu'il n'y a pas d'expérimentateur et pas d'expérience, et pas de témoin non plus. Ne vous comptez pas dans la forme corporelle !

VOUS ÊTES LA VÉRITÉ ULTIME,
VOUS ÊTES LA VÉRITÉ FINALE,
VOUS ÊTES *BRAHMAN*, *ATMAN*, *PARAMATMAN*, DIEU.

Q: Alors comment puis-je faire l'expérience de *Brahman* ?

Maharaj: Brahman est invisible, anonyme, non identifié.

IL N'Y A PAS D'EXPÉRIENCE,
IL N'Y A PAS D'EXPÉRIMENTATEUR.
IL N'Y A PAS D'EXPÉRIENCE,
IL N'Y A PAS D'EXPÉRIMENTATEUR.
IL N'Y A PAS DE TÉMOIN.

Il nous faut oublier le corps physique, le corps biologique. Nous avons un corps spirituel qui est invisible. Ce n'est pas un corps biologique ou un corps physique. Toutes les questions que vous avez sont relatives au corps physique.

IL N'Y A PAS DE QUESTIONS AU NIVEAU SPIRITUEL.

Q : Les questions continueront à venir aussi longtemps que je me considérerais être la forme corporelle ?

Maharaj : Oui, oui. En réalité, vous n'étiez pas le corps, avant d'être. Vous n'allez pas rester le corps. L'être débuta, et instantanément vous avez dit "je". Avant le 'je', votre Présence était là.

Donc toutes ces questions, avec la 'spiritualité', sont arrivées après, quand la Vérité Ultime vous a attiré, pourrait-on dire. Rappelez-vous que ces mots que j'utilise sont uniquement des mots, aussi ne vous accrochez pas à eux.

Q : Est-ce le corps alors qui a causé tous les problèmes ?

Maharaj : Le corps, en fait, offre une opportunité pour vous de vous connaître. La Réalité vous est devenue inconnue quand le corps créa soudainement une grande distance illusoire qui vous a fait oublier votre Identité.

Soyez fort, ayez du courage, ne vivez pas une vie de lâche. Soyez comme un lion ! Connaissez-vous l'histoire du lion ? Un lionceau fut élevé dans un troupeau de mouton. Le lionceau commença à penser qu'il était un des moutons. Il était effrayé par les chiens, effrayé par les loups. Puis un jour, un second lion apparut et tenta de se lier d'amitié avec lui. Le lionceau commença à bêler : "Ne me fais pas de mal, s'il te plaît, je suis un mouton".

Le second lion amena le lionceau au bord de la rivière et lui dit : "Regarde-toi dans l'eau, vois ta tête ! Vois le reste de ton corps. Je te montre, je suis sérieux, tu es un lion, tout comme moi !" D'un seul regard, le lionceau voit son reflet dans l'eau, d'abord son cou, puis tout son corps, "OH ! AH ! D'accord !".

En faisant cela, il réalise et accepte : "Alors je suis juste comme toi ! Il n'y a pas de différence ! Pendant tout ce temps, j'ai vécu comme un mouton, mais je ne suis pas un mouton du tout ! Il regarde une nouvelle fois à son reflet et rugit : "Je suis un lion !" Convaincu, il décampe tel un lion et non comme un mouton, qu'il n'avait jamais été.

Le Maître vous dit la même chose : "Vous n'êtes pas un homme, vous n'êtes pas une femme, vous êtes *Brahman*." Pourquoi avoir peur quand vous pouvez rugir !

CELA SIGNIFIE QU'APRÈS LA CONNAISSANCE DE LA RÉALITÉ, VOUS REPRENEZ VOTRE PLACE ORIGINELLE.

C'est une belle histoire qui indique le Lion Spirituel. Nous vous persuadons de vous montrer et de commencer à rugir : "Je suis un lion, je suis Cela !" Vous êtes déjà un lion mais vous avez oublié votre Identité. À cause de la longue association avec le corps, vous avez commencé à vous considérer en tant que "je suis quelqu'un ".

Le Maître vous dit : "Vous êtes la Vérité Ultime". Vous dites : "Comment puis-je l'être ?" Alors il explique. C'est appelé Connaissance. Ces histoires qui donnent confiance sont appropriées au stade initial. Il vous faut accepter le principe de l'histoire. Vous devez vous enseigner à ne pas avoir peur, à ne pas être déprimé ou affecté. N'en soyez pas touché. Vous souffrez car vous en êtes touché.

Q: Au niveau personnel, j'ai expérimenté beaucoup de souffrance.
Maharaj: Qui est celui qui souffre ? Prêtez attention à ce que j'essaie de communiquer ! Vous avez un sentiment de séparation, d'aliénation et d'isolement de votre Source qui vous a fait vous sentir comme quelque chose de séparé, quelqu'un d'autre, avec une existence indépendante.

LA SPIRITUALITÉ EST PAR CONSÉQUENT REQUISE, MÉDITATION, *BHAJANS* ET CONNAISSANCE AUSSI. POURQUOI ?
PARCE QUE VOUS AVEZ OUBLIÉ VOTRE IDENTITÉ.

Q: Et donc, quand ma mémoire revient je me rappelle de mon identité ?
Maharaj: Ce n'est pas comme ça. Ça n'a rien à voir avec se rappeler ou la mémoire. Ne prenez pas mes mots littéralement ! Chaque jour je dis la même chose. Je ne parle pas d'oublier ou se rappeler dans un sens littéral.

Cela se produira spontanément quand vous SAUREZ. Au moment où l'Identité Non Identifiée est connue, alors, c'est la Conviction, la Conviction Spontanée.

QUAND CETTE CONVICTION SPONTANÉE SURVIENT, L'INDIVIDU NE SERA PLUS LÀ, CAR 'CELA' EST AU-DELÀ DES PAROLES.

À présent, lorsque nous parlons ensemble, nous nous voyons comme deux corps, un disciple et un Maître. Si vous versez un seau d'eau dans la mer, vous ne serez plus capable de reprendre cette eau car elle a fusionné avec la mer. Cela s'appelle le 'Processus de Fusion'. Quand il y a Réalisation, c'est comme cela.

Si l'on est absorbé dans la Réalité - le seau d'eau versé dans la mer - vous ne pouvez alors plus extraire l'eau du seau de la mer. C'est une impossibilité. Il n'y a pas d'individualité avec ce seau d'eau. Cela se produit d'une manière similaire dans le processus de fusion et d'absorption de la Vérité Ultime. Vous êtes Vérité Ultime, Vérité Finale.

Q: Combien de temps prend le processus de fusion ?
Maharaj: La spiritualité est nécessaire aussi longtemps qu'il y a cette durée d'expérience, d'être et d'absorption de l'être, de dissolution de l'être. Quand nous nous sommes retrouvés avec ce monde illusoire, tous les besoins ont débuté. Au moment où vous êtes convaincu que ce monde illusoire n'a pas de base, vous saurez que c'est la Projection Spontanée de votre Présence Spontanée.

**LE MONDE EST LA PROJECTION SPONTANÉE,
DE VOTRE PRÉSENCE SPONTANÉE.
ELLE EST INVISIBLE, ANONYME,
IDENTITÉ NON IDENTIFIÉE.
SIMPLEMENT SAVOIR ÇA EST SUFFISANT.**

Le corps n'est pas notre identité du tout. Fait établi. Toutes les relations du corps sont des concepts illusoires. Vous pouvez utiliser votre corps, mais ne lui prêtez pas trop d'attention. Ne dépendez pas tant de la forme corporelle. Le corps a sa propre limite de temps.

12. La rencontre avec Nisargadatta Maharaj

Maharaj: Des questions ?
Q: Maharaj, pouvez-vous m'en dire un peu sur comment vous en êtes venu à rencontrer Nisargadatta Maharaj ?
Maharaj: En 1962, je demeurais avec de la famille. À cette époque, j'étais sans emploi, cherchant du travail et dans une relative pauvreté. Ma sœur dit : "Tu es assis ici sans rien faire, viens avec moi voir Maharaj". J'étais incertain, mais c'est comme ça que c'est arrivé, comment je vins à Nisargadatta Maharaj pour la première fois.

À cette époque, il ne donnait pas immédiatement le *Naam Mantra* aux nouveaux visiteurs. Il vous observait d'abord pour voir quelle dévotion vous aviez. Ainsi, après être allé à la maison de Maharaj, assis sur le sol, méditant sur le nom d'une Déité, environ un mois plus tard, le 2 Octobre 1962, Nisargadatta Maharaj me donna le *Naam Mantra*, le Mantra du Guru.

Par la suite, il apprit que j'étais en quelque sorte pauvre et sans travail. Il demanda à tous et toutes s'ils avaient du travail pour ce 'pauvre garçon'. Il était comme un père, demandant pour moi. Lorsque je réussis à avoir travail temporaire quelques jours, il me suggéra d'avoir un compte en banque. Il en ouvrit un pour moi. Il acheta même une montre pour moi. Je ressentais ses actions bienveillantes comme des marques parentales d'amour et d'affection.

Je continuais à venir chez lui chaque jour, matin et soir. À cette époque, je n'étais pas capable de comprendre ce dont il parlait car ça me dépassait, mais il disait : "Écoutez-moi, écoutez-moi", et je l'ai fait.

Il aida aussi en me donnant quelques astuces utiles et pratiques, et ainsi, lentement, silencieusement, j'ai absorbé cette Connaissance dans une certaine mesure. Puis je suis allé au Collège, et à l'Université, je pris un travail dans une banque et me suis marié. J'étais de retour sur pieds. Environ dix ans plus tard, j'en vins à COMPRENDRE ce qu'il avait dit, ce qu'il me disait à l'époque.

Lorsque Nisargadatta Maharaj nous rendait visite chez nous, il disait : "La Connaissance fait partie de vous". C'était un personnage très simple, très direct, terre-à-terre. Précédemment, j'étais agité, changeant de travail de nombreuses fois. Mon premier travail était payé une roupie par jour. À cette époque, je marchais dix kilomètres pour une seule roupie. La raison pour laquelle je mentionne ceci est de communiquer la connaissance, afin que vous connaissiez l'importance de la lutte et le rôle vital qu'elle joue.

**CE N'EST PAS FACILE DE LUTTER DANS LA VIE,
MAIS C'EST TRÈS IMPORTANT.
LA LUTTE EST UN PROFESSEUR CAR ELLE
DEMANDE UNE IMPLICATION TOTALE.
DANS LA BATAILLE,
VOUS DEVEZ AVOIR UNE FORTE IMPLICATION.**

De même, avec la spiritualité,

**VOUS DEVEZ LUTTER POUR CONNAÎTRE VOTRE RÉALITÉ :
"JE VEUX ME CONNAÎTRE.
QUI SUIS-JE ?
JE DOIS SAVOIR."**

Q: Pour nombre de Saints, la nécessité de savoir devint une question de vie ou de mort.

Maharaj: Je continue à dire aux gens qu'une implication désinvolte, qu'une spiritualité désinvolte n'ira pas. Vous devez être déterminé, vous devez vouloir connaître le secret de "Qui suis-je ?" "Suis-je juste ce corps ?"

Dans mon enfance, des pensées étaient apparues comme "Où étais-je avant ma naissance ?" C'était vers l'âge de huit, neuf, ou dix ans. Des pensées comme celle-là apparaissaient, mais les réponses ne venaient pas. Aussi, il vous faut lutter et chercher en vous-même. Puis, finalement, avec la vraie Connaissance, la recherche sera terminée, vraiment terminée.

**VOUS CHERCHEZ À TROUVER DES RÉPONSES
À L'EXTÉRIEUR DE VOUS-MÊME,
MAIS LE CHERCHEUR EST EN VOUS.
VOUS AVEZ OUBLIÉ LE CHERCHEUR.
VOUS ÊTES LA VÉRITÉ ULTIME.**

Ce que je dis est très subtil. Nous avons beaucoup d'attachement au corps, beaucoup d'affection et d'attachement, bien que nous sachions qu'il ne va pas survivre très longtemps. Tout le monde sait ça ! Pourtant nous continuons toujours à nous rendre à de nombreux pèlerinages, et à aller ici et là pour du divertissement spirituel. Beaucoup continuent avec ces passe-temps frivoles, jusqu'à ce qu'il soit temps pour l'Esprit de partir, quand le corps ne peut plus du tout fonctionner. Alors il est brûlé comme tout autre vulgaire objet matériel. Durée de vie terminée ! Opportunité manquée !

Le corps n'est en vie qu'à cause de l'Esprit. Ce Pouvoir, cette énergie est appelée *Brahman*, *Atman*, *Paramatman*, Dieu. Connaissance signifie juste de vous connaître dans un sens réel, de savoir que vous êtes Vérité Ultime.

Jusqu'à maintenant, nous nous connaissions dans la forme corporelle, en tant que forme corporelle. La Connaissance doit être absorbée : "Je n'étais pas un corps, je ne suis pas un corps, je ne vais pas rester un corps".

C'est la Vérité, la Vérité Nue, la Vérité Flagrante que tout le monde connaît, et pourtant en même temps, une Vérité que tout le monde préfère ignorer. Chaque jour nous entendons parler de gens qui meurent, c'est inévitable.

La Connaissance de la Vérité Ultime, la Réalité Ultime signifie qu'il y aura une paix complète, sans l'aide d'aucune cause matérielle. Généralement, les trois causes de bonheur dans la vie humaine sont considérées comme étant la célébrité ou le pouvoir, l'argent, et le sexe. Tant de gens courent après la notoriété et feraient tout pour être célèbres, pour être puissants. Ils tueront pour la puissance, ils tueront pour l'argent, et ils tueront pour le sexe. Les êtres humains tentent toujours d'extraire paix et bonheur de ces trois choses.

MAIS, QUI APPRÉCIE CETTE PAIX ?
VOUS ALLEZ DIRE, "OH, C'EST MOI",
MAIS CE BONHEUR EST BASÉ SUR UNE CAUSE MATÉRIELLE
ET PAR CONSÉQUENT IL EST TEMPORAIRE.

Aucune cause matérielle quelle qu'elle soit n'est nécessaire pour le bonheur et la paix. Vous pouvez avoir un Bonheur Spontané et une Paix Spontanée sans argent, sexe ou célébrité, laquelle est uniquement "Om Shanti". Ce n'est pas artificiel. C'est réel, c'est la Paix Spontanée sans inquiétudes, sans tension.

Pourquoi être tendu ? Nous le sommes seulement car nous avons de l'attachement au corps. Il vous faut grandir en tolérance et en patience.

Q: Alors comment puis-je changer ? Je me dis tout le temps à moi-même que "je suis *Brahman*".

Maharaj: Les changements arriveront. Ce n'est pas difficile si vous avez une forte dévotion, une forte volonté, et êtes préparé à faire un petit sacrifice. C'est un temps très important pour vous. Chaque moment dans votre vie est très, très important.

NE CHERCHEZ PAS LA VÉRITÉ ULTIME
DE MANIÈRE DÉSINVOLTE.
CHAQUE JOUR, CHAQUE MOMENT,
EST IMPORTANT.

Faites votre travail et ayez l'esprit pratique. Rester assis sans rien faire en disant : "Oh, je suis *Brahman*, je suis *Brahman*", ce n'est pas la connaissance. Vous êtes à la recherche d'un Dieu quelque part ailleurs, dans l'espoir et à la recherche d'un Dieu quelque part dans le ciel, un Dieu administrant le monde entier. C'est un concept, tout ça est illusion.

DIEU N'EST PAS DANS LE CIEL RÉGISSANT LE MONDE ENTIER, PUNISSANT CEUX QUI FONT DE MAUVAISES CHOSES ET BÉNISSANT CEUX QUI FONT LE BIEN.
C'EST UN CONCEPT, UNE ILLUSION.

Nulle religion n'est mauvaise en elle-même, mais la façon dont la religion est mise en œuvre par les soi-disant Maîtres de Religion, n'est pas bonne, comme cela est essentiellement fait à des fins égoïstes. Soyez pragmatique ! C'est le moment adéquat. C'est le moment opportun pour vous. Le fantôme de la peur vous entoure.

BRISEZ LE CERCLE VICIEUX DE CE FANTÔME DE LA PEUR, ET ACCEPTEZ QUE
"JE NE MEURS PAS. JE NE SUIS PAS NÉ".
NAISSANCE ET MORT SONT LIÉS AU CORPS UNIQUEMENT.
CETTE CONVICTION EST LE PLUS IMPORTANT.

Il vous faudra passer par un processus qui vous rendra plus facile l'acceptation de la Conviction, et laissez-là s'approfondir. Ce processus inclut la récitation du *Naam Mantra*, la méditation, les *bhajans*. C'est une opportunité en or pour vous, alors ne la gaspillez pas !

13. L'histoire de l'auditeur

Maharaj: Votre implication est le plus important. Écoutez juste et ensuite oubliez ça. Ce que je suis en train de communiquer, ce dont je parle avec vous, les mots que j'ai prononcés, essayez de connaître le principe derrière les mots.

N'ANALYSEZ PAS LES MOTS.
LES MOTS NE SONT PAS IMPORTANTS.
CONCENTREZ-VOUS SUR LA SIGNIFICATION
DERRIÈRE LES MOTS,
ESSAYEZ DE CONNAÎTRE LE PRINCIPE
DERRIÈRE LES MOTS.

Je vous parle, je vous raconte l'histoire de l'Auditeur, non pas l'histoire de l'individu. Je parle de l'Auditeur Invisible en vous.

JE NARRE VOTRE HISTOIRE,
L'HISTOIRE DE L'AUDITEUR INVISIBLE EN VOUS.

Q: Donc c'est une expérience, mais c'est une expérience sans l'expérimentateur ?

Maharaj : Au début, 'expérience', 'témoin', tous ces mots sont là, mais VOUS êtes au-delà de l'expérience. Votre Présence est derrière chaque expérience. Même si vous dites "Je suis *Brahman*", c'est aussi une illusion parce que la Présence est nécessaire pour dire *Brahman*. Le nom '*Brahman*' a été donné, '*Atman*' a été donné, '*Paramatman*' a été donné, 'Dieu' a été donné, tous ces noms ont été attribués à la Vérité Ultime.

CEPENDANT, LES MOTS NE SONT PAS LA VÉRITÉ ULTIME.
C'EST L'ERREUR QUE DE NOMBREUSES PERSONNES FONT.
ILS PRENNENT CES MOTS POUR LA VÉRITÉ ULTIME.
LES MOTS NE SONT PAS LA VÉRITÉ ULTIME.

Nous avons donné sens à tous ces mots. Nous avons créé tous ces mots, par lesquels nous pouvons nous comprendre, avec lesquels nous pouvons parler, et converser les uns avec les autres.

Q : Donc ce n'est pas en usant des mots qu'on obtient la clarté, c'est plutôt en étant toujours dans cet endroit silencieux où les questions sont résolues ?

Maharaj : Oui, toutes les réponses de toutes les questions sont en vous.

LE QUESTIONNEUR LUI-MÊME EST LA RÉPONSE.
LE QUESTIONNEUR INVISIBLE LUI-MÊME EN VOUS
EST LA RÉPONSE.
SANS LE QUESTIONNEUR,
VOUS NE POUVEZ PAS QUESTIONNER.

Q : Ça m'a stoppé net dans mon élan ! Donc c'est la réponse à toutes mes questions. C'est vraiment un endroit où aller avec tout ça. C'est ce qui le rend tangible, réellement clair pour moi.

Maharaj : Maintenant essayez de digérer, d'absorber ce qui a été dit. Cela vous donnera un Bonheur et une Paix Spontanés. Bonheur, Paix, tout est en vous. Vous avez juste oublié que vous êtes la Source de tout cela.

Nous avons perdu notre Bonheur car nous nous considérons en tant que forme corporelle. En bref, vous vous sous-estimez tout le temps en pensant "Je suis quelqu'un d'autre, je suis un membre de la famille, je suis une personne dans le monde".

Q : Puis-je demander à propos des devoirs familiaux ? Vous avez dit : "Faites votre devoir envers votre famille", et j'ai lu que Nisargadatta Maharaj retourna à sa famille quand il comprit cela. Pouvez-vous expliquer cela un peu plus, s'il vous plaît ? J'ai un peu de difficulté à comprendre ça.

Maharaj : Si vous jouez dans une pièce de théâtre, vous savez que vous n'êtes pas concerné par la pièce. Vous savez que c'est un rôle que vous jouez pendant deux ou trois heures. Votre Présence est Spontanée. Avec la Présence sont venus les membres de la famille, la société, le monde. Assumez tous les devoirs qui vous incombent, mais en même temps vous êtes supposé rester indifférent au monde car avant d'être il n'y avait rien.

AVANT D'ÊTRE, VOUS ÉTIEZ INDIFFÉRENT AU MONDE.

IL N'Y AVAIT PAS DE VIE DE FAMILLE, PAS D'ASSOCIATION OU D'INTERACTION AVEC AUCUNE AUTRE PERSONNE.

Ce rêve entier commença au moment où l'Esprit entra en contact avec le corps. Tout comme si vous étiez dans un profond sommeil, et que dans votre rêve vous agissiez comme quelqu'un d'autre. Vous voyez votre grande famille, vous êtes en vacances au bord de la mer, le soleil brille. Vous voyez différents paysages, etc. Après vous être réveillé, ce monde entier de rêve s'évanouit simplement. Qu'est-il arrivé à cette famille ? Qu'est-il arrivé à ces vacances ?

De la même façon, chaque jour vous voyez différents rêves. Cette vie est comme un grand rêve, un long rêve ! C'est un fait établi. Avant la connaissance corporelle, où étiez-vous ? Avant d'être quelle était votre existence ?

Après la dissolution du corps, après la disparition du corps, ou après la mort, allez-vous demander : "Qu'est-il arrivé à ma famille ? Où le monde est-il allé ? Où ma connaissance est-elle allée ?" La Connaissance signifie juste de se connaître dans un sens réel. Nous nous connaissons dans la forme du corps, et c'est la cause de toute notre confusion et tous nos conflits.

Q: Merci.

Maharaj: Aussi il ne devrait pas y avoir tant d'attachement à cette vie matérielle qui puisse nous conduire ou nous projeter dans un autre rêve. Ceci sera le dernier rêve. Ce sera le dernier rêve. Il ne devrait pas y avoir un autre rêve.

Connaissez-vous ! Ce corps vous a donné une réelle opportunité de vous connaître dans un sens réel. Si vous perdez cette opportunité, eh bien, nous ne pouvons savoir. Voulez-vous voir un autre rêve, et un autre rêve ? Si la réponse est non, sortez de tout ça.

SORTEZ DE TOUS CES RÊVES.

Pour cela, la Conviction de la Réalité est le plus important.

Q: La Conviction ?

Maharaj: La Conviction, la Conviction de la Réalité.

Q: Donc avec la méditation, et même au-delà de la méditation, vous devez rester avec cette Conviction, et par cette Conviction le reste s'effondre ?

Maharaj: Par la méditation vous rappelez au Soi Sans Soi, le Méditant, que "Vous êtes *Brahman*, vous êtes *Atman*". Vous vous rappelez de votre Soi Sans Soi.

Q: La méditation aide la Conviction à grandir, et la Conviction devient alors sa nature ?

Maharaj: Vous pouvez le prendre à votre manière, mais gardez à l'esprit que vous êtes la Vérité Ultime. Vous êtes la Vérité Finale. C'est votre histoire. Je raconte votre histoire, votre Réalité, pas ce que vous avez lu dans les livres.

JE RACONTE VOTRE HISTOIRE, VOTRE RÉALITÉ,

PAS TOUT CE QUE VOUS AVEZ LU DANS LES LIVRES.
C'est l'histoire de l'Auditeur, l'histoire de l'Auditeur Invisible en vous. Quand vous lisez des livres, vous devriez les lire comme s'ils racontaient l'histoire du Lecteur à l'intérieur.
**QUAND VOUS LISEZ DES LIVRES SPIRITUELS,
ILS RACONTENT L'HISTOIRE
DE L'AUDITEUR INVISIBLE EN VOUS.
IL VOUS FAUT LES LIRE,
COMME SI VOUS LISIEZ À VOTRE SUJET
C'EST VOTRE HISTOIRE, L'HISTOIRE DU LECTEUR.**
Quand je parle avec vous, je ne vous parle pas en tant que corps, je parle avec l'Auditeur Invisible à l'intérieur de vous. Les gens font l'erreur de lire des livres sur la spiritualité comme si les livres racontaient l'histoire de '*Brahman*' et 'd'*Atman*', une histoire sur quelque chose d'autre, quelque chose séparée du lecteur.
Q: Je pense qu'une des principales choses que vous avez faite Maharaj, a été de retirer beaucoup de connaissances livresques, et l'emphase sur certaines sortes de pratiques corporelles et lectures. Cela émane très solidement de vous, et cela en soi-même est une très importante sorte d'emphase. C'est une grosse différence, une expérience différente de ce à quoi nous étions habitués.
Cela amène aussi une nouvelle perspective et plus de foi dans le processus. De croire que le processus n'est pas une chose facile. Tous les mots qui sont là, dits par tous les Maîtres, sont filtrés quand vous les lisez. Mais vous avez mis l'emphase au-delà de ça, ce qui est très clair et utile.
Maharaj: C'est la Vérité Établie, la Vérité Finale.
Q: Merveilleux !

14. *La méditation est ennuyeuse*

Q: J'ai eu une expérience très profonde l'année dernière, et j'ai ressenti que je devais être à la dernière étape.
Maharaj: Il n'y a pas de dernière étape. L'étape de qui ? Qui mesure ? Il n'y a pas d'étape du tout. C'est l'impact de toutes vos lectures. Ce que vous lisez est reflété.
Q: Si ce monde est juste une illusion, quelle importance ont les expériences ? Comme je l'ai dit, cette expérience spirituelle était très profonde. J'ai perdu beaucoup d'amis, et ai diminué mon intérêt pour le monde à cause d'elle. Devrais-je me forcer à prendre intérêt au monde comme je le faisais avant cette expérience ? J'étais actif dans les causes sociales et le travail de charité.

Maharaj: Qui agit à travers le corps ? Votre Identité est couverte par le corps. Donc ce que vous faites est fait sur la base de la connaissance corporelle. En spiritualité nous disons : "Vous n'êtes pas le corps, vous n'allez pas rester le corps". Par conséquent, qui agit à travers le corps ? Vous dites que vous parlez, vous voyez, vous faites.

VOUS DITES : "JE FAIS QUELQUE CHOSE".
QUI DIT CELA ?

Le Voyant, l'Orateur, l'Orateur Invisible est votre Identité, laquelle est appelée *Brahman*, *Atman*, Dieu, Maître, ou tout autre nom. Mais comme vous croyez être la forme corporelle, vous êtes par conséquent incapable de vous connaître dans un sens réel. Ainsi toutes vos questions sont des questions liées au corps.

Votre travail social, vos amis, vos parents sont relatifs au corps. Avant d'être, quelle sorte de travail social faisiez-vous ? Aucun ! Après la dissolution du corps, quelle sorte de travail social ferez-vous alors ? Aucun ! Faites du travail social, mais ne le liez pas à l'ego. L'ego subtil est un grand problème. Faites-le si vous le souhaitez, faites des choses normales, mais en même temps, essayez de vous connaître dans un sens réel.

VOUS ÊTES SANS FORME.
VOUS N'ÊTES PAS DU TOUT CETTE FORME CORPORELLE.
OÙ ÉTAIT CE CORPS AVANT D'ÊTRE ?

Continuez à pratiquer l'investigation du Soi : qui agit à travers le corps ? Qui écoute ? Qui lit ? Qui est en train de me regarder ? Le monde entier est projeté hors de votre Présence, votre Présence Spontanée. C'est le principe de toute cette spiritualité.

LA SPIRITUALITÉ SIGNIFIE JUSTE
DE SE CONNAÎTRE DANS UN SENS RÉEL.

Q: Je suis tiraillé entre prendre soin du corps et le négliger.
Maharaj: Ne négligez pas le corps. Prenez soin du corps. Le corps est un médium. Essayez juste de savoir qu'avant toute cette connaissance corporelle, avant l'existence du corps, votre Présence était là. Elle était Invisible, Anonyme. Je parle de cette Présence antérieure à l'être. Hors de votre Présence, le monde entier est projeté. Ce dont vous parlez est lié au corps uniquement.

VOUS ÊTES TOTALEMENT SÉPARÉ DU CORPS.
VOUS DEVEZ VOUS CONVAINCRE DE CETTE RÉALITÉ.
C'EST UNE VÉRITÉ ÉVIDENTE.

Donc quelle que soit la connaissance que vous ayez, quelle que soit la connaissance spirituelle, quoi que vous fassiez, ce sont toutes des actions relatives au corps.

VOUS NE POUVEZ RIEN FAIRE.
AVANT D'ÊTRE, IL N'Y AVAIT PAS DE 'JE'.

SANS VOTRE PRÉSENCE, VOUS NE POUVEZ PAS DIRE 'JE'.

Je parle de cette Présence Invisible, cette Présence Anonyme, que nous appelons *Brahman*, *Atman*, *Paramatman*, Dieu. Il n'y a pas de limite. Elle est au-delà du ciel. Elle n'est pas encerclée ou confinée. Elle est sans limitations.

Q: Avec la méditation, devrais-je juste me concentrer sur "je suis *Brahman*" ? Est-ce tout ce que je devrais faire ?

Maharaj: Vous pouvez faire ça. Soyez clair, la méditation vous mène de plus en plus proche du Soi Sans Soi. La méditation est une obligation. C'est un moyen.

Q: Je suis quasiment sûr que la méditation que j'ai pratiquée n'est pas correcte. Je faisais de la méditation Bouddhiste, où vous observez seulement le flot des pensées. C'est comme regarder les pensées. Vous ne faites rien, les pensées continuent simplement comme elles veulent. Comme la méditation Zen, disciplinant le corps et laissant les pensées s'écouler. C'est tout. Cela ne me fait aucun bien. Très ennuyeux. C'est si ennuyeux que je tombe de sommeil.

Maharaj: La méditation devrait procurer du bonheur. Le rôle de la méditation est d'oublier le monde entier. Vous l'évaluez, disant que c'est ennuyeux. Dès lors que vous vous considérez en tant que forme corporelle ou individu, c'est ce qui fait que vous vous sentez ennuyé.

Il n'y a pas 'd'ennuyeux'. Qui s'ennuie ? Concentrez-vous sur "Qui s'ennuie ?" il vous faut vous concentrer sur le méditant. Concentrez-vous sur le méditant quand vous méditez, et finalement le méditant disparaîtra.

CONCENTREZ-VOUS SUR LE MÉDITANT, ET FINALEMENT LE MÉDITANT DISPARAÎTRA.

Q: Je ne crois plus au bonheur ou à la tristesse, ou à l'émotion.

Maharaj: Bonheur, tristesse, émotion, paix, tension, dépression, ces mots n'ont jamais existé avant d'être. Il n'y avait pas de bonheur, pas de paix, pas d'ennui, pas de dépression.

Q: Je ne cherche pas à être heureux ou quoique ce soit d'autre. Je cherche à découvrir qui ou ce que je suis, c'est tout. Je me fiche de la paix ou autres choses du genre. Le mental peut-il jamais être immobile ? Est-ce impossible de tranquilliser le mental ?

Maharaj: Vous avez donné naissance au mental. Il n'y a pas de mental, pas d'intellect. J'invite votre attention sur comment vous étiez avant la connaissance corporelle, sur comment vous étiez avant d'être. C'est votre Identité. C'est parce que nous sommes tombés sur la connaissance du corps que tous ces problèmes ont commencé. Mental, ego, intellect, bonheur, malheur, dépression, tension, ennuyeux, tous ces mots sont apparus. Nous avons donné des significations à ces mots. Que voulez-vous dire par ennuyeux ? Que voulez-vous dire par dépression ? Qui s'ennuie ? Que voulez-vous dire par paix ?

QUI VEUT LA PAIX ?

Q: Le corps-mental veut la paix.
Maharaj: Le mental signifie juste le flot des pensées. Le mental n'a pas d'identité. Vous avez donné naissance au mental, le flot des pensées. Vous savez que vous êtes témoin des pensées. Vous êtes totalement différent des pensées. Tout ça : mental, ego, intellect. Quand avez-vous appris ces mots pour la première fois ?
Q: Probablement de livres inutiles.
Maharaj: Vous êtes tombé sur les mots quand vous êtes tombé sur le corps. Avant d'être, vous ne saviez pas "Qui suis-je ?" Votre Présence était là, mais vous étiez inconnu à cette Présence. Tout ce discours de mon mental, mon ego, tout ça est connaissance basée sur le corps. Je tente de vous conduire loin de la connaissance basée sur le corps.
Q: Donc je dois seulement tout lâcher, lâcher tout ça complètement ?
Maharaj: Ne faites aucun exercice physique, ne faites aucun exercice mental. Essayez de vous connaître dans un sens réel.
Q: Je vous écouterai à cent pour cent. Je peux voir où je suis coincé. En parlant avec vous, à présent je peux voir comment je me suis tant coincé.
Maharaj: Ne stressez pas le cerveau. Soyez normal.

15. *Le corps est l'enfant du voisin*

Q: Maharaj, j'ai de graves problèmes.
Maharaj: Tous les saints comme Jnaneshwar, Toukaram et Nisargadatta Maharaj ont fait face à beaucoup, beaucoup, de problèmes. Ils savaient que toutes les difficultés survenant sur leur chemin s'évanouiraient rapidement. Tout le monde dit : "Mon problème est un grand problème, plus grand que tous ceux des autres". Ces saints ont tous fait face à des problèmes difficiles à un moment ou un autre, mais ils ne s'en inquiétaient pas en raison de leur forte Conviction. Les problèmes étaient simplement vus comme des nuages passagers pour le corps.

Nisargadatta Maharaj avait pour habitude de partager cette bonne histoire : À la porte d'à côté, le fils du voisin souffre d'une fièvre élevée, d'une forte fièvre. Vous vous sentez désolé pour cet enfant, vraiment désolé. La température de l'enfant est très élevée, mais vous êtes impuissant. Vous pensez au garçon et à sa famille, mais en même temps vous savez, "Ce n'est pas mon enfant, c'est l'enfant du voisin". De manière similaire, ce corps [votre corps], est à voir et à considérer comme s'il était l'enfant du voisin.
Q: Donc notre corps est comme l'enfant du voisin ? Nous devons le voir comme si ce n'était pas le nôtre, mais celui de quelqu'un d'autre ?

Maharaj: Oui, ce corps, fait des cinq éléments, est l'enfant du voisin. Vous ressentez quelque chose de déplaisant, de la tristesse peut-être, de la pitié même, mais en même temps vous comprenez que ce n'est pas votre enfant. "Je suis séparé de tout ça". Vous devez vous convaincre de cette façon car vous êtes votre propre architecte et votre propre Maître.

Par conséquent, voyez le corps comme l'enfant de votre voisin. Tous les sentiments et tous les concepts ne sont enracinés qu'au travers du corps. Vous êtes témoin de ceci, vous expérimentez cela. Avant le corps, il n'y avait rien.

La spiritualité vous enseigne comment émerger de tous les problèmes qui apparaissent en continu. Avant le corps il n'y avait pas de problèmes. Après le corps il n'y aura pas de problèmes. À présent, alors que vous maintenez le corps, ce ne sera pas difficile de sortir de tous ces problèmes, si vous mettez cela en pratique.

**RESTEZ AVEC LE PRINCIPE DE LA VÉRITÉ ULTIME
QUE VOUS ÊTES.
VOUS ÊTES LA SOURCE DE CE MONDE.**

Vous êtes la Source de ce monde entier. De la fermeté est nécessaire et la Conviction que "je n'ai rien à faire avec ce monde". N'empruntez pas de pensées aux autres, cela ne fera que créer des problèmes et perturbera votre stabilité.

**SOYEZ AVEC VOUS, ET ÉCOUTEZ DEPUIS LE TOUT.
LISEZ VOTRE LIVRE.
VOTRE ÉDITION EST FINALE !**

Tout le monde a différents concepts. Ignorez tout les autres ! Vous êtes la Vérité Finale ! Pourquoi avoir de l'ego ? Pourquoi laisser entrer la jalousie ? Pourquoi lutter ? Tous ces aspects affectent la Vérité Ultime. L'Esprit est sensible. L'Esprit est très sensible. Si vous mettez une teinture rouge dans l'eau, ou une teinture bleue, elle deviendra de cette couleur. L'Esprit est ainsi. Ignorez ce qui doit être ignoré. Modelez-vous de cette manière.

Si vous prêtez une attention sérieuse à tout ce qui se produit dans ce monde illusoire, vous serez sérieusement perturbé.

**VOUS ÊTES L'ARCHITECTE
DE VOTRE PROPRE VIE SPIRITUELLE.**

Si vous suivez ce principe simple, alors rien n'est impossible. Les 'Himalayas' sont en vous uniquement. Pourquoi vagabonder ici et là ? Vous ignorez votre propre Maître, et mendiez auprès d'autres Maîtres.

**RESTEZ AVEC VOTRE MAÎTRE INTÉRIEUR,
ALORS SEULEMENT VOS QUESTIONS SERONT DISSOUTES.**

Il y a des couches sur votre Présence Invisible. Vous vous connaissez à travers le corps seulement, sans savoir "Qui suis-je ?"

Q: Que signifie "Je suis" ? Est-il derrière tout ?

Maharaj: Il n'est pas derrière ! Il n'y a pas de derrière ! Ça signifie que vous devez garder votre attention sur la Vérité Ultime. À travers elle, vous expérimentez votre Présence Spontanée. Sans l'Esprit, sans *Atman*, vous ne pouvez pas expérimenter votre Soi Sans Soi.

L'EXISTENCE SPONTANÉE N'EST PAS DERRIÈRE.
VOUS ÊTES PARTOUT, COMME LE CIEL.
LE CIEL EST-IL DERRIÈRE OU EN FACE ?

Se considérer dans la forme corporelle signifie que vous n'êtes pas conscient de votre existence. Toute chose est indicative de votre Présence. Sans votre Présence, vous ne pouvez pas voir le monde, ou prononcer un seul mot. Vous êtes totalement inconnu. Puis, tout d'un coup, vous ressentez "je suis".

Il NE PEUT RIEN Y AVOIR SANS VOTRE PRÉSENCE INVISIBLE.
SANS LA PRÉSENCE, VOUS ÊTES IMPUISSANT
ET INCAPABLE DE PARLER AU SUJET DU MONDE.
C'EST LE SENS DE
"EXCEPTÉ VOTRE SOI SANS SOI IL N'Y A PAS DE DIEU…".
SANS SOI SIGNIFIE SANS 'JE',
SANS SOI, COMME LE CIEL.

Le grand Saint et philosophe, Shankaracharya a dit : "Je ne suis pas le corps, je suis *Mahatma*, la Grande Âme". Il doit y avoir cette Conviction.

Vous êtes la cause et la conséquence du monde entier, mais inconnu à vous-même.'Témoin' est juste un nom qui a été donné à la Vérité Ultime. Le Témoin ou l'Expérimentateur n'a pas de forme.

Cette vie est juste un long rêve, comme un tournage vidéo. Mais qui tourne la vidéo, ou prend ces photos ou capture ces images ? Nous disons : "Je ne sais pas", car nous sommes inconnus à nous-mêmes. Nous ne sommes en aucune forme. Les souvenirs de qui ? Les sentiments de qui ? Personne ! Tout ça sont des sensations corporelles, les octets défectueux qui sont sur notre disque dur.

LE CORPS PEUT SOUFFRIR, MAIS PAS VOUS.
J'INVITE L'ATTENTION DE 'CELA'
ET COMMENT VOUS ÉTIEZ AVANT
LA CONNAISSANCE CORPORELLE.

Q: La Présence Invisible est-elle dans la manifestation ou non ?
Maharaj: Ni l'un ni l'autre ! Ce n'est pas un débat. Il n'y a rien à analyser. Tout est calme et tranquille.

SOYEZ CALME ET TRANQUILLE.

16. Échapper à la connaissance corporelle

Q : Maharaj, comment puis-je m'échapper de toute cette connaissance ? Je veux la libération tout de suite. Y a-t-il une issue au mental, aux sentiments, à la vie, à tout ?

Maharaj: Bien sûr ! Pourquoi pas ? Vous êtes, et vous n'avez rien à voir avec tout ça. Ce dont vous parlez ne sont que des couches sur votre Présence Spontanée. Bien que vous viviez dans ce corps, vous en êtes complètement séparé. Vous dites : "Je veux la libération dès maintenant". C'est à vous de voir. Vous voulez un bonheur instantané, comme au fast-food.

QUAND VOUS ACCEPTEZ QUE VOUS N'ÊTES PAS LE CORPS, TOUTES CES SENSATIONS DONT VOUS PARLEZ DISPARAÎTRONT.

Ces besoins sont orientés au travers du corps. Qui voudra le bonheur et la paix lorsque la Présence disparaîtra ?

LE BONHEUR EST DÉJÀ EN VOUS.
VOUS AVEZ LA CLÉ.
TOUT COMME LE 'SÉSAME OUVRE-TOI !' D'ALI BABA.
LA CAVERNE PLEINE DE JOYAUX N'ATTEND QUE VOUS.
JE NOURRIS VOTRE BONHEUR, ET LE FAIT GRANDIR.

Le rôle de la spiritualité est de quitter le corps de bonne humeur. Qui quitte le corps ? Pourquoi ? Ne prenez pas ça littéralement. Il n'y a pas d'intérêt à appliquer l'intellect quand tout est Présence Spontanée. Je dois utiliser des mots pour vous convaincre.

VOUS ÊTES NON NÉ,
IMMORTEL, IMMORTEL.

Nous supprimons tous les fichiers indésirables de votre disque dur. Il y a tant de virus à l'intérieur, tels des bactéries rapides à se propager. La méditation est votre logiciel anti-virus.

UNE FOIS QU'IL EST INSTALLÉ,
IL DURERA POUR TOUJOURS,
PAS D'ABONNEMENT ANNUEL !

Q: Cette Présence Invisible dont vous parlez, est-ce l'amour ?

Maharaj: Vous êtes amoureux de vous-même. L'amour et l'affection ont commencé au moment où l'Esprit a cliqué avec le corps. Avant d'être, il n'y avait pas d'amour et d'affection, rien. Tous ces termes sont arrivés après.

Ce corps est le plus sale des corps, mais couvert d'une jolie peau. Qu'est-ce qui est à l'intérieur ? La machinerie. Toute cette machinerie fait son propre travail : cœur, poumons, foie, avec du pouvoir fourni à chaque organe. Si l'Esprit n'était pas là pendant une seconde, le corps se détériorerait. Par conséquent vous êtes complètement séparé de ce corps.

VOUS N'ÊTES PAS LE CORPS,
VOUS ÊTES SANS FORME,
ALORS, QUI AIME QUI ?

Vous êtes simplement comme le ciel ou l'espace. Le mot 'amour' arriva quand votre Présence était limitée à la forme corporelle. 'Amour' et 'affection' ne sont que des termes relevant de la forme corporelle.

VOUS N'ÊTES PAS DANS LA FORME CORPORELLE.
DONC IL N'Y A PERSONNE ICI
POUR PARLER D'AMOUR ET D'AFFECTION.

Q: Il y a une belle citation de Nisargadatta Maharaj qui parle de la sagesse et de l'amour.

Maharaj: Oubliez ce que disent les autres !

C'EST CE QUE VOUS DITES QUI EST
LE PLUS IMPORTANT.
C'EST LA SEULE CHOSE QUI COMPTE.

Je vous ai dit que

PERSONNE N'EST PLUS GRAND QUE VOUS.

Si vous êtes ferme et avez une forte foi et implication, vous serez capable de faire face aux difficultés qui continueront à arriver.

La spiritualité ce n'est pas taper des mains et placer des guirlandes ici et là, c'est un cadre pour la vie quotidienne. Surveillez l'ego, il est toujours en train de créer des problèmes, comme "Je suis un homme spirituel". Il n'y a pas besoin de lutte, de jalousie, car votre Présence est partout. Soyez calme et tranquille et indifférent au monde.

QUAND VOUS ÊTES UN AVEC VOTRE DÉVOTION,
VOUS ÊTES UN AVEC VOTRE SOI SANS SOI.

Ça signifie que votre force émerge, c'est une sorte d'ivresse spirituelle. Mais vous ne devez pas en prendre d'ego, ou faire mauvais usage de votre pouvoir.

VOUS VERREZ LE PROGRÈS.
IL Y AURA UN SILENCE INTÉRIEUR TOTAL ET COMPLET.
VOUS ÊTES AU-DELÀ DE CE MONDE.

Parfois vous pouvez tomber victime des circonstances externes via l'argent, le pouvoir ou le sexe. Souvenez-vous juste que quand le corps expire, nous n'emporterons rien qui provienne de ce monde avec nous. Un grand pouvoir viendra de votre dévotion. Quoi que vous disiez, se produira. Soyez sincère, honnête avec vous-même, et soyez sincère avec votre Maître.

JE N'ATTENDS RIEN DE VOUS.
JE VOUS DEMANDE DE DONNER UNE COMPLÈTE DÉVOTION
À VOUS-MÊME.

Mon bonheur vient de votre progrès spirituel.

BRILLEZ !

**SOYEZ ÉCLATANT,
ET FAITES BRILLER LES AUTRES !**

Soyez heureux, et rendez les autres heureux. Et ne gaspillez pas cette connaissance exceptionnelle. Après avoir atteint la Vérité Ultime, vous serez heureux, et vous voudrez partager ce bonheur avec les autres. Ne soyez pas égoïste. Partagez-le. Ne gaspillez pas la délicieuse nourriture. Après avoir consommé la nourriture, s'il en reste, il vous faut la distribuer à tous ces gens dans le besoin. En même temps, faites preuve de prudence ! Faites attention aux gens qui nourrissent votre ego, disant par exemple : "Vous êtes un grand homme !"

**VOUS N'AVEZ PAS À ESPÉRER OU À ACCEPTER
QUELQUE CONCEPT LIÉ AU CORPS QUE CE SOIT
CAR TOUT EST EN VOUS.
IL N'Y A RIEN EXCEPTÉ SOI SANS SOI.
PERSONNE N'EST PLUS GRAND QUE VOUS.
L'UNIVERS ENTIER EST À L'INTÉRIEUR DE VOUS.
VÉRITÉ NUE !**

17. *Effacez toutes les mémoires*

Q : Maharaj, à part l'ego, il y a aussi l'ego subtil ?
Maharaj: L'ego subtil est connecté avec la connaissance corporelle. L'existence de l'ego, du mental, de l'intellect sont tous des concepts illusoires. Avant d'être, il n'y avait pas d'ego, il n'y avait pas d'ego subtil. C'est parce que nous posons en tant que forme corporelle que l'ego subtil apparaît. Au moment où la connaissance du corps se dissout et disparaît, il n'y aura plus aucun ego. La méditation est requise pour réduire la force de l'ego. 'Ego subtil' et ainsi de suite, à nouveau, ne sont que des mots.

**L'EGO LUI-MÊME EST ILLUSION
CAR IL N'Y A PAS DE 'JE',
IL N'Y A PAS DE 'TU', IL N'Y A PAS DE 'IL' OU 'ELLE'.
IL N'Y A RIEN LÀ.
L'ÉCRAN EST COMPLÈTEMENT VIERGE.**

Q: Et qu'en est-il du mental ?
Maharaj: Il n'y a pas de mental du tout. Le mental n'a pas d'existence par lui-même. C'est juste le flux des pensées. Pas de mental, pas d'ego. Vous avez donné naissance à l'ego. Avant la naissance, il n'y avait pas d'ego du tout. Avant d'être, pas d'ego, pas de mental. Rien !

L''ÉTAT' ÉTAIT CELUI DANS LEQUEL

NOUS ÉTIONS INCONNUS À NOUS-MÊMES.

Où va l'ego après avoir quitté le corps ? Nous parlons de l'ego, du mental, de l'intellect, de tant de choses qui sont à l'intérieur du cercle, le fardeau de la connaissance corporelle.

J'attire votre attention sur les mots de Shankaracharya : "Dire 'Je' est illusion, dire 'Tu' est illusion, dire '*Brahman*' est illusion. Le monde entier est illusion." Donc, où est l'ego ? Où est-il situé ?

Q : Si une personne est humble et une autre a un ego important, cela signifie-t-il qu'il est plus facile à la personne humble de se débarrasser de l'ego ? Souvent, j'ai remarqué avec ceux qui se considèrent être humble que l'ego subtil était au travail que ce soit sciemment ou inconsciemment.

Maharaj : Le corps est là et l'ego est là, mais il n'y a pas de corps et pas d'ego. Ne prêtez pas d'attention spéciale à l'ego, ou à l'ego subtil, ou à savoir si l'ego est petit ou grand. Pourquoi voulez-vous mesurer et comparer si votre ego est plus grand que le mien ?

Gardez un principe en tête : le corps n'est pas votre identité, le corps n'était pas votre identité, le corps ne va rester votre identité. Méditation, Connaissance et *bhajans* - pourquoi sont-ils nécessaires ? Parce qu'avec le corps, vous avez commencé à vous considérer comme forme corporelle, en tant qu'individu séparé. Cela a conduit à un fort attachement au corps, avec comme résultat que vous avez maintenant beaucoup d'amour et d'affection pour la forme corporelle. Il vous est devenu très cher.

PENSEZ-Y SIMPLEMENT
AVANT LE CORPS, IL N'Y AVAIT RIEN.
IL N'Y AVAIT PAS DE NOM, PAS DE BESOINS,
PAS DE DEMANDES.
NOUS NE CONNAISSIONS PAS DE BONHEUR
OU DE MALHEUR OU DE PAIX.
IL N'Y AVAIT RIEN DU TOUT.

Q : Vous dites que le mental est juste le flux des pensées. Mon problème est que j'ai beaucoup de pensées tournant en rond dans ma tête. Elles ne semblent jamais pouvoir s'arrêter. Elles semblent m'emporter, m'entraîner avec elles. Que puis-je faire ?

Maharaj : C'est naturel. N'y donnez pas tant d'importance. Les pensées vont circuler, mais il vous faut ne pas leur prêter attention. C'est simple.

AVANT D'ÊTRE, IL N'Y AVAIT PAS DE PENSÉES.
AU MOMENT OÙ VOUS ÊTES TOMBÉ SUR LE CORPS
LES PENSÉES ONT COMMENCÉ À S'ÉCOULER.

Maintenant, vous savez ce qu'il en est ! Vous savez que le corps n'est pas votre identité. Aussi, faites usage des pensées qui apparaissent utiles, et restreignez celles qui sont inutiles. C'est simple !

Q: Je sais, c'est vrai. Je commence à changer mon point de vue sur les choses, mais je pense que cela prend du temps. Bien que je sache, je me sens encore déprimé et anxieux à propos de choses.
Maharaj: Cela arrive au corps car il est affecté par l'atmosphère extérieure et l'atmosphère intérieure.
    MAIS VOUS ÊTES TOTALEMENT SÉPARÉ DE TOUT CELA.
    VOUS ÊTES ENTIÈREMENT DIFFÉRENT DE TOUT CELA.

La sensation ou l'humeur d'aujourd'hui peut ne pas être celle de demain. Bonheur ou malheur sont des voiles sur votre Présence. Puisque vous maintenez le corps, il se doit d'être affecté par l'atmosphère. Ainsi ce type d'expérience, ces ressentis ou ces couches de sensations surviennent, mais ils ne resteront pas constants.
    AUJOURD'HUI, VOUS RESSENTEZ UNE DÉPRESSION,
    DEMAIN, VOUS RESSENTIREZ DU BONHEUR,
    MAIS LE TÉMOIN EST LE MÊME.
    LA PRÉSENCE QUI TÉMOIGNE DU BONHEUR
    ET DU MALHEUR EST TOUJOURS LA MÊME.

Pour le dire simplement, 'bonheur' est le nom donné aux bonnes sensations qui viennent des choses que vous trouvez tolérables. Inversement, les choses que vous ne pouvez pas tolérer, et qui produisent des sensations négatives en vous, sont appelées 'malheur'. Par exemple, quand vous avez mal à la tête, vous pensez, "Je ne me sens pas bien". Mais si vous prenez un cachet, un analgésique, alors, soulagement : "Oh ! Je vais bien !" Les Pensées et les sensations sont des illusions momentanées et indignes de votre attention.
    AUSSI, DANS DE TELS MOMENTS,
    IL VOUS FAUT PRENDRE UN COMPRIMÉ SPIRITUEL
    POUR VOUS REMÉMORER VOTRE IDENTITÉ.

Quand vous êtes en quelconque souffrance, vous prenez immédiatement un comprimé qui va vous en soulager instantanément. De même, si vous vous sentez déprimé, léthargique ou malheureux, prenez votre médicament spirituel, rapidement. De cette façon vous ressentirez : "Je n'ai rien à voir avec ces sensations de dépression, d'anxiété, ou de léthargie".
    DES NUAGES NOIRS VIENNENT,
    DES NUAGES NOIRS S'EN VONT,
    LE CIEL EST, TEL QU'IL EST.

Q: Et le comprimé spirituel est ?
Maharaj: Le comprimé spirituel signifie tourner votre attention sur le fait que :
    JE N'AI RIEN À FAIRE AVEC LA FORME CORPORELLE.
    JE N'AI RIEN À VOIR AVEC LA FORME CORPORELLE.
    JE NE SUIS PAS LE CORPS,
    JE N'ÉTAIS PAS LE CORPS,
    JE NE VAIS PAS RESTER LE CORPS.

**QUOI QU'IL ARRIVE AU CORPS EST INCERTAIN.
IL N'EST PAS LA RÉALITÉ.**

Q: Nous devons détourner notre attention de ce qui est vu, et la ramener sur le Voyant. Demeurer avec le permanent, non pas l'impermanent ?

Maharaj: Oui ! Donc soyons clairs au sujet de la spiritualité, et sur le pourquoi nous faisons ce que nous faisons ici. Nous lisons, nous écoutons, nous étudions, méditons, chantons les *bhajans*. Pourquoi ?

**NOUS DEVONS EFFACER TOUS LES SOUVENIRS
DEPUIS LE MOMENT OÙ
L'ESPRIT A CLIQUÉ AVEC LE CORPS,
JUSQU'À AUJOURD'HUI.**

Il vous faut passer par le processus de la méditation, des *bhajans* et de la Connaissance, pour absorber la Vérité Nue. Ces activités sont aussi illusion, mais elles sont les bases, et en conséquence nécessaires au départ. Bhausaheb Maharaj insistait sur l'importance d'une dévotion innocente, sans concepts, ego, intellect, mental.

**CES PRATIQUES SONT COMME LES BARREAUX DE
L'ÉCHELLE POUR VOUS FAIRE MONTER.
UNE FOIS QUE VOUS ÊTES LÀ-HAUT,
VOUS POUVEZ VOUS DÉBARRASSER DE L'ÉCHELLE.**

Avec différents mots, de différentes façons et par des angles différents, le Maître tente de vous convaincre de votre Réalité.

**VOUS ÊTES LA RÉALITÉ ULTIME.
VOUS ÊTES LA VÉRITÉ ULTIME.
VOUS ÊTES LA RÉALITÉ FINALE.**

18. *Vous êtes sans forme*

Q : Puis-je atteindre cette Vérité Finale par moi-même, sans méditation ?
Maharaj:
**LA MÉDITATION AGIT COMME UNE ÉCHELLE
OU UN ASCENSEUR.
POUVEZ-VOUS MONTER DIX ÉTAGES SANS ASCENSEUR ?**

La méditation n'est plus nécessaire après la Conviction parce qu'avec la Conviction, vous SAUREZ. Ce corps est appelé 'John'. Avez-vous besoin de continuer à répéter votre nom ? Non ! Votre nom vous a été donné par vos parents et il est fixé. Vous avez la Conviction d'être John.

C'est pareil ici. Après la Conviction, vous SAUREZ que "Je suis *Brahman*". Après quelques temps, sans que vous en ayez connaissance, une

récitation vingt quatre heures sur vingt quatre surviendra automatiquement, spontanément. Le Mantra est requis pour oublier l'identité corporelle.
Q: Que penser des Mantras des autres traditions ?
Maharaj: Oubliez les autres Mantras ! Ce qui m'est arrivé peut vous arriver aussi. Quand vous embrasserez pleinement la Réalité, vous serez capable de parler spontanément comme moi ! Les corps sont différents mais il n'y a pas de différence en Esprit. John est le nom de l'enveloppe externe. Parlons-nous du ciel Indien, du ciel Chinois, du ciel Russe ? Non ! Le ciel est le même.

**VOTRE PRÉSENCE SPONTANÉE
N'A PAS D'EGO, PAS D'INTELLECT, PAS DE MENTAL.**

Le seul rôle de la méditation, et de toute cette écoute de la Connaissance, est de dissoudre la connaissance. Vous devez avoir une forte volonté et force intérieure. Vous avez une puissance cachée. Soyez calme et tranquille.

**N'Y PENSEZ PAS !
N'APPLIQUEZ PAS VOTRE INTELLECT, VOTRE MENTAL !
SOYEZ AVEC VOUS.
NE SOYEZ PAS AVEC LE MENTAL, L'EGO, L'INTELLECT.**

Soyez votre propre enseignant. Vous savez que vous êtes la Vérité Ultime, au-delà du bonheur, au-delà du silence. Oubliez et pardonnez car vous êtes la Source de ce monde. Pensez à ces discours comme à des histoires toutes connectées à votre Soi Sans Soi.

VIVEZ COMME VOUS ÉTIEZ AVANT D'ÊTRE.

Q: Mais je ne sais pas comment c'était.
Maharaj: Non, vous ne savez pas ! "Ne pas savoir" signifie que vous n'êtes en aucune forme. Ça signifie que vous êtes dépourvu de forme comme le ciel. Et comme le ciel, vous ne pouvez pas mourir. Quand je dis "Je ne sais pas", je dis "Je ne suis pas dans la forme, le corps". Si je dis "Je sais", alors quelque illusion est présente. "Je ne sais pas" est la réponse parfaite. Vous pouvez savourer cela maintenant et ensuite aller profond, de plus en plus profond. Savourez la nage ! C'est rare, très rare.
Q: Mais nous avons besoin de patience et de pratique ?
Maharaj: La question de la patience ne se présente jamais car vous n'êtes pas un patient. La patience n'est requise que pour le patient !
Q: Ces discussions journalières sont comme des injections. Elles fonctionnent vraiment !
Maharaj: Par la grâce de mes Maîtres.
Q: Nous sommes très honorés.
Maharaj: C'est une Connaissance rare, et la plus rare.
Q: Et la Connaissance doit être dissoute aussi.
Maharaj: Oui, oui.
   Donc, écoutez attentivement, la Présence est requise pour dire "Je suis". Mais cette Présence Spontanée n'a aucune identité individuelle car elle est

Identité Anonyme, Non Identifiée. Excepté votre Soi Sans Soi, il n'y a pas de Dieu, pas de Maître, pas de *Brahman*, pas d'*Atman*, pas de *Paramatman*. Cette Conviction est supposée apparaître spontanément.

À PRÉSENT, TOUT CE QUE VOUS CONNAISSEZ, N'A ÉTÉ CONNU QU'À CAUSE DU CORPS.

La réponse "je ne sais pas" a de nombreuses significations. La Présence Spontanée est venue à l'existence dans la forme corporelle. Le plus important est que "je ne sais pas" communique le fait que votre Présence était là avant d'être, mais non pas dans une forme. Vous êtes sans forme.

La connaissance égotique crée confusion et conflit. La Connaissance spirituelle indique notre Identité Invisible, Non Identifiée. La vie quotidienne continue de façon normale, mais l'on peut vivre paisiblement après la Connaissance de la Réalité. Bien sûr, il n'y a pas d'obligation à accepter cette Réalité. Vous pouvez en prendre acte, ou y réagir. C'est à vous de voir ! La Réalité est la Réalité, et non pas un sujet à débat, discussion ou argumentation.

Q: Vous dites qu'il faut avoir la foi.

Maharaj: Oui, vous devez avoir foi en vous-même. Si je suis un homme, je l'accepte, c'est comme ça.

LA FOI EST RELATIVE À CE QUI EST IMPRIMÉ EN VOUS. AYEZ FOI QUE VOUS ÊTES LA VÉRITÉ ULTIME. GARDEZ FOI DANS LES MOTS DU MAÎTRE.

Avec ces discussions, je vous présente à votre Vérité, votre Vérité immuable. Vous êtes *Brahman*, *Paramatman*, Vérité Absolue. Vous ne pouvez pas déplacer le ciel de l'Amérique en Inde, n'est-ce pas ?

Q: Vous nous déplacez de l'Inde vers l'Absolu !

Maharaj: Personne ne bouge ! Rien ne bouge, il n'y a pas de déplacement.

QUAND VOUS ACCEPTEZ LES MOTS DU MAÎTRE ABSOLUMENT, C'EST APPELÉ LA FOI.

Le Maître dit que ce n'est pas votre identité. Vous êtes simplement comme le ciel. Votre Présence est partout.

QUOI QUE JE VOUS AIE DIT JUSQU'ICI, DIGÉREZ-LE. SI JE VOUS DONNE UNE OVERDOSE, IL VOUS SERA IMPOSSIBLE DE LE DIGÉRER.

19. *Le secret de la vie spirituelle*

Maharaj: Un garçon, Eklavya voulait apprendre le tir à l'arc. Le Maître Dronacharya était un grand instructeur de tir à l'arc. Il formait la Famille Royale. Eklavya avait douze ans environ et était issu d'une basse caste. Il observait Dronacharya formant de jeunes garçons. Il s'approcha du Maître et lui demanda de lui enseigner le tir à l'arc. Le Maître le congédia, lui disant qu'il ne serait pas capable de comprendre ses instructions.

Eklavya était déterminé. Il décida de fabriquer une idole, une statue de Dronacharya, et la prit pour Maître. Il mit toute sa foi dans ce Maître, et apprit l'art du tir à l'arc par cet homologue. Cette statue était dotée de pouvoir grâce à la foi d'Eklavya envers le Maître.

Guidé par son Maître, il pratiqua le tir à l'arc tous les jours. Il demandait à la statue : "Est-ce que je vise correctement ou non ?" La voix intérieure disait, "oui, c'est correct mon garçon !" De cette façon, par la Connaissance Directe, il perfectionna ses compétences d'archer.

Quelque temps plus tard, il y eut un concours. Dronacharya fit une déclaration : "Voyez ce chien au loin, il va garder sa gueule ouverte. Vous devez tirer la flèche directement dedans, de telle façon qu'elle ne touche rien et ne cause aucun dommage". Arjuna fut le premier à tirer. Il avait appris avec son Maître. Il tira sa flèche, mais elle n'atteint pas la cible. Le tour d'Eklavya arriva, il tira sa flèche parfaitement et gagna le concours.

Dronacharya était stupéfié. Il demanda à Eklavya : "Où as-tu appris une telle technique ?" Eklavya répliqua : "Maître, vous m'avez donné cette connaissance". Dronacharya répondit, "Non tu n'as pas appris ça avec moi !" Eklavya expliqua qu'il avait fait une idole de son Maître, et c'est ainsi qu'il avait reçu la connaissance.

La partie suivante de l'histoire est de la plus haute importance. Dronacharya lui dit : "Très bien, tu es maintenant mon disciple, mais tu dois m'offrir quelque chose". "Je vous donnerai tout ce que vous demanderez", dit-il. Pour tester sa foi, Dronacharya demanda le pouce d'Eklavya. [Ici, se couper le pouce signifie la reconnaissance de la Source de la Connaissance : c'est la Connaissance du Maître et non la sienne.] Eklavya obéit.

Cette histoire a une signification profonde. Vous devez avoir une forte foi dans le Maître, qu'il soit dans le corps ou non. Avec une pleine concentration, une foi totale et une pleine confiance, comme Eklavya, la Connaissance Spontanée émergera. C'est un exemple de dialogue intérieur qui survient lorsqu'il y a implication totale de soi-même. C'est la plus haute dévotion, la dernière dévotion, 'Parler avec Soi Sans Soi'. [*Atma Nivedanam Bhakti.*] Vous devez convaincre votre Soi Sans Soi. Cela signifie vous adresser à vous-même, demandez-vous intérieurement.

ADRESSEZ-VOUS À VOUS-MÊME, DEMANDEZ-VOUS INTÉRIEUREMENT.

Le questionnement intérieur et les réponses prennent place. Vous vous convainquez vous-même. Les questions et les réponses apparaissent instantanément, sans l'aide de personne. Cela se produit car le Maître est déjà en vous. C'est la conversation avec Soi Sans Soi.

Votre confiance et votre foi sont essentielles, afin que votre Conviction puisse croître et devenir comme celle dont a fait preuve Eklavya. On ne peut assez insister sur le fait d'avoir une foi complète en vous et dans le Maître. En Inde et ailleurs, des miracles arrivent à nombre de gens qui ont cette forte foi dans des idoles de pierre. Vous pouvez vous demander comment cela est possible ?

LA PIERRE N'EST QU'UNE EFFIGIE.
LES MIRACLES SE PRODUISENT CAR
VOUS ÊTES LE PRINCIPE.
D'ABORD, AYEZ FOI EN VOUS, ET ENSUITE FOI EN DIEU.

Vous pouvez parler ouvertement de tous les sujets en utilisant l'intellect.

MAIS AVEC UNE FOI FORTE,
VOUS POUVEZ FAIRE SE MANIFESTER QUELQUE CHOSE.

La foi réelle signifie servir le Maître sans aucun ego. Ne faites pas mauvais usage de votre pouvoir. Parfois des choses que vous avez souhaitées peuvent survenir. Si cela arrive, n'en prenez pas d'ego, cela pourrait ternir votre vie spirituelle. L'individualité est supposée se dissoudre.

SI VOUS AVEZ UNE FOI COMPLÈTE EN VOUS-MÊME,
CELA SIGNIFIE QUE VOUS DEVENEZ
UN AVEC L'UNIVERS.
C'EST UNE DÉVOTION SANS SOI.

Tous les grands saints avaient une foi immense en leurs Maîtres, tant et si bien que rien ne pouvait les affecter. Soyez dévoué à votre Soi Sans Soi et voyez les miracles se produire. Ne partagez ceux-ci avec personne, sous peine de voir votre ego se saisir de votre corps spirituel, et vous pourriez alors dire : "J'ai eu cette expérience-ci, cette expérience-là". Cela mènera à un sentiment de supériorité, et vous pourriez dire ou faire quelque chose comme : "Vous ne savez rien", et commencerez à faire des comparaisons. Ce n'est pas bon pour l'Esprit et cela gâtera et compliquera votre dévotion. Ayez foi et confiance en cette simple Connaissance.

20. Le Guru est plus qu'un miroir

Maharaj: Il est très rare de trouver un Maître ayant la Connaissance Directe qui puisse vous montrer que vous êtes la Réalité, la Vérité Ultime, la Vérité Finale. Nisargadatta Maharaj dit : "Je ne fais pas de vous des disciples, je fais de vous des Maîtres". Swami Vivekananda cherchait un tel Maître.
Q: Oui, je connais cette très belle histoire. J'ai lu que Vivekananda chercha quelque temps, demandant à différents Maîtres s'ils avaient fait l'expérience de Dieu, et s'ils pouvaient lui montrer Dieu en lui. Aucun ne répondit 'Oui', y compris Devendranath Tagore, [Le père de Rabindranath Tagore]. Mais il dit : "Vous avez les yeux d'un Yogi et vous allez très certainement vous réaliser en cette vie".

Ce fut seulement lorsqu'il rencontra Ramakrishna Paramahansa, qu'il obtînt finalement la réponse qu'il cherchait. Ramakrishna lui dit : "Oui, j'ai vu Dieu. Je peux vous le montrer".
Maharaj: Nisargadatta Maharaj dit : "Le Maître est déjà en vous, mais vous n'en êtes pas conscient".
Q: Alors, est-ce que le Maître dort ?
Maharaj: Vous avez oublié votre identité à cause de forces extérieures. Vous êtes devenu inconscient de votre Réalité, à cause d'expériences et d'impressions nombreuses et variées dans votre vie.
Q: Donc, le rôle actif du Guru est de permettre ou d'assister, et d'encourager le réveil de ce qui est déjà en vous ?
Maharaj: Le Maître, ou Guru, vous encourage et imprime en vous la Réalité. Il place devant vous votre Réalité Ultime, que vous avez oubliée. Vous vous sous-estimez.

VOUS PENSEZ QUE VOUS ÊTES QUELQU'UN.
VOUS N'ÊTES PERSONNE,
ET POURTANT,
VOUS ÊTES TOUT LE MONDE.

Cette Connaissance devrait être spontanée, une Conviction Spontanée. Cela peut se produire, comme cela s'est produit pour Nisargadatta Maharaj. Ce n'est pas difficile, en particulier avec votre intensité, votre forte foi. Réalisez cette Vérité, c'est un fait évident. Par exemple, [Maharaj montre un mouchoir], ceci est appelé un 'mouchoir', je sais ! De même, quand vous réaliserez la Réalité, vous direz 'Je sais !' simplement comme cela.

VOTRE PRÉSENCE SPONTANÉE
EST APPELÉE *BRAHMAN*, *ATMAN*, *PARAMATMAN*, DIEU.
CE CORPS N'EST QUE L'ENVELOPPE EXTÉRIEURE.

Une fois que vous connaissez la Réalité, vous continuerez comme avant, vivant avec le corps, mais en même temps en sachant : 'Ce n'est pas mon identité'. L'effet de cette Connaissance du Soi vous laissera sans peur. Vous n'aurez plus du tout peur de la mort, et tous ces concepts d'enfer et de paradis relatifs au corps s'en iront aussi.

Q: Le Guru n'est-il pas comme un miroir, afin que nous puissions voir notre reflet, ce que nous sommes clairement ?

Maharaj: Le Guru est plus qu'un miroir. Un miroir a seulement un côté, le Guru vous montre tous les côtés.

Q: Vous nous remémorez notre Identité vraie, en nous aidant à discriminer entre le vrai et le faux, le permanent et l'impermanent. Avec la discrimination nous devenons moins attachés…

Maharaj: Oubliez tout ce que vous avez lu ! C'est une grande histoire. Oubliez cette forme corporelle avec toute sa connaissance. Vous avez juste joué avec les mots, avec tous ces noms littéraires trouvés dans les livres. Vous avez juste joué avec des poupées ! Vous vous êtes amusé, jouant à un jeu d'enfants dans votre petit monde rempli de mots littéraux hauts en couleurs.

VOUS ÊTES ULTIME ! VOUS ÊTES NON NÉ !

Q: Quelle est la relation entre le Guru et le disciple, ou le Maître et l'étudiant ?

Maharaj: En réalité, il n'y a pas de 'Guru' et pas de 'disciple'. Il n'y a pas de relation. Il n'y a que 'Soi Sans Soi', 'Unité', 'Vérité Ultime'. Je dois faire marche arrière, pour ainsi dire, et prendre le rôle du Guru pour enseigner, tandis que vous prenez le rôle du disciple. Mais nous ne posons en tant que tels que pour un temps. En définitive, il n'y a pas de Guru et pas de disciple. Nisargadatta Maharaj disait :

EXCEPTÉ VOTRE SOI SANS SOI,
IL N'Y A PAS DE DIEU,
PAS DE *BRAHMAN*, PAS D'*ATMAN*,
PAS DE *PARAMATMAN*, PAS DE MAÎTRE.

Q: Je sens que quand vous parlez et enseignez quelque chose se produit à un niveau profond qui est difficile à expliquer. Si ça n'a pas à être compris comme une relation entre le Guru et le disciple, alors qu'arrive-t-il exactement ?

Maharaj: Il n'y a que Soi Sans Soi. Votre Présence Spontanée est Invisible, Anonyme, Identité Non Identifiée. Pour faire comprendre, on peut dire que :

LE MAÎTRE EST L'ORATEUR INVISIBLE ET
LE DISCIPLE EST L'AUDITEUR INVISIBLE.

Le Maître s'adresse à l'Auditeur Invisible en vous. Ils sont un seul et même : Réalité Ultime. Après tout, il n'y a jamais que l'Unité.

JE NE VOUS PARLE PAS,
JE M'ADRESSE À L'AUDITEUR SILENCIEUX INVISIBLE EN VOUS.

Q: Je ne comprends pas pourquoi, mais en votre Présence, Maharaj, il y a un sentiment de paix et de bonheur.

Maharaj: N'essayez pas de comprendre ! L'Auditeur Invisible, appelez-le Esprit si vous souhaitez, aime entendre sa propre histoire. Le Maître rafraîchît la mémoire de son Identité, l'incitant à se réveiller.

**VOUS POUVEZ NE PAS COMPRENDRE,
MAIS LA RÉALITÉ INVISIBLE COMPREND.**

Et elle est Une avec les mots du Maître. Vous êtes couvert de cendres. En dessous le feu brûle. Le Maître enlève les cendres.

Q: Ce que vous dites, Maharaj, est que notre identité réelle a été enterrée sous de nombreuses couches, des couches d'illusion ?

Maharaj: Nous sommes inconscients de notre importance, de notre valeur réelle. Depuis l'enfance, nous avons reçu sans cesse des impressions. Toutes nous ont donné une fausse image de nous-mêmes, une fausse identité. Vous vous percevez comme quelque chose d'autre, une entité séparée qui est à part et différente de la Réalité. Ce n'est pas vrai.

Et même ceux d'entre vous qui clament avoir une connaissance spirituelle, cette connaissance est réellement de peu d'utilité car ce n'est qu'une connaissance littérale.

**DIRE, "JE SUIS *BRAHMAN*"
EST AUSSI ILLUSION,
CAR VOUS VOUS CONSIDÉREZ ÊTRE '*BRAHMAN*',
EN UTILISANT LE MÉDIUM DE LA FORME CORPORELLE.**

'*Brahman*' est seulement un nom.

**TOUTE CETTE CONNAISSANCE DOIT ÊTRE ABSORBÉE.
TOUTE CETTE CONNAISSANCE DOIT ÊTRE ABSORBÉE.**

Le cerf musqué est célèbre pour la senteur qu'il produit. Il devient parfois fou à cause de sa propre et puissante fragrance. Il pourchasse partout l'odeur intense ne sachant pas que le parfum émane de lui. Le cerf possède cette fragrance. Cependant, comme il n'en a pas conscience, il tente d'en trouver la localisation, la source. Le disciple se comporte comme le cerf musqué, jusqu'à ce que quelqu'un [Le Maître, par exemple], vienne lui apporter l'illumination, lui disant : "Cette fragrance provient de toi".

**VOUS ÊTES LE PRINCIPE, VOUS ÊTES LE MAÎTRE.
VOUS ÊTES TOUT.
VOUS ÊTES SANS LIMITE.**

Il nous faut continuer à dire la même chose de différentes manières, juste pour établir la Vérité Ultime. Vous êtes la Vérité Finale. Bien.

21. Le maître régénère votre pouvoir

Maharaj: Le Guru ou Maître SAIT. Il ne se voit pas ou ne s'évalue pas en tant que forme corporelle. Il est hors du cercle de la connaissance du corps. Il est l'Ultime, et de cette position, il invite l'attention de l'Auditeur Invisible Anonyme en vous, et vous rappelle la Réalité : "Vous êtes l'Ultime. Vous êtes la Vérité Finale". Le Maître vous dit qu'il n'y a rien à craindre car vous êtes la Source. Par conséquent lorsque toutes les activités prennent fin, arrêt complet, point mort, la recherche est terminée.

**EN FAIT, IL N'Y A PAS DE RECHERCHE CAR
LE CHERCHEUR EST DÉJÀ L'ULTIME.**

Q: Mais toutes ces années de recherche ? J'ai été un chercheur aussi loin que je me souvienne.
Maharaj: Il n'y a pas de chercheur, alors n'essayez pas de le trouver à travers la connaissance corporelle, que ce soit intellectuellement, logiquement ou égoïstement. Il n'y a que la Réalité Spontanée. C'est votre Réalité Spontanée. Elle ne pense pas : "Oh ! Je suis *Brahman*, je suis *Atman* ou *Paramatman*". C'est la réalité Spontanée. Et il vous faut maintenir cette Réalité afin de vous prémunir des forces extérieures, lesquelles circuleront toujours aux environs pour vous distraire.
Q: C'est pourquoi il est important pour vous de continuer à marteler et à répéter toujours les mêmes choses, encore et encore.
Maharaj: La même chose, oui, car c'est nécessaire. Le Maître régénère votre pouvoir. Le Pouvoir est présent mais il est recouvert par les cendres. Le Maître enlève les cendres qui sont sous la forme des pensées et des concepts illusoires, etc.
Q: Pendant la journée les pensées me troublent plus que durant la nuit. Qu'en est-il du temps ? Aujourd'hui est le dernier jour de l'année.
Maharaj: Il n'y a pas de jour et il n'y a pas de nuit. Les limitations du temps ne s'appliquent pas à vous. Comme vous le savez, vous n'êtes pas le corps, alors pourquoi prêter attention au jour et à la nuit ? Votre jour est la nuit de quelqu'un d'autre et vice-versa. Le temps est connecté au corps seulement. Tant de concepts viennent au travers du corps. Le temps était-il là avant d'être ? Non, il n'y avait rien. Soyez convaincu, et ayez la Conviction.

Avant la connaissance corporelle, il n'y avait pas de concepts, pas besoin de Dieu, pas besoin de nourriture. Où était le mental, l'ego, l'intellect ? Nulle part ! Il n'y avait rien ! Il n'y avait pas besoin d'un Maître non plus parce qu'il n'y avait pas de disciple. Vous n'étiez pas un disciple. Le concept 'Maître-disciple' vint quand votre Présence apparut dans le monde.
Q: Mais nous avons besoin d'un Maître maintenant ?
Maharaj: Un Maître Réalisé est essentiel au stade initial.

LE MAÎTRE EST FONDAMENTALEMENT UN MÉDIUM, UN CANAL,
UN MOYEN PAR LEQUEL VOUS POUVEZ VOUS CONNAÎTRE.

Sans lui, vous ne seriez pas capable de vous connaître dans un sens réel. Le Maître invite l'attention de l'Auditeur Silencieux, Invisible : Vous êtes *Brahman* !

Q: Avant de venir vous voir, Jenny m'a dit : "Nous devons trouver un Guru". J'étais en désaccord, comme je l'ai toujours été au sujet des Gurus, disant : "Non, non, non, tu peux y arriver par toi-même, comme Ramana Maharshi ou le Bouddha l'a fait ". Elle me demanda alors combien de gens, à part Ramana Maharshi, avaient atteint la Réalisation du Soi ? J'ai dû admettre qu'il est en effet très rare d'être capable d'y arriver par soi-même. C'est quasiment impossible, n'est-ce pas ?

Maharaj: Vous êtes venu à l'endroit où la Connaissance est Directe. Se connaître dans un sens réel est Connaissance. Je ne parle pas de connaissance de seconde main, et de toute cette connaissance que vous avez accumulée par l'apprentissage et l'étude. Non ! Cette connaissance ne vous aidera pas.
QUELLE EST L'UTILITÉ DE TOUTE CETTE CONNAISSANCE ?
POUR QUI EST-ELLE ?
C'EST POUR 'L'ENFANT QUI N'EST PAS NÉ'.

Tout est en vous. Vous êtes la Source de la Connaissance. Je parle à propos de ça, je parle de votre Connaissance innée. Vous pouvez être un maître spirituel. Vous pouvez avoir lu des milliers de livres et avoir atteint une grande maîtrise du langage. Vous pouvez être un maître des mots spirituels, mais :
CETTE CONNAISSANCE VOUS AIDERA-T-ELLE ?
CES MOTS VOUS AIDERONT ILS QUAND LE TEMPS SERA VENU POUR VOUS DE QUITTER LE CORPS ?

Q: Je ne sais pas. J'ai beaucoup lu, alors j'espère, je croise les doigts !

Maharaj: Le moment est venu pour vous de le savoir. N'attendez pas qu'il soit trop tard ! Faites l'investigation du Soi et voyez où vous en êtes !

Q: Je sais, je sais ! Je vais le faire ! J'en ferai plus. Maharaj, les gens disent que la spiritualité est opposée à la vie et ce genre de choses, car vous tournez en quelque sorte le dos au monde en allant vers l'intérieur, c'est ça ? Vous regardez au-dedans et tout le monde regarde au-dehors, pas tout le monde, mais beaucoup.

Maharaj: Il n'y a pas de dedans, pas de dehors, pas de 'dans' ou 'hors' du tout ! Il n'est pas nécessaire de faire d'effort délibéré pour vous connaître. Vous n'avez pas besoin de faire d'effort pour vous connaître. C'est une approche directe. Tout est spontané.

Mais au début, pour atteindre cette Vérité Ultime, pour avoir cette Vérité Ultime, il vous faut passer par la discipline de la méditation. Il n'y a pas de différence entre l'Orateur Invisible, et l'Auditeur Invisible.

APRÈS LA CONVICTION, IL Y AURA UNE PAIX ABSOLUE, UNE PAIX COMPLÈTE.

Vous serez totalement libre en vous-même. Alors vous verrez :
MA PRÉSENCE EST PARTOUT.
MA PRÉSENCE EST EN CHAQUE ÊTRE.

Soyez simple et humble ! Prenez garde à toute perturbation du mental, ego, intellect, aux pensées telles que : "Bientôt, je serais réalisé", ou "Je suis une personne illuminée". Prenez garde aux difficultés qui menacent de vous ramener dans l'illusion.

Nisargadatta Maharaj disait : "Quand des circonstances déplaisantes se présentent dans la vie, vous allez à la Vérité Ultime". Il voyait par conséquent les difficultés comme des défis à relever. Il disait, "J'invite les atmosphères déplaisantes et les choses déplaisantes. Si je suis fortuné, j'accueillerais toutes ces difficultés ".

Q: Et bien, il fut fortuné de rencontrer Siddharameshwar Maharaj tardivement.
Maharaj: Il ne passa que trois ans maximum avec Siddharameshwar Maharaj.
Q: Donc, il a eu de la chance d'arriver là avant...
Maharaj: La fondation était déjà là en lui, donc tout s'est simplement mis en place. Dire "juste mis en place" est approprié car il avait une connaissance exceptionnelle. Quand il écoutait les discours de Siddharameshwar Maharaj, il était si grandement impressionné qu'il acceptait tout totalement et complètement. Il avait une foi élevée, très élevée en son Maître. Il avait une foi si forte en Siddharameshwar Maharaj, qu'il aurait dit : "Mon Maître est l'Ultime".

Par la suite, quand des étrangers instruits lui posaient des questions très complexes, il y répondait immédiatement et spontanément, sans aucune difficulté. Il répondait instantanément, en disant : "Cela se produit par la grâce de mon Maître".

Q: Remarquable, oui, absolument fantastique. Je veux dire, c'est ce qui poussait les gens de l'Occident à venir à l'Ouest. C'était comme si n'importe qui pouvait venir demander, vous savez…
Maharaj: Maurice Frydman posait des questions très complexes car il avait étudié différentes philosophies et disciplines spirituelles. Il était passé par de nombreux Maîtres, Ramana Maharshi, J. Krishnamurti, et tout le reste. Il était très impressionné par Nisargadatta Maharaj et dit : "C'est une connaissance exceptionnelle".
Q: La connaissance du Maître ?
Maharaj: Vous ne trouverez jamais cette Connaissance dans aucun livre. Les livres tournent en rond, vous font tourner en rond. Ici, c'est une Approche Directe, une Connaissance Directe.

Q : Et Siddharameshwar Maharaj lui-même donnait tout crédit à Bhausaheb Maharaj. Donc c'est une connexion très forte traversant la Lignée entière ?
Maharaj : Siddharameshwar Maharaj avait une foi profonde, une foi forte en Bhausaheb Maharaj. Cette Connaissance est une Connaissance Spontanée, ce n'est pas une connaissance livresque, elle est Connaissance Spontanée.
Q : Et la variation est ?
Maharaj : Bien sûr, les mots sont différents, la façon de parler est différente, mais le principe est le même : Il n'y a RIEN QUE votre Soi Sans Soi. Il n'y a pas de Dieu, pas de *Brahman*, pas d'*Atman*, pas de *Paramatman*, pas de Maître HORMIS votre Soi Sans Soi. Vous êtes la Source. Tout est en vous. Le feu est présent mais il est couvert de cendres. Le Maître retire les cendres.
Q : Et alors se produit une explosion, 'Boum', un grand feu !
Maharaj : Oui ! C'est le processus de fusion, comme avec l'idée de l'eau du seau versée dans la mer que j'ai mentionnée. Vous ne pourrez plus récupérer cette eau parce qu'elle aura fusionné avec la mer. C'est pareil quand vous Réalisez.

**QUAND VOUS RÉALISEREZ,
VOTRE IDENTITÉ INDÉPENDANTE NE DEMEURERA PAS.
QUAND VOUS RÉALISEREZ,
L'IDENTITÉ INDÉPENDANTE D'ÊTRE QUELQU'UN D'AUTRE NE DEMEURERA PAS NON PLUS,
ELLE SERA DISSOUTE.
À CE MOMENT,
À CE STADE PARTICULIER,
VOUS OUBLIEREZ VOTRE IDENTITÉ ENTIÈRE.**

Votre Présence est. Votre Présence est là. Votre Présence n'est pas quelqu'un, ou quelque chose d'autre. Sans négliger le corps, vous saurez. Vous saurez de telle sorte :

**JE VIS DANS CETTE MAISON. [c-à-d le corps]
C'EST MA RÉSIDENCE TEMPORAIRE,
MAIS JE SUIS ÉTERNEL.**

Faisant usage d'angles et de dimensions différentes, le rôle du Maître est d'essayer de vous convaincre de votre Réalité. Votre rôle est d'accepter ce que le Maître tente de communiquer, et aussi de vous convaincre.
Q : Je voulais vous demander encore une chose concernant la partie *arati* du culte. Je suis arrivé en retard ce matin, et quelques personnes ont fait toute une histoire parce que j'étais sur le point de traverser de l'autre côté de la pièce lors de ce qui devait être un moment important du rituel.
Maharaj : Tout d'abord, allumer le feu et sa signification, le rituel *Arati*, est une coutume, un concept. C'est la coutume de ne pas traverser la ligne qui est marquée au sol au milieu du hall quand le feu est allumé, à cause de toutes les déités, les nombreuses déités qui sont présentes ici d'une manière très, très

subtile. Aussi vous ne devez pas les déranger en traversant la ligne à ce moment-là. Comme les *bhajans* et la méditation, c'est un aspect de la dévotion, de la concentration. Vous vous rappelez que vous êtes la Vérité Ultime.

22. Visitez votre propre site web

Maharaj: Sans la Présence, qui peut étudier la philosophie ou la spiritualité, les centaines de milliers de mots, le *Brahman*, *Atman*, Dieu, Maître, disciple ? Personne ! Quand êtes vous tombé sur tous ces mots ? Quelle est l'utilité de tous ces mots ? Questionnez-vous ! Découvrez ! Ne continuez pas juste à lire, lire, lire.

"Comment étiez-vous avant d'être ? Que vous arrivera t-il après la dissolution de l'être ? Qui requiert la paix et une vie sans peur ?" Ces questions doivent être éclaircies, et c'est pourquoi vous passez par l'étude philosophique, la connaissance et la connaissance spirituelle. Mais vous devez aller plus en profondeur.

**VOUS DEVEZ ALLER PLUS EN PROFONDEUR
À LA CAUSE RACINE,
AU LIEU DE PENSER AUX CONSÉQUENCES.
ALLEZ À LA CAUSE RACINE
ET DÉCOUVREZ POURQUOI VOUS LISEZ
TOUS CES LIVRES SUR LA SPIRITUALITÉ.
ALLEZ À LA RACINE, ET DÉCOUVREZ POURQUOI
TOUTE CETTE CONNAISSANCE SPIRITUELLE
EST NÉCESSAIRE.**

Le propos de la connaissance, est un propos reposant sur le corps. La connaissance est nécessaire pour la base corporelle. La connaissance basée sur le corps n'est que pour le corps. Maintenant que vous savez que vous n'êtes pas le corps, vous en viendrez à réaliser que le but de toutes vos lectures spirituelles et de la connaissance étaient de vous mener à vous connaître dans un sens réel. Cela vous menait à votre Identité. Quelle est votre Identité ?

**VOTRE IDENTITÉ EXISTANTE EST
IDENTITÉ NON IDENTIFIÉE.
VOTRE IDENTITÉ EXISTANTE EST NON IDENTIFIÉE,
IDENTITÉ INVISIBLE, ANONYME.**

Puis vous vous demanderez : "Pourquoi toutes ces lectures ?" VOUS ne vous trouverez pas dans les livres. VOUS n'êtes pas à l'intérieur des mots. Tout ce que vous devez faire est d'accepter, et de savoir que "Vous êtes Réalité Ultime". Tout est en vous, aussi :

CONNAISSEZ VOUS, ET SOYEZ EN SOI SANS SOI.
Connaissez Vous, et soyez en Soi Sans Soi.
REGARDEZ EN VOUS-MÊME.
LISEZ VOTRE LIVRE. VISITEZ VOTRE TEMPLE.
CHERCHEZ VOTRE SITE WEB.
La connaissance spirituelle vous donne une indication de votre Vérité Ultime. Mais ce n'est pas encore la Vérité Ultime.
VOUS ÊTES VÉRITÉ ULTIME.
Vous devez avoir cette Conviction. Vous êtes antérieur à tout. La connaissance est arrivée après. Avant toute cette connaissance, il y avait votre Présence. Même pour parler de cette connaissance, votre Présence est requise. Votre Présence est Invisible, Anonyme.

Q: Vous êtes en train de parler d'un mystère, de quelque chose qui est au-delà de la compréhension ?

Maharaj: Ce n'est pas exactement de la compréhension, c'est la Réalité.
QUAND VOUS COMPRENEZ QUELQUE CHOSE,
ELLE EST SÉPARÉE DE VOUS.
VOUS ÊTES LA RÉALITÉ.
Quand vous utilisez un mot comme compréhension, qui signifie que vous comprenez quelque chose, rappelez-vous que votre Présence est derrière tout cela. J'invite l'attention de cette Présence Spontanée, à travers laquelle vous parlez, à travers laquelle le monde entier est projeté.
SANS VOTRE PRÉSENCE
VOUS NE POUVEZ PAS PRONONCER UN SEUL MOT.
VOUS NE POUVEZ PARLER
D'UNE QUELCONQUE CONNAISSANCE SPIRITUELLE.
VOUS NE POUVEZ PARLER D'UN QUELCONQUE MAÎTRE
SPIRITUEL.
Vous êtes devenu une victime des mots. Comme je vous l'ai déjà dit, nous avons assigné des sens à tous les mots. Où était l'alphabet avant d'être ? Je parle de comment vous étiez avant d'être. Il n'y avait pas de confusion, pas de conflit, pas de mots, pas de langage, rien. Vous étiez, mais non pas dans une forme visible. Je parle à propos de 'Cela' - antérieur à l'être.
LA CONNAISSANCE LIVRESQUE N'EST PAS L'ULTIME.
DES CENTAINES DE MILLIONS DE LIVRES SONT LÀ,
COMBIEN DE LECTEURS DE CES LIVRES
ONT RÉALISÉ LE SOI ?
Je tente de simplifier la connaissance en utilisant divers exemples.

Q: Vous réussissez.

23. Nagez dans la mer, pas dans une flaque d'eau

Maharaj : Toutes les expériences sont des étapes progressives et non pas la Vérité Ultime. Quoi qu'il soit expérimenté n'est pas la Vérité Ultime.
REGARDEZ-VOUS !
Et comment vous étiez avant d'être. La Vérité fondamentale est que vous êtes *Atman*, *Brahman*, *Paramatman*. Vous avez oublié votre Identité.

Avec l'aide de la méditation, nous invitons l'attention de la Vérité Ultime qui est déjà en vous, mais couverte par la forme corporelle. Quand la Réalité jaillit finalement, c'est une expérience exceptionnelle. "Je suis Partout, Immortel, Omniprésent". Après cela, les concepts se seront évanouis, et n'oseront plus entrer dans la vie spirituelle.

Q : Donc ce sera comme Pure Présence sans aucun concept ?
Maharaj : Correct. Pas d'expérience, pas d'expérimentateur.
Q : Pourquoi les choses extérieures posent-elles toujours problèmes ?
Maharaj : Parce que vous vous considérez toujours en tant que forme corporelle. Les difficultés seront là, laissez-les venir et laissez-les s'en aller. Les choses se déroulent comme dans les films. L'écran est vierge mais tant de choses se produisent sur l'écran. Ensuite, vous vous levez et vous partez. Vous devez vous convaincre de cette façon. Vous avez juste à partir. Quoi qu'il se produise dans le cirque, la Réalité est indifférente au spectacle. Je vous martèle à nouveau :
TOUTES LES CHOSES EXTÉRIEURES SONT APPARUES SUR VOTRE PRÉSENCE SPONTANÉE.

Votre Présence Spontanée est libre de concept. Avant d'être, il n'y avait pas d'extérieur, ou d'intérieur. Toutes ces questions ne sont relatives qu'à la connaissance corporelle. Après avoir quitté le corps, à nouveau, il n'y aura pas d'extérieur, ni d'intérieur. La connaissance corporelle doit se dissoudre. C'est la base de la spiritualité.
ACCEPTEZ LA VÉRITÉ QUE VOUS ÊTES L'ABSOLU, SANS PRONONCER UN SEUL MOT.

Q : Vous dites souvent que la connaissance littérale n'est pas suffisante.
Maharaj : La connaissance littérale signifie connectée avec les mots, avec la connaissance théorique. Toutes vos questions sont relatives à la connaissance littérale.
JE PARLE D'AVANT LA CONNAISSANCE.

La connaissance littérale est connectée aux livres, qui donnent des indications. Les livres sont la connaissance verbale, la connaissance théorique. La théorie et la pratique diffèrent toujours. Vous pouvez comprendre la théorie de la natation, ainsi vous savez comment on nage, mais vous ne savez pas encore nager de façon concrète.

Il y a des bibliothèques pleines de livres qui vous informent au sujet de la connaissance spirituelle. Ils peuvent vous indiquer certaines vérités mais :
**IL VOUS FAUT VOUS IMPLIQUER
ET VOUS JETER DANS CET OCÉAN SPIRITUEL.
ALORS SEULEMENT,
POURREZ-VOUS DIRE QUE VOUS NAGEZ.**
La connaissance verbale n'est que connaissance théorique.

Il y a une histoire à propos d'une machine d'imprimerie allemande, tombée en panne au Bangalore. Différents employés et ingénieurs tentèrent de la réparer, sans succès. Ils ne réussissaient pas à faire redémarrer la machine. En fin de compte, ils appelèrent un employé au sens commun et au savoir simple. Il leur dit : "Donnez-moi un marteau !" Il frappa la machine avec le marteau et lui donna une secousse. Immédiatement, elle se mit à fonctionner. D'innombrables ingénieurs furent incapables de réparer la machine, mais un homme simple, avec une expérience pratique réussit. C'est de la connaissance pratique !

La connaissance littérale et la connaissance livresque ne sont pas des connaissances pratiques. Il y a de nombreux Maîtres parlant de livres sur la spiritualité, le *Védanta*, etc, mais ils n'ont pas de connaissance pratique.
**LA CONNAISSANCE PRATIQUE SIGNIFIE
QUE VOUS AVEZ LA CONVICTION QUE
"JE NE SUIS PAS LE CORPS"**
Connaissance pratique ! La Conviction Spontanée n'est pas une conviction littérale. De même que vous vivez en tant que 'John'. Si quelqu'un écrit votre biographie, elle peut être parfaite, mais néanmoins c'est vous seul, John, qui pouvez vivre la vie de John. Ou, si quelqu'un voit l'Ashram de Nashik et écrit à propos de ce qu'il en sait, ce sera très différent de votre quotidien et de votre vie pratique à l'Ashram de Nashik. Vous savez ! Vous avez une connaissance pratique ! Ce dont je parle est connaissance pratique, non pas connaissance livresque.
**À PRÉSENT, VOUS VOUS TENEZ SUR LE RIVAGE,
VOUS NE NAGEZ PAS DANS L'OCÉAN SPIRITUEL REEL.**

24. *Tenez-vous sur vos propres pieds*

Maharaj: Quand vous rencontrez un Maître Réalisé, il vous confirmera ce que vous avez déjà lu dans les livres, et il vous dira que le monde entier est illusion. Il vous prouvera cela en plaçant la preuve devant vous.

Il y a deux sortes d'éveil : physique et spirituel. Le réveil physique se produit quand l'Esprit clique avec le corps, et vous voyez le monde. Le réveil spirituel signifie que dès le début, vous avez été sous l'influence du monde illusoire.

Vous avez cru au concept de Dieu, en tant que sorte de puissance surnaturelle qui gouvernait le monde. Qui est Dieu ? Qu'est-ce que Dieu ? Vous ne savez pas. Vous avez une idée de Dieu comme quelqu'un contrôlant le monde entier, punissant les mauvais et bénissant les bons. Il n'y a pas de mal à cela, excepté que :

VOUS NE SAVEZ PAS QUI VOUS ÊTES.
VOUS NE SAVEZ PAS CE QU'EST DIEU.
VOUS VIVEZ VOTRE VIE SOUS CETTE INFLUENCE,
PARFOIS PAISIBLE, PARFOIS DÉPRIMÉ.
VOUS NE SAVEZ PAS RÉELLEMENT CE QUI SE PASSE.

Dès que vous rencontrez un Maître Réalisé, il vous illumine, en disant : "Vous vivez dans un monde illusoire. Le corps n'est pas votre identité. Vous êtes différent de tout ça".

VOUS ÊTES LE MAÎTRE DES MAÎTRES.
VOUS ÊTES LE PÈRE DE CE MONDE.
VOUS ÊTES LE PÈRE DE DIEU.
DIEU EST VOTRE REFLET.

Vous ne connaissez pas votre existence, laquelle a un immense pouvoir. Vous êtes inconscient de votre Réalité, et ainsi vous négligez votre Existence Spontanée. Vous vivez sous le joug de forces illusoires, d'influences illusoires comme une personne déprimée, ou une personne malheureuse qui est en lutte perpétuelle, essayant de trouver le bonheur, la paix, une vie dépourvue de peur.

Quand vous rencontrez un Maître Réalisé, il vous martèle avec la Réalité, vous répétant encore et encore que vous n'avez rien à faire avec toute cette illusion, car vous êtes non né. Vous vous considérez en tant que forme corporelle, et c'est illusion. Vous n'êtes pas le corps, vous n'étiez pas le corps et vous n'allez pas rester le corps.

LE CORPS EST LE MÉDIUM À TRAVERS LEQUEL
VOUS POUVEZ VOUS CONNAÎTRE.
SANS LE CORPS,
IL NE PEUT Y AVOIR D'ÉVEIL.

Sans le corps, il n'y a pas d'existence et par conséquent vous ne pouvez pas vous connaître. La combinaison du corps et de l'Esprit, ou Présence, appelez-ça comme vous voulez, est le catalyseur.

VOUS N'ÊTES PAS LE CORPS DU TOUT.
FAIT ETABLI.
CETTE RÉALITÉ DOIT ÊTRE GRAVÉE.
CETTE CONVICTION EST SUPPOSÉE ÊTRE LÀ.

Quand cette Conviction Spontanée s'élèvera, vous saurez que votre Identité est Invisible, que c'est une Identité Anonyme, et toute peur qui était présente s'évanouira. Il n'y aura pas de peur de la mort, parce que vous saurez que vous êtes non né, tout comme le ciel. Le ciel n'a pas de sensation, pas de frère, pas de sœur. Qui est Dieu, le Maître, le disciple ? Qui est le mari, la femme ? Toutes les relations sont liées au corps.

Q: Alors ce dont vous parlez ici est le second réveil ?

Maharaj: Ce ne sont que des mots que j'utilise pour communiquer. Ne les prenez pas littéralement ! Il n'y a pas, en fait, de premier ou second réveil. Le second réveil vous donne la Connaissance, le premier réveil n'existe pas. Le premier réveil est connecté à la connaissance corporelle, le second est connecté à la vie spirituelle.

Q: Pouvons-nous dire qu'avant de rencontrer un Maître nous étions soumis aux impressions du monde illusoire ?

Maharaj: Ce sont les concepts. Quand vous visitez le Maître, l'éveil se produit.

**CET ÉVEIL PREND PLACE CAR
VOUS RECEVEZ LA CONNAISSANCE,
ET LA VUE VOUS EST DONNÉE
À TRAVERS LAQUELLE VOUS POUVEZ VOIR LE MONDE.
À LA LUMIÈRE DE CETTE CONNAISSANCE,
VOUS POUVEZ VOUS VOIR.
"OUI ! JE NE SUIS PAS LE CORPS !"**

Le corps est juste un corps matériel qui suit un processus : enfant, jeune homme, vieil homme, terminé ! Si je ne suis pas le corps, alors je ne suis pas né. Toute cette peur de la mort et de la naissance n'est connectée qu'au corps, à l'extérieur, tout comme vos vêtements. Si quelque chose cloche avec eux, vous vous en débarrassez. Siddharameshwar Maharaj disait que le corps est votre enveloppe extérieure, comme un '*dagla*'… un grand manteau protecteur fait de laine épaisse. Le corps est un *dagla*.

La Connaissance est en vous, comme le feu qui a été couvert de cendres, couvert de concepts. Gardez la flamme vivante, le feu spirituel. Le *Naam Mantra* éliminera ces concepts afin que le feu puisse brûler intensément.

SOYEZ FORT ET AYEZ DU COURAGE !

Vous avez beaucoup de force intérieure, mais vous vous considérez encore comme affaibli, handicapé, ayant besoin d'aide. Vous pouvez y arriver par vous-même. Tenez-vous sur vos propres pieds ! Vous devez vous débarrasser de cette habitude de vous sentir toujours dépendant, et de rechercher constamment de l'aide, et de compter sur les concepts de Dieu, d'*Atman*, de *Brahman*.

Q: Nisargadatta Maharaj disait : "Connaissez le faux en tant que faux, et ensuite la Connaissance surgira".

Maharaj: Je vais vous raconter quelque chose à ce sujet. Une nuit, le roi Janaka eut un mauvais rêve. Il se tournait et se retournait dans son lit. C'était un grand Roi, mais cette nuit, il rêva qu'il était un mendiant dans la forêt. Quand il se réveilla, il en fut très confus. Ce rêve l'intrigua beaucoup. Que signifiait-il ? Il voulait savoir : "Quelle est la vérité ? Qui suis-je ? Suis-je un roi dans ce palais dirigeant ce royaume, ou suis-je ce mendiant perdu et affamé dans la forêt ?"

Il voulait le découvrir, il invita donc tous les érudits des contrées proches et lointaines. Le roi voulait des réponses à ses questions, et fit ainsi une déclaration : "Quiconque pouvant répondre à ces questions de manière satisfaisante sera récompensé avec mon royaume !" Il demanda : "Ceci est-il vrai, ou cela est-il vrai ? L'état de rêve ou l'état d'éveil ?"

Personne ne put y apporter de réponse. Finalement, un garçon arriva dans le grand hall après avoir franchi les gardes qui l'avaient stoppé. Ce jeune homme avait de nombreuses articulations déformées, et à cause de cela, on l'appelait Ashtavakra [Huit difformités]. "Je veux donner une réponse à la question !" cria t-il. Lorsque les fidèles du Palais Royal le virent, ces hommes "sages" se mirent à rire, tournant en dérision les difformités du jeune homme. Le roi Janaka lui demanda d'approcher et de parler.

Ashtavakra se mit aussi à rire comme il regardait l'assemblée alentour et dit : "Oh, roi Janaka, ce sont tous des cordonniers ! Je pensais être en compagnie d'hommes sages, mais maintenant je réalise qu'ils ne voient que l'extérieur de moi, la peau".

Le roi lui demanda, "Suis-je un mendiant ou un roi ?" Ashtavakra répondit : Aucun des deux n'est vrai. Les deux sont illusion. Si ceci est vrai ou cela est vrai, alors ceci est aussi faux ou cela est aussi faux.

Un mendiant ou un roi ? Lequel est la vérité ? La souffrance est-elle vérité ou la non-souffrance est-elle vérité ? C'est une question intéressante ! Posez-vous ces questions. Investiguez. Faites usage de la discrimination. Restez avec le Voyant.

AVANT D'ÊTRE, VOUS ÉTIEZ INCONNU À VOUS-MÊME.
QUAND VOUS AVEZ COMMENCÉ À VOIR,
QUAND VOUS AVEZ RENCONTRÉ LE CORPS,
VOUS AVEZ COMMENCÉ À SOUFFRIR.

Les gens souffrent de mauvaises situations, de bonnes situations. Sans votre Présence, vous ne pouvez pas voir ce monde. Indirectement ou directement, le monde entier est votre Projection Spontanée. Ce qui a vu le faux, n'est pas faux. Et pour cela, toute cette Connaissance spirituelle est nécessaire.

25. Barattez, barattez, barattez

Maharaj: C'est très simple. Vous possédez un pouvoir immense, mais vous n'en êtes pas conscient. Au début avec la méditation, l'ego, l'intellect, le mental combattront le Mantra et s'énerveront. Mais ensuite, si vous persévérez avec détermination, vous conquerrez le mental, et il commencera à faire demi-tour et à accepter : "Je suis *Brahman, Brahman* je suis".

En bref, digérez ce que je vous ai dit. Je répète la même chose tout le temps. Je répète, répète, répète, la même chose. Les mots peuvent être différents mais le principe est le même.

Au moment où la sensation du corps disparaît, tout disparaît. Au moment où la sensation du corps disparaît, l'existence disparaît. Aussi longtemps que la sensation 'je suis' est présente, le monde est présent. Saint Kabir a dit : "Au moment où 'Je' disparaît, le monde entier disparaît".

**TOUTES NOS PAROLES ICI,
CE N'EST QUE DU DIVERTISSEMENT.**

L'approche de Shankaracharya aussi était directe : "Dire 'Je' est illusion, dire 'Vous' est illusion, dire '*Brahman*' est illusion, le monde entier est illusion".

Vous n'êtes pas dans la forme corporelle. Cette Conviction apparaîtra spontanément en vous. Nous devons, vous et moi, utiliser des mots pour en parler.

**JE M'ADRESSE À L'AUDITEUR,
L'AUDITEUR SILENCIEUX, INVISIBLE EN VOUS,
QUI N'A AUCUNE FORME.**

Pas d'homme, pas de femme, rien, rien, juste ça, juste 'Je'. [Le Maître tient ses mains levées comme dans un état de transe.] Au stade Ultime, il n'y aura pas d'expérience, pas d'expérimentateur, pas de témoin, rien. À travers le corps, nous nous connaissons en tant que "je suis quelqu'un" - homme, femme, Brahman, Atman. Tous sont des concepts. Il y a tellement de concepts aux alentours.

**VOUS N'ÊTES RIEN. VOUS N'ÉTIEZ RIEN.
VOUS N'ALLEZ PAS RESTER EN TANT QUE QUOI QUE CE SOIT.
HORS DE RIEN, VOUS VOYEZ TOUT.
RIEN SE DISSOUDRA EN RIEN.**

Qui est le témoin ? Il n'y a pas d'expérimentateur.

**C'EST UNE CONNAISSANCE RARE,
UNE CONNAISSANCE EXCEPTIONNELLE.
C'EST LA CONNAISSANCE DE L'AUDITEUR INVISIBLE.**

Je vais le dire à nouveau : Pour établir la Vérité, il faut vous soumettre à une certaine discipline.

LA VÉRITÉ EST EN VOUS. LA VÉRITÉ EST ICI.

VOUS ÊTES À DESTINATION.
VOUS AVEZ JUSTE OUBLIÉ VOTRE IDENTITÉ RÉELLE, CHERCHANT ICI ET LÀ :
"OÙ EST MICHAEL ? OÙ EST MICHAEL ?"
VOUS ÊTES MICHAEL.

Il vous faut vous enseigner. Après avoir lu ces livres sur la spiritualité, et avoir rencontré divers Maîtres, vous avez beaucoup de connaissance, mais :

VOUS DEVEZ SAVOIR QUE L'ESSENCE DU MAÎTRE EST EN VOUS.
L'ESSENCE MAGISTRALE EST EN VOUS.

Vous avez simplement oublié ceci. Comme Nisargadatta Maharaj disait : "Je ne fais pas de vous un disciple, je fais de vous un Maître". Cette Connaissance est très facile à écouter, tout le monde peut l'écouter, mais elle est un peu difficile à absorber. Et c'est pourquoi un parfait dévouement est nécessaire. Un engagement à temps partiel ne se matérialisera pas en quoi que ce soit.

VOUS DEVEZ DISCERNER SOI SANS SOI, TOTALEMENT, PROFONDÉMENT.

Un peu d'ego vous créera des problèmes. Un peu d'ego créera des problèmes, en pensant : "Je suis quelqu'un". Votre expérience de *Brahman* et de Dieu est aussi une illusion. Il n'y a pas d'expérience. *Brahman*, Dieu, etc, ne sont que des mots élégants que nous utilisons pour discuter. Vous êtes le principe. Tenez-vous en au principe exprimé par Nisargadatta Maharaj, qui dit :

IL N'Y A RIEN À PART VOTRE SOI SANS SOI.
EXCEPTÉ VOTRE SOI SANS SOI,
IL N'Y A PAS DE DIEU, PAS DE *BRAHMAN*, PAS D'*ATMAN*,
PAS DE *PARAMATMAN*, PAS DE MAÎTRE.

26. Pouvoir Spontané

Q : Je vous ai entendu dire que certaines personnes peuvent rester vingt ou trente ans avec le Maître. Je ne suis là que pour une semaine. Y a-t-il un plus grand bénéfice à passer plus de temps avec le Maître ?
Maharaj: Les trente ans, les quarante ans de qui ? Parlez de vous uniquement. Quand avez-vous commencé à compter les années ? Nous comptons les années à partir du moment où l'Esprit a cliqué avec le corps. Au moment où vous allez aux Maîtres, Maîtres réalisés, Maîtres illuminés, c'est instantané. Il y aura Conviction instantanément.

Q: Hier, j'étais si impliqué dans un problème familial que j'étais de retour dans le monde. J'avais perdu mon détachement. Il n'y avait plus de distance avec ce qui arrivait, et je m'en suis voulu d'être retombé dans le trou. Pour couronner le tout, j'ai eu une sale migraine. Que pouvez-vous faire dans ces circonstances ?
Maharaj: Soyez normal ! Soyez confortable ! Pas de tension, pas de stress ! Ce qui est arrivé ou n'est pas arrivé, est parti. Ne continuez-pas à le porter ! N'y pensez pas. Tout arrive spontanément, donc restez tranquille.

Vous voulez savoir comment vous comporter ? Vous trouverez les réponses de l'intérieur. Toutes les questions s'élèvent en vous automatiquement, et elles seront résolues automatiquement.

Ne pensez pas ! Soyez normal ! Soyez silencieux !
NE PENSEZ PAS TANT ! OUBLIEZ-ÇA !
VOTRE POUVOIR INTÉRIEUR PRENDRA SOIN DE VOUS.
VOUS AVEZ UN POUVOIR IMMENSE.
Q: Vous dites que nous avons ce pouvoir fantastique, peut-il être utilisé d'une manière physique ? Et si non, quel est l'intérêt de l'avoir ? Pourquoi en avons-nous besoin ?
Maharaj: Pourquoi avons-nous besoin de ce pouvoir si nous ne pouvons pas l'utiliser ? Vous vous voyez toujours comme le corps.
CE CORPS EST UN CADAVRE.
Vous vous considérez encore comme forme corporelle. Vous n'êtes pas le corps ! Vous êtes le support du corps ! Vous posez ces questions depuis le point de vue et la perspective du corps, de la forme.
QUI VEUT DU POUVOIR ?
VOUS N'ÊTES PAS LE CORPS,
ALORS POURQUOI SOUHAITEZ-VOUS UTILISER CE POUVOIR ?
Non, non, vous ne pouvez pas l'utiliser de cette façon ! Le pouvoir du Maître agit automatiquement. Il ne pense pas à faire arriver quoi que ce soit avec ce pouvoir. Si vous voulez utiliser ce pouvoir, alors ça signifie que vous prenez de l'ego, et posez en tant que corps.

Je vous ai dit que c'est illusion. Le Maître ne pense pas à faire arriver quoi que ce soit. Ce qui arrive, arrive spontanément. Aux yeux du Maître, tout le monde est égal. Il n'accorde pas de faveurs spéciales à qui que ce soit.
LE MAÎTRE N'UTILISE PAS CE POUVOIR.
IL SE PRODUIT PAR LUI-MÊME,
HORS DE LA DÉVOTION.
La Présence du Maître est partout dans le monde. Si un de ses dévots se trouve en difficulté, il sera là pour prendre soin de lui. Le Maître ne se considère pas en tant que forme corporelle. C'est la qualité de l'illumination.
COMME VOUS ESPÉREZ DU POUVOIR, CELA SIGNIFIE
QUE VOUS VOUS CONSIDÉREZ TOUJOURS

EN TANT QUE FORME CORPORELLE.

Vous comprenez que le pouvoir est quelque chose différent de vous. Ce n'est pas ainsi. Le soleil a un vaste pouvoir et brille à travers le monde entier. Il ne devrait y avoir aucune expectative de pouvoir.

**NE VOUS ATTENDEZ À AUCUN POUVOIR.
NE VOUS ATTENDEZ À RIEN.
LE CORPS-MENTAL ESSAIE TOUJOURS DE VOUS TROMPER.
LES PENSÉES ARRIVENT, QUI ONT POUR EFFET DE VOUS DISTRAIRE DU DROIT CHEMIN.**

Pour empêcher ça d'arriver, vous devez avoir une foi complète en vous-même, et dans le Maître. N'espérez rien de tel que du pouvoir. Il est déjà là. Soyez calme et tranquille !

Les gens disaient à Nisargadatta Maharaj : "Ceci ou cela est arrivé à cause de votre pouvoir". Il répondait : "Je n'ai pas de pouvoir. Ce pouvoir n'est pas le mien. C'est le pouvoir de mon Maître. C'est le pouvoir de Siddharameshwar Maharaj". De même, si du pouvoir vient de votre dévotion, n'en faites pas mauvais usage ou n'en prenez pas d'ego.

**SI VOUS LE FAITES, CE SERA VOTRE CHUTE,
ET L'EGO PRENDRA À NOUVEAU POSSESSION
DE VOTRE CORPS SPIRITUEL.**

Vous devez lutter pour faire croître le pouvoir spirituel. Parfois si vous êtes séduit par une attraction, vous chuterez. Quand cela se produit, il peut-être difficile de refaire surface.

Un vrai dévot n'utilisera pas ce pouvoir, n'en parlera pas, ou ne le montrera pas. Il dira : "Ce n'est pas mon pouvoir, mais celui de mon Maître". C'est le chemin de l'humilité, car il ne se considère pas en tant que forme corporelle. Ne soyez pas une victime du mental, de l'ego, de l'intellect. Le mental, l'ego, l'intellect sont toujours en train d'essayer d'attaquer le corps spirituel.

27. *Le mental, le flot des pensées*

Q : Aujourd'hui je me sens détendu et calme, bien mieux qu'hier. Parfois les pensées voyagent plus vite qu'à d'autres moments.
Maharaj: Bien ! Ignorez les pensées, ne luttez pas ! Laissez-les s'écouler. Laissez le flot des pensées être là. Observez ! Ne prêtez aucune attention aux pensées. Elles ne font qu'aller et venir, elles vont et viennent. Vous êtes séparé des pensées. Restez en arrière, soyez spectateur, et regardez.

Q: Maintenant, je suis conscient du processus de pensée. Je le remarque. Mais ensuite je demande : "Qui remarque, et qui pense ?"
Maharaj: Votre Soi Sans Soi. Il vient de vous seul, il provient de vous spontanément. Vous êtes complètement séparé des pensées, du processus de pensée et du flot des pensées. Tout est projeté hors de vous, et de vous seul, aussi ne prêtez pas attention au flot.

Vous êtes la Vérité Finale, la Vérité Ultime. C'est la Conviction. Je vous montre le plus court chemin vers la Vérité Ultime, la Vérité Finale, la Vérité Nue. Vous ne pouvez pas le comprendre intellectuellement. Tout peut être compris intellectuellement, mais la compréhension intellectuelle ne servira pas votre objectif. La Conviction deviendra Conviction totale. Tous les concepts, toute la connaissance du corps doivent être dissous.

Pour établir la Vérité Ultime, il vous faut passer par la méditation, les *bhajans* et la concentration, afin que toute la connaissance corporelle jusqu'à ce jour se résorbe. Quand diverses pensées tentent de faire pression sur vous, ne leur accordez aucune attention, car vous êtes à l'arrière-plan de cela.

Votre Existence Spontanée est là. Ne vous considérez pas en tant que forme corporelle. Votre apparence extérieure est semblable à des vêtements. Soyez silencieux ! Poursuivez vos obligations habituelles. Il n'y a pas de règle stricte. Gardez l'attention sur VOUS plutôt que sur les autres.

ÉCOUTEZ-VOUS ET NON PAS LES AUTRES.
ÉCOUTEZ VOTRE VOIX INTÉRIEURE.
L'ESPRIT EST MAINTENANT OUVERT.
SOYEZ CALME ET TRANQUILLE.

Vous pouvez voir que votre Identité Non Identifiée est totalement séparée de ce monde. Faisant usage des mots, je m'adresse, je parle à votre Identité Non Identifiée. Vous êtes la Source de toute la force et l'énergie.

NE CHERCHEZ PAS LE POUVOIR DANS LE MONDE,
PUISQUE LE MONDE ENTIER EST UN REFLET DE VOTRE POUVOIR
ET ÉNERGIE.
VOUS POUVEZ VOIR CETTE ÉVIDENCE SECRÈTE.
JE PLACE CETTE ÉVIDENCE SECRÈTE EN FACE DE VOUS.
ELLE EST À VOUS.

Par conséquent, vous êtes complètement séparé du corps. Il n'y a pas de mental, pas d'ego, pas d'intellect. Au stade Ultime, l'expérimentateur et toutes les expériences seront dissous, avec toutes les peurs à propos de la 'mort'. Vous êtes fort, alors ne vous sous-estimez pas.

IL N'Y A PERSONNE DANS LE MONDE VOUS DONNANT CE GENRE
DE CONNAISSANCE DIRECTE, VIVANTE.
ILS CONTINUERONT JUSTE DE PARLER

À PROPOS DE *BRAHMAN*, D'*ATMAN*.

Les discussions spirituelles stériles ne vous donneront pas le bonheur. Soyez pratique ! Je vous donne une connaissance pratique.

JE VOUS JETTE DANS LA MER
ET JE VOUS APPRENDS À NAGER.
JE NE FAIS PAS QU'EN PARLER.

Aussi, ayez du courage ! Soyez heureux ! Soyez ferme ! Ne soyez pas victime des pensées des autres. Où que vous soyez, soyez fort avec votre Vérité Ultime. Il n'y a rien qui aille de travers avec vous, ou qui fasse défaut. Vous n'êtes pas faible du tout. Vous êtes Parfait.

JE NE FAIS RIEN.
JE VOUS MONTRE VOTRE VÉRITÉ ULTIME.
JE VOUS TRANSFÈRE CETTE MÊME CONNAISSANCE QUE
MON MAÎTRE A PARTAGÉE AVEC MOI.

Il [désignant la photo de Nisargadatta Maharaj] fait tout. Je ne fais rien. Je suis seulement une marionnette, la marionnette de mon Maître. Je suis juste un squelette ! Ce corps est un cadavre. Je ne fais rien.

Votre vie spirituelle a une grande valeur. Ne perdez pas votre temps. Pouvoir, argent et sexe ne vous donneront pas un bonheur permanent. Maintenant vous êtes arrivé au bon endroit. Il vous faut être inconditionnellement sans peur, afin que lorsque le moment sera venu de quitter le corps, vous puissiez dire : "Allons-y maintenant, je suis heureux !". Vous serez heureux au moment de quitter le corps.

Q: Est-ce seulement possible de mourir en étant en vie ?

Maharaj: La mort ne concerne que le corps. Il n'y a pas de mort, pas de naissance. Mort et naissance présupposent une apparence ou forme. Quelque chose doit être là pour mourir. Vous êtes sans forme. Vous n'avez pas d'apparence.

IL N'Y A QU'UNE LUEUR DE 'JE SUIS'
DANS CE CORPS,
JUSTE UNE LUEUR.

Vous êtes complètement invisible. Considérez l'éléphant un instant, le grand éléphant en train de marcher. Si l'Esprit n'avait pas été là, une grue aurait été nécessaire pour faire bouger cet énorme animal. Cet Esprit a un immense pouvoir, aussi il n'y a nul besoin d'avoir peur de quoi que ce soit.

Q: Donc tout existe à cause de ce seul Esprit ?

Maharaj: Parfaitement dit ! S'il n'y a pas d'Esprit, qui peut dire "Je suis *Brahman*, *Atman*, Dieu" ?

VOTRE PRÉSENCE SPONTANÉE EST ANTÉRIEURE À TOUT.

Chaque jour vous voyez le même soleil, la même lune, les mêmes gens, mais avant ça, vous vous voyez d'abord vous-même. Au moment où vous vous voyez, vous voyez le monde. Si ce Voyant disparaît du corps, alors il n'y aura personne pour parler de ce monde, du mental, de l'ego, de l'intellect, des dieux et des déesses. Le matin quand vous vous réveillez, qui voit le monde ? S'il n'y a pas d'éveil le matin, qui va dire que le monde est là ? Le vu et la projection du Voyant sont faux. Seul le Voyant est vrai.

Votre Présence est partout. Partout où vous allez, elle prend des photographies. Tout comme un appareil photo automatique, la Présence est là, vingt-quatre heures par jour, enregistrant tout. Non seulement ça, elle photographie aussi vos rêves. Les images de chacune de vos actions sont capturées. Un tournage vidéo non-stop enregistrant tout.

Le Voyant est cette Présence Invisible qui est si subtile, plus subtile même que l'espace et le ciel. Vous êtes au-delà du ciel et de l'espace car vous pouvez VOIR le ciel et l'espace. Donc qui prend ces vidéos ? Une force est présente, un Esprit est présent qui est appelé Vérité Ultime, Vérité Finale, *Brahman, Atman, Paramatman*, Dieu.

Le corps n'est rien qu'un instrument, un médium. Les yeux par eux-mêmes n'ont aucun pouvoir de voir le monde. Les oreilles et la bouche sont seulement des instruments.

**QUI FAIT BOUGER LES MAINS ? QUI VOIT PAR LES YEUX ?
MÊME QUAND VOUS RÊVEZ,
VOUS POUVEZ VOIR LE MONDE.
SANS LES YEUX, QUAND VOS YEUX SONT FERMÉS,
VOUS POUVEZ ENCORE VOIR.
EN RÊVE, VOUS GOÛTEZ DIFFÉRENTES NOURRITURES.
QUI GOÛTE ? QUI VOIT LE MONDE DE RÊVE ?
VOUS NE SAVEZ PAS.
C'EST VOTRE PRÉSENCE SPONTANÉE. ELLE EST PARTOUT.**

Votre Existence est Existence Spontanée. Vous êtes toujours à vous prendre pour la forme corporelle, ce qui crée la confusion. Sortez de toute cette illusion !

28. *Vous seul êtes, vous seul êtes !*

Q : Je ne suis pas un *jiva*, Je ne suis pas Shiva.
Maharaj: Ce sont des mots. Qui dit ces choses ? "Vous êtes" ou "Vous n'êtes pas", vous n'êtes aucun des deux.
Q: C'est juste ma langue qui dit ça...
Maharaj: Car le corps est présent. Pour dire "Vous êtes" ou "Je suis", quelqu'un est présent.
Q: Personne n'est là, je ne fais que regarder.

Maharaj: Shiva est le nom donné aux choses extérieures.
Q: D'accord. Je ne suis rien. Je ne dois pas dire '*jiva*' ou '*Shiva*'.
Maharaj: Non ! Pour dire "Je ne suis rien", vous devez utiliser l'ego.
Q: C'est juste dans le but de communiquer.
Maharaj: Bien, bien. vous n'êtes ni *Shiva*, ni *jiva*. Vous êtes quelque chose d'autre qui ne peut être défini.
Q: Donc il n'est pas possible de faire des efforts délibérés ?
Maharaj: Je vous ai déjà dit que ce qui se passe est pour le corps de nourriture. C'est de la nourriture pour la vie !
Q: Avec de l'effort ?
Maharaj: Oui de l'effort, mais de l'effort sans ego. Par exemple, comme quand je lève cette tasse de thé maintenant, et ensuite je la repose. Ne vous attardez pas sur les actions, ne vous éternisez pas. Tout est spontané. Cela se produit. Si vous trouvez des pensées qui vous sont utiles, alors gardez-les, autrement non.
Q: Que faire si je trouve des pensées spirituelles utiles ?
Maharaj: Bon, utilisez-les ! Mais sachez que ces pensées spirituelles ne sont pas l'Ultime. Votre vie spirituelle est entièrement différente de ça, je vous l'ai dit, tout est derrière vos pensées, pensées spirituelles ou autres.

VOTRE PRÉSENCE EST DERRIÈRE TOUT.
SANS VOTRE PRÉSENCE VOUS NE POUVEZ PAS PENSER.

N'enregistrez pas les pensées, comme par exemple "J'ai eu cette pensée-ci ou j'ai eu cette pensée-là". Après avoir utilisé une pensée, oubliez-la. Depuis que nous maintenons le corps et avons les cinq éléments et les trois *gunas*, de nombreuses pensées se doivent de circuler au-dedans.

Les problèmes surviennent car nous luttons avec les pensées : "Je veux cette pensée uniquement, je ne veux pas cette pensée-là". Soyez spectateur plutôt que de dire continuellement : "Pourquoi ces pensées me viennent-elles tout le temps ?" Laissez faire ! C'est naturel. Lorsque vous êtes assis, disons dans un centre commercial, beaucoup de gens passent devant vous. Vous ne leur prêtez aucune attention. Aussi quand quelque chose que vous n'appréciez pas arrive, vous y prêtez trop d'attention. Oubliez ça !

Une sorte d'énergie est nécessaire pour que les pensées s'écoulent. Sans énergie, la lumière ne fonctionnera pas. L'électricité est nécessaire. De même, cette puissance ou énergie est derrière tout. Hors de cette énergie, quelque chose est projeté, réfléchi vers l'extérieur.

NOUS NOUS CONCENTRONS ET PENSONS À LA PROJECTION, AU LIEU DU PROJECTEUR.
RESTEZ À LA RACINE, LA SOURCE À PARTIR DE LAQUELLE LA PROJECTION EST PROJETÉE.

Quand vous vous connaîtrez, vous saurez que vous êtes primordial et que tout le reste est secondaire.

VOUS ÊTES PRIMORDIAL,
VOUS ÊTES LE PRINCIPE.

Utilisez le corps pour la vie quotidienne. Hier nous avons eu un repas, et aujourd'hui nous l'avons oublié. Ce matin nous prenons le thé. Ne pensez pas à toute la préparation, à la fabrication du thé. Prenez le thé, et allez de l'avant !

Dans votre vie quotidienne, faites votre travail, mais ne l'enregistrez pas, ne l'imprimez pas en vous. Cette impression cause de l'irritation. Mais ne vivez pas juste comme un mendiant, apprenez quelque chose, faites quelque chose de votre vie. Suivre aveuglément la spiritualité n'a aucun sens, "Oh, je suis un homme spirituel, comment puis-je travailler ?" Pour vivre, vous avez besoin de travailler. Si vous ne faites que rester assis en disant "je suis *Brahman*", quel est l'intérêt ? Qui vous nourrira si vous n'avez pas d'argent ? Ce n'est pas la bonne voie. Vivez une vie pratique, mais en même temps, connaissez-vous juste dans un sens réel.

VOUS DEVEZ ÊTRE EN CONTACT AVEC
VOTRE SOI SANS SOI TOUT LE TEMPS.

C'est l'objectif derrière le chant des *bhajans*. Bhausaheb Maharaj dit que le chant régulier de chansons dévotionnelles vous gardera noué à vous-même, en contact avec Soi Sans Soi. Ainsi, la soi-disant *maya* n'osera pas vous attaquer.

Q : S'il y a beaucoup de gens qui participent à ces jours de festival, je ressens une perturbation. Plus il y a de gens, plus il y a de distractions. Mais après coup, la vibration est plus forte. S'il y a moins de gens, la vibration est faible.

Maharaj : Il n'y a pas de vibrations plus faibles ou plus fortes, il y a juste des vibrations. Elles proviennent de vous et vous les appelez 'fortes' ou 'faibles'. Votre Présence est derrière les vibrations. Hors de cette Présence, quand vous en serez de plus en plus proche, elle brûlera intensément. Quand vous serez proche du Soi Sans Soi, vous la ressentirez fortement. Ce sont juste des mots que j'utilise pour communiquer.

Quand vous serez proche du Soi Sans Soi, alors il y aura un bonheur exceptionnel et un silence exceptionnel. À ce stade, il n'y aura plus de questions, seulement une paix exceptionnelle. Vous ne ressentirez plus de corps, mental, ego, rien, rien du tout.

VOUS SEUL ÊTES,
VOUS SEUL ÊTES.

Excepté vous, rien n'est là, juste Je. Aucune sorte de couche ne restera.

À présent il y a encore des couches : le mental est une couche, l'intellect une autre couche, l'ego une autre. Il y a tant de couches.

QUAND VOUS IREZ DE PLUS EN PLUS PROFONDÉMENT,
VOUS VERREZ CETTE ÉNERGIE PUISSANTE ET IMPÉTUEUSE.

Vous n'êtes pas séparé de l'énergie, mais à cause du corps, il peut sembler y avoir quelque séparation. Quand vous serez de plus en plus proche, à ce moment, à ce moment particulier, il y aura un silence exceptionnel.

Q: Vous décrivez l'état de *samadhi*.

Maharaj: Ce n'est pas le *samadhi*, c'est au-delà du *samadhi*. Avec le *samadhi*, il y a encore un expérimentateur. Vous faites l'expérience du *samadhi* en disant : "J'ai eu un bon *samadhi*". Rappelez-vous une nouvelle fois, *samadhi* est seulement un mot, ne vous laissez pas prendre au piège.

Cet 'état', où vous êtes inconnu à vous-même, ce que vous appelez *samadhi*, est momentané. Ce dont je parle est durable. Il n'y a pas d'attachement au monde, où vous vous dites "Je suis un homme". À ce stade Ultime, l'Esprit agit spontanément. Il ne dit pas "Je suis *Brahman*". Par la méditation, votre Réalité est imprimée en vous, et grandit jusqu'à devenir : "je suis Cela !"

SAMADHI **SIGNIFIE LA FAÇON DONT VOUS ÉTIEZ AVANT D'ÊTRE.**
DANS CET 'ÉTAT' AVANT D'ÊTRE,
IL N'Y A PAS D'EXPÉRIENCE.

"Je ne suis pas le corps, je ne suis pas le mental, je ne suis pas l'ego, l'intellect. Je ne suis rien". Ce sera votre Réalité. Vous saurez que le monde entier est votre projection. "Je pensais que j'étais dans le monde, mais maintenant, après la Réalisation :

"JE SAIS QUE LE MONDE EST EN MOI".

Donc, ne vous considérez pas comme forme corporelle avec le mental, l'ego, l'intellect. Votre Présence est là. J'invite l'attention de cette Présence, où il n'y a pas de témoin.

CE QUI RESTE EST QUELQUE CHOSE
D'EXCEPTIONNEL ET D'INDESCRIPTIBLE.
ON NE PEUT AVOIR EXPÉRIENCE DE SOI-MÊME
À CETTE ULTIME ÉTAPE.

Bien que vous viviez dans le monde, vous serez indifférent, comme si vous faisiez du théâtre. Cela sera comme agir dans un rêve et observer le rêve se dérouler. Votre Maître Intérieur est votre Instructeur. Quand vous serez de plus en plus proche du Soi Sans Soi, des instructions viendront de votre Maître Intérieur en raison de votre forte croyance dans le Maître.

Un dialogue prendra place avec votre Maître Intérieur. C'est appelé dévotion au Soi. Hors de ce dialogue, vous vous enseignerez à vous-même et deviendrez votre propre Maître. C'est ce que Nisargadatta Maharaj voulait dire quand il déclarait :

"Excepté votre Soi Sans Soi, il n'y a pas de Dieu…", donc restez tranquille !

29. Nettoyez votre maison

Maharaj: Pour dire "je suis réalisé", pour dire "je suis illuminé", vous devez utiliser l'ego. Mais votre Présence est Spontanée, il n'y a pas de témoin. Aucun mot n'est présent, aucun monde n'est présent. M.o.t.s et m.o.n.d.e. Pas de monde, pas de mots. Donc quand toutes ces questions et réponses auront été absorbées en vous, vous serez calme et tranquille. Il n'y aura pas d'anxiété et pas de tentation.

Où voulez-vous aller, et pourquoi ? Où que vous alliez, le ciel est le même. Si vous allez en Amérique, en Inde ou en Chine, le ciel est le même. Vous ne trouverez pas un ciel différent où que ce soit. Le ciel Américain est-il différent du ciel Australien ? Où irez-vous pour trouver le ciel ? Et De même, où irez-vous pour trouver le *Brahman* ? Les gens vont vers ce maître-ci, ce maître-là, ce maître, ce maître... puis ils vont aux Himalayas, et ainsi de suite.

Tout ceci est une perte de temps inutile car tout est en vous, mais vous ignorez ce fait. Vous ne prêtez pas attention à votre Soi Sans Soi. J'invite à maintes reprises l'attention de l'Auditeur Invisible sur le fait que vous êtes la Vérité Ultime.

**LA VÉRITÉ ULTIME N'EST PAS IMPRIMÉE EN VOUS,
À CAUSE DES CONCEPTS ILLUSOIRES
QUI SONT DÉJÀ ENTASSÉS EN VOUS.**

L'importance de votre Vérité Ultime est éclipsée par des centaines de milliers de concepts.

LA RÉALITÉ A ÉTÉ ÉVINCÉE.

Je vais vous raconter une histoire vraie, juste pour illustrer ça : j'avais l'habitude de faire ma promenade matinale dans le Parc National de Bombay, et parfois j'allais m'arrêter parler avec un ami qui possédait une grande propriété à Pune. À cette époque, il n'était pas marié [et n'avait pas besoin de toutes les chambres], aussi, il dit à son ami : "Tu peux t'installer au rez-de-chaussée, pas de problème, il y a beaucoup d'espace". Son ami s'installa donc au rez-de-chaussée, et lui-même résidait au premier étage.

Puis mon ami se maria et eut des enfants, etc, cela sur une période d'une vingtaine d'années. Le temps vint où il réalisa qu'il avait besoin de plus d'espace. Il demanda à son ami : "S'il te plaît, libère les lieux et va t'installer ailleurs maintenant. Je te donnerai de l'argent. Les locaux que j'occupe ne suffisent plus pour ma famille et moi". Le locataire était réticent à partir, il dit, "Comment puis-je partir ? Je ne peux pas m'en aller. J'ai des droits de locataire ! Je ne pars pas". Le propriétaire demandait poliment, mais son ami refusait toujours de partir.

Par la suite, mon ami que je croisais dans le parc était toujours d d'humeur abattue. Quand il faisait ses promenades matinales, ses amis lui demandaient pourquoi il était si troublé. Après qu'il leur ait raconté l'histoire, ils le questionnèrent au sujet de son locataire : Était-il de la caste des *Brahmin* ? Prenait-il de la nourriture non végétarienne, etc ? "Non, non, non, il est strictement végétarien".

L'un d'eux lui suggéra d'aller chercher des poissons séchés malodorants et pourris, . À cette époque, il avait un grand réservoir d'eau chaude avec un four près de l'appartement du rez-de-chaussée. Tout le monde y allait afin de chauffer l'eau et de le remplir avec du bois sec. Il adopta la suggestion de son ami et mit un kilo de ce poisson séché dans le four alors que l'eau était en ébullition. Le locataire ne pût supporter l'odeur. Il en devint extrêmement irrité. Il quitta les lieux dans la semaine !

Ce que montre cette histoire est combien difficile il est de se débarrasser des locataires indésirables. Ils sont réticents à partir.

**SI VOUS ÊTES POLI, ILS NE S'EN IRONT PAS.
DE LA FORCE EST NÉCESSAIRE.**

Le mental, l'ego, l'intellect sont ces locataires, tous illusion ! Afin de les faire disparaître, vous aurez besoin de l'aide d'autres illusions. Nous utilisons l'aide de la méditation, des *bhajans,* et de la Connaissance pour rendre l'environnement insupportable aux locataires indésirables.

Ces 'locataires' vous rudoieront en s'en allant. Des pensées dépressives seront encore dans les environs, tout comme le poisson puant. C'est un processus de nettoyage. Quand vous nettoyez votre maison il peut y avoir une odeur nauséabonde, une mauvaise odeur, mais par la suite la maison sera parfaitement propre.

C'est une grande maison. Le corps est une grande maison, avec des milliers de concepts. Le seul moyen de les supprimer est avec la méditation, la Connaissance et les *bhajans*. Après la méditation, tout aura fondu : l'ego, l'intellect, le mental - tous ces concepts. Vous serez entièrement libre des concepts. J'essaye de simplifier tout ça, tout comme vous le feriez pour un enfant. Quand vous vous rappellerez cette histoire, vous direz : "Oh oui, ces choses arrivent à cause du processus de nettoyage".

Jusqu'à ce que la totalité des logements soit vide, vous devez être sérieux et déterminé. Les invités indésirables sont présents, vous devez donc continuer à nettoyer la maison. Plus tard, ce sera automatique. Vous aurez des difficultés au début, à cause des pensées négatives qui s'élèvent, mais ce n'est qu'une partie nécessaire du processus de nettoyage. À moins que le lieu entier ne soit propre, vous ne serez pas capable de fonctionner.

**SI VOTRE ARDOISE EST COMPLÈTEMENT RECOUVERTE,
VOUS NE SEREZ PAS CAPABLE D'Y INSCRIRE DE NOUVEAUX
MOTS.**

Les *bhajans* soutiennent la vigilance en créant des vibrations à l'intérieur de vous. Ces vibrations chassent les choses indésirables et déplaisantes, et elles disparaîtront. Le voleur est découragé !

C'est une chose simple, oubliez la spiritualité. Supposez que vous souffliez dans un instrument de musique comme un cor ou une trompette dans la maison, cela va alerter le voleur. Il saura que quelqu'un est à l'intérieur. Il réfléchira à deux fois avant d'entrer. Même quand il sera à la porte de derrière, il sera alerté de votre présence et n'osera pas entrer. De même, avec les *bhajans*, la méditation, la Connaissance, qui font entendre constamment que la Présence est là, et par conséquent quelques pensées erronées, pensées illusoires que ce soient, n'essaieront pas d'entrer.

Q: Mon mental est très actif avec des pensées allant ici, là, et partout. Bien sûr, ce n'est pas une bonne chose.

Maharaj: Vous continuez à parler de "mon mental". "Mon mental" doit être supprimé ! Il disparaîtra. Il n'y a pas de 'mental', pas 'd'ego', pas 'd'intellect', pas de 'Je'. Tous ces mots sont uniquement des pensées relatives au corps. 'Je', 'mental', '*maya*', 'illusion', '*karma*', '*parmartha*'. Tous ces mots et significations appartiennent au cercle de la connaissance corporelle, et vous gardent dans ce cercle illusoire.

**AVANT LA CONNAISSANCE DU CORPS,
IL N'Y AVAIT RIEN.
QUELLE QUE SOIT LA CONNAISSANCE QUE VOUS AYEZ
MAINTENANT S'ÉVANOUIRA AVEC
LA DISPARITION DU CORPS.
DONC DE QUELLE UTILITÉ EST TOUTE CETTE
CONNAISSANCE, QUAND EN FIN DE COMPTE TOUT
DISPARAÎTRA ?**

Q: Mais nous avons besoin du mental, de l'ego, et de l'intellect pour fonctionner. Comment faire pour ne pas utiliser le mental ?

Maharaj: Vous pouvez utiliser le mental, mais utilisez-le comme le cornichon... vous connaissez le cornichon ? Quand vous utilisez du cornichon, vous l'utilisez avec parcimonie, et non pas tout le temps.

Q: D'accord ! Compris !

Maharaj: C'est comme quand vous êtes en mauvaise compagnie. Vous êtes en mauvaise compagnie avec le mental, l'ego et l'intellect. Ne restez pas en compagnie de ces garçons. Vous restez en mauvaise compagnie. En tant que parent, vous pourriez dire à votre enfant : "Ne te mêle pas à ces mauvaises fréquentations. Ce tel et tel, ce garçon, c'est un mauvais garçon". C'est ce que vous enseignez à vos enfants. Vous guidez votre enfant, faisant usage d'une psychologie simple afin qu'il puisse se développer.

De manière similaire, le Maître vous parle de votre mental, ego, intellect, comme si ils étaient de méchants garçons, de mauvais éléments. Vous dites : "Mon mental, mon ego, mon intellect". Mais qui dit cela ? Qui le dit ?
**QUAND VOUS DITES "MON MENTAL",
ÇA SIGNIFIE QUE VOUS N'ÊTES PAS LE MENTAL.
MA MAIN, MA JAMBE, ETC.
ÇA SIGNIFIE QUE VOUS EN ÊTES SÉPARÉ.
'MON' N'EST PAS 'JE', DIT LE MAÎTRE.
'MON' N'EST PAS 'JE'.**
Pourquoi devenir un esclave du mental, de l'ego et de l'intellect ? Ce sont vos bébés. Vous leur avez donné naissance. Vous leur fournissez de la nourriture. Vous leur fournissez de la puissance, pourtant maintenant vous êtes effrayé par eux. Pourquoi ?
**MENTAL, EGO, INTELLECT -
ARRÊTEZ DE LEUR FOURNIR DE LA NOURRITURE,
ARRÊTEZ DE LEUR FOURNIR DE LA PUISSANCE,
ET ILS DEVIENDRONT MUETS.
ILS SERONT RÉDUITS AU SILENCE.**

Q: Mon mental est toujours très actif, très occupé. Je ne sais pas comment stopper la course de mon mental.

Maharaj: Il vous faut nettoyer votre maison, donnez-lui un bon nettoyage ! Prenez le balai de la Connaissance et utilisez un désinfectant contre les microbes.

Nous sommes victimes des pensées car nous les acceptons aveuglément. "Oh ! Je suis déprimé, je suis malheureux, mon humeur n'est pas bonne, laissez-moi seul," laissez-moi seul". Pourquoi ? Parce que :
**DIRECTEMENT OU INDIRECTEMENT,
CHAQUE FOIS QU'UNE PENSÉE APPARAÎT
À L'INTÉRIEUR DU CORPS, VOUS L'ACCEPTEZ.**
Accepter les pensées sans discernement fait que tout votre corps physique, tout votre corps mental, tout votre corps spirituel en est affecté. Alors la confusion commence, les conflits commencent, et vous croissez en fébrilité et devenez agité.

Pourquoi ? Parce qu'en dépit du fait que vous sachiez que vous n'avez rien à voir avec toutes ces pensées, que vous en êtes, en fait, séparé de toutes ces pensées, quelque ego subtil demeure.
**L'EGO SUBTIL EST ENCORE LÀ.
IL RESSENT TOUJOURS : "JE SUIS QUELQU'UN,
QUELQU'UN D'AUTRE".
ET ENSUITE, HORS DE CET EGO,
LES PENSÉES SONT ACCEPTÉES SANS À VOTRE INSU.**

Voici un exemple très simple. Disons qu'un chien aboie dehors. Les aboiements sont insupportables. L'effet est instantané. Vous n'aimez pas ça. Vous sortez, jetez quelques pierres et criez sur le chien. Ça signifie que les aboiements du chien ont été acceptés. C'est devenu problématique pour vous. Cependant, il est dans la nature d'un chien d'aboyer. Mais vous prêtez attention au chien, et vous pensez : "Pourquoi aboie-t-il et me donne t-il des soucis ?"

**ICI, À CE POINT-LÀ,
VOTRE EGO SUBTIL PREND NAISSANCE.
VOTRE MENTAL ABOIE, VOTRE MENTAL ABOIE
CAR VOUS PRÊTEZ ATTENTION AU CHIEN QUI ABOIE.**

Q: Donc il ne faut pas prêter attention ou ne pas accepter les pensées ?
Maharaj: Si vous n'acceptez pas les pensées, alors elles ne créeront aucun trouble. Elles ne vous affecteront pas. Maintenant, vous devez vous motiver. Il vous faut vous motiver de cette manière :

**"JE PENSAIS QUE J'ÉTAIS LA FORME CORPORELLE.
MAINTENANT J'EN SUIS VENU À SAVOIR
QUE JE N'ÉTAIS PAS LE CORPS,
JE NE VAIS PAS RESTER LE CORPS,
MON CORPS N'EST PAS MON IDENTITÉ.
JE N'AI DONC RIEN À VOIR AVEC
TOUTE CETTE ATMOSPHÈRE.
JE NE SUIS PAS CONCERNÉ PAR LE MONDE".**

Oubliez la base corporelle ! Oubliez la base du corps !

**VOTRE PRÉSENCE ÉTAIT LÀ AVANT LE CORPS.
MAIS ELLE ÉTAIT INVISIBLE, ANONYME,
NON IDENTIFIÉE -
PAR CONSÉQUENT VOUS ÊTES INCONNU.**

Vous avez commencé à évaluer la vie lorsque l'Esprit a cliqué avec le corps. Quand vous avez rencontré le corps, vous avez commencé à penser ainsi : "Mon âge est de tant et tant d'années. Je suis une femme. Je suis née en 1975, et donc mon âge est quarante ans. Je suis âgée de quarante ans".

À partir du moment où l'Esprit a cliqué avec le corps, vous avez commencé à compter les années, mais avant ça, votre Présence était là. Abandonnez le corps, abandonnez la forme corporelle.

**VOUS N'ÊTES PAS UNE FEMME.
VOUS N'ÊTES PAS 'SITA' QUI A QUARANTE ANS.
NON ! VOUS N'ÊTES PAS NÉE.**

30. La méditation est l'anti-virus pour l'illusion chronique

Q: Comment contrôler le mental ? Comment puis-je ignorer toute l'activité du mental ? Cela semble impossible.
Maharaj: Tout est possible. Pour des cas comme le vôtre, pour traiter les cas d'illusion chronique, le Maître prescrit le médicament de la méditation. La méditation est le logiciel anti-virus. La méditation est le fondement basique pour nettoyer le terrain, pour déblayer toutes les pensées illusoires. La méditation signifie concentration complète.

MÉDITATION SIGNIFIE CONCENTRATION COMPLÈTE.
LE MANTRA EST UN INSTRUMENT, UN OUTIL.
EN UTILISANT LE MANTRA VOUS ENGAGEZ VOTRE MENTAL, ET EN MÊME TEMPS, VOTRE ESPRIT S'ÉCOULE À L'INTÉRIEUR AVEC LA CONNAISSANCE, LA RÉALITÉ.

Q: Quand vous engagez le mental et récitez le Mantra, qu'arrive-t-il ? Comment cela fonctionne-t-il ?
Maharaj:
L'ACTIVITÉ DU MENTAL S'ARRÊTE.
L'ACTIVITÉ INTELLECTUELLE S'ARRÊTE,
L'ACTIVITÉ EGOTIQUE S'ARRÊTE,
SPONTANÉMENT AVEC LE CLIC DU MANTRA.

Aujourd'hui tout le monde a un ordinateur ou un portable. Tous attrapent des virus à un moment où à un autre. Pour résoudre ce problème, il nous faut utiliser un logiciel anti-virus sur notre ordinateur. De même, à moins que tous vos virus ne soient pleinement éliminés, dissous, la Réalité Ultime ne sera pas réalisée.

Q: Comment se débarrasser d'années et d'années d'illusion, des couches et des couches d'illusion ? Cela semble une tâche impossible ?
Maharaj:
RIEN N'EST IMPOSSIBLE !

La méditation a un effet sur le corps spirituel. L'Esprit est très sensible et a absorbé beaucoup d'impressions. Tout ce qui est imprimé sur lui est immédiatement réfléchi. Depuis l'enfance, l'Esprit s'est considéré comme étant la forme corporelle : "Je suis quelqu'un [d'autre], je suis né, je vais mourir". Puis, il y a eu toutes les impressions et le conditionnement, l'éducation, l'environnement, la 'tradition', la 'morale', la 'culture', les 'bonnes actions', les 'mauvaises actions', le '*prarabdha*', le '*karma*', la 'renaissance', le 'paradis', 'l'enfer', et tout le reste des concepts.

Nous avons signé aveuglément, et avons tout accepté sans poser de question.
CES CONCEPTS SERONT DISSOUS AVEC LA MÉDITATION.

À TRAVERS LA MÉDITATION, VOUS RÉGÉNÉREREZ VOTRE POUVOIR, ET RAFRAÎCHISSEZ VOTRE MÉMOIRE DE LA VÉRITÉ ULTIME.

Q: Ça semble formidable ! Ça semble presque miraculeux.

Maharaj: [Le Maître sourit.] Rappelez-vous ! Ne prenez pas mes mots littéralement. Vous avez oublié votre Vérité Ultime et avez adopté le corps. Et à cause de tous ces concepts illusoires, vous vivez en tant que corps, sous la pression d'une abondance de concepts illusoires depuis l'enfance jusqu'à aujourd'hui.

Non seulement ça, mais vous êtes aussi sous l'influence de toutes ces impressions craintives et anxiétés qui les accompagnent, telles que : "Que faire si quelque chose m'arrive ? Que faire si un tel ou un tel meurt demain ? Qu'arrivera t-il dans le futur ? Qu'arrive-t-il dans le présent ? Qu'est-il arrivé par le passé ? Si seulement-ci, si seulement-ça", etc. Vous êtes toujours en train de vous inquiéter pour une chose ou une autre. La méditation est par conséquent requise pour dissoudre tout ce bagage illusoire.

Q: J'écoute ce que vous dites, mais en même temps, je me demande si la méditation est réellement nécessaire, si vous étudiez et lisez beaucoup, comme je le fais ?

Maharaj: Lire des livres et étudier n'est pas suffisant. Qui lit ? Qui étudie ?

LIRE DES LIVRES N'EST PAS SUFFISANT.
ÉTUDIER N'EST PAS SUFFISANT.
QUI LIT ?
QUI ÉTUDIE ?

Les gens sont toujours en mouvement, visitant des sites sacrés, allant ici et là. Pourquoi ?

VISITEZ VOTRE PROPRE SITE, PAS CELUI D'UN AUTRE.
PREMIÈREMENT, NETTOYEZ VOTRE PROPRE MAISON.

Q: Je n'ai jamais été très bon en méditation. Quand j'entends le mot, j'ai tendance à devenir livide. Je finis toujours par abandonner. Je ne semble pas être capable de me concentrer pendant très longtemps.

Maharaj: La concentration vient en premier. Une profonde implication dans la concentration est essentielle. Cette Connaissance, cette Réalité s'ouvrira uniquement à vous avec l'aide de la méditation. C'est la 'Clé Maîtresse' pour entrer dans la Maison de la Connaissance du Soi. La Clé Maîtresse ouvrira la porte de la Connaissance du Soi.

Q: Comment dois-je méditer ?

Maharaj: Le *Naam Mantra* est le plus important. Si vous n'avez pas le *Naam Mantra*, alors utilisez un autre mantra ou le nom d'une déité en qui vous croyez et concentrez-vous sur cela. Une concentration totale est nécessaire. Par exemple, "Je suis *Brahman, Brahman* je suis" ou "*Aham Brahmasmi*".

Q: Qu'est-ce que le *Naam Mantra* ?

Maharaj: Dans notre Lignée, des mots sacrés sont donnés pour la méditation. Le *Naam Mantra* est la Clé Maîtresse, donc le Maître, Shri Bhausaheb Maharaj, fondateur de l'Inchegiri Navnath Sampradaya, insistait pour que les débutants passent d'abord par la méditation. Après une période de méditation, la pratique deviendra spontanée. Prenez deux heures par jour pour vous.

    Parce que l'Esprit est très sensible, il est réceptif aux vibrations du *Naam Mantra* et les absorbera comme une éponge. Tout d'abord, vous devrez faire des efforts pour le réciter car l'ego mènera un combat pour lui résister. Des problèmes feront surface au début, aussi vous pourriez avoir à lutter afin que le Mantra continue. Néanmoins, il sera ensuite en marche automatiquement.

**LA SIGNIFICATION DU *NAAM MANTRA* EST
"JE SUIS *BRAHMAN*, *BRAHMAN* JE SUIS".**

    La méditation est un processus, un processus correcteur qui agit comme un rappel de ce que vous êtes réellement. En nettoyant les couches d'illusion accumulées depuis l'enfance jusqu'à aujourd'hui, l'Esprit est régénéré. Les mots de la méditation, la signification du Mantra est, comme je l'ai dit : "Je suis *Brahman*, *Brahman* je suis". Nous martelons ces mots en vous, votre Réalité en vous, jusqu'à ce que vous les acceptiez.

Q: Vous disiez que l'ego essaiera de résister à la pratique. Est-ce parce qu'il pense qu'il est le patron, et qu'il ne veut pas être détrôné ?

Maharaj: Il ne sait rien faire de mieux.

Q: Vous parliez d'illusion, la méditation n'est-elle pas aussi une illusion ?

Maharaj: Oui, la méditation est aussi illusion, tout est illusion, mais nous devons utiliser une épine pour enlever une autre épine. Au stade avancé, il n'y aura plus besoin de méditation, et vous pourrez l'oublier. Mais au début, afin de dissoudre et de supprimer l'illusion, il vous faut l'aide d'une autre illusion.

**À TRAVERS LA MÉDITATION,
NOUS RAFRAÎCHISSONS VOTRE IDENTITÉ.
VOUS AVEZ OUBLIÉ VOTRE IDENTITÉ,
DONC NOUS RÉGÉNÉRONS VOTRE PUISSANCE,
VOUS REMÉMORANT VOTRE IDENTITÉ RÉELLE
QUI EST INVISIBLE ET NON IDENTIFIÉE.**

31. Ma présence est partout

Maharaj: Bhausaheb Maharaj, le fondateur de la Lignée, était un Architecte Spirituel. Il était prévoyant en ce qui concerne la méditation et avait planifié pour toutes les éventualités. Il réalisa que ce qui est requis pour rendre la connaissance digeste est d'en donner petit à petit, comme une mère qui nourrit son enfant. Le moineau donne la becquée à son petit, un petit peu à chaque fois, afin qu'il devienne fort. S'il est trop gavé, il ne sera pas capable de digérer la nourriture.

De nos jours, vous n'avez plus à quitter la maison pour la connaissance spirituelle. Vous n'avez pas à apprendre dans un environnement secret non plus. Il y avait de nombreuses restrictions auparavant mais à présent la spiritualité est devenue libre. Vous êtes très fortunés de l'avoir si facilement. Soyez sérieux et méditez ! La méditation est nécessaire jusqu'à ce que vous trouviez votre corps spirituel.

Q: Combien de temps cela prendra t-il ?

Maharaj: Combien de temps ? Pourquoi dites-vous : "Combien de temps ?" Il n'y a pas de temps. Après une concentration continue, vous saurez, "Oh ! Je n'ai rien à voir avec le corps. Je n'étais pas le corps. Je suis non né".

**LE CORPS VA ET VIENT.
LE CORPS A DES FACTEURS D'ÂGE, UNE LIMITE DE TEMPS.
MAIS POUR 'MOI', IL N'Y A PAS DE LIMITE DE TEMPS.
JE SUIS PARTOUT.
MA PRÉSENCE EST OMNIPRÉSENCE.**

Q: Cela peut-il se produire rapidement ?

Maharaj: Instantanément ! C'est à vous de voir. Ne luttez pas avec le mental. Les pensées arrivent et les pensées s'en vont. Acceptez celles que vous voulez, et refusez celles que vous ne voulez pas. Vous avez de bonnes pensées, vous avez de mauvaises pensées.

APRÈS QUELQUE TEMPS, CE SERONT TOUTES DE BONNES PENSÉES.

Q: Je vais essayer et voir ce que ça donne.

Maharaj: Ce genre de spiritualité désinvolte, de "voir ce que ça donne", ne marchera pas ! Pour obtenir la perfection, il nous faut une fondation parfaite. Et pour cela, nous avons besoin de la méditation. Hors de cette méditation, vous oublierez votre identité extérieure et votre identité intérieure. Vous saurez :

**"OUI ! C'EST MA VÉRITÉ ULTIME.
MA PRÉSENCE SPONTANÉE INVISIBLE
A PROJETÉ CE MONDE.
AVANT CET ÉTANT,
JE N'ÉTAIS PAS CONSCIENT DU TOUT".**

Q: Ça semble incroyable. Mais j'en suis encore à penser que cela doit prendre du temps pour connaître, pour réellement connaître la Réalité.

Maharaj: Vous donnez trop d'attention aux pensées. Écoutez le Maître ! Acceptez ce que le Maître dit à votre sujet.

ÉCOUTEZ VOTRE HISTOIRE !

ACCEPTEZ LA RÉALITÉ, VOTRE RÉALITÉ.
VOUS ÊTES L'ULTIME, VOUS ÊTES LE VÉRITÉ FINALE.
LE MAÎTRE DIT QUE VOUS ÊTES LA VÉRITÉ ULTIME,
LA VÉRITÉ FINALE.

Comme je l'ai déjà dit, la méditation est comme un logiciel anti-virus. À travers ce processus de méditation, tout sera vidé, purifié, nettoyé, retiré. Vous arriverez à l'État Sans État, la Réalité Sans Pensée.

Q: Dois-je m'asseoir en position du lotus ? Je ne peux pas le faire. Je pouvais quand j'étais jeune, mais plus maintenant.

Maharaj: C'est bon. Si votre corps ou votre âge ne vous permet pas de vous asseoir en position méditative, alors tant pis. La concentration est le plus important.

Q: Donc, le rôle de la méditation est la concentration ?

Maharaj:
VOUS N'ÉTIEZ PAS LE CORPS,
VOUS N'ÊTES PAS LE CORPS,
VOUS N'ALLEZ PAS RESTER LE CORPS.
LE CORPS N'EST PAS VOTRE IDENTITÉ.
CETTE CONVICTION EST SUPPOSÉE APPARAÎTRE
HORS DE LA MÉDITATION.
C'EST L'ESSENTIEL DE LA MÉDITATION,
LE RÉSULTAT DE LA MÉDITATION.
PAR CONSÉQUENT À CE STADE INITIAL
LA CONCENTRATION EST LE PLUS IMPORTANT.

Q: Je comprends.

Maharaj: La méditation vous apportera la Connaissance, votre Connaissance.
SIMPLEMENT SE CONNAÎTRE DANS UN SENS RÉEL,
C'EST LA CONNAISSANCE.

Vous êtes la Vérité Ultime. Vous êtes la Vérité Finale. Ne jouez pas avec les mots, avec les mots spirituels. Il existe des milliers de mots spirituels.
VOUS VOUS NOYEZ DANS L'IGNORANCE,
VOUS VOUS NOYEZ DANS UNE MER DE MOTS.

Retirez tous les vêtements, toutes ces couches illusoires, et voyez-vous. Vous êtes total, complet. Tout est en vous. Vous avez oublié votre Identité, c'est tout. Mais vous devez passer par certaines disciplines au niveau initial.

Au début, vous devez vous rappeler de répéter le Mantra, mais une fois que vous acceptez votre Réalité, il s'écoulera naturellement de lui-même.
VOTRE MAÎTRE DIT :
VOUS ÊTES *ATMAN*, VOUS ÊTES *BRAHMAN*,
VOUS ÊTES DIEU.
EN MÊME TEMPS, VOUS RÉPÉTEZ LE MANTRA
QUI A LA MÊME SIGNIFICATION.

**FINALEMENT, IL ARRIVE UN MOMENT OÙ
IL SERA ACCEPTÉ TOTALEMENT.
MAIS, JUSQU'À CE QUE CETTE CONVICTION SOIT ÉTABLIE,
VOUS DEVEZ VOUS BATTRE,
VOUS DEVEZ LUTTER.**

Acceptez que vous soyez la Vérité Ultime ! Avec certaines personnes, la Conviction arrive immédiatement, pour d'autres, cela prend plus de temps car les impressions n'ont pas été effacées correctement. Méditez avec une implication profonde et totale !

32. Le Naam Mantra – La Clé Maîtresse

Maharaj: Les Maîtres dans notre Lignée initient les chercheurs sincères avec le *Naam Mantra*. Vous ne devez le révéler à personne. C'est une des règles. Comprenez-vous ?
Q: Bien sûr ! Je respecte cela.
Maharaj: En voici un peu à propos du contexte, quelques mots sur notre Lignée. Elle remonte à Dattatreya, qui est considéré comme le patriarche. Revanath Maharaj, était un disciple de Dattatreya, avec les Neuf Naths, les neuf déités. Ces disciples directs de Dattatreya furent instruits pour donner la connaissance spirituelle, la partager avec d'autres, afin de les rendre illuminés. Depuis Revanath Maharaj, cette même Connaissance a été partagée de disciple en disciple, transmise successivement.

L'Inchegiri Navnath Sampradaya commence avec Shri Bhausaheb Maharaj, puis Shri Siddharameshwar Maharaj, et plus récemment, Shri Nisargadatta Maharaj et Shri Ranjit Maharaj. C'est juste une brève description de notre Lignée. À présent, ici dans cet ashram, nous suivons les mêmes traditions de la Lignée, et partageons la Connaissance 'Directe', la Connaissance du 'Soi Sans Soi' avec vous.
Q: Ça semble fascinant ! Cela signifie que toute la Connaissance et la Puissance de ces merveilleux Maîtres est transmise et continue en tant que 'Connaissance Vivante', pour ainsi dire. C'est formidable ! La façon dont je le vois, est que le *Naam Mantra* est renforcé par la Lignée entière. Je me sens très privilégié de faire partie de tout ceci, Maharaj.
Maharaj: Après avoir reçu le *Naam Mantra*, vous devez garder la discipline. Comme je vous l'ai dit, l'Esprit est très sensible, aussi, à cause de cette sensibilité, ces mots secrets sont transmis. Quand ces mots secrets auront fait leur travail et se seront imprimés dans l'Esprit, la Réalité sera exposée.
LA RÉALITÉ SURGIRA.

**TOUTE LA CONNAISSANCE S'ÉCOULERA.
CE N'EST PAS UNE CONNAISSANCE INDIVIDUALISTE,
C'EST LA CONNAISSANCE DU SOI SANS SOI.**

Cette activité fonctionnera bientôt automatiquement, mais, pour le moment, l'implication est le plus important. En même temps que vous menez à bien vos obligations physiques, vous devez rester en contact avec votre Soi Sans Soi.

Q : Quelle est la meilleure façon de faire cela ?

Maharaj : Il vous faut y consacrer un minimum de deux heures, un minimum de deux heures. Vous pouvez diviser ce temps en deux fois une heure ou quatre fois une demi-heure, ce qui convient le mieux à votre routine quotidienne.

Le Maître, Shri Bhausaheb Maharaj, y dédiait dix à douze heures par jour, se tenant parfois debout dans un puits où il attachait sa natte à la roue à eau. Il faisait cela pour se maintenir éveillé, afin que s'il s'assoupissait, sa tête se mettrait à basculer vers l'avant et il serait réveillé par une secousse.

Ces Maîtres se forçaient à avoir une pratique intense et ardue. Ils enduraient tellement d'épreuves à leur époque. C'est grâce à leurs luttes que c'est si facile pour nous à présent. Ils nous ont rendu cela très, très facile.

Q : Nous bénéficions de leurs luttes et de leur dévouement.

Maharaj : Ils ont tous faits d'énormes efforts dans la Lignée. Avec stricte discipline et détermination, ils tentèrent de découvrir les secrets du 'Soi Sans Soi'. Ils étaient très, très stricts. Par la suite, Siddharameshwar Maharaj réduit la période requise de méditation à deux heures par jour.

Grâce à leur persévérance, nous sommes capables aujourd'hui de partager cette grande et rare Connaissance de manière très simple et directe.

Q : Je peux seulement dire que je suis heureux de vivre au vingt-et-unième siècle ! La pratique d'aujourd'hui semble facile en comparaison.

Maharaj : Nous sommes fortunés que ces Maîtres ne se soient pas tellement préoccupés de leur corps. Au lieu de ça, ils étaient dévoués au partage de la Connaissance avec les autres, afin d'illuminer autant de gens que possible. Ils firent des sacrifices, de rares sacrifices, mais ils avaient un si grand pouvoir qu'ils ne s'en préoccupaient pas.

**CE POUVOIR ÉTAIT TOUJOURS AVEC EUX,
ET LEUR FAISAIT OUBLIER LA FORME CORPORELLE.
ILS UTILISAIENT LE CORPS,
EN SACHANT TOUJOURS QU'ILS ÉTAIENT TOTALEMENT
DIFFÉRENTS DU CORPS.
ILS SAVAIENT QU'ILS ÉTAIENT LA VÉRITÉ ULTIME,
ET ILS VIVAIENT AINSI.
LEUR CONNAISSANCE ÉTAIT RÉELLE ET PRATIQUE.**

Maintenant recevez la Clé Maîtresse, par laquelle les Maîtres précédents ont atteint la Perfection. La Clé Maîtresse est la base, la fondation pour la Réalisation de la Vérité Ultime.

33. Faites de la méditation une obsession

Maharaj: C'est très facile et en même temps, c'est très difficile.

Qu'est-ce que la méditation ? Si quelqu'un vous malmène, si quelqu'un vous insulte, vous direz : "Je vais prendre ma revanche. Comment a-t-il osé ? Où est cet homme ?" Et pendant les prochaines vingt-quatre heures, vous ne penserez qu'à cet homme vous ayant injurié et malmené. Vous vous sentez explosif ! Vous êtes intenable, furieux et vous voulez lui rendre la monnaie. Vous êtes absorbé par les moyens de faire ça.

De même, il vous faut avoir le même feu et la même passion pour la méditation. Tout le temps, vingt-quatre heures sur vingt-quatre, vous tentez de découvrir qui vous êtes. Vous êtes déterminé et obsédé par la découverte du Soi. Votre implication est très profonde et absolue.

IL VOUS FAUT DÉCOUVRIR
QUI VOUS ÊTES RÉELLEMENT,
À N'IMPORTE QUEL PRIX. RIEN NE PEUT VOUS ARRÊTER !

Chaque cellule de votre corps est en feu avec ce que cette personne injurieuse a dit : "Je vais lui montrer ! J'aurai ma revanche !"
Q: Avec chaque fibre de notre être ?
Maharaj: Oui ! Votre corps entier est en ébullition ! Vous ne pouvez que prêter attention et vous concentrer sur cette seule chose.
C'EST LA MÉDITATION !
Q: Je vois ! Nous devons être complètement impliqués, parce que nous avons une vie entière d'impressions, comme les scénarios qui continuent de dire : "Je suis Chris", avec toutes les associations et les bagages qui accompagnent 'Chris'. Donc je devrai travailler à cela continuellement en restant concentré. Ce que vous dites, Maharaj, est que c'est une occupation à temps plein ?
Maharaj: Tous ces grands Saints, [indiquant les portraits sur le mur], ont tous fait progresser la méditation.
Q: Et qu'en est-il de la méditation en marchant ou autre ?
Maharaj: Il n'est pas nécessaire d'être assis pour méditer. La méditation peut être pratiquée pendant que vous travaillez, pendant que vous vous relaxez, à tout moment, partout. La récitation continuera d'elle-même. La méditation continuera en arrière-plan. L'Esprit est très sensible, quoi qu'il soit imprimé sur lui est réfléchi.

RAPPELEZ-VOUS QUE VOUS FAITES TOUTE CETTE MÉDITATION POUR VOUS-MÊME, POUR VOTRE BÉNÉFICE, PAS POUR LES MAÎTRES.

Une spiritualité désinvolte ne fonctionnera pas. Une implication à temps partiel ? Non ! Une implication absolue, totale est nécessaire. Alors vous remarquerez des changements spectaculaires en vous. La méditation signifie juste "se Concentrer sur Celui qui se concentre". De cette façon, vous demeurerez tout le temps avec Soi Sans Soi.

Q: J'ai une question concernant l'aspect dévotionnel de la méditation.

Maharaj: Au début, il n'y a pas réellement de dévotion. Ici, la dévotion signifie abandonner et accepter. Ce qui est nécessaire est une dévotion continuelle.

LA DÉVOTION EST SACRIFICE : "JE VEUX ME CONNAÎTRE. JE VEUX SAVOIR QUI JE SUIS".

Q: Donc, en plus de se battre et lutter, vous avez aussi à abandonner ?

Maharaj: Oui ! Car pour supprimer cette connaissance corporelle, pour sortir de la connaissance du corps, la dévotion est nécessaire. C'est un acte délibéré. Au niveau initial, vous vous voyez comme un dévot. Afin d'atteindre la Vérité Ultime, il vous faut passer par la dévotion.

EN PREMIER LIEU, VOUS ÊTES UN DÉVOT, PUIS VOUS PASSEZ PAR LA DÉVOTION, LA PRATIQUE, LA MÉDITATION. APRÈS LA DÉVOTION, VOUS POUVEZ RÉALISER LA DÉITÉ.

Donc le mouvement est celui du dévot, à la dévotion, à la Déité. Mais rappelez-vous que ce sont seulement des mots. Ne tombez pas dans le piège d'interpréter les mots littéralement. En réalité, il n'y a pas de dévot, pas de dévotion, pas de Déité.

Q: Je le comprends maintenant, mais je dois me le rappeler sans cesse car le mental à l'habitude de saisir, et je suis conscient de me dire occasionnellement à moi-même, "J'ai compris". J'essaye de ne pas faire ça. C'est délicat, car tout ce dont vous parlez, La Réalité Ultime, que nous sommes, n'a pas de langage. Elle est avant le langage, avant tout.

Maharaj: Quand vous venez ici en tant que dévot, vous dites : "Je veux me connaître. Je veux savoir qui je suis". Le Maître dit, "Vous êtes la Vérité Ultime, mais vous n'avez pas foi dans le Maître à cause d'une longue association avec le corps." Votre foi, votre confiance est chancelante, incertaine, et non pas ferme. Il n'y a pas de stabilité. Le Maître vous a dit que vous êtes *Brahman*, *Atman*, *Paramatman*. Vous devez réciter le Mantra pour que cette Réalité puisse pénétrer et être absorbée.

Q: Pour revenir à ce que je vous disais au sujet du langage, si nous avons créé les mots qui sont tous illusion, comment ces mots que nous récitons peuvent-ils fonctionner, ou avoir un effet réel et durable sur nous ?
Maharaj: Oui, les mots sont illusion, mais à nouveau, il nous faut utiliser une illusion pour en enlever une autre. ["Je suis *Brahman*" remplaçant "Je suis un homme"]. Étant donné la sensibilité de votre Esprit, ce que vous imprimez sur lui est réfléchi.
Q: Donc cela fonctionne vraiment ?
Maharaj: Bien sûr ! Aussi longtemps que votre implication est totale, à cent pour cent. C'est une méthode rodée, scientifique, systématique. La Vérité Ultime est imprimée en vous par le Mantra. Et alors vous saurez : "Oh ! Alors je suis Cela !" Il y aura un silence exceptionnel. Un Silence Spontané, Exceptionnel sera présent.
Q: Ça semble merveilleux !
Maharaj: Là où toutes les pensées finissent, là vous êtes. Dans l'état sans pensée, même 'Je' prend fin aussi. Il n'y a pas de 'je', pas de 'tu'. Mais cet état n'est pas un état inconscient. Bien que vous viviez dans le corps, vous en êtes pleinement et complètement séparé, inconscient du monde.

Je place devant vous la Vérité de l'Auditeur, votre Vérité. Vous pouvez le faire ! Ayez du courage ! Rien n'est impossible ! Il n'y pas de différence entre l'Orateur en moi et l'Auditeur en vous, excepté la forme corporelle.

**MAINTENANT IL VOUS FAUT VOUS CONVAINCRE.
LES ÉVIDENCES ONT ÉTÉ PLACÉES DEVANT VOUS.
VOUS AVEZ LA CLÉ, MAINTENANT VOUS DEVEZ VOUS EN
SERVIR. LES PLATS SONT SERVIS, MAINTENANT MANGEZ !**

34. Le Maître n'est pas un homme miracle

Maharaj: Maintenant la clé vous a été donnée. Le Mantra des Maîtres de la Lignée est maintenant votre Mantra. Je vous ai expliqué comment le faire fonctionner, à présent c'est à vous de voir. Ce sera très facile pour ceux d'entre vous qui sont sérieux, pour les autres, avec une approche plus désinvolte de la méditation, ce ne sera pas aussi facile. Tout dépend dans quelle mesure vous en tenez compte. Tout dépend de l'importance que vous y voyez et à quel point vous y accordez de la valeur.

Essayez de vous rappeler ceci :
**CHAQUE MOMENT DE VOTRE VIE EST TRÈS IMPORTANT.
IL NE SE RÉPÉTERA JAMAIS.
ET, À MOINS QUE VOUS NE VOUS CONNAISSIEZ**

**DANS UN SENS RÉEL,
LA PAIX SERA PERDUE,
LE CONTENTEMENT SERA PERDU,
ET À LA PLACE, IL Y AURA PEUR ET TENSION.**

Q: Je comprends ce que vous dites, Maharaj. Saisir le moment et ne pas être désinvolte. Il suffit de faire des efforts et de pratiquer.
Maharaj: Cette pratique est nécessaire à cause de notre attachement au corps. Quand il n'y avait pas d'attachement au corps, la pratique n'était pas nécessaire. Voyez-le de cette manière : C'est un fait, qu'il n'y a RIEN là. Il n'y a rien du tout.
**QUAND IL N'Y AVAIT PAS DE CORPS,
IL N'Y AVAIT PAS BESOIN DE DIEU,
PAS BESOIN DE *BRAHMAN*, DE RIEN.**
Q: Est-ce rien et plénitude en même temps?
Maharaj: Ce sont des mots, et c'est votre imagination. Je sais ! Vous ne savez pas ! C'est comme l'histoire de l'homme au sommet d'une colline agitant ses bras au-dessus de sa tête. L'homme en dessous lui demanda en criant : "Comment est-ce là-haut ?" L'homme sur la colline dit : "Il faut que tu viennes et voies par toi-même".
Q: Oui, j'utilisais mon imagination, ce que vous appelez la connaissance corporelle, pour essayer de saisir quelque chose, alors que quand votre Connaissance surgit spontanément, c'est direct.
Maharaj: Tous les besoins, toutes les exigences, toutes les demandes ont commencé avec le corps. Avant 'd'être', nous ne connaissions pas les significations de Dieu, Maître, disciple, frère ou sœur. Pas de noms, pas de significations ! Toutes les relations sont relatives au corps. Vous savez qu'un jour, que vous le vouliez ou non, vous devrez laisser tout ça derrière. Nous ne pouvons pas prendre le corps avec nous.
**C'EST UNIQUEMENT À CAUSE DE L'ESPRIT QUE NOUS
SOMMES CAPABLES DE PARLER, QUE NOUS ÉCOUTONS, QUE
NOUS VOYONS.
LE MONDE ENTIER EST LA PROJECTION
DE VOTRE PRÉSENCE SPONTANÉE APPELÉE VÉRITÉ ULTIME,
BRAHMAN, *ATMAN*, DIEU.
C'EST UN FAIT ÉTABLI.**

Mais ne pressurez pas votre cerveau, en vous demandant : "Oh comment est-ce possible ?" C'est très simple, très, très simple. Au moment où votre attachement au corps se dissout, cela sera vu. Alors vous saurez qu'il n'y a personne ici. Je vous le dis, en martelant la même chose, encore et encore :
**UN IMMENSE POUVOIR EST DÉJÀ EN VOUS,
MAIS VOUS N'ÊTES PAS CONSCIENT DE CE POUVOIR.**

Comment le processus fonctionne est aussi très simple. L'Esprit est très sensible. Considérant la sensibilité de l'Esprit, le *Naam Mantra*, le Mantra du Guru est donné comme outil. Il a une double fonction : il efface votre connaissance corporelle, et en même temps, il vous rappelle votre Identité réelle.

Voici un exemple simple : supposez que quelqu'un ait oublié son identité, disons, il a perdu la mémoire, et il souffre d'amnésie. Nous devons faire en sorte qu'il se souvienne, aussi nous lui donnons des indices, nous lui rappelons des événements et souvenirs de son passé, afin de rafraîchir sa mémoire.

Si un enfant oublie quelque chose, nous le lui rappelons. De même, le Maître vous remet en mémoire un souvenir. Le souvenir est :

VOUS ÊTES *BRAHMAN*, VOUS ÊTES *ATMAN*.
VOUS ÊTES *BRAHMAN*, VOUS ÊTES *ATMAN*.

Vous n'êtes pas un homme. Vous n'êtes pas une femme. C'est le stade préliminaire, le stade du début. Par la suite, quand la Conviction est établie, vous n'aurez plus besoin de disciplines supplémentaires. À partir de ce moment, tout arrivera spontanément. Aussi, vous ne ressentirez plus le besoin d'aller chercher autre part après la Conviction. Vous ne trouverez plus nécessaire de parler en faisant usage de mots raffinés, tels que '*Brahman*' ou '*Atman*'.

JETEZ-VOUS JUSTE UN COUP D'ŒIL,
SOUSTRAYEZ LA FORME CORPORELLE,
ET VOYEZ COMMENT VOUS ÊTES.

Oubliez le mental, l'ego, l'intellect. Enlevez tout, pelez les couches de l'illusion, une par une. Que reste-t-il après avoir enlevé les couches d'un oignon ?

Q: Ce qui reste ? Rien !

Maharaj: 'Rien' est correct ! Et, comment s'appelle le mot sophistiqué pour 'rien' ? Nous l'appelons '*Brahman*'.

Q: Donc nous faisons toute cette pratique, nous faisons tout, pour découvrir rien ? Hmm ! Autre question, si vous dites que tout est illusion, alors pourquoi devons-nous faire la méditation, chanter les *bhajans*, etc ? Je SAIS que je suis *Brahman* !

Maharaj: C'est bien si vous le savez, mais la connaissance littérale n'est pas la voie. Cette Connaissance doit être absorbée. N'importe qui peut dire, "Je suis *Brahman*". Ce ne sont pas les mots qui sont importants, mais ce qui est derrière les mots, c'est l'essence du sens, l'essentiel que le Maître souhaite transmettre. Ce qui est transmis est le plus important.

Si vous avez des doutes, alors dites-le. Ne hochez pas juste la tête si vous n'êtes pas sûr. Il ne devrait rester aucun doute, autrement les fondations ne seront pas solides. Vous suivez ?

Q: Oui, je suis !
Maharaj: Vous ne pouvez retirer une illusion qu'en utilisant une autre illusion. C'est comme prendre une épine pour retirer une autre épine. N'arrêtez pas la méditation à moins que vous n'ayez absorption parfaite de la Connaissance. Vous avez l'habitude de tout questionner. C'est l'effet de la connaissance littérale : "Pourquoi faire ceci ?" ou "Quel est l'intérêt de cela ?" Non ! N'analysez pas les instructions du Maître.

LE TEMPS VIENDRA OÙ VOUS COMMENCEREZ À RECEVOIR DES INSTRUCTIONS SPONTANÉES DE L'INTÉRIEUR, VOUS GUIDANT VERS CE QU'IL FAUT FAIRE ENSUITE, ET QUE NE PAS FAIRE.

En langage spirituel c'est appelé votre Maître Intérieur. En langage spirituel, nous parlons de 'Maître Intérieur', et de 'Maître Extérieur', ou du Maître 'Externe' ou 'Interne'. Ce ne sont que des mots, juste les mots que j'utilise pour communiquer et expliquer. Le Maître Extérieur est dans la forme corporelle; le Maître Intérieur est 'l'Auditeur Invisible'.

IL N'Y A PAS DE DIFFÉRENCE DU TOUT ENTRE VOUS ET MOI, EXCEPTÉ CETTE FORME CORPORELLE.
NOS CORPS SONT DIFFÉRENTS
MAIS L'AUDITEUR ET L'ORATEUR SONT DÉNUÉS DE FORME.

Donc tout est en vous, mais vous n'en êtes pas conscient. C'est pourquoi nous invitons l'attention de cette Grandeur en vous, "l'Auditeur Silencieux Invisible à l'intérieur de vous". Regardez-vous et décidez de ce qu'est ce 'Je'. Par lui-même ce corps n'a pas de valeur. Au moment où l'Esprit n'est plus là, nous disons : "Prenez-le, emportez-le. C'est fini".

Souvenez-vous ! Chaque moment est très important ! Mais cela ne veut pas dire que vous devez évitez vos obligations en disant : "Oh ! Je suis un homme spirituel, comment puis-je faire ces tâches ingrates ?" Continuez avec vos obligations. Faites votre travail et ne négligez pas votre santé. Vous devez vous convaincre de cette façon, et ensuite il n'y aura plus aucunes questions.

TOUTES LES RÉPONSES À VOS QUESTIONS SONT EN VOUS SEUL.
C'EST POURQUOI CETTE CLÉ MAÎTRESSE EST DONNÉE, POUR VOUS ASSISTER AVEC LA CONNAISSANCE DU SOI.

Faites usage de cette clé systématiquement, et toutes vos questions seront résolues spontanément et automatiquement. Il ne restera plus de questions. Vous parlerez aussi de la manière dont je parle. Vous ferez cela. Cela se produira. Mais restez prudent et humble car il y a un risque que l'ego surgisse et clame : "Oh ! Je suis une personne illuminée".

Je ne suis pas un homme miracle, je n'ai pas de baguette magique. Le pouvoir dont je parle est votre pouvoir. Il est déjà en vous.

VOUS ÊTES LIBRE DE TOUTE ENTRAVE.

**VOUS ÊTES UN OISEAU LIBRE,
VOUS POUVEZ VOLER !**

Vous étiez lié par tant de concepts, et attaché par tant de préoccupations mondaines. Maintenant, vos liens ont été défaits. Toute servitude a été supprimée. On vous a déballé et ouvert. Maintenant vous pouvez vous sentir plus libre, avec des sentiments comme : "Je peux voler de mes propres ailes !", "Je suis totalement indépendant, totalement libre !"

**VOUS N'ÊTES PAS DÉPENDANT DE QUELQU'UN D'AUTRE.
MAIS CETTE INDÉPENDANCE DOIT ÊTRE
DIGÉRÉE ET ABSORBÉE.
DIGÉREZ ET ABSORBEZ CETTE CONNAISSANCE
AVEC L'AIDE DU MANTRA SACRÉ.**

35. Le patient malade

Maharaj: Maître Intérieur, Maître Extérieur, bien, ce ne sont que des termes utilisés dans le but de comprendre. Il n'y a pas d'extérieur, pas d'intérieur. Dire 'Maître Interne', 'Maître Externe' signifie qu'il y a une division, une dualité, quelque chose qui sépare. Nous divisons le monde en deux : "Je suis à l'intérieur, je suis à l'extérieur", ou "Le Maître est séparé de moi, et je suis quelqu'un d'autre". Il n'y a rien de tel !

**NOUS AVONS CRÉÉ TOUS CES MURS.
FAITES TOMBER LES MURS.**

Q: Il n'y a pas d'intérieur et pas d'extérieur ?
Maharaj: À moins que vous n'acceptiez totalement ce que le Maître dit…
Q: C'est vrai. Il n'y a pas d'intérieur et pas d'extérieur. Rien d'externe, rien d'interne, pas d'intérieur, pas d'extérieur.
Maharaj: Si vous dites 'externe', ça signifie que vous vous considérez avec un contour, en tant que forme. Je suis quelqu'un, et il y a un Maître vivant là-bas.

**VOTRE PRÉSENCE EST COMME UN MAÎTRE VIVANT.
VOUS ÊTES UN MAÎTRE VIVANT.**

Votre Présence est comme un Maître vivant. Vous êtes un Maître vivant.
Q: Je suis un Maître vivant ? Y a-t-il alors une différence entre le Maître vivant en vous, et le Maître vivant en moi ?
Maharaj: Il n'y a pas du tout de différence.
Q: C'est le Maître un ?
Maharaj: Quel est ce Maître un, Maître deux, Maître trois, quatre ? Nous ne sommes pas dans un jeu de comptage. C'est juste pour la compréhension.

Quand vous enseignez à un enfant, vous utilisez ces mots. Il n'y a pas un Maître, deux Maîtres, trois Maîtres ici. En réalité, vous êtes le Maître.

Q: Donc pourquoi nous prosterner devant vous, Maharaj ? Est-ce parce que nous réalisons que vous êtes le Maître, et que nous ne sommes pas encore réalisés ?

Maharaj: Que voulez-vous dire par réalisation ? Vous êtes réalisé, mais ne prêtez pas attention à l'état réalisé. Vous savez qu'*Atman*, *Brahman*, *Paramatman* est votre Vérité Ultime, mais vous ne prêtez aucune attention à ça. Vous n'avez pas de Conviction, et donc vous venez à moi. Après la connaissance de la Réalité, après la Réalisation, après l'Illumination, appelez-la comme vous voulez, vous vous connaîtrez dans un sens réel. La Réalisation signifie seulement ça, se connaître soi-même dans un sens réel, non pas en tant que forme corporelle.

Vous êtes la Vérité Finale. Vous n'êtes pas le corps, vous n'étiez pas le corps, vous n'allez pas rester le corps. La question de 'je', 'tu', tous ces termes ne sont utilisés que pour la discussion.

LES CORPS SONT DIFFÉRENTS
MAIS L'ESPRIT EST UN.

Les maisons sont différentes, le ciel est un. C'est un cottage, c'est un building. La Russie, l'Inde, l'Amérique, sont des noms, le ciel est un. Le ciel n'est pas différent là où vous êtes. Nous avons donné les noms : Ce ciel-ci est Américain, celui-là est Russe ou Anglais. Le ciel est le ciel.

Q: Nous sommes ici, Maharaj, car vous êtes réalisé. Vous pouvez nous assister dans notre réveil, parce que nous avons oublié notre Réalité. Et si nous faisons la pratique d'investigation du Soi, en utilisant le Mantra et les enseignements, ou tout autre qui soit non verbal en présence du Maître alors…

Maharaj: Nisargadatta Maharaj dit :

FAITES JUSTE UN PAS,
ET JE FERAI LE PROCHAIN POUR VOUS.

Q: Si vous soulevez ma jambe pour moi, alors peut-être que je peux me mettre à courir. Donc il y a une coopération entre les deux ? Le Maître et le dévot sont liés ?

Maharaj: Ce n'est pas un trafic à sens unique. Puisque vous êtes un docteur, vous pouvez comprendre. Quand un patient vient vous voir, il devrait coopérer avec vous. Il n'y aura guérison que s'il coopère avec vous.

Q: Oui, s'il suit mon conseil.

Maharaj: Disons qu'un patient à un problème quelconque. Vous savez que si le patient ne coopère pas, alors le traitement ne fonctionnera pas. Dans votre façon de travailler, ça va dans les deux sens. C'est la même chose ici.

Q: Ici, je suis le patient, et je suis en fait très malade. J'ai de nombreux problèmes. Pouvez-vous aider ?

Maharaj : Posez des questions !

Q: Oh ! Par exemple, les problèmes d'argent.
Maharaj: Ce ne sont pas des problèmes. Les problèmes sont des problèmes physiques, des problèmes mentaux, des problèmes intellectuels, des problèmes logiques. Tous ces problèmes sont des problèmes basés sur le corps. Tous ces problèmes n'apparaissent que quand vous commencez à vous connaître en tant que forme corporelle.

Quand les pensées circulent, acceptez celles qui sont utiles pour votre vie quotidienne. Si les pensées ne sont pas utiles, alors jetez-les dehors. Ne leur prêtez aucune attention.
Q: C'est très facile, étant en votre compagnie, de se sentir libre de tout problème. Mais quand on rentre à la maison, les problèmes surgissent et là on ne sait pas toujours comment y faire face.
Maharaj: Non, non ! Vous voyez, le monde est votre maison tout entière.

LE MONDE ENTIER EST VOTRE MAISON.

Ce n'est pas l'Amérique, ni l'Angleterre, ni l'Inde. Est-ce que le ciel a sa propre maison ?
Q: C'est vrai, nulle part. Il n'y a pas de séparation entre ici et l'Angleterre.
Maharaj: Est-ce que le ciel a sa propre maison ? Est-ce que le ciel dit : "Ma maison est en Inde ?" Non ! Car le ciel ne connaît pas sa propre identité. Parce que vous vous considérez comme forme corporelle, vous dites : "Ma maison est en Amérique". Ne vous considérez pas comme forme corporelle. Tous ces problèmes arrivent car vous ne faites que ça.

VOUS ÊTES LA CAUSE DE VOS PROPRES TROUBLES.
VOUS ÊTES LA VICTIME DE VOS PROPRES PENSÉES.
CAR VOUS PRÊTEZ PLUS ATTENTION
AUX PENSÉES QU'À VOTRE SOI SANS SOI.

Les pensées arrivent : bonnes pensées, mauvaises pensées, et ensuite des mots sont prononcés. Nous appelons tout cela le 'mental'. Le mental est le flux continu des pensées vingt-quatre heures sur vingt-quatre. Il y a les pensées dans le présent, les souvenirs du passé, les pensées à propos du futur. Tous les souvenirs causent des problèmes.

Disons que quelque chose de pénible s'est produit il y a dix ans, et puis, lors d'un flash, cela vous revient en mémoire. Soudainement, tout ce qui s'est produit alors est remémoré avec saisissement aujourd'hui, dans les moindres détails. La mémoire vous ramène dans le passé, et de retour dans la fosse. Vous revivez la souffrance encore une fois, en vous disant : "Oh ! Oh mon Dieu !" Puis sans même le remarquer, vous vous sentez déprimé une nouvelle fois, affligé de frais tourments. Tout ça à cause d'un souvenir.

Les pensées circulent car vous avez oublié votre Présence. Vous n'êtes pas témoin des pensées, mais malheureusement, vous les acceptez. Par conséquent ces pensées vous causent des problèmes.

Vous devez vous entraîner et décider quelles pensées accepter et lesquelles rejeter, ou prêter attention, où ne pas prêter attention. Vous êtes un docteur, vous savez bien quand prêter attention ou non.
Q: J'y arrive bien avec mes patients, mais en ce qui me concerne, pas tellement. Mes habitudes sont trop fortes.
Maharaj: Vous pouvez vous guérir. Vous êtes votre propre docteur. Ces choses qui nous montent à la tête, nous les appelons 'habitudes'. Développez l'habitude de la spiritualité. Soyez complètement enivré par la spiritualité. Soyez addict ! Enseignez-vous ! Soignez-vous par vous-même !
Q: Je suis très heureux d'avoir une pratique que je peux faire maintenant. Je peux déjà ressentir la force de la Lignée.
Maharaj: La Vérité est placée devant vous. La Réalité est placée devant vous. Maintenant le choix est vôtre : quelles pensées accepter, quelles pensées refuser. Voici un simple exemple : Il y a une grande assiette de mets, avec de nombreuses choses que vous pouvez choisir. Certains aliments ne vous conviennent pas. Ils sont trop riches ou peut-être trop gras, aussi vous dites : "Je ne veux pas ceci, je ne veux pas cela". Ces choses désagréables que vous ne voulez pas sont mises de côté, et les choses que vous désirez sont acceptées. Ce n'est pas compliqué. À la lumière de cela, il vous faut vous entraîner, entraînez-vous. Vous êtes votre propre Maître.
Q: Le Mantra devrait m'aider aussi ?
Maharaj: Oui, bien sûr, bien sûr.
Q: Et le plus j'ai foi dans le Mantra…
Maharaj: Assurément !
Q: Le plus susceptible je suis de venir à bout de situations difficiles.
Maharaj: La Clé Maîtresse vous a été donnée. C'est à vous de voir comment la mettre en œuvre. La nourriture vous a été servie, maintenant il vous faut la manger. Vous êtes l'architecte, votre propre architecte, votre propre Maître.

36. Quand il pleut, utilisez un parapluie

Q: J'ai des problèmes au travail qui génèrent de l'anxiété, et du stress. J'essaye de ne pas y prêter attention, mais c'est toujours difficile.
Maharaj: La première chose que vous devez faire, est de vous concentrer sur la méditation. Vous savez que vous n'avez rien à voir avec tous ces événements. Vous devez les voir comme vos rêves, et rester indifférent. Si vous avez un bon rêve, ou un mauvais rêve, vous n'y prêtez pas attention. Ne laissez pas l'ego prendre le contrôle. Si vous pouvez ignorer ce qui se passe,

ignorez-le. N'acceptez pas les pensées des autres. Agissez en accord avec votre force et capacité. Utilisez votre propre volonté ! Vous êtes fort !
Q: Je ne me sens pas très fort. Il est très difficile d'ignorer cette situation.
Maharaj: Soyez fort ! La méditation vous rendra plus fort afin que vous deveniez sans peur. Tous vos problèmes seront dissous par la méditation. Vous acquerrez une force spirituelle qui vous donnera de la puissance, afin que vous puissiez échapper aux atmosphères déplaisantes. Vous deviendrez intérieurement fort, et serez sans peur en toutes circonstances.

Tout le monde est sous pression du mental, de l'ego, de l'intellect. De même que votre pouvoir est régénéré lentement, silencieusement, en permanence, vous commencerez même à accueillir les problèmes. Votre pouvoir sera régénéré quand les impressions et les effets corporels commenceront à se dissoudre, vous faisant vous sentir en retrait des affaires du monde. Quand vous aurez la Conviction, vous saurez que toutes les pensées sont relatives au corps, et donc toutes illusion.

AUSSI LONGTEMPS QUE VOUS AVEZ DE L'AMOUR ET DE L'AFFECTION POUR LE CORPS, LES PROBLÈMES SE DOIVENT DE VOUS DONNER DU MAL.

Il vous faut accepter et établir ce fait : "Vous n'êtes pas, vous n'étiez pas, vous n'allez pas rester le corps". Cela signifie que "Vous êtes la Vérité Ultime". Toutes les inquiétudes, toutes les atmosphères déplaisantes sont relatives au corps. Soyez calme et tranquille ! Ne soyez pas irrité par les sensations. Ne leur donnez pas d'importance. Allez-vous prêter attention à chaque chien qui aboie ?

Les problèmes n'existaient pas avant d'être, et ils n'existeront pas après avoir quitté le corps. Ça signifie que vous n'êtes pas né. Cette connaissance très basique doit être la fondation de votre vie spirituelle. Connaissez-vous dans un sens réel. Ne vous considérez pas en tant que forme corporelle. Soyez fort intérieurement et extérieurement.

NE SOYEZ PAS UN ESCLAVE DE VOTRE MENTAL, EGO, INTELLECT. ALLEZ CONTRE LE FLOT !

Développez stature et force intérieure. Cela viendra de la récitation continue du *Naam Mantra*. Vous connaissez la Réalité ! Vous êtes un Maître ! Laissez cette Essence du Maître en vous, guider vos décisions. Ce guide vous mène vers l'avant. Il est votre Guide Intérieur, la Vérité Ultime de l'Auditeur.
Q: Avant je me sentais désespéré, maintenant je me sens bien !
Maharaj: Le climat a changé, pas vous ! Vous ne changez pas, ce n'est que le climat qui change : humeur joyeuse, humeur triste, humeur anxieuse, humeur paisible.

LES SAISONS ARRIVENT ET PARTENT, LES SAISONS CHANGENT, VOUS NE CHANGEZ PAS.

Quand il pleut vous utilisez un parapluie, et quand il fait froid vous utilisez un pull. Différentes pensées vont et viennent. Nettoyez votre disque dur, et vous obtiendrez des résultats. Votre ordinateur portable est plein à craquer, congestionné par les virus des pensées illusoires. Je vous ai donné le logiciel anti-virus, le *Naam Mantra*.

JE VOUS AI DONNÉ LE DISQUE, MAINTENANT VOUS DEVEZ L'INSÉRER ET INSTALLER CE PROGRAMME.

Attendez de voir ! Après la digestion de cette Réalité, vous observerez les changements. Prenez votre médicament multi-usage. Le *Naam Mantra* est une multi-vitamine, qui vous débarrassera de tous les virus dans votre corps et construira votre immunité. Vos problèmes seront résolus si vous suivez les instructions écrites sur votre prescription.

Utilisant différents angles, je tente de vous convaincre. Ne vous inquiétez pas, déposez votre mental, votre ego, votre intellect, et tous vos problèmes à l'Ashram de Nashik, puis partez ! C'est très simple, très simple.

LE MAÎTRE DIT :
"JETEZ-VOUS DANS L'OCÉAN PROFOND, L'OCÉAN SPIRITUEL PROFOND.
ALORS VOUS DEVIENDREZ UN BON NAGEUR.
NOUS VOUS FORMONS À LA PLONGÉE EN EAU PROFONDE.
NOUS VOUS ENSEIGNONS COMMENT PLONGER DANS LA MER PROFONDE.
PAS DANS DE PETITS LACS OU DES FLAQUES D'EAU".

Ignorez tous les problèmes que vous rencontrez au début. Continuez juste la montée en puissance ! À l'époque où Nisargadatta Maharaj rencontra Siddharameshwar Maharaj, il subit de nombreuses pertes afin d'avoir l'expérience de la Connaissance. Il fit face à de nombreux problèmes ; familiaux, argent, santé, mais grâce à la puissance de son Maître, il accepta le challenge, et fit face à tous ses problèmes de front, tandis qu'il continuait à vivre une vie très simple. Cela peut vous arriver à vous aussi.

QUOI QUE LE MAÎTRE VOUS DISE, FAITES-LE, ET VOYEZ L'EFFET.
SUIVEZ STRICTEMENT TOUT CE QUE VOUS ENTENDEZ, ET ENSUITE VOUS REMARQUEREZ ET SEREZ SURPRIS DES EXPÉRIENCES QUI SURVIENNENT INTÉRIEUREMENT.

Q: J'attends ça avec impatience, mais en ce moment j'ai du mal à me concentrer. Je ne sais pas pourquoi, mais je ressens beaucoup de colère.

Maharaj: Le processus de nettoyage a commencé ! Supposons que votre estomac soit irrité et bouché, vous prendrez un remède approprié, comme du jus de figue, pour essayer de le nettoyer. Après, tout ira bien, tout sera rétabli.

De même, vous devez supprimer vos vieux fichiers, vos fichiers erronés avec votre nouveau programme du *Naam Mantra*. Une fois le programme installé et lancé, ses vibrations feront effet, et produiront une paix complète, un silence complet. La colère et l'irritation que vous ressentez maintenant signifient que le programme fonctionne.

Vous devez persévérer car certaines sensations sont très figées, très rigides à cause de la longue association avec le corps. Mais après la fusion, tout sera réduit au silence.

Q2: Je me suis réveillé plusieurs fois durant la nuit, et je me sentais comme au petit matin. Je me sentais comme à l'aube à chaque fois. Il y avait un état 'd'éveil' fort, très neuf et frais. Très frais !

Maharaj: Vous sentirez des changements spectaculaires au-dedans, quand vous arrivez de plus en plus proche.

Q1: Est-ce que le Mantra est un objet de concentration ?

Maharaj: Oui ! *Brahman* est le nom donné à la Vérité Ultime. Il n'y a pas de forme. Cela prendra du temps et de la patience. Attendez de voir ! Quand vous plantez des graines vous ne pouvez pas vous attendre à voir la plante pousser immédiatement. Cela prendra du temps. Ne vous inquiétez pas !

Le Maître dit : "Vous êtes tout comme le ciel. Votre Présence est partout". Mais jusqu'à ce que vous ayez cette Conviction, il est nécessaire de continuer à faire le Mantra.

Q1: Mais le Mantra marchera-t-il vraiment ? Ce serait génial si c'était le cas !

Maharaj: Laissez-moi vous raconter une histoire, l'histoire du Mantra secret concernant l'importance du *Naam Mantra*, le Mantra du Guru. Un Maître se trouvait dans le village natal de Nisargadatta Maharaj. Des paysans simples avec peu d'éducation vivaient ici. Le Maître était accompagné d'un de ses disciples auquel il venait juste de donner le Mantra secret. Il lui fut dit de ne jamais le révéler à qui que ce soit d'autre.

Le jour suivant, le disciple se rendit à la rivière pour se baigner. Quand il arriva là, tout le monde était en train de répéter le même mot, son Mantra secret ! Il était un peu perplexe ! "Mon Maître n'est pas là et tout le monde utilise mon Mantra, quelque chose cloche. Que se passe-t-il ? Mon Maître m'a dit que c'était un secret, et pourtant tout le monde ici le connaît. Comment est-ce possible ?"

Très confus, il retourna voir son vieux Maître et lui dit : "Quelle sorte de mot secret est-ce ? Je suis allé à la rivière et tout le monde prononçait ce même mot." Le Maître sourit et donna alors une pierre ronde et brillante à son dévot. "Essaie juste de connaître la valeur de cette pierre. Vois si tu peux découvrir sa valeur".

Le disciple erra au loin pendant une quinzaine ou une vingtaine de jours à la recherche de la valeur de la pierre. Le subtil jeu du Maître le mettait à rude épreuve. Il était naturellement plein de questions et de confusion, mais il suivit néanmoins les instructions de son Maître.

D'abord, il atteignit le cottage où sa grand-mère vivait. Il lui demanda : "Grand-mère, j'ai cette pierre. Combien penses-tu qu'elle vaille ? Elle dit, "Une ou deux roupies pour ça". Puis il alla jusqu'au petit atelier d'un orfèvre. "J'ai une pierre, je veux connaître sa valeur". L'orfèvre local la regarda très sèchement, et lui dit, "Je vous en donnerai quatre cents roupies ! "Non merci", répondit-il. Puis il alla dans une petit ville, et demanda au propriétaire d'une bijouterie : "Je ne connais pas la valeur de cette pierre". Le propriétaire du magasin la regarda attentivement et lui dit : "Mm, possiblement deux milles roupies !"

Néanmoins un autre commerçant dans un quartier plus prospère s'exclama, "Deux cent mille roupies !" Finalement, le disciple continua à voyager jusqu'à Bombay ou New York, et se rendit dans le plus somptueux et luxueux magasin de bijoux qu'il put trouver. Le propriétaire le questionna avec excitation : "Qui vous a donné ça ? C'est inestimable ! Unique ! Une valeur exceptionnelle ! Elle vaut plus que ce magasin tout entier !"

La morale de cette histoire est que ceux qui comprennent la valeur réelle de quelque chose, en auront le plus de connaissance, et donc l'apprécieront à sa pleine valeur.

C'est la même chose avec le *Naam Mantra*. Différentes valeurs lui sont données par différentes personnes. Ceux qui connaissent la valeur du Mantra lui accordent une valeur élevée, et lui donnent une importance immense.

**CEUX QUI CONNAISSENT SA VRAIE VALEUR,
LUI DONNENT LA PLUS GRANDE IMPORTANCE.**

J'insiste sur le fait que le *Naam Mantra* a une grande valeur, comme dans cette histoire.

**CEUX QUI SONT RÉALISÉS GRÂCE À LUI
ONT PLACÉ LA PLUS GRANDE VALEUR EN LUI,
COMME L'A FAIT MON MAÎTRE.**

Pour ceux qui le prennent avec désinvolture, il aura peu, ou pas de valeur. Il ne fonctionnera pas.

37. *Jouer avec des poupées*

Maharaj: Connaissez-vous l'histoire de l'éléphant et des aveugles ? Un certain nombre d'hommes aveugles étaient rassemblés autour d'un énorme animal. Il leur avait été dit qu'il s'agissait d'un éléphant. Ils demandèrent, "À quoi ressemble un éléphant ?" Et ainsi, commencèrent à toucher son corps.

L'un d'entre eux dit, "C'est comme un pilier". Il avait seulement touché sa patte. Un autre homme dit, "L'éléphant est comme un panier en osier". Cette personne avait seulement touché son oreille. De même, ceux qui avaient touché sa trompe ou son ventre en parlèrent de différentes manières. Si votre vue de quelque chose est limitée, alors vous n'en obtenez qu'une connaissance réduite, vous menant à la désinformation et à la confusion.

Ici, le Maître vous montre l'éléphant entier. Tout le monde lutte pour trouver la Réalité, lutte pour voir l'éléphant complet, lutte pour la Vérité Ultime. Cela se produit partout dans le monde. Chaque personne aveugle sent une partie différente. Ils sont tous incapables de voir l'éléphant entier, le tableau complet.

Il est recommandé de ne pas s'associer avec des personnes n'ayant qu'une connaissance hasardeuse. Ils ont partiellement raison. Mais à partir du moment où vous avez vu l'éléphant entier, vous n'avez pas à débattre avec eux, compris ? Quand vous connaissez votre Vérité Ultime, le Secret Ultime de votre Présence, Présence Invisible, pourquoi lutter avec les autres ? Si vous êtes stable, solide, ferme, personne dans le monde ne sera capable de vous distraire.

Je ne sais pas comment c'est en Occident, mais en Inde, les gens voyagent de long en large, et s'enferment dans des grottes durant de longues périodes, en s'isolant pour essayer d'avoir des sortes d'expériences de 'samadhi', cherchant la félicité et des choses semblables.

VOUS ÉTIEZ VOUS MIS DANS UNE GROTTE AVANT D'ÊTRE ?
Q: J'imagine que non !
Maharaj: Ils vont ici et là, se laissant pousser de longues barbes, de longs cheveux, ou ils se rasent la tête. Il y a des gens avec des guirlandes, des chapelets, errant ici et là, en comptant les perles. Une personne est récemment arrivée d'Europe vêtue dans de longues robes. Elle comptait les perles en répétant le nom de Dieu. Je lui ai demandé :

"POURQUOI JOUEZ-VOUS AVEC CES POUPÉES ?"
QUELLE EST L'UTILITÉ DE COMPTER LES PERLES ?
RIEN N'ARRIVERA.
VOUS N'ALLEZ RIEN FAIRE ARRIVER.
C'EST JUSTE UN EXERCICE POUR LES DOIGTS.

Ce genre de chose arrive souvent car personne ne dit exactement ce qui est quoi. Ils sont ignorants de la Vérité, de la Vérité Finale. Quelqu'un dit : "Faites ces choses", et ils font ces choses, sans connaître le but qu'il y a derrière. Quel est le but ?

Quel est l'intérêt de faire ça ? Quel est le résultat ? On devrait se le demander, et ne pas juste suivre les choses aveuglément. Si quelqu'un vous demande de faire ces choses, demandez-lui pourquoi, quel est le but ? Que vais-je obtenir ? Quels sont les bénéfices ? Cela me donnera t-il le bonheur ?

Quelle est l'utilité de compter les perles ? C'est un jeu pour les enfants, juste des enfants jouant avec des poupées !

Ici, le processus est celui de la Conviction du Soi, ou la Réalisation du Soi, ou l'Illumination du Soi. Les noms ne sont pas importants. La science spirituelle dit que le corps est fait des cinq éléments et des trois *gunas*. C'est la connaissance corporelle, la connaissance matérielle. La science spirituelle est connaissance corporelle, connaissance matérielle. À moins que cette connaissance matérielle ne soit dissoute, vous ne serez pas capable de vous connaître dans un sens réel.

Ce corps est juste une couverture, une grosse couverture faite d'os, de sang et de chair. C'est un corps de nourriture. Si vous ne mangez pas pendant une semaine, il va dépérir. Qui mange la nourriture ? Disons que votre corps pèse soixante kilos, si vous ne mangez pas pendant une semaine, il sera de cinquante-cinq kilos. Donc qu'est-il arrivé aux cinq kilos ? Qui les a pris ?

**C'EST UN CORPS DE NOURRITURE,
TOUT COMME UNE LAMPE QUI A BESOIN D'HUILE.
AU MOMENT OÙ L'HUILE DISPARAÎT, LA LAMPE S'ÉTEINT.
C'EST UNE CONNAISSANCE TRÈS, TRÈS SIMPLE,
MAIS LES GENS LA RENDENT COMPLIQUÉE.**

C'est une Connaissance Directe sans intermédiaire.

**TOUT DÉMARRE DE VOUS,
ET SE TERMINE AVEC VOUS.
LE MONDE ENTIER EST PROJETÉ
HORS DE VOTRE PRÉSENCE SPONTANÉE INVISIBLE.
AU MOMENT OÙ VOTRE CORPS EST DISSOUS,
LE MONDE ENTIER DISPARAÎT.**

Après la Conviction, votre attachement à ce corps matériel sera réduit, et naturellement, il n'y aura plus aucune peur.

Q: Je retourne au Royaume-Uni la semaine prochaine, je crois que je sens de l'anxiété.

Maharaj: Il est naturel d'être un peu préoccupé, mais en même temps, souvenez-vous que vous n'allez nulle part. Ce qui est avec vous, est toujours avec vous, et c'est la Présence.

38. Votre Présence est comme le ciel

Maharaj:
QUI MEURT ? QUI VIT ?
INVESTIGUEZ JUSTE.
PERSONNE NE MEURT,
PERSONNE NE PREND NAISSANCE.

Nisargadatta Maharaj a défini le principe de la spiritualité en une phrase : "Excepté votre Soi Sans Soi, il n'y a pas de Dieu, pas de *Brahman*, pas d'*Atman*, pas de *Paramatman*, pas de Maître". Cette déclaration a la même signification que le *bhajan* que nous chantons chaque matin : '*Chidananda Shivoham Shivoham*'.

Q: C'est un beau *bhajan*.

Maharaj: Les deux disent la même chose : il n'y a pas de mère, pas de frère, pas de sœur, pas de Maître, pas de disciple, pas de relations. Toutes les relations sont des relations liées au corps.
AVANT LE CORPS, AVANT L'ÊTRE,
VOTRE PRÉSENCE ÉTAIT LÀ, MAIS SANS AUCUNE FORME.
APRÈS L'ÊTRE, VOTRE PRÉSENCE SERA LÀ,
MAIS SANS AUCUNE FORME.

Si vous voulez vous comparer à quelque chose, comparez-vous au ciel. Le ciel est partout, omniprésent. Vous êtes la Vérité Finale, vous êtes la Vérité Ultime. Par conséquent : "Dire 'je' est illusion, dire 'tu' est illusion, dire '*Brahman*' est illusion. Le monde entier est illusion", a dit Shankaracharya.

Q: C'est un défi difficile ! Cela rejette chacun, et chaque chose que nous pensons et voyons comme étant notre réalité, et tous ceux qui nous sont chers.

Maharaj:
VOUS AVEZ DONNÉ FORME À CE MONDE,
AU MOMENT OÙ L'ESPRIT A CLIQUÉ AVEC LE CORPS,
LE RÊVE A COMMENCÉ.
CETTE 'VIE' EST JUSTE UN RÊVE.

C'est comme quand vous dormez, et que vous rêvez. C'est un rêve. Vous agissez dans ce rêve en tant qu'untel, un homme ou une femme. Dans ce rêve, vous voyez des dieux, des mers, des océans, des temples. Vous voyez beaucoup de gens, beaucoup de panoramas.

Après être sorti du rêve, quand tout s'estompe et disparaît, demandez-vous : "Où sont allés tous ces gens ? Où sont passés tous ces décors ?" Qu'est-il arrivé aux gens avec lesquels vous étiez impliqués dans le rêve ? Sont-ils allés au paradis ou sont-ils allés en enfer ?

Q: Je suppose que quand nous nous réveillons, nous acceptons juste que nous étions en train de rêver.

Maharaj: Oui, quand vous vous réveillez après avoir rêvé, commencez-vous à pleurer en disant : "Oh ! Mon ami est parti. J'ai perdu mon ami ?"
Q: Non, parce que je sais que c'est juste un rêve.
Maharaj: Vous savez que c'est un rêve, donc même si vous rêvez d'amis proches, et avez un attachement avec ces gens dans le rêve, lorsque vous vous réveillez, ils sont rapidement oubliés. N'est-ce pas ?
Q: Oui !
Maharaj: Prêtez attention ! Quand vous vous éveillez du rêve, le monde entier du rêve disparaît simplement. De même, ce monde est juste un rêve, un long rêve qui disparaîtra aussi. Absorbez ce que je vous dis.

**LE MONDE EST UNE PROJECTION
DE VOTRE PRÉSENCE SPONTANÉE.
LE MONDE EST UNE PROJECTION
DE VOTRE PRÉSENCE SPONTANÉE.**

Cette Connaissance doit être absorbée complètement. Ce n'est pas une connaissance intellectuelle. C'est la Réalité.

**C'EST VOTRE CONNAISSANCE,
PAS LA CONNAISSANCE DE *BRAHMAN*.
C'EST LA CONNAISSANCE DE L'AUDITEUR,
LA CONNAISSANCE DE VOTRE IDENTITÉ INVISIBLE,
ANONYME, NON-IDENTIFIÉE,
QUI NE PEUT PAS ÊTRE DÉFINIE PAR LE LANGAGE,
QUI NE PEUT PAS ÊTRE DÉFINIE PAR LES MOTS.**

Cela est appelé la Connaissance Directe. Il n'y a pas d'intermédiaire. C'est Spontané et Direct, sans exemples longs et compliqués, ou d'explications qui tournent en rond encore et encore, ajoutant toujours plus de confusion.

Les Maîtres de la Lignée étaient seulement des personnes ordinaires, comme vous et moi. Ils acceptaient la Réalité de leur Maître sans aucune réserve. La Connaissance vint de leur lutte et détermination à trouver la Réalité, et à découvrir la Connaissance du Soi Sans Soi. Ils avaient un fort dévouement, une forte implication, et une très forte foi, une très forte foi.

Soyez absolument dénué de peur ! Quand vous en venez à vous connaître dans un sens réel, vous serez sans peur. Pourquoi toute cette peur de la mort et de la naissance ?

**IL N'Y A PAS DE MORT ET DE NAISSANCE.
VOUS ÊTES NON NÉ.**

Ayez du courage ! Pas un courage égoïste, pas un courage mental, pas un courage intellectuel, mais un courage spontané, comme : "Oui ! Maintenant, je sais. Je Suis Cela !"

Avec cette nouvelle compréhension que vous avez maintenant, vous saurez que ce n'est plus la peine d'aller mendier aux autres pour quoi que ce soit. Pourquoi feriez-vous ça, quand vous savez que tout est en vous ? Pourquoi aller mendier quand vous savez que la racine de tout est en vous ?

Une personne sainte est venue me voir le mois dernier. Elle m'a dit : "S'il vous plaît, posez vos mains sur ma tête". "Pourquoi ?", lui ai-je demandé. "Vous pouvez poser vos mains sur votre propre tête. Nous sommes pareils !"

Q: [Souriant], Quand je suis arrivé, c'est la première chose que je voulais vous demander, mais j'étais trop effrayé. J'ai eu des inquiétudes, un peu peur à propos d'un problème particulier dans ma vie, donc j'ai pensé qu'une bénédiction de votre part pourrait aider.

Maharaj: Cela se produit quand vous n'êtes pas conscient de votre propre pouvoir !

Q: Et aussi quand vous pensez que vous en êtes séparé ?

Maharaj: Oui, oui, comme ce saint homme dont je viens de parler. Il avait étudié pendant environ quarante ou cinquante ans. Cet homme était plein de questions à propos de toutes ses lectures sur les Écritures et livres spirituels. Il avait des peurs, impressions qui avaient laissé leurs marques sur lui. Ces impressions étaient telles qu'il les projetait à l'extérieur.

Q: C'est comme de créer votre propre monstre, et vous en avez de plus en plus peur ?

Maharaj: Par conséquent, cet homme craignait certaines déités, et avait peur de Dieu. Je lui ai demandé :

"POURQUOI AVEZ-VOUS PEUR DE CERTAINS DIEUX ? VOTRE PRÉSENCE EST NÉCESSAIRE POUR QUE VOUS DISIEZ 'DIEU'.
SANS VOTRE PRÉSENCE, IL N'Y A PAS DE DIEU.
DIEU EST VOTRE ENFANT".

Votre Présence vient en premier. Votre Présence doit être là avant toute autre chose, avant tout le reste.

SANS VOTRE PRÉSENCE,
IL N'Y A PAS DE SOLEIL, PAS DE LUNE,
PAS DE MERS, PAS D'OCÉANS,
PAS DE GENS, PAS D'AUTRES, PAS DE MONDE, PAS DE DIEU.

Soudainement, son visage s'éclaira. La Vérité commençait à poindre en lui ! À nouveau nous revenons à la déclaration de mon Maître : "Excepté votre Soi Sans Soi, il n'y a pas de Dieu, pas de *Brahman*, pas d'*Atman*, pas de *Paramatman*, pas de Maître".

Q: Ah! Ce sont des déclarations audacieuses, très peu orthodoxes, les plus controversées. Mais en vérité, je dois dire que ce que vous venez juste de dire est extraordinaire ! Et non seulement cela, mais tous les enseignements sont radicaux. J'ai beaucoup lu, mais je n'ai jamais entendu de connaissance exprimée de cette manière-là. C'est si clair ! Remarquable ! Je ressens l'envie

de dire "J'ai compris !", mais ensuite je sais que vous allez me reprendre en disant : "Qui a compris ?"
Maharaj: C'est une Connaissance rare, des enseignements élevés. Nisargadatta Maharaj disait que quand vous comprenez qu'il n'y a que Soi Sans Soi, vous cessez de heurter les 'autres'. Vous ne mépriserez plus personne. Il n'y aura plus de sensation de haine ou de jalousie pour qui que ce soit, car vous saurez qu'il n'y a aucun ennemi où que ce soit dans l'existence. Vous saurez que vous êtes partout. À ce moment-là, vous saurez.
**VOUS SAVEZ QUE VOUS N'ÊTES PAS LA FORME CORPORELLE,
IL N'EST DONC PAS QUESTION DE JALOUSIE,
D'INIMITIÉ OU DE HAINE.
L'ESPRIT QUI EST AVEC VOUS
EST L'ESPRIT QUI EST AVEC TOUT LE MONDE,
AVEC TOUT ÊTRE.
PAR CONSÉQUENT, DEMANDEZ-VOUS :
QUI EST BON ? QUI EST MAUVAIS ?
QUI EST GRAND ? QUI EST PETIT ?**
   Vous avez cherché ici et là comme une personne portant un foulard sur les yeux. Il n'y a plus besoin de ce genre de choses. Ne soyez pas effrayé, et ne fuyez pas votre vie. Soyez sans peur !
   Oui, les difficultés seront là, par moments des atmosphères déplaisantes, mais pas de problème, laissez les simplement venir et s'en aller. Vous êtes stable, vous êtes ferme. Ok ? Maintenant asseyez-vous et méditez ! Absorbez cette Connaissance.
Q: Merci, Maharaj.

39. Êtes-vous réalisé ?

Q: J'ai assisté à des *Satsangs* et j'ai rendu visite à différents soi-disant enseignants 'Néo-Advaitins' ces dernières années. Mais je suis resté sur ma faim. Il est difficile de mettre ça en mots, mais la Connaissance que vous nous transmettez est absolue, complète et gratifiante. Elle fait vibrer la corde intérieure de vérité qui me laisse satisfait et en paix.
   Je ne sais pas si être en votre Présence a quelque chose à voir avec cela, mais je réalise que je ne peux pas m'arrêter de sourire. Il y a un sens tangible de nutrition spirituelle dans l'atmosphère et une note de vérité dans tout ce que vous dites. Je sais juste que c'est la Vérité. La Connaissance que vous partagez ici est très fraîche, rare et vivante, aussi sans doute parce qu'elle est spontanée...

Maharaj: La Connaissance signifie simplement de se connaître dans un sens réel, et non pas en tant que forme corporelle. C'est à la base la Vraie Connaissance de Soi-même, la Connaissance du Soi. Donc identifiez-vous dans un sens réel. Vous vous connaissez avec le mental, l'ego, l'intellect, et tous les concepts, mais vous êtes au-delà de ça.
VOUS ÊTES AU-DELÀ DE TOUT ÇA.
VOTRE PRÉSENCE N'EST PAS ÇA.
CETTE CONNAISSANCE EST UNE APPROCHE DIRECTE DE L'AUDITEUR INVISIBLE, ANONYME.
Depuis combien de temps vous êtes vous connu comme une forme corporelle ? Combien de temps cette forme corporelle va-t-elle durer ? D'accord, nous avons certaines informations, mais cette connaissance est connaissance corporelle, connaissance inutile. À moins que vous ne vous connaissiez dans un sens réel, la Connaissance ne sera pas là.

Nisargadatta Maharaj dit : "Toutes ces choses, tous ces mots qui sont utilisés à propos de Dieu, à propos de la spiritualité, de cette vie, de la vie après la mort, de tant de choses… à propos de ceci, de cela, à propos du futur. Tous ces mots et concepts, tous ne sont liés qu'à la connaissance corporelle."

Q: Ce que vous dites est que tout ce que nous avons appris, tout ce que nous avons étudié et expérimenté, toute la connaissance que nous avons amassée à travers les années, n'est pas la réelle connaissance, qu'elle n'est pas la vraie connaissance. Tout ça n'est que ce que vous appelez la "connaissance corporelle" ?

Maharaj: Bien sûr, bien sûr. Vous voyez, avant l'existence, vous étiez totalement inconscient. Vous étiez totalement inconscient de tout et de rien. Vous ne connaissiez même pas le mot 'connaissance', car vous ne vous connaissiez pas vous-même. Vous n'étiez pas dérangé du tout par la forme corporelle. Mais au moment où l'Esprit a cliqué avec corps, l'identification au soi a commencé. Le conditionnement a débuté quand, par exemple, Maman a dit : "Tu es une fille. Tu es un garçon appelé Ravi. C'est Sita, lui c'est Jean", et ainsi de suite.

Et en entendant les différentes déclarations faites à votre propos vous définissant dans une large mesure, vous les avez acceptées sans poser de questions. Avec le temps, ces couches d'impressions formées depuis l'enfance vous ont façonné. Et ce qui arriva est que vous avez accepté le monde illusoire de la connaissance corporelle, et avez pris tout ça pour réel.

Donc, ce que nous faisons ici est d'inviter l'attention de l'Auditeur Silencieux, Invisible, Anonyme à l'intérieur de vous. Nous nous adressons à votre Réalité, antérieure à l'être, et antérieure à la formation des couches illusoires qui étaient, disons, mises par dessus, ou surimposées sur votre Réalité.

Q : La Réalité était recouverte par une couverture d'illusion, que nous avons prise pour la Réalité ?
Maharaj : Rappelez-vous, ne prenez pas mes mots littéralement. Ce que j'essaye de transmettre est le plus important. Nous invitons l'attention de l'Auditeur Silencieux, Invisible, Anonyme. Vous êtes la Vérité Ultime, vous êtes la Vérité Finale.

L'AUDITEUR SILENCIEUX, INVISIBLE, ANONYME - LA RÉALITÉ. VOUS ÊTES CELA.

Bien que nous ne puissions pas réellement décrire la Vérité Ultime, il nous faut utiliser certains mots qui s'approchent d'indiquer cette Réalité. Mais ne gobez pas les mots.

Quand nous parlons dans une conversation, ou avons une discussion, vous avez à utiliser des mots pour obtenir le sens, le principe, l'idée générale, l'essentiel de la signification des mots. Qu'est-ce qu'un mot particulier souhaite vous transmettre ? Les gens viennent ici, et ils désirent discuter de différentes choses et tenir un débat. Il n'y a pas de débat.

LA CONNAISSANCE QUI EST PARTAGÉE ICI EST DIRECTE, VRAIE. ELLE N'EST PAS LÀ POUR LE DÉBAT.

Q : J'espère ne pas vous déranger en vous demandant, Maharaj, mais êtes-vous Réalisé ?
Maharaj : C'est une question idiote. Comment allez-vous estimer si quelqu'un d'autre est Réalisé ou non ? Vous devez voir si vous êtes Réalisé, au lieu de comparer ce Maître-ci, avec ce Maître-là, ou cet autre Maître. Cette question est une question inutile, une question basée sur le corps.
Q : Pardon, je le savais, mais je ne pouvais pas m'empêcher de demander.
Maharaj : Au lieu de demander ça, concentrez-vous sur vous-même ! Quel est votre but ? Vous devez sortir de tout ce monde illusoire. Et quand vous vous connaîtrez vous-même, quand cela arrivera, le monde et toute cette connaissance corporelle s'estomperont graduellement de plus en plus. Cela aura peu ou pas d'effet sur vous. Mais pour cela, une sérieuse implication est nécessaire.

Donc, vous devez questionner, Investiguez-vous ! Vous devez sortir du film illusoire, du monde illusoire. Les choses qui ne sont pas présentes, qui n'existent pas, vous leur donnez crédit aveuglément, et les acceptez comme réelles.
Q : Alors, comment puis-je devenir Réalisé ? Ce que je veux dire est comment est-ce que j'en arrive là ?
Maharaj : Il n'y a pas de 'devenir'. Il n'y a pas de 'vous'. Et il n'y a nulle part où 'arriver'. En premier lieu, toute la connaissance corporelle doit être

dissoute. Puis, après avoir nettoyé toute cette connaissance, la Vérité Ultime émergera et paraîtra.

Ce que je vous dis maintenant sortira de vous spontanément, à votre insu, et vous vous exclamerez, "Oh ! Cette Connaissance s'écoule". Cela se produira simplement.

Cessez de vous considérer comme la forme corporelle. Les impressions accumulées depuis l'enfance jusqu'à aujourd'hui, et tous les conditionnements doivent être dissous et supprimés.

VOUS DEVEZ AVOIR UNE COMPLÈTE CONFIANCE EN VOUS-MÊME, AINSI QU'UNE COMPLÈTE CONFIANCE EN VOTRE MAÎTRE.

C'est essentiellement ce qui est nécessaire. Nisargadatta Maharaj avait une foi forte en son Maître, Siddharameshwar Maharaj, et lui aussi, envers son Maître avant lui. Donc ne stressez pas votre mental ou votre cerveau, car cela se produira spontanément.

Q: Hier, quand vous parliez, Maharaj, il y avait une clarté, et ce qui était dit était simplement vrai pour ce moment. Vous parliez directement à… ce dont je n'étais pas totalement conscient, mais ensuite après… c'était comme "Aha !" Vous savez ? Vous disiez la chose juste, au moment juste. C'était ressenti comme Connaissance Directe. Mais ce n'était pas juste ce qui était dit…

Pendant un instant, ça a été comme si l'Auditeur et l'Orateur s'unissaient, fusionnaient, et il y eut une pause d'Unité. Cela allait au-delà des mots.

Maharaj: Au-delà des mots, au-delà des mondes. La Vérité Nue est prononcée ici, ce n'est pas un jeu de cache-cache. Cette Connaissance est Connaissance Directe, et cette approche est une approche directe.

**CE N'EST PAS UNE APPROCHE INTELLECTUELLE,
CE N'EST PAS UNE APPROCHE LOGIQUE,
CE N'EST PAS UNE APPROCHE ÉGOTIQUE,
COMME TOUTES CES CHOSES SONT VENUES
APRÈS VOTRE PRÉSENCE.**

40. *La Connaissance du corps de nourriture*

Maharaj: Comme nous ne regardons pas vers l'intérieur, nous ignorons le Chercheur et Celui qui trouve, et à la place nous courons ici et là. Tout le monde court ici et là pour le bonheur, pour la paix. Tout le monde se fourvoie, certains vont sur ce chemin-ci, d'autres vont sur ce chemin-là. Les gens cherchent, regardant à l'extérieur d'eux-mêmes, cherchant toujours des réponses à l'extérieur d'eux-mêmes, chez d'autres personnes, dans les livres, dans les lieux sacrés.

Q: Nous cherchons des choses dans des sources externes, au lieu d'essayer de trouver des réponses à l'intérieur ?

Maharaj: Oui, vous devez avoir une forte volonté d'investiguer, de savoir, de trouver les réponses à ces questions Ultimes : "Qui suis-je ? Que signifie la mort ? Que voulons-nous dire par naissance ? Comment étais-je avant mon être ?" Ces questions non résolues doivent l'être. À moins que vous n'alliez de plus en plus en profondeur, vous ne serez pas capable de vous connaître.

Q: Je suppose que la plupart d'entre nous veulent continuer à vivre leur vie. Nous nous accommodons des hauts et des bas, et sommes traînés dans le sillage. La plupart de mes amis sont aussi comme ça.

Maharaj: Oubliez les autres ! Parlez de vous !

Q: J'imagine que je ne réussis pas à trouver assez de temps pour faire beaucoup d'investigation du Soi.

Maharaj: Le temps est seulement connecté au corps. Il n'y a pas de temps du tout. Donc oubliez tout au sujet de ces concepts ! Avant d'être, il n'y avait pas de temps, rien n'était là. Tous les concepts sont apparus avec le corps. Il faut que vous soyez conscient de ça. Soyez convaincu et ayez la Conviction.

Q: Je veux ! J'essaierai de me rappeler.

Maharaj: Tout le monde a différentes sortes de peur, et par moments, se trouvent secoués et tremblants de peur dans des atmosphères déplaisantes. Même quand une petite secousse de confusion apparaît, vous devenez perturbé et déprimé. Entraînez-vous à ne pas tomber dans l'illusion !

Tout ce que vous aurez à faire quand il y aura un trouble est de découvrir, de vous demander : "Quelle est la cause de ma dépression ? Qui est perturbé ? Qu'est-ce qui cause le malheur et la détresse ? Comment puis-je être libre de tension ? Comment puis-je être sans peur ?" Ces questions doivent être résolues. Toutes les réponses à ces questions sont en vous, mais vous essayez de trouver des réponses au-dehors, dans le monde matériel.

VOUS ESSAYEZ DE TROUVER LE BONHEUR ET LA PAIX DE SOURCES MATÉRIELLES HORS DE VOUS-MÊME.

Les gens sont souvent malavisés en spiritualité. Ils écoutent tous ceux qu'ils rencontrent. On leur dit de faire cette chose-ci, de faire cette chose-là, d'accomplir ce sacrifice, de donner de l'argent, d'aller ici, d'aller là. Il y a tant de rituels. Ce n'est pas seulement en Inde, c'est la même chose partout dans le monde.

Les gens cherchent la paix et le bonheur dans des sources en-dehors d'eux-mêmes, mais ils ne connaissent pas leur propre Identité. Ils vagabondent, voyagent, errent ici et là, essayant de découvrir où se trouvent ce bonheur et cette paix, sans succès. Dans une certaine mesure, ils sont trompés par la spiritualité, au nom de la spiritualité.

Q: C'est vrai. La spiritualité est une affaire commerciale de nos jours, une marchandise. J'ai perdu beaucoup de mes amis à cause des soi-disant enseignants 'Néo-Advaitins'. Ces amis ne semblent pas réaliser que c'est *maya* en action. Ils payent même pour cette soi-disant 'Vérité'. C'est sûrement un mauvais départ, une fondation très instable pour la spiritualité et la vérité. Ces enseignants encouragent la dépendance pour leur gain financier. Je ne peux pas parler pour tous, mais…

Q2 : Bien, je sais que ce Néo-Mouvement ne va pas souvent très loin, mais au moins ils rendent les gens conscients que nous et le monde ne sommes pas réels, comme il n'y a personne là, personne là vous savez…

Maharaj: Bon. Ici, le Maître fait de vous des Maîtres, pas des disciples. Il vous rend indépendant. Vous n'avez besoin de rien provenant de l'extérieur. Tout est en vous. Vous trouverez un bonheur et une paix durables, sans aucune cause matérielle.

**À CAUSE DE CE CORPS DE NOURRITURE,
À CAUSE DE CETTE CONNAISSANCE
DU CORPS DE NOURRITURE,
NOUS AVONS OUBLIÉ NOTRE IDENTITÉ.**

Et donc, comme vous avez oublié votre Identité, il vous faut passer par la pratique de la méditation et de l'investigation du Soi. On doit avoir la Conviction que : "Je n'ai rien à voir avec la connaissance du corps de nourriture et le corps de nourriture. C'est seulement parce que je fournis de la nourriture que le corps de nourriture survit". Mais, plus important, écoutez attentivement, si l'Esprit n'est pas là en premier lieu, ce corps ne serait pas capable de fonctionner.

CE CORPS NE PEUT PAS FONCTIONNER SANS L'ESPRIT.

Q: L'Esprit est-il le même que la Présence Spontanée ?

Maharaj: Oui, oui, mais ce ne sont que des mots, juste des noms. Ne vous agrippez pas aux mots, agrippez-vous à la signification derrière eux. Sortez de ce cercle vicieux de la connaissance corporelle. Sortez de la mort et de la naissance. Connaissez-vous dans un sens réel, car le corps n'est pas votre Identité. Je l'ai dit et répété à vous tous :

**VOUS N'ÊTES PAS LE CORPS,
VOUS N'ÉTIEZ PAS LE CORPS,
VOUS N'ALLEZ PAS RESTER LE CORPS.**

Le corps n'a de valeur qu'à cause de votre Présence Spontanée, Présence Anonyme, Présence Invisible qui est inconsciente de sa propre Identité.

**CETTE PRÉSENCE SPONTANÉE,
CETTE PRÉSENCE INVISIBLE,
EST INCONSCIENTE DE SA PROPRE IDENTITÉ
PARCE QU'ELLE EST VASTE,**

TOUTE PUISSANTE, OMNIPRÉSENTE, TOUT COMME LE CIEL.

Le ciel ne dit pas : "Je suis le ciel". Vous dites : "C'est le ciel", "C'est l'espace". Le soleil ne dit pas : "Je suis le soleil", ou "Je suis la lune", "Je suis l'eau". Votre Identité est au-delà, au-delà de ça, au-delà de ça.

Il y a beaucoup de limitations à cause du corps. Vous devez sortir du cercle de la connaissance corporelle. Vous êtes l'architecte de votre vie. Vous êtes le Maître de votre vie. Ayez du courage !

Q: Quand vous donnez cette sorte enseignement direct, Maharaj, cette sensation de paix m'envahit. Mais ensuite je me demande : "Quelle est cette sensation ? Qui ou quoi ressent cela ?"

Maharaj: L'Auditeur écoute sa propre histoire. L'Auditeur Invisible écoute sa propre histoire, et donc il se sent pleinement en paix. Si quelqu'un parle de vous et narre votre histoire, en donnant votre nom, votre lieu de naissance, etc, quand cela se produira, vous direz : "C'est mon histoire !"

L'Auditeur Invisible écoute. La Connaissance est absorbée lorsque l'Identité Invisible, Non Identifiée écoute. Et alors vous oubliez votre identité. Vous oubliez votre individualité. Il y a une Paix Spontanée. Vous êtes devenu indifférent à l'entièreté de la forme corporelle et à toutes les sensations qui lui sont liées. Bien que vous mainteniez le corps, vous êtes totalement indifférent, et ainsi, il n'y a pas de sensation, pas de sensation de 'je'.

Continuez la pratique, allez profondément, de plus en plus profondément. Alors seulement, trouverez-vous ce bonheur exceptionnel sans aucune cause matérielle.

IL N'Y A QU'UNE SOURCE. VOUS ÊTES LA SOURCE. IL N'Y A QUE SOI SANS SOI.

Comme Nisargadatta Maharaj disait à propos de l'idée essentielle de la spiritualité, du résumé, du principe de la philosophie et de la spiritualité :

"EXCEPTÉ VOTRE SOI SANS SOI IL N'Y A PAS DE DIEU, PAS DE *BRAHMAN*, PAS D'*ATMAN*, PAS DE *PARAMATMAN*, PAS DE MAÎTRE".

41. Le Maître est l'Ultime

Q: Qu'est-ce que la foi, Maharaj ?
Maharaj: La foi est une chose simple, c'est l'acceptation complète. Mettez la connaissance spirituelle de côté un moment. Voici un exemple simple.

Supposons que je vous aie donné des indications pour vous rendre à un endroit. Vous suivrez les instructions avec foi, et irez dans cette direction. Si vous avez foi et confiance, vous ne serez pas dans l'erreur.

    La foi est simple dévotion. Si des personnes illettrées peuvent révéler une connaissance spirituelle, pourquoi serait-ce difficile pour vous ? Vous êtes allé à l'université, vous êtes éduqué. Ils n'étaient pas si qualifiés, mais ils avaient une forte foi en leurs Maîtres, comme dans l'histoire suivante de la pêcheuse.

    C'était la saison des pluies, et durant cette période, des sermons et des *kirtans* prenaient place le soir dans le voisinage. La pêcheuse souhaitait s'y rendre en dépit de la tempête. Le prédicateur avait dit : "Gardez le nom du Seigneur Krishna sur vos lèvres et vous arriverez au rassemblement sains et saufs".

    Le batelier qui devait l'amener là était quelque peu anxieux et réticent à sortir en mer pendant la tempête. La pêcheuse le rassura. Elle était sans peur. Ils partirent. Durant le voyage, la pêcheuse garda le nom du Seigneur Krishna sur ses lèvres. Le bateau s'arrangea pour éviter les hautes vagues. Elle arriva au rassemblement saine et sauve.

    Le prédicateur fut étonné de la voir. Il lui dit : "Comment êtes-vous passée à travers ce déluge ?" Elle répondit, "Vous m'avez dit qu'en gardant le nom du Seigneur Krishna sur mes lèvres tout irait bien".

    La pêcheuse n'a pas appliqué son intellect à la situation, juste une simple et INNOCENTE DÉVOTION. Cette histoire est un bon exemple de comment, si vous avez une foi totale, vous n'avez besoin de rien d'autre.

LA FOI SIGNIFIE
LA FOI EN VOUS.
VOTRE MAÎTRE INTÉRIEUR RÉGÉNÉRERA VOTRE PUISSANCE,
ET VOUS GUIDERA.
DES INSTRUCTIONS APPARAÎTRONT SPONTANÉMENT.
SI JE VOUS DIS, VOUS ÊTES *BRAHMAN*, VOUS ÊTES *ATMAN*,
VOUS DEVEZ ACCEPTER CE QUE LE MAÎTRE DIT.
VOUS DEVEZ AVOIR FOI DANS LES MOTS DU MAÎTRE.
IL NE DEVRAIT Y AVOIR AUCUN DOUTE.

    Siddharameshwar Maharaj racontait cette histoire à propos d'un saint qui avait dit à son disciple : "Descends et donne cette herbe à la vache". Aussi, le disciple partit chercher la vache. Il n'y avait pas de vache, seul un chien était assis là. Il savait que lorsque son Maître l'avait instruit de nourrir la vache avec l'herbe, il devait donner l'herbe au chien, peut-être en croyant que le chien était une vache.

Aussi il nourrit le chien avec l'herbe. Il passa le test car il ne questionna pas son Maître. Il avait suivi les instructions de son Maître. Il avait une grande foi, une foi complète en son Maître. Ceci est la foi !

Q: Donc même si vous trouvez les instructions un peu étranges, vous devez les appliquer parce qu'elles viennent du Maître ?

Maharaj: Oui ! Comme vous savez, dans notre Lignée, nous donnons un Mantra. Il vous faut avoir foi dans le Maître, foi dans l'initiation et foi dans le Mantra. Aucun doute ne devrait s'élever en vous. Vous devez accepter complètement cette Connaissance, cette Réalité, sans aucune question, sans aucune confusion.

AYEZ UNE COMPLÈTE LOYAUTÉ POUR LE MAÎTRE, ET AU SOI SANS SOI.

Si vous n'avez pas la foi, vous serez facilement influencé, et alors conflit et confusion s'élèveront, et vous créeront des problèmes.

Q: Quand vous dites que nous devrions avoir foi, voulez-vous dire foi en Dieu ?

Maharaj: Dans cette vie que nous vivons, nous devons avoir foi en quelque chose, peut-être en Dieu, peut-être un Maître. Avoir foi et confiance est essentiel.

Q: Et nous avons besoin de croire en nous-même aussi ?

Maharaj: Bien sûr. Vous devez avoir foi en vous-même. Sans quoi, vous n'aurez pas foi en d'autres. Si vous-même êtes confus, vous n'aurez pas foi en d'autres. Par exemple, si vos parents vous ont dit de ne pas faire quelque chose, vous ne devriez pas le faire. Vous savez que leurs instructions proviennent de bonnes intentions, de bonnes motivations. Si vous allez contre leurs souhaits, alors c'est un signe de manque de respect.

Donc quelque part dans votre vie vous devez garder la foi. En même temps, il faut être vigilant. C'est pourquoi je dis à tout le monde de ne pas acquiescer à moins qu'ils ne soient convaincus, "Oh ! Maharaj a dit... Oh ! Je ne suis pas sûr de ça", et vous commencez à mettre en doute. Non, ce n'est pas la voie. Si vous acceptez la Connaissance et que vous avez encore des doutes, cela ne fera que créer des problèmes et des conflits.

Q: La foi dans le Maître doit être complète, ou pas du tout ?

Maharaj: Oui ! Quand vous acceptez quelqu'un comme votre Maître, vous devez avoir du dévouement, une corrélation. Vous devez avoir un dévouement parfait, au point que vous ressentiez fortement que :

C'EST MON MAÎTRE ET C'EST L'ULTIME.

Si vous allez chez le Docteur et qu'il vous prescrit un traitement, vous devez avoir de la foi. La foi est acceptation, mais ce n'est pas une foi aveugle.

Q: Et qu'est-ce que la foi aveugle ?

Maharaj: La magie et ce genre de choses, où les gens attendent des autres des expériences miraculeuses. Les gens qui proclament réaliser des miracles, et ceux qui avalent ça, c'est ça la foi aveugle. Vous pouvez jeûner, entrer en privation, ou torturer le corps parce que vous avez la foi que ces choses puissent vous apporter des changements dans votre vie matérielle.

Après avoir accepté le Maître, vous ne devriez plus vous mélanger à d'autres qui peuvent vous distraire. Nisargadatta Maharaj nous mettait en garde. Il disait : "Vous êtes les dévots de votre Maître. Le Maître vous a donné la Vérité Ultime, toute entière. Après cela, vous ne devriez pas fréquenter des gens qui ont une connaissance hasardeuse, ou ceux qui vont vous distraire".

Q: Donc la foi dans le Maître signifie être engagé avec le Maître à vie ?
Maharaj: Nisargadatta Maharaj a dit :
MÊME SI DIEU APPARAÎT DEVANT VOUS, VOUS NE DEVEZ PAS LUI DONNER DE RÉPONSE PARCE QUE VOTRE MAÎTRE EST ULTIME.
Q: Parce que le Maître est Ultime ! C'est beau !
Maharaj: Nisargadatta Maharaj racontait souvent cette histoire du grand saint de l'Himalaya. Ce dernier envoya un de ses disciples demander à Nisargadatta Maharaj s'il accepterait de recevoir les pouvoirs du saint. Le saint dit : "Vous êtes la seule personne à qui je peux offrir les pouvoirs que j'ai acquis après une longue, très longue pratique". Il était très vieux et faible.

Nisargadatta Maharaj répondit : "Dites à votre Maître, 'Swami, je ne suis pas une veuve.' Cela signifie que même si mon propre Maître n'est pas physiquement en vie, il est avec moi, il est mon pouvoir". [Cela se passait peu de temps après que son propre Maître Siddharameshwar Maharaj ait quitté son corps.] "Allez le dire à votre Maître." Le Maître Himalayen fut très irrité que son offre ait été rejetée et si crûment refusée. Il se sentit insulté.

Le saint envoya un autre message, cette fois avec des menaces : "Je vous ferai quelque chose, quelque chose de mal avec mes pouvoirs". À nouveau, Nisargadatta Maharaj dit : "Vous ne pouvez rien faire. Mon Maître est très grand, le plus grand". Le saint l'écouta et dit ensuite : "Oh ! Ce garçon est vraiment Réalisé !"

Nisargadatta Maharaj n'a pas du tout été tenté par ce grand saint qui lui offrait son pouvoir. Il avait une complète foi et confiance.
IL N'Y A PAS DE COMPROMIS AVEC LA FOI ET LA CONFIANCE.
C'est un signe de Réalisation du Soi. Vous avez confiance, et foi en vous-même, et foi dans le Maître.

En une autre occasion, le Premier Ministre d'alors, Indira Gandhi, envoya des gens pour inviter Nisargadatta Maharaj à venir la voir. Il refusa. Il ne s'est jamais prosterné devant quiconque pour des expectatives, de l'argent ou de l'honneur. Si quelqu'un attirait l'attention sur mon Maître en disant : "Voici un grand saint !", il ne bronchait pas, et ne montrait ni joie ni tristesse. Donc la même qualité doit être établie en vous.

Je partage la même chose avec tout le monde. Certaines personnes apprécient les enseignements, d'autres non. Les gens très importants, les gens sans importance, ce n'est pas pertinent. Je place devant eux leur propre Vérité, la Vérité Finale. Vous pouvez l'accepter ou non.

Voyez les scènes quotidiennes comme un test de votre Connaissance, et vous serez de moins en moins attiré par les attractions. Même si Dieu apparaissait devant vous, vous saurez que Dieu est une Projection de votre Présence.

LA FIGURE DE DIEU EST VOTRE RÉFLEXION.

Pour dire Dieu, votre Présence est requise. Dieu n'a pas d'identité indépendante. C'est du pouvoir brut. J'ai appris tant de choses de mon Maître.

42. La corde et le serpent

Q: Je pense comprendre que le cœur de la pratique est la foi et la conviction que la Présence Spontanée est la Réalité, et c'est là où on demeure. Et cela continue à annihiler la connaissance corporelle, la connaissance mentale ?

Maharaj: Nous utilisons des mots comme 'spontané' simplement pour inviter l'attention de l'Auditeur Invisible. Néanmoins, l'Auditeur n'a pas de langage.

Si vous êtes fortement impliqué, il ne sera pas difficile d'absorber les enseignements. Maintenant vous savez ce qu'il en est. Vous savez que cette identité externe ne va pas rester constante. La conviction est essentielle pour la spiritualité, la conviction que vous n'êtes pas le corps.

Votre Présence Spontanée est Anonyme, Invisible, Non Identifiée. Vous pouvez l'appeler Esprit, ou Pouvoir, si vous voulez. Les noms ne sont pas importants. Un Esprit est là, au travers duquel nous avons une discussion. Un Pouvoir est présent travaillant à l'arrière-plan quand nous regardons, quand nous écoutons. Toutes les activités sont pour le corps.

IL Y A UN POUVOIR, UNE FORCE,
UN ESPRIT ICI, TOUT COMME L'ÉLECTRICITÉ.
IL EST INVISIBLE, ANONYME ET NON-IDENTIFIÉ.

Il est ce qui nous permet de ressentir. Sans lui, vous ne pouvez pas prononcer un seul mot. Sans lui, vous ne pouvez même pas lever la main. Vous utilisez le corps, mais le corps ne vous utilise pas. Sans votre Présence Spontanée, vous ne pouvez même pas lever le petit doigt. Sans le Pouvoir, sans l'Esprit, il ne peut y avoir de mouvement. Cet Esprit est appelé *Brahman*, *Atman*, *Paramatman*, Dieu, *Parabrahman*, Maître.

Cet Esprit, cette Présence Invisible, Anonyme, Non-Identifiée, a été appelé par de nombreux noms différents.

CELA VOUS ÊTES !
Q : Qu'est-ce que cette Présence, cet Esprit ?
Maharaj :
ÇA N'A PAS DE MORT, ÇA N'A PAS DE NAISSANCE, JUSTE CELA, JUSTE CELA.
Q : Après la mort du corps, que reste-t-il ?
Maharaj : C'est simple,
IL N'Y A RIEN.
PAS D'EXPÉRIENCE, PAS D'EXPÉRIMENTATEUR.
PAS DE CONNAISSANCE, RIEN.
RIEN NE RESTE.
Q : Nous ne sommes toujours que la Présence, donc après la disparition du corps sommes-nous encore la Présence ?
Maharaj : Rien n'est là avant, et rien n'est là après. Quand le corps d'une personne disparaît, comment son monde apparaîtra t-il alors ?
Q : Sans l'être, sans le corps, évidemment il n'y a pas d'apparence, pas de monde. Il n'y a rien.
Maharaj : Oui, car le monde est la Projection Spontanée de votre Présence Spontanée. Donc, pas de corps, pas de monde ! Rien. Nous n'utilisons ces mots que dans le but de communiquer. Aussi, le 'quelque chose' qui est apparu en tant que corps, disparaît ensuite. Ce quelque chose est alors fusionné avec rien. Quelque chose est fusionné avec rien. Ils sont interdépendants. Pour résumer :
HORS DE RIEN IL Y A QUELQUE CHOSE.
PUIS CE QUELQUE CHOSE RETOURNE AU RIEN.
RIEN FUSIONNE AVEC QUELQUE CHOSE
QUELQUE CHOSE FUSIONNE AVEC RIEN.
Q : Mais il n'y a pas de 'quelque chose' en réalité. Ce quelque chose est illusion car il n'y a que la Présence Spontanée ?
Maharaj : Oui, oui. Avec cette compréhension, nous voulons avoir la Conviction qui dit :
"JE SUIS TOTALEMENT INDIFFÉRENT AU MONDE".
Q : Vous voulez dire, tout voir dans une nouvelle lumière, avec une nouvelle perspective ?
Maharaj : Ne faites pas d'effort, cela se produira spontanément. La Conviction est Spontanée. La Conviction est Spontanée.
TOUS LES BESOINS,
TOUTES LES RELATIONS ET LES ATTENTES
SONT RELATIVES AU CORPS.
Nous voulons la paix. Qui veut la paix ? Nous voulons le bonheur. Qui veut le bonheur ? Nous voulons une vie sans tension. Qu'est-ce qu'une vie sans tension ? Que veut dire le bonheur ? Que veut dire la paix ?

**NOUS NE CONNAISSIONS PAS CES TERMES AVANT D'ÊTRE.
ILS SONT VENUS AVEC LE CORPS ET
ILS PARTIRONT AVEC LE CORPS.**
Ce sont des exigences corporelles, pas VOS exigences. Le corps se dissout. C'est évident ! Vous avez peur, tout le monde a certaines peurs à cause de l'attachement au corps.
**PERSONNE NE VEUT LA MORT.
TOUT LE MONDE A PEUR DE LA MORT.
MAIS QUAND VOUS SAUREZ LA VÉRITÉ À PROPOS DE LA MORT, VOUS N'AUREZ PLUS AUCUNE PEUR.**
Demandez-vous : "Pourquoi ai-je peur de la mort ?" À moins que vous ne connaissiez la Réalité, cette peur continuera à murmurer et à se multiplier. L'état sans peur au moment de la mort est la Connaissance réelle, la Connaissance pragmatique, la Vérité Ultime.

Q: Et combien de temps pensez-vous que cela prendra pour savoir, savoir réellement et accepter la vérité au sujet de la mort ?

Maharaj: Pourquoi dites-vous : "Combien de temps ?" C'est instantané ! Vous connaissez la célèbre histoire de la corde et du serpent ?

Q: Oui.

Maharaj: Donc, si vous savez, vous savez aussi que c'est instantané. D'abord, vous êtes effrayé par ce que vous percevez être un serpent. Il y a la peur. Puis, à la lumière, après vous être rendu compte que ce n'est qu'une corde, la peur disparaît dans la seconde. C'est un fait qu'il n'y a pas de serpent, que c'est juste une corde !
**DE MEME, QUAND NOUS SAVONS QUE NOUS SOMMES NON NÉS,
QUE LA MORT N'EST APPLICABLE QU'AU CORPS,
CETTE PEUR DE LA MORT QUE NOUS AVIONS À CAUSE DE NOTRE IGNORANCE, DISPARAÎTRA.**
Elle s'évanouira simplement car maintenant nous savons ce qu'il en est.

Q: Je peux voir comment j'ai transporté certaines peurs avec moi. Je sais qu'il n'y a pas de mort. Je savais cela, mais peut-être seulement intellectuellement, je suppose. En même temps, je suis conscient que je suis très attaché au corps, ce qui a causé peur et anxiété.

Maharaj: Oui, oui, cela se produit. C'est pourquoi j'insiste, je continue à le dire à tout le monde :
**INVESTIGUEZ !
VOUS DEVEZ VOUS CONNAÎTRE DANS UN SENS RÉEL.
VOUS N'ÊTES PAS LA FORME CORPORELLE.
QUI MEURT ? QUI PREND NAISSANCE ?
INVESTIGUEZ ! INVESTIGUEZ ! INVESTIGUEZ !**

Vous êtes la racine de toute Connaissance. Vous n'êtes pas le corps. Vous êtes la racine de ce monde entier. L'Auditeur Invisible est la racine de ce monde entier. Le monde entier est projeté hors de votre Présence Spontanée.

Q2: Maharaj, vous insistez souvent sur l'importance d'avoir une fondation solide. Et bien, tandis que je récitais le Mantra, il y avait une sensation dans laquelle le 'moi' sans forme était amené de plus en plus profond. L'image d'une grotte est apparue. C'était un endroit très profond. J'allais de plus en plus profondément en moi-même.

C'est difficile de parler de ça. Finalement le fond a été atteint. C'était comme une pierre solide, une base puissante. C'était le point le plus bas, ou le plus profond que je pus atteindre. Alors je me suis vu moi-même debout au plus profond de cette grotte. C'était comme le sans-forme regardant la forme. Je percevais qu'une fondation solide était là, une base indestructible pour bâtir la Connaissance dessus.

De nombreuses choses arrivent en ce moment, spontanément. Juste avant de m'endormir la nuit dernière, Bhausaheb Maharaj est apparu dans un bleu profond. L'énergie qui émanait de lui était très forte. Il a flotté devant mes yeux pendant un certain temps. Puis j'ai remarqué Nisargadatta Maharaj se tenant aussi sur le côté. C'était incroyable !

Maharaj: Ça se produit. Les Maîtres vous encouragent.

43. Tout sort de rien

Maharaj: Tout sort de rien. Votre Présence était là, antérieure à l'être.

Q: Qu'en est-il de la conscience. Je remarque que vous ne parlez pas de la conscience ?

Maharaj: La conscience est arrivée après. Votre Présence doit être là d'abord pour que vous puissiez dire 'conscience'. La Présence est Présence Anonyme, Présence Invisible. Même votre 'Je' n'est pas présent là. La Présence est nécessaire pour que vous puissiez dire 'Je'. Sans utiliser le corps vous ne pouvez pas dire 'Je'.

Donc les noms, les étiquettes, les indications, tous ces mots sont arrivés après. Avant eux, votre Présence était là. J'invite l'attention de cette Présence, cette Présence Invisible Anonyme.

VOUS ÊTES ANONYME CAR "VOUS ÊTES",
SANS VOTRE CONNAISSANCE.
VOTRE REFLET EST LÀ.

Il n'y a pas de mental. C'est venu après. Au moment où l'Esprit a cliqué avec le corps, le monde entier a été projeté hors de vous. Avant cela, il y avait votre Existence Spontanée Invisible. J'invite, j'attire votre attention sur Cela. Il n'y a pas de raison, il n'y a pas de signification à tout ça. Nous ne parlons pas de conscience. Quand vous dites 'conscience', cela implique l'existence de quelque chose, d'une forme étant là. Vous êtes dépourvu de forme.

Quelle est l'utilité de la bouche, des yeux, des oreilles ? Vous ne pouvez pas parler, ou voir, ou entendre sans la Présence. Sans la Présence, ce sont juste des trous. Comprendre cet enseignement est le plus important. Ayez pleine concentration, implication totale, et alors vous comprendrez. Nous sommes devenus victimes de la connaissance corporelle.

Tout ça sont des mots. J'invite votre attention sur la Réalité, utilisant certains mots, mais la Réalité est au-delà des mots. Nous avons créé les mots et nous leur avons donné des significations. Cependant, ici, nous essayons de parler de quelque chose qui est au-delà des mots. Nous disons 'mental', 'éveil', 'conscience'. Ce sont juste des mots différents : ceci est 'A', ceci est 'B', 'C', etc. Donc n'interprétez pas les mots trop littéralement.

Il vous faut aller sous la direction du Maître, et écouter les enseignements directs. C'est simple. Des discussions stériles ne serviront pas le but. Un Maître est nécessaire, le Maître de votre choix. Mais lorsque vous allez au Maître, vous devez avoir une forte foi en lui, une foi complète en ce Maître.

J'ai mentionné le grand saint qui offrait ses pouvoirs à Nisargadatta Maharaj. Il refusa. Pourquoi refusa-t-il ? Parce qu'il avait foi et confiance totale en son Maître. Même si Dieu apparaît devant vous, vous lui direz : "Désolé, non". Cette Conviction mène à la Réalité. Mes mots ici sont aussi illusion, mais ce que j'essaye de communiquer mènera à la Réalité. Conviction !

Q: Concernant la méditation, Maharaj. Quand vous méditez, vous commencez à réciter le Mantra lentement au départ, puis il peut aller de plus en plus lentement. Je veux vous demander si ce que je fais est correct. Après un long moment, le Mantra s'affaiblit, tout en étant encore là. Vous vous sentez relaxé, le mental tranquille. Et puis vous arrivez à un point où vous êtes entre l'éveil et l'endormissement, juste sur le fil. Sur le site web il y a l'image d'un œuf avec de la lumière passant au travers. Est-ce que cette fissure est la même chose que ce qui survient dans ma méditation ? Est-ce cela ?

Maharaj: Tout est illusion ! Après votre Présence, tout ce qui est vu est illusion.

APRÈS VOTRE PRÉSENCE, TOUT CE QUI EST VU EST ILLUSION.

Tout est illusion. Même si vous voyez Dieu, votre Maître, c'est illusion. Il n'y a rien ! Il n'y a que des concepts.

Je vous ai dit que l'Esprit à travers lequel vous parlez, écoutez, acceptez, est très sensible. C'est sa nature de tout accepter spontanément. Si votre implication est profonde et totale, alors c'est réfléchi ou projeté.

Supposons que vous ayez une forte foi dans le Maître et que vous soyez devenu un avec lui. Vous vivez ailleurs et rencontrez un problème. Grâce à votre foi, même si vous vivez ailleurs, l'Esprit va prendre la forme ou le visage du Maître. Vous pouvez me voir là, tout comme un dévot ici a pu me voir demeurant debout à côté de lui durant son opération qui a duré sept heures. Plus tard, il me demanda : "Comment vous ont-ils laissé entrer dans de la salle d'opération, Maharaj ? C'était un miracle !"

Je lui ai dit qu'il me voyait parce qu'il était Un avec moi en Esprit. Le Maître est là pour vous protéger à tout moment. Hors de cette Unité, l'Esprit projette le Maître et prend sa forme.

Quand un Maître qui a quitté son corps apparaît à un disciple, cela ne signifie pas, comme cela a été souvent mal compris, que le Maître a repris naissance. Non ! Les Maîtres sont libres. Il n'a pas repris naissance ou n'apparaît pas comme un Maître mort.

QUAND VOUS DEVENEZ UN AVEC SOI SANS SOI, VOTRE IDENTITÉ EST OUBLIÉE.
QUAND VOUS DEMANDEZ QUELQUE CHOSE, VOTRE IDENTITÉ SE PRÉSENTE ALORS COMME VOTRE MAÎTRE.
ELLE PREND LA FORME DE VOTRE MAÎTRE.

Des problèmes se présenteront sur votre chemin, mais si vous avez un amour profond et vous souvenez de votre Maître, ou de Dieu en une quelconque forme, vos problèmes seront rapidement oubliés.

DIEU N'A PAS D'IDENTITÉ.
VOTRE PRÉSENCE SPONTANÉE PREND FORME.

Puis vous direz : "Oh, j'ai vu Dieu". C'est le *Darshan*. Quand vous avez foi et confiance dans le Maître, vous avez contact avec le Maître.

Q2: En parlant de l'apparition des Maîtres. J'étais tranquillement assis seul, récemment. C'était un après-midi paisible à la maison. Le Mantra était fredonné silencieusement en arrière plan, sans que je le récite délibérément. Je devins conscient de quelque chose. J'ai regardé sur le côté et il y avait Ramana Maharshi assis sur une des chaises ! J'étais stupéfait ! Et ce n'était pas tout. Je regardais en direction du canapé, et là, Nisargadatta Maharaj et Siddharameshwar Maharaj étaient assis dessus ! Rien ne fut dit, mais leur Présence était là.

Le jour suivant, je repensais à ce qui était arrivé, et je me demandais où vous étiez Maharaj ? Puis je réalisais que vous étiez à l'intérieur de moi, que nous étions Un, et que c'était la raison pour laquelle vous n'étiez pas apparu avec les autres. Mais ce fut vraiment extraordinaire !

Q: C'est très intéressant. Je pensais que les Maîtres revenaient, comme les *bodhisattvas*, pour nous aider.

Donc, ce que je disais sur la méditation précédemment, est-il bon de rester entre deux états ?

Maharaj: Oui, parce que c'est le processus. Vous invitez l'attention du Méditant. N'insistez pas trop là-dessus, la méditation est simplement le processus. Vous vous débarrassez de toutes les impressions illusoires profondément gravées pour lesquelles vous avez beaucoup d'amour et d'affection.

Comme vous êtes de plus en plus proche du Soi Sans Soi, vous oubliez votre identité. Vous oubliez tout. Le monde entier est illusion, et Dieu est illusion car pour voir quelque chose, votre Présence doit être là. Sans votre Présence rien ne peut être vu. C'est une Connaissance très élevée, la Connaissance la plus haute. Vous ne trouverez cela nulle part. La méditation est le processus, tout comme les *bhajans* font aussi part du processus pour vous aider à oublier votre identité externe.

Q: Les réactions physiques suite aux méditations sont-elles normales, comme les maux de tête ?

Maharaj: Ne portez pas tant d'attention à ça !

NE STRESSEZ PAS ET NE SOYEZ PAS TROP INTENSE AVEC TOUT ÇA,

en disant : "Je dois faire la méditation, réciter le Mantra, chanter les *bhajans*". Quand vous insistez de cette manière, en vous "stressant", vous prenez de l'ego.

Continuez normalement ! Toutes les activités, incluant la spiritualité, devraient être normales. Il ne devrait pas y avoir d'ego subtil non plus. C'est très facile, mais aussi très difficile car vous avez lu tellement de livres qui ont laissé tellement d'impressions. Vous avez écouté tant de gens : "Tel et tel disent ceci, et tel et tel disent cela", et ensuite vous analysez et les comparez.

Tout est dans le cercle de votre Présence. N'analysez pas les choses comme un ordinateur le fait. Qui parlerait au sujet du monde, de la méditation, des Maîtres, de Dieu, si la Présence n'était pas là ? Par conséquent, la spiritualité est elle-même illusion. Quand la Conviction viendra, vous découvrirez : "Oui, tout est illusion, spiritualité incluse".

SOYEZ AVEC VOUS, TOUT LE TEMPS.
SOYEZ NORMAL AVEC TOUT ÇA.

La Réalité est devant vous. Vivez une vie simple, une vie humble. "Oh j'ai obtenu la connaissance !" Non ! La Connaissance est non-connaissance. Tout vient de rien et tout retourne se dissoudre en rien.

44. La Réalité est gravée dans l'Auditeur Invisible

Maharaj : Le Maître place le *Naam Mantra* dans votre ordinateur spirituel. Vous devez y donner suite sérieusement. Une fois que vous avez réalisé que vous n'êtes personne, vous serez complètement indifférent au corps, au monde. Vous serez totalement indifférent.

**VOTRE PRÉSENCE EST SPONTANÉE
TOUT COMME LE CIEL.**

Le monde entier est projeté hors de la Présence. Sans notre Présence, nous ne pouvons pas voir le monde. Nous ne pouvons voir quoi que ce soit.

**CETTE PRÉSENCE EST
ANONYME, INVISIBLE, IDENTITÉ NON-IDENTIFIÉE.
ELLE EST APPELÉE *BRAHMAN*, *ATMAN*, *PARAMATMAN*.
ET POUR CETTE PRÉSENCE
IL N'Y A PAS MORT ET PAS DE NAISSANCE.**

Quand vous acceptez que vous n'avez pas de naissance, que vous êtes l'Ultime, toutes ces questions au sujet du paradis et de l'enfer ne s'élèveront plus. Elles ne sont pas pertinentes.

**IL N'Y A PAS BESOIN DE SALUT NON PLUS
CAR VOUS SAVEZ
QU'IL N'Y A PERSONNE LÀ POUR ÊTRE SAUVÉ.**

Toutes ces discussions concernant le *karma* et le *prarabdha* deviennent inutiles.

Q : Il doit sûrement y avoir *prarabdha* ?

Maharaj : Le concept de *prarabdha* ne sert qu'à pacifier les gens. Il n'y a pas d'individualité et donc pas de *prarabdha*.

Q : Et la religion ?

Maharaj : La religion ? Nous avons créé la religion simplement pour donner de la paix et du contentement aux gens. C'est là pour leur donner une identité. C'est là pour contrôler les masses. Oubliez tous ces concepts. Oubliez tout. Toutes ces choses sont relatives au corps. Toute cette connaissance est la connaissance de la forme corporelle.

Q : Je ne sais pas quoi dire, Maharaj. Je sens que plus j'écoute les enseignements, plus vous me dépouillez, et me retirez tout. Il ne me restera plus rien à quoi m'accrocher, ce qui me rend un peu nerveux. Vous avez le truc pour éliminer tout ce qui nous semble avoir de la valeur, tout ce au travers duquel nous vivons.

Maharaj : Vous devez utiliser la discrimination pour séparer la Réalité de l'illusion. Aussi, il vous faut supprimer toute la connaissance corporelle. Souvenez-vous de ce que je vous ai dit :

LA RÉALITÉ ULTIME N'ÉMERGERA PAS À MOINS QUE

TOUTE CONNAISSANCE CORPORELLE N'AIT ÉTÉ DISSOUTE.

C'est uniquement après l'être que vous êtes tombé sur toutes ces choses auxquelles vous êtes devenu attaché. Cette chose-ci. Cette chose-là - tout ça est connaissance corporelle, connaissance de seconde main. Ces concepts illusoires sont venus avec la forme corporelle. Avant la forme corporelle, étiez-vous familier avec le mot 'illusoire' ?

Q: J'imagine que non.

Maharaj: Et avant d'être, ces noms d'individus appartenaient-ils à quelqu'un ? Étiez-vous appelé 'Michael' avant d'être ?

Q: Non ! Je sais, il n'y avait pas de noms, pas d'individus, personne !

Maharaj: Les religions et les principes de la religion ont été formés juste pour stimuler une vie paisible. Le principe de la prière a été créé aussi. Ça va aussi longtemps que :

**VOUS CONNAISSEZ ET COMPRENEZ
LE SECRET DE VOTRE VIE.
VOUS DEVEZ RÉALISER CE QUE ÇA SIGNIFIE.
ALORS SEULEMENT SEREZ-VOUS TOTALEMENT SANS PEUR.**

Investiguez ! "Pourquoi devrais-je avoir peur de la mort quand c'est quelque chose qui nous est commun à tous ?"

Q: C'est vrai !

Maharaj: Vous pouvez penser que personne ne peut échapper aux concepts de 'la mort' et 'du mort', mais découvrez : "Qui meurt ? Qui vit ?" Investiguez juste ! Je vais répéter ça encore et encore. Avec le martèlement direct, vous comprendrez finalement le message :

**PERSONNE NE MEURT,
PERSONNE NE PREND NAISSANCE.
PERSONNE NE MEURT, PERSONNE NE PREND NAISSANCE.
VOUS ÊTES NON NÉ. VOUS ÊTES NON NÉ.**

Le problème est que nous pensons du point de vue de la forme corporelle, et que nous avons accepté aveuglément tous ces concepts, tous ces concepts illusoires : "Je suis un homme", ou "Je suis une femme". "J'appartiens à cette religion-ci", ou, "J'appartiens à cette religion-là". "Ma dernière naissance a été comme ceci, et ma prochaine naissance sera comme cela". Naissance présente, dernière naissance, prochaine naissance, renaissance… Nous sommes pris dans le cercle d'illusion, tournant en rond, encore et encore.

Q: Donc le problème est que nous avons accepté les concepts, les systèmes de croyance, les philosophies, etc, sans vraiment y avoir réfléchi ?

Maharaj: Nous avons accepté aveuglément, et signé aveuglément, sans questionner. Nous continuons à accepter, et à valider toutes ces illusions… Disons, c'est comme si vous n'aviez commis aucun crime, mais pourtant vous signez des aveux déclarant : "Je suis un criminel".

Le Maître dit que vous n'avez commis aucun crime. Vous ne pouvez pas, mais pourtant vous acceptez encore les concepts, les illusions, et dites : "C'est bon. Je suis un criminel". Le Maître vous rend illuminé. Vous n'avez jamais été un criminel. Vous n'êtes pas un criminel.

VOTRE MAÎTRE EST VOTRE RÉFLEXION.
EN TANT QUE TEL, IL N'Y A PAS DE MAÎTRE.
IL N'Y A PAS DE DISCIPLE.

La totalité de toute notre 'connaissance' a été formée hors de la 'connaissance corporelle', et a été encadrée autour du corps et des relations corporelles :

QUE VOUS N'ÊTES PAS,
QUE VOUS N'ÉTIEZ PAS,
QUE VOUS N'ALLEZ PAS RESTER.

Q: Quel est le meilleur moyen de se débarrasser des illusions du corps ?

Maharaj: Vous êtes l'architecte de votre propre vie. Vous découvrirez que tout ceci est un rêve. Comparez ça à jouer dans une pièce de théâtre, jouant le héros ou l'héroïne, ou le méchant. Vous savez que vous jouez. Vous le savez. Pour quelques heures, vous jouez un rôle particulier. Vous savez que c'est votre rôle.

De même, nous jouons ces rôles : "Je suis un homme" ou "Je suis une femme". Nous avons accepté tous ces concepts, pourtant, nous n'avons rien à voir avec aucuns de ces concepts, quels qu'ils soient.

VOUS ÊTES NON NÉ.

Pour connaître la Réalité, les bases sont requises. Et c'est pourquoi il vous faut passer par les disciplines de la méditation, de l'investigation du Soi, et des *bhajans*.

Parallèlement à tout cela, il faut aussi être en présence du Maître, et écouter la Connaissance. C'est un cocktail vraiment puissant. Vous pourriez dire que c'est l'élixir d'immortalité car en buvant le nectar, il y a Connaissance du Soi. Vous en venez à SAVOIR, à réellement SAVOIR que vous êtes non né.

Vous serez enivré ! Je place le même principe devant vous : ce que nous appelons 'Dieu' n'existe pas à l'extérieur de vous. Tout est en vous. J'utilise différents mots, différentes manières, différents angles, différentes dimensions…

Q: Afin de marteler la vérité ?

Maharaj: Oui ! C'est un martèlement direct. Le message est toujours le même. Il n'y a rien d'autre :

EXCEPTÉ VOTRE SOI SANS SOI,
IL N'Y A PAS DE DIEU, PAS D'*ATMAN*,
PAS DE *BRAHMAN*, PAS DE *PARAMATMAN*.

C'est le message. Parfois je donne des exemples simples pour établir la Vérité en vous. C'est comme raconter des histoires à un enfant. Pour faire comprendre le principe derrière une histoire, vous devez, en premier lieu, le présenter sous la forme d'une histoire. La mère ou le père racontera une histoire et ensuite expliquera sa signification.

De même, le Maître vous présente votre Vérité Ultime sous la forme d'une histoire, faisant usage d'un certain langage et de certains mots.

Une fois que le Maître vous a présenté la Vérité Ultime, c'est à vous de voir pour la suite.

Q: Vous voulez dire que c'est à nous de continuer la pratique ?

Maharaj: C'est comme un puzzle. Vous avez la Connaissance. Afin d'avoir la Conviction, et pour savoir ce qu'il faut faire ou ne pas faire, la prochaine étape dépend de vous. Il vous faut assembler les pièces du puzzle ensemble.

**CAR VOUS CONNAISSEZ VOTRE SOI SANS SOI MIEUX QUE QUICONQUE.
VOUS CONNAISSEZ VOTRE SOI SANS SOI MIEUX QUE QUICONQUE.**

La conviction spontanée viendra.

**QUAND VOUS DEVENEZ UN AVEC LA VÉRITÉ FINALE.
C'EST LA CONVICTION, L'ILLUMINATION, LA RÉALISATION.
VOUS POUVEZ L'APPELER PAR N'IMPORTE QUEL NOM.
LE NOM N'A PAS D'IMPORTANCE.**

Par un processus de martèlement direct, la Conviction s'élèvera, vous saurez : "Je ne suis pas né, donc pourquoi avoir peur de la mort ?" Après avoir réalisé qu'il n'y a ni naissance ni mort, vous vous exclamerez : "Toute ma peur est partie". Aucune peur ne restera. C'est le résultat du martèlement direct.

Q: Quelquefois, tandis que je vous écoute Maharaj, je peux ne pas entendre, vraiment entendre ce qui est dit. Mais, à d'autres moments, quand j'écoute, il y a une certitude, un 'Oui !', un clic de compréhension.

Maharaj: L'Auditeur Invisible en vous écoute tranquillement et calmement.

**L'AUDITEUR INVISIBLE EN VOUS,
ÉCOUTE TRANQUILLEMENT ET CALMEMENT.
LA RÉALITÉ EST GRAVÉE DANS CET AUDITEUR INVISIBLE,
QUI NE PEUT PAS ÊTRE SUPPRIMÉ.**

Peut-être n'en êtes-vous pas conscient, ou peut-être ne comprenez-vous pas certaines choses, mais quoi qu'il en soit, l'Auditeur Silencieux accepte tout, comme un magnétophone.

Q: Ça sonne bien !

Maharaj: Silencieusement, le processus d'enregistrement a lieu. Silencieusement, le processus d'analyse a lieu, à votre insu, sans le mental, l'ego, l'intellect.

PAS D'EGO, PAS D'INTELLECT, PAS DE MENTAL.

Q: Le mental, l'ego, l'intellect essayent de bloquer…

Maharaj: Ce ne sont que des couches externes. Vous pouvez les utiliser, ce n'est pas mauvais. Utilisez-les, comme et quand, vous voulez. Vous pouvez

les utiliser, mais ne devenez pas leurs esclaves. Une utilisation excessive de quoi que ce soit est poison. Une utilisation excessive de quoi que ce soit sera du poison. Si vous mangez plus de nourriture qu'il est nécessaire, c'est toxique. Tout ce qui est pris en excès sera du poison.
Q: Trop de mental…
Maharaj: Il n'y a pas de mental du tout !
C'EST UNE CONNAISSANCE EXCEPTIONNELLE.
C'EST LA RÉALITÉ.
CE N'EST PAS UNE CONNAISSANCE LIVRESQUE.
CE N'EST PAS UNE CONNAISSANCE LITTÉRALE.
Q: C'est au-delà de toute la connaissance sur laquelle j'ai pu tomber, et j'ai lu des tonnes de livres spirituels.
Maharaj: C'est au-delà de tout.
C'EST AU-DELÀ DE LA CONNAISSANCE, AU-DELÀ DE TOUT.
AU-DELÀ DES MOTS, AU-DELÀ DES MONDES,
AU-DELÀ DE L'IMAGINATION.

Nisargadatta Maharaj disait : "Restez comme vous étiez avant d'être, restez tel quel". Comment étiez-vous avant d'être ?
Q: Honnêtement, je ne sais pas.
Maharaj: C'est juste. Vous étiez "sans connaissance". Vous étiez complètement inconscient de tout. Vous ne saviez rien du tout. Mais depuis que vous êtes tombé sur le corps, vous avez commencé à savoir tant de choses. Par conséquent,
LE MENTAL EST CONNAISSANCE CORPORELLE.
QU'EST-CE QU'IL RESTE ? LE CORPS DE NOURRITURE.

Vous n'êtes ni le mental ni le corps. Il n'y a pas de mental, et le corps est un corps de nourriture. Donc que reste-t-il ? Un jour ou l'autre, vous quitterez ce corps. Ce n'est pas votre identité.

45. *Concentrez-vous sur le Concentrateur*

Q: J'ai entendu que Nisargadatta Maharaj initiait très peu d'"occidentaux" dans la Lignée parce qu'il les considérait être des 'voyageurs spirituels'. Vous êtes un des seuls, si ce n'est le seul, qui offre le *Naam Mantra*. Qu'est-ce qui vous a décidé à faire ça ?
Maharaj: Pour apporter l'illumination aux chercheurs. Pour partager la Connaissance avec eux, et les soustraire au monde illusoire.
Q: Avons-nous réellement besoin de méditer ?

Maharaj: Beaucoup de gens posent cette question. Vous voyez, depuis l'enfance jusqu'à aujourd'hui, il y a eu beaucoup d'attachement au corps. Il y a beaucoup d'amour et d'affection pour le corps, et pour toutes les relations autour du corps. Cela doit être dissous. Naturellement, la méditation est aussi une illusion, mais il nous faut utiliser une épine pour retirer une autre épine. Nous en avons seulement besoin au stade initial pour l'attention et la concentration.

CONCENTREZ-VOUS SUR LE CONCENTRATEUR'.

Le corps n'est pas votre Identité. Vous êtes la 'Vérité Finale', 'la Vérité Ultime'. Mais, pour avoir cette complète Conviction, tous les concepts et la connaissance corporelle doivent être dissous.

NOUS POUVONS TOUT COMPRENDRE INTELLECTUELLEMENT, MAIS LA COMPRÉHENSION INTELLECTUELLE N'EST PAS SUFFISANTE.

Par conséquent, vous devez passer par la méditation. C'est essentiel au début. Plus tard, au stade avancé, ce n'est plus nécessaire.

Dans notre Lignée, l'Inchegiri Navnath Sampradaya, nous donnons un Mantra, mais pas à ceux qui ont déjà un Maître. On doit rester dévoué et loyal à un seul Maître.

Q: Comment le Mantra fonctionne-t-il ?

Maharaj: Le Mantra produit des vibrations en vous. À travers ces vibrations, vous en viendrez à connaître la Réalité.

LENTEMENT, SILENCIEUSEMENT, ET EN PERMANENCE, VOUS RESSENTIREZ CERTAINS CHANGEMENTS SE PRODUISANT À L'INTÉRIEUR.

Votre connaissance corporelle sera dissoute. Vous serez totalement sans peur car vous saurez, "Je ne suis pas le corps". Chaque jour je dis la même chose :

TOUS LES BESOINS SONT DES BESOINS RELATIFS AU CORPS : BESOIN DE DIEU, BESOIN DE NOURRITURE, BESOIN DE BONHEUR, BESOIN DE PAIX. ILS SONT TOUS RELATIFS AU CORPS.

Quand vous êtes tombé sur le corps, tous les besoins ont démarré.

AVANT D'ÊTRE, IL N'Y AVAIT PAS DE BESOINS, IL N'Y AVAIT PAS DE PEUR.

Q: Donc, méditer régulièrement aidera à amener un changement ?

Maharaj: La méditation est la base, le processus de départ pour assurer qu'une fondation parfaite, qu'une fondation solide soit établie. En récitant ce Mantra,

VOUS RAPPELEZ À VOTRE 'IDENTITÉ NON IDENTIFIÉE', QUE VOUS ÊTES *ATMAN*, *BRAHMAN*, *PARAMATMAN*.

Vous connaissez la Réalité, mais vous avez oublié la Réalité. Tout le monde a la Connaissance de sa réalité intérieure,

CE PROCESSUS DE MÉDITATION EST NÉCESSAIRE POUR LA CONVICTION, POUR ÉTABLIR ET ABSORBER LA CONNAISSANCE. LA CONNAISSANCE STÉRILE, LA CONNAISSANCE LIVRESQUE, LA CONNAISSANCE LITTÉRALE NE SONT PAS LA CONNAISSANCE DU SOI. LA MÉDITATION SEULE VOUS MÈNERA À LA CONNAISSANCE DU SOI.

Q: Maharaj, quand je récite le Mantra, une question s'élève parfois : "Qui récite ?"

Maharaj : Ah ! Qui récite ? La question surgit à cause de l'attachement au corps. Il n'y a pas de 'qui ?' et il n'y a pas de 'il', ou 'elle'. Il n'y a rien. Ce ne sont que des termes, les termes relatifs au corps.

QUI RÉCITE LE MANTRA ? LE CONCENTRATEUR, LA PRÉSENCE INVISIBLE. POURQUOI LE RÉCITEZ-VOUS ? PARCE QUE VOUS AVEZ OUBLIÉ VOTRE IDENTITÉ.

Comment fonctionne-t-il ?

TANDIS QUE VOUS RÉCITEZ LE MANTRA, VOUS INVITEZ L'ATTENTION DE LA PRÉSENCE INVISIBLE, VOTRE VÉRITÉ ULTIME.

Au stade initial, il vous faut faire un effort pour le réciter. Par la suite, cela se produira spontanément, sans votre connaissance, vingt-quatre heures sur vingt-quatre, durant l'éveil, le sommeil, les rêves, tout le temps. Se connaître dans un sens réel ne peut pas se faire via l'intellect, la logique, l'inférence ou l'imagination, ou par d'autres activités relatives au mental. Pourquoi ?

PARCE QUE VOTRE EXISTENCE EST EXISTENCE SPONTANÉE.

Comment étiez-vous avant d'être ? Comment serez-vous, après avoir quitté le corps ? Quelle est votre identité ? Ici, nous concluons que l'identité est restée la même. Elle est la même aujourd'hui que celle avant d'être.

LA SEULE DIFFÉRENCE EST QUE VOUS MAINTENEZ LE CORPS.

Donc, à nouveau, je répète :

LA CONNAISSANCE CORPORELLE DOIT ÊTRE EFFACÉE COMPLÈTEMENT. POUR QUE CELA SE PRODUISE, VOUS DEVEZ MÉDITER.

LA MÉDITATION EST ESSENTIELLE.
Q: Maharaj, je récite le Mantra depuis un certain temps maintenant, et il opère bien spontanément, comme vous le disiez. Aussi, les effets de la méditation sont maintenant ressentis. Il y a une qualité présente presque tangible, comme un silence époustouflant et la paix et la vacuité. Pour utiliser votre mot, 'Clairéalité'. Il y a juste le Bonheur Spontané qui est sans cause.
Maharaj: Vous utilisez la Clé Maîtresse, le *Naam Mantra*, avec une profonde implication, et donc il vous emmène plus proche du Soi Sans Soi. Ce Bonheur Spontané est la fragrance du Soi Sans Soi. Cela signifie que la Connaissance est en train d'être absorbée. Très bien ! Embrassez Soi Sans Soi, et allez de plus en plus profond. Vous voyez, quand vous irez de plus en plus en profondeur à l'intérieur du Soi Sans Soi, vous trouverez tellement de choses, au-delà de votre imagination. Vous oublierez cette Identité externe/interne.
VOUS RESTEREZ INCONNU DE VOUS.
PAS DE CONNAISSANCE EST CONNAISSANCE.
PAS DE CONNAISSANCE EST CONNAISSANCE.
QUELLE QUE SOIT LA CONNAISSANCE
QUI SOIT ENRACINÉE AU CORPS,
ELLE EST ILLUSION.
VOTRE CONNAISSANCE DE *BRAHMAN*,
***ATMAN*,**
PARAMATMAN
EST AUSSI UNE ILLUSION.
Ce sont juste les mots, seulement les M.O.T.S. [Le Maître épelle.] Ça peut aller, cela vous donnera peut-être un certain plaisir, un bonheur momentané, un peu de divertissement, mais,
CE N'EST PAS LA VÉRITÉ ULTIME,
CE N'EST PAS LA VÉRITÉ ULTIME.

46. Les mots ne sont que des indicateurs

Q: Que signifie la Présence, Maharaj ?
Maharaj: La Présence signifie 'Cela' qui vous permet de vivre, de parler. Quand le questionneur en vous demande : "Qu'est-ce que la Présence ?" C'est la Présence.
Q: Donc ma Présence sera là après ma vie ?
Maharaj: Il n'y a pas de 'après ma vie' car la Présence est juste comme le ciel.
Q: Donc, c'est ce que je suis, juste la Présence ?
Maharaj: Bien sûr, bien sûr.

Q: Et est-ce que c'est la même chose que le 'Je suis Lui' de Ranjit Maharaj ?
Maharaj: Tous ces mots sont des indications, non pas la Vérité Ultime. 'Je suis Cela', 'Cela vous êtes', 'Je suis Lui', vous pouvez donner tous les noms que vous voulez. Les gens viennent ici et font cette erreur. Les indications sont prises pour la chose réelle, alors qu'elles ne sont que des M.O.T.S que nous avons créés. Ce sont simplement les noms que nous avons attribués à la 'Vérité Ultime', 'Réalité Ultime' ou quel que soit le nom que nous souhaitons lui donner, seulement dans le but de comprendre.

NE PRENEZ PAS LES MOTS DU MAÎTRE LITTÉRALEMENT.
VOTRE PRÉSENCE EST SPONTANÉE,
SILENCIEUSE, ANONYME, NON-IDENTIFIÉE,
DONC, 'JE SUIS LUI' EST SIMPLEMENT UN INDICE,
UNE INDICATION.

Q: Je préfère 'je suis Lui'…
Maharaj: D'accord, d'accord, aussi longtemps que vous comprenez que cette phrase est seulement une indication, un indice, un signe. Ne prenez pas ces mots pour 'La Réalité Ultime'.
Q: Si la Présence est imperceptible et anonyme, comment quiconque peut-il en venir à la connaître ?
Maharaj: Oubliez 'quiconque'. Parlez de vous-même !
Q: D'accord. Alors comment puis-je en venir à connaître la Présence ?
Maharaj:

VOUS ÊTES LA SOURCE DE LA CONNAISSANCE.
VOUS AVEZ UNE POUVOIR EXCEPTIONNEL.
VOTRE MAÎTRE INTÉRIEUR EST VÉRITÉ ULTIME.
VOUS ET MOI ?
NOUS SOMMES TOUS DEUX LE MÊME.

Q: Vous dites que nous évaluer en tant que forme corporelle est illusion. Est-ce parce que Soi Sans Soi n'est pas perceptible ?
Maharaj: Quand vous essayez de le voir, le Voyant disparaîtra.

QUAND VOUS ESSAYEZ DE LE VOIR,
LE VOYANT DISPARAÎTRA.

Voyez simplement ce que vous étiez avant d'être ! Soyez comme vous êtes ! Soyez comme vous étiez avant d'être !

CES CONCEPTS : PERCEPTIBLE, IMPERCEPTIBLE,
CONNAISSANCE, HOMME, FEMME, NAISSANCE, MORT.
TOUT ÇA EST CONNAISSANCE CORPORELLE.
OUBLIEZ LE !

Tout le monde dit : "Je suis *Brahman*", "Je suis *Atman*", mais cette Connaissance doit être totalement absorbée en vous, dans un sens réel. Vous êtes le Maître des Maîtres. Au moment de la Conviction, vous oublierez votre identité. Mais, souvenez-vous, cette Conviction est Spontanée. N'utilisez pas la force ! Elle apparaîtra spontanément.

47. Tout commence et finit avec vous

Q: Maharaj, vous dites que je suis un Maître, je ne me sens pas comme un Maître.
Maharaj: Le corps est la cause de la tension. Nous basons tout au niveau du corps. Mais le corps n'était pas votre identité. Le corps n'est pas votre identité. Le corps ne restera pas votre identité. Donc pourquoi se préoccuper des sensations : un nuage d'anxiété ou un nuage de bonheur, avoir peur de ceci ou de cela, avoir peur de la mort ? Vous avez oublié votre Identité.
Q: Alors comment puis-je me la rappeler ?
Maharaj: Dans notre Lignée, nous donnons des mots comme un Mantra que vous devez réciter. L'Esprit est très sensible. Quoi que vous imprimiez sur lui, est réfléchi. Pour le dire simplement :

**L'AUDITEUR INVISIBLE A OUBLIÉ SON IDENTITÉ.
À TRAVERS LE PROCESSUS DE MÉDITATION,
NOUS SOMMES CAPABLES DE REMÉMORER
À L'AUDITEUR INVISIBLE.**

La méditation est comme une échelle. Une fois qu'elle a été utilisée, on peut s'en débarrasser. Elle n'est nécessaire qu'au début.
Q: Puis-je vous en demander un petit peu plus à propos du Soi Sans Soi ? Si on cherche le Soi Sans Soi à partir du mental, diriez-vous qu'on ne peut pas le voir ?
Maharaj: C'est une question relative au corps. Le mental ! N'essayez pas de regarder. Cela amènera l'ego. C'est spontané.

**VOUS ESSAYEZ D'IMAGINER LA PRÉSENCE
DANS UNE CERTAINE FORME.**

Nous utilisons des noms comme *Brahman* et *Paramatman*, juste pour identifier cette Identité Non Identifiée.

**EN RÉALITÉ, IL N'Y A PAS D'EXPÉRIENCE,
PAS D'EXPÉRIMENTATEUR,
PAS DE TÉMOIN,
RIEN.**

Q: J'imagine que le mental essaye juste de savoir.
Maharaj:

**AVANT L'ÊTRE
ET APRÈS L'ÊTRE**

**IL N'Y A PAS DE MENTAL, PAS D'EGO, PAS D'INTELLECT.
C'EST UNE SORTE DE RÊVE.
APRÈS LE RÉVEIL, LE RÊVE SE DISSOUT.**
Cette vie est simplement comme un rêve.
**SOI SANS SOI SIGNIFIE APRÈS LE RÊVE.
APRÈS QUE LE RÊVE SE TERMINE,
TOUTES LES MAISONS S'EFFONDRENT.
ELLES SONT DÉMOLIES APRÈS LE RÊVE,
ET TOUT CE QUI RESTE EST LE CIEL, L'ESPACE.**

Q: Alors comment était la Présence avant ?
Maharaj: Antérieure au monde, votre Présence était là, mais elle était 'Présence Inconnue'. Depuis que vous avez commencé à connaître 'je suis', vous avez endossé quelque ego subtil.
**MAIS EN RÉALITÉ, VOUS N'ÊTES PERSONNE,
ET CELA VEUT DIRE QUE VOUS ÊTES TOUT LE MONDE.**

Q: Donc le mental ?
Maharaj: Intellectuellement, nous savons tout, mais nous ignorons la Réalité à cause de la pression du mental, que nous prenons à tort comme étant vrai. Avec la méditation, toute la Connaissance peut être mise en pratique.

Q: Alors qu'arrive-t-il ? À quoi est-ce que ça ressemble une fois que l'on connaît la Réalité ?
Maharaj: Après la connaissance de la Réalité, vous demeurez tranquille dans votre Soi Sans Soi. C'est une sorte d'enivrement spirituel. À ce moment, vous êtes complètement indifférent au corps. Il n'y a aucune trace d'un ego qui dit : "Je suis le faiseur".

Q: Alors je suis *Brahman* !
Maharaj: Vous n'êtes ni homme, ni femme, ni *Brahman*.
**DIRE "JE SUIS *BRAHMAN*" EST AUSSI ILLUSION.
LES MOTS NE FONT QU'INDIQUER VOTRE HAUTE VALEUR,
VOTRE GRANDEUR.**

Q: Comment puis-je combiner cette connaissance avec la vie dans le monde ?
Maharaj: Il n'y a pas de combinaison ! Qui combine ?
Q: Elle n'est pas perturbée en vivant dans le monde ?
Maharaj: Avant d'être, y avait-il des perturbations ? Qui dérange qui ? Nous appliquons l'intellect, et essayons de saisir cette connaissance intellectuellement.
**VOUS ÊTES LE PÈRE DU MONDE, ET LE PÈRE DU MOT.
C'EST LE REFLET DU VOYANT,
LA PROJECTION DU VOYANT.
SANS LE VOYANT, VOUS NE POUVEZ PAS VOIR LE VU.
TOUT COMMENCE A PARTIR DE VOUS,
ET FINIT AVEC VOUS.**

48. Qui veut le darshan ?

Q: Maharaj, j'ai peur de ne pouvoir rester très longtemps car je souhaite aller voir Mère Amma.
Maharaj: Si vous ressentez que vous obtiendrez le bonheur avec Mère Amma, alors allez à Amma. Je ne restreins pas vos activités. Si vous n'êtes pas heureux ici, bien, vous êtes libre d'aller n'importe où, mais aller à Amma est une sorte différente de connaissance. Vous cherchez le bonheur dans et pour la forme corporelle.
**DANS NOTRE LIGNÉE, NOUS DONNONS LA CONNAISSANCE DIRECTE À VOTRE RÉALITÉ INVISIBLE, PAS À VOTRE FORME CORPORELLE,
QUI N'EST PAS VOTRE IDENTITÉ.**
Soyez stable ! Soyez stable et ferme ! Si vous continuez à changer d'avis, à changer d'épouses comme de chemise, vous gâterez votre vie spirituelle. Allez où vous voulez, mais ensuite vous devez y rester. Si vous trouvez la paix avec un Maître, restez avec ce Maître.

L'instabilité et un mental hésitant sont mauvais pour la santé de votre vie spirituelle. La stabilité est le plus important afin de sortir du cercle de la connaissance corporelle, et se débarrasser des problèmes et de la dépression. En fait, vous pouvez avoir foi dans une idole, une pierre, n'importe quelle idole, et l'adorer. Ce qu'elle est n'a pas d'importance, aussi longtemps que vous restez loyal à cette idole.
**LE POUVOIR N'EST EN AUCUN HOMME OU FEMME,
STATUE OU PIERRE.
LE POUVOIR EST EN VOUS SEUL.
VOUS ÊTES L'IDOLE LA PLUS IMPORTANTE,
LA SEULE IDOLE.
PAR CONSÉQUENT SOYEZ FIDÈLE À VOUS-MÊME.**
Une forte implication de soi est le plus important. Tous ces voyages ne sont pas une bonne chose : espérer trouver le bonheur ailleurs, en sous-estimant votre Soi Sans Soi. C'est inutile.
**CAR VOUS NE CONNAISSEZ PAS LE VOYAGEUR
QUI VEUT LA PAIX,
VOUS NÉGLIGEZ VOTRE POUVOIR INTERNE.**
Q: Quand je répète le Mantra, le corps commence à se sentir faible.
Maharaj: C'est une conséquence des vibrations. Vous vous sentez faible parce que vous ne pouvez pas tolérer votre propre puissance. Ne vous inquiétez pas ! Continuez à réciter !
Q: Quand j'ai reçu le Mantra, l'initiation a été si puissante que je me suis senti complètement anéanti par elle. Résultat, j'ai complètement oublié le Mantra

et j'ai dû vous le demander à nouveau, comme vous savez ! Mais ensuite il y avait paix et harmonie. Maintenant il y a un changement, et je ne ressens plus la même paix de l'esprit, mais plutôt une légère perturbation à la place.
Maharaj: Ce sont les effets du corps. Ce ne devrait pas être comme cela ! Vous ne vous rappelez pas, ce que je vous ai dit, ce que j'ai martelé encore et encore. Écoutez-moi ! Le mental de qui ? Les sensations de qui ? L'harmonie de qui ? Qui est perturbé ? Ce sont les parties externes. Vous êtes une victime de vos propres concepts.

**VOUS EN ÊTES ENCORE À VOUS CONSIDÉRER COMME ÉTANT QUELQU'UN D'AUTRE,
SÉPARÉ ET EN DEHORS DU SOI SANS SOI.**

Qui s'attend au bonheur ? Qui veut la paix ? Qui a peur ? Vous n'êtes pas le corps ! Êtes-vous ce corps ? La science spirituelle dit que vous n'êtes pas le corps. Aussi longtemps que vous serez attaché au corps, vous expérimenterez toutes ces sensations. Sortez de ce cercle vicieux !

VOUS DEVEZ CONTINUER LA DISCIPLINE DE LA MÉDITATION.
C'est la seule voie pour que vous ayez la Conviction. Vous vous sentez déprimé car vous avez encore beaucoup d'amour et d'affection pour le corps.
Q: Si vous êtes réalisé, avez-vous des sensations de dépression ?
Maharaj: Vous resterez intact même avec les sensations. Si un chien aboie, vous n'allez pas lutter avec lui. De même, le mental, l'ego, l'intellect aboie, car vous y prêtez attention. Prêter attention aux pensées et aux sensations, leur donner de l'importance, cause la souffrance. Les bonnes choses et les mauvaises choses devraient être identiques pour vous. Si vous continuez à prêter attention aux aboiements, vous souffrirez !

Le Mantra a un pouvoir immense, cependant, c'est seulement quand vous êtes sincère que la Réalité s'épanouit. Avec ces mots sacrés, vous remémorez à l'Esprit son Identité : son Identité Anonyme, Identité Invisible, Identité Non Identifiée. Lentement, silencieusement, en permanence, vous imprimez votre Vérité Ultime. [Le Maître frappe dans ses mains.] Au moment de la Conviction, vous resterez à l'écart de la connaissance corporelle et tout commencera à se déployer.

Attendez de voir, attendez de voir. C'est comme d'arroser une plante. L'eau ne s'écoule pas immédiatement. Elle est d'abord absorbée, et ensuite commence à s'écouler. C'est la même chose avec la méditation, absorption, absorption, et ensuite - je vous ai parlé des résultats. Déposez tout votre mental, ego, intellect dans l'ashram, ensuite il n'y aura plus de peur.

**SI VOUS AVEZ QUELQUE CHOSE DANS VOTRE POCHE,
VOUS AUREZ PEUR DES VOLEURS.
SI VOUS N'AVEZ RIEN,
ALORS VOUS N'AUREZ PAS PEUR D'ÊTRE VOLÉ.
VIDEZ VOS POCHES**

ET VOUS N'AUREZ PAS PEUR DES PICKPOCKETS.

Q : Pouvez-vous dire pourquoi allez voir quelqu'un pour le *darshan* n'est pas une si bonne idée ?

Maharaj : Qui veut le *darshan* ? Ayez votre propre *darshan* ! Donnez-vous le *darshan*.

SANS VOUS, IL NE PEUT PAS Y AVOIR DE *DARSHAN*.

Pour dire 'Amma' votre Présence est requise. Pour dire 'Dieu' votre Présence est requise. Vous êtes le père d'Amma, la mère d'Amma. Sans votre Présence vous ne pouvez pas voir Amma car le monde entier est projeté hors de vous.

**VOUS DONNEZ DE L'IMPORTANCE AU VU
ET NON AU VOYANT.**

Sans le Voyant, qui peut voir le vu ? à travers ces mots sacrés, vous serez capable de vous identifier. Il vous faut un numéro de téléphone pour ouvrir un compte. Vous avez oublié votre numéro. Le Maître vous l'a rendu.

**VOUS DEVEZ APPRENDRE CE CODE PAR CŒUR
CAR C'EST LA CLÉ MAÎTRESSE QUI GARDERA
VOTRE COMPTE OUVERT.**

Je tente de vous convaincre de votre propre puissance. Vous vous sentez faible et dépendant des autres car vous êtes attaché au corps. Vous ressentez qu'aller ici ou là pour le *darshan* vous apportera de la force. Tout est en vous.

**TOUS LES DIEUX ET DÉESSES SONT EN VOUS.
LE MONDE ENTIER EST VOTRE PROJECTION SPONTANÉE.**

À moins de connaître le Voyageur, votre voyage ne sera d'aucune utilité. Quand vous connaissez le Voyageur, le voyage prend fin.

Si vous en venez lentement à connaître Dieu, ou quel que soit le nom par lequel vous souhaitez l'appeler, et trouvez la paix chez Vous, alors pourquoi aller voir les autres ? Pourquoi aller autre part ?

**POUR L'ESPOIR ?
QUI ESPÈRE ?
IL N'Y A PAS D'ESPOIR.
SOYEZ FORT ET AYEZ DU COURAGE.**

Écoutez, écoutez ! Récitez, récitez ! Puis tout s'éclaircira. Comment vous pensez, vous comportez et agissez dépendent entièrement de vous. Si vous allez sur le mauvais chemin, c'est vous qui voyez. Vous êtes la Vérité Ultime, vous n'êtes pas la forme corporelle. Les mots spirituels ne sont que des indicateurs, pas la Vérité Ultime.

Faites plus d'investigation du Soi. Sondez profondément et demandez-vous ce que vous voulez exactement ? Explorez les peurs, la dépression, la tension, la peur de la mort.

Q: Cette peur de la mort n'est plus là. Elle était partout, une intense peur de la mort. Je sais qu'il n'y a pas de mort, cela ne meurt pas. Cela n'est pas né, et ce que je suis n'est pas affecté. Cette expérience est juste survenue.
Maharaj: La question de la mort n'a pas lieu d'être car vous n'êtes pas né.

Ne visitez pas d'autres endroits avec d'autres Maîtres juste par habitude, ou pour raconter à d'autres où vous avez été. Vous devez savoir pourquoi vous visitez ici et là. L'investigation du Soi est essentielle. Pourquoi allez-vous voir Amma ? Qui s'attend au bonheur ? Sans Présence, vous êtes un cadavre. Vous donnez tant d'importance au vu. Tenez-vous sur vos propres pieds ! Combien de temps allez-vous continuer à vous rendre ici ou là pour des bénédictions ?
BÉNISSEZ-VOUS VOUS-MÊME !
NE PRENEZ PAS DE QUI QUE CE SOIT D'AUTRE.
PRENEZ DE VOUS-MÊME,
VOUS ÊTES PLEINEMENT INDÉPENDANT, COMPLET.

49. Vous êtes couvert de cendres

Maharaj: Chaque jour je me répète, et je dis à tout le monde la même chose : "Ne prenez pas mes mots littéralement." Ce que les Maîtres tentent de communiquer est ce qui est important, l'essence, la signification, l'idée générale. Nous ne sommes pas ici pour avoir un débat, ou pour étudier l'exactitude des mots qui sont dits, ou pour comparer les enseignements ou faire une étude comparative des Maîtres. Écoutez-moi !
JE NE VOUS PARLE PAS,
JE M'ADRESSE À L'AUDITEUR SILENCIEUX INVISIBLE
À L'INTÉRIEUR DE VOUS.
Q: La présence du Maître et la conversation, sont-elles seulement une sorte de jeu ?
Maharaj: À la première étape, le Maître est nécessaire pour donner la Connaissance Directe et rappeler au 'disciple' qu'il est, lui aussi, un Maître. Il transmet la Conviction qu'il n'y a pas de différence entre eux. Le Maître commence le processus afin de convaincre le disciple, et ensuite le disciple poursuit le processus en se convainquant lui-même.

Le Maître parle depuis l'Ultime. Il a transcendé les limitations de la forme corporelle et est libre d'illusion. Le Maître SAIT car sa Connaissance est la Connaissance du Soi, Connaissance de première main. Le Maître rappelle au disciple son Identité Réelle en l'exhortant, en disant, par exemple :
"LE MAÎTRE RÉGÉNÈRE VOTRE PUISSANCE",
"VOUS AVEZ OUBLIÉ VOTRE IDENTITÉ RÉELLE."

"VOUS N'ÊTES PAS LE CORPS,
VOUS N'ÉTIEZ PAS LE CORPS,
VOUS NE RESTEREZ PAS LE CORPS."
"VOUS ÊTES COUVERT DE CENDRES,
LE FEU BRÛLE EN DESSOUS.
LE MAÎTRE ENLÈVE LES CENDRES."

En fait, Il n'y a pas de 'vous', pas de 'je', pas de 'il', pas de 'elle', pas de 'disciple', pas de 'Maître'. Nous devons jouer à être le Maître et le disciple afin de retirer les couches d'ignorance et d'illusion, et pour retourner à la Source et découvrir la Réalité.

Q: Si vous discriminez entre le Soi et l'ego, n'est-ce pas une sorte de dualité ?

Maharaj: Le monde est projeté hors de votre Présence Spontanée. Le mental, l'ego, l'intellect sont nos enfants. Par eux-mêmes, ils n'ont aucune réalité indépendante.

Q: Si le mental et son contenu sont illusoires, cela ne signifie-t-il pas que tous les mots, incluant la connaissance donnée par les Maîtres, sont aussi peut-être faux ? Ranjit Maharaj et Siddharameshwar Maharaj disent que la connaissance est la plus grande ignorance.

Maharaj: Les Maîtres sont au-delà du mental. Ils parlent depuis la Réalité Sans Pensée. Ils parlent du fond sans fond de la Réalité. Nous ne parlons pas ici au sujet de la connaissance corporelle qui est ignorance. La Connaissance du Maître est la Connaissance du Soi Sans Soi, ce n'est pas une connaissance livresque de seconde main, ou une connaissance expérimentale. Même quand vous lisez des livres sur la spiritualité, vous les lisez comme s'ils parlaient de l'histoire de quelqu'un d'autre ou de quelque chose d'autre, différent de vous.

La connaissance livresque n'est pas suffisante. La connaissance doit prendre source à l'intérieur. Quand toute la connaissance corporelle sera dissoute, alors la porte de la Connaissance vous sera ouverte.

Q: Qu'est-ce que l'illumination ?

Maharaj: L'illumination est la CONVICTION que "vous n'étiez pas le corps. Vous n'êtes pas le corps. Vous n'allez pas rester le corps." C'est la Conviction que vous êtes au-delà de *Brahman*, de *Paramatman*, que vous êtes Soi Sans Soi :

C'EST LE SOI, VIDE DE TOUT CONTENU,
ET DE TOUTE CONNAISSANCE CORPORELLE.

Soi Sans Soi est ce qui ne peut qu'être indiqué, et ne peut pas être décrit. "Vous êtes l'Identité Invisible, Anonyme, Non Identifiée."

Q: Il est impossible de stopper le flot des pensées, le 'mental', complètement. Êtes-vous d'accord qu'il est suffisant de savoir avec certitude qu'il est illusion ?

Maharaj: D'abord, vous devez être Maître du mental, c'est-à-dire, être témoin du flot des pensées sans en être affecté. Au niveau avancé, il n'y aura pas de pensées. Le penseur illusoire disparaîtra.

Q : Pouvez-vous confirmer que je suis la base de toutes les expériences, mais en tant que tel comme un vide, sans action, temps, espace, et toute sorte de perception ?

Maharaj : À nouveau, ce sont des mots : vide, temps, espace, action, perception - tous ne sont qu'une réflexion de votre Présence Spontanée. Au stade Ultime, [il n'y a pas de stade, mais c'est utilisé pour enseigner], il n'y a pas d'expériences, pas d'expérimentateur, pas de témoin. Il n'y a rien. C'est l'état de non connaissance. Vous êtes inconnu de vous. Nisargadatta Maharaj disait : "Comme vous étiez avant d'être - restez comme cela." Pas de besoins, pas d'exigences, pas de Maître. Pas de connaissance !

VOUS NE CONNAISSIEZ MÊME PAS LE MOT 'CONNAISSANCE'.

Q : Comme Nisargadatta Maharaj disait : "Tout ce qui est perceptible et concevable n'est pas cela."

Maharaj : Oui, oui. C'est facile de comprendre intellectuellement, mais cette Connaissance doit être absorbée, afin qu'elle puisse être appliquée dans votre vie quotidienne. C'est une connaissance pragmatique. Aussi, vous devez ÊTRE la Conviction que vous êtes la Réalité Ultime, la Réalité Finale, afin que quand le moment sera venu pour le corps de partir, il n'y ait plus d'attachement restant.

50. Le processus de fusion est en marche vers l'Unité

Maharaj : Observez et attendez ! Le processus de fusion a commencé. Tant d'expériences arriveront qui vous rendront fort. Ne pensez pas, ou même n'essayez pas d'identifier ce qu'est la Réalité Ultime, ou ce qu'elle n'est pas, en imaginant "Est-ce ceci ?" ou "Est-ce cela ?" Oubliez les mots 'Ultime' ou 'non Ultime'. Enlevez ces mots.

Votre Présence Spontanée est Ultime, votre Présence Spontanée Invisible est Ultime et au-delà de ça. Les expériences sont apparues sur votre Présence Spontanée.

Quoi que vous expérimentiez durant ce processus de dissolution, ce qui arrive est correct, est juste. Mais ne questionnez pas ce qui se produit ou pas, comme cela peut interférer avec le déroulement spontané.

**C'EST LE PROCESSUS DE FUSION
EN MARCHE VERS L'UNITÉ.**

Certains types d'expériences surviennent durant ce processus de fusion qui vous dissoudront. Au stade Ultime, le témoin et le fait d'être témoin seront tous complètement dissous. Quand cela se produit, vous serez incapable d'être témoin de quoi que ce soit. Cela se produira. C'est le résultat de la méditation.

Q: Est-ce que la méditation fonctionne réellement comme une gomme effaçant la connaissance corporelle et les souvenirs ?
Maharaj: Bien sûr ! La raison pour laquelle je mets l'accent sur la méditation est que tant de pensées ont été imprimées sur nous depuis l'enfance jusqu'à aujourd'hui. Le processus de fusion prendra un certain temps, et c'est pourquoi je continue à insister avec la méditation. C'est essentiel.

LE PROCESSUS DE FUSION PRENDRA UN CERTAIN TEMPS, ET C'EST POURQUOI LA MÉDITATION EST ESSENTIELLE.

Vous devez avoir un fort dévouement envers vous-même, et un fort dévouement envers votre Maître car il vous a montré cette Identité Non Identifiée.

Q: Alors le Maître est nécessaire et est réellement important ?
Maharaj: C'est grâce aux Maîtres que nous avons les enseignements. Sans mon Maître, Nisargadatta Maharaj, je ne serais pas capable de prononcer un seul mot. Au lieu de ça, j'aurais erré d'un temple de Dieu à un autre, à la recherche du bonheur et de la paix. Grâce aux Maîtres, nous avons maintenant de solides fondations. Ce que Nisargadatta Maharaj dit est :

"IL N'Y A RIEN EXCEPTÉ VOTRE SOI SANS SOI. QUAND JE ME VOIS, IL N'Y A RIEN LÀ."

Q: Pouvez-vous en dire plus, Maharaj ?
Maharaj: Que voulez-vous que je vous dise de plus ? Il n'y a rien de plus à dire. C'est clair comme le cristal : excepté votre Soi Sans Soi, il n'y a rien. Alors pourquoi continuer à chercher quelque chose d'autre, ou quelque chose de plus, autre part, quand tout le pouvoir est en vous ?

Il n'y a rien de plus à communiquer. Par la suite, ce sera ouvert. La porte de la Connaissance sera complètement ouverte. Ce dévouement, cette Conviction, est ce que Nisargadatta Maharaj appelle parfait.

Rappelez-vous l'histoire du garçon mendiant, son oncle lui dit qu'il est millionnaire en lui en apportant la preuve. Il accepta son nouveau statut immédiatement. De même, le Maître dit : "Vous êtes *Brahman*, *Atman*." Pourquoi ne le croyez-vous pas ? Quelque part dans le fond, il y a une petite voix qui dit : "Non, vous plaisantez ?" Ce n'est pas facile de vous convaincre, et c'est pourquoi le processus de méditation est nécessaire. La méditation aura l'effet de dissoudre toutes ces couches illusoires.

QUAND TOUTES LES COUCHES ILLUSOIRES AURONT ÉTÉ DISSOUTES, VOUS RENCONTREREZ VOTRE PERFECTION, "ALORS JE SUIS CELA !"

Toutes ces couches se dissoudront spontanément.

Ayez foi dans le Maître, et en ce qu'il vous dit. Ayez une foi forte, il vous a montré votre Identité.

LE MAÎTRE EST PARFAIT, PAR CONSÉQUENT,

**VOUS DEVEZ VOUS COMPORTER AVEC LUI
AVEC LE PLUS GRAND RESPECT
CAR IL VOUS A MONTRÉ VOTRE VÉRITÉ ULTIME.**

La foi dans le Maître n'est pas une foi aveugle. C'est uniquement grâce à lui que vous avez été capable 'd'attraper' la Réalité. C'est seulement grâce au Maître. Vous réalisez que si vous n'aviez pas rencontré un Maître, vous seriez encore en train de vagabonder comme un 'touriste spirituel', voyageant ici ou là. Vous en seriez encore à chercher une sorte de connaissance ou une autre, encore à chercher certaines personnes, un Guru, ce Maître-ci ou celui-là.

**IL N'Y A RIEN DE SÉPARÉ DE VOTRE SOI SANS SOI.
ARRÊTEZ-VOUS À VOTRE MAÎTRE INTÉRIEUR.
ARRÊTEZ-VOUS À VOTRE GURU INTÉRIEUR.
SOYEZ FORT !**

[Le Maître fait un geste avec le poing fermé.] Acceptez ! C'est un fait.
Q: Quel est le meilleur moyen pour l'accepter ?
Maharaj: Lentement, silencieusement, en permanence.

51. Il n'y a pas de 'mon passé'

Maharaj: Dans notre Lignée nous servons un cocktail de Connaissance, méditation, *bhajans*. C'est très fort. Nous donnons aussi de petites friandises sous forme d'histoires. La Connaissance est comme les antibiotiques. Parfois les antibiotiques produisent de l'acidité. Pour absorber cette Connaissance, un médicament anti-acidité est prescrit. L'anti-acidité est la méditation. Pour contrer l'anti-acidité qui peut générer de la faiblesse, un tonique est prescrit. Ce tonique est *bhajan*. Les *bhajans* sont les vitamines B.

**C'EST UNE CONNAISSANCE FORTE,
IL VOUS FAUT DONC LA DIGÉRER.**

Pour aider le processus de digestion, la méditation aidera, ainsi que les chants dévotionnels, les *bhajans*. La combinaison des trois est importante.
Q: Elle devient un. Dans *'Je Suis'*, Maurice Frydman dit que cette Lignée est la meilleure de toute, car elle combine Dévotion, Connaissance, Action et Méditation. Il y fait référence en tant que 'Route Royale vers la Libération', car elle mène directement à la Réalisation.
Maharaj: Cela donne une spiritualité puissante, un mélange, un médicament puissant. Vous ne serez pas leurré par les pensées de qui que ce soit avec ce médicament spirituel, de sorte que :

MÊME SI DIEU APPARAISSAIT DEVANT VOUS,

VOUS SAUREZ QUE POUR QUE CELA SE PRODUISE, VOTRE PRÉSENCE DOIT ÊTRE LÀ EN PREMIER.
Je vois par ma Présence. Si ma Présence n'était pas là, Dieu pourrait-il être vu ? Non ! Ce ne sont pas des paroles égotiques, ce sont des paroles logiques, spontanées. Mais vous devez fournir un effort délibéré pour avoir cette Connaissance.
Q : Pourquoi ? Pourquoi devons-nous faire un effort si je sais que je suis *Brahman* ?
Maharaj : Car ce n'est pas si facile. C'est très facile de parler en utilisant la connaissance littérale. Vous devez absorber la Connaissance. C'est la partie difficile.
Q : A cause des années de conditionnement et de lavage de cerveau ?
Maharaj : Oui, oui. Mais ici, avec ces disciplines, nous nettoyons tous les souvenirs pour faire apparaître la Réalité.
Q : Comme un lavage de cerveau. Tout nettoyer, mon passé tout entier ?
Maharaj : Il n'y a pas de 'mon passé'! Un effort délibéré est nécessaire spécialement au début, afin qu'il y ait une vigilance totale, une véritable concentration.

Bhausaheb Maharaj, après une intense méditation et une enquête et investigation du Soi en profondeur, a su que cette discipline était nécessaire. Il comprenait très bien la psychologie et le comportement humain. Il était d'une grande clairvoyance sur les faiblesses de l'être humain.

VOUS EN VIENDREZ À CONNAÎTRE LA RÉALITÉ ULTIME EN UTILISANT LES OUTILS DE LA CONNAISSANCE, LE MANTRA ET LES *BHAJANS*.
Il chargea Gurudev Ranade, un érudit en philosophie, de sélectionner les *bhajans* contenant les plus hautes significations.
Q : Ce que vous dites est que ce cocktail de connaissance, méditation, et *bhajans,* est une méthode éprouvée qui, si elle est suivie, garantira l'illumination ?
Maharaj : Elle fonctionnera. C'est inévitable, aussi longtemps que vous fournissez un certain effort.

Au stade initial, il vous faut vous soumettre à toutes ces disciplines délibérément. Ces pratiques sont toutes illusion, aussi bien que notre conversation sur *Brahman*, *Atman*, *Paramatman*, 'Dieu'. Au stade avancé, vous n'aurez plus besoin de ces disciplines car la pratique continuera d'elle-même, sans que vous en ayez connaissance.

Aussi, je demande à chacun d'être sérieux, car à moins que vous ne soyez sérieux pour connaître le Réalité, si vous continuez seulement à lire comme avant, en utilisant le mental et l'intellect, vous ne l'obtiendrez pas. Bhausaheb Maharaj venait aux *bhajans* tôt le matin, chaque matin et méditait pendant de longues périodes de temps durant la journée, sans faillir.

Q: Mais tout ça était-il vraiment nécessaire ?
Maharaj: Vous devez être vigilant pour ne pas oublier votre Identité. Soyez intense au début, afin que vous restiez avec Soi Sans Soi tout le temps.
Q: Je peux comprendre la nécessité de la Connaissance et de la méditation, mais les *bhajans* ? Peut-être est-ce parce que nous ne sommes pas habitués à chanter ceux-ci en Occident. Je ne vois pas ça comme une partie importante de la pratique.
Maharaj: Chanter les *bhajans* est une part du processus pour gagner la Conviction, pour établir votre Vérité Ultime. L'Esprit aime les *bhajans*, les *bhajans* spirituels. Ces chants dévotionnels aideront à ouvrir la porte de la Connaissance. Alors la Réalité s'ouvrira spontanément.

LA RÉALITÉ S'OUVRIRA SPONTANÉMENT.

L'Esprit est si sensible qu'il fait danser les gens. Les Maîtres dansaient, ils étaient mus par l'Esprit. Ils ne décidaient pas soudainement de se lever pour danser, non, ils étaient mus. Durant les *bhajans*, Nisargadatta Maharaj, même âgé de plus de soixante-dix ans, dansait. Cela se produit spontanément. Aussi, les *bhajans* sont une partie du processus spirituel. Ils sont nécessaires et attisent la Connaissance.

Q: Les mots sont extrêmement puissants, beaux et stimulants. Ils sont presque une méditation en eux-mêmes. C'est important pour nous de comprendre les mots. Ils sont très forts quand vous comprenez leur signification.
Maharaj: Oui, oui, très touchants, très touchants.
Q: Aujourd'hui j'étais fatigué en arrivant, mais je suis reparti en chantant, la fatigue m'avait quitté. Les significations sont si puissantes.
Maharaj: Tout est connecté avec Soi Sans Soi. Comme je disais, Bhausaheb Maharaj a chargé son disciple Gurudev Ranade de sélectionner des *bhajans* avec une haute signification. Une haute signification dans le sens où ils élèvent et touchent au plus profond de votre cœur. De cette façon, les significations sont profondément imprimées.

Chaque *bhajan* a une haute signification qui reflète votre Connaissance du Soi Sans Soi. Par conséquent, la lecture, la Connaissance, la méditation, les *bhajans*, tous servent un seul but. Le principe derrière tout ça est juste d'établir votre Vérité Ultime. Les fondations sont parfaites !

Q2: Je chante assez souvent les *bhajans*, je trouve que c'est une bonne *sadhana*. Ils rendent l'Esprit plus réceptif, plus ouvert.
Maharaj: Le *bhajan* est des plus important car :

L'ESPRIT INTÉRIEUR OBTIENT UN BONHEUR SPONTANÉ DES *BHAJANS*.

Bien que vous ne connaissiez pas le langage, vous pouvez les chanter. Lisez les significations, le langage est un langage exceptionnellement élevé. Donc, oui, le *bhajan* est des plus important.

**LES MOTS DERRIÈRE LES *BHAJANS*
COULENT DE PLUS EN PLUS PROFONDÉMENT
À L'INTÉRIEUR DE VOTRE SOI SANS SOI,
VINGT-QUATRE HEURES SUR VINGT-QUATRE,
SEPT JOURS SUR SEPT.**

Q2: Je peux comprendre en ce qui concerne la spontanéité. C'est comme quand on écoute une musique qui remue quelque chose au-dedans, et avant que l'on s'en soit rendu compte, l'on se met à se balancer d'un côté à l'autre.
Maharaj: Quand vous allez de plus en plus près de l'Identité Non Identifiée, l'individualité est absorbée, petit à petit. Quand cela se produit, vous ne pouvez plus retirer la partie de cette individualité qui a été absorbée. Non ! Rappelez-vous de l'eau du seau versée dans la mer ! Même si vous essayez de la récupérer, vous ne pouvez plus le faire.
Q: Parce qu'elle s'est mélangée avec la mer ? Le processus d'Unité, si on peut l'appeler ainsi, est irréversible. L'individu ne peut plus revenir, pour ainsi dire ?
Maharaj: Il n'y a pas d'individualité. Nous ne faisons qu'utiliser des mots pour communiquer. Sortez du cercle illusoire ! Nous parlons de spiritualité, de manière à sortir de l'illusion et disparaître. Mais certains concepts indirects, illusoires sont cachés, et donc encore présents. Ces concepts sont apparus hors de l'illusion. Avec la pratique, vous commencerez à repérer ces concepts cachés, comme quand vous dites 'mon' et 'vôtre'. Faites attention !

**SI LA BASE OU LES FONDATIONS SONT FAIBLES,
UNE PETITE FÊLURE APPARAÎTRA
QUI DÉTRUIRA TOUT.**

C'est pourquoi faire les fondations solides est le plus important. Je sais que la méditation est une illusion, le *Naam Mantra* est aussi illusion, la Connaissance et les *bhajans* aussi - car toutes ces pratiques sont sorties de la connaissance corporelle. Mais quoi qu'il en soit, il nous faut les utiliser pour établir votre Vérité Ultime.

52. *C'est un long rêve*

Q: D'où viennent les questions ? D'où viennent toutes ces questions ? Pourquoi toutes ces questions ? Quelle est la source de toutes les questions ?
Maharaj: Vous êtes la Source. Votre Présence Spontanée apparaît avec des questions et des réponses. Donc votre être est Spontané. Votre être est Spontané. Hors de l'être, l'Esprit cliqua avec le corps. Les questions et tous les besoins, toutes les questions s'élèvent spontanément.

Avant d'être, il n'y avait pas de questions, pas de questions, rien. Vous étiez totalement inconnu à vous-même. Vous étiez totalement inconnu au monde. Donc c'est seulement au travers du corps que vous vous connaissez : "Je suis quelqu'un ", et au travers duquel les questions intellectuelles s'élèvent : "Qui suis-je ? Où suis-je ? D'où suis-je venu ?" Toutes les questions sont donc des questions relatives au corps. Ces questions se dissoudront après avoir quitté le corps.

La science spirituelle dit que votre Identité n'est pas le corps. Le corps n'est pas votre Identité, et il ne restera pas ainsi. Ce n'est qu'une apparence spontanée. C'est comme un rêve, nous ne décidons pas du rêve qui va apparaître. Le rêve est spontané. Le rêve d'aujourd'hui peut ne pas être le rêve de demain, de même, ceci est un rêve.

TOUTES LES QUESTIONS SONT DES QUESTIONS SPIRITUELLES, INTELLECTUELLES, ÉGOÏSTES. AU NIVEAU ULTIME, IL N'Y A PAS DE QUESTION, IL N'Y A RIEN.

Avant d'être, vous n'aviez pas d'expériences, vous n'aviez pas de questions. Vous étiez inconnu à vous-même. Vous avez certaines informations et connaissance, mais c'est à cause du corps, par conséquent cette connaissance est illusion. Le corps n'est pas votre identité permanente. En quittant le corps, rien ne restera, il n'y aura plus aucune question.

Les questions sont créées spontanément, et vous les posez à cause du mental, de l'ego, et de l'intellect. Nous nous séparons de la Réalité quand nous posons des questions. Nous posons des questions comme si nous étions des 'individus' séparés. Mais qui ou quoi fournit l'énergie pour faire s'élever les questions ? Qui expérimente les questions ? Qui témoigne des questions ? Qui fournit la puissance aux questions ?

CELA VOUS ÊTES. VÉRITÉ ULTIME, VÉRITÉ FINALE. CE NE PEUT ÊTRE DÉCRIT PAR AUCUN MOT.

Mon Maître a dit : "Si vous voulez vous comparer à quelque chose, comparez-vous au ciel". Est-ce que le ciel a des questions ? Est-ce que le ciel demande : "D'où est-ce que je viens ?" Le ciel est partout. De la même façon, votre Présence, votre Présence Spontanée est partout, mais vous vous prenez pour la forme corporelle, et c'est pourquoi il y a tant de questions.

Q: Merci, Maharaj, vous parlez de se connaître soi-même 'dans un sens réel' qui n'est pas intellectuel, et non pas à travers les mots. Pouvez-vous me dire à nouveau ce que vous entendez par sens réel ?

Maharaj: Je dois vous mettre en garde à nouveau. Ce ne sont que des MOTS que nous utilisons. Il n'y a pas de 'réel', il n'y a pas 'd'irréel'.

NOUS DISCRIMINONS CAR
NOUS AVONS UNE FORME CORPORELLE.

Y a t-il quelqu'un qui puisse parler du réel et le l'irréel ? Non ! Personne n'existe, rien n'est là. C'est seulement l'enfant non né qui pose ces questions corporelles de réel ou d'irréel. Vous êtes l'enfant non né, par conséquent la réalité et l'irréalité ne sont connectées qu'à la pensée logique.

RIEN N'EST ARRIVÉ,
RIEN N'ARRIVE.
VOUS QUESTIONNEZ AU SUJET DE L'ILLUSION,
VOUS PARLEZ AU SUJET DE L'ENFANT NON NÉ.
VOTRE PRÉSENCE EST TOTALEMENT INIDENTIFIABLE.
C'EST L'IDENTITÉ NON IDENTIFIÉE.

Vous essayez d'identifier la Réalité à travers le corps, et comme je vous l'ai dit tant de fois, le corps n'est pas votre identité permanente. Il s'évanouira comme une bouffée de fumée. Cette Connaissance, cette Réalité doit être gravée, absorbée en vous. De cette façon, après la Connaissance de la Réalité, vous resterez indifférent, désintéressé, détaché du monde, tout comme vous ne vous souciez pas d'un rêve.

C'EST UN MONDE DE RÊVE.
C'EST UN LONG RÊVE.

Le Roi Bhartri était perdu dans un long rêve. Il avait de nombreuses épouses, mais Pingala était sa favorite, l'amour de sa vie. Pingala partageait les mêmes sentiments. On l'avait entendue dire : "Si quelque chose arrivait à mon bien aimé, je mourrais".

Le Roi décida de tester la véracité de son amour. Un jour, il envoya un messager pour l'informer que le Roi avait été tué par un tigre à la chasse.

En entendant cette terrible nouvelle, Pingala eut le cœur brisé et prit sa propre vie. Quand le Roi apprit la tragédie, il devint fou de chagrin, empli de remord : "Oh ! Qu'ai-je fait ? Comment vais-je vivre sans ma Pingala ? Je veux qu'elle revienne, je ne peux pas vivre sans elle." Il avait joué à un jeu tellement stupide, un jeu cruel et dangereux, et maintenant sa bien aimée Pingala était partie.

Il passa ses jours en deuil sur le lieu de la crémation, pleurant et gémissant   pour sa chère Pingala. De nombreuses personnes se joignirent à lui dans son chagrin sans fin.

Un jour, un Yogi marchait non loin du Roi sur le lieu de crémation, quand il laissa tomber son pot d'argile. Le pot se brisa et se fractura en de nombreux morceaux. Le Yogi commença à pleurer, il commença à sangloter avec force, plus fortement même que le Roi qui pleurait à côté.

Le Roi fut agacé : "Cessez vos gémissements ! Pour l'amour de Dieu, cessez vos gémissements ! Je vous achèterai cent nouveaux pots." "Non, non !"

larmoyait le Yogi. "Je veux retrouver mon vieux pot." "Quel absurdité", répondit le Roi, "Ce qui est parti est parti."

Le Yogi s'arrêta de pleurer et dit : "Ô sage Roi, si vous savez cela, alors pourquoi pleurez-vous encore ? Votre Pingala est partie et ne reviendra jamais."

Le Roi répliqua : "Vous ne pouvez pas comparer ma perte avec la vôtre. J'ai perdu ma bien aimée, ma magnifique Pingala que j'aimais si tendrement, de tout mon cœur. Vous n'avez perdu qu'un pot en terre sans intérêt."

Le Yogi répliqua : "Ils ont tous deux été conçus à partir de la terre, et ce qui vient de la terre doit retourner à la terre." Il créa alors cent Pingala identiques, et demanda au Roi de choisir sa Pingala particulière. Naturellement, le Roi fut incapable de l'identifier. Il comprit que Pingala faisait partie du rêve et qu'elle avait été projetée hors de sa Présence Spontanée.

Soudainement, le Roi devint illuminé. Il réalisa qu'il avait pleuré sur un rêve, pour quelque chose d'illusoire et d'impermanent. Il était si honteux d'avoir pris le rêve pour la Réalité. Peu de temps après, il renonça à son royaume, devint le disciple du Yogi et s'éveilla à la Réalité !

53. Soyez indépendant et envolez-vous !

Maharaj: Le Maître ne vous donne pas quelque chose qui ne vous appartient pas. Il ne fait que vous rappeler ce qui est déjà en vous, mais qui a en quelque sorte été oublié. Vous connaissez la Réalité, maintenant il vous faut juste être prudent.

Quand un fils ou une fille part pour l'université, les parents le mettent en garde en lui disant d'être prudent dans ce nouvel environnement, dans cette nouvelle atmosphère. Ils lui disent d'étudier, et de ne pas être distrait par leur nouvel environnement excitant. De même, il vous faut rester en alerte maximum tout le temps contre les possibles menaces et les difficultés, jusqu'à la dissolution du corps physique.

Q: J'ai été déprimé pendant un certain temps. L'illusion était tout autour de moi. Je visitais différentes églises et temples et explorais différentes croyances. Je ne savais pas réellement ce que je faisais ou cherchais. Je méditais à ma façon, mais je me sentais entouré par *maya*.

Maharaj: Il n'y a pas de *maya*. *Maya* est un concept tout comme *Brahman* est un concept. Aussi longtemps que vous vous verrez en tant que forme corporelle, les attractions seront proches et vous affecteront. La spiritualité peut vous aider à chaque moment de votre vie. Dissolvez les concepts !

VOTRE EXISTENCE EST INVISIBLE,

**BIEN QUE VOUS LA RESSENTIEZ.
C'EST COMME QUAND VOTRE PRÉSENCE
ÉTAIT INVISIBLE AVANT D'ÊTRE.**

Q: Je suis heureux de vous avoir trouvé Maharaj, car vous me gardez sur le droit chemin. Et maintenant, je sais que je peux venir vous voir quand j'en ai besoin. Quand la distance entre nous devient trop importante, alors je sais que je dois être en votre présence. Je n'aime pas ressentir cette sorte de séparation.
Maharaj: Oui, mais rappelez-vous que le Maître n'est pas la forme. Ne soyez pas dépendant de la forme du Maître. Le Maître est sans forme. Vous devez avoir une foi complète en vous-même, et en votre Maître, mais pas dans le Maître sous forme physique. Ce corps, [Il pointe son doigt vers sa poitrine], n'est pas le Maître, l'Orateur est le Maître. L'Orateur Invisible qui parle, et l'Auditeur Invisible qui écoute, est le Maître. Les corps sont différents, l'Esprit est le même, l'Esprit est Un.

LE MAÎTRE EST SANS FORME.

Il vous a donné le pouvoir. Combien de temps allez-vous rester au côté du Maître, prenant refuge sous son aile ?

VOLEZ DE VOS PROPRES AILES !

Le Maître vous a tout donné. Soyez indépendant et envolez-vous !

Quand j'étais jeune, je ne comprenais pas tout ce que mon Maître, Nisargadatta Maharaj, disait, mais plus tard, après réflexion, j'ai compris. Il disait : "Si vous avez besoin de faire quelque chose, faites-le seul. N'espérez aucune aide de quiconque. Vous ne devez pas rester dans le refuge de qui que ce soit d'autre, vous devez être fort et :

**PRENEZ REFUGE DANS VOTRE PROPRE SANCTUAIRE.
MARCHEZ SUR VOS PROPRES PIEDS."**

Le Maître vous donne des conseils de temps à autre, exprimant même parfois un peu de colère. Mais ce n'est pas une réelle colère, c'est juste de l'amour dur, comme un parent s'efforçant de rendre fort son enfant. Ce que le Maître souhaite communiquer est le plus important. Voyez-vous comme sans forme, et voyez le Maître comme sans forme, alors il n'y aura pas de séparation.

54. *Gravez la Réalité comme un tatouage !*

Q: Vous parliez à propos de fondations solides. Pouvez-vous expliquer ?
Maharaj: La conclusion de savoir que vous n'êtes pas le corps est "Qui suis-je ?" D'abord vous passez par l'investigation du Soi. Puis la science spirituelle dit : "Vous êtes la Vérité Ultime", ce qui est la théorie, la connaissance

théorique. Le pas suivant est de découvrir comment établir cette Vérité. La Connaissance est établie à travers la méditation. De cette manière, votre fondation sera solide. Fondation signifie ici que vous êtes convaincu que le corps n'est pas la Réalité.

La prochaine question peut être : "Comment l'accepte t-on ?" Le terrain spirituel devrait être dégagé et nettoyé avant de pouvoir planter des graines. Ensuite vous faites la pratique qui vous donne cette forte confirmation qui est nécessaire, afin de vous rendre détaché et indifférent au corps. Résultat final : bonheur et paix exceptionnels.

LES COUCHES ILLUSOIRES SONT COMME DES VOILES, DES VOILES SUBTILS. QUAND TOUTES CES COUCHES DISPARAISSENT, C'EST LA BASE, LA FONDATION.

Aussi, lisez quelques livres, récitez le Mantra, écoutez le médium du Maître qui vous convainc que vous êtes la Vérité Ultime.

PUISQUE VOUS ÊTES LA VÉRITÉ FINALE, VOUS RÉALISEREZ QUE TOUT EST EN VOUS, QU'IL N'Y A RIEN EXCEPTÉ VOUS. TOUT ÉMANE DE RIEN, ET TOUT RETOURNE SE DISSOUDRE EN RIEN.

Vous ne serez plus affecté par les choses matérielles, ni n'aurez besoin de l'aide d'aucune cause matérielle pour vous donner le bonheur. Quand vous n'avez plus besoin du bonheur, vous avez atteint la destination. Tous ces divertissements là-dehors ! Que font-ils ? Ils font de l'argent !

VOUS ÊTES LA SOURCE DU MONDE. VOUS ÊTES SANS FORME, PAS DE 'JE'. VOUS ÊTES PARTOUT. CETTE VÉRITÉ DOIT ÊTRE ÉTABLIE.

Vous êtes le remède Ultime. Au-delà de votre Soi Sans Soi, rien n'est là. Bien que vous connaissiez la Vérité, l'influence de la connaissance corporelle crée des attentes subtiles. Soyez vigilant ! Soyez impliqué !

Q: Est-ce que le *karma* a une importance ?

Maharaj: Les gens questionnent beaucoup au sujet du *karma*. C'est une illusion sans intérêt. Je vous ai dit de nombreuses fois qu'avant d'être, il n'y avait rien. Rien signifie rien, pourtant les gens disent encore : "Oui, d'accord, il n'y a rien, mais que pouvons-nous dire à propos du *karma* ?" Avant d'être il n'y avait rien. Tout ce *karma*, *prarabdha*, est illusion. Oubliez toutes ces illusions !

Q: Dans la vie pratique, peut-être qu'il n'y a pas de *karma* pour le Maître Réalisé, mais pour la personne ordinaire, il y a peut-être de mauvaises actions, le *karma* ?

Maharaj: Avant la connaissance corporelle, rien n'était là. Vous devez tout oublier. Ce sont les influences des impressions et des aspects illusoires. Ce sont les couches sur la Vérité Ultime.

Un cadavre peut-il avoir des illusions ? Écoutez-moi attentivement ! La fondation est "je ne suis pas le corps, je n'étais pas le corps, je ne vais pas rester le corps." Tout sort de vous et revient se dissoudre en vous.

Après la Connaissance de la Réalité, oubliez votre existence. Pour faire ça, il vous faut une foi totale dans le Maître.

OUBLIEZ LE PASSÉ ! IL N'Y A PAS DE PASSÉ.
PASSÉ, PRÉSENT ET FUTUR SONT DES CONCEPTS.
ARRÊTEZ DE VOUS PRENDRE POUR LA FORME CORPORELLE.
C'EST LA GRANDE ILLUSION.
C'EST UN GRAND PÉCHÉ.

Parce que vous avez un corps, vous avez besoin de Dieu. Nous avons créé le mot D.I.E.U. hors de l'imagination ! Vous pouvez voler de vos propres ailes, mais vous ne faites aucun effort. Vos attentes de miracles montrent que vous vous considérez encore comme la forme corporelle.

VOUS DEVEZ GRAVER LA RÉALITÉ COMME UN TATOUAGE.
APPOSEZ LA RÉALITÉ COMME UN TATOUAGE,
DE SORTE QU'ELLE NE S'ÉVANOUISSE PAS.

Débarrassez-vous de tous les concepts que vous avez logés depuis l'enfance jusqu'à aujourd'hui. Supprimez tous les mauvais fichiers, les fichiers erronés. Nettoyez votre disque dur. Gardez les bons fichiers pour vous-même.

Q: Je ressens parfois que je n'ai aucun contrôle sur ce qui se produit dans ma vie.

Maharaj: C'est pourquoi vous avez besoin de la méditation. Quand tout finit, là vous êtes. Il n'y a pas de commencement, il n'y a pas de fin. Nous ne parlons comme ceci que dans l'intérêt de la compréhension. Toute discussion spirituelle est à l'égard de l'enfant non né. Rien n'arrive car vous êtes non né.

QUAND LA PRÉSENCE INVISIBLE EN VOUS DISPARAÎT,
ELLE VA PARTOUT.

Où va Dieu après que le corps soit brûlé ? Partout ! Quand tout se dissout, il n'y a rien.

55. Savourez les sucreries de la Connaissance

Maharaj: Quand l'Esprit cliqua avec le corps, il arriva sous la pression constante de toutes sortes d'illusions. Pour les dissoudre, diverses disciplines sont nécessaires. Sur le chemin, vous aurez des expériences qui sont sans aucun doute des étapes progressives, mais elles sont toujours à considérer comme illusion. Quand aucun 'je' ne subsiste, il n'y aura plus rien à décrire.

IL N'Y AURA PLUS RIEN À DÉCRIRE
CAR IL N'Y AURA PLUS
AUCUN DESCRIPTEUR,
AUCUN EXPÉRIMENTATEUR.

C'est une Connaissance très simple, et après la Connaissance de cette Réalité, il n'y a rien à aller chercher. Vous êtes libre.

Q: Est-ce que les gens cherchent encore, une fois ici ? Je trouverais ça difficile à croire étant donné que vos enseignements disent tout.

Maharaj: Cela se produit, c'est une habitude qu'ils ont de parler des choses illusoires, et à comparer les Maîtres comme Nisargadatta Maharaj, Siddharameshwar Maharaj, Ramana Maharshi.

IL N'Y A PAS DE SERVITUDE.
VOUS ÊTES DÉJÀ LIBRE.
LES GENS DISENT QU'ILS VEULENT LE SALUT.
C'EST UN CONCEPT.
VOUS ÊTES LIBRE.

La Conviction doit être là : ferme, forte, solide, inébranlable. Je martèle toujours la même chose. C'est un fait établi : "Excepté votre Soi Sans Soi, il n'y a pas de Dieu, pas de *Brahman*, pas d'*Atman*, pas de *Paramatman*." Soyez calme et tranquille.

Q: Y a-t-il d'autres aspects de la dévotion hormis les *bhajans* ?

Maharaj: La dévotion signifie l'implication. On vous a dit que vous n'êtes pas la forme corporelle, que vous êtes la Vérité Ultime, la Vérité Finale, *Atman*, *Brahman*, que c'est votre Identité Non Identifiée. Vous acceptez ça absolument. Vous l'absorbez tout entier. Absorbez !

L'ACCEPTATION EST DÉVOTION.
L'ABSORPTION EST DÉVOTION.

C'est très simple avec la Conviction du Soi. Vous devez être convaincu que le Voyant est l'Ultime. Le Voyant est la Vérité Ultime.

'CELA VOUS ÊTES' - SANS LE DIRE.

Q: Pourquoi "Sans le dire" ? Je le dis souvent à haute voix pour me le rappeler, "Je suis *Brahman*, je suis *Brahman*."

Maharaj: Pour dire quelque chose, vous devez prendre l'ego. C'est suffisant de savoir, alors soyez silencieux.

Q: D'accord, et je suppose que si je le dis, cela amène la dualité aussi ?

Maharaj: Vous absorberez cette Connaissance avec l'aide du Mantra, de la méditation, et des *bhajans*. Tous ces saints ont donné les instructions sans aucune contrainte. Vous êtes un oiseau libre.

AU DÉBUT UN PEU D'INTENSITÉ EST BON.

Q: Est-ce parce que la pratique est nouvelle et il y a aura une sorte de résistance envers elle ?
Maharaj: Oui, oui. Depuis l'enfance jusqu'à aujourd'hui vous avez été assiégé par l'illusion, donc vous devez vous battre un peu.

EN MÊME TEMPS, VOUS POUVEZ SAVOURER CETTE CONNAISSANCE !
CE N'EST PAS UNE CONNAISSANCE STÉRILE.

Je vous ai donné un sac de sucreries, maintenant vous devez les consommer, les manger. Vous ne devez pas demander : "Comment sont ces sucreries ?" Non ! Ne demandez pas !
Q: Ce que vous dites est, ne demandez pas ce que tout cela signifie, ne disséquez pas la Connaissance qui est partagée. Consommez-la simplement.
Maharaj: Vous n'avez qu'à la manger. La Connaissance vous a été donnée. La Connaissance signifie La Réalité. La Connaissance et la Réalité sont UN et une seule et même chose.

LA CONNAISSANCE SIGNIFIE LA RÉALITÉ.
C'EST LA DESTINATION FINALE.
IL N'Y A RIEN AU-DELÀ.

C'est la conclusion de toutes nos discussions. J'utilise les mots pour essayer de convaincre 'l'Auditeur Invisible' en vous.
Q: Je comprends ! Nous utilisons des aides, des outils pour obtenir , non pas pour obtenir car nous l'avons déjà , mais pour nous aider à connaître et établir la Réalité Ultime ?
Maharaj: Avant de venir ici vous avez vagabondé ici et là. Peut-être aviez-vous quelques adresses suite à vos lectures, ou certains enseignants vous ont donné quelques indications. Maintenant que vous êtes arrivé à destination, vous pouvez jeter ces adresses. Elles ne vous sont plus d'aucune utilité.
Q: Oui, je vous suis. Maharaj, J'allais vous poser une question au sujet des *bhajans*. De retour à la maison, est-il possible d'essayer de chanter ces *bhajans* en anglais parce que j'ai beaucoup de mal avec le Marathi, même lorsqu'il est écrit phonétiquement.
Maharaj: Bien sûr, quoi que vous trouviez plus facile. C'est la même chose, le même processus.
Q: Mais ne sont-ils pas plus puissants chantés en Marathi plutôt qu'en anglais ?
Maharaj: Nous avons créé le langage . Avec les *bhajans*, ce ne sont pas les mots qui sont si importants, mais le rythme. Le rythme crée des vibrations en vous, comme une atmosphère. Quand vous cuisinez quelque chose, vous pouvez ajouter un peu de sel, cette herbe-ci, cette épice-là, et comme cela vous lui donnez une certaine atmosphère. Vous connaissez les *gunas* ?
Q: Oui, les trois *gunas* ?
Maharaj: Tous les *gunas* sont connectés avec le corps uniquement. Je parle au-delà de cela. Mais juste pour comprendre, il y a trois *gunas*: *sattva guna*

s'applique à quelqu'un de disposé à vénérer, à la dévotion, la prière, à la dévotion à Dieu. La dévotion, et le chant des *bhajans* crée une atmosphère *sattvique*.

Q: Alors c'est pourquoi nous le faisons ?

Maharaj: Je vous l'ai dit. Quand vous chantez les *bhajans*, vous oubliez la forme corporelle. Le rythme crée les vibrations que l'Esprit aime. Souvenez-vous de ne pas prendre mes mots littéralement !

Q: Je sais, je sais. Je suis conscient d'une tendance à quelquefois essayer de saisir ce que vous dites pour l'insérer dans une case, si vous voyez ce que je veux dire.

Maharaj: Raja guna a comme objectif de trouver des plaisirs à partir de différentes causes matérielles. *Tama guna* est relatif, disons, aux concepts criminels, à une pensée criminelle. Mais tous les *gunas* sont connectés uniquement au corps.

Je parle au-delà de cela. En fait, il n'y a pas de *gunas*. C'est appelé *nirguna*. Et maintenant, oubliez toute cette discussion ! Vous voyez, tout ce langage spirituel, cette connaissance spirituelle est connecté avec le corps seulement. Tout ça est connaissance corporelle, connaissance relative au corps. Je parle au-delà de tout ça, au-delà de la connaissance, pas de connaissance, rien.

**CONNAISSANCE SIGNIFIE CONNAISSANCE DU SOI,
ET DÉVOTION SIGNIFIE
LA PERFECTION DE CETTE CONNAISSANCE.**

56. Qui compte les années ?

Q: Est-ce qu'un Maître ou un Guru est réellement nécessaire ?

Maharaj: Pour sortir de tous ces concepts, un guide est requis.
**NOUS CONNAISSONS LE MONDE ENTIER,
MAIS NOUS NE NOUS CONNAISSONS PAS !
NOUS POUVONS TOUT CONNAÎTRE DU MONDE ENTIER,
MAIS NOUS NE NOUS CONNAISSONS PAS !**
Nous pouvons parler et parler à propos de tout, du travail ou de sujets spirituels, mais,
**NOUS N'ENTRONS PAS DANS
NOTRE PROPRE CHAMP DE RÉALITÉ.**
Nous ignorons cela. Par conséquent,
**LE MAÎTRE INVITE L'ATTENTION DE L'AUDITEUR INVISIBLE.
VOUS ÊTES LA VÉRITÉ ULTIME,**

VOUS ÊTES LA VÉRITÉ FINALE.
LE CORPS N'EST PAS VOTRE IDENTITÉ.

Je crie ça tous les jours. Le corps n'est pas votre identité. Le 'je' ne reste jamais. Même si vous voulez le protéger avec l'aide d'un docteur, le maximum qu'il puisse faire est peut-être de remettre la mort à plus tard. Mais il ne peut rien faire pour empêcher la mort.

Investiguez ! Quel est le secret de la mort ? En allant de plus en plus profondément, vous trouverez qu'il n'y a rien de quoi être effrayé. Il n'y a pas de mort pour vous. Vous connaissez l'histoire de la corde et du serpent ?

Q: Oui ! J'ai eu une expérience similaire une fois. Dans une pièce sombre, j'ai vu un énorme serpent noir sur le sol. J'ai été réellement terrifiée. J'ai couru pour trouver de l'aide. Mon ami a allumé la lumière pour voir ce serpent terrifiant, et alors la vérité fut révélée. Ce n'était rien qu'une épaisse ceinture noire enroulée sur le sol. La frayeur s'est évanouie dans l'instant, et je me suis mise à rire.

Maharaj: C'était une bonne expérience. Quand vous voyez à la lumière que c'est une corde et non un serpent, vous n'avez plus peur. C'est la même chose avec la peur de la mort : "Je n'ai pas pris naissance alors pourquoi aurais-je peur de la mort ?"

JE NE SUIS PAS NÉ DU TOUT.
LE CORPS NE VA RESTER MON IDENTITÉ,
CAR JE SUIS TÉMOIN DE TOUT ÇA.

Q: Ainsi pendant plus de trente ans j'ai vécu avec tous ces concepts et…
Maharaj: Qui compte les années ?
Q: C'est vrai ! L'âge est aussi un concept, j'imagine.
Maharaj: Correct ! Quand l'Esprit s'est identifié au corps, les concepts sont entrés. Personne ne pense aux faits. À la place, nous sommes sous la pression de toutes ces pensées, et nous acceptons l'illusion sur la Réalité que nous sommes. Vous devez connaître la Réalité.
Q: Et vous, en tant que Maître, m'aiderez-vous à faire cela ?
Maharaj: Vous devez avoir du courage pour connaître la Réalité. Rien n'est impossible [pointant les photos des Maîtres de la Lignée Bhausaheb Maharaj, Siddharameshwar Maharaj, Nisargadatta Maharaj et Ranjit Maharaj].

TOUS CES SAINTS ONT LE MÊME ESPRIT QUE VOUS.
TOUS CES GRANDS SAINTS
ONT LE MÊME ESPRIT QUI EST EN VOUS.

Q: Quand je vois ces images des Maîtres, ici dans le hall, je sens leur présence. Je retiens la méditation de 'La Voie de la Fourmi' de Bhausaheb Maharaj ; *Je Suis Cela*, le sérieux et la force de Nisargadatta Maharaj ; 'Je suis Lui' et 'Tout est zéro', de Ranjit Maharaj; et 'La Voie de l'Oiseau' de Siddharameshwar Maharaj. Et puis de vous-même, direct, terre-à-terre, simple, 'droit au but', coupant à travers tout, radical et absolu.

Maharaj: Les enseignements sont les mêmes, seule l'expression est différente.

Quoi qu'il en soit, arrêtez de sous-estimer l'Esprit. Vous acceptez "je suis un homme ou une femme", et chaque jour vous êtes dépendant de quelqu'un d'autre, de quelque chose d'autre. Nous comptons sur Dieu, dépendons de Dieu. Nous disons : "Dieu bénis moi, Ô Dieu bénis moi !" Les gens parlent de Dieu, quel Dieu ? Ont-ils vu Dieu ? Non ! Avez-vous vu Dieu ? Non ! Vous n'avez pas vu Dieu. Pourtant tout le monde dit, Dieu est là, Dieu est là. Mais 'Dieu' n'est pas dans une quelconque forme.

TOUT LE MONDE DIT DIEU EST LÀ,
MAIS DIEU EST LÀ SEULEMENT CAR
VOTRE PRÉSENCE SPONTANÉE EST LÀ D'ABORD.

Nous sommes devenus victimes des mots, esclaves des concepts. Nous aimons jouer avec les mots.

Q: C'est vrai ! J'en suis coupable.

Maharaj: Aussi vous devez accepter cette Vérité, et ne pas vous soumettre à la pression des pensées illusoires telles que : "Qu'arrivera-t-il ? Que va-t-il arriver ?" etc. Rien n'est arrivé. Rien n'arrive, et rien ne va arriver. À ce moment là, le secret ne sera plus secret, mais évident. C'est très simple ! Mais vous vous êtes cloîtré dans un cercle de concepts, dans un ballon. C'est un cercle vicieux. Vous devez sortir de ce cercle de la connaissance corporelle.

Q: Ou faire éclater le ballon ?

Maharaj: Correct ! Aussi tous ces milliers de livres sur la spiritualité, qu'indiquent-ils ? Vous devez le découvrir par l'investigation du Soi. Examinez juste, demandez-vous : Après avoir lu tant de livres, après avoir approché plusieurs Maîtres, après avoir voyagé dans de si nombreux lieux différents, quel est le résultat de tout ça ?

QUELLE EST VOTRE CONCLUSION ?

Q: La conclusion ? Je ne sais pas réellement. Je suppose que je suis toujours en train de travailler sur tout ça.

Maharaj: Par exemple, quand vous faites l'investigation du Soi, découvrez si les livres que vous avez lus vous ont donné la paix, l'absence de peur, s'ils vous ont sorti de la confusion. Si votre voix intérieure dit 'Non', cette réponse vous mènera ensuite à la connaissance. Vous devez vous poser ces questions. Il doit y avoir un arrêt complet, autrement il n'y a qu'une dérive sans but, nageant dans une mer de milliers de mots.

Q: Je comprends ce que vous dites.

Maharaj: Si votre Maître Intérieur dit 'Non', alors cela signifie arrêt complet.

IL DOIT Y AVOIR UN ARRÊT COMPLET.

Alors il vous faudra changer de voie, et prendre la Voie Directe de la Connaissance du Soi.

C'est très simple !

SI VOS RECHERCHES SPIRITUELLES NE VOUS ONT PAS MENÉ À L'INVESTIGATION DU SOI ET À LA CONNAISSANCE DU SOI, ALORS LA CONCLUSION EST QUE TOUT ÇA A ÉTÉ UNE GRANDE ILLUSION.

Nous essayons de nous connaître à travers la forme corporelle. Nous essayons de nous connaître à travers le médium de la forme corporelle.
LE CORPS N'EST QUE LE MÉDIUM.
LA VÉRITÉ NUE EST EN VOUS.
Vous ignorez cela. Vous êtes la Vérité Finale.
LE MONDE ENTIER EST PROJETÉ HORS DE VOTRE PRÉSENCE SPONTANÉE. ET LA MÊME CHOSE ARRIVERA EN SENS INVERSE, QUAND LE MONDE PROJETÉ EST RETIRÉ. ACCEPTEZ LA RÉALITÉ.

Q: Je pense que je commence réellement à entendre ce que vous dites. Ça commence à faire un déclic et je me sens excité.

Maharaj: Nous sommes sous tellement d'impressions et de pressions venant du corps, le déséquilibre du mental, pas de paix, beaucoup de confusion et de lutte. Pourquoi ?
CAR NOUS N'ACCEPTONS PAS LA RÉALITÉ.
CAR NOUS N'ACCEPTONS PAS LA RÉALITÉ.
Tout ça prendra fin quand vous vous connaîtrez dans un sens réel.
VOUS ÊTES,
QUAND TOUT DISPARAÎT.
QUAND TOUT DISPARAÎT,
LÀ VOUS ÊTES.

J'essaye de convaincre l'Auditeur Invisible de différentes manières, en utilisant différents mots, que vous êtes la Vérité Ultime, *Brahman*, *Atman*. Il y a beaucoup de mots différents pour la Réalité, par conséquent le *Naam Mantra* est donné.

Bhausaheb Maharaj a trouvé qu'il était très facile pour chacun de dire : "Je suis *Brahman*", mais que ce n'était pas pragmatique. Il a dit :
NOUS CONNAISSONS LA VÉRITÉ À TRAVERS LES MOTS.
NOUS NE CONNAISSONS PAS LA VÉRITÉ DIRECTEMENT.
NOUS CONNAISSONS LA VÉRITÉ À TRAVERS LES PENSÉES ILLUSOIRES.

Q: Et si nous connaissons uniquement la Vérité à travers les mots, alors ça signifie qu'il n'y a pas de Connaissance Directe ? Ainsi nous ne serions pas capables de nous connaître dans ce que vous appelez un sens réel ?

Maharaj: Correct ! Alors soyez calme et tranquille. Ne soyez pas sujet aux impressions de n'importe quelles pensées illusoires.

57. *Les bons fichiers sont corrompus*

Maharaj: Comme je vous l'ai dit, le premier pas est pour vous [le Maître pointant son doigt vers un nouveau visiteur], de passer par la méditation. Pourquoi ? Parce que votre ordinateur portable est bourré d'octets erronés. Les bons fichiers sont corrompus, aussi nous devons nettoyer cet ordinateur portable complètement. Pour faire ça, la méditation est le plus important, aussi nécessaire que de prendre un bain chaque jour, ou de laver vos vêtements.

Votre corps spirituel a besoin d'être nettoyé chaque jour par la méditation. La méditation est comme le savon que vous utilisez chaque jour, matin et soir. C'est le savon pour nettoyer le corps spirituel.

L'approche utilisée ici est une approche scientifique, qui vous montre comment absorber la Connaissance que vous avez déjà.

Q: Quand vous dites 'scientifique', que voulez-vous dire, Maharaj ?

Maharaj: Eh bien, scientifique signifie ce qui est systématique. C'est une méthode prouvée qui a été utilisée et qui apporte des résultats. Au niveau initial, je vous demande de ne pas vous mélanger avec des gens qui peuvent vous induire en erreur et vous distraire.

Q: À cause de la nouveauté de la pratique qui vous rend vulnérable ?

Maharaj: Il vous faut être fort, alors restez en bonne compagnie. Un garçon d'environ votre âge, est venu ici pour quelques temps. Il était très attentif aux enseignements. Il changea soudainement après avoir rendu visite à ses vieux amis. Je me sens navré pour ces gens. Après leur avoir montré la Réalité, ils sont influencés par les autres, et une fois de plus ils deviennent les victimes de ces circonstances illusoires.

Q: Je trouve cela difficile à croire, qu'après avoir écouté les enseignements les plus élevés, et entendu la plus haute Vérité, pour ainsi dire, que l'on puisse tout abandonner comme ça !

Maharaj: Cela se produit ! Ne rejetez pas l'enseignement comme un rêve illusoire, à quoi cela sert-il ? Le Maître vous avertit en permanence. Il y a très, très peu de dévots qui acceptent la Réalité.

TRÈS, TRÈS PEU DE DÉVOTS ACCEPTENT LA RÉALITÉ.

Quand je vous ai montré la Réalité, pourquoi y aurait-il encore le besoin d'aller ici et là ? Vous n'êtes pas handicapé du tout. Vous n'êtes pas dépendant du tout. Vous êtes indépendant. Pour maintenir cette Réalité, la méditation, les *bhajans,* et la Connaissance sont essentiels. Alors vous serez totalement sans peur. Vous saurez que [le Maître pointe son doigt vers son pull-over] "Je porte ça, tout comme je supporte ce corps".

**QUAND IL N'Y AVAIT PAS DE CORPS
IL N'Y AVAIT PERSONNE.
AUCUN BESOIN N'ÉTAIT LÀ,**

PARCE QUE NOUS ÉTIONS INCONNUS
DE NOTRE SOI SANS SOI.
C'EST UN FAIT ETABLI.

Des questions ?
Q: Vous disiez qu'il n'y avait pas de besoins ?
Maharaj: Tous les besoins sont relatifs au corps car quand vous êtes entré en contact avec le corps tout a commencé : la nourriture, Dieu, le bonheur, le malheur, la paix.

AVANT D'ÊTRE : PAS DE BESOIN DE PAIX
OU DE BONHEUR, DE MALHEUR.
PAS DE PEUR DE LA MORT, DE LA NAISSANCE.

Q: Donc méditer régulièrement aidera ?
Maharaj: C'est la base. Tout le monde a une connaissance spirituelle littérale. La méditation est nécessaire pour absorber cette connaissance. C'est une opportunité ! C'est un moment en or ! Mais si vous l'ignorez, il sera perdu. Donc visez haut !
Q: Je trouve que les gens au travail ou dans la vie peuvent vous éloigner de…
Maharaj: Vous devez être indifférent ! Restez fort et ignorez les gens difficiles. Ils se comportent selon les circonstances avec lesquelles ils ont été élevés, avec toutes leurs impressions uniques.

CE QUE VOUS ÉTIEZ AVANT L'ÊTRE,
CE QUE VOUS SEREZ APRÈS L'ÊTRE,
EST VÉRITÉ ULTIME.
VOUS ÊTES TOTALEMENT INCONSCIENT
DE VOTRE EXISTENCE,
TOTALEMENT INCONSCIENT DE VOTRE EXISTENCE.

Q: Ce n'est pas possible de s'en rappeler ?
Maharaj: C'est un fait. Les gens font l'erreur de penser que je parle de la mémoire. Non ! Les mots ne doivent pas être pris littéralement. Ce dont je parle n'a rien à voir avec la mémoire. Le souvenir vient après l'existence. Avant l'existence, où est le souvenir ? Pour se rappeler, il devrait y avoir quelque chose là, à se rappeler.

Votre Présence est Invisible, Anonyme, Non Identifiée, donc la question de la mémoire ne se pose jamais. Est-ce que le ciel se rappelle de lui-même ? Regardez-le ! Les lunettes de la Connaissance vous ont été données.

LES LUNETTES DE LA CONNAISSANCE
SONT VÔTRES.
VOUS POUVEZ VOUS VOIR AVEC ELLES,
CAR VOUS ÊTES LA VÉRITÉ FINALE.

C'est un fait que le monde entier est projeté hors de votre Présence Spontanée. Et nous donnons de l'importance à la projection plutôt qu'au 'Projetant'.

Vous êtes la Vérité Ultime. Absorbez la Connaissance ! Tant de mots là au dehors, tant de livres, lesquels appartiennent tous et font partie de ce monde illusoire. Toute la connaissance qui est transmise par le langage est illusion. C'est la connaissance littérale, la connaissance stérile. Elle ne vous servira pas.
**LA RÉELLE CONNAISSANCE EST
LA CONNAISSANCE DU SOI,
AU-DELÀ DES MOTS ET AU-DELÀ DES MONDES.
VOUS ÊTES AU-DELÀ DES MOTS ET AU-DELÀ DES MONDES,
AU-DELÀ DE L'IMAGINATION, AU-DELÀ DE L'AU-DELÀ,
AU-DELÀ DE TOUT !**

58. L'Unité n'a pas de mère, pas de père

Maharaj: Shankaracharya avait huit ou neuf ans quand on lui dit que sa mère était morte. Il demanda à tout son entourage et aux gens du village de l'aider à transporter le corps de sa mère jusqu'au site funéraire. "S'il vous plaît, aidez-moi !" disait-il, mais personne ne voulait aider le jeune garçon. En ce temps-là, il y avait beaucoup de haine envers les gens saints.

Sa mère était de forte constitution et lui n'était qu'un petit garçon très mince. Il devait déplacer le corps par lui-même. Pour le faire, il décida de découper sa mère de façon à pouvoir transporter chaque morceau. Utilisant un couteau effilé, il ferma les yeux et fit le nécessaire. Puis il transporta tout seul les morceaux jusqu'au bûcher funéraire. Ce fut un exploit exceptionnel !

Il composa les mots du *Chidananda Shivoham Shivoham*. Le chant a une très haute signification. Il est exceptionnel et est vraiment le résumé de notre philosophie : pas de mère, pas de sœur, pas de frère, pas de Maître, pas de disciple, rien. Pas de témoin, pas d'expérience, pas d'expérimentateur. Tout est illusion.

La Vérité Ultime est en vous, mais il y a encore des attachements au corps qui ne vous permettent pas d'être proche de votre Soi Sans Soi. Ce n'est pas impossible. Ce chant, *Chidananda Shivoham Shivoham*, atteint la partie intérieure du corps.
**APRÈS AVOIR ÉCOUTÉ TOUTES CES DISCUSSIONS
SPIRITUELLES,
UN PROCESSUS DE FUSION SUIVRA.
ALORS SEULEMENT Y AURA T-IL UNE PAIX COMPLÈTE.**
L'ego, l'intellect et le mental fondront complètement, et alors il y aura amour et affection pour Soi Sans Soi, amour spirituel, amour spontané ! Il n'y

aura plus de haine, plus de dualité, juste un calme total et la tranquillité. Les corps sont différents, mais l'Esprit est un.

L'UNITÉ N'A PAS DE MÈRE, PAS DE PÈRE, PAS DE FRÈRE, PAS DE SŒUR, PAS DE MAÎTRE. TOUS SONT RELATIFS AU CORPS.

Toutes les relations furent formées quand vous êtes tombé sur le corps : Dieu, *Brahman*, *Atman*, Maître, frère, sœur, mère.

TOUTES CES RELATIONS SONT RELATIVES AU CORPS. VOTRE PRÉSENCE EST UNE PRÉSENCE EXCEPTIONNELLE. LES MOTS NE PEUVENT PAS ATTEINDRE VOTRE PRÉSENCE EXCEPTIONNELLE.

Soyez calme ! Soyez tranquille ! Oubliez tout ce qu'on vous a dit au sujet du *karma*. Au dernier stade, quand vous quittez le corps, à ce moment, un bonheur exceptionnel apparaîtra en vous. Il ne peut être expliqué par aucuns mots. Un calme total et une paix totale seront là, absorbant totalement, totalement, totalement.

Des gens saints comme Shankaracharya ont fait face à beaucoup de difficultés. Il y a tant de règles dans chaque religion. Dans une certaine mesure ils ont raison, mais ce qui est enseigné n'est pas la Vérité Ultime. Ce que je dis, est que le Pouvoir est en vous. Cet Esprit puissant est en vous ! Il a un Pouvoir immense, mais vous l'ignorez. Par conséquent nous invitons l'attention de ce Pouvoir en vous.

CE POUVOIR QUI EST EN VOUS, UTILISEZ-LE POUR SORTIR DE TOUTE CETTE IGNORANCE.

Après avoir écouté toute cette Connaissance, absorbez-la complètement et parfaitement. Tous ces gens saints ont fait face à beaucoup de difficultés, mais ils avaient établi une bonne Connaissance, Perfection. Accomplissez cette Perfection ! Ne l'ignorez pas. Ne la prenez pas avec désinvolture. Sachez que ce que vous faites dans cette forme corporelle n'est pas la Vérité Ultime.

Ce corps est sur une minuterie. Soyez sérieux ! Ce n'est pas difficile, pas impossible. Une parfaite humilité est indispensable. Ne dites pas : "Oh ! Je suis quelqu'un, quelque chose !" Il est bien mieux de dire :

"MA PRÉSENCE EST PARTOUT. MA PRÉSENCE EST LÀ, EN TOUT ÊTRE SANS EXCEPTION".

Les corps sont différents, et les actions sont différentes, mais les actions ne sont rendues possibles que parce qu'il y a l'Esprit.

Pas d'ego, pas de mental. Vous pouvez utiliser le mental, l'ego et l'intellect quand ils sont requis, mais ne devenez pas victime ou esclave de l'ego et de l'intellect. Le mental, l'ego et l'intellect sont en corrélation. Les pensées viennent dans le mental, et l'intellect les instruit : "Fais cela !" Et l'ego dit "Oui !". Ils sont interconnectés. Sans eux, vous ne pouvez pas vivre votre vie. Ce sont les instruments de la connaissance. Ils ne sont pas la Vérité Ultime. Ils doivent être utilisés quand ils sont requis, et ensuite oubliés.

59. Dites 'Boo !' au fantôme de la mort

Q: Maharaj, je voulais vous questionner à propos de la mort et de la fin de vie. Vous ne parlez pas vraiment de la mort.
Maharaj: Il n'y a pas de mort, seulement pour le corps. Chacun veut survivre dans le corps. Du plus gros animal au plus petit insecte. Pourquoi ? Parce qu'ils aiment le corps. Ils apprécient la douceur. Prenez la fourmi par exemple. Si vous versez une goutte d'eau près d'une fourmi, elle détale rapidement, comme si sa vie en dépendait. Les êtres humains sont comme les fourmis.

L'Esprit ne se connaît qu'à travers le corps. Il est devenu attaché à cette identité, et ne veut pas la quitter. Le concept de mort rampe lentement vers vous, et puis un jour, que vous le vouliez ou non, vous devrez quitter ce corps. Le corps a une date limite. C'est un fait établi ! Mais, vous n'êtes pas le corps. Vous n'étiez pas le corps. Vous n'allez pas rester le corps. Vous n'avez pas de naissance. Donc, qui meurt ? Qui vit ? Investiguez juste.
**PERSONNE NE MEURT,
PERSONNE NE NAÎT.**
Vous avez une opportunité en or, afin d'être sûr que quand vous quitterez le corps ce sera un moment très joyeux.
Q: Comment puis-je en être sûr ?
Maharaj: Faites l'investigation du Soi, et venez-en à vous connaître dans un sens réel, alors vous pourrez voir qu'il n'y a pas de mort, et vous pourrez dire "Boo !" à ce fantôme de la mort. Chaque moment de votre vie est très précieux, ils ne se répète jamais. Maintenant est le moment de découvrir.

Comment pouvez-vous voir l'existence du monde ? Il est sorti hors de la non-existence. L'existence disparaît dans la non-existence. Regardez-vous ! Qu'est-ce que c'est ? Alors, en fin de compte, vous serez totalement sans peur. "Ah !" Rien ne va arriver. Rien n'est arrivé ! Pourquoi avoir peur d'une ombre ? À cause de votre Présence Spontanée, il y a cette ombre effrayante dont vous avez si peur. Mais ce n'est que votre propre ombre, votre principe !
Q: J'écoute ce que vous dites, et les choses se mettent en place, avec beaucoup de moments de déclics comme "je ne suis pas le corps". Je vous crois. Mais j'ai encore de la peur à propos de mourir.
Maharaj: Qui a peur ? Investiguez ! Ce n'est pas une affaire de croyance. Tant de gens clament avoir la connaissance spirituelle. Ils diront : "Je ne suis pas

le corps, je suis *Brahman*, je suis *Atman*", MAIS quand quelque chose d'inattendu arrive, comme un accident ou une maladie, ou la souffrance en fin de vie, alors toutes ces Vérités s'évanouissent simplement. Et ensuite ils meurent en tremblant, "Ooh, Ooh", avec effroi. À ce moment-là, il est trop tard pour faire quoi que ce soit.

CELA SIGNIFIE QUE LA CONVICTION QUE "VOUS N'ÊTES PAS LE CORPS" N'ÉTAIT PAS TRÈS PROFONDE. ELLE N'ÉTAIT PAS ÉTABLIE, ET DONC, ELLE N'ÉTAIT PAS UNE RÉALITÉ, PAS UNE RÉELLE CONVICTION.

Toute la connaissance spirituelle que vous avez doit être réelle Connaissance du Soi. La Connaissance du Soi doit être pragmatique, ainsi quand le temps viendra de quitter le corps, vous serez fort, courageux et dépourvu de peur. Il ne doit y avoir aucun attachement qui reste. Vous n'êtes pas le corps, vous n'étiez pas le corps, vous ne resterez pas le corps. C'est un fait ! Donc acceptez cette Vérité.

Q: Cela prend du temps pour être pleinement absorbé et pour être accepté de façon pragmatique.

Maharaj: Pourquoi du temps ? Il n'y a pas de temps. Y avait-il le temps avant d'être ? Vous acceptez d'être une femme, et d'être née telle ou telle année. Vous comptez les années, et dites que vous avez cinquante et quelques années. Vous acceptez toute cette illusion. Ensuite, quand je partage avec vous cette Connaissance que mon Maître partagea avec moi, vous ne l'acceptez pas.

Pensez à votre existence ! Jetez un œil, contemplez ! Personne ne discrimine, tout le monde accepte tout aveuglément. Si vous n'êtes pas le corps, qu'êtes-vous ? Vous êtes non né. Faites l'investigation du Soi, et vous trouverez alors que vous n'avez rien à voir avec le corps.

UTILISEZ LA DISCRIMINATION ! JE RÉPÈTE : CE N'EST PAS UNE IDÉE, MAIS LA VÉRITÉ. VOUS N'ÊTES JAMAIS NÉ, DONC COMMENT POURRIEZ-VOUS MOURIR ?

Il n'y a pas de naissance, et il n'y a pas de mort. Quand vous connaîtrez la Réalité, vous verrez que toutes vos peurs n'ont aucune base. Elles ont été construites sur de fausses identifications de soi, sur l'attachement au corps, sur l'illusion. Mais maintenant vous savez ce qu'il en est.

Il y a une histoire concernant un garçon nommé Nachiketa. Il était plein de curiosité et un peu vilain car il posait sans cesse des questions à son père. Il n'y avait pas de fin à ses questions. Son père était une personne sainte, une sorte d'ermite, mais son fils le rendait lentement fou par ses questions persistantes.

À bout de patience, son père demanda à Yama, le Dieu de la Mort, de venir et d'emmener son fils. Quand Yama arriva, le père lui dit : "S'il vous plaît, emmenez cet enfant au loin. Il me harasse en me posant toutes ces questions". Yama le prit. Sur le chemin du retour, le garçon commença à noyer Yama sous un flot de questions. Il demandait : "Donc vous êtes le Dieu de la Mort. Que voulez-vous dire par mort ? Si vous prenez les âmes des gens ordinaires, qui va prendre soin de votre âme ?"

Yama répondit : "Je te donnerai ce que tu veux mais par pitié arrête de me poser toutes ces questions". Le garçon lui dit alors : "Non, non, je ne vais pas arrêter mes questions, vous devez me répondre !"

Cet exemple indique le besoin de connaître la Réalité. Nous posons sans cesse des questions sur des choses qui ne sont pas arrivées. Nous questionnons sur les perspectives d'avenir, sur le futur, le destin de cet enfant qui n'est pas né, l'enfant non né. Nous devons connaître la Réalité !

Votre Présence est Silencieuse, Invisible, Anonyme, Non Identifiée. Votre Présence est la même maintenant et avant d'être. Elle sera la même après l'être. L'unique différence est que vous supportez le corps. Vous êtes le support de ce corps, mais vous n'êtes pas le corps.

**VOUS ÊTES LE SUPPORT DE CE CORPS,
MAIS VOUS N'ÊTES PAS LE CORPS.**

60. Où était votre famille avant d'être ?

Maharaj: Vous vivez comme un mouton, alors que vous devriez rugir comme un lion "Je Suis Cela !" Pourquoi avoir peur ou être déprimé ? Si quelque chose arrive, ça arrive. Ça viendra et ça partira. Vous souffrez à cause de votre implication, de votre sur-implication. Ignorez simplement ces choses qui passent. N'y touchez pas ou vous allez souffrir.

Q: J'ai été impliqué de nombreuses fois dans ma vie, et je dois rester impliqué avec la famille et les affaires du monde, comme vous dites sur-impliqué. Maintenant que j'ai pris le *Naam Mantra*, et que je fais la pratique, comment puis-je gérer ces relations familiales ?

Maharaj: Continuez comme avant, comme d'habitude, normalement. Les relations familiales ne doivent pas être un blocage ou un obstacle à la spiritualité. Soyez juste normal. Quand avez-vous rencontré votre famille pour la première fois ? La 'famille' est venue avec l'être et tous ces concepts. Quand l'Esprit s'est identifié au corps, tous ces concepts ont commencé : les gens, la famille, les lieux et le monde. Continuez de répondre à vos obligations habituelles. Il n'y a pas de problème.

Q: Je pensais qu'il était peut-être nécessaire que je m'éloigne de la famille dans l'intérêt de la pratique ?

Maharaj: Pas du tout ! La plupart de ces saints avaient une famille, [désignant les photos des Maîtres], et étaient mariés, avaient des enfants, et faisaient leur travail. Ranjit Maharaj était employé dans une boutique jusqu'à l'âge de 73 ans. Nisargadatta Maharaj possédait sa boutique durant de nombreuses années. Siddharameshwar Maharaj était aussi employé, et avant lui, Bhausaheb Maharaj. Donc ils ont tous continué avec leurs obligations et leur vie de famille sans aucuns problèmes.

À travers le Maître, la Réalité vous est rappelée. Le Maître invite l'attention de cela qui est Ultime en vous, sans la connaissance corporelle. Le corps n'est pas l'Ultime, c'est l'Esprit qui est important. Si l'Esprit s'en va, le corps meurt.

La mort ? Un corps mort ? Quelle est la valeur de ce corps transitoire ? Quelle est alors la relation avec votre mère ? Qui est la mère ? Qui est le père ? Qui est le frère ? Qui est la sœur ? Qui est Dieu ? Qui est le Maître ? Qui sont les amis ? Qui est la femme, le fils ?

TOUTES LES RELATIONS NE SONT RELATIVES QU'À CE CORPS.
C'EST UN FAIT. C'EST UN FAIT.

Après la mort, que signifient ces relations ? Où sont ces relations ? Il n'y en a pas ! Pas de relations, pas de vie de famille. Par conséquent toutes ces relations sont sorties de cette connaissance corporelle seule.

CE CORPS EST UN CORPS DE NOURRITURE.
AUSSI LONGTEMPS QUE VOUS FOURNIREZ
DE LA NOURRITURE AU CORPS, IL VIVRA.
À PARTIR DU MOMENT OÙ VOUS ARRÊTEREZ DE LE NOURRIR,
CE SERA LA FIN DU CORPS.

Q: Que faire quand un conflit s'élève entre les enseignements et la famille ? Supposez que la famille ne soit pas du tout d'accord avec les enseignements ?

Maharaj: Quand êtes-vous tombé sur la famille ? C'est une simple compréhension. Au moment où vous êtes venu avec le corps, la famille a commencé. Après avoir quitté le corps, où sera cette relation ? Dans le *Chidananda Shivoham Shivoham*, il est dit qu'il n'y a pas de mère, pas de père, pas de sœur, pas de frère, pas d'amis, pas de mort, pas de Maître, pas de disciple, rien, rien.

LE MONDE ENTIER EST VOTRE RÉFLEXION SPONTANÉE.
VOTRE PRÉSENCE SPONTANÉE EST DERRIÈRE TOUT.

Sans votre Présence, vous ne pouvez pas voir, vous ne pouvez pas parler, vous ne pouvez rien faire du tout. Donc connaissez-vous juste vous-même dans un sens réel. C'est un monde de rêve. Dans ce grand drame du monde, le metteur en scène est invisible. Vous êtes ce metteur en scène !
Q: Donc vous diriez de ne pas s'inquiéter pour la famille, mais de se focaliser sur le fait de se connaître dans un sens réel ?
Maharaj: Pourquoi s'inquiéter au sujet de la famille ? Il n'y a pas de conflit, pas de problème.
Q: Mais parfois il y a perturbation. Même des membres proches de la famille peuvent rendre les choses difficiles.
Maharaj: C'est parce qu'il y a tant d'affection pour le corps, tant d'affection et d'amour. La spiritualité ne vous dit pas d'ignorer votre vie de famille. Les Maîtres n'ont pas abandonné leurs obligations familiales. La famille n'est pas un frein, n'est pas un obstacle, n'est pas un blocage.

61. Qui souffre ?

Q: J'ai rendu visite à un enseignant une fois. Il m'a parlé du 'corps de souffrance' pour décrire la souffrance personnelle et la souffrance collective. Il disait que toute notre souffrance émotionnelle était collectée et stockée, et pour résultat, cela devenait quasiment une sorte d'entité, comme une bulle de souffrance que vous transportiez avec vous. Il alla jusqu'à dire que le seul moyen de stopper cette souffrance qui nous endommageait, était de vivre pleinement dans le présent, parce que le 'Maintenant' a beaucoup de puissance.
Maharaj: Tout ça est connaissance corporelle, imagination ! Vous n'êtes pas le corps ! Le corps par lui-même n'a pas de pouvoir, donc comment peut-il y avoir une entité d'un corps de souffrance ? Il semble que quelqu'un ait créé un petit monstre pour vous effrayer. La souffrance de qui ? Le corps de souffrance de qui ? Le 'Maintenant' de qui ?
Vous n'avez pas pris naissance ! C'est un long rêve ! Il n'y a pas de passé, et il n'y a pas de futur. Il n'y a pas de présent, et pas de 'maintenant'. Tout Pouvoir est en vous. Comme dans le message que donnait mon *Sadguru* Nisargadatta Maharaj :
"Excepté votre Soi Sans Soi, il n'y a pas de Dieu, pas de *Brahman*, pas d'*Atman*, pas de *Paramatman*, pas de Maître".
Q2: Mais Maharaj, j'ai l'impression de me déplacer d'un problème à un autre, physique, émotionnel, tout ça amène la souffrance.

Maharaj: Les problèmes augmentent car vous donnez beaucoup trop d'importance au corps. C'est la connaissance corporelle, tout comme dans un rêve, où vous devez faire face à des problèmes qui auront disparu au réveil. Les Saints ont toujours fait face à leurs problèmes avec courage. Grâce à leur forte Conviction, ils étaient indifférents à leurs problèmes, même lorsqu'ils devaient faire face à de sérieuses pertes, à la maladie, ou à des tragédies inattendues.

Considérez l'histoire tragique de Saint Jnaneshwar. Sa mère et son père se jetèrent dans le Gange en laissant leurs enfants dans le dénuement, tout ça parce que le père était devenu un *sannyasin*, et que, contrairement à la loi des *Brahmins*, il était retourné dans sa famille. "D'après vous, j'ai commis cette faute, alors pourquoi punissez-vous mes enfants ?" Le père déclara que lui seul devrait être puni, et il les supplia pour que ses enfants ne le soient pas. Les *Brahmins* ignorèrent sa requête, alors les parents se jetèrent dans la rivière sacrée, dans l'espoir que les enfants s'en sortent mieux et que l'on s'occuperait d'eux. Il y avait quatre enfants, trois frères et une sœur.

Les maîtres religieux orthodoxes ne permettaient pas aux quatre enfants de mendier. Les gens avaient beaucoup de haine en ces temps-là. Les enfants souffraient beaucoup et demandaient humblement : "S'il vous plaît, aidez-nous". Les orphelins étaient ignorés par leur entourage, ils étaient traités comme des hors castes. Personne ne les aidait. Ils se mirent alors à voyager en divers lieux, à la recherche d'un endroit où ils seraient les bienvenus, où ils seraient admis. En certains lieux ils furent confrontés aux religieux orthodoxes qui refusaient de les accepter.

Jnaneshwar approcha les savants *Brahmins* pour tenter de se disculper. "Dieu est partout, en chaque cœur !", proclama-t-il. Les *Brahmins* lui demandèrent de le prouver et dirent : "Très bien, fais que ce buffle récite les *Védas* !"

Aussitôt après que Jnaneshwar ait posé sa main sur la tête du buffle, ce dernier commença à chanter les *Védas*, aussi bien que les *Brahmins* ! Une grande foule se rassembla pour écouter et être témoin de ce miracle. Les gens furent si surpris de son pouvoir qu'ils se prosternèrent devant lui. Les prêtres orthodoxes furent forcés d'accepter la grandeur et le pouvoir surnaturel de Jnaneshwar.

Cette histoire montre l'importance de la lutte.

**SI VOUS ÉCOUTEZ
LA SOURCE DE VOTRE CONNAISSANCE
AVEC UNE FOI TOTALE,
IL Y AURA ÉMERGENCE SPONTANÉE
DE VOTRE POUVOIR INTERNE.**

Soyez déterminé comme Jnaneshwar ! Maintenant vous avez la maturité, la Connaissance, la Réalité, donc cessez de retomber en bas au niveau du corps. Utilisez le corps comme un instrument, comme un intermédiaire.

Vous avez un corps, et vous allez donc avoir des problèmes physiques, mentaux, spirituels. Chacun pense que son problème est le plus grand, mais si vous regardez l'ensemble, il y a toujours quelqu'un qui souffre plus que nous-mêmes.

Voyez vos problèmes comme un test de votre vie spirituelle. Mettez cette Connaissance en pratique. Ne donnez pas une importance indue aux problèmes qui vont et qui viennent, tout comme les nuages. Les choses insupportables deviennent supportables avec la Vérité établie. Vous avez une bonne connaissance. Mais elle n'est pas mise en pratique, et c'est le réel problème. Le Découvreur manque à l'appel. Vous avez beaucoup d'actifs, mais vous ne les utilisez pas. À cause de votre manque de planification, ils ne donnent aucun résultat. Vous devez utiliser la propriété, les actifs, et avec une bonne planification, vous apprécierez les bénéfices.

Q: Vous avez dit que la connaissance corporelle devrait être dissoute totalement.
Maharaj: Spontanément !
Q: Maharaj, je voulais vous dire que j'ai fait l'expérience de "je suis Cela, je suis tout".
Maharaj: C'est très bien car cette sorte d'expérience spirituelle est un grand pas. Je ne dis pas que c'est la Vérité Ultime, mais c'est un grand pas, et c'est donc encourageant.

LES EXPÉRIENCES SONT PROJETÉES DEPUIS VOTRE PRÉSENCE. QUAND L'EXPÉRIMENTATEUR ET LES EXPÉRIENCES SONT DISSOUS, LÀ VOUS ÊTES.

Cela arrivera spontanément, alors vous aurez la Conviction que vous n'avez rien à voir avec le monde. Vous saurez que quoi qu'il arrive dans le monde illusoire, que cela soit bon ou mauvais, cela n'a rien à voir avec vous.

LE VOYANT RESTE À L'ÉCART DE TOUT CE QUI EST VU.

Si je dis que "je suis *Brahman*", c'est la réflexion du Voyant. L'Existence du Voyant dans le monde est spontanée, sans forme.

Q: Aussi longtemps qu'il y a la connaissance corporelle, c'est impossible de comprendre ma Présence Spontanée.
Maharaj: Le Voyant est un, les rêves sont différents. Prenez-vous de l'ego de tous ces rêves ? Non ! Vous les avez simplement oubliés. Oubliez ce rêve aussi ! Ce que vous voyez est la projection reflétée du Voyant, rien de 'bon' ou de 'mauvais'. Vous vous voyez encore comme séparé de la Réalité.

Quand vous accepterez la Réalité Spontanément, vous serez capable de faire face à tous les problèmes avec courage. Dans la vie humaine, on ne peut pas échapper aux problèmes, mais on peut s'en arranger, cela dépend de nous. Les gens se mettent à la dévotion, lisent des livres, mais ne font aucune investigation du Soi.

Les problèmes que vous décrivez sont ce que vous avez vu. Vous ignorez le Voyant. Sans le Voyant, vous ne pouvez pas voir le vu.

NOUS AVONS CRÉÉ CES CONCEPTS, ET ENSUITE NOUS ESSAYONS DE VIVRE À L'INTÉRIEUR DU CERCLE DE CES CONCEPTS.

Vous pouvez parler au sujet de la natation, mais vous ne savez pas nager.

Q: Maharaj, j'ai réalisé que je lisais depuis vingt ans, et j'ai aussitôt arrêté. J'ai soudainement réalisé que je ne savais pas pourquoi je lisais.

Maharaj: Vous devez savoir comment cette connaissance livresque peut vous aider, autrement c'est un exercice inutile.

Quand vous connaîtrez la Réalité, vous subirez un changement intérieur complet. Si vous êtes agressif, vous deviendrez calme et tranquille. Vous pouvez faire le point sur vos changements, et ainsi savoir où vous en êtes. Nisargadatta Maharaj dit : "Je fais de vous des Maîtres, pas des disciples". L'essence du Maître est déjà en vous.

L'ESSENCE DU MAÎTRE EST DÉJÀ EN VOUS.

62. Les pieds qui démangent

Maharaj: Alors vous voulez encore voyager à nouveau, vous êtes encore tenté d'aller mendier ailleurs ? Si vous voulez aller quelque part, allez profondément en vous-même.

ALLEZ À L'INTÉRIEUR, ET SOYEZ À L'INTÉRIEUR DU SOI SANS SOI. PRIEZ VOTRE SOI SANS SOI. REGARDEZ-VOUS ! ESSAYEZ DE VOIR LE VOYANT. QUAND VOUS ESSAIEREZ DE VOIR LE VOYANT, LE VOYANT DISPARAÎTRA.

Vous trouverez que tout sens d'individualité s'évanouira, et il ne restera rien. Ce que vous étiez avant d'être n'est pas connu, n'est pas connu dans la forme corporelle, n'est pas connu par les mots. Vous devez vous abandonner. S'il reste un tant soit peu d'ego qui traîne, de connaissance corporelle, des peurs et des doutes cachés, etc, ils doivent tous être nettoyés et dissous.

LA CONNAISSANCE AVEC EGO

CRÉERA DES PROBLÈMES.
Tournez votre attention à l'intérieur, et donnez-la à votre Soi Sans Soi. Lorsque vous chercherez, le Chercheur disparaîtra. C'est pourquoi je vous ai dit : pas de connaissance est connaissance.
PAS DE CONNAISSANCE EST CONNAISSANCE.
Tous ces mots sont relatifs au corps. Comparez-vous au ciel ! Devenez votre propre Maître, un Maître des Maîtres ! L'essence du Maître est en vous, mais le corps influe sur le mental et l'ego, ne vous permettant pas d'être votre propre Maître. Il vous faut du courage spirituel, du courage interne, une implication forte, et seulement alors, vous serez sans peur. Laissez tout arriver au corps ! Vous n'êtes pas du tout concerné par lui.

Voyez votre corps comme s'il était l'enfant de votre voisin. Vous avez de la fièvre, mais vous savez que cela ne vous arrive pas à vous. C'est l'enfant du voisin qui souffre. Voyez votre corps comme l'enfant du voisin. Vous vous sentez navré, mais en même temps vous êtes en dehors. Vous pouvez voir le corps de cette manière, car le corps n'est pas la Vérité. Vous ignorez ce fait. Toutes les choses sont en vous seulement. Ne soyez pas un touriste !

Q: J'ai fait le tour d'Arunachala et j'ai trouvé ça très bénéfique. Une forte énergie !

Maharaj: Qu'avez-vous accompli en allant à Arunachala ? Un bon exercice ardu, peut-être ! Et toutes ces visites ne font qu'ajouter de plus en plus d'ego en vous éloignant de vous-même. Tout ce temps que vous utilisez pour vous éloigner de vous-même, au lieu d'aller vers vous-même.

VOUS N'APPROCHEZ PAS DE VOTRE PROPRE MAÎTRE.
VOUS NE DONNEZ PAS DE VALEUR À VOTRE PROPRE PRÉSENCE.
VOTRE PRÉSENCE EST INESTIMABLE, INCOMPARABLE.
ALORS POURQUOI ALLER ICI ET LÀ ?
LE CHERCHEUR QUI CHERCHE
EST LA VÉRITÉ ULTIME.

Vous êtes la Vérité Ultime. Vous êtes Cela que vous cherchiez. Le Chercheur qui cherchait est la Vérité Ultime.

63. *"Je suis quelqu'un" est très dangereux*

Maharaj: Vous avez la Connaissance, mais elle n'est pas sécurisée, fixée.
Q: Alors comment puis-je la fixer, la sécuriser afin qu'elle soit solide et permanente, et se colle à moi comme de la super glu ?

Maharaj: Je vous l'ai dit, le seul moyen est d'avoir une fondation solide. La méditation est la base. Vous devez pratiquer pour rendre la Connaissance vivante. La méditation, la dévotion, la Connaissance, la prière, tout ça vous donnera une base solide.

**VOUS NE POUVEZ PAS ÉTABLIR UNE BASE SOLIDE
SI LA CONNAISSANCE CORPORELLE N'EST PAS DISSOUTE.**

Le Questionneur, le Questionneur Invisible s'interroge, et pose autant de questions car vous avez oublié votre Identité. Vous posez tellement de questions, et pourtant en même temps, vous ignorez le Questionneur. Vous avez beaucoup de questions car votre connaissance est basée sur le corps.

Le Maître dit que vous devez passer par la méditation. La méditation est concentration. Se concentrer sur le Concentrateur, cette Présence Invisible, Vérité Invisible, Vérité Finale.

Q: Au début, je présume que nous supposerons, nous imaginerons la Présence ?

Maharaj: Oui, correct, car nous demandons "Qui suis-je ?", nous utilisons notre intellect. Intellectuellement, nous connaissons "Je suis *Brahman*", mais cette Vérité n'est pas établie et par conséquent nous nous sentons déprimé, et les questions surviennent. Le but de la méditation est de penser à votre Soi Sans Soi. En y pensant constamment, en pensant à votre Soi Sans Soi, après un certain temps, le penseur disparaît. Méditez sur le Méditant, la Présence Invisible que vous êtes.

Q: N'est-ce pas la dualité ? Méditation, Méditant, est-ce que ce n'est pas la dualité ?

Maharaj: Il n'y a pas de dualité. La méditation est juste le processus car le Méditant, le Méditant Invisible en vous, a oublié son Identité.

**CE MÉDITANT EST VOTRE MAÎTRE.
CE MÉDITANT INVISIBLE EST VOTRE MAÎTRE.**

Vous vous demandez : "Comment puis-je être Dieu ?" à cause de votre fort ego et de votre attachement au corps. Nous sommes sous une telle de pression de l'ego. Si vous prêtez trop d'attention à cet ego dictant les termes, ce sera votre chute. L'ego avec son attitude autoritaire de "je suis quelqu'un", est très dangereux. Vous viendrez à connaître la Réalité seulement quand l'ego sera dissous.

**CONNAISSEZ-VOUS DANS UN SENS RÉEL,
PAS EN TANT QU'INDIVIDU.
VOTRE PRÉSENCE SPONTANÉE EST LA DERNIÈRE
DESTINATION, L'ARRÊT FINAL.**

Dissolvez tout le reste. Soyez impliqué avec Soi Sans Soi. Une spiritualité désinvolte ou des discussions stériles ne vous aideront pas. Visiter nombre de lieux différents ne vous aidera pas, rendre visite à de nombreux Maîtres différents ne vous aidera pas.

VISITEZ VOTRE PROPRE MAÎTRE.

CELA VOUS RAMÈNERA À LA MAISON.

Nous ne savons pas ce qu'est *Brahman*, car nous en avons seulement entendu parler dans les livres. Nous sommes totalement innocents, et totalement inconscients de la Réalité. Nous ne savons pas qui est Dieu. Ce n'est pas notre faute. Mais, après la connaissance de la Réalité, le concept de Dieu sera dissous.

**VOUS SAUREZ QUE SANS VOTRE PRÉSENCE,
MÊME PARLER DE DIEU EST UNE IMPOSSIBILITÉ,
NE VOUS OCCUPEZ JAMAIS DE POUVOIR VOIR DIEU.
TOUTE IMAGE DE DIEU
EST VOTRE RÉFLEXION SEULE.**

Nous sommes à la recherche de miracles, et par conséquent, approchons différents Maîtres qui peuvent les faire survenir. Les miracles ne sont pas la Vérité Ultime. Votre Présence Spontanée est un miracle. À moins que votre ego ne se dissolve, vous ne serez pas capable de vous connaître. Continuez la pratique ! Cela signifie oublier tout ce qui est associé avec "je suis quelqu'un d'autre", et "je suis un corps séparé".

**SOYEZ LOYAL À VOUS-MÊME. SOYEZ LOYAL !
VOUS ÊTES VOTRE PROPRE ADMINISTRATEUR,
LE TITULAIRE DE LA CONFIANCE.**

Ce matin, un des dévots les plus âgés, avec un problème cardiaque, est tombé. Il a juste dit : "Je vais bien", et s'est levé. Il n'y avait pas de peur. C'est un exemple de courage, un exemple vivant de Connaissance Absorbée.

Une pouvoir immense est en vous, qui, par la suite, insufflera une immense confiance. Nous nous insultons avec ce manque de foi, ce manque de confiance. Ces discussions sont par conséquent nécessaires pour vous donner le courage d'être un réel dévot, un vrai disciple.

Après le Conviction Spontanée de "je suis *Brahman*", sans le dire, vous pouvez utiliser votre corps comme avant, mais en même temps, la Conviction, la Réalité est là. "Je ne suis pas le corps, je n'ai rien à voir avec le corps. Je suis au-delà de ça, au-delà de ça…". Ce n'est pas une déduction logique, ce n'est pas imaginaire, c'est la Réalité.

Votre Présence Invisible est la Réalité, mais à cause des influences du corps, vous ne l'acceptez pas. Toutes ces pensées que vous entretenez, vous essayez de cerner lesquelles sont vraies. Il n'y en a pas de vraie ou de fausse ! Tout est à l'intérieur de vous-même. Maintenant c'est à vous de voir.

Q: Ce n'est pas seulement moi, je pense que la plupart des gens ont des résistances à faire la pratique, la méditation et choses du genre.

Maharaj: La pratique est nécessaire. Vous créez des difficultés. Vous voulez des miracles, mais vous ne voulez pas vous préparer à faire des efforts. Quand vous aurez grandi, vous n'aurez plus besoin de spiritualité.

Q: Pour qui est la pratique ? Pour l'ego ?

Maharaj: Ce sont des questions intellectuelles. La pratique est nécessaire d'abord pour oublier la connaissance corporelle.
Q: Elle est requise pour dissoudre l'ego ?
Maharaj: Il sera dissous spontanément. Vous avez la connaissance, mais pas la connaissance pratique. Vous posez encore toutes ces questions relatives au corps. Le questionneur doit regarder le Questionneur, le Questionneur Invisible. Vous ne pouvez pas le deviner, l'imaginer ! La Conviction Spontanée totale : "Je suis *Brahman*", n'est pas intellectuelle. L'intellect est venu avec le corps.
Q: Il n'est pas connu intellectuellement ?
Maharaj: Pas d'intellect, car l'intellect est connecté avec la connaissance corporelle. La pratique est nécessaire pour supprimer tous ces concepts illusoires.
VOUS DEVEZ CONTINUER À PRENDRE LE MÉDICAMENT JUSQU'À VOUS ÊTRE REMIS DE LA MALADIE. UNE FOIS QUE VOUS SEREZ TOTALEMENT RÉTABLI, VOUS N'AUREZ PLUS BESOIN DE MÉDICAMENTS.

64. *Vous dérangez la paix*

Maharaj: L'étape de purification commencera avec la méditation. La purification signifie que tous les concepts seront dissous, lentement, silencieusement, et en permanence. Au début, il y aura beaucoup de choses survenant au niveau du corps. Juste pour un moment, mettez la spiritualité de côté et regardez les faits.
OUBLIEZ LA SPIRITUALITÉ. AVANT D'ÊTRE, VOUS NE CONNAISSIEZ RIEN AU SUJET DU MONDE, DE LA FAMILLE, OU DE DIEU.
Tous les besoins et demandes n'étaient orientés qu'à travers la connaissance corporelle. S'il n'y a pas de corps, il n'y a pas de famille, pas de besoin de femme ou de mari, pas d'enfant, pas de père, pas de Maître, pas de disciple, pas de Dieu. Au moment où l'Esprit a cliqué avec le corps, vous avez démarré une grandes liste de demandes : "Je veux le bonheur, je veux la paix", etc. Ce sont des concepts. Qui veut la paix ? Vous ne savez pas ce qu'est la paix. "Je veux la paix". "Je veux la paix de l'esprit". Ce sont des concepts, juste des concepts. Quand êtes-vous tombé sur cette 'paix' ?
IL Y A LA PAIX. C'EST VOUS QUI DÉRANGEZ LA PAIX. LA PAIX EST LÀ, MAIS VOUS DÉRANGEZ LA PAIX.

Q: Quand je travaille dans le monde, je suis absorbé en lui. J'oublie Soi Sans Soi et je me fâche. Comment puis-je rester… ?
Maharaj: C'est une discussion au niveau du mental. Au moment où vous réalisez que le monde entier est une illusion, vous verrez que les bouleversements et les dépressions ne se produisent qu'au niveau du mental. Parfois il y a une perturbation si ce à quoi nous nous attendons n'arrive pas en accord avec ce qui est prévu.

Femme, fils, sœur, père, qui que ce soit, tous font partie du cercle des attentes. Si vous agissez à l'intérieur du cercle, [en accord avec les attentes], vous êtes regardé ou vu comme une bonne personne. Si vous allez au-delà du cercle alors, "Oh ! Ce n'est pas une bonne personne".

Si vos parents disent : "Tu es un bon garçon", vous dites, "Oh ! Je suis un bon garçon", si vos parents disent "Tu es un mauvais garçon", vous vous sentez mal. Tout ça est mental. C'est ce qui se produit au niveau mental.
IL N'Y A PAS DE MAUVAIS, ET IL N'Y A PAS DE BON.
Ce genre de chose survient au début. Plus tard, tout sera dissous durant le processus de fusion. La Réalité est supposée être pleinement absorbée en vous. Afin que cela se produise, une complète implication et une complète dévotion sont nécessaires. Alors il n'y aura plus de problèmes.
IL Y A CENT ANS, AVIEZ-VOUS DES PROBLÈMES ?
ET Y AURA-T-IL DES PROBLÈMES
APRÈS AVOIR QUITTÉ LE CORPS ?
Q: Hier, vous disiez que l'Esprit ne se connaît pas, alors que puis-je faire pour aider l'Esprit à se connaître ?
Maharaj: Ne faites pas d'efforts, votre Présence Spontanée est là. L'Esprit n'est qu'un mot que j'utilise, juste pour vous connaître. C'est ce que je veux véhiculer qui est le plus important. C'est votre histoire, l'histoire de l'Auditeur. Lisez le livre *Je Suis*. Parfois à un point délicat, si vous êtes vulnérable et que quelque chose vient vous mettre au défi, comme une attirance, une maladie ou une contrariété, cela peut causer un déséquilibre, un tremblement, et secouer vos fondations. Et avec pour résultat que la Conviction se désagrège.

Si possible, jetez un œil au Dasbodh aussi. Il a été écrit par Swami Ramdas, un éminent Saint et Poète Marathe. Il y a une excellente traduction en anglais par le Dr Ghaisas. Il donne des lignes directrices : les neuf types de dévotion. Comment approcher, voir votre Soi Sans Soi. Après chaque lecture vous obtiendrez davantage d'informations.

Donc oui, le Questionneur est la réponse à toutes les questions. Le Questionneur est la réponse à toutes les questions.
VOUS IGNOREZ LE QUESTIONNEUR.
VOUS N'ÊTES PAS SÉPARÉ DE VOTRE PROPRE IDENTITÉ.
C'est seulement à cause du corps que vous dites : "C'est *Brahman*, c'est *Atman*, c'est l'Esprit". Tous ces mots n'ont été créés que pour la

communication, la discussion, afin de prêter attention et de s'adresser à l'Esprit Invisible, Anonyme.

VOUS ÊTES CET ESPRIT, CE 'JE',
SANS LE DIRE,
HORS DUQUEL LE MONDE ENTIER EST PROJETÉ.

Par conséquent votre Présence était là avant tout. Avant tout, votre Présence était là. Elle ne peut pas être définie. Nous essayons d'imprimer la Réalité, la Réalité de l'Auditeur. L'Auditeur ne réside dans aucune forme. Si vous deviez essayer de le comparer à quelque chose, il est comme le ciel. Le ciel ne connaît pas sa propre existence. C'est une connaissance très simple. Ne stressez pas votre cerveau, ne stressez pas votre mémoire. La mémoire de qui ? Qui suis-je ? Qui ne suis-je pas ?

QUAND TOUS LES PROCESSUS DE PENSÉE ONT CESSÉ,
LÀ VOUS ÊTES,
DANS L'ÉTAT SANS PENSÉE.

Dépression, confusion, mental instable, ego, intellect, ce sont tous des parties du corps subtil que vous avez embrassé. Vous devez en émerger avec la Conviction que "je n'étais pas le corps, je ne suis pas le corps, je ne vais pas rester le corps".

"LA QUESTION DE LA MORT ET DE LA NAISSANCE
NE SE POSE JAMAIS.
JE SUIS NON NÉ."

C'est un fait que vous êtes non né. Nous nous prenons pour la forme corporelle, par conséquent c'est difficile. Nous nous prenons constamment pour la forme corporelle. Vous vous sous-estimez. Et le résultat est que vous allez mendier ailleurs, à la recherche de la bénédiction de quelqu'un d'autre. Votre ego crée des problèmes. Votre ego reste coincé à l'intérieur, à dire : "Je suis quelqu'un d'autre". L'humilité est requise.

LA CONNAISSANCE AVEC EGO EST INUTILE.
UNE FUSION COMPLÈTE EST CE QUI EST NÉCESSAIRE.

Tous ces saints étaient très humbles, très, très humbles. Ils ne se distinguaient pas, en disant : "Je suis un grand Maître". L'ego est donc un blocage, un obstacle sur le chemin de votre Connaissance de la Réalité. Vous avez la connaissance, mais elle est avec l'ego. L'ego subtil est là, disant : "Je suis quelqu'un". L'humilité n'est pas là.

Tout sera facile avec l'humilité. D'abord respectez-vous, et ensuite respectez les autres. Respectez-vous, puis respectez les autres. Se respecter ne se réfère pas au corps ni à votre statut.

LA VÉRITÉ EST "JE NE SUIS RIEN",
DONC POURQUOI DEVRAIT-IL Y AVOIR DE L'EGO ?

Tous les saints sont très pieux, très calmes, et très tranquilles. Ils ne montrent pas d'irritation, de perturbation ou conflit. Suivez leur exemple !

C'est la Réaction Spontanée qui apparaîtra en vous, quand vous vous voyez dans le sens réel. Il y aura une patience illimitée en tout temps, qu'importe que quelqu'un soit en colère, ou disant de bonnes ou de mauvaises choses. Nisargadatta Maharaj disait : "Si quelqu'un dit de bonnes choses, je ne suis pas heureux. Si quelqu'un dit des mauvaises choses, je ne suis pas malheureux".

Bonheur-malheur est relatif au corps. Aussi cela prendra un peu de temps, car il y a de l'ego physique, de l'ego mental ici. Mais ne regardez pas en arrière ! Oubliez le passé, n'essayez pas de vous rappeler du passé, car votre Présence Spontanée est votre objectif.

Ça signifie aussi : "N'allez nulle part". Vous devez atteindre la position la plus élevée. Dans la vie spirituelle la position la plus élevée signifie que vous oubliez spontanément l'identité corporelle. Après la Connaissance de la Réalité, vous serez sans peur.

**OUBLIEZ LE PASSÉ,
OUBLIEZ TOUT.**

~~~~~~

DEUXIÈME PARTIE : CONNAISSANCE DU SOI

65. L'Esprit ne connaît pas sa propre Identité

Q: Maharaj, vous disiez que l'Esprit ne connaît pas sa propre Identité.
Maharaj: Correct ! L'Esprit se connaît uniquement sous forme corporelle. Oui ! Nous sommes dans la forme corporelle. Dans la forme corporelle, il y a des sensations de bonheur et de paix. Il y a un besoin de trouver le bonheur et la paix, mais à la base, vous n'étiez pas le corps, vous n'êtes pas le corps, vous n'allez pas rester le corps. Ainsi l'esprit ne connaît pas sa propre Identité, qu'il est l'Ultime.

**L'ESPRIT NE CONNAÎT PAS SA PROPRE IDENTITÉ,
IL EST L'ULTIME, L'ÉTAT SANS ÉTAT.**

Ce corps est un corps matériel, et en tant que corps matériel, il lui faut toutes sortes de choses. Ses besoins sont sans fin. Parce que nous soutenons le corps, et que nous sommes dans une forme différente, les besoins matériels croissent en même temps que le corps recherche la paix et le bonheur. Le corps pense qu'il est quelque chose d'autre, indépendant, quelqu'un d'autre, [autre que l'Identité de l'Esprit], par conséquent tous ces besoins apparaissent dans la forme corporelle.

**DEPUIS QUE VOUS SOUTENEZ LE CORPS,
VOUS VOULEZ MANGER DE LA NOURRITURE,
VOUS AVEZ BESOIN D'ÊTRE DIVERTI.
AVANT LE CORPS MATÉRIEL
IL N'Y AVAIT PAS DE DÉSIRS ET PAS DE BESOINS,
RIEN DU TOUT N'ÉTAIT NÉCESSAIRE.**

Aussi pendant que vous êtes dans la forme corporelle, ce corps matériel, vous cherchez des choses qui vous apporteront la paix. Vous cherchez ces choses en dehors de vous-même. L'existence 'dans le corps' signifie que vous êtes sous beaucoup de pressions, et de tensions. Vous ne pouvez pas trouver une paix et un bonheur durables à cause des pressions corporelles, des peurs, et des tensions. Même de petites choses créent le conflit et la confusion qui mènent à davantage de tension.

Q: Alors comment puis-je arrêter de ressentir toutes ces pressions corporelles ?
Maharaj: Pour surmonter ça, vous devez vous convaincre de cette manière :

**BIEN QUE JE MAINTIENNE LE CORPS,
JE NE SUIS PAS CONCERNÉ
PAR LA CONNAISSANCE CORPORELLE.**

AVANT CETTE CONNAISSANCE CORPORELLE, MON EXISTENCE ÉTAIT LÀ, MAIS SANS AUCUNE FORME.

Q: À quoi est-ce que ça ressemblait sans corps ?
Maharaj: Sans forme ! Nous ne savons pas quelle sorte d'existence était là. C'est au-delà de l'imagination, au-delà de l'intellect. La science spirituelle dit tellement de choses, les livres aussi, alors qu'en fait, nous ne savons rien de ce qui est antérieur à la connaissance corporelle.

IL N'Y AVAIT PAS DE CONNAISSANCE.
DANS CET ÉTAT RIEN N'ÉTAIT NÉCESSAIRE
CAR VOUS ÉTIEZ SANS FORME.

Au moment où l'Esprit a cliqué avec le corps, tous les besoins, toutes les demandes ont commencé : nous voulons le bonheur, nous voulons la paix, une vie libre de tension, une vie sans peur. Tous ces besoins ne sont connectés qu'à la connaissance corporelle.

Au moment de la Conviction, quand vous SAUREZ que "je ne suis pas le corps, je ne vais pas rester le corps, je n'étais pas le corps", à ce moment-là, tout s'évanouira simplement. C'est un fait. Aussi longtemps que nous sommes concernés par la forme corporelle, toutes ces conditions resteront. Nous avons besoin de Maîtres, nous avons besoin d'un Dieu ou d'un autre.

'DIEU' EST LE MOT DONNÉ AU POUVOIR INCONNU.
'DIEU' N'EST QU'UN MOT.

Nous ne savons pas ce qu'est Dieu, mais nous en avons une image, une image d'un Dieu administrant le monde entier. C'est un concept.

Q: Comme le Dieu, qui est assis pour rendre un jugement, et nous punir pour nos péchés ?

Maharaj: Un Dieu qui existe et administre le monde entier. Il punit ceux qui font le mal, et récompense les autres qui font le bien. Ce sont des concepts, juste des concepts pour donner un peu de réconfort et de bonheur, même momentanés. Qu'est-ce que la Réalité ?

VOUS DEVRIEZ LA DÉTERRER DE L'INTÉRIEUR DE VOUS-MÊME.
DÉCOUVREZ ! QU'EST-CE QUE VOTRE RÉALITÉ ?

Avant la connaissance corporelle, avant d'être, nous ne connaissions aucun de ces mots. Nous n'avions pas de connaissance : Qu'est-ce que Dieu ? Qu'est-ce que *Brahman* ? Au moment où le corps disparaît, tout disparaît.

QUELLE EST L'UTILITÉ DE VOTRE CONNAISSANCE ?
A-T-ELLE UNE QUELCONQUE IMPORTANCE ?
NON, AUCUNE !
ELLE N'A AUCUNE IMPORTANCE
PARCE QU'EN PREMIER,
VOUS VOYEZ TOUT SORTIR DE RIEN,
ET PUIS, RIEN DISPARAÎT EN RIEN.

RIEN DISPARAÎT EN RIEN. PAS DE FORME !
OÙ EST VOTRE FORME ALORS ?

Q: Ce que vous dites Maharaj, est que la connaissance que nous obtenons de livres etc, est connaissance corporelle, et non pas la vraie connaissance ?

Maharaj: Vous êtes sans forme. Le corps n'est que la partie externe, le corps de nourriture.

VOUS ESSAYEZ DE CONNAÎTRE LA VÉRITÉ ULTIME DE L'INTÉRIEUR DE LA FORME CORPORELLE.

Vous utilisez les livres, le langage, les mots pour trouver votre Réalité. Vous prenez ces mots pour vrais, pour la vérité. Ils ne le sont pas ! Les mots ne sont que des indicateurs.

VOTRE POINT DE VUE CHANGERA AVEC LA CONVICTION.

C'est un fait que ce corps est impermanent. Nous n'avons besoin d'aucune connaissance ou spiritualité pour savoir ça. Chaque jour nous entendons parler de gens qui 'meurent' et de gens qui 'naissent'. Cette vie est un long rêve. Il n'y a pas de naissance, pas de mort. Oubliez la spiritualité ! Pensez simplement, et demandez vous, "Comment était ce monde quand je n'étais pas sous forme corporelle ? À quoi ressemblait-il ?"
Vous ne savez pas ! "Je ne sais pas" est la réponse parfaite. Ne pas savoir signifie que : "Je ne suis sous aucune forme. Je suis totalement ignorant. Je ne sais pas qui je suis". Quand le corps disparaît, tout s'en va, tout disparaît, tout comme la disparition d'un rêve.

Dans les rêves vous pouvez tout voir, le soleil, la lune, les gens, et parfois vous pouvez vous voir comme un homme au lieu d'une femme. Mais ensuite au moment du réveil : Qu'est-il arrivé à ces gens ? Tout s'est évanoui. Les gens, les lieux, les événements, les paysages - tout s'est simplement évanoui !

CETTE VIE EST UNE SORTE DE RÊVE.
ÉVEIL SIGNIFIE QUE VOUS VOUS
CONNAISSEZ DANS UN SENS RÉEL.
C'EST L'ÉTAT D'ÉVEIL.

Vous devez avoir la Conviction que vous n'étiez pas, que vous n'êtes pas, et que vous ne resterez pas le corps. Je martèle ces vérités tout le temps. Une fois que cela sera établi, vous resterez totalement indifférent à ce 'monde des apparences'. C'est simple, c'est une simple discussion, mais il vous faut l'absorber.

SI VOUS ÊTES DANS UNE FOULE DE GENS,
VOUS SEREZ LE MÊME, COMME SI VOUS ÉTIEZ SEUL.

Je vous donne un exemple : Maurice Frydman, et un de ses amis qui était Ambassadeur, se rendirent au Sri Ramana Ashram et restèrent pour la nuit. Maurice dormit calmement et tranquillement, mais son ami ne pouvait pas dormir. Le matin, il dit à Maurice : "Quelle foule, il y avait tellement de bruit cette nuit !" Maurice répondit : "Oh ! Quel bruit ? Je dormais profondément". Maurice n'avait été conscient d'aucun bruit. Il dormait paisiblement, car il était complètement indifférent au monde, au mental, au physique, à tout. Mais son ami prêtait beaucoup d'attention à l'extérieur, et peut-être même portait-il avec lui quelque bagage psychologique. Il se sentit mal à l'aise et perturbé.

Q: Donc le bruit venait de l'intérieur, de son mental ?
Maharaj: Oui. Il n'y avait pas de bruit du tout. C'était le bruit interne du mental. Il se plaignait à Maurice, qui disait qu'il n'en était pas conscient. Ainsi cet exemple montre que hors de cette Existence Spontanée, si vous prêtez plus attention aux choses externes, alors vous aurez des problèmes. Si vous ignorez tout ce qui arrive à l'extérieur comme à l'intérieur, alors seulement la Réalité sera exposée. Donc dites-vous encore et encore :

**"JE NE SUIS PAS CONCERNÉ.
JE N'AI RIEN À FAIRE AVEC CE MONDE CAR MA PRÉSENCE
EST ANTÉRIEURE À CE MONDE".**

66. Un sur un billion

Maharaj: Il y a une histoire en Marathi au sujet de Lakshmi, la déesse de la richesse. Elle frappe à votre porte, mais vous ne la reconnaissez pas. Vous prenez le balai et dites : "Fous le camp !" De même, le Maître apparaît avec la Connaissance, mais comme vous ne connaissez pas l'importance des Maîtres, vous minimisez leur pouvoir. Vous direz : "Bon, il y a un Maître à Nashik !"

En général, quatre-vingt-dix-neuf pour cent des gens viennent ici en disant : "Donnez-moi le Mantra, donnez-moi le Mantra. Voici mon fils ! Voici ma fille ! Bénissez-les !" Ils sont motivés à obtenir le Mantra parce qu'ils cherchent des miracles. Ils s'attendent à ce qu'après avoir reçu la Mantra, viendra l'argent, le travail ou le mariage. Très peu de gens sont intéressés par quelque chose dépassant ces perspectives.

Il y a une histoire au sujet du Seigneur Shiva. Des milliers de gens étaient rassemblés au Temple de Shiva. Ils dansaient et priaient : "*Ô Seigneur Shiva, Om Nama Shiva*".

Un des anciens sages, Narada, demanda au Seigneur Shiva : "Pourquoi ne donnez-vous pas le *darshan* à ces gens ? Ce sont de simples dévots. Tous vos dévots deviennent 'Un avec Cela'. Ils chantent votre nom en vous louant. Pourquoi les négligez-vous ? Vous êtes cruel. Vous devriez aller les voir."

Shiva répondit : "Avec grande difficulté, je viendrai, mais à une condition : je me tiendrai à huit kilomètres de distance. Dites-leur de venir à moi." Narada retourna au temple et annonça : "Oh dévots ! Le Seigneur Shiva est venu dans le monde et va vous donner le *darshan*. Aussi venez avec moi."

La moitié des gens dirent : "Quel homme stupide ! Il est impossible au Seigneur Shiva de venir dans le monde. Quel idiot !" D'autres gens dirent : "Peut-être qu'il sera là, nous pouvons le tester."

Cinquante pour cent des gens allèrent avec Narada. Sur le chemin, ils rencontrèrent des vendeurs d'ustensiles et de vases en cuivre. Cette attraction les occupa entièrement. La moitié du groupe dit : "Oh ! Ceux-là sont très bien. Je dois les ramener à la maison tout de suite." Ainsi ils se séparèrent, en disant, "Bye-bye, salut."

Le reste du groupe continua le voyage jusqu'au moment où ils tombèrent sur un étalage de vases en argent. Certains d'entre eux s'exclamèrent : "Le cuivre d'avant n'était pas mal, mais là c'est de l'argent et c'est très joli." Résultat, la moitié déserta le groupe, choisissant plutôt de ramener les récipients à la maison avec eux. Le groupe continua ainsi jusqu'au moment où une personne repéra quelque chose de brillant à proximité : "Oh, regardez ! De l'or ! Des vases en or ! Quelle opportunité ! Je vais aller en prendre quelques-uns."

À ce moment là, il ne restait plus qu'une poignée de personnes. Tous sauf un entrèrent avec une certaine excitation dans une boutique luxueuse de joailleries. Là, ils prirent leur temps pour regarder avec soin les diamants étincelants.

Finalement, un seul dévot atteignit le Seigneur Shiva. Il dit : "Vous voyez, tous ces dévots avaient des attentes. Ils cherchaient quelque chose. Je suis venu ici juste pour un seul, pour un réel dévot."

Le principe derrière l'histoire est le même. Tout le monde va au Math, au temple ou à l'ashram sans être intéressé par la spiritualité. Ils visitent de nombreux endroits, goûtant quelque chose ici, quelque chose là. Ils sont en vacances, visitant l'Inde durant cinq à six mois, vivant dans les ashrams, sans être réellement intéressés par la Connaissance. Ils vont d'ashram en ashram, du Sud au Nord du pays.

Nisargadatta Maharaj disait : "Ce sont des touristes, pas des chercheurs." Ils ne sont pas de réels chercheurs. Par conséquent,

JE VOUS DEMANDE DE NE PAS ÊTRE DES TOURISTES.
C'EST UNE OPPORTUNITÉ POUR VOUS.
SI VOUS GASPILLEZ CETTE OPPORTUNITÉ,
ELLE NE SE REPRÉSENTERA PAS.

Et une fois de plus, vous vous retrouverez avec des luttes et des difficultés.
LES MAÎTRES RÉALISÉS VIENNENT
APRÈS DE GRANDES DIFFICULTÉS.

UNE CONNAISSANCE SI RARE !
IL Y A BEAUCOUP DE MAÎTRES,
MAIS LE MAÎTRE QUI ILLUMINE LE DISCIPLE
EST TRÈS RARE.

Nisargadatta Maharaj disait : "Je ne fais pas de vous un disciple, je fais de vous un Maître." Un tel Maître est très, très rare. Il est sans fioriture, sans publicité, sans glamour.

Il est très difficile de trouver un tel Maître.
APRÈS AVOIR TROUVÉ UN TEL MAÎTRE
NE GASPILLEZ PAS CETTE CHANCE.
Ne la laissez pas glisser entre vos doigts.

Faites attention à *maya* et aux attractions extérieures ! Tout le monde est tenté d'aller ici ou là pour un bonheur mondain. Il y a toujours des forces externes cherchant à vous distraire de la Réalité, afin de vous faire chuter. Pour éviter ces serpents, nous vous donnons des conseils de mise en garde.

Bhausaheb Maharaj recommandait les *bhajans*, celui tôt le matin, celui de la fin de matinée, et celui dans la soirée, ainsi que la méditation. Il n'y a pas de règles ou de conditions, excepté de rester en contact avec votre Soi Sans Soi. Les pratiques sont illusion, je sais, mais sans elles, vous ne pouvez pas rester en contact avec votre Soi Sans Soi. Vous serez attaqué par la connaissance corporelle sous une forme ou une autre. Par conséquent,
RESTEZ VIGILANT,
ET VIVEZ UNE VIE TRANQUILLE.
VOUS N'AUREZ PAS DE DIFFICULTÉS.

67. *Qui est bon et qui est mauvais ?*

Maharaj: Vous avez beaucoup d'attachement au corps, et à toutes les associations, et liens relatifs au corps : mon mari, ma femme, mon frère, ma sœur, mon fils, ma fille, mes proches, etc. Chacun a un Dieu différent. Les religions ont trente-trois millions de dieux, mais personne ne voit.
PERSONNE NE VOIT.
PERSONNE NE REGARDE AVEC LES YEUX OUVERTS,
AVEC L'ŒIL DE LA CONNAISSANCE.

Il y a beaucoup de gens spirituels qui font la tête. Pourquoi ? Soyez heureux ! Nisargadatta Maharaj disait : "Ces gens saints avec leur connaissance ne devraient jamais être trop sérieux." Soyez heureux, car vous savez que cette vie est une illusion, et que la spiritualité l'est également. Ceci est un rêve, et cela est un rêve. Les deux sont faux. Il vous faut rire de tout ça, ainsi tout sera calme et tranquille. Soyez fort, soyez fort !

RESTEZ TOUJOURS EN CONTACT AVEC VOUS.
RESTEZ TOUJOURS EN CONTACT
AVEC VOTRE SOI SANS SOI.

N'ayez pas une foi aveugle. Découvrez : "Qui suis-je ? Pourquoi cette vie ?" Les gens disent : "Le dernier *prarabdha*, ce *prarabdha*." Le *prarabdha* de qui ? "Que signifie la bonne fortune ? Que signifie la mauvaise fortune ?" Pas de fortune ! Bonne ou mauvaise ? C'est le cercle de la connaissance corporelle.

DÉCOUVREZ QUI VOUS ÊTES,
C'EST LA CONNAISSANCE DIRECTE.
PAS DE COMPLICATIONS.
LE SECRET VA DE SOI !

Vous êtes devenu attaché au corps. Vous avez beaucoup d'amour et d'affection pour lui. Vous savez que le corps n'est pas votre identité, et vous devez avoir cette Conviction. Pour établir la Conviction, vous devez passer par les disciplines de méditation, et les *bhajans*. Alors lentement, silencieusement, et en permanence, la Vérité entière sera absorbée. Et alors, "Aha !"

Vous vous considérez comme dépendant, inconscient de votre totale indépendance. Si vous voulez vous comparer, comparez-vous au ciel ou à l'espace. Et vous êtes au-delà du ciel, au-delà de l'espace. Le ciel a des lignes frontières, vous n'en avez pas.

NOUS N'ACCEPTONS PAS LES FAITS, LA RÉALITÉ,
À CAUSE DES PRESSIONS D'AMOUR ET D'AFFECTION POUR
LE CORPS DE NOURRITURE.

Vous avez accepté aveuglément toutes ces pensées, toutes ces pensées illusoires. Si vous dépendez des pensées de quelqu'un, ça signifie que vous ne croyez pas en vous-même. Vous n'avez pas foi en vous. Vous ne connaissez pas votre pouvoir, votre propre pouvoir immense. À la place, vous êtes toujours dans l'attente de l'aide de quelqu'un pour prendre soin de vous. Pourquoi ?

TOUT EST EN VOUS. VOUS ÊTES LA SOURCE.

La Connaissance doit être absorbée en vous, jusqu'au moment où vous resterez complètement indifférent au monde, calme et tranquille, oubliant et pardonnant. Il y aura patience, et pas de lutte ou de haine. Pourquoi lutter ? Pourquoi haïr ? Qui est l'ennemi ? Il n'y a pas d'ennemi. Qui est mauvais ? Qui est bon ? Vous êtes supposé être complètement changé.

Il y a une histoire simple dans le *Mahabharata* quand le Seigneur Krishna envoie deux de ses frères pour une quête. Il demande au premier de chercher au village toutes les mauvaises personnes ayant commis des péchés.

Il fit comme on lui avait dit, visitant de nombreuses maisons, vérifiant la présence de gens peu recommandables.

Quand il termina ses tournées dans le village, il retourna faire son rapport au Seigneur Krishna : "Personne n'est fautif. Tout le monde est bon. Je n'ai pas trouvé une seule personne s'ingérant dans le péché, ou faisant des choses dégradantes de cette sorte."

Puis le Seigneur Krishna demanda à son autre frère de faire la même chose, de visiter tout le village et de trouver les personnes ayant commis des péchés. Quand finalement il revint, il partagea ses trouvailles avec Krishna : "Tout le monde dans ce village est mauvais ! Je n'ai pas trouvé une seule bonne personne."

Ces deux points de vue différents illustrent la vraie Connaissance. Il n'y a pas de 'bon' et il n'y a pas de 'mauvais'. Tout dépend du point de vue, de l'attitude qui est prise.

SI VOUS PRÊTEZ ATTENTION AU VU,
VOUS SEREZ ATTIRÉ DANS L'ILLUSION.

Aussi longtemps que l'illusion sera prise pour réelle, il y aura cette dualité du bon et du mauvais, du vrai et du faux.

RESTEZ AVEC LE VOYANT.

Après l'illumination, quand vous vous connaîtrez dans un sens réel, vous serez complètement changé. Le ressenti sera le suivant : "Je suis partout." Ma Présence, ma Présence Spontanée, ma Présence Invisible est partout, en chaque être. Quand ce moment viendra, vous ne verrez plus personne sous forme corporelle.

LE MÊME ESPRIT EST ICI,
LE MÊME ESPRIT EST LÀ.
IL N'Y A NI BON NI MAUVAIS.

Quand cela arrivera, vous verrez votre Présence partout, il n'y aura plus de jalousie, plus d'hostilité. Vous traiterez tout le monde de façon égale. La méditation modifiera votre point de vue, et changera votre perspective : Vous verrez tout le monde comme je le fais. Ces changements prendront place dans le corps interne. Cela vous apportera un Bonheur et une Paix exceptionnels, simplement et pourtant profondément, car vous ne verrez plus personne comme s'ils étaient différents. Le Seigneur Krishna dit : "Je suis partout. Ma Présence est là en chaque être." Votre point de vue changera de cette manière. Un changement de ce type aura lieu.

Q: Dans *Je Suis*, il me semble me rappeler que Nisargadatta Maharaj dit quelque chose à ce propos. Il disait : "Il n'y a pas de bon ni de mauvais." Les gens étaient absolument choqués car ils n'avaient jamais pensé à ça.

Maharaj : Oui ! Bon et mauvais sont relatifs à la connaissance corporelle.

Q: Ils étaient absolument choqués. Avec toutes ces guerres, tous les problèmes dans le monde, tous les meurtres et ce genre de choses…

Maharaj: Puisque nous nous prenons pour la forme corporelle, nous voyons le bon et le mauvais. Le fait est que vous n'avez jamais été le corps, vous n'êtes pas le corps, vous ne resterez pas le corps. C'est la Vérité Ultime. Il n'y a pas de naissance ni de mort, pas de salut, pas de servitude.

Q: Pas de guerres, pas de paradis ?

Maharaj: Il n'y a rien. Comme je vous l'ai dit, tout sort de rien, et sera absorbé, fusionné avec rien. C'est un fait. Tous les souvenirs disparaîtront avec le corps. Nous savons cela, mais nous sommes toujours sous les impressions et les pressions de ce corps.

Bien que nous connaissions la Réalité, nous ne l'acceptons pas. Vous devez suivre ce processus pour dissoudre la connaissance corporelle. La première leçon est la méditation, puis tout s'ouvrira car votre existence est Existence Spontanée.

VOTRE EXISTENCE EST SPONTANÉE.
VOUS NE FAITES PAS PARTIE DE CES NOTIONS FOLLES ET MALAVISÉES TELLES QUE,
"JE PRENDRAI NAISSANCE EN AMÉRIQUE,
OU EN ANGLETERRE, OU EN CHINE, OU AILLEURS."
VOUS NE POUVEZ PAS FAIRE CES CHOSES.

Embrassez la Réalité, et non la forme corporelle. Pour embrasser cette Réalité, vous devez avoir une forte foi et une forte implication, à tel point que, même si le soi-disant Dieu apparaissait devant vous, vous n'en seriez pas remué.

DIEU EST LE REFLET
DE VOTRE PRÉSENCE SPONTANÉE.

Q: Je n'ai jamais rien entendu de tel avant. C'est remarquable !

Q2: J'accepte tout ce que vous dites ! Vous savez, Maharaj, dire ces mots, juste à l'instant, intuitivement, cela est dit spontanément, sans même avoir besoin d'y penser.

Maharaj: C'est comme quand vous voyez le monde dans un rêve, Dieu, tout.

Q: Où est ce Dieu ?

Maharaj: Votre Présence est essentielle pour dire Dieu, pour dire quoi que ce soit. Si votre Présence n'est pas là, comment pouvez-vous voir les dieux et déesses ? Votre Présence Spontanée Invisible se tient derrière tout.

LA RÉALITÉ EST AU-DELÀ DE L'IMAGINATION,
AU-DELÀ DE L'INTELLECT.

La Vérité Finale, la Vérité Ultime, la Vérité Exceptionnelle, vous pouvez utiliser les mots que vous voulez. Les mots agissent uniquement comme un médium, un canal, un instrument.

Q: Pour communiquer ?

Maharaj: Nous avons donné naissance aux mots, créé un alphabet, assemblé les lettres, fabriqué les mots en leur donnant des significations. La connaissance littérale n'est donc pas suffisante.
Q: Certains mots peuvent être proches ?
Maharaj: Certaines indications peuvent être trouvées dans ces mots. Ils peuvent transmettre un message. Mais fondamentalement nous avons inventé l'alphabet et donné un sens aux mots. L'Esprit est dans la forme corporelle, par conséquent nous devons utiliser les mots pour communiquer.

Nous ne pouvons pas nous connaître à travers les mots, les livres, ou même la meilleure des littératures. Nous sommes avant les mots, avant le langage. Nous ne pouvons nous connaître qu'avec la Connaissance du Soi. Le principe de la spiritualité signifie : Connaissez-vous dans un sens réel :
"JE SUIS TOTALEMENT DEPOURVU DE NAISSANCE."
Alors seulement, deviendrez-vous sans peur. Vous êtes comme le ciel. Nous construisons tous ces murs, et pourtant le ciel est là. Quand les murs s'effondrent, où va le ciel ? C'est le moyen de se convaincre. La Clé Maîtresse vous a été donnée, maintenant vous devez la faire fonctionner. C'est la Vérité de l'Auditeur.
**C'EST LA VÉRITÉ DE L'AUDITEUR.
L'AUDITEUR INVISIBLE, ANONYME
QUI VOIT À TRAVERS CES YEUX,
QUI ÉCOUTE À TRAVERS CES OREILLES,
QUI GOÛTE AVEC CETTE LANGUE.
L'ESPRIT REND TOUS CES ORGANES ACTIFS.**
Si l'Esprit n'était pas là, vous ne seriez pas capable de voir avec ces yeux, de sentir avec ce nez. Rien !

Quelle est la conclusion de cette connaissance ? Excepté soi-même, il n'y a rien. Il n'y a rien en dehors de La Réalité Ultime. Donc n'allez pas chercher des pensées, sensations, expériences ou un autre Guru.
Q2: Un peu plus tôt, c'était vraiment étrange parce que les mots sortaient de ma bouche sans que j'en aie connaissance. J'étais très surpris de m'écouter dire que j'acceptais tout ce que vous disiez.

Aussi, ce matin durant la méditation, il y avait une forte indication de ce dont vous venez juste de parler, qu'il n'y a que l'Esprit.

Mes yeux étaient clos. Puis une lumière apparue, qui tourna en un feu brillant vivement. Le message était que ce pur feu sacré est toujours allumé, toujours en train de brûler avec éclat. C'était comme la flamme éternelle de l'Esprit.
Maharaj: Vous avez de bonnes expériences mais ce n'est pas la Vérité Ultime.

68. Les mots sophistiqués

Maharaj: Tous ces mots, tous ces concepts vous compromettent. Toutes ces pensées illusoires ne sont relatives qu'au corps. Le Maître invite l'attention de l'Auditeur Silencieux Invisible. Vous êtes la Vérité Ultime, vous êtes non né, mais à cause des impressions de la connaissance corporelle, de la connaissance du corps de nourriture, de la connaissance matérielle, nous ignorons la Réalité.

Le mental n'est rien que le flux des pensées. Vous êtes témoin du flux des pensées. Vous êtes témoin du rêve. C'est un long rêve. C'est comme un long rêve. Vous gaspillez chaque jour avec tant de rêves, différents types de rêves.

LE VOYANT EST LE MÊME.
L'ATMOSPHÈRE DE CHAQUE RÊVE EST DIFFÉRENTE.
C'EST LE RÊVE D'AUJOURD'HUI,
ET DEMAIN,
EST UN RÊVE DIFFÉRENT.

Vous n'avez pas à donner une quelconque importance à ce qui arrive dans ce rêve. C'est la Conviction que vous devez maintenir. C'est la Vérité Ultime. C'est la Vérité Finale car vous n'avez pas pris naissance.

TOUT CE QUE VOUS POUVEZ VOIR EST ILLUSION.
SANS LE VOYANT, VOUS NE POUVEZ RIEN VOIR.
SANS VOTRE PRÉSENCE, PERSONNE NE PEUT DIRE QUOIQUE CE SOIT À PROPOS DE *BRAHMAN*, D'*ATMAN*, DE DIEU, DU MAÎTRE.

Votre Présence est derrière tout. Elle est Présence Spontanée, Présence Invisible, Présence Anonyme.

Q: Vous dites, 'derrière' la Présence ?

Maharaj: Ne prenez pas les mots littéralement ! Il n'y a pas de 'derrière' ni de 'devant'. Ce n'est que du langage. J'utilise juste ce vocabulaire pour communiquer, pour essayer de mettre en mots la Connaissance. Écoutez ces enseignements, mes mots sont très importants : la Présence Spontanée, la Présence Invisible, la Présence Anonyme. Il n'y a pas de nom pour cela.

POUR CELA, IL N'Y A PAS DE NOM.

Elle ne peut être définie, décrite. Sans ce Pouvoir sans nom, nous ne pouvons pas voir.

C'EST L'IDENTITÉ SPONTANÉE NON-IDENTIFIÉE.
VOTRE PRÉSENCE EST IDENTITÉ NON-IDENTIFIÉE.

Cette Présence a une haute valeur. Elle est inestimable. Ne vous sous-estimez pas. Tous les saints divins, tous les saints magistraux vous sont secondaires. Ils peuvent seulement apparaître après vous. Votre Présence vient en premier.

Pour dire quelque chose, quoi que ce soit, votre Présence est essentielle. Par exemple : "C'est mon père." Pour dire "C'est mon père." votre Présence est requise. "C'est Dieu !" Pour dire 'Dieu', votre Présence est requise.
LE MONDE ENTIER SORT DE VOTRE PRÉSENCE SEULE.
SANS VOTRE PRÉSENCE,
QUI PEUT DIRE QUE LE MONDE EST VRAI OU FAUX ?
QUI PEUT DIRE QUOI QUE CE SOIT ?
Votre Présence est Invisible, est partout, elle ne peut être définie par aucun mot. Les mots ne sont que des communicateurs de connaissance. Nous sommes les inventeurs des mots, et maintenant nous leur avons permis de nous compromettre.

Q: Je pense que pour la plupart des gens, les mots et le langage sont devenus nos Maîtres. Nous avons permis à tous ces millions de mots de nous contrôler, de nous confondre, de nous compromettre. Nous nous sommes pris dans les mots au lieu de la Vérité, et nous pensons que les mots sont la même chose que la Vérité.

Maharaj: Car nous sommes dans la forme corporelle. Tous ces mots *Brahman*, *Atman*, *Paramatman*, sont corrects jusqu'à un certain niveau, en tant qu'indicateurs, mais après la réalisation, ils sont complètement insignifiants. Les gens vont ici et là, trouvant différents maîtres, lisant de plus en plus de livres sur la spiritualité. Et pendant ce temps, ce qu'ils font réellement est d'ajouter de plus en plus d'ego.
VOUS PARLEZ DE *BRAHMAN*, D'*ATMAN*, DE *PARAMATMAN*,
MAIS VOUS NE LES CONNAISSEZ QU'EN TANT QUE NOMS, QUE COMME DES MOTS.
VOUS NE SAVEZ PAS CE QU'ILS SIGNIFIENT.
JE NE PARLE PAS DE LA CONNAISSANCE DE *BRAHMAN*,
***ATMAN*, *PARAMATMAN*,**
JE PARLE DE VOTRE CONNAISSANCE.
Vous êtes l'architecte de votre propre vie, de votre vie spirituelle. C'est à vous de savoir comment modeler votre vie spirituelle. J'essaie de simplifier cette Réalité, en utilisant des mots simples, sans aucune complexité.

Toutes vos questions sont apparues de votre connaissance corporelle : "Je suis quelqu'un, je suis un maître, je suis une personne qui a du savoir." Ce sont des pensées égotiques. Vous n'êtes rien ! Tout sort de rien, et revient se dissoudre en rien. Que dites-vous ?

Q: Oui, absolument. Et la façon dont vous communiquez les enseignements est si simple. Sans fioritures !

Maharaj: Vous devez être fort car il y a tant de concepts, tant de mots pour vous amener la confusion. Nous nous perdons en eux : naissance, renaissance, futur, vie passée, vie future, salut, enfer et paradis, tant de mots, Mumbai, Californie, etc. Que voulez-vous dire par salut ? Que voulez-vous dire par enfer et paradis ?

D'innombrables mots ont été créés, et ensuite nous avons essayé de trouver leur signification au travers d'encore plus de mots. Quelle que soit la connaissance que vous acquérez, elle disparaîtra avec le corps.

Posez une question simple : toute cette connaissance vous sera t-elle utile au moment de quitter votre corps ? Si une peur subtile est encore présente, alors quelle est l'utilité de cette connaissance, de toute cette connaissance sophistiquée ? Ça signifie que vous avez collecté de la monnaie haute en couleurs, qui s'est révélée être sans valeur sur le marché. Vous avez accumulé des liasses d'euros ou de livres sterling, mais c'est de la fausse monnaie. Vous ne pouvez pas en faire usage.

Aussi, vous pouvez avoir beaucoup de connaissance sur la spiritualité, sur *Brahman*, sur *Atman*, sur Dieu, et même être capable d'en parler de manière éloquente, mais,

ASSUREZ-VOUS QUE LA CONNAISSANCE SOIT RÉELLE ET PRATIQUE, AUTREMENT C'EST INUTILE.

Vous connaissez peut-être cette histoire concernant Albert Einstein, le célèbre scientifique. Il faisait des tournées et donnait des conférences dans diverses universités aux États-Unis. Il était toujours accompagné par son chauffeur Harry, qui assistait à chacune de ses conférences assis au fond de la salle. Un jour, à la fin d'une de ces conférences, Harry lui dit : "Professeur, j'ai entendu vos conférences tant de fois que je suis certain d'être capable d'en délivrer une parfaitement moi-même."

"Très bien !" répondit Einstein, "La semaine prochaine, nous allons à Dartmouth. Ils ne me connaissent pas là-bas, donc vous pourrez faire la conférence, et je serai Harry !" Harry délivra donc la conférence parfaitement, sans un mot de travers, tandis qu'Einstein était assis au fond de la salle, dans son habit de chauffeur, assoupi. Au moment où Harry allait quitter la scène, un assistant de recherches l'arrêta, et lui posa une question très difficile, une de celles qui impliquait des calculs et des équations complexes. Harry répondit sans tarder : "Oh, c'est facile ! C'est si facile que je vais laisser mon chauffeur répondre !"

Cette histoire est utilisée ici, pour illustrer le fait que tout le monde peut citer des livres et les Maîtres comme un perroquet, mais ils ne peuvent répondre aux questions à moins qu'ils aient eux-mêmes la Connaissance du Soi.

SOYEZ UN MAÎTRE DE LA RÉALITÉ, ET PAS JUSTE UN MAÎTRE DE PHILOSOPHIE ET DE SPIRITUALITÉ.

UN PROFESSEUR PEUT ENSEIGNER EN PARLANT DE LA VÉRITÉ,
ALORS QU'UN MAÎTRE LA VIT.

Nisargadatta Maharaj dit une fois à un visiteur, un Docteur en Philosophie, qui lui posait de nombreuses questions : "Tirez un trait sur tout ce que vous avez lu et écoutez ! Soustrayez tout ce que vous avez jamais lu depuis l'enfance, et ensuite écoutez simplement."

SI VOUS VOULEZ NE RIEN SAVOIR,
TOUS CES LIVRES SPIRITUELS SONT DISPONIBLES.

Nous parlons au sujet de l'enfant qui n'a pas pris naissance. Rien n'est arrivé. Rien n'arrive.

Q: Maharaj, nous devons avoir des centaines de livres dans le grenier à la maison. Ils concernent tous la spiritualité. Nous les avons mis là-haut il y a quelques années parce que nous en avions terminé avec eux. Ces livres nous servent maintenant d'isolation pour garder la chaleur dans notre maison l'hiver !

Vous disiez qu'au moment de la mort, tous ces livres n'étaient d'aucune aide. Vous pourriez avoir tous ces livres derrière vous, sur votre lit de mort, sans qu'ils vous apportent une quelconque aide, n'est-ce pas ? même si vous les aviez tous lus.

Maharaj : Vous devez vous façonner vous-même à la lumière de toute cette spiritualité. À nouveau je répète la même chose, la méditation est la base. Je n'ai peut-être pas encore assez insisté sur l'importance de la méditation. À cause de la sensibilité de l'Esprit, la méditation imprime la Réalité sur l'Esprit : "Vous êtes *Brahman*, vous êtes *Brahman*."

Réciter le Mantra est très efficace. Je vous donne un exemple : Quand un officier de police essaie d'attraper un criminel, au début ce dernier peut dire : "Je n'ai rien fait." Mais ensuite, après un peu de pression, et peut-être un peu de torture, il avoue, et admet son crime : "Oh, d'accord, d'accord, je vous dirai tout, j'avoue."

De manière similaire, au début, il peut vous sembler que vous vous torturez avec "je suis *Brahman*, je suis *Brahman*". Il y a une menace sur votre existence. L'ego s'élève, il réagit et se révolte. Mais ensuite il abandonne, et il y a acceptation : "Oui ! JE SUIS *Brahman*", et tous les secrets s'ouvrent à vous.

Vous devez utiliser ce logiciel anti-virus tout le temps, de telle façon qu'aucun virus n'ose entrer dans votre ordinateur portable. Donc faites votre pratique, et oubliez le passé.

IL N'Y A PAS DE PASSÉ, PAS DE PRÉSENT, PAS DE FUTUR.
IL N'Y A PAS DE BON, PAS DE MAUVAIS.
LES CHOSES QUE NOUS TROUVONS TOLÉRABLES,
NOUS LES APPELONS DE 'BONNES CHOSES'.

LES CHOSES QUE NOUS NE TOLÉRONS PAS, NOUS LES APPELONS DE 'MAUVAISES CHOSES'.

Ce qui n'est pas tolérable est 'je suis'. 'Je suis' est intolérable. Pour cela, [pour surmonter ça], la Présence requiert du divertissement. Quand l'enfant naît on lui donne un peu de miel, des douceurs de cette sorte. Nous ne pouvons pas supporter d'être, nous ne pouvons pas le supporter sans divertissement.

QUELLE SORTE DE DIVERTISSEMENT AVIEZ-VOUS AVANT D'ÊTRE ? IL N'Y AVAIT RIEN.

Maintenant c'est une autre histoire. Nous voulons de la nourriture, cette chose-ci, cette chose-là, tant de choses. Prendre un bain chaque jour, se laver les dents. Avant d'être, rien ne devait être fait, il n'y avait pas de dents à brosser, aucun savon n'était requis, pas de sucreries requises, pas de nourriture requise, rien. Il n'y avait pas de besoins. Nous ne connaissions pas Dieu, *Brahman, Paramatman, Atman*.

CETTE CONNAISSANCE EST TRÈS, TRÈS SIMPLE, MAIS ELLE A ÉTÉ RENDUE COMPLIQUÉE PAR UNE INFINITÉ DE LIVRES.

Nisargadatta Maharaj disait : "L'essentiel de tout cela est que Vous êtes la Vérité Ultime, Vous êtes la Vérité Finale." En parlant des livres il disait toujours : "Lisez les livres, mais ne les laissez pas vous noyer. Lisez-les, mais ne vous y noyez pas."

TANDIS QUE VOUS LISEZ CES LIVRES SUR LA SPIRITUALITÉ, VOUS DEVEZ SAVOIR QUE C'EST L'HISTOIRE DU LECTEUR INVISIBLE, L'HISTOIRE DU LECTEUR INVISIBLE. IL N'Y A PAS DE DUALITÉ, PAS D'INDIVIDUALITÉ.

Pas de dualité, pas d'individualité. Allez de plus en plus profondément au-dedans, et vous verrez, et trouverez un bonheur exceptionnel. Alors vous vous exclamerez : "Oh, j'étais un idiot ! Tout ce que je faisais était d'utiliser un système de croyances." Si vous jetez un coup d'œil à votre passé, vous verrez que c'était une connaissance idiote, que ce que vous faisiez était complètement stupide. Quand vous réfléchissez en adulte, et que vous repensez aux choses que vous avez faites étant enfant, vous vous sentez idiot. C'est comme cela. Maintenant vous êtes un adulte, vous vous connaissez.

69. Dieu tout-puissant

Q: Que veut dire Nisargadatta Maharaj quand il dit que l'on doit aller au-delà de 'Je suis Dieu'? Si tout est Dieu, comment peut-on aller au-delà de Dieu ?
Maharaj: Dieu est un concept. Dieu, *Brahman*, *Atman*, *Paramatman*, ce sont des concepts, créés par nous. Vous ne savez pas ce qu'est Dieu, ou ce que vous voulez signifier par Dieu. Que voulez-vous dire par *Brahman* ? Au moment où votre Présence apparaît dans le monde vous dites : "Oh Dieu, bénissez-moi", ou "S'il vous plaît, faites-moi une faveur."

Où était Dieu avant votre existence ? Saviez-vous quelque chose à propos de Dieu ? Non ! Rien ! Ou *Brahman* ? Rien ! Le monde entier est sorti hors de rien. Le monde entier est sorti de rien, et fusionnera avec rien. Vous suivez ? Il ne reste rien.

L'Esprit clique avec le corps, et vous voyez le monde. Le corps est la cause, et le monde est la conséquence. S'il n'y a pas de corps, il n'y a pas de conséquence. Le corps ne peut pas fonctionner indépendamment. Il a besoin de l'Esprit pour fonctionner, comme un ventilateur a besoin d'électricité. Pour qu'il y ait action, pour qu'une action arrive, une action relative au corps, un Esprit, un pouvoir est requis.

Q: Et ce pouvoir est *Brahman* ou Dieu ?
Maharaj: Eh bien, ce sont les noms : *Brahman*, *Atman*, *Paramatman*, Dieu. Ce sont les noms que nous donnons à ce pouvoir, mais c'est VOTRE POUVOIR. Ce Pouvoir ne connaît pas sa propre Identité. Ce Pouvoir ne connaît pas sa propre Identité. Nous donnons des noms tels que *Brahman*, *Atman*, *Paramatman*, Dieu, etc, simplement pour que nous soyons capables de l'identifier, uniquement pour savoir.

**VOTRE IDENTITÉ NON-IDENTIFIÉE
EST AU-DELÀ DE CELA.
CETTE IDENTITÉ NON IDENTIFIÉE,
CETTE IDENTITÉ ANONYME,
CETTE IDENTITÉ INVISIBLE NE PEUT PAS ÊTRE DÉCRITE.**

J'utilise différents mots pour vous convaincre que vous êtes la Vérité Ultime, et vous utilisez différents mots pour vous convaincre de la même chose, sans aucun ego. Ce n'est pas de la pensée logique ou intellectuelle. Il n'y a pas de concepts mentaux. Il n'y a pas de mental, pas d'ego, pas d'intellect.

Q: Et qu'en est-il du 'je suis' et d'essayer de faire un effort pour rester dans cette sensation du 'je suis'?
Maharaj: Pourquoi rester avec la sensation? Vous n'avez pas à faire d'effort. 'Je suis' est spontané ! Vous êtes déjà 'je suis', donc vous n'avez pas à essayer quoi que ce soit.

Q: Mais Nisargadatta Maharaj disait que nous devions nous maintenir dans le 'je suis'.
Maharaj: À nouveau, vous prenez les mots littéralement. Les Maîtres utilisent des mots qui indiquent quelque chose. Ils donnent des indications à travers des mots. Ne soyez pas une victime des mots ! Nous devons nous libérer de tout cette servitude illusoire.

VOUS ESSAYEZ DE SAISIR CETTE CONNAISSANCE AVEC LE MENTAL.
VOTRE CONNAISSANCE PRÉCÈDE LE MENTAL.

Il n'y a pas d'esclavage du tout. Vous êtes déjà libre et indépendant.
Q: Par votre grâce, Maharaj, je serai libre.
Maharaj: Je vous ai dit que vous êtes déjà libre, mais vous pensez toujours que vous êtes dépendant, handicapé, attendant la grâce de quelqu'un d'autre. Parce que nous ne sommes pas conscients de notre propre importance, nous nous prenons pour la forme corporelle.

Ce n'est rien qu'illusion, parce que vous n'avez jamais été dans la forme corporelle avant d'être, et vous n'allez pas rester dans la forme corporelle.

C'est la Vérité Nue, un fait établi, très simple. Mais vous n'accordez aucune attention à votre Soi Sans Soi. Vous n'accordez aucune attention à votre Soi Sans Soi.

VOUS AVEZ UN POUVOIR IMMENSE.
MAIS VOUS VOUS PRENEZ POUR LA FORME CORPORELLE.
CE N'EST PAS VOTRE IDENTITÉ.
COMMENT POURRAIT-ELLE L'ÊTRE ALORS QU'ELLE CHANGE TOUT LE TEMPS?

Vous êtes un petit enfant, cet enfant grandit : un jeune homme, un vieil homme, et puis un jour ou l'autre, [Le Maître frappe dans ses mains], vous devez quitter le corps. Considérez ça sérieusement ! Comprenez et convainquez-vous.

Nous avons beaucoup d'attachement au corps. C'est inévitable à cause de la longue association. L'attachement se doit d'être là, car comme je vous l'ai dit, l'Esprit ne se connaît qu'à travers le corps. En conséquence cet Esprit, le *Brahman*, ne souhaite pas quitter le corps.
Q: Parce qu'il pense qu'il est quelque chose d'autre que l'Esprit, quelque chose de séparé de l'Esprit. Il pense qu'il est le corps ?
Maharaj: Vous pouvez le dire de la manière que vous voulez. Cet Esprit est attaché. Tout ce qu'il sait est : "Je suis le corps. Je suis quelqu'un." Mais vous n'êtes personne. En fait, vous n'êtes personne. Ce corps aime dire, "Je suis quelqu'un."

VOUS N'ÊTES PERSONNE.

De même, dire : "Je suis *Brahman*" est illusion.

DIRE "JE SUIS *BRAHMAN*" EST ILLUSION.
Vous voulez lui donner un nom, quand il n'a pas de nom.
VOUS N'AVEZ PAS DE NOM.
Q: Je comprends ! C'est une erreur d'identité. Nous sommes identifiés avec le corps depuis l'enfance, et nous l'avons pris pour notre identité. Aussi cela nous a maintenu dans le cercle de la connaissance corporelle. Ensuite, alors que nous cherchions notre véritable identité, quand nous la cherchions, disons, à l'intérieur, ou dans des livres ou ailleurs, nous le faisions alors que nous étions toujours identifiés avec le corps, encore piégés dans le cercle de la connaissance corporelle.

Ça signifie que la connaissance que nous avons trouvée, provenait de ce monde illusoire, qu'elle était acquise par cette personne illusoire, ce mental illusoire, cet ego illusoire - Moi ?

Maharaj: Pourquoi pleurez-vous pour le périssable, alors que votre Identité est impérissable ? Votre pouvoir éternel est plus grand que toutes ces choses. Vous avez un pouvoir immense, le pouvoir, la force de créer ce monde. Vous donnez de l'importance au vu et non au Voyant. Pour dire 'Dieu' votre Présence est nécessaire. Vous êtes le Père de ce Dieu. Vous êtes inconscient, vous n'êtes pas connu de votre Pouvoir. Le corps n'a de l'importance qu'à cause de votre Présence.

Connaissez le secret de votre vie. Tous les secrets sont en vous seulement. Et puisque vous ne réalisez pas votre importance, vous courez ici et là. Essayez de comprendre la valeur de votre existence, de votre Présence. Ce que je vous dis est un secret qui va de soi. C'est l'histoire de l'Auditeur, Vous, l'Auditeur, n'êtes en aucune forme corporelle. Vous n'avez rien à faire avec ce monde tout entier.
VOUS ÊTES DIEU TOUT-PUISSANT.
VOUS ÊTES DIEU TOUT-PUISSANT.
VOUS ÊTES LE TOUT-PUISSANT DIEU.
[Un long silence suit.]
Q: Maharaj, je me suis senti anéanti quand vous avez prononcé ces mots. Ils m'ont frappé si puissamment. J'ai senti qu'ils pénétraient très profondément ce corps. Le poids de la vérité, la puissance, la signification, tout ça semblait exploser à l'intérieur et à l'extérieur de moi. Je suis émerveillé et reconnaissant en même temps. C'est difficile à expliquer.

Maharaj: Il n'y a pas d'extérieur et pas d'intérieur ! Vous n'avez rien à voir avec ce monde. Donc restez indifférent au monde, indifférent à toute cette atmosphère.

Des nuages vont et viennent, des pensées vont et viennent. Les pensées qui vous sont utiles, vous pouvez les accepter. Si elles ne sont pas utiles, vous pouvez les jeter dehors. Ce flux des pensées est la nature de la forme corporelle provenant des cinq éléments. Les pensées viennent, diverses pensées viennent, en adoptant les trois *gunas* [*tama, raja, sattva*]. Le corps appartient aux cinq éléments, donc la présence de hauts et de bas est inévitable.

C'est simplement de la science spirituelle, une information qui n'est pas importante pour nous. Nous sommes au-delà des *gunas* car nous ne sommes pas le corps. Ce langage n'est utilisé que dans le but de comprendre. Il peut indiquer, et vous convaincre de la Réalité, mais votre science spirituelle est limitée. Ce qu'il faut en retenir :

**VOTRE IDENTITÉ NON-IDENTIFIÉE EST
DIEU TOUT-PUISSANT.
VOTRE IDENTITÉ NON-IDENTIFIÉE EST
DIEU TOUT-PUISSANT.
EMBRASSEZ CETTE RÉALITÉ.**

70. *L'univers est en vous*

Q: La nuit dernière, je récitais le Mantra. Puis, une image de notes de musique dans l'air m'est apparue. Les notes flottaient dans l'air. Je sentais quelque chose émouvant au dedans, et il y avait cette vague de bonheur. Toute la Lignée des Maîtres était rassemblée et se tenait derrière moi. Ils étaient aussi très heureux et applaudissaient. Leur énergie était invisible, mais il y avait connaissance que c'était la Présence des Maîtres.

Je voulais juste vous dire cela. J'allais aussi vous demander à propos du chant des *bhajans*. Devrais-je pratiquer le chant des *bhajans* tous les jours régulièrement, comme la méditation ?

Maharaj: Oui, une pratique quotidienne ! Tout ça est nécessaire pour absorber la connaissance, mais seulement au stade initial. 'Le stade initial' signifie jusqu'à ce que vous ayez la Conviction. Tant que ça n'est pas arrivé, vous devez suivre la discipline de la méditation et des *bhajans*. Puis ce sera spontané.

**POUR ÉTABLIR LA VÉRITÉ,
VOUS AVEZ BESOIN D'UNE FONDATION.
ET À MOINS QUE VOTRE FONDATION NE SOIT PARFAITE,
VOUS NE SEREZ PAS CAPABLE DE VOUS CONNAÎTRE
DANS UN SENS RÉEL.**

Si vous suivez cette discipline, ce sera automatiquement projeté en vous. Ce que je relate est la Connaissance de l'Auditeur, la Connaissance de l'Auditeur Invisible, Anonyme qui est déjà en vous. Mais vous êtes inconscient.

Q: Je suis inconscient ?

Maharaj: Je ne parle pas à la forme corporelle de Michael, je m'adresse à l'Auditeur Anonyme, l'Auditeur Invisible en vous. Ce que je communique est adressé au Maître, qui n'est sous aucune forme. Vous suivez ? C'est l'Auditeur Invisible, l'Auditeur Anonyme.

Donc après avoir entendu et vous être attardé sur la Connaissance, la Réalité sera automatiquement imprimée, et la Connaissance sera gravée. Puis au Niveau Ultime quand vous réalisez pleinement, vous direz : "Oui, j'ai trouvé ce pourquoi j'ai lutté ! Je l'ai !" La Réalité est votre propriété. Vous avez oublié votre richesse, votre propriété.

LA RÉALITÉ EST VOTRE PROPRIÉTÉ, NON PAS LA PROPRIÉTÉ DE *BRAHMAN*, *ATMAN,* DIEU.

L'Auditeur Silencieux Invisible en vous, a été appelé par différents noms - *Brahman*, *Atman*, *Paramatman*, Dieu, Maître. Ce sont juste des mots mais vous êtes devenu attaché à eux. Une vie de pensées illusoires a été imprimée sur vous. Le *Naam Mantra* et la méditation sont la meilleure façon de les supprimer.

Q2: Est-il approprié d'être initié par vous alors que mon Maître est Nisargadatta Maharaj ? Y a-t-il un problème ?
Maharaj: Pas de problème ! Tout est Un.
Q2: Exactement ! Mais est-ce un problème qu'il ne soit pas dans son corps ?
Maharaj: Il n'y a pas d'individualité. Ciel Indien, ciel Européen, ciel Russe, ciel Australien, il n'y a pas de différence. Y a-t-il des désaccords, des affrontements, des conflits entre le ciel Indien, et le ciel Américain ? Pas du tout.

Il n'y a pas d'individu. Nous sommes tous Un : Nisargadatta Maharaj, Ranjit Maharaj, moi, vous. La seule différence tient dans la forme corporelle. Nous disons que Nisargadatta Maharaj est séparé, Ranjit Maharaj est séparé, Siddharameshwar Maharaj, séparé.

LES CORPS SONT SÉPARÉS, LA VÉRITÉ ULTIME EST UNE.

Il n'y a aucun sens à faire un problème au sujet des différents Maîtres. Pourquoi en faites-vous un problème ?
Q2: Qu'en est-il de l'intensité du contact avec le Maître ? Si le Maître n'est pas dans le corps, mais l'on est certain et cent pour cent dévoué, ce contact est-il aussi puissant et bénéfique qu'avec un Maître vivant ?
Maharaj: Il n'y aucune différence entre le Maître Intérieur et le Maître Extérieur. Si un temple s'effondre, le ciel est toujours là.
Q2: Donc je n'ai pas à avoir de doutes, tout va bien ?
Maharaj: Ces doutes apparaissent à cause des impressions des pensées illusoires. Tant que vous vous considérez comme "je suis dans la forme corporelle", les questions et les doutes sont inévitables. Au moment où votre forme corporelle, votre connaissance du corps de nourriture se dissolvent, à

ce moment, vous deviendrez le vaste univers, instantanément. L'univers entier est en vous.

Q2: L'univers entier est en moi ? Comment ?

Maharaj: Car hors de votre Présence Spontanée, vous voyez le monde. Hors de votre Présence vous voyez le monde. Au moment où la Présence disparaît, tout ça disparaît. Vous faites une discrimination entre un Maître vivant et un Maître qui n'est plus en vie. Où tout cela est-il parti ? Qu'est-il arrivé à cela ? [Il frappe dans ses mains.]

Nous nous considérons dans cette forme corporelle. C'est illusion, ça ne va pas rester constant, mais l'Esprit n'ira nulle part.

SI UNE MAISON S'EFFONDRE LE CIEL NE VA NULLE PART, PARCE QU'IL EST SANS FORME. VOUS ÊTES SANS FORME.

À nouveau, je répète la même chose. Pour avoir cette Conviction, vous devez vous soumettre à cette discipline. Il n'y a pas de Conviction car vous avez une foi forte dans la forme corporelle, la sensation du corps.

BIEN QUE VOUS DISIEZ : "JE SUIS *BRAHMAN*", LA SENSATION DU CORPS EST TOUJOURS LÀ. LA CONVICTION NE PEUT PAS ÊTRE OBTENUE OU TROUVÉE AVEC LE CORPS, OU DANS LE CORPS, C'EST SPONTANÉ.

Q2: Donc une stricte discipline est nécessaire jusqu'à ce point de Conviction Absolue.

Maharaj: Absolument !

Q2: Construire cette Conviction Absolue que "je ne suis pas le corps" ?

Maharaj: La Conviction Absolue Spontanée. Spontanée.

Q2: Cela arrivera-t-il seulement de soi-même ?

Maharaj: Pas intellectuellement, ni mentalement.

Q2: La Conviction n'est pas mentale, mais elle est quelque chose de spontané. Je ne comprends pas. Elle vient en quelque sorte ?

Maharaj: C'est comme lorsque vous avez accepté ce corps comme un corps d'homme. Vous êtes un homme. Une fois que vous avez fait connaissance avec le corps, vous avez commencé à penser que vous étiez un homme. Vous ne dites pas : "Je suis une femme" car vous avez la conviction que vous êtes un homme.

De même, le Maître dit, vous êtes la Vérité Ultime, vous êtes *Brahman*, mais vous ne l'acceptez pas, à cause des impressions de la forme corporelle. À moins que la forme corporelle ne se dissolve, vous ne serez pas capable de vous connaître dans un sens réel.

Nous dormons dans un monde de rêve. Vous vous voyez dans un rêve comme un homme ou une femme. Tant que vous vous considérerez être quelqu'un d'autre, toute la connaissance sera vaine. Ce corps est une opportunité pour la vie spirituelle, pour le bonheur spirituel. Le bonheur a été perdu.

Votre Présence Spontanée est l'Identité Invisible, Anonyme, Non Identifiée.

LA PRÉSENCE EST LÀ,
MAIS PAS DANS UNE FORME.
PAS DANS CETTE FORME.

Q2: Et que veut dire Nisargadatta Maharaj quand il dit : "Le premier concept est la sensation 'Je Suis'" ? Est-ce quelque chose qui prend origine ou commence au moment de la conception du corps humain ?

Maharaj: Correct ! Au moment où l'Esprit a cliqué avec le corps. Au moment où l'Esprit s a cliqué avec le corps, vous avez pu voir le monde. Avant cela, il n'y avait pas de concepts. Où étaient les concepts ? Avant la naissance, il n'y avait pas de concepts, il n'y avait pas d'illusion, pas de Dieu, pas de *Brahman*, pas d'*Atman*.

Tous ces mots sophistiqués, ce sont de très jolis mots, mais il n'y avait pas de mots avant d'être. Toutes ces discussions et ces mots invitent l'attention de votre Présence Spontanée. Réciter le Mantra a le même effet !

Q2: Donc durant la méditation quand j'utilise le Mantra, est-ce que j'arrête le mental ?

Maharaj: Il n'y a pas de mental ! Combien de fois devrais-je vous le dire. Le mental est juste le flot des pensées. Avec la pratique du Mantra, avec la récitation du Mantra, vous oublierez votre identité externe. Ce qui reste est juste, disons [à nouveau rappelez-vous que ce sont juste des mots, pas la Réalité], 'je suis' sans les mots, sans les sensations, sans aucun témoin. En fin de compte tout disparaît : le témoin, le fait d'être témoin, l'expérience, l'expérimentateur, incluant 'je suis'.

Q2: Même si j'ai lu Nisargadatta Maharaj et étudié les livres, c'est très différent d'être en votre Présence, et d'écouter ces enseignements.

Maharaj: Votre base est supposée être solide. Vous avez besoin de la connaissance de base, de solides fondations. La méditation vous donnera des fondations très solides. Un processus d'ébullition se met en place à travers la méditation. Tous les concepts seront bouillis.

AU MOMENT OÙ VOS FONDATIONS SERONT SOLIDES,
IL SERA TRÈS FACILE DE CONSTRUIRE
UN BÂTIMENT ENTIER DESSUS.
SI LES FONDATIONS SONT FRAGILES,
ALORS TOUTE LA CONNAISSANCE QUE VOUS AVEZ
S'EFFONDRERA.

Q2: Parce qu'il y a trop de fissures, trop d'attractions dans le monde ?
Maharaj: Il y a trois types d'attractions : publicité [pouvoir], argent et sexe. Vous devez laisser toute tentation et divertissement derrière vous.

Q: Je crois avoir lu quelque part que Nisargadatta Maharaj avait comme loisir d'écrire des poèmes dévotionnels. L'histoire raconte que son Maître Siddharameshwar Maharaj lui aurait dit d'arrêter, car il y prenait trop de plaisir ! Peut-être devenait-il trop intelligent, peut-être que l'ego subtil était impliqué. Évidemment, il s'arrêta immédiatement car il faisait tout ce que Son Maître demandait.
Maharaj: Ne pensez pas tant ! Soyez normal ! Naturel. C'est votre Connaissance, donc ne vous agitez pas, en vous demandant : "Où est *Brahman* ? Où est *Atman* ?" Parler de *Brahman*, d'*Atman*, de *Paramatman*, où de l'ego subtil, n'est rien qu'une distraction spirituelle.
   Des doutes ?
Q: Je pense que tous les doutes dont je suis conscient sont partis. Ils ont été éliminés. Je pense que je dois me rappeler les choses importantes que vous avez dites. Il faut avoir une forte dévotion, être discipliné, et cela mènera à une forte Conviction. Tout le reste est simple.

71. Rien n'arrive

Q: Je me sens vraiment bien ici, mais quand je rentrerai chez moi je ne sais pas ce qui va arriver.
Maharaj: Après être rentré chez vous, que va-t-il arriver ? Que peut-il arriver ? Rien ne va arriver car votre Présence n'est pas une Présence physique.
**VOUS ÊTES NON NÉ.
RIEN N'EST ARRIVÉ,
RIEN N'ARRIVE,
RIEN NE VA ARRIVER.**
   Votre Présence n'est pas une Présence physique, pas une Présence au niveau mental, pas une Présence au niveau intellectuel. La Présence est Spontanée. Mais depuis qu'elle est dans la forme corporelle, vous pensez que vous êtes quelque chose, quelqu'un d'autre. La Présence n'a pas de corps, pas de forme, pas d'aspect.
   Il n'y a pas de conscience, pas d'inconscience, il n'y a pas d'attention, pas d'inattention. Il n'y a pas de témoin. Il n'y a pas d'expérience, pas d'expérimentateur. C'est la Vérité Finale. C'est un fait.
VOUS DEVEZ ACCEPTER CES FAITS.
Q: Quand vous êtes avec d'autres gens qui ne comprennent pas ce que vous venez juste de dire, mais qui considèrent que vous êtes 'Chris' ou qui que ce soit, de retour à la maison, ces gens ne reconnaîtront pas ce nouveau statut.

Maharaj: Oubliez les autres gens, parlez seulement de vous. Quand avez-vous rencontré d'autres gens ? Quand avez-vous rencontré d'autres gens ? Il y a tant de gens dans un rêve. Que leur est-il arrivé ? Combien de gens sont venus et repartis de l'enfer ou du paradis ? Avez-vous compté ? Quand avez-vous remarqué que d'autres gens étaient là ?
    **POUR QUE VOUS PUISSIEZ DIRE "D'AUTRES GENS",
VOTRE PRÉSENCE DOIT ÊTRE LÀ.
POUR DIRE TOUTES CES CHOSES,
LA PRÉSENCE EST NÉCESSAIRE.**
    Comme je vous l'ai déjà dit, le monde entier est votre projection. Au moment où vous vous réveillez tôt le matin, [Le Maître frappe dans ses mains], vous dites 'Je'. Instantanément, le monde est projeté. Donc reconnaissez-vous, voyez-vous.

Q: Avec tout ce qui est arrivé, et considérant mon âge, je ne pense pas que je puisse changer mes habitudes qui sont très enracinées.

Maharaj: Rien n'est arrivé. Vous devez vous motiver. Oubliez les habitudes !
    Quand vous connaîtrez la réalité, votre vision changera. Aussi vous devez vous motiver d'une façon particulière, telle que : "Je me considérais en tant que forme corporelle, maintenant, je sais que je ne suis pas le corps, et que je ne vais pas rester le corps. Mon corps n'est pas mon identité. Donc, je ne suis rien, et je n'ai rien à voir avec toute cette atmosphère. Je ne suis pas concerné par le monde, aussi j'oublierai ce qui est basé sur le corps."
    **LE MONDE EST MA PROJECTION SPONTANÉE.
DONC SI VOUS ALLEZ EN AMÉRIQUE
OU N'IMPORTE OU DANS LE MONDE,
VOTRE PRÉSENCE SPONTANÉE SERA LÀ.**
    Je vais le dire d'une façon très simple : ce corps est appelé 'homme'. Si vous allez en Amérique, allez-vous oublier que vous êtes appelé 'homme' ? Ce corps est appelé homme, ou ce corps est appelé femme. Si vous allez en Amérique, ou à Londres, allez-vous dire : "Oh, en Inde étais-je appelé un homme ou une femme ?" Ce que je vous dis est la Vérité établie. Très simple.
    **VOUS ÊTES LE *BRAHMAN*, L'*ATMAN*, LE *PARAMATMAN*, DIEU,
LA VÉRITÉ ÉTABLIE.
OÙ EST LA QUESTION D'OUBLIER VOTRE IDENTITÉ ?**
    Oubliez-vous que 'je suis un homme'? Non ! Vous ne l'oubliez pas car ce corps est appelé 'homme', c'est la vérité établie apparente que vous avez acceptée. Maintenant vous savez que le corps n'est pas votre identité.
    ***BRAHMAN*, *ATMAN*, *PARAMATMAN*, DIEU
EST LA VÉRITÉ ÉTABLIE.
C'EST LE SUPPORT DU CORPS,
L'AUDITEUR DU CORPS, L'EXPÉRIMENTATEUR DU CORPS,
LE TÉMOIN DU CORPS.**

J'INVITE L'ATTENTION DE CELA.
PAR CONSÉQUENT, VOUS ÊTES CELA.

Oubliez tout ce que vous avez lu ! Oubliez tout ce que vous avez écouté ! Maintenant vous êtes arrivé à la Destination Finale. Abandonnez-vous, et absorbez la Vérité Ultime. Vous trouverez ça un peu difficile.

Q: Pourquoi donc ? Pourquoi est-ce difficile d'absorber la Vérité, Maharaj ?
Maharaj: Parce qu'avec grand effort, vous avez collecté tant de faux billets, des billets hauts en couleur, mais de faux billets. Cela signifie que vous avez accumulé de nombreuses pensées hautes en couleur. "J'ai lu le Grand Ramana Maharshi. J'ai lu Jiddu Krishnamurti. J'ai lu…". Mais tout le temps vous avez ajouté de l'ego, de l'ego, de l'ego… un ego sophistiqué, un ego haut en couleur. Vous avez la connaissance, d'accord. La connaissance est là : "J'ai lu ce livre, j'ai étudié ce sujet, j'ai écrit ce livre."

MAIS QU'AVEZ-VOUS OBTENU EN EXPLORANT TOUT CELA ?
QU'AVEZ-VOUS OBTENU EN LISANT
CES LIVRES SPIRITUELS ?

Q: Bonne question ! J'imagine que j'aurais dû réfléchir à cela.
Maharaj: Questionnez-vous ! Découvrez ! Cela vous a-t-il aidé ? Était-ce utile à votre Vérité Ultime ? La connaissance vous a-t-elle donné du courage ? Avez-vous des peurs ?
Q: Bien sûr ! Tout le monde a peur de quelque chose.
Maharaj: Eh Bien, bougez-vous ! Quand viendra le moment de quitter le corps, il ne devrait y avoir aucune sorte de peur. Il ne devrait pas y avoir de pensées pleines de peur à l'intérieur de vous. Si il y a toujours de la peur aux alentours, ça signifie que tout ce que vous avez lu est inutile, comme en accumulant de la fausse monnaie, des faux billets. C'est important de savoir ça. Comprenez-vous ?
Q: Oui, Maharaj.
Maharaj: Vous devez oublier tout ce que vous avez lu et entendu. Leur travail est fait, terminé. Écoutez-moi :

VOUS DEVEZ OUBLIER TOUT
CE QUE VOUS AVEZ ENTENDU ET LU.
LEUR TRAVAIL EST FAIT, C'EST FINI !

Effacez l'ardoise. Acceptez ça !
Q: Donc plus besoin de lire des livres ou de gros tracts ?
Maharaj: Ils vous ont amené ici. Tout ce que vous avez lu et écouté vous a amené ici. Maintenant, il n'y aura plus aucune tentation de rechercher quoi que ce soit ailleurs.

LE MAÎTRE PLACE LE CHERCHEUR DEVANT VOUS.
VOUS VOYEZ LE CHERCHEUR.
C'EST LA POINTE, L'EXTRÉMITÉ.

Rien n'est impossible. N'ayez pas peur de ce qui va arriver quand vous retournerez chez vous en Amérique. Rien ne va arriver. Prenez quelques photos de l'ashram, et rappelez-vous des enseignements. Asseyez-vous seul, concentrez-vous sur cette Connaissance.
**LAISSEZ-LA VOUS TOUCHER
AU PLUS PROFOND DE VOTRE CŒUR.**
Je pense que vous n'aurez pas de problèmes car je vous ai donné une formation commando.

72. Lavage de cerveau

Maharaj: Après avoir écouté le Maître, il y aura la Conviction Spontanée : "Je suis la Vérité Ultime" sans ego. Votre existence spirituelle est au-delà de tout. Cette Conviction est supposée être établie définitivement, parce que c'est votre Vérité Ultime, votre Vérité Finale appelée *Brahman*, *Atman*, *Paramatman*.

Tant que vous resterez dans le cercle de l'illusion en continuant à vous séparer, pensant que ce que vous êtes, et ce que *Brahman* est, sont deux choses différentes, alors vous aurez des difficultés, et expérimenterez des atmosphères illusoires déplaisantes.
**QUI VOUS ÊTES, ET CE QU'EST *BRAHMAN*,
NE SONT PAS DEUX CHOSES DIFFÉRENTES.**
Vous pouvez avoir peur, vous sentir confus et expérimenter différentes humeurs. Vous pouvez vous sentir triste ou déprimé. Toutes ces dépressions viennent d'un déséquilibre qui est connecté à la connaissance corporelle. Donc, je vais le dire à nouveau. Acceptez ce que le Maître dit :
**VOUS DEVEZ ÉTABLIR QUE VOUS N'ÊTES PAS LE CORPS.
C'EST UN FAIT.
VOUS N'ÉTIEZ PAS LE CORPS,
VOUS N'ÊTES PAS LE CORPS,
VOUS N'ALLEZ PAS RESTER LE CORPS.**
Le corps que vous maintenez n'est pas votre Vérité Ultime. L'Auditeur en vous, l'Auditeur Anonyme, l'Auditeur Invisible est totalement dépourvu de forme. Il n'y a pas de forme. Vous écoutez, avec l'aide de ce corps, mais l'Auditeur est Silencieux, et Invisible. J'invite l'attention de l'Auditeur Silencieux, Anonyme, Invisible.
Q: Qui écoute ?

Maharaj: L'Auditeur Invisible en vous. Concentrez-vous ! C'est votre Vérité Ultime, votre Identité Ultime. Mais nous nous considérons comme quelqu'un d'autre constamment, à cause des pressions de la connaissance corporelle.

Jusqu'à ce que le moment arrive, où toute votre connaissance corporelle aura été dissoute, jusqu'à ce moment, vous vous sentirez instable, faisant l'expérience de changements, de fluctuations. C'est la Vérité Établie, la Vérité Finale.

**DES ASSOCIATIONS ERRONÉES AVEC LE CORPS
VOUS EMPÊCHENT D'ACCEPTER CETTE VÉRITÉ.**

Q: Comment me débarrasser de ces associations ?
Maharaj: La méditation est le seul moyen. C'est comme de nettoyer un film en effaçant les milliers d'images qui sont sur lui. La méditation nettoiera le film des pensées illusoires, des concepts illusoires : "Je suis né, je vais mourir". Tous ces concepts doivent s'en aller : bonheur, malheur, solitude et peur, le passé, les souvenirs, tout doit être dissous.

**LE CONCEPT LE PLUS IMPORTANT EST
"JE VAIS MOURIR".
TOUT LE MONDE A PEUR DE LA MORT.
PERSONNE N'AIME LA MORT.**

Le corps connaîtra la mort. Mais allez plus profondément et demandez-vous, découvrez : "Si je n'ai pas de naissance, si je ne suis jamais né, alors qui va mourir ? Qui meurt ?" La mort et la naissance sont relatives au corps uniquement. Le corps n'est pas mon identité. C'est la Vérité Nue. Le corps sera un jour brûlé ou enterré - c'est garanti ! Inévitable ! Oubliez la spiritualité !

C'est une façon de penser rationnelle, logique. Si vous acceptez que le corps ne soit pas votre identité, alors suivant cette ligne de pensée, il n'y a pas de mort. Une telle déduction est incontestable. Donc pourquoi devriez-vous avoir peur de la mort ?

VOUS ÊTES NON NÉ, SANS LE DIRE.

La Vérité Finale doit s'établir en vous. Cela se produira à travers la méditation, à travers la conversation, à travers l'écoute, à travers la lecture.

**LENTEMENT, SILENCIEUSEMENT, EN PERMANENCE,
VOTRE IDENTITÉ OUBLIÉE EST EN TRAIN D'ETRE IMPRIMÉE
EN VOUS, GRAVÉE EN VOUS :
'JE SUIS LA VERITE ULTIME, JE SUIS LA VÉRITÉ FINALE',
SANS LE DIRE.
CETTE CONVICTION APPARAÎTRA EN VOUS.**

Si vous suivez les instructions, votre pratique résultera en Conviction, la Conviction que vous êtes la Vérité Finale. Comme je vous l'ai dit, la pratique est essentielle, car si vous ne préparez pas le terrain, et ne faites pas place nette à cent pour cent, vous ne serez pas capable de vous connaître.

Les gens viennent ici et disent la même chose tout le temps : "Pourquoi devrais-je réciter le Mantra et faire la méditation ?" Je réponds la même chose à chaque fois : "Parce que vous avez oublié votre identité".

**LA PRATIQUE EST ESSENTIELLE
PARCE QUE VOUS AVEZ OUBLIÉ VOTRE IDENTITÉ.
VOUS ÊTES *BRAHMAN*, VOUS ÊTES *ATMAN*,
VOUS ÊTES *PARAMATMAN*, VOUS ÊTES DIEU, VOUS ÊTES LE MAÎTRE.**

Il vous faut suivre cette pratique, jusqu'à ce qu'elle se produise spontanément.

Q: Et quels seront les bénéfices pour moi si je fais toute cette pratique ?

Maharaj: Pour moi ? Oubliez ce 'moi' ! L'attachement s'en ira, de sorte que partout où vous êtes, et quoi que vous fassiez, vous serez distancié, démis et non concerné par toutes les activités du corps.

Comme auparavant, vous agirez en tant que corps, faisant votre travail, mais vous ne serez pas affecté par quoi que ce soit. Vous vous sentirez complètement indifférent, totalement et complètement détaché du monde.

Q: Car vous savez qui vous êtes ?

Maharaj: Car la Conviction est là. Vous saurez : "Quoi que je voie, ça n'est pas mon identité, y compris le corps. Quoi que je voie est le monde". Voir n'est pas mon identité. Le Voyant est l'Identité. Sans le Voyant, vous ne pouvez pas voir le monde.

**QUOI QU'IL SOIT VU N'EST PAS VOTRE IDENTITÉ,
INCLUANT LE CORPS.
QUOI QUE VOUS VOYIEZ EST LE MONDE.
VOIR N'EST PAS VOTRE IDENTITÉ.
LE VOYANT EST L'IDENTITÉ.
SANS LE VOYANT, VOUS NE POUVEZ PAS VOIR LE MONDE.**

Q: À quoi ressemble ce Voyant ?

Maharaj: Anonyme, Invisible, Non Identifié. Il est connu sous différents noms qui visent et indiquent La Réalité Ultime. *Brahman*, *Atman*, *Paramatman*, Dieu, le Maître, ne sont que des noms qui lui ont été donnés pour l'identifier. Tout comme on vous a donné une fois le nom de 'John', et maintenant vous êtes coincé avec ce nom. Si un millier de gens disent 'John', vous répondez comme John. De manière similaire, le Maître vous dit, et continue à vous dire, martelant constamment :

**VOUS ÊTES *BRAHMAN*,
VOUS ÊTES *PARAMATMAN*,
VOUS ÊTES DIEU.**

Mais vous ne l'acceptez pas si facilement. La méditation vous aidera à accepter votre Vérité Ultime.

LA MÉDITATION EST

LA CONSTANTE RÉPÉTITION DE VOTRE RÉALITÉ, JUSQU'À CE QUELLE SOIT ENFIN ASSIMILÉE.

Nous vous donnons un traitement psychologique, en martelant la même chose tout le temps, "Vous êtes *Brahman*. Vous êtes *Brahman*", jusqu'à ce que ce soit totalement accepté.

Q: J'étais juste en train de penser que le processus, bien qu'il n'y ait aucun processus, est psychologique en partie, dans lequel vous remplacez une vieille perspective par une nouvelle. Et vous faites cela via une sorte de lavage de cerveau. Je ne dis pas que c'est un lavage de cerveau, mais vous utilisez une technique de répétition en martelant, martelant, martelant. C'est un fait accepté que si vous dites assez souvent à quelqu'un quelque chose, il va finir par le croire. Voyez-vous ce que je veux dire ?

Maharaj: Ne subissiez-vous pas un lavage de cerveau par vos parents étant enfant lorsqu'une identité de 'garçon' ou de 'fille' était renforcée par eux ?. Ou lorsqu'on vous a donné le nom de 'Jean' ou 'Suzanne', et donné un train ou une poupée ?

Quand on vous a dit que vous étiez Chrétien, et que vous apparteniez à cette communauté chrétienne, n'était-ce pas un lavage de cerveau ? Et cela a continué et continué, avec tant de concepts qui ont été acceptés aveuglément. Tous illusion !

Q: C'est vrai ! Et ensuite en grandissant, il y a eu aussi l'influence et les impressions de l'école, des camarades et de la télévision. Et cela s'est poursuivi avec mon identité dans le contexte professionnel. Aussi en tant que 'mari' et 'père', etc. Je peux voir comment tout ça s'est déroulé. Et pour être honnête, Maharaj, je bénéficie vraiment de votre lavage de cerveau. Je ne dis pas ça dans le sens d'être endoctriné, et après de devenir comme un zombie. Non !

Depuis que je suis ici, on peut dire que je ressens comme un 'lavage de cerveau' presque physique, un nettoyage, me débarrassant de nombreuses choses, des concepts inutiles. C'est difficile à expliquer. Il y a moins de bagage, et je me sens vide, dans le bon sens. Donc quoi que vous fassiez, continuez à le faire, parce que ça fonctionne.

Maharaj: Supposons qu'un patient souffre de perte de mémoire, et va voir un psychologue. Il dit au psychologue qu'il ne peut se rappeler de rien, et à cause de cela il se sent perdu et anxieux. Le psychologue essaye de lui faire se souvenir de son identité oubliée. Il dit au patient son nom, les noms des membres de sa famille, son travail, ses hobbies, etc. Il martèle le patient avec les faits.

Le Maître traite aussi des 'patients' qui souffrent d'illusion en se considérant être des hommes et des femmes. Ces patients diront des choses comme : "J'ai fait de bonnes choses, et de mauvaises choses. Je suis sous tellement de pression. Ma mère est mourante et je ne peux pas y faire face. Je me sens coupable parce que j'ai fait du mal à quelqu'un". Ils sont toujours sous la pression de sensations et d'atmosphères inconfortables. Donc ici, la Maître est le psychologue, et il convainc ses patients qu'ils souffrent d'un cas de d'identité erronée.

"VOUS ÊTES NON NÉ.
TOUS CES PROBLÈMES SONT UNE ILLUSION,
CAR VOUS N'ÊTES PERSONNE,
ET RIEN N'EST ARRIVÉ."

Q: Une fois qu'il y a la Conviction, alors tous ces concepts s'en iront simplement ?
Maharaj: Après la Conviction tous les concepts se dissoudront complètement. Cela dépend de vous. Aussi longtemps que vous vous considérerez comme un individu, "Je suis quelqu'un ", vous ne vous connaîtrez pas dans un sens réel. Ce corps est comme une couverture, comme des vêtements. Il ne va pas rester. Oubliez la spiritualité, c'est un simple fait.
Q: Je ne peux pas contester ça.
Maharaj: Nous ne pouvons pas préserver ce corps pour toujours. Un jour, que nous le voulions ou non, nous perdrons cette identité corporelle. C'est appelé 'la mort'. Mais vous ne mourez pas. Quand il sera temps de quitter le corps, à ce moment, il n'y aura pas de sensation de 'je meurs', car vous saurez, vous saurez vraiment, que "je n'ai rien à voir avec ce corps. Mon corps est juste une couverture extérieure", tout comme ces vêtements. Si nous retirons nos vêtements, ressentons-nous : "Oh pauvre de moi, je meurs" ?

73. *La vérité manquante vous a trouvé*

Maharaj: Dans les rêves, quand vous faites de bonnes choses ou de mauvaises choses, vous n'avez pas d'attachement de l'ego à ces bonnes ou mauvaises choses. Nisargadatta Maharaj disait : "Si vous tuez un millier de vaches dans votre rêve, vous réveillerez-vous en disant : Oh ! J'ai fait une très mauvaise action ? Non !"

Vous n'en prenez pas la responsabilité car c'est un rêve. Vos actions, vos comportements d'alors, étaient juste un rêve. Vous n'en êtes pas préoccupé parce que c'est un rêve. Vous n'êtes pas un tueur. Vous ne réagissez pas avec l'ego pour ça, vous ne vous dites pas : "J'ai fait quelque chose".

VOUS NE POUVEZ RIEN FAIRE.
IL N'Y A PAS D'ACTEUR, IL N'Y A PAS D'ACTION.
IL N'Y A PAS DE VOYANT, IL N'Y A PAS DE VU.
IL N'Y A PAS D'EXPÉRIENCE,

IL N'Y A PAS D'EXPÉRIMENTATEUR.
IL N'Y A PAS DE TÉMOIN.

C'est une Connaissance exceptionnelle. Il nous faut utiliser divers mots simplement pour expliquer, car sans eux, nous ne pouvons rien communiquer. Nous avons donné les significations aux mots.

AVANT D'ÊTRE, IL N'Y AVAIT PAS DE MOTS DU TOUT.
VOUS ÉTIEZ TOTALEMENT INCONSCIENT DE 'VOUS'.
VOUS NE DEMANDIEZ PAS "QUI SUIS-JE ?".
POUR DIRE 'JE SUIS' VOTRE PRÉSENCE EST REQUISE.

Écoutez attentivement ! C'est une Connaissance profonde. Votre Présence ne connaît pas sa propre Identité. Vous avez un pouvoir immense. Pourquoi se comporter comme un lâche ?

Q: Quand vous avez un tel pouvoir ?

Maharaj: Vous dites : "Oh je ne sais pas quoi faire ! Je ne sais pas ce qui va arriver." Vous êtes un Maître ! Vous êtes votre propre Maître ! Aussi lorsque vous saurez cela, lorsque vous vous connaîtrez dans un sens réel, toutes les peurs, toutes les dépendances, toutes les tentations toucheront à leur fin. La recherche sera terminée.

EN FAIT, IL N'Y A PAS DE RECHERCHE,
C'EST VOUS QUI MANQUEZ.
MAIS À PRÉSENT LA VÉRITÉ MANQUANTE
VOUS A TROUVÉ !
LA VÉRITÉ MANQUANTE VOUS A TROUVÉ.

Q: Nous passions à côté de notre propre Vérité. Nous étions si occupés à faire notre recherche que nous avons oublié le Chercheur ?

Maharaj: Où est John ? Où est John ? Où est-il ? Vous êtes ici. John est ici. Il était ici tout le temps. Tout le temps où vous étiez à la recherche de la vérité, vous étiez à la recherche de vous-même. Maintenant vous savez.

Q: C'est une plaisanterie vraiment !

Maharaj: Certains patients oublient leur identité, et nous devons la leur rappeler et les convaincre. De même, je tente de vous convaincre.

VOUS DEVEZ AVOIR UNE FORTE FOI EN VOUS,
UNE FORTE CONFIANCE EN VOUS,
QUE TOUT CE QUE JE VOUS AI DIT,
EST VOTRE HISTOIRE.
VOUS ÊTES LA VÉRITÉ.

Acceptez-la et reconnaissez-la, comme si vous disiez : "Aha ! C'est mon histoire ! Maintenant, enfin, je sais qui je suis !" Nous pensons toujours au corps, bon, vous pouvez utiliser votre corps, mais ce n'est pas l'Ultime, ce n'est pas la Vérité Finale.

Q: Récemment, Maharaj, j'ai expérimenté de la peur, même une petite panique.

Maharaj: Nisargadatta Maharaj racontait cette histoire : il y avait autrefois une grande maison, aussi le propriétaire décida de prendre des locataires. Quelques temps après, il voulut les mettre dehors. Ils se mirent à crier des injures au propriétaire. Ils s'étaient habitués à la maison et étaient très à leur aise à l'intérieur, aussi ils n'allaient pas partir de leur plein gré, sans combattre.

Dans cette maison [montrant le corps], il y a tant de locataires, tant de concepts. Mais pourquoi la peur ? Qui a peur ? Quelle est la raison de la peur ? Avant d'être il n'y avait pas de peur. Cette peur panique dont vous parlez est bonne.

**CETTE PEUR EST UN BON SIGNE,
ELLE SIGNIFIE QUE LE PROCESSUS
DE NETTOYAGE A COMMENCÉ.
UN PAR UN LES LOCATAIRES PARTENT.
ILS VOUS METTENT UNE ROUSTE EN SORTANT.**

Q: Éjectez les squatters, ils se cachent dans les coins !

Maharaj: Est-ce que le ciel a peur ? Vous avez peur de votre ombre, vous avez peur de votre ombre. Qui a peur ? Quelle est la raison de la peur ? Allez plus profondément et découvrez. Connaissez cette peur et qui a peur !

**CES CHOSES QUI SONT DÉPLAISANTES ET INSUPPORTABLES
CAUSENT LA PEUR.
MAIS IL N'Y A PAS DE PEUR,
CAR VOUS N'ÊTES PAS LE CORPS.**

Donc ne vous inquiétez pas, tout s'en ira, y compris toutes ces peurs illusoires. La naissance et la mort ne sont relatives qu'à la connaissance corporelle. Votre Identité Ultime n'a pas de naissance. Pourquoi avoir peur de votre ombre, de votre propre reflet ?

Q: Que voulez-vous dire par ombre ?

Maharaj: Hors de votre Présence, ce monde entier est projeté. Aussi ce qui est projeté est réfléchi comme votre ombre. Votre connaissance corporelle, expérience, tout est votre ombre réfléchie parce que derrière ça, il y a votre Présence. Le monde entier est votre ombre Spontanée. Pourquoi avoir peur de cette ombre ? Vous avez embrassé l'ombre comme si elle était la Réalité, et par conséquent il y a la peur.

Q: C'est seulement à cause du corps alors, que ces sensations s'élèvent, cette peur et cette inquiétude ?

Maharaj: Le corps est un corps matériel, donc beaucoup de choses se produisent. Les pensées viennent, les vieilles pensées et les nouvelles pensées. Parfois il y a le malheur et la dépression. Mais vous êtes absolument indifférent à ce qui se produit dans ce corps, car vous êtes séparé du corps.

Vous pouvez voir, regarder, témoigner de la lutte qui se déroule et qui s'exprime. C'est uniquement le corps, le corps des trois *gunas*. Les pensées

déplaisantes, les pensées déprimantes, les bonnes pensées, les mauvaises pensées, les pensées subtiles, toutes sortes de choses sont là.
**MAIS VOUS ÊTES TÉMOIN DE CES PENSÉES,
TOUT COMME LES NUAGES VONT ET VIENNENT.
LE SOLEIL EST LÀ TOUT LE TEMPS.**
Dans la spiritualité ils disent, il y a le soleil, et il y a les nuages qui vont et viennent. Parfois vous avez des doutes, parfois vous avez peur. Pourquoi la peur ?
**QUELLE EST LA CAUSE DE LA PEUR ?
QUELLE EST LA RACINE DE LA PEUR ?
LA GRANDE PEUR DE LA MORT.
LA GRANDE PEUR DE LA MORT.
QUI MEURT ?**
Pourquoi la peur ? Nous n'avons rien fait de mal. Si votre peur est grande, peut-elle préserver le corps ? Vous ne pouvez pas préserver ce corps. Peu importe le nombre de médecins que vous avez.
**ACCEPTEZ CETTE RÉALITÉ CAR LE
CORPS N'EST PAS VOTRE IDENTITÉ.
NOUS AVONS ÉTABLI CETTE VERITE ULTIME.
VOUS ÊTES LA VERITE ULTIME.**

Q: Donc si des sensations et des pensées négatives surviennent, nous ne devrions pas leur porter trop d'attention. Seulement les laisser passer comme les nuages. Car si on leur porte trop d'attention, elles deviendront de plus en plus importantes, mais si on les laisse passer et que l'on pratique le Mantra avec détermination, on ne sera pas tiré dedans.

Maharaj: Correct ! Vous portez trop d'attention à la connaissance corporelle. Il y a tant de couches de pensées illusoires. Quand toutes ces pensées seront dissoutes, vous sentirez la différence. Ne soyez pas victime de la peur, ou des sensations qui pourraient surgir en tentant de vous distraire, vous empêchant de pratiquer le Mantra.

C'est comme un sculpteur qui martèle une pierre. Après le martèlement, une grande statue est révélée. La statue était déjà là, tout ce qui était nécessaire était d'enlever les parties indésirables, les parties irrégulières qui étaient présentes. Le Maître vous aide à enlever les parties indésirables afin que la Déité puisse se révéler dans toute sa Pureté.

74. Vous êtes la Vérité

Q: Je veux connaître la vérité.
Maharaj: Vous êtes la Vérité.
Q: Je sais, mais…
Maharaj: Le Connaisseur est la Vérité. Celui qui veut connaître, qui attend la Vérité, C'est la Vérité. Comme nous avons été sous les impressions et les influences du corps depuis l'enfance, nous trouvons qu'il est difficile d'absorber la Connaissance. Nous avons accumulé la connaissance, à travers ce que nous avons écouté et lu, mais nous n'avons pas absorbé la Connaissance.

Vous savez que vous êtes *Brahman*, *Atman*, mais pour absorber ça, vous avez besoin de la méditation systématique en faisant usage du *Naam Mantra*. Alors toutes ces illusions qui vous enveloppent se dissoudront.

Quelle est la valeur de ce corps ? Oubliez la spiritualité ! Tant que la Présence est là, tout le monde se prosterne, disant : "Oh ! Vous êtes grand, vous êtes grand". Mais au moment où la Présence, où l'Esprit disparaît, les gens disent, "Emportez-le, emportez-le". C'est un fait.

**IL N'Y A PAS DE NAISSANCE ET PAS DE MORT
POUR VOTRE PRÉSENCE SPONTANÉE,
QUI EST APPELÉE *BRAHMAN*, *ATMAN*, *PARAMATMAN*, DIEU.
J'INVITE L'ATTENTION DE CET
AUDITEUR INVISIBLE EN VOUS.**

Vous êtes la Vérité Ultime, vous êtes la Vérité Finale, vous êtes le Maître. Mais, l'influence du corps doit être dissoute. Rien n'est impossible. Si le Voyant n'est pas là, qui parlera de ce qui est vu ? Si le Voyant est absent, qui parlera du monde ?

Nous mendions tout le temps : "Oh, Dieu bénissez-moi. Maître, s'il vous plaît bénissez-moi, et faites quelque chose pour moi". Quand vous viendrez à connaître cette essence Divine à l'intérieur, vous n'irez plus mendier des bénédictions à qui que ce soit !

**VOUS VOUS BÉNIREZ.
BÉNISSEZ-VOUS !
VOUS VOUS PROSTERNEREZ DEVANT VOUS.
PROSTERNEZ-VOUS DEVANT VOUS.**

Le Maître vous a donné une nouvelle paire de lunettes divines. Maintenant vous devez les porter car vous êtes la Vérité Finale.

Q: Comment dissoudre le mental ?
Maharaj: Je vous ai dit qu'il n'y a pas de mental ! Le mental n'est fait que de quelques concepts illusoires. Nous lui avons donné tellement d'importance,

nous avons suivi toutes ses instructions nous disant de "faire ceci, faire cela, faire ceci, faire cela".

**CE QUI ARRIVE, EST QUE LES PENSÉES
VIENNENT DANS LE MENTAL,
ELLES SONT DÉTOURNÉES DANS L'INTELLECT.
ALORS L'INTELLECT LES ÉVALUE, PREND UNE DÉCISION,
ET FINALEMENT
L'EGO MET CES PENSÉES EN PRATIQUE.**

Vous avez obéi aveuglément à ce gouvernement interne, et aveuglément suivi ses instructions. Mais plus maintenant !

**VOUS ÊTES UN MAÎTRE, VOUS ÊTES LE CHEF.
À PRESENT VOUS DEVEZ DICTER LES TERMES.**

Q: La majorité des pensées quotidiennes que nous avons peuvent être évitées, soit environ quatre-vingt-quinze pour cent d'entre elles. Mais il y a certaines tendances qui viennent de façon cyclique, et quand elles surviennent, elles surviennent si rapidement que la manière habituelle d'y répondre se produit immédiatement.

À ce moment, nous ne pouvons pas nous identifier à la Présence, et alors nous nous perdons. Avant que nous ne le réalisions, plusieurs jours peuvent s'être passés. Graduellement l'effet est réduit, et alors nous pensons : Oh Dieu ! Qu'avons-nous fait ? Je reconnais que nous avons été perdus pendant plusieurs jours.

Maharaj: C'est pourquoi la vigilance est constamment nécessaire. La Connaissance, la méditation et les chants dévotionnels sont tous des aides pour rester vigilant face à l'illusion. Ce sont vos outils, votre équipement.

**QUAND VOUS SEREZ FAIBLE,
QUAND VOUS SEREZ INATTENTIF,
L'ENNEMI GAGNERA ACCÈS,
ET ENTRERA PAR LA PORTE DE DERRIÈRE.**

Si vous êtes vigilant, personne n'osera venir à l'intérieur. Je vous l'ai dit, la méditation est le logiciel anti-virus. Vous devez l'installer. De cette façon, vous serez toujours en contact avec votre Soi Sans Soi. C'est un composé puissant qui vous maintiendra fort, jusqu'à la Conviction Absolue.

Si vous êtes faible, le mental vous attaquera, l'ennemi vous attaquera. Mais si vous êtes fort, et avez, disons, l'apparence d'un bodybuildeur, contractant vos puissants muscles, personne n'osera se battre avec vous.

Vous devez devenir fort spirituellement. La force est en vous. Ce qui manque est la volonté, la confiance et le courage. La méditation régénérera votre pouvoir.

Enseignez-vous à vous-même ! Vous avez les bases. Le Maître a donné le pouvoir, mais c'est à vous de l'utiliser maintenant. Absorbez cette Connaissance. Vous êtes la Vérité !

75. Le cœur de qui ?

Q: Y a-t-il quelque chose d'autre que j'ai besoin de savoir ?
Maharaj: Pourquoi ? Après avoir atteint la destination, pourquoi avez-vous besoin d'autres adresses ? Ce n'est pas nécessaire !
Q: J'ai une question concernant le cœur. Les gens parlent de Maîtres spirituels ayant un cœur ouvert, et il y a aussi Ramana Maharshi, disant que le mental se dissout dans le cœur.
Maharaj: Le cœur de qui ? Il n'y a pas de cœur du tout. Une partie subtile du corps a besoin de la Présence.
Q: Pouvons-nous parler d'un cœur cosmique, d'un cœur universel ?
Maharaj: Vous nommez tout ceci. Quand êtes-vous tombé sur l'univers ? Tous ces mots sont là : cœur, univers, cosmos. Nous avons une Existence Invisible Anonyme, mais nous nous considérons en tant que forme corporelle, et donc essayons de prendre mesure des choses, en utilisant des mots comme 'cœur'.
Q: Un couple de visiteurs a dit récemment que le Maître avait un cœur ouvert.
Maharaj: Au début, cœur ouvert est utilisé car nous sommes sous la pression de l'ignorance. Après avoir atteint la Vérité Ultime, après avoir obtenu la Vérité Ultime, après la Conviction, il n'y a plus de tels mots. Qui a créé tous ces mots ?
Q: Et l'amour ?
Maharaj: Qui aime qui ? Qui aime qui ? Amour, affection, loyauté, foi, confiance sont des mots littéraux de la base corporelle. L'activité est Spontanée.

Vous vous aimez plus que les autres. L'amour de soi, amour, affection, attraction, sont tous des mots basés sur le corps. Avant le corps, avant d'être, connaissiez-vous l'amour, l'affection, la confiance, la foi ? Non, rien !

Au moment où le corps disparaît, à quoi rimait tout cet amour ? Où l'amour est-il allé ? Qui aime qui ? Qui est l'amant ? Il n'y a pas d'objets. Cet objet que j'aime… ce quelqu'un d'autre… ce quelque chose… J'aime ceci, j'aime cela, je suis quelqu'un d'autre, tout ça est dualité.
Q: Et Dieu est amour ?
Maharaj: C'est un jeu pour les enfants. Vous n'êtes plus un enfant.
Q: Et ils disent, Dieu vous aime ?
Maharaj: Nisargadatta Maharaj disait : "Sans votre Présence, Dieu ne peut pas exister". Depuis votre venue dans l'existence, dans le monde, vous avez l'illusion d'être quelqu'un dans le monde. Alors tous ces termes 'amour' et 'affection' ont commencé. Avant d'entendre cette Connaissance, vous considériez que "je suis à l'intérieur de ce monde, à l'intérieur de l'amour, de l'univers".

**MAINTENANT, VOUS VOYEZ AVEC LES YEUX
DE LA CONNAISSANCE QUE L'UNIVERS EST EN VOUS.**
C'est ainsi qu'il est venu.
     Je vous ai donné l'exemple du monde de rêve. Vous dormez et l'univers entier est là. Comment l'univers entier est-il venu dans ce rêve ? Vous voyez la mer, l'océan, le soleil, la lune, le ciel, nombre de gens, la forêt, le monde entier est projeté. Comment est-ce possible ? Juste un clic du 'Je' ! Un clic de la Présence qui germe pour voir le monde.
     La même chose se produit ici. Cette 'vie' est un long rêve : "Le jour où j'étais assis au bord de la mer, mes vacances, ma femme, mes proches, mon fils, mes amis". C'est un long rêve ! Il n'y a pas de relation !
Q: Comme dans le *bhajan Chidananda* : "Je ne suis pas…".
Maharaj: Dans *Chidananda* il y a certains mots qui identifient l'illusion. Souvenez-vous ! Ne vous cramponnez à aucun mot. "Je ne suis pas" est aussi une illusion. Pour dire "je ne suis pas", quelque Présence doit être là en premier. Où était *Chidananda* avant votre Présence ? Où était *Chidananda*, bonheur, malheur ? Nisargadatta Maharaj disait :
**"LE RÉEL VOUS EST COMPLETEMENT INCONNU.
ALORS VIVEZ COMME CELA
ET CE NE SERA PAS UN PROBLÈME POUR VOUS".**
     Lorsque vous ne vous identifiez à aucune forme avant d'être, vous n'avez pas de problème. Aussi, essayez de vivre comme cela ! Pas d'attraction, pas d'amour, pas d'univers, pas de Dieu, pas de *Prarabdha*, pas de quoi que ce soit.
**QUANT TOUT FINIT, LÀ VOUS ÊTES.
QUAND TOUT FINIT, LÀ VOUS ÊTES.**
Q: Donc nous devons vivre comme nous étions avant d'être ?
Maharaj: Ce ne sont que des mots. C'est votre histoire. Ce sont des indications.
**J'INVITE L'ATTENTION SUR
CE QUE VOUS ÉTIEZ AVANT D'ÊTRE.
CE NE SONT QUE DES MOTS.
C'EST VOTRE HISTOIRE.
AVANT D'ÊTRE VOUS ÉTIEZ INCONNU.
DONC 'INCONNU' NE PEUT PAS ÊTRE EXPÉRIMENTÉ.
PAS DE CONNAISSANCE, PAS DE CONNAISSEUR.**
Q: Non !
Maharaj: Mental, ego, intellect, connaissant, connaissance, dévot, Maître, Dieu. Nous sommes tombés sur ces mots quand nous sommes tombés sur le corps. Le corps n'est pas votre identité, et le mental, l'ego, l'intellect, les Maîtres, Dieu, non plus. Vérité Établie. Lisez si vous le souhaitez, mais ne vous noyez pas dans un océan de lectures.

Soyez convaincu, et convainquez les autres. Nous disons 'les autres', juste pour communiquer. Il n'y a pas d'autres. Ils ne se connaissent pas eux-mêmes, et donc ils pensent toujours qu'ils sont 'autre'.
Q: Ils sont autres parce qu'ils ne se connaissent pas eux-mêmes ?
Maharaj: Ils sont la cause et la conséquence de chaque monde entier.
VOUS ÊTES LA CAUSE ET LA CONSÉQUENCE DE VOTRE MONDE ENTIER.
Vous ne pouvez pas réaliser le monde sans votre Présence.
SOYEZ CALME ET TRANQUILLE.
UN SILENCE EXCEPTIONNEL EST LÀ.
PAS DE LUTTE, PAS DE TENTATION, PAS D'ENTHOUSIASME.
Q: Vous n'allez pas vers les choses, vers les idées ?
Maharaj: Le calme. Arrêt complet. Fini de courir ! Terminé ! La course est terminée.

Souvenez-vous de ce que je vous ai dit, quand tout finit, là vous êtes. Quand tout finit, là vous êtes :
SANS AUCUN ASPECT,
SANS AUCUN CORPS, SANS AUCUNE FORME.
Q: J'ai encore une question relative au corps, Maharaj. Vous avez dit que l'Esprit trouve l'être intolérable. Était-ce l'Esprit qui projetait le chercheur ?
Maharaj: C'est seulement pour faire comprendre. L'Esprit n'est pas différent. Depuis que nous soutenons le corps, certaines choses déplaisantes arrivent au corps. La maladie survient. Aussi, si vous êtes inconscient de votre Identité, c'est intolérable. Après la connaissance de la Réalité, 'Je' devient tolérable car vous restez indifférent.
LES CHOSES INSUPPORTABLES DEVIENNENT SUPPORTABLES AVEC LA VÉRITÉ ÉTABLIE.
Vous devez vivre avec le corps comme s'il était l'enfant de votre voisin. Parfois vous essayez d'être compatissant, mais vous savez que vous n'avez aucun lien avec l'enfant de votre voisin.
Q: Le corps doit être vu d'une manière détachée, comme l'enfant du voisin ? C'est utile, ça crée de la distance.
Maharaj: La Conviction est là. Vous savez que c'est l'enfant du voisin, et vous n'avez rien à voir avec lui. Si vous savez que c'est l'enfant du voisin, vous n'avez pas à composer avec la douleur.

Aussi soyez prudent ! Ne soyez pas un rat de bibliothèque ! Rappelez-vous juste que tandis que vous lisez ces livres sur la spiritualité, le contenu qui est connecté à la Vérité Ultime parle de vous. C'est votre histoire : Cela Vous Êtes ! C'est la Conviction.

**CE SONT LES MÉDITATIONS :
VIGILANCE SPONTANÉE ET CONTINUE
QUE NOUS SOMMES LA VÉRITÉ ULTIME,
L'IDENTITÉ ULTIME.**

76. Essayer d'attraper le 'Je'

Q: Je pose des questions depuis l'enfance. J'étais Bouddhiste Zen, et ensuite j'ai découvert Nisargadatta Maharaj et Ramana Maharshi. Pendant des années, j'ai essayé de me concentrer sur le 'Je', essayant d'attraper le 'Je'. Pendant mon travail, pendant mes repas, pendant les réunions avec les autres, pendant que j'écoutais, j'ai toujours essayé de me concentrer sur le 'Je'.

Récemment j'ai ressenti une plus grande souffrance, et un plus grand attachement qu'avant. J'ai essayé de mettre ça de côté, mais c'est très difficile. Je désespère un peu à cause de la souffrance, de cet ego et de l'attachement. Je veux tellement être un pur dévot.

Maharaj: Il vous faut la méditation scientifique. Vous utilisez tant de comprimés et de médicaments. Votre connaissance vient de la lecture des livres, et de l'écoute des Maîtres.

**TOUTE CETTE CONFUSION ARRIVE
À CAUSE D'UN MANQUE DE FONDATION,
UN MANQUE DE FONDATION SPIRITUELLE.**

Dans notre Lignée, nous enseignons : "Comment se concentrer sur 'Celui qui se concentre'". Si vous passez par la méditation scientifique, votre confusion disparaîtra. Ce qui est arrivé vient de l'influence du corps, de l'influence de la lecture de tous ces livres, de rendre visite à divers Maîtres. Cela a créé une grande confusion. Chaque Maître a quelque chose à dire, et il le dit d'une manière différente.

**LA MÉDITATION SCIENTIFIQUE SIGNIFIE :
PAS DE MENTAL ÉPARPILLÉ,
PAS DE MENTAL DIVISÉ,
PAS DE FOI DIVISÉE.
IL DEVRAIT SEULEMENT Y AVOIR UNE CIBLE :
UN MAÎTRE, PAS DEUX,
ET PAS DE COMPARAISON ENTRE LES MAÎTRES.**

Changer de Maîtres ne vous amènera pas le bonheur. Il vous faut avoir une foi forte en votre Maître. Une foi forte en votre Maître Intérieur régénérera votre pouvoir. Votre Maître Intérieur vous donnera du pouvoir et vous

enseignera spontanément. Mais vous ne devez pas avoir un mental instable. Méditez avec une foi et une confiance totales. Qu'est-ce que la méditation ?
LA MÉDITATION SIGNIFIE OUBLIER VOTRE IDENTITÉ. RÉCITER LE *NAAM MANTRA* TIÈDEMENT ET AVEC SUSPICION N'EST PAS MÉDITATION. CE QUI EST IMPORTANT EST LA QUALITÉ DE LA MÉDITATION : UNE PLEINE CONCENTRATION, UNE IMPLICATION PARFAITE.

Q: J'ai été un dévot de Ramana Maharshi pendant longtemps. Chaque année je vais à Arunachala pour une retraite. Est-ce de la confusion ? Devrais-je me décider pour un Maître ?

Maharaj: Vous voyez, il y a tous ces Gurus. Les corps physiques sont différents. Vous les identifiez sous forme corporelle. L'Esprit est un. Ramana Maharshi, Nisargadatta Maharaj, Siddharameshwar Maharaj, il y a tant de saints, mais l'Esprit est un.
IL VOUS FAUT PRETER UNE FORTE ATTENTION À CET ESPRIT UNIQUEMENT, ET NON PAS AUX FORMES CORPORELLES DES SAINTS.

Vous avez fait différentes pratiques, ce qui est bien. Mais en même temps, ces pratiques font gonfler l'ego, et à cause de cet ego, vous n'obtenez pas le bonheur que vous cherchez. Vous vous sentez nul, déprimé, et une certaine peur est encore là.

Mais au moment où vous deviendrez un avec la Vérité Ultime, il n'y aura plus aucune de ces sensations.
VOUS N'ÊTES PAS NÉ, DONC NE VOUS IDENTIFIEZ PAS A LA FORME CORPORELLE. CE N'EST PAS VOTRE IDENTITÉ, C'EST JUSTE VOTRE COUVERTURE EXTÉRIEURE.

Q: C'est difficile d'être un dévot, si difficile d'être un bon et pur dévot.

Maharaj: Il n'y a pas de difficulté. Il vous faut avoir une foi totale en votre Maître, qu'il soit en vie ou non. Lire des livres et changer de Maîtres n'aidera pas.
VOUS DEVEZ ALLER À UN MAÎTRE RÉALISÉ, PAS À UN VIEUX MAÎTRE QUI FAIT ÇA DANS UN OBJECTIF COMMERCIAL.

Quand vous acceptez quelqu'un comme votre Maître, vous êtes supposé être totalement loyal envers ce Maître. Donc dans n'importe quelles circonstances dans la vie, vous devriez rester loyal à votre Maître. Le Maître est là pour prendre soin de vous. Parfois il y a des tests.

Q: Beaucoup de tests !

Maharaj: Il ne devrait pas y avoir de double jeu, ou de mauvaise foi envers le Maître sous quelques circonstances que ce soit. C'est la qualité de la spiritualité. La confusion et la peur sont avec vous car vous écoutez différents enseignants, parlant de destinée, de *karma*, de *prarabdha*, etc. Il n'y a pas de destinée, pas de *prarabdha*.

TOUTES CES PENSÉES SONT APPLICABLES AU CORPS SEULEMENT, ET NON PAS À VOUS. POURQUOI ACCEPTER LES PENSÉES ILLUSOIRES DE QUELQU'UN D'AUTRE, ET SUBIR UNE AUGMENTATION DE VOTRE PRESSION ARTÉRIELLE ?

Votre recherche doit prendre fin parce qu'il n'y a pas de recherche. Où tout finit, là vous êtes.

CONCENTREZ-VOUS SUR LE CHERCHEUR PAS SUR LA RECHERCHE.

En ce moment vous êtes éparpillé. Votre force est divisée. Votre foi est éparpillée comme les rayons du soleil. Soyez le soleil ! La puissance est en vous, mais elle est éparpillée ici et là. En utilisant un doigt seulement, vous ne pouvez pas faire grand-chose, mais avec les cinq, vous pouvez serrer votre poing et donner un coup ferme. Cette puissance est divisée entre les dix doigts. Si tous les doigts s'unissent, rien ni personne n'osera vous attaquer.

Les discussions stériles sur la connaissance n'aideront pas. La connaissance pratique est nécessaire. La théorie et la pratique diffèrent toujours. Vous savez comment nager théoriquement, mais à moins que vous ne sautiez dans l'eau, vous ne nagerez pas dans l'océan de la connaissance spirituelle.

77. *Fausse monnaie*

Q: Une difficulté que je ressens est liée avec le *karma* passé et les tendances, le *prarabdha*. Évidemment c'est l'identification au corps, mais nous avons tendance à vivre la vie extérieure d'une manière particulière, et cela peut causer des problèmes. Comment puis-je surmonter ça ?
Maharaj: Ne faites pas d'effort délibéré. Il n'y a pas de *prarabdha*. Le *prarabdha* de qui ? Votre existence est une Existence Spontanée.

AVEZ-VOUS DÉCIDÉ DANS QUEL CORPS VOUS ALLIEZ NAÎTRE AVANT D'ÊTRE ? TOUTE CE QUE VOUS DITES

N'EST CONNECTÉ QU'AU CORPS.
Que va-t-il arriver après avoir quitté le corps ?
PRARABDHA, _KARMA_, ENFER, PARADIS, TOUS CES CONCEPTS SONT VENUS AVEC LE CORPS, ET SERONT DISSOUS AVEC LE CORPS.
Tout ce dont nous parlons concernant l'entre-deux, entre le 'avant' et le 'après', est illusion. Nous parlons de l'enfant qui n'est pas né.
SI VOTRE CORPS N'EST PAS VOTRE IDENTITÉ, ALORS AUX DÉSIRS DE QUI VOUS RÉFÉREZ-VOUS ?
Saint Kabir disait : "Tout s'en va avec le corps". Donc toute cette discussion, ce dont nous parlons est pour l'entre-deux, l'enfant non né.
NOUS JOUONS DURANT CETTE ÉTAPE D'ENTRE-DEUX ILLUSOIRE, DE LA SOI-DISANT NAISSANCE, À LA SOI-DISANT MORT.
Car nous nous considérons dans la forme corporelle.
DONC, CE QUE VOUS AVEZ LU, CE QUE VOUS AVEZ ÉCOUTÉ, OUBLIEZ LE ! C'EST DE LA FAUSSE MONNAIE !

Q: La Vérité est juste vacuité Maharaj, c'est simplement comme le ciel.
Maharaj: Ah ! C'est bon, c'est très bien car quand tout finit, là vous êtes, sans qualités !
Q: J'ai une sensation de vacuité, de rien.
Maharaj: C'est une sorte d'expérience magnétique. L'Auditeur Invisible en vous devient un avec la Vérité Ultime, donc tout le reste s'en va. Quand vous ressentez la vacuité, l'identité corporelle se dissout. C'est un bon signe. Nous devons maintenir ça avec la méditation.
Q: Nous devons nous accrocher à cette vacuité ?
Maharaj: Ne vous accrochez pas ! C'est spontané. Ne faites aucun effort délibéré pour faire quoi que ce soit. Une fois mon Maître m'a dit : "Si vous prenez une goutte de poison, vous n'avez pas à chercher le résultat. Il se produit automatiquement". De même, quand vous prenez le *Naam Mantra,* tout se produit spontanément. Vous n'avez pas à essayer de découvrir ce qui va se produire, ou même à essayer de faire en sorte que quelque chose se produise.

Au début, vous devez réciter le *Naam Mantra,* le Mantra du Guru, parce que comme je vous l'ai dit, c'est le logiciel anti-virus. Il y a beaucoup de virus : concepts, *prarabdha,* avidité, désir, illusions.

Nous avons tous été élevés dans une atmosphère unique. Nous avons grandi dans différentes atmosphères qui ont influencé notre corps spirituel.
VOUS N'ÊTES PAS LE CORPS.
NOUS MARTELONS ÇA TOUT LE TEMPS.
LE _NAAM MANTRA_ VOUS MARTÈLE DE LA MEME FAÇON.
D'autres questions ?

Q: Je suis occupé à suivre vos enseignements.
Maharaj: Très bien ! L'Auditeur Invisible écoute mes paroles. L'enregistrement spontané prend place. Donc soyez brave, ayez du courage.
        **OUBLIEZ TOUTE LA CONNAISSANCE
             C'EST LA CONNAISSANCE.**
Pas de connaissance est connaissance.
Q: De nombreuses fois j'ai prié pour avoir du courage et de la bravoure. Pouvez-vous me donner du courage ?
Maharaj: Le courage est déjà en vous. Les corps sont différents, mais l'Esprit est Un. Les vêtements sont différents, mais l'Esprit est Un. C'est comme si vous demandiez de comparer le ciel Indien avec le ciel Chinois ou Américain. Le ciel est le ciel. Arrêtez de vous prendre pour la forme corporelle ! Ce sont des mots, de très beaux mots, courage, paix et bravoure, très beaux.
    **MAIS QUAND AVEZ-VOUS COMMENCÉ À AVOIR BESOIN
             DE COURAGE ET DE PAIX ?
    SEULEMENT QUAND LA PRÉSENCE VINT À L'EXISTENCE
             DANS LA FORME CORPORELLE.**

78. L'arbre à nectar a été planté en vous

Maharaj: Souvenez-vous juste de ce que je vous ai dit, souvenez-vous en juste. Oubliez le passé. Oubliez le passé. Rappelez-vous seulement de ce dont nous avons discuté au cours de ces derniers jours, rappelez vous juste de cela. C'est votre histoire. Nisargadatta Maharaj disait : "Je ne fais pas de vous un disciple, je fais de vous un Maître", car l'essence du Maître est en vous. Nous parlons de la même chose, encore et encore. De la même chose, encore et encore ! Nous discutons d'un principe.
        **LA *GITA* DÉCRIT TANT DE DIFFÉRENTS CHEMINS,
    MAIS VOUS AVEZ DÉJÀ ATTEINT VOTRE DESTINATION.
      VOUS AVEZ DÉJÀ FRANCHI LA LIGNE D'ARRIVÉE.**
Se connaître dans un sens réel est Connaissance de Soi. Aussi, soyez calme, et soyez tranquille. Déposez toutes vos inquiétudes à l'ashram. Déposez simplement toutes vos inquiétudes, vos tentations, vos difficultés à l'ashram, puis partez. Partez rapidement.
Q: Ça me semble bien !
Maharaj: Il y a une dernière chose. Nous attendons quelque chose de vous.
Q: Oh ?
Maharaj: Déposez votre ego ! Déposez votre intellect ! Déposez votre mental ! Et ensuite vous pouvez partir. Les gens sont prêts à payer les enseignements

et les instructions spirituelles, mais pas à déposer leur mental, leur ego, leur intellect. [Le Maître rit.]

Je ne présente rien de nouveau. C'est un secret établi. Vous pouvez facilement regarder en vous, mais vous êtes sous la pression de pensées diverses, de pensées illusoires. Vous vivez sous la pression de pensées illusoires. Votre style de vie a été complètement contrôlé par les impressions de toutes ces pensées illusoires. Mais maintenant que vous savez, vous pouvez changer votre style de vie.

Q: Je vais le faire.

Maharaj: Commencez en oubliant tout ce que vous avez appris. Ce que vous avez écouté, oubliez-le ! C'est passé. Oubliez le passé. C'est le mental qui mesure les choses, ce souvenir-ci il y a vingt ans, ce souvenir-là il y a cinquante ans. Quelque chose est arrivé il y a vingt ans, et vous vous le rappelez aujourd'hui, et la douleur réapparaît, à l'identique.

OUBLIEZ LE PASSÉ !
IL N'Y A PAS DE PASSÉ, PAS DE FUTUR, PAS DE PRÉSENT.

Q: Pas de présent ? Je peux accepter qu'il n'y ait pas de passé et pas de futur, mais pas de présent ? Que dire de 'MAINTENANT', du moment présent ? Il doit y avoir un présent !

Maharaj: Le présent de qui ?

COMME VOUS N'ÊTES PAS LE CORPS,
ALORS LE PASSÉ DE QUI ?
LE PRÉSENT DE QUI ?
LE FUTUR DE QUI ?

Pas de présent, pas de passé, pas de futur. Est-ce que le ciel a un passé, un présent, un futur ? Nisargadatta Maharaj disait : "Si vous voulez vous comparez à quelque chose, comparez-vous au ciel". Votre Identité Non Identifiée est comme l'espace. Il n'y a pas de sensation. Acceptez cette Vérité. Votre Vérité.

QUE FAISONS-NOUS ICI ?
NOUS NE FAISONS RIEN.
NOUS RETIRONS LES CENDRES,
AFIN QUE LE FEU PUISSE PRENDRE.

Le feu est là, mais il est recouvert par un tas d'illusion, des monceaux d'illusions. Maintenez l'éclat de la flamme, le feu spirituel. Récitez le Mantra continuellement, autrement vous resterez recouvert par les cendres de l'illusion. Le processus de nettoyage a commencé. La méditation nettoie tout. La méditation nettoie tout. C'est un processus de nettoyage.

Q: Je vais persévérer avec la méditation, Maharaj, pour faire un bon nettoyage.

Maharaj: Il vous faut du courage pour cela. Mais rien n'est impossible. Passé, présent, futur, sont relatifs à la connaissance corporelle. La science spirituelle

dit, vous n'êtes pas le corps, vous n'étiez pas le corps, et vous n'allez pas rester le corps. C'est un fait établi.
**POUR QUE VOUS AYEZ UN PASSÉ, UN PRÉSENT, UN FUTUR, QUELQUE CHOSE DOIT ÊTRE LÀ EN PREMIER LIEU.
IL N'Y A RIEN LÀ.
VOUS ÊTES SANS FORME.
RIEN N'EST LÀ.
EMBRASSEZ VOTRE POUVOIR.**

Pourquoi ne pas embrasser votre Pouvoir ? Soyez naturel, soyez simple, soyez humble. Vous avez la Clé, maintenant vous devez la faire fonctionner. Vous devez avoir une foi totale en vous-même, et en votre Maître.

Soyez comme les saints et les fidèles dont je vous ai parlé. Ils avaient une foi si forte en leur Maîtres. Ils n'étaient pas éduqués, pas qualifiés. Comment tous ces mots spirituels sont-ils apparus et sortis de leurs bouches. Qui parlait pour eux ?

J'ai vu de nombreux étrangers venant voir Nisargadatta Maharaj. Ils posaient tant de questions compliquées. Maharaj donnait des réponses simples.
**CELA POURRAIT VOUS ARRIVER.
LA MÊME CHOSE PEUT VOUS ARRIVER,
PEUT ARRIVER À N'IMPORTE QUI.
LES CORPS SONT DIFFÉRENTS,
LES ROUTES SONT DIFFÉRENTES,
L'ESPRIT EST LE MÊME. C'EST LA VÉRITÉ NUE.**

Vous ai-je convaincu ?

Q: Oui Maharaj !

Maharaj:
MAINTENANT VOUS DEVEZ VOUS CONVAINCRE VOUS-MÊME.
Les pensées passent, c'est la nature du corps, mais ne luttez pas avec les pensées. Acceptez pleinement les pensées utiles. C'est bon ? [Il frappe dans ses mains.]

Q: J'espère que le Mantra va graduellement devenir plus automatique.

Maharaj: C'est à cent pour cent en relation avec comment est votre implication. C'est à vous de voir !

Q: Plus nous nous impliquons, plus le Mantra sera automatique. Nous devons faire un effort au début, spécialement au début ?

Maharaj: Il vous faut faire des efforts délibérés au début. Puis cela se produira spontanément. Toutes vos actions et réactions seront Spontanées. Vous resterez indifférent au monde.

RESTEZ INDIFFÉRENT AU MONDE.

Q: C'est un bon moment pour rester indifférent au monde, comme je n'ai rien d'autre à faire excepté réciter le Mantra.

Maharaj: Réciter est le plus important. Réciter et s'asseoir pour la méditation. Beaucoup de gens n'ont pas la connaissance de base. Vous êtes instruit, aussi vous avez une bonne base, une très bonne base.

De nouvelles personnes arrivent, venant de différents milieux, avec des niveaux différents. Ils ont différents niveaux de compréhension. S'ils ne sont pas très instruits, ou n'ont pas de très bonnes connaissances de base, alors j'utilise des histoires pour transmettre les enseignements. Il y a quelque chose pour chacun dans les histoires.

Chacun a son propre standard de compréhension, et il leur est enseigné selon leur niveau. C'est une technique des Maîtres. Quand Siddharameshwar Maharaj donnait des sermons, il devait décider comment enseigner, suivant qui était présent. Et quand des nouveaux venus arrivaient, il changeait immédiatement de discours. Les vieux dévots connaissent la Réalité, mais quand de nouvelles personnes arrivent, il faut que vous leur parliez de façon simple.

Siddharameshwar Maharaj disait : "Pour vous, je revêts l'ego, je dois descendre d'un cran, de sorte que je suis le Maître et vous êtes le disciple. Il n'y a pas de différence entre vous et moi, mais quand je vous enseigne, quand je parle avec vous, quand je vous donne des sermons, je prends l'ego du Maître, et vous êtes le disciple."

Donc ne vous inquiétez pas. Vous avez une bonne base. Déposez toutes vos inquiétudes, toutes vos difficultés, dans l'ashram. Vous avez beaucoup de bagage !

Q: Dans les deux sens : littéralement et métaphoriquement !

Maharaj: Laissez tout votre bagage, et partez seul.

SOYEZ JUSTE AVEC VOUS !
NE SOYEZ QU'AVEC VOUS.

Q: Et diriez-vous que c'est une bonne chose de ne pas chercher de résultats, comme de réciter le Mantra sans avoir d'attente ?

Maharaj: C'est correct. Ne faites pas la méditation dans l'attente que peut-être vous aurez une expérience, un signe, que quelque chose sortant de l'ordinaire puisse se produire.

Q: Comme des lumières éclatantes ou autre ?

Maharaj: Ce sera Spontané. Cela viendra à vous. Après un certain temps, peut-être sentirez-vous que vous avez du pouvoir. Ces attentes subtiles se doivent d'être là, cela arrive. Mais vous devez donner du temps pour la méditation. Dévotion sans expectative. Alors seulement, trouverez-vous votre déité en vous.

LA DÉVOTION SANS EXPECTATIVE MÈNE
À CONNAÎTRE LA DÉITÉ EN VOUS.

Aussi avec différents mots je martèle, je place votre Vérité Ultime en vous, j'implante votre Vérité Ultime en vous.

**MAINTENANT VOUS DEVEZ LA FAIRE GRANDIR AVEC
DES FERTILISANTS ET DE L'EAU.
L'ARBRE À NECTAR A ÉTÉ PLANTÉ EN VOUS.
COMMENT ALLEZ-VOUS VOUS EN OCCUPER ?
AVEC DE L'EAU ET DES FERTILISANTS.
LES FERTILISANTS SONT LE POUVOIR
DES *BHAJANS* ET DE LA MÉDITATION.**

Après avoir écouté tout cela, relisez *Je Suis* à nouveau. Ce sera beaucoup plus clair ! Nisargadatta Maharaj était une personnalité très rare. Les déclarations qu'il a faites avaient une telle force. Il parlait avec une force exceptionnelle. Ainsi je suis moi-même très, très fortuné. Ce n'est qu'à cause de lui que je parle comme ceci. Je suis très, très fortuné d'avoir eu une si longue association avec mon Maître.

Q: Et maintenant, nous bénéficions de cette association.

Maharaj: Je partage la même connaissance avec vous. Le langage peut être différent, l'approche peut être différente, le principe est un.
**JE VOIS MON BONHEUR EN VOUS.
JE VOIS MON BONHEUR EN VOUS.
SI VOUS ÊTES HEUREUX,
JE SUIS HEUREUX.**

Donc il doit y avoir un arrêt complet quelque part. Ne soyez pas un voyageur spirituel. J'ai vu tant de gens venir ici, discuter des enseignements puis dire : "Bien, bien, maintenant je dois partir aller voir quelqu'un d'autre". Donc mes éclats de voix ont été gaspillés. Je suis navré de ça.

Q: Vous ne savez pas, peut-être que dans quelques années, par la suite, quelque chose émergera. Oui ! Parce que vous plantez des graines. Cela prend du temps.

Maharaj: Oui, vous devez avoir de la patience.

Q: Si ce sont des jeunes gens, toutes sortes de choses peuvent arriver, ils peuvent se marier, etc.

Maharaj: Donc soyez heureux, et rendez les autres heureux. Soyez réalisé et aidez les autres à sortir de l'illusion.

Q: J'ai remarqué que vous n'utilisez pas les mots 'se réaliser', mais 'être réalisé'. Ai-je raison en pensant que le premier peut être perçu comme un bien ?

Maharaj: À nouveau, ce sont des mots. Vous êtes déjà Réalisé, mais vous êtes inconscient de votre Réalisation. Vous êtes déjà Réalisé, mais vous êtes inconscient de votre Réalisation ! Depuis que vous avez oubliez votre Identité, nous invitons l'attention de l'Auditeur Invisible, votre Vérité Ultime. La Connaissance est déjà avec vous, c'est seulement que vous l'avez oubliée.

79. Avons-nous besoin d'un Maître ?

Q: Quand vous êtes devenu réalisé, pourquoi n'avez-vous pas commencé à enseigner ? Pourquoi avez-vous continué à travailler ? Qu'est-ce qui est le plus important ?
Maharaj: Cela survient à différents moments. La Réalisation se produit spontanément. C'est différent de l'enseignement. Quand Nisargadatta Maharaj fut Réalisé, il n'enseigna pas aussitôt. Il évita de le faire. Première raison, c'est une grande responsabilité, et deuxièmement, cela dépend des circonstances, et du nombre de dévots qui souhaitent venir. S'ils ont une forte dévotion et implication, alors cela se produira. Les gens m'ont forcé ! Ranjit Maharaj avait quitté son corps, et donc ils ont dit : "Qui est le suivant ? Vous devez faire quelque chose. Et nos enfants ?" C'est arrivé spontanément.
Q: Je vous suis si reconnaissant Maharaj.
Maharaj: Tout arrive par la grâce de mes Maîtres. J'étais un petit garçon, et puis un jeune homme d'une vingtaine d'années, gagnant une ou deux roupies par jour. Et puis ça finit ainsi ! Tant de miracles !

Cela peut arriver à tout le monde, cela dépend juste de votre implication. Vous parlez de 'réalisation', 'd'illumination', ce sont des mots. Vous êtes déjà Réalisé, mais vous n'en êtes pas conscient. Tout est en vous, mais vous n'en êtes pas conscient, c'est tout.

NOUS VOUS FAISONS PRENDRE CONSCIENCE.
PAR NOS DISCUSSIONS,
NOUS VOUS FAISONS PRENDRE CONSCIENCE.

Ne vous sous-estimez pas. Soyez fortement impliqué avec une profonde dévotion.
Q: Maharaj, je désirais vous demander la signification de la dévotion ?
Maharaj: La dévotion signifie une implication totale avec notre Soi Sans Soi. La dévotion signifie une implication absolue avec notre Soi Sans Soi, sans aucun ego. Une implication Spontanée en Soi Sans Soi, pas une action délibérée.
Q: Certains chercheurs disent qu'un Maître n'est pas nécessaire pour la réalisation du Soi. Le Maître est-il nécessaire ?
Maharaj: Quand le docteur vous prescrit un médicament, il ne vous dit pas de prendre toute la boîte en même temps. Il prescrit, par exemple, une ou deux pilules à la fois, à différents moments de la journée. De même, le Maître est là pour prescrire, instruire, et vous donner la direction à suivre. Sans le Maître vous essayez de trouver votre chemin dans le noir. Au début, un Maître est nécessaire.

LE MAÎTRE PRÉSENTE AU CHERCHEUR
SON IDENTITÉ NON IDENTIFIÉE.

L'IDENTITÉ NON IDENTIFIÉE EST PLACÉE DEVANT VOUS, À TRAVERS LE MÉDIUM DU MAÎTRE.

Le Maître est là pour indiquer, et pointer vers votre Réalité. Il est là pour vous montrer, pour vous convaincre, pour que vous connaissiez la Réalité. Alors vous demanderez : "Qui suis-je ?"

"QUI SUIS-JE ?" N'EST PAS DANS LE CERCLE DE L'IMAGINATION ET DES CONJECTURES. VOTRE PRÉSENCE EST SPONTANÉE.

Q: Qu'arrive-t-il après le départ du corps ? Que reste-t-il ?
Maharaj: À présent vous soutenez le corps. Avant d'être il n'y avait pas de corps. Après la disparition du corps, vous serez inconnu de vous-même. Donc quelle que soit la connaissance, quelles que soient les informations spirituelles que vous avez maintenant, tout cela disparaîtra avec le corps. Rien ne restera.
Q: Alors à quoi sert toute cette connaissance spirituelle ?
Maharaj: La connaissance spirituelle est nécessaire car vous avez oublié votre Identité.

VOUS AVEZ OUBLIÉ CE QUE VOUS ÉTIEZ AVANT D'ÊTRE.

Q: Qu'est-ce que la connaissance alors ?
Maharaj: Vous sautez d'une question à une autre de façon erratique sans vous arrêter.
Q: Désolé, Maharaj, je suppose que je suis excité d'être ici.
Maharaj: Ça peut aller, mais cette connaissance n'est pas une connaissance intellectuelle, c'est la Connaissance Directe. La Connaissance signifie se connaître soi-même dans un sens réel. Nous nous connaissons nous-mêmes sous forme corporelle. Ce n'est pas notre identité.

LA CONNAISSANCE EST CONNAISSANCE DU SOI. LA DÉVOTION EST LA PERFECTION DE LA CONNAISSANCE DU SOI.

Q: Est-ce que la Conviction est une foi aveugle ?
Maharaj: La Conviction signifie juste réaliser la Vérité Ultime. Un simple exemple est : ce corps est appelé 'homme', donc j'ai accepté que ce corps soit appelé 'homme'. Ceci est Conviction Spontanée.
Q: Je sens à travers ce que vous avez dit, que pour avoir cette Conviction, la méditation est cruciale ?
Maharaj: La méditation est la base, car ce n'est que par elle que toutes ces pensées illusoires, ces pensées erronées, ces concepts erronés, seront dissous. Depuis l'enfance jusqu'à aujourd'hui, des centaines de milliers de pensées illusoires se sont développées dans le corps. La méditation est donc nécessaire

pour toutes les effacer. Au début, vous devez faire un effort, puis cela arrivera sans votre connaissance.

80. La vision du Maître

Q: J'ai ressenti beaucoup d'événements spontanés durant la méditation, vous appelez ça des 'points de repère'. Ce matin les Maîtres avaient préparé un bûcher funéraire pour moi ! J'ai pris cela comme une instruction à faire de plus grands efforts pour abandonner complètement l'ego, afin qu'il puisse être brûlé avec le reste des illusions que j'ai. Mais j'en ai parlé à un autre dévot, et il ne semblait pas avoir eu d'expériences de cette sorte.
Maharaj : C'est bien ! Au début, quand vous démarrez, c'est différent pour chacun. Vous pouvez avoir des expériences ou pas. Cela dépend, certaines personnes n'en ont pas au début de la pratique.

D'autres ont beaucoup d'expériences par leurs méditations, par leur implication totale, en se rapprochant de plus en plus du Soi Sans Soi. D'autres expériences sont des événements miraculeux.

En bref, la science spirituelle dit que vous pouvez faire l'expérience de Dieu de trois façons, en le voyant, en l'entendant, et par le contact. Vous pouvez voir votre Maître avec lequel vous avez une totale implication. Vous pouvez sentir le contact de votre Maître. Vous pouvez entendre votre Maître parler avec vous.

QUAND IL Y A UNE IMPLICATION TOTALE, VOTRE ESPRIT PREND LA FORME DE VOTRE MAÎTRE.

Je vous donne l'exemple d'une Sainte nommée Hemvabai, juste pour illustrer l'Unité. Elle était une disciple de Bhausaheb Maharaj. Elle souffrait de la peste, laquelle était incurable, et elle avait été bannie dans la forêt pour éviter la propagation de la maladie. Là elle pria son Maître. Elle pria d'une façon si intense, avec une telle dévotion, que Bhausaheb Maharaj prit forme devant elle dans sa forme corporelle. Elle fut guérie de la peste.

Il lui dit d'aller à l'ashram de Bagewadi. Elle était nerveuse, et lui dit qu'elle serait traitée comme un fantôme. Il lui dit : "Quand tu prieras, je serai là, mais invisible à tous sauf à toi". Elle alla à l'ashram et dit aux gens que Bhausaheb Maharaj lui avait donné son *darshan*.

Les gens du coin la testèrent. Le Prasad fut apporté, et peu de temps après, Bhausaheb Maharaj apparut, et vida l'assiette. Finalement, les gens prirent le *darshan* d'Hemvabai. Ce genre de chose miraculeuse se produit. En vérité,

LE SAINT NE PREND PAS FORME RÉELLEMENT.

**QUAND VOUS ÊTES TOTALEMENT IMPLIQUÉ
AVEC VOTRE SOI SANS SOI,
LA FORME EST PROJETÉE.**

Ce n'est pas la Vérité Ultime. C'est une bonne expérience, oui, un point de repère, mais ce n'est pas la Vérité Ultime. Il y a beaucoup d'évènements miraculeux qui se produisent tout le temps.

Je vous en raconte un autre : l'un des dévots âgés devait subir une opération importante. Son fils lui demanda s'il était effrayé par l'opération. Il répondit, "Pourquoi devrais-je avoir peur ? Je suis le Maître de la mort". Durant l'opération, il vit son Maître. Il était présent avec les docteurs. C'est arrivé à cause de sa forte foi.

**LES MIRACLES NE SONT PAS LA VERITE ULTIME.
ILS SONT LA RÉFLEXION DU VOYANT,
LA PROJECTION DU VOYANT.
C'EST VOTRE RÉALITÉ PRENANT FORME.**

L'Esprit est très sensible. Si vous pensez à votre Maître sérieusement et profondément, et que vous oubliez votre identité, votre Maître apparaîtra devant vous. Cela peut se produire ! Les saints Réalisés n'encouragent pas les miracles. Nisargadatta Maharaj disait : "Ne divulguez pas ces événements car ils délivrent aux gens le mauvais message".

Les miracles se produisent, ils se produisent hors de votre Présence Spontanée. Vous avez une force immense. Vous avez une force immense, un pouvoir immense, mais vous sous-estimez ce pouvoir en essayant de trouver cette Réalité quelque part ailleurs. Soyez indépendant !

81. La Réalité sans les mots

Maharaj: Vous êtes couvert de tant de vêtements, de tant de couches d'illusion. Vous devez les supprimer, une par une. Vous connaissez l'histoire classique du disciple demandant à son Maître : "Comment est *Brahman* ?" Le Maître répondit : "*Brahman* est comme un oignon".

Il est comme un oignon ou un choux. Si vous enlevez les couches une à une, alors à la fin il ne restera rien. De même, si vous supprimez toutes ces pensées illusoires, alors rien ne restera. Mais dans ce rien il y a tout.

DANS CE RIEN, TOUT EST LÀ.

Avec différents moyens, différents langages, différents mots, différentes phrases, nous essayons de vous convaincre de la Réalité.

RIEN N'ÉTAIT LÀ AVANT D'ÊTRE.

Après la dissolution de l'être, il n'y aura rien.

Toutes ces discussions que nous avons, ne sont que comme parler de l'enfant qui n'a pas pris naissance. Parler de cette philosophie, de *Brahman*, d'*Atman*, ou quoi que ce soit d'autre, est comme parler de l'enfant non né - Rien !

NOUS PARLONS DE L'ENFANT NON NÉ.
NOUS PARLONS AU SUJET DE RIEN.

Tout s'en ira avec le corps, donc comment sera *Brahman* à ce moment-là ? Si le corps n'est plus là, comment sera alors *Brahman* pour vous, pour qui que ce soit ? Au moment où le corps disparaît avec la soi-disant mort, à quoi ressemblera ce *Brahman* ? Où sera ce *Brahman*, ce *Parabrahman*, cet *Atman*, ce Dieu ?

IL N'Y AURA PAS DE MOTS.
C'EST LA RÉALITÉ.
ALORS POURQUOI TOUT CET ATTACHEMENT AUX MOTS ?
VOUS AVEZ BEAUCOUP D'AFFECTION POUR LES MOTS.
ESSAYEZ DE TROUVER LA RÉALITÉ,
VOTRE RÉALITÉ.
LA RÉALITÉ SANS LES MOTS.

Pourquoi continuer à s'accrocher à tous ces mots ? "Pourquoi ce saint le dit comme ceci ? Pourquoi ce Saint le dit comme cela ?" Ce n'est pas à propos de ce qui est 'dit', c'est la signification qui est le plus important. Les gens ont une addiction aux mots. Que voulons-nous dire par *Brahman* ? Que voulons-nous dire par *Atman*, *Paramatman*, Dieu, Maître, *maya*, *Brahman*. Il y a tant de mots ! Nous avons créé les mots. Nous avons créé les mots.

Nous avons créé l'alphabet a, b, c, d, et créé les mots. 'PAPA' Oh ! Ça signifie 'père'.

NOUS AJOUTONS LES MOTS,
NOUS LEUR DONNONS UN SENS,
ET ENSUITE NOUS PARLONS ET LUTTONS AVEC LES MOTS.

Les mots naturellement servent un but, sans eux nous ne pouvons pas faire affaire avec les autres, nous ne pouvons pas converser les uns avec les autres. Mais nous devons aller plus en profondeur dans les mots.

ALLEZ DE PLUS EN PLUS PROFOND
DANS LA SIGNIFICATION DES MOTS.

J'apparais dans ce monde comme un homme ou une femme. Est-ce vrai ? Avoir le sexe d'un homme ou d'une femme, cette couverture extérieure est-elle vraie ou fausse ?

Disons qu'un seul métal, de l'or ou de l'argent fut utilisé pour réaliser deux statues : l'une de Dieu, et l'autre d'un âne. Si vous alliez chez l'orfèvre en lui disant : "C'est une statue de Dieu ! Elle devrait valoir plus cher que la statue de l'âne !" Vous n'obtiendrez pas plus pour celle du Dieu en or, que pour celle de l'âne en or. La valeur est liée au poids de l'or ou de l'argent, et non pas au nom, à l'aspect ou à la forme.

De même, la Vérité Ultime est la Vérité Ultime. Vous êtes la Vérité Ultime. Aussi, vous devez vous convaincre. Vous devez vous motiver. Vous devez vous façonner.

DES DIRECTIONS VOUS ONT ETE DONNEES.
DES INSTRUCTIONS VOUS ONT ETE DONNEES.
ALORS PENSEZ-Y, UTILISEZ-LES,
ET RÉGÉNÉREZ VOTRE PROPRE PUISSANCE.

Ne vous négligez pas, ne vous sous-estimez pas. Ayez du courage pour faire face aux événements internes, et externes. Les vagues vont et viennent, les pensées vont et viennent. Acceptez et rejetez, acceptez et rejetez. C'est simple ! Vous êtes votre propre Maître.

Q: Je peux comprendre tout ça, mais le faire est tout autre chose. Je suis le Maître de mon monde. Je peux comprendre cela, mais le mettre en pratique est une chose différente.

Maharaj: Ça signifie juste mettre la Connaissance en pratique. Les faits vous ont été présentés. Les faits sont placés face à vous. Les évidences sont placées devant vous. La Vérité Nue est placée face à vous. Le reste vous appartient, ce que vous faites avec tout ça dépend entièrement de vous.

LA VERITE ULTIME EST PLACÉE DEVANT VOUS.
C'EST VOTRE VÉRITÉ. VOTRE IDENTITÉ FINALE.

Ce qui arrive est que quand vous lisez des livres, des mots particuliers vous influencent. Vous les analysez : Ramana Maharshi le dit comme ceci et Nisargadatta Maharaj le dit comme cela. Vous faites une étude comparative de différents mots, alors que pendant ce temps,

VOUS IGNOREZ L'ESPRIT
QUI ESSAYE DE FAIRE CETTE ÉTUDE COMPARATIVE.

Les différents mots indiquent votre Vérité Ultime. Acceptez seulement ceci ! Ne jouez pas avec les mots !

82. *Vous souriez maintenant*

Maharaj: Cette Connaissance est tellement simple !
Q: Simple mais difficile.
Maharaj: Je porte à votre attention ce qui est déjà en vous. Tout ce que vous avez à faire est de l'accepter avec une confiance totale, une fermeté totale. Examinez cela, par tous les moyens ! N'ayez pas une foi aveugle. Examinez

tous les enseignements du Maître, et discernez s'il vous a donné une information correcte ou incorrecte.
Q: Je suis conscient de ce qui se passe de plus en plus. Quand quelque chose de déplaisant s'élève, je comprends bien qu'il faut l'accompagner, juste être avec sans aucune peur, et la chose passe.
Maharaj: Bien, correct. La spiritualité est une formation commando, au-delà de la formation militaire. Avez-vous tout empaqueté ? Questions finales ?
Q: Non, aucune ! Les difficultés s'en sont allées, la tristesse aussi ! [Souriant].
Maharaj: Très bien, très bien. Soyez normal ! Silence total. Vous ne devez plus continuer à penser. Quoi qu'il arrive, laissez-le juste arriver. Vous voyez une image sur un écran, momentanément vous devenez heureux, ou malheureux, à cause de la scène ou de l'histoire. Puis quand vous quittez l'auditorium, vous l'oubliez.

C'est un grand auditorium dans lequel les pensées s'écoulent, les images s'écoulent. C'est un rêve. Regardez le rêve et oubliez-le. Soyez ordinaire, soyez simple, soyez humble.

**NE FAITES PAS ATTENTION
À TOUT CE QUI SE PASSE AUTOUR DE VOUS.
NE MÉMORISEZ AUCUNE PENSÉE
DE QUI QUE CE SOIT AUTOUR DE VOUS.**

Votre bonheur est mon bonheur. Vous souriez maintenant et vous riez même, c'est très bien. Quand vous êtes arrivé vous étiez sérieux et triste.

C'est très simple, très, très simple, ne stressez pas, et ne soyez pas attiré par les attractions. Parfois vous vous sentirez tenté, mais vous serez guidé par les instructions de votre Maître Intérieur : "Ne fais pas ça, c'est *maya*, illusion. Par ici, fais ça". C'est un peu comme le jeu d'enfants des serpents et de des échelles.

**EN SPIRITUALITÉ,
NOUS VOUS DEMANDONS D'OUBLIER LE PASSÉ.
NE PENSEZ PAS AU PASSÉ CAR
VOTRE PRÉSENCE SPONTANÉE EST VOTRE OBJECTIF.
VOTRE PRÉSENCE SPONTANÉE EST VOTRE OBJECTIF.**

Ne devenez pas esclave des pensées et des vues de quelqu'un d'autre. Oubliez la connaissance livresque, la connaissance littérale ! Soyez comme une ardoise vierge. Supprimez tous les fichiers erronés, les fichiers illusoires, et insérez votre nouveau programme. Changez juste votre vision, changez vos lunettes. C'est votre histoire. J'invite l'attention de l'Auditeur Invisible en vous.

**VENEZ-EN À CONNAÎTRE SOI SANS SOI.
ALORS INSÉREZ LE PROGRAMME 'SOI SANS SOI',
ET LAISSEZ-LE PRENDRE SOIN
DE TOUS VOS ORDINATEURS.**

83. La Réalité Ultime n'a pas de visage

Maharaj: Vous pouvez vivre une vie sans peur. Pourquoi y a-t-il de la peur ? Parce que nous sommes attachés à ce corps. Supposez que vous ayez beaucoup d'argent dans votre poche, et que vous sortiez à l'extérieur. Vous aurez peur d'être volé. Vous regarderez donc tout autour de vous, anxieux et craintif, gardant votre main dans la poche. Vous avez peur d'un voleur. S'il n'y a rien dans votre poche, vos bras seront relâchés et libres.
DE MÊME, VOUS AVEZ PEUR À CAUSE DE VOTRE ATTACHEMENT À CE CORPS.
Si rien ne vous est cher, alors il n'y a rien à craindre.
RIEN À CHÉRIR, RIEN A CRAINDRE.
Aussi longtemps qu'il reste une trace de conviction que vous êtes un individu, cette connaissance égotique continuera à vous causer des problèmes et des conflits. Aussi, de l'implication est nécessaire si vous voulez vous connaître dans un sens réel. Pensez à vous-même ! C'est une Connaissance très simple. Oubliez la spiritualité un moment. Vous êtes un petit enfant, vous grandissez pour devenir un jeune homme, et puis un vieil homme.
CE SONT LES ÉTAPES DU CORPS, PAS LES VÔTRES.
VOUS ÊTES LE TÉMOIN DU PETIT ENFANT,
VOUS ÊTES LE TÉMOIN DU JEUNE HOMME,
VOUS ÊTES LE TÉMOIN.
Le Témoin ne change pas, la chose dont on témoigne change. Le corps change, mais pas vous.
VOUS ÊTES CONSTANT.
Même lorsque vous savez cela, "je ne suis pas le corps", malgré tout, quelque peur demeure toujours présente, une forme de peur très subtile, ainsi que de l'anxiété au sujet de ce qui va arriver. Si quelque chose va de travers avec le corps, vous suppliez : "Oh docteur faites quelque chose, donnez-moi une injection pour survivre !" Pourquoi ?
CAR C'EST LA NATURE DE L'ESPRIT.
CAR L'ESPRIT NE SE CONNAÎT QU'À TRAVERS LE CORPS.
Nous l'appelons Esprit, *Brahman*, *Atman*, *Paramatman*, mais l'Esprit est vous-même. Vous êtes Soi Sans Soi. La combinaison de l'Esprit et du corps, l'illusion du mental, de l'ego, de l'intellect, l'identification de vous-même sur une identité séparée, tout cela contribue à ce monde de rêve.

Lorsque vous vous réveillez d'un rêve, vous ne prenez pas compte de ce rêve. De même, vous ne devez pas prendre compte de ce monde. C'est un monde de rêve. Vous suivez ?

Q: J'ai souvent lu que tout est '*maya*', et j'avais compris cela intellectuellement. Mais la façon que vous avez de le dire est maintenant si

réaliste, que je l'ai vraiment, vraiment compris. Cela semble non seulement vrai, mais en plus très pragmatique.
Maharaj: La Conviction viendra. Graduellement, toutes ces couches illusoires seront complètement fondues. Le processus de fusion a déjà démarré. Lentement, silencieusement, et en permanence, la connaissance corporelle, et la façon dont les choses affectent le corps se réduiront, seront dissoutes et disparaîtront.
Q: Qu'y aura-t-il à la place ?
Maharaj: Cette Paix exceptionnelle sans aucune cause matérielle. Aujourd'hui nous essayons d'extraire la paix et le bonheur des causes matérielles. Nous lisons les Écritures, c'est une cause matérielle. Nous mangeons de bonnes choses, c'est une cause matérielle. C'est temporaire !
CE BONHEUR DONT JE PARLE NE PEUT PAS ÊTRE DÉFINI.
Tous les concepts sont illusion.
**VOUS DEVEZ TROUVER CE QUE VOUS ÉTIEZ
AVANT LES CONCEPTS,
AVANT LA CONNAISSANCE CORPORELLE,
AVANT D'ÊTRE.**

Nous suivons ce processus afin de trouver cela. Ce processus est aussi illusion. La Connaissance est aussi illusion. Mais vous devez utiliser la Connaissance comme une échelle ou comme une carte. Une fois la destination atteinte, vous pouvez vous débarrasser de ce qui vous a guidé.

Dans *Je Suis* et *Le Maître de la Réalisation du Soi*, les Maîtres ont essayé de vous convaincre, vous le lecteur, de Votre Vérité Ultime, de votre Vérité Finale. À la lumière de cette connaissance, vous devez vous convaincre vous-même, afin d'en venir à : "Je Suis Cela !"
**C'EST UN CORPS MATÉRIEL.
VOTRE PRÉSENCE EST INVISIBLE, PARTOUT.**

La Réalité Ultime n'a pas de visage. Vous devez avoir la Conviction du Soi. C'est à vous de vous convaincre. Le Maître a placé votre Identité devant vous. Maintenant c'est à vous de l'accepter.
**VOUS DEVEZ VOUS CONVAINCRE VOUS-MÊME,
C'EST A VOUS SEUL DE DECIDER.**

C'est comme si quelqu'un vous apportait un bon repas, vous ne chercherez pas simplement à le décrire en disant : "Oh ! Mais quel bon repas", vous le mangeriez. Vous le consommeriez. De même, avec les enseignements, avec cette Connaissance, ne dites pas seulement : "Oh c'est très bon, très bon, et après ?" Mangez ce que l'on vous a donné, et digérez-le ! Qu'en dites-vous ?
Q: Oui, absolument ! Je mange tout voracement !
Maharaj: C'est un beau voyage. Il va de plus en plus en profondeur dépendant du dévot. Prenez tous les enseignements. Prenez tout. Prenez toutes les richesses, pas juste quelques roupies !

84. Le Maître vous montre 'Dieu' en vous

Maharaj: Tout est en vous, ce n'est donc pas la peine d'aller voir ailleurs, même physiquement ou mentalement. Vous devez pratiquer pour avoir cette Conviction.

LES ESPÉRANCES QUE VOUS AVEZ À TRAVERS LA SPIRITUALITÉ SERONT RÉALISÉES PAR 'L'ESPÉRANT' QUI EST DÉJÀ EN VOUS.

Cet 'espérant' est appelé Dieu, *Atman, Brahman, Paramatman*. Quand l'Esprit s'est identifié au corps, vos attentes ont commencé : je veux la paix, le bonheur total, une vie paisible, une vie sans tension.

Ces attentes ont commencé pendant l'enfance. L'enfant pleure, il pleure parce qu'il ne peut pas expliquer, ou faire sens avec ce qui se passe. Dans notre pays quand un enfant pleure, nous lui donnons du miel. Une fois qu'il a goûté au sucré, l'enfant est heureux.

De même, après être entré dans le soi-disant monde, nous espérons tant de choses pour nous apporter le bonheur, pour nous garder satisfaits. Pourquoi ? Parce que l'Esprit, la Présence trouve le fait d'être intolérable, insupportable, insoutenable.

PARCE QU'AVANT L'EXISTENCE, AVANT D'ÊTRE, IL N'Y AVAIT PAS DE MALHEUR OU DE BONHEUR.

Q: C'est intéressant ! Ce matin je méditais, et la Présence de Bhausaheb Maharaj était là. Il parlait, et disait : "Abandonnez toute votre joie et tout votre bonheur !" À cet instant, je n'ai pas su quoi faire. Pourquoi devrais-je abandonner ce qui est positif dans ma vie ? Assurément, la joie et le bonheur ne sont pas des problèmes ! Non ! Je veux conserver ça, pensais-je ! S'il avait dit : "Abandonnez toute votre douleur et toute votre souffrance !", j'aurais obéi, immédiatement ! Mais maintenant, j'ai compris. Avant d'être il n'y avait ni bonheur ni malheur. Le bonheur et la joie font partie de la connaissance corporelle, donc ils doivent s'en aller !

Comme baromètre pour jauger le progrès spirituel, j'ai recherché la paix, la joie, la béatitude, le bonheur, sans réaliser que tout ça fait partie de la connaissance corporelle.

Maharaj: Ni bonheur, ni malheur. Tout le monde lutte pour la paix, voyageant ici et là. Vous avez fait tout ce chemin jusqu'ici pour trouver la paix et le bonheur. Le bonheur est inconnu de vous. Vous essayez de le trouver dans les divertissements, l'argent, le sexe, la notoriété, la puissance, et même à travers les expériences spirituelles, etc. Mais malgré toutes ces différentes sources, il vous échappe.

LE BONHEUR EST INCONNU DE VOUS

**CAR VOUS ÊTES INCONNU À VOUS-MÊME.
LA RACINE PRINCIPALE DU BONHEUR EN VOUS
VOUS DEMEURE CACHÉE,
VOUS EST INCONNUE.**

Vous acceptez cette connaissance corporelle insupportable et la forme corporelle subtile du mental, de l'ego, de l'intellect, et ensuite vous cherchez des moyens de trouver la paix. Vous allez voir des Maîtres, allez dans des temples et des lieux sacrés. Ça peut vous apporter un bonheur temporaire et du soulagement comme un analgésique, mais rien de permanent.

Et puis vous visitez un autre temple, et encore un autre, comme un cirque en tournée. Quelqu'un dit : "Allez ici, allez là. Faites ceci, faites cela". Encore et encore, malgré tout ce vagabondage, tous ces voyages, personne ne vous montre que Dieu est en vous.

PERSONNE NE VOUS MONTRE DIEU EN VOUS.

Il n'y a plus besoin d'aller chercher quelque chose ici ou là. À présent vous êtes à destination, vous avez atteint la Destination Finale. C'est la Vérité Ultime. Donc vous devez vous y tenir. Vous devez être sincère et le prendre sérieusement.

**LE VOYAGE QUI PRÉCÈDE DOIT ÊTRE OUBLIÉ.
MAINTENANT VOUS ÊTES À LA MAISON,
VOUS N'AVEZ PLUS BESOIN DE L'ADRESSE
OU DE LA ROUTE QUI FUT PRISE.**

Le temps a passé, les années ont passé, et la confusion a été ajoutée. Chaque jour la confusion s'est accrue. Mais maintenant, vous êtes arrivé à la Destination Directe, c'est déjà en vous.

**VOUS N'AVEZ PAS BESOIN D'ALLER CHERCHER
CAR VOUS N'ÊTES PLUS UN CORPS.
TOUTES VOS INQUIÉTUDES ONT COMMENCÉ AVEC LE CORPS.
MAINTENANT ALLEZ À LA RACINE.
TOUT A SON ORIGINE EN VOUS.**

Q: Dans ma tête je sais cela, mais j'ai des difficultés pour aller à la racine, et je suis encore très attachée à Anthony.

Maharaj: La connaissance relative au corps ne vous donnera pas le bonheur. Vous pouvez dire : "Je suis *Brahman*, *Atman*, *Paramatman*, Dieu", si vous souhaitez, mais tout ça est connaissance corporelle. Vous n'êtes ni *Brahman*, *Atman*, *Paramatman*, ni Dieu. Ces noms sont donnés pour l'être. Ce sont de bons noms, mais votre Existence est au-delà de ça. Votre Présence est au-delà de ça.

**VOUS ÊTES LA VÉRITÉ ULTIME,
VOUS ÊTES LA VÉRITÉ FINALE.
VOUS ÊTES LE PÈRE DU MONDE.**

Q: Maharaj, comment réaliser la Vérité Ultime que je suis ?

Maharaj: Nous vous donnons un processus, des médicaments pour garder votre tête forte.
Q: Ça semble bien !
Maharaj: Avez-vous un Maître ?
Q: Plus maintenant. J'ai eu un Maître pendant longtemps, et j'aimais m'asseoir à ses pieds.
Maharaj: Quelle fut votre conclusion après avoir été avec ce Maître? Qu'avez-vous réalisé ou compris ?
Q: Je ne sais pas si j'ai eu une quelconque compréhension. J'ai juste ressenti tout l'amour qui était là. C'était très plaisant d'être avec lui. Je sentais beaucoup d'amour venant du cœur.
Maharaj: La Connaissance est essentielle pour vous aider à comprendre, et réaliser votre Réalité véritable. Après avoir atteint la destination, oubliez l'adresse. Vous devez avoir une foi forte, car si vous manquez de foi, les pensées continueront à vous forcer à aller ici et là. Il n'y a pas de stabilité avec le flot continuel des pensées. C'est agité, perturbant, vous encourageant à continuer d'aller ici et là.
Q: C'est vrai !
Maharaj: Combien de temps encore continuerez-vous à aller voir différents Maîtres? Pourquoi allez-vous voir tant de Maîtres ? Qu'avez-vous accompli ? Approchez le Maître qui pourra vous montrer Dieu en vous, comme Ramakrishna Paramahamsa a fait avec Swami Vivekananda. C'est exceptionnel ! Il avait parlé avec tant d'autres Maîtres, avant de finalement trouver un vrai Maître. C'est une occasion très rare !

Approchez le genre de Maître qui vous montrera Dieu en vous, comme nous le faisons dans notre longue Lignée. Elle est habilitée par le *Naam Mantra* sacré, la Clé Maîtresse. Vous ne trouverez jamais cette Connaissance Directe autre part.

Alors arrêtez-vous ! Arrêtez-vous ! Faites de sincères efforts pour ne pas devenir victime du mental à nouveau.

RESTEZ AVEC UN MAÎTRE SEULEMENT.

Ayez de la foi ! Le mental est toujours tenté de vous envoyer des messages : "Va ici ! Va là ! Allez ! Il est temps de bouger !" Il doit y avoir un arrêt complet.

COMBIEN DE TEMPS ALLEZ-VOUS CHERCHER LA PAIX ?

Qui veut la paix ? Qui veut le bonheur ? Essayez de le découvrir. Posez à votre Maître Intérieur des questions comme : "Durant ces cinquante dernières années j'ai lutté pour obtenir la paix. Qu'ai-je trouvé ? Qui luttait ?

REGARDEZ-VOUS !
REGARDEZ-VOUS !
REGARDEZ-VOUS !

85. Votre disque dur est encombré

Maharaj: Le concept de mort approche lentement, lentement afin de vous faire peur. Puis le corps devient vieux, de plus en plus vieux. Agissez selon votre âge spirituel. L'Esprit ne se connaît qu'à travers le corps, et il souhaite vivre le plus longtemps possible.

Soyez votre propre Maître, votre propre enseignant. Au moment où vous SAVEZ parfaitement, il n'y a plus de peur de la mort. Ce corps ne vous appartient pas. Si quelque chose va de travers avec lui, vous ne devez pas vous en préoccuper. Chaque jour nous lisons dans les journaux que des gens meurent, un accident, xyz sont morts, ça ne nous dérange pas tellement. Si un parent proche décède vous pleurez, vous êtes en larmes car vous avez de l'attachement pour cette personne.

De même, vous avez beaucoup d'amour et d'affection pour ce corps. Vous essayez de protéger le corps, et vous avez une relation très proche avec lui. Vous ne voulez pas que quelque chose aille de travers avec lui. Si cela se produit, vous ferez de votre mieux pour le protéger. Vous ferez de grands efforts pour le protéger. Vous irez chez le docteur pour vous débarrasser de votre souffrance, et bien sûr, même pour prolonger votre vie.

Q: Je vois beaucoup de souffrance dans mon métier. Quand des gens sont mourants, certains d'entre eux qui avaient la foi, la perdent. Ils demandent : "Comment Dieu peut-il permettre de telles souffrances ?"

Maharaj: Nous avons créé le monde. Dans le rêve, vous voyez tellement de souffrance.

TOUS CES CONCEPTS GLUANTS
QUI SONT COLLÉS AU CORPS DOIVENT ÊTRE FONDUS.

Laissez-les tous fondre, et placez-vous avant l'être. Laissez-vous être Soi Sans Soi.

Q: Je pense que pour moi la foi est difficile, car je suis maintenant vieux, et que j'ai assisté à tant d'enseignements différents. Et mon mental ne me donne toujours pas de paix.

Maharaj: Ce sont toutes des pensées. Oubliez tout ce que vous avez lu et écouté. Vous êtes comme un gros ordinateur. Il devrait être complètement vide. Votre maison est encombrée, votre maison est surchargée. Oui ?

Q: C'est vrai ! Mon mental est trop actif.

Maharaj: Oubliez votre mental, quand êtes-vous venu avec le mental ?

VOUS ÊTES LE TÉMOIN DE VOTRE MENTAL.
VOUS ÊTES LE PÈRE DE VOTRE MENTAL,
MAIS VOUS N'ÊTES PAS LE MENTAL.

Vous connaissez les pensées qui se produisent à l'intérieur. Vous êtes le témoin des pensées du mental, les bonnes pensées, les mauvaises pensées. Vous dites 'mon mental'. Vous n'êtes pas le mental. Vous dites 'mon mental', 'ma main', 'mon corps'. Vous n'êtes pas le corps.

Vous n'êtes pas le corps, la main. 'Mon doigt' signifie que "je ne suis pas le doigt". Vous voyez tout le monde parle de mon doigt, de mon corps. Vous indiquez mon corps. Donc de même : mon mental, mon ego, mon intellect, toutes ces choses sont totalement séparées de vous.

Vous dites mon enfant, mon père, mon frère. Vous en êtes totalement différent, parce que vous en êtes témoin : "mon père, mon enfant, etc." Donc vous n'êtes pas cela. Tout ceux-ci sont des relations : mental, ego, intellect sont relatifs. Ils sont venus après. Ils sont venus avec le corps.

Vous suivez les instructions de tous ces proches - mental, ego, intellect, que vous n'êtes pas.

Si vous avez des doutes, alors clarifiez-les. En spiritualité c'est très important. N'acceptez pas la connaissance avec des doutes. Vous devez être parfaitement clair. S'il y a le moindre doute, demandez.

SI VOUS ACCEPTEZ LA CONNAISSANCE EN AYANT ENCORE DES DOUTES, IL Y AURA CONFUSION.

Si vous acceptez la connaissance avec des doutes, il y aura confusion.

Q: Je pense en ce qui me concerne, que de se débarrasser de ses doutes n'est pas très facile. Je suis vieux. Je suis allé sur tant de différents chemins, et aucun d'eux n'a réellement été ce que je cherchais.

Maharaj: En premier, vous devez vous convaincre. Vous êtes un bon docteur. Vous savez ce qui est bon, et ce qui est mauvais. Donc en étant un bon docteur, vous pouvez vous guérir vous-même. Vous êtes votre propre docteur, avec tous les inconvénients, les problèmes, vous savez où vous vous situez. Ce qu'il faut faire, ce qu'il ne faut pas faire.

Tout d'abord, vous devez supprimer tous les octets erronés de votre ordinateur. Tout devrait être nettoyé. Si le disque dur est plein, vous ne pourrez rien essayer de nouveau.

Q: C'est vrai. Il est encombré. Le disque dur est plein, et il ne fonctionne pas correctement.

Maharaj: Encombré par les pensées. Donc rappelez-vous de ce que je vous ai dit, et ensuite essayez de trouver ce qu'est la Vérité Ultime. Et alors viendra la Réalisation, que "je suis la Vérité Ultime, sans aucun forme corporelle".

Q: Donc, Maharaj, m'aiderez-vous à vider mon disque dur ?

Maharaj: Si vous êtes intéressé, alors il n'y a aucun problème. Mais ce qui arrive est que beaucoup de gens viennent à moi avec des problèmes ou autre. Je leur dis à tous ce que je vous ai dit à vous, mais quelquefois, après être parti d'ici, ils rencontrent un autre Maître qui influence leur mental instable une

fois de plus ! Je me sens navré pour eux car ils viennent de manquer une opportunité.
Q: Je pense que je suis différent, car j'avais virtuellement abandonné, désappointé de ne pas avoir trouvé ce que je cherchais. Je suis sérieux ! Je parle de mon travail. J'ai voyagé sur la moitié du globe. Après avoir vu le site web, quelque chose a résonné en moi, et je sais qu'après ici, je n'irais nulle part ailleurs. C'est mon terminus.
Maharaj: C'est le dernier arrêt, le terminus. Bon, aujourd'hui je vous donnerai quelques instructions sur comment méditer, et comment vous rendre heureux sans aucune cause matérielle. Je ne fais rien de spécial,

**JE SUIS EN TRAIN DE MONTRER
LA VÉRITÉ ULTIME EN VOUS.**

Et ensuite il n'y aura plus besoin d'aller où que ce soit, comme dans l'histoire du garçon mendiant. Lorsqu'il en vint à connaître sa richesse, il arrêta de mendier immédiatement. Je vous dis cela pour vous convaincre.

Quand vous en viendrez à savoir que ce que vous cherchez est le Dieu, le *Brahman*, l'*Atman*, le *Paramatman* qui est en vous, vous trouverez que le Dieu, le Maître, *Brahman*, *Atman* est votre propre reflet, votre projection sans le corps.

**POURQUOI ESSAYER DE TROUVER DIEU
OU LE MAÎTRE À L'EXTÉRIEUR,
QUAND VOUS ÊTES VOTRE PROPRE MAÎTRE.**

Nisargadatta Maharaj dit : "Je ne fais pas de vous un disciple, je fais de vous un Maître".
Q: J'ai entendu ça. Oui, c'est beau. Ça stoppe votre course, ça stoppe la chasse pour quelque chose qui est supposément là-dehors. Vous savez que c'est déjà à l'intérieur.
Maharaj: Vous devez être sincère concernant le fait de recevoir le *Naam Mantra*.
Q: Je pense que je suis sincère. Mais bien sûr, ensuite le mental arrive et dit : "Peut-être que tu n'es pas réellement sincère".
Maharaj: Le mental, l'ego, l'intellect, tout sera supprimé.
Q: Ça me semble bien ! Je voulais partager avec vous, Maharaj, le fait que j'ai perdu mon mari avec lequel je vivais depuis de nombreuses années, l'année dernière. Je crois que mon cœur est encore lourd de tristesse.
Maharaj: Cela arrive à tout le monde. Ceux qui entrent dans ce monde doivent, qu'ils le veuillent ou non, le quitter, [il frappe dans ses mains]. Les relations se sont formées avec le corps. Quand vous n'étiez pas le corps, y avait-il des relations ? Quand nous n'étions pas le corps, nous ne connaissions pas notre fils, notre père, mère, mari, femme, rien de cela.

Aviez-vous des frères, des sœurs, des mères, il y a cent ans ? Et quelles sortes de relations y aura-t-il dans cent ans ? Toutes les relations sont des relations relatives au corps. Même la relation Maître-disciple est relative au corps.

Q: Quand la femme de Nisargadatta Maharaj est morte, il a continué son enseignement comme il le faisait d'habitude.

Maharaj: Quel courage ! La même chose est arrivée dans le cas de Guru Ranadev, quand on lui a dit que son fils unique était mort. Il était sur le point de donner une conférence dans un grand auditorium à l'université. Il donna la conférence philosophique tout de même. Après cela, il dit : "Dieu m'a donné un cadeau, maintenant il veut le reprendre". Donc même dans ce cas, qui est inimaginable, sa capacité à contrôler ce par quoi il a dû traverser était extrêmement impressionnante.

Q: C'est une merveilleuse histoire, si puissante !

Maharaj: D'où vient ce courage? Il provient de cette spiritualité car vous SAVEZ. Vous savez que le monde entier est illusion. Pour avoir ce courage, il y a la discipline de la méditation. Elle confère un grand courage et ouvre la Connaissance.

TOUT EST EN VOUS.
LA RÉALITÉ S'OUVRIRA.
VOUS N'AVEZ PAS BESOIN D'ALLER AILLEURS A NOUVEAU.

86. Ce sont seulement des M.O.T.S.

Q: J'ai étudié et suivi les enseignements de Nisargadatta Maharaj pendant des années, mais je me sens bloqué. Je ne semble faire aucun progrès.

Maharaj: Vous avez des attentes de faire des progrès spirituels avec l'aide de la connaissance basée sur le corps. À travers l'intellect et l'ego subtil, vous vous attendez à un progrès spirituel. Quand vous restez avec un grand Maître comme Nisargadatta Maharaj, vous devez accepter ce qu'il dit, et pas juste suivre la connaissance littérale.

À MOINS QUE VOUS N'EFFACIEZ VOTRE CONNAISSANCE
BASÉE SUR LE CORPS,
VOUS POUVEZ ÊTRE AVEC UN MAÎTRE PENDANT CENT ANS,
ÇA NE FERA AUCUNE DIFFÉRENCE.

Vous avez accepté de vous identifier au corps-mental, et à travers lui, vous espérez du progrès vers la Vérité Ultime. Vous ne l'obtiendrez pas. Ce sont des faits évidents, vous n'êtes pas le corps, vous n'étiez pas le corps, vous n'allez pas rester le corps. "Excepté votre Soi Sans Soi, il n'y a pas de Dieu, pas de *Brahman*, pas d'*Atman*, pas de *Paramatman*, pas de Maître".

CE NE SONT QUE DES MOTS

CHERCHEZ LEUR SIGNIFICATION !

Quel genre de progrès espérez-vous ? Des miracles, la célébrité, l'argent, le sexe ? Quel progrès ? À moins de vous connaître dans un sens réel, votre soi-disant progrès n'aura aucune signification.

ICI, PROGRÈS RÉEL SIGNIFIE
QUE LA VÉRITÉ EST ÉTABLIE TOTALEMENT
EN VOUS-MÊME,
AVEC POUR RÉSULTAT QUE
VOUS N'AVEZ PAS D'ATTENTES.

Pas de bonheur, pas de malheur, pas d'expérience, pas d'expérimentateur. Pas de témoin. Si vraiment vous devez vous comparer, comparez-vous au ciel. Le ciel n'a pas sa propre sensation de 'je suis'. Cette sensation 'je suis' est aussi illusion car votre Identité est au-delà de ça, au-delà de l'imagination. Il n'y a aucune limite. Donc quel progrès espérez-vous ? Le progrès est relatif à la connaissance corporelle.

QUI S'ATTEND À DES PROGRÈS ?
SI VOUS CHERCHEZ DES MIRACLES
OU QUE VOUS DÉSIREZ VOIR DIEU,
ÇA N'ARRIVERA PAS. TOUT EST EN VOUS.
TOUT EST PROJETÉ HORS DE VOUS.

Au moment où il y a éveil, vous voyez le monde. Le monde est frais. La Présence est fraîche. La Présence disparaît, le monde disparaît.

Q: Lorsque je médite, je n'ai eu aucun des signes dont vous parliez, et cela me fait penser que j'en suis au tout début. Il n'y a pas de progrès !

Maharaj: L'absorption continue, même quand vous ressentez que rien n'arrive.

N'ATTENDEZ PAS D'EXPÉRIENCE.
VOTRE PRÉSENCE EST LA GRANDE EXPÉRIENCE.

Qui veut des progrès ? Vous le savez maintenant. Vous n'êtes plus un individu. Quels sont les progrès du ciel ? Le ciel n'a pas d'individualité. De même, vous vous connaissez dans la forme corporelle, mais maintenant vous savez ce qu'il en est. Quand le Maître place devant vous la Vérité Ultime, votre Vérité Ultime, petit à petit, vous serez moins préoccupé par la connaissance corporelle.

C'est l'ego qui dit : "Je suis resté avec Nisargadatta Maharaj pendant dix ans, pendant vingt ans". Qu'avez-vous appris ? Qu'avez-vous appris ? Êtes-vous venu pour apprendre, ou pour penser au Maître dans une forme corporelle ? C'est l'ego qui dit : "Je suis resté avec Nisargadatta Maharaj, ou avec quelque autre Guru célèbre". Cela arrive parce que vous pensez quelque chose comme : "Je dois obtenir une certaine puissance du Maître !" Vous devez utiliser votre discrimination. N'attendez rien.

Au stade initial, vous êtes un dévot. Après cela, au dernier stade, vous êtes la Déité.

LE DÉVOT ET LA DÉITÉ. LE DÉVOT ET LA DÉITÉ.
PAS DE SÉPARATION.
LE DÉVOT ET LA DÉITÉ,
PAS DE SÉPARATION.
LA DÉITÉ SE CONNAÎT À TRAVERS LE DÉVOT.
LA DÉITÉ RÉSIDE DANS LE DÉVOT.

Vous voyez la Déité et le corps comme deux entités distinctes, parce que vous vous considérez encore comme étant un individu. Ça va au début. À un stade avancé, vous réaliserez : "Oui, je suis la Déité". Vous Réaliserez la Déité.

Q: Pourquoi le Maître est-il important ?

Maharaj: Parce que le Maître convertit - Ce sont seulement des M.O.T.S - le Maître convertit l'Auditeur à la Forme Ultime. Le Maître est déjà en vous. Vous vous considérez comme un dévot jusqu'à la connaissance de la Réalité. Le Maître dit : "Vous êtes la Déité".

Les gens qui restent avec un Maître pendant de nombreuses années avec des attentes plus ou moins importantes, ne se réaliseront pas. Ils ne se réaliseront pas, parce qu'ils cherchent une soi-disant réalisation sous la forme de miracles, de pouvoirs et ainsi de suite, au profit de l'ego.

VOUS DEVEZ ALLER AU MAÎTRE,
TOTALEMENT HUMBLE,
ET VOUS ABANDONNER.

Cette Présence Spontanée n'est pas à l'intérieur du cercle de la connaissance corporelle. Le corps n'est que la partie externe.

IL N'Y A PAS DE NAISSANCE ET DE MORT.
VOUS ÊTES NON NÉ.

Combien de temps allez-vous être un dévot, toujours à chercher, à aller voir, à désirer, à s'agripper ? Vous devez vous abandonner au Maître, sans aucune attente. Vous devez vous abandonner au Maître, et alors tout sera totalement absorbé.

LE MAÎTRE UTILISE DIFFÉRENTS MOTS
POUR ESSAYER DE VOUS CONVAINCRE,
MAIS LE DÉVOT NE LES ACCEPTE PAS ENCORE.

Je vais vous le dire encore : lire des livres sur la spiritualité, et vivre avec les Maîtres durant de longues périodes ne vous aidera pas à découvrir ce que le Maître veut communiquer, ce qu'il veut dire.

Supposons que vous souhaitiez vous rendre à un certain endroit. Vous avez une adresse, aussi sur votre chemin, vous passez certains points de repère comme une piscine, une statue, etc. Vous avez pris la bonne route pour arriver à destination. En atteignant la destination, vous êtes là. Une fois que vous êtes là, aucun progrès supplémentaire n'est nécessaire.

Quand vous parlez de progrès, une individualité doit être là. Le progrès est relatif au corps. Mais vous n'êtes pas le corps. Le ciel fait-il des progrès ? Il est comme il est. Tout est en vous. Vous n'avez pas à chercher, parce qu'il n'y a 'PAS DE VOIE'.

TOUTES LES VOIES VIENNENT DE VOUS, ET VONT À VOUS, CAR VOUS ÊTES TOUJOURS AVEC VOUS.

Toutes les voies partent de vous, et finissent en vous, car vous êtes toujours avec vous. [Le Maître rit.] Pas de maintenance nécessaire. C'est toujours là.

VOUS DEVEZ AVANCER, AVANCEZ-VOUS ET ABANDONNEZ-VOUS AU MAÎTRE.

Si vous mettez ce processus en pratique, alors vous trouverez le bonheur en vous.

ALLEZ DE PLUS EN PLUS PROFONDÉMENT.

87. La justice des insectes

Q: Je ne veux pas partir. C'est difficile. Je suis heureux ici. Je ne veux pas retourner chez moi.
Maharaj: Nous sommes déjà avec vous.

VOTRE MAISON N'EST PAS L'AMÉRIQUE OU L'INDE OU L'ANGLETERRE. VOTRE MAISON EST LE MONDE. VOTRE PRÉSENCE EST COMME LE CIEL, AU-DELÀ DES LIMITES. VOUS ÊTES PARTOUT.

Q: Je peux sentir cette connexion entre nous Maharaj.
Maharaj: Vous êtes le bienvenu. Nous exprimons notre Connaissance. Ce n'est pas un type particulier de connaissance, ce n'est pas la connaissance livresque. C'est une opportunité pour vous tous de vous connaître. C'est le résultat final, la Vérité Finale.

Il ne devrait y avoir aucune tentation d'aller ailleurs, parce que c'est le terminus. Donc, strictement et avec une totale confiance, acceptez cette Vérité. Avec une totale confiance, acceptez cette Vérité. C'est la Réalité. Votre Réalité. Vous n'êtes plus préoccupé par le corps parce qu'avant d'être vous n'avez jamais pris contact avec le corps. Vous n'allez pas rester dans la forme corporelle. Vous n'allez pas rester dans la forme corporelle. Correct ? Pourquoi s'inquiéter ?

Ça signifie que c'est une déduction logique, vous n'êtes pas ceci, vous n'êtes pas cela, (*Neti-Neti*) vous n'êtes pas... donc, "Qui suis-je ? Je suis la Vérité Ultime." C'est un processus d'induction et de déduction. Logique. Induction, déduction, logique. Ce n'est pas ça, ce n'est pas ça, mais c'est... Donc ça vous aide.

Acceptez la Vérité. Ne soyez pas victime des concepts.

**NOUS VIVONS AVEC LES CONCEPTS,
DEPUIS LE DÉBUT DE L'EXISTENCE,
JUSQU'À LA FIN DE L'EXISTENCE.
MAIS IL N'Y A PAS DE DÉBUT
POUR SOI SANS SOI.
PAS DE FIN POUR SOI SANS SOI.**

Avant d'être, vous étiez totalement inconscient de toutes ces illusions. Pendant la durée de l'être, vous avez été sous la pression de tous ces concepts et coincé dans le cercle de la connaissance corporelle.

**VOUS DEVEZ VOUS DÉBARRASSER DE TOUS CES CONCEPTS
CAR ILS NE SONT PAS LA VÉRITÉ ULTIME.
SI VOUS NE LE FAITES PAS,
ILS VOUS ENCOMBRERONT TOUJOURS,
JUSQU'À LA FIN DE L'ÊTRE.**

Avant d'être, votre Présence était là, mais c'était la Présence Invisible. Après la disparition de l'être, votre Présence sera encore là. Donc vous n'êtes pas concerné par le corps, et pas concerné par le monde. C'est un fait. Pourquoi avoir peur ? Vous savez que le corps n'est pas votre identité, alors pourquoi avoir peur ?

Je martèle ici les mêmes enseignements encore et encore car vous avez toujours quelque confiance en "je suis quelqu'un", ce qui vous donne des problèmes en permanence. "Je suis quelqu'un d'autre, homme ou femme. Je suis *Brahman*, *Atman*, *Paramatman*, Dieu, etc". Ces concepts sans fin, continuent à vous créer des difficultés comme un insecte qui vous pique sans cesse.

Cette piqûre est difficile à rejeter complètement car vous avez été entraîné à réagir ainsi depuis l'enfance. Cela vient d'un besoin de protéger le corps. Ce comportement doit être désappris.

En Inde, nous racontons l'histoire de la justice des insectes. Un gros insecte fait sa maison dans un mur. Il capture ensuite un petit bébé insecte innocent qu'il met dans le trou du mur. Le gros insecte commence à émettre le son "whoo, whoo, whoo !", pour instiller la peur dans l'insecte emprisonné, et ensuite il le pique. L'insecte vulnérable emprisonné expérimente subitement une réelle et forte peur pour la première fois de sa vie. Il apprend rapidement comment se protéger en faisant le même son, et en piquant le gros insecte en retour.

Ainsi le comportement de l'insecte est appris. De même, notre comportement est appris, et à cause de la vulnérabilité et de la peur, l'ego commence à se protéger. Le conditionnement et les impressions ont été imposés sur l'Esprit sous la forme de couches illusoires.

Résultat, l'instinct de survie devient de plus en plus fort au fur et à mesure de la vie : "Je ne veux pas mourir, j'ai peur", etc. Hors de ce conditionnement, l'Esprit commence à accepter la connaissance erronée et dit : "Je suis Je ! Je suis quelqu'un ! Je suis très important !" C'est une méprise d'identité. Sortez de ce monde illusoire ! Il n'y a pas de naissance, et il n'y a pas de mort.

Q: Vous disiez que l'état d'être est intolérable, et c'est pourquoi nous avons besoin du bonheur et de la recherche de la paix ici-bas ?

Maharaj: Tous, malheur, bonheur, paix, tentation, concepts de naissance, renaissance, mort, sont venus au moment où l'être a commencé. Avant d'être, vous étiez inconscient de tout et de rien. [Le Maître frappe dans ses mains.]

**J'INVITE L'ATTENTION,
J'ATTIRE VOTRE ATTENTION
SUR CE QUE VOUS ÉTIEZ AVANT D'ÊTRE :
PAS DE FORME, TOTALEMENT INCONNU,
TOTALEMENT IGNORANT,
PAS DE CONSCIENCE, PAS D'INCONSCIENCE.**

Q: Pas de connaissance, pas de concept, pas de problème.

Maharaj: Pas d'expérience, pas d'expérimentateur. Il n'y avait pas de problème. Les problèmes sont arrivés quand l'être a commencé. Depuis que vous avez commencé à vous considérer comme "je suis quelqu'un", une forme, une forme corporelle, tous ces problèmes ont surgi.

**ALORS SORTEZ ! ALLEZ DE L'AVANT !
AYEZ DU COURAGE !
CES CHOSES QUE VOUS N'ÊTES PAS,
VOUS LES ACCEPTEZ SANS POSER DE QUESTION.**

Pourquoi acceptez-vous tout ça, quand vous savez que c'est illusion ? Ayez du courage pour cela, de la force. Vous avez une immense force et puissance, mais vous ne l'utilisez pas. Que faire, que ne pas faire, qu'arrivera-t-il ? Que n'arrivera-t-il pas ? Pourquoi s'inquiéter ? Qu'arrivera-t-il ? Rien n'arrivera. Rien n'est arrivé. Rien ne va arriver. Rien !

Q: Je ne réalise pas encore tout cela, mais je crois que vous avez dit que si je continue à pratiquer le Mantra, alors la Connaissance viendra.

Maharaj: Ne vous inquiétez pas ! Les discours et les entretiens de Nisargadatta Maharaj étaient très touchants, mais en même temps, je n'étais pas capable de comprendre l'enseignement complètement. Il disait : "Écoutez-moi ! Écoutez-moi !" Avec le temps, j'ai réalisé graduellement ce qu'il disait.

La Connaissance de Soi ! La Connaissance de votre propre Identité ! Que signifie connaissance ? Seulement vous connaître dans un sens réel, ceci est Connaissance. Se connaître dans un sens réel est Connaissance. Tout ce que nous connaissons sur nous-même est sous forme corporelle. Ce n'est pas notre Identité. Vous n'avez jamais été un corps, et vous n'allez pas rester un corps.

Quel que soit le corps que vous soutenez maintenant, il a une fin. Ce n'est pas votre Vérité Ultime ! Un jour ou l'autre, vous devrez, que vous le vouliez ou non, quitter ce corps, donc le corps n'est pas votre Identité, et tous les concepts, les concepts relatifs au corps, sont illusion.

C'est une connaissance très simple, très simple. La Connaissance est aussi illusion. Il doit y avoir un connaisseur pour connaître la connaissance.

IL N'Y A PAS DE CONNAISSEUR, IL N'Y A PAS DE CONNAISSANCE.

Écoutez-moi, écoutez-moi ! Concentrez-vous sur ce que je viens de vous dire, et enregistrez-le en vous. Votre Maître Intérieur est un bon enregistreur. L'enregistreur est toujours en train d'enregistrer. Enregistrez-le !

Q: Qu'en est-il de la méditation ?

Maharaj: Je vous ai dit que la méditation est indispensable. La méditation et les *bhajans*. La méditation et les *bhajans* vous aideront à faire fondre et à dissoudre vos puissants concepts, vos pensées illusoires. C'est très simple. Ne stressez pas votre mental, ne surmenez pas votre cerveau. Vous n'avez pas besoin d'aller ailleurs si vous faites la pratique. Si vous continuez à parler du 'dernier *prarabdha*', du 'dernier *karma*', du 'prochain *karma*', alors ça signifie que vous êtes toujours égaré.

Il y a tant de Maîtres dans le monde dont les enseignements sont fallacieux. Ils disent que vous avez pris naissance à cause de votre dernier *karma*. Ils anticipent toutes sortes de choses illusoires, imaginaires, et tentent de faire pression sur vous.

VOS JOURS D'ERRANCE SONT TERMINÉS. SUIS-JE CLAIR ?

Q: Très clair, merci Maharaj.

Maharaj: Ne vous inquiétez pas ! Déposez tout ici. Déposez tout votre ego, et tout votre intellect. Vous êtes un oiseau libre. Volez ! Le ciel est la limite.

Q: Le ciel est la limite ? [Riant] Pas de limite ! Au-delà du ciel ! Au-delà de ça !

Maharaj: Vous pouvez voler de vos propres ailes, et aller partout car vous êtes omniprésent. Vous êtes omniprésent.

88. Bénissez-vous

Q : Que dire des expériences qui surviennent durant la méditation ? Des choses comme les lumières, les flashs de lumière, les différentes lumières colorées, les différents phénomènes, les visions que nous pourrions avoir en méditation ? Font-elles partie du corps, un aspect de l'Esprit ? Est-ce vrai ?
Maharaj : Toutes les expériences sont des étapes progressives. Elles ne sont pas la Vérité Ultime. Sans la Présence de l'expérimentateur, personne ne peut faire l'expérience de quoi que ce soit, n'est-ce pas ? Sans la Présence de l'expérimentateur, qui fait une expérience ? Votre Présence Spontanée est nécessaire pour que vous puissiez dire : "C'est une bonne expérience, ou une mauvaise expérience".

**SANS VOTRE PRÉSENCE SPONTANÉE INVISIBLE,
VOUS NE POUVEZ ÊTRE TÉMOIN
DE QUOI QU'IL SOIT EXPÉRIMENTÉ.**

Donc votre Présence est le plus important. Elle est colorée par la forme corporelle, et c'est l'illusion. La méditation est la première leçon pour effacer ou dissoudre la forme corporelle. Vous surmonterez toute cette connaissance matérielle avec cette discipline.

Q : Peut-être pourriez-vous parler du concept de l'identification de soi avec le corps. Siddharameshwar Maharaj dit : "Ce qui n'a pas de servitude est dans la servitude", et vous disiez que "l'Esprit clique avec le corps". Cela ressemble à une embuscade du mental sur le corps, et que le mental en quelque sorte a besoin d'être convaincu de se suicider, et cela serait donc la pratique ?
Maharaj : Tous les saints parlent de la Réalité. Au lieu d'analyser leurs déclarations, prêtez attention et acceptez ce qu'ils ont voulu vous communiquer. Nous ne sommes pas ici pour analyser les déclarations de Siddharameshwar, de Ramana Maharshi ou d'autres Maîtres. C'est ce qu'ils désiraient vous communiquer qui est le plus important, cette Réalité, et comment elle est connectée avec votre Soi Sans Soi.

Ne citez aucune déclaration de qui que ce soit, nous ne sommes pas des analystes. Analyser ce que les Maîtres ont dit, et comparer leurs déclarations, engendre des débats. Nous ne sommes pas ici pour débattre de quoi que ce soit. Nous ne sommes pas ici pour analyser les dires de différents Saints. Je martèle l'ego. C'est l'ego qui s'amuse avec ces comparaisons et ces analyses.

Ce que les Maîtres ont communiqué, la Réalité qu'ils ont partagée à travers leurs déclarations, leurs sermons, leurs conseils, est ce qui est le plus important, vraiment important.
Q : C'est la Conviction.
Maharaj : Bien sûr !

Q: À nouveau la Conviction que tout cela n'est pas réel est ce qui semble être le plus…

Maharaj: Ce n'est pas une conviction intellectuelle, ce sera la Conviction Spontanée, tout comme le corps est nommé homme ou femme. Vous ne rêvez pas comme une femme, et elle ne rêve pas comme un homme, parce qu'il y a la Conviction que ce corps est nommé homme ou femme.

Donc ainsi, votre Vérité Ultime est *Brahman*. C'est la Conviction, alors même que vous parlez, discutez, ou êtes complètement impliqué dans quelque chose, vous devez savoir : "Je suis au-delà de ça. Ma Présence est au-delà de ça. Je ne suis plus connecté avec la forme corporelle". C'est la Conviction Spontanée.

Q: Donc vraiment toutes ces questions, toutes ces analyses, tout ça est vraiment dissous ou des réponses sont apportées à travers la méditation ?

Maharaj: Il n'est pas question d'analyser. Toute cette confusion, tous ces conflits, toute cette illusion, sont supposés être dissous complètement. Quand seront-ils dissous ? Vous approchez de plus en plus de votre Soi Sans Soi. Cela signifie : "Je n'ai plus aucune connexion avec le corps. Je ne vais plus avoir aucune connexion avec le corps, donc le corps n'est pas mon identité. La Réalité Ultime est mon identité".

Ce sera accepté spontanément. C'est appelé la Conviction. Bien que vous viviez dans la forme corporelle, vous êtes totalement non concerné par la forme corporelle. C'est une opportunité en or à travers laquelle vous pouvez réaliser, vous pouvez être illuminé. L'Illumination du Soi, la Réalisation du Soi.

IL N'Y A PERSONNE QUI VOUS BÉNISSE.
IL N'Y A PERSONNE VOUS ACCORDANT SA GRÂCE.
BÉNISSEZ-VOUS.
VOUS DEVEZ VOUS BÉNIR VOUS-MÊME.
VOUS DEVEZ VOUS ACCORDER LA GRÂCE À VOUS-MÊME CAR VOUS ÊTES LA VÉRITÉ ULTIME.

Vous êtes pleinement et totalement indépendant. La personne dépendante dira : "Je vais voir un Guru célèbre qui me bénira et m'accordera sa grâce". Tout ça est imagination qui est venue du conditionnement, du lavage de cerveau, de la culture. Tous illusion !

Lentement, silencieusement, et en permanence, la Réalité que vous êtes, la Vérité Ultime sera réalisée. Après cette Conviction, il n'y aura plus aucune peur de la mort, et de la naissance, car vous SAUREZ que vous êtes non né.

Q: Est-ce que parler avec vous renforce cette Conviction ? Est-ce que vous prêter attention, et écouter vos enseignements nous apporte de la force ?

Maharaj: Je partage la Connaissance qui a été partagée par mon Maître, Nisargadatta Maharaj.

Q: Oui, merci, c'est une grâce merveilleuse.

Maharaj:
MAINTENEZ, NOURRISSEZ ET PRÉSERVEZ CE QUE VOUS AVEZ APPRIS.

Ce que vous avez entendu, maintenez-le, retenez-le. Votre implication est le plus important. Des discussions stériles seules sur la connaissance spirituelle n'aideront pas. Vous devez réaliser la Connaissance d'une manière pratique. Pratiquez en vous appuyant sur votre Identité. Répétez sans fin votre Identité, votre Identité Invisible, laquelle est appelée *Brahman*, *Atman*, *Paramatman*, Dieu, Maître.

    La Connaissance spirituelle vous donnera le courage de faire face aux problèmes, les problèmes matériels ou autres. Tous les problèmes sont relatifs à la forme corporelle, problèmes physiques, problèmes mentaux, problèmes intellectuels, problèmes de logique, problèmes égotiques, il y a tant de problèmes. Tous les problèmes sont connectés avec la forme corporelle.

    Avant d'être, il n'y avait pas de problème, pas de famille, pas de monde, donc il n'était pas question de famille.

LA VIE DE FAMILLE COMMENÇA AU MOMENT OÙ L'ESPRIT RENCONTRA LE CORPS.
POURQUOI DONNEZ-VOUS TANT D'IMPORTANCE À LA FAMILLE ?
D'ACCORD, PRENEZ SOIN DE VOTRE FAMILLE MAIS IL NE DEVRAIT PAS Y AVOIR TROP D'ATTACHEMENT.

    Faites votre devoir, et continuez avec vos responsabilités, sans aucune attente. Ne soyez pas trop impliqué avec votre famille car cela vous divertira de la Réalité, et vous ramènera dans l'illusion. Il est mieux de ne pas connecter ou lier les problèmes familiaux à la spiritualité. Rappelez-vous juste de ce dont nous avons discuté, rappelez-vous, et absorbez-le.

Q: Oui, nous le ferons. Les enseignements sont très clairs. La manière dont vous les communiquez est très simple.

Maharaj: Maintenant vous devez emporter cette Connaissance et la mettre en pratique. Ne mélangez pas la vie de famille avec la spiritualité. La spiritualité a ses propres aspects, et la vie de famille a ses propres aspects.

LA VIE SPIRITUELLE N'A AUCUNE CONNEXION AVEC LA VIE DE FAMILLE.

Où sera votre famille après la disparition du corps ? Où sera votre famille ? Avant d'être, rien n'était là. Je répète la même chose à tout le monde. Avant d'être il n'y avait rien : pas de famille, pas de monde, rien. Après la dissolution du corps, rien ne restera.

TOUT CE QUE NOUS VOYONS ENTRE LES DEUX EST LA PROJECTION DE LA PRÉSENCE SPONTANÉE.
TOUT CE QUE NOUS VOYONS À L'INTÉRIEUR DE LA DURÉE DE L'ÊTRE,

**JUSQU'À SA DISSOLUTION, EST LA PRÉSENCE SPONTANÉE, LA PROJECTION DU MONDE.
VOUS ÊTES LE PÈRE DU MONDE.**

Q: Donc, ce que nous expérimentons, et ce vers quoi nous allons, est notre propre projection ?
Maharaj: Oui, bien sûr, parce que sans votre Présence vous ne pouvez pas expérimenter quoi que ce soit.
Q: Donc nous devons réaliser que nous créons ce par quoi nous passons ?
Maharaj: Votre Réalisation devrait être Spontanée, naturelle, et pas une réalisation intellectuelle. La Réalisation signifie juste se connaître dans un sens réel. C'est l'absorption de la Réalité, de la Connaissance, votre Connaissance.

Vous êtes complètement séparé de ce monde. Vous êtes séparé de toute la famille, et séparé du corps. Sans la Présence, vous ne pouvez pas visualiser le monde. Donc, ce que vous étiez avant d'être, et ce que vous serez après la dissolution de l'être, est votre Identité Spontanée, votre Identité Invisible, où il n'y a aucun mot et aucun monde.

OÙ IL N'Y A PAS DE MOTS ET PAS DE MONDES, LÀ VOUS ÊTES, SPONTANÉ, INVISIBLE.

Votre Présence Spontanée a donné naissance à tous et à tout.
Q: Et c'est la Conviction ?
Maharaj: Après avoir pris connaissance de cela, la Conviction Spontanée apparaîtra en vous. Ce sera Spontané : "Je suis la Vérité Finale, la Vérité Ultime qui est appelée *Brahman*, *Atman*, *Paramatman*, Dieu, Maître. C'est mon Identité Invisible, Anonyme". Vous serez totalement sans peur.

89. *Qui tombe amoureux ?*

Q: J'ai passé environ dix ans avec un Maître Soufi. Je pratiquais la méditation, et je sentais un lien étroit dans mon cœur avec ce Maître. Après cela, je me suis intéressé au Bouddhisme Zen, et j'ai passé quelques mois à méditer avec des moines, et en général j'ai ressenti que c'était très bénéfique. Mais même après tout cela, j'ai encore éprouvé le besoin de quelque chose d'autre, de quelque chose de plus, et ce fut lorsque j'ai trouvé Siddharameshwar Maharaj.
Maharaj: Quelles ont été vos conclusions après avoir fait tous ces efforts et ces pratiques ?
Q: L'ego doit être annihilé complètement, et quand cela arrive avec le mental, il ne reste plus rien que l'amour, le divin, le Soi. Je crois, et je suis très fidèle à cela et à la pratique.

Maharaj: Tous ces efforts, tous ces exercices, toute cette connaissance, tous sont relatifs au corps. Vous voyez, fondamentalement, vous n'étiez pas un corps, vous n'êtes pas un corps, et vous n'allez pas rester un corps.

Au moment où l'Esprit a cliqué avec le corps, toutes ces différentes philosophies ont été nécessaires. Pourquoi ? Juste pour avoir la paix, le bonheur, une vie libre de tension, et une vie sans peur. Tout le monde fait beaucoup d'efforts à lire le Bouddhisme, le Zen, les Maîtres Soufis, d'autres religions et philosophies. Il y a une vaste quantité de connaissance spirituelle là-dehors.

MAIS VOTRE IDENTITÉ EST L'IDENTITÉ NON-IDENTIFIÉE. AVANT D'ÊTRE, VOUS N'AVIEZ BESOIN D'AUCUNE SORTE DE CONNAISSANCE SPIRITUELLE.

Tous ces besoins sont venus après, avec l'être. Toutes ces religions, philosophies, pratiques sont connectés au corps. Peu importe qu'elles soient anciennes ou modernes, elles sont toutes connaissance corporelle, sans exception.

Q: Donc, réellement, tout ce que nous identifions comme relatif à la connaissance corporelle, tout ce qui est matériel, je devrais juste le minimiser ? Il n'y a rien sur quoi réfléchir ou à considérer excepté la question fondamentale : "Qu'est-ce qui est avant ça ?"

Maharaj: Connaissez-vous juste. Ce que nous savons de nous-mêmes est dans la forme corporelle. Quelle est votre identité fondamentale ?

QUAND VOUS ETES CONVAINCU QU'IL N'Y A RIEN EXCEPTÉ VOTRE SOI SANS SOI, IL N'Y A PLUS BESOIN D'AUCUNE CONNAISSANCE.

Q: Le concept, que j'ai été amené à comprendre avec le Soufisme, et les autres pratiques spirituelles, était au-delà des mots. Réellement, le fondement de la plus grande part de cette pratique était de tomber amoureux du Maître. Devenir un à travers l'amour du Maître menait à la liberté.

Maharaj: Qui tombait amoureux ? Vous n'êtes pas un individu. Depuis que nous avons commencé à nous considérer comme des individus, tout cet engrangement de soi-disant connaissance a projeté tant de concepts. Juste se connaître est suffisant.

La connaissance, la connaissance spirituelle, ou n'importe quelle connaissance a ses propres limitations. Elle vous transmet simplement le message que : " Excepté votre Soi Sans Soi, il n'y a rien". Et vous n'êtes dans aucune forme. Votre Soi Sans Soi n'est dans aucune forme.

Ce dont nous parlons, nous le considérons avec forme, comme : "Je suis un Maître, ou un disciple ou un dévot". Nous prenons l'ego de "je suis quelqu'un ". Mais après avoir atteint la Vérité Ultime, vous réaliserez que vous n'êtes rien, car vous êtes tout le monde. Donc arrêtez de vous identifier avec la forme corporelle.

Q: Une des différences que je trouve dans cette voie, votre voie, Maharaj, est que le Maître vous guide à réaliser ce qui est en vous, ce que vous êtes naturellement. Avec les autres orientations, ce que j'ai expérimenté était comme si vous deviez fusionner avec quelque chose d'extérieur à vous-même. C'est peut-être une différence subtile, mais je la trouve significative. Prendre quelque chose que vous avez déjà, réaliser quelque chose qui est directement en vous, ce n'est pas la même chose, que de fusionner avec quelque chose qui est à l'extérieur de vous-même.
Maharaj: Nous utilisons tant de mots mais derrière tout cela, il y a votre Présence.
**SANS VOTRE PRÉSENCE, VOUS NE POUVEZ PAS PRONONCER UN SEUL MOT.
VOUS ÊTES ANTÉRIEUR À TOUT.
LA CONNAISSANCE EST VENUE APRÈS.**

90. Oubliez tout ce que vous avez lu !

Q: Je ne suis pas une personne très détendue. Je pense, je pense tout le temps. Je me dis : "Pourquoi ? Pourquoi ? Pourquoi ?"
Maharaj: Arrêtez de penser ! Il n'y a pas du tout de 'Pourquoi ?'. Il n'y a aucune question. Il est mieux d'arrêter de penser. Penser est la cause de votre dépression, la cause de votre sensation d'ennui. Il y a tant de pensées, parce que vous êtes très sensible.
Q: Je suis très sensible. Et je sais que ma 'sensibilité' est une illusion aussi. C'est juste la conscience du corps et du mental. Mais j'analyse, j'analyse toujours les choses, vous savez.
Maharaj: Oubliez tous ces mots, tous ces concepts : conscience, corps, mental. Oubliez-les. Tout ce que vous avez entendu et appris, vous devez les oublier. Oubliez-les tous totalement.
OUBLIEZ TOUT CE QUE VOUS AVEZ DÉJÀ ÉCOUTÉ ET APPRIS.
Q: Une ardoise propre, effacée ? Oui, ça sonne bien ! Je me sens au bord des larmes car c'est la première fois que je me sens si proche de la compréhension. J'ai toujours lu des livres, lu, lu, lu, c'est inutile !
Maharaj: Quoi que vous voyiez, c'est illusion. Quoi que vous voyiez, c'est illusion ! Mais le Voyant n'est pas une illusion. En l'absence du Voyant, comment pouvez-vous voir le monde entier ? En l'absence du Voyant, comment puis-je dire : "Je peux voir, je peux voir" ? Qui est le Voyant ? Le

Voyant est le Soi Invisible en vous, celui qui prend les images de ce que vous voyez.
Q : Je ressens la vérité dans vos mots. Dissoudre...
Maharaj : Détendez-vous. Arrêtez de penser. Ne stressez pas votre mental ou votre intellect. Soyez seulement très simple, et humble. Oubliez tout ce que vous avez lu et entendu avant.
Q : Plus aucun livre pour moi !
Maharaj : Oubliez tous vos mots spirituels. Conscience et mental, et ego... rien n'était là. Vous êtes avant tout ça, avant tout.
Q : Combien de temps dois-je méditer pour cela ?
Maharaj : Il n'y a pas de limite de temps. Ayant atteint la destination, pourquoi demander : "Combien de temps devrais-je méditer pour cela ?" Les adresses sont utilisées pour essayer de trouver le chemin. Après avoir atteint la destination, vous n'avez plus besoin de l'adresse. La méditation est aussi comme ça. Après avoir atteint la Conviction, la méditation ne sera plus nécessaire.
Q : Vous avez éclairci tant de concepts. À présent, je suis bouleversé de parler avec vous, et par toute cette vérité et cette clarté. En travaillant sur ce que vous m'avez dit, je suis sûr que des questions vont survenir. J'ai eu cette expérience et maintenant j'ai perdu intérêt pour le monde.
Maharaj : Prenez note de vos questions pour la prochaine fois. Tout ça est une sorte de divertissement mental, de divertissement physique, de divertissement spirituel. Votre Identité est au-delà de ça. Comme vous faites une fixation sur "je suis un corps", il vous faut beaucoup de divertissements, comme visiter différents endroits, aller au cinéma, sortir pour dîner. Toutes ces distractions sont là pour rendre supportable les sensations corporelles. Aviez-vous des divertissements avant d'être ? Avant d'être, vous étiez inconnu de vous. Après la dissolution du corps, vous resterez inconnu de vous-même. Regardiez-vous des films avant d'être ?

**ÊTRE EST INSUPPORTABLE CAR
VOUS NE VOUS CONNAISSEZ PAS REELLEMENT.**

Vous connaître dans le corps physique, dans le corps mental, dans le corps spirituel, est illusion. Le monde entier est illusion car il est projeté hors de votre Présence Spontanée.

Mais vous ne prêtez pas tellement attention à la Réalité. Vous prêtez beaucoup d'attention à la forme corporelle, à la forme mentale. Vous pensez, vous pensez toujours, et créez de grands problèmes tout du long, les rendant enracinés à ces pensées de dépression, d'ennui, d'intérêt pour le corps, à toutes ces choses. Tant d'énergie est gaspillée à ce niveau mental, niveau intellectuel, niveau physique. Votre Identité est au-delà de ça.

TANT D'ÉNERGIE EST GASPILLÉE AU NIVEAU MENTAL.

Q: J'adorais manger, mais maintenant c'est fini, tout est parti. Je prends chaque jour comme il vient, et je ne m'inquiète pas trop. L'expérience fut comme une explosion !

Maharaj: Les êtres humains luttent avec des questions mesquines. Ils sont misérables ! Voyez juste comment vous étiez avant d'être, il n'y a pas d'individualité ! Après avoir dissous le corps, après avoir quitté le corps, pas de luttes. Arrêtez de penser ! Ne pensez pas autant. Penser est apparu après, avec les problèmes, le stress, la confusion, les luttes. Avant la connaissance corporelle, il n'y avait pas à penser. Qui pense ? Le Penseur Invisible est là.

**VOUS NE VOUS CONCENTREZ PAS SUR LE PENSEUR,
À TRAVERS LEQUEL VOUS PENSEZ.
VOUS VOUS CONCENTREZ UNIQUEMENT SUR LES PENSÉES.
VOUS VOUS CONCENTREZ SUR LES PENSÉES
AU LIEU DU PENSEUR.**

En l'absence du Penseur, vous ne pouvez pas penser. Le Penseur est l'Identité Non Identifiée. Le Penseur n'a pas de forme. Il est non Identifié, Invisible.

Q: Je me vois encore comme un individu.

Maharaj: Tout est en vous, mais vous continuez à l'oublier, en retournant encore et encore dans la connaissance basée sur le corps. Soyez normal. Ne pensez pas autant !

Q: Je sais que je pense ! Mais je comprends mieux les choses désormais. Avoir un aperçu de la vérité n'est pas La Réalité Ultime. Donc peu importe ce qui s'est passé, ce n'est pas La Réalité Ultime. Je suis La Réalité Ultime. Même si on m'emmène au ciel pour voir Dieu !

Ce que je traverse n'a pas d'importance. Je comprends que cela fait partie de l'illusion. Tout fait partie du jeu. Je comprends maintenant, que je me suis approprié cette expérience, et que je me suis identifié à l'expérience. Et c'est là où j'ai fait l'erreur.

Maharaj: Maintenant vous devez absorber cette compréhension, absorbez-la totalement en vous.

Q: J'ai réalisé aussi combien l'investigation du Soi peut aider. Qui est malheureux ? Qui est le Penseur ? Oui, j'ai pas mal nettoyé mon mental.

Maharaj: Il n'y a pas de mental. Encore et encore vous parlez du mental. Le mental est votre bébé. Vous avez donné naissance au mental.

**QUESTIONNEZ-VOUS,
NE QUESTIONNEZ PERSONNE D'AUTRE.
VOTRE MAÎTRE INTÉRIEUR EST TRÈS PUISSANT.**

Questionnez ce Maître : "J'ai lu tant de livres, j'ai médité six à huit heures. Quel est le résultat ? Quel est le résultat ?" Posez-vous ces questions. Cela vous mènera à la Connaissance.

Ce que vous faites en ce moment, à travers la connaissance basée sur le corps est illusion. Ce 'je' crée tant de problèmes. Vos problèmes ne disparaîtront pas tant que le 'je' ne sera pas effacé. Tant de problèmes viennent avec ce 'je'. Quand il n'y avait pas de 'je', il n'y avait pas de problème.
Q: Je me sens si revigoré, merci, Maharaj.

91. Mon maître est grand

Maharaj: Combien de temps allez-vous être infirme en disant : "Oh Dieu, Oh Dieu ! Aidez-moi, Dieu" ? Dieu n'a pas d'existence sans votre Présence. Sans votre Présence, Dieu ne peut avoir aucune sorte d'existence.
VOUS AVEZ DONNÉ NAISSANCE À DIEU.
Vous avez donné naissance à Dieu. Votre Présence est nécessaire pour que vous puissiez dire 'Dieu'. Vous avez beaucoup d'importance, par conséquent ne vous sous-estimez pas.

Vivez comme un homme ordinaire, un homme humble, sans ego. Vous ne devez pas stresser votre mental et intellect. Vivez une vie très simple. Tout sens d'individualité s'en ira, après la connaissance de la Réalité. Pas d'ego !
Q: Pas besoin de distraire le mental ?
Maharaj: Nous sommes divertis par tant de concepts, que nous avons créés : *Brahman*, *Atman*, Dieu, *maya*, etc. Nous nous pavanons le torse gonflé, si fiers, en disant "Je suis *Brahman*". Toute cette discussion est à propos de rien. Nous parlons de l'enfant qui n'est pas né.

Nisargadatta Maharaj disait : "Si de bonnes choses se produisent, je ne suis pas heureux. Si des mauvaises choses se produisent, je ne suis pas découragé. Si quelqu'un parle avec éloquence, je ne suis pas impressionné. Toutes pensées ne s'appliquent pas à moi car je ne suis pas le corps du tout."

Sachez que vous n'êtes pas le corps. Votre Présence est comme le ciel ou l'espace. Le ciel ne connaît pas sa propre identité. Si vous insultez le ciel, le ciel va-t-il se venger ? Le ciel ne connaît pas sa propre existence. Le ciel ne connaît pas sa propre Présence.
Q: Est-il utile d'offrir toutes les actions à *Brahman*, ou de se rappeler de *Brahman* en toute chose ?
Maharaj: Quelles actions étaient là avant d'être ? Action et réaction sont venues avec l'être, pas avant. Il n'y a pas d'action. Il faut un acteur pour toute action. Il n'y a pas d'acteur du tout. Pas d'acteur ! Il n'y a pas d'acteur. Voyez et écoutez, je vous ai déjà dit que vous n'êtes pas le corps. C'est très facile, mais aussi très difficile.

Par conséquent vous devez avoir une foi totale en vous, et tout autant, il vous faut avoir une foi totale en votre Maître. Nisargadatta Maharaj et Siddharameshwar Maharaj, tous les deux avaient une grande foi en leurs Maîtres. Ils disaient : "Mon Maître est grand". Il n'y eut jamais aucun compromis à ce sujet.

VOUS DEVEZ VOUS ABANDONNER AU MAÎTRE.
AYEZ UNE FOI TOTALE EN VOTRE MAÎTRE.
LAISSEZ CELA VOUS TOUCHER :
"MON MAÎTRE EST GRAND".

Q: Une conviction sans réserve dans le Maître.
Maharaj: Les visiteurs de Nisargadatta Maharaj posaient des questions difficiles. Maharaj répondait instantanément. Il a toujours attribué ça à son Maître, en disant : "C'est seulement par la grâce de mon Maître, Siddharameshwar Maharaj, que je parle". C'est pareil ici et maintenant. Je ne parle maintenant que par la grâce de mon Maître Nisargadatta Maharaj, à cause de lui seulement.

Q: Est-ce que les questionnements ne servent qu'à supprimer le doute ?
Maharaj: Les questions sont là, parce que le corps est là. Avant le corps il n'y avait pas de questions.

Q: Alors il n'y a pas besoin de poser des questions ?
Maharaj: Posez des questions ! Le Maître parle de la vie spirituelle, de votre existence, l'Existence Spontanée, votre propre histoire. Vous devez vous convaincre.

Q: Qu'est-ce que la Conviction ?
Maharaj: La Conviction signifie ce que vous n'êtes pas.

LA CONVICTION SIGNIFIE CE QUE VOUS N'ÊTES PAS.

À présent, nous nous connaissons sous forme corporelle. La forme corporelle n'est pas votre Identité. Une fois que vous savez cela, la Conviction signifie : "Je suis au-delà de la forme corporelle". Ce que vous êtes ne peut pas être défini.

CE QUE VOUS ÊTES NE PEUT PAS ÊTRE DÉFINI.

92. *Formation commando*

Maharaj: La pratique quotidienne est essentielle. Soyez toujours sur vos gardes. Vous devriez être toujours vigilant, et maintenir votre armure. C'est pourquoi nous vous donnons une formation commando. Il ne devrait y avoir aucune sorte de tentation, car il n'y a rien de plus à connaître.

Avant d'être vous n'étiez dans aucune forme. Et après la dissolution du corps, vous n'allez pas rester dans une forme. Totalement dénué de forme.

La connaissance spirituelle doit être écoutée afin que tous les souvenirs soient effacés.

LA VIGILANCE EST REQUISE.
SOYEZ INÉBRANLABLE !

Ne devenez pas esclave des pensées de quelqu'un d'autre. Tant de fidèles sont autour de vous, essayant d'imprimer leurs propres idées sur vous, pour faire cette chose-ci, pour faire cette chose-là.

Q: Ce que vous dites est de ne pas être intimidé ?

Maharaj: Les gens exploitent la spiritualité. C'est devenu une profession. Méfiez-vous, et faites attention à ceux qui exploitent les faiblesses des chercheurs vulnérables au nom de la spiritualité, en leur prenant de l'argent. Après la Conviction, après la connaissance de la Réalité, soyez ferme, ne soyez pas influencé par les autres, par quiconque. Après l'obtention de cette connaissance, vous devrez maintenir ça continuellement.

Q: D'accord, d'accord.

Maharaj: Vous dites d'accord, d'accord. Protégez-vous. Car au moment où vous quittez les lieux, il y aura toutes sortes d'influences autour de vous, se disputant votre attention. Donc, soyez fort, soyez vigilant, constant, déterminé, courageux. Et ne vous mêlez pas à de la mauvaise compagnie.

SOYEZ VOTRE PROPRE GARDE DU CORPS.

Q: Vingt-quatre heures sur vingt-quatre.

Maharaj: De la sorte, si à un moment vous êtes distrait, vous serez vigilant.

CELA PREND LONGTEMPS POUR QU'UN ARBRE GRANDISSE,
MAIS SEULEMENT CINQ MINUTES POUR LE COUPER.

Nisargadatta Maharaj m'a dit une fois : "Si quelqu'un prend une goutte de poison, il n'a pas besoin de penser à quel sera l'effet du poison, car cela agira spontanément".

De même, cette goutte de nectar sous la forme du *Naam Mantra*, vous mènera à la Réalité. C'est déjà en vous. Vous n'avez pas à y penser. La forme corporelle qui recouvre l'Auditeur Invisible sera supprimée. C'est un fait que vous n'étiez pas le corps, aussi tous les concepts illusoires seront dissous. La Réalité s'épanouira.

Q: J'ai fait un rêve la nuit dernière, Maharaj, j'ai rêvé que j'allais partir pour mourir. Il y avait une petite larme qui tombait d'un de mes yeux. Dans cette larme, je pouvais voir les images de souffrance de la 'condition humaine', comme elle le fut, à travers les âges. C'était la connaissance corporelle. J'étais conscient de ce qui se passait, et la larme, et la mort, étaient vues pour ce qu'elles étaient, toutes les deux illusion.

Il y avait connaissance dans le rêve, que c'était l'effet de la méditation et de la pratique transparaissant, se révélant de lui-même dans l'état de rêve.

Et bien sûr, tout le but de la pratique est d'être éveillé au fait que nous ne sommes pas le corps, que nous n'avons jamais été le corps, qu'il n'y a pas de mort, que nous sommes non né.
Maharaj: Correct.
Q: Et la mort du corps devrait réellement être un événement heureux, et non pas un événement triste.
Maharaj: La Réalité sera absorbée. Quand le temps sera venu, vous oublierez tout au sujet de votre identité corporelle. Comme Nisargadatta Maharaj disait : "C'est un corps de nourriture." Donc continuez simplement avec la méditation. Continuez avec le processus de nettoyage.
Q: Je travaille dur avec la méditation, et à être discipliné.
Maharaj: Comme je vous l'ai dit, l'Esprit est très sensible. C'est comme si vous lanciez une balle contre un mur, elle revient vers vous avec le double de sa force initiale. De même quand vous méditez, elle reviendra, rebondira avec le double de sa force. La Conviction reviendra avec le double de sa force. Mais une méditation forte est nécessaire. Si vous jetez la balle avec toute votre force, elle rebondira immédiatement. Similairement, si vous méditez avec toute votre force, cela rebondira avec l'État Sans Pensées. C'est très simple.

Par conséquent réciter le Mantra est indispensable, et par la suite il deviendra spontané. Même dans le sommeil profond, il y aura méditation. Vous ressentez, vous voyez des vibrations en récitant le Mantra. C'est spontané. Vous pouvez écouter à travers l'oreille interne, pas cette oreille-là, mais l'oreille interne. Des expériences miraculeuses sont souvent relatées. Il y a un bonheur exceptionnel. Maintenez la continuité de la pratique.

93. *Vous êtes plus subtil que le ciel*

Maharaj: C'est l'heure de notre révision de la Réalité.
Q: Oui, Maharaj, vous parliez du fait de rester en mauvaise compagnie. La mauvaise compagnie est l'ego, l'intellect, et le mental, donc même seul, on peut rester en mauvaise compagnie.
Maharaj: L'ego, l'intellect et le mental représentent la mauvaise compagnie inhérente à l'intérieur du corps, le corps physique et le corps spirituel. Publicité, argent et sexe, sont de mauvais amis. Avidité, attirance et jalousie, sont aussi de mauvais amis. Ils peuvent tous vous distraire de la Réalité, et causer des conflits basés sur le corps. Mais ce genre de discours est seulement pour les débutants. Vous n'êtes plus un débutant.
Q: Parfois il y a une sensation de progrès, et je pense : "Oh, j'ai fait cela". Je regarde cela se produire. Je le vois comme illusion, et je sais que je ne suis pas

le faiseur, que ma Présence Spontanée doit être là en premier, pour que quoi que ce soit arrive.
Maharaj: Oui, votre Présence est essentielle pour tout : dire quelque chose, faire quelque chose, n'importe quoi. Si votre Présence n'est pas là, qui parlera du monde ? Qui parlera de l'ego ? Qui parlera de Dieu ? Qui parlera du Maître et de ses disciples ?

VOTRE PRÉSENCE INVISIBLE, ANONYME, NON-IDENTIFIÉE EST PARTOUT COMME LE CIEL, ET VOUS ÊTES PLUS SUBTIL QUE LE CIEL, CAR LE CIEL EST EN VOUS.

Vous dormez, le rêve commence, et soudainement votre Présence se focalise - projection. Instantanément, le monde entier est projeté. Le monde du rêve est sorti de vous, car il est à l'intérieur de vous seul. Le monde du rêve est sorti de vous à cause de votre Connaissance qui repose à l'intérieur. De même,

CE MONDE EST SORTI DE VOUS SPONTANÉMENT, ET VOUS ÊTES DEVENU VISIBLE. DONC TOUT PREND SA SOURCE EN VOUS, VOYEZ TOUT COMME PROVENANT D'AU-DEDANS DE VOUS.

Vous êtes un Maître. Vous êtes votre propre Maître. Vous êtes l'Ultime. C'est la Vérité Nue.

Q: Je comprends que le corps offre une opportunité de réaliser le Soi.
Maharaj: Correct ! Le corps est une opportunité pour se réaliser. C'est comme une échelle, un médium, appelez-le comme vous voulez. De lui-même, le corps ne peut pas fonctionner. Par lui-même, l'Esprit ne peut pas fonctionner. C'est la combinaison des deux qui est cruciale, signifiante, importante. La combinaison de l'Esprit et du corps vous permet de dire 'je'.

POUR DIRE 'JE', IL DOIT Y AVOIR UN CORPS, AINSI QUE LA PRÉSENCE SPONTANÉE QUE NOUS APPELONS 'ESPRIT'. QUAND ILS SONT JOINTS ENSEMBLE, VOUS DITES 'JE'.

Utilisons l'exemple simple de la boîte et de l'allumette. Par elle-même l'allumette ne peut pas produire de feu, pas plus que la boîte ne peut le faire toute seule. Mais avec une friction, le feu apparaît. Pour obtenir ce feu, une combinaison, un effort direct est nécessaire.

Le feu est partout, mais il est inconnu, invisible. De même, votre Existence Spontanée est partout, mais vous ne vous connaissez qu'à travers le corps.

Q: Vous dites souvent, Maharaj : "C'est l'histoire du Lecteur Invisible ou de l'Auditeur Invisible" ?

Maharaj: Quand vous lisez n'importe quel livre sur la spiritualité, votre attention devrait être ainsi : sachez que ce que vous lisez est votre histoire, l'histoire du Lecteur, la Connaissance du Lecteur, et pas la Connaissance ou l'histoire de *Brahman*, d'*Atman*, de *Paramatman*, de Dieu, ou du Maître.
**C'EST VOTRE HISTOIRE.
ÉCOUTEZ CES ENTRETIENS COMME VOTRE HISTOIRE,
VOUS DÉCRIVANT VOUS.
C'EST L'HISTOIRE DE L'AUDITEUR,
L'IDENTITÉ DE L'AUDITEUR,
L'IDENTIFICATION DE L'AUDITEUR.**
Vous pouvez utiliser les mots que vous aimez. Rappelez-vous juste, c'est un fait que vous n'êtes pas le corps. C'est un corps de nourriture. Vous devez lui donner de la nourriture pour qu'il soit efficace. Si vous ne le nourrissez pas, alors vous pouvez lui dire adieu.

94. *Le chercheur est la Vérité Ultime*

Q: Je suis un chercheur depuis plus de vingt ans, mais je n'ai jamais rencontré quelqu'un pour m'aider dans ma recherche. Ma seule manière de trouver de l'aide a été à travers les livres principalement. Maharaj, vous êtes la première personne, le premier enseignant que j'ai rencontré. Pendant ces dernières vingt années, j'ai surtout lu des livres, c'est tout.
Maharaj: Où en êtes-vous après avoir lu ces livres ?
Q: J'en suis venu à la compréhension finale que je ne suis pas une personne. Je ne suis pas le mental, je ne suis pas un corps. Et il y a quelque chose autour de moi, tout autour. Non pas à l'extérieur, mais autour ici, qui est le réel chemin. Parfois je peux le sentir, très, très fortement, mais parfois je ne peux pas obtenir cette sensation. Je méditais ce matin et c'était très puissant. Je pouvais sentir le pouvoir, la présence. Le corps n'était presque plus là. Mais quand je reviens à ma vie de tous les jours, tout cela me semble bien fade.
Maharaj: Très bien. Vous n'avez pas besoin de faire beaucoup d'efforts. Ce que vous comprenez à travers vos lectures, est supposé se transformer en Conviction. Nous donnons support au corps, et à travers lui, nous acquérons et collectons beaucoup de connaissances. Quel est le but de la connaissance ? Ce que nous appelons connaissance a été formée à partir de concepts illusoires.
**MÊME APRÈS AVOIR LU CES LIVRES SUR LA SPIRITUALITÉ,
NOUS N'AVONS PAS TROUVÉ LA RÉALITÉ,
CAR LA SOI-DISANT CONNAISSANCE,
EST LA CONNAISSANCE BASÉE SUR LE CORPS.**

IL Y A L'EGO.
La Conviction doit être totalement établie. Alors seulement, parviendrez-vous à connaître la Vérité Ultime.
QUOI QUE VOUS TROUVIEZ, RAPPELEZ-VOUS, QUE LE CHERCHEUR EST LA VERITE ULTIME. LE CHERCHEUR EST LA VÉRITÉ MÊME, QUE VOUS ESSAYEZ DE TROUVER. LE CHERCHEUR EST LA RÉALITÉ, DIEU.
Il y a des concepts partout. Sans le corps, vous ne pouvez pas voir l'être. Et sans votre être, vous ne pouvez pas reconnaître Dieu. Votre Présence est nécessaire pour que vous soyez capable de dire 'Dieu'.

Cela signifie que le concept de Dieu a été créé par vous, juste pour votre bonheur. Mais vous êtes inconnu de vous-même. Vous êtes inconnu de votre Pouvoir, vous négligez votre pouvoir, votre énergie. Vous sous-estimez votre énergie.
DIEU EST UN CONCEPT QUI A ÉTÉ CRÉÉ PAR NOUS POUR NOTRE BONHEUR.
La Conviction viendra par la méditation. La méditation signifie concentration. La concentration signifie se concentrer sur le 'Concentrateur', jusqu'au moment où les deux disparaissent. Quand vous oublierez le corps, il y aura un Silence Exceptionnel. Le but est d'être totalement en contact avec Soi Sans Soi.

En bref, vous êtes la Vérité finale, la Vérité Ultime. Vous devez avoir cette Conviction. C'est le plus court chemin vers la Vérité Ultime, la Vérité Finale, la Vérité Nue.
VOUS NE POUVEZ PAS COMPRENDRE LA RÉALITÉ INTELLECTUELLEMENT.
Nous comprenons tout intellectuellement, mais la compréhension intellectuelle ne servira pas votre but. Il doit y avoir une Conviction complète et totale. Et pour cela, tous les concepts ou toute la connaissance corporelle doivent être dissous. Vous n'aurez aucune difficulté parce que vous avez de bonnes bases.

Q: Vous savez, Maharaj, toutes ces choses me sont venues spontanément, ce n'était pas parce que je ne savais rien. Je suis chrétien, et je n'ai jamais pensé à cela dans ma religion. Jésus Christ a dit la même chose de nombreuses fois, par exemple, il a dit : "Avant qu'Abraham ne soit, J'étais". Maintenant je réalise. C'est venu spontanément.

Maharaj: "J'appartiens à cette religion-ci, à cette religion-là". Il n'y a pas de religion. Il n'y avait pas de religion avant d'être. Toutes les religions ont été créées pour établir une société paisible.

Q: J'aime aller à l'église quand c'est tranquille, et m'asseoir en silence. Je peux en général rester assis un long moment, et faire ma propre méditation.

Maharaj: Ce n'est pas un problème. Ça ne fait aucune différence. Quand vous allez à l'église, rappelez-vous juste qu'il n'y a rien excepté votre Soi Sans Soi.
IL N'Y A RIEN EXCEPTE VOTRE SOI SANS SOI.
Donc ne cherchez pas quelque chose d'autre, ne cherchez pas quelque chose de plus. Il n'y a rien.
TOUT EST EN VOUS.
Vous êtes comme le ciel. Votre présence est comme le ciel. Le ciel n'a pas de sensation. Le ciel n'a pas de peur. Le ciel ne sait pas s'il est né ou non. Par conséquent votre Identité est totalement non-née.

Q: J'ai lu tous les livres de Nisargadatta Maharaj, et les enseignements de son Maître Siddharameshwar Maharaj, ainsi que le *Dasbodh*. Intellectuellement, j'ai lu tout cela. J'ai réellement retiré de la force de ces livres. Chaque soir, je ne vais pas me coucher, sans avoir lu un peu de ces livres.

Maharaj: Très bien, je suis heureux. Maintenant, cette connaissance que vous avez saisi intellectuellement doit être absorbée spontanément en votre Soi Sans Soi. Vous avez de bons antécédents, de bonnes bases. Vous ne devriez pas trouver cela difficile.

Q: Je cherche durant toutes mes heures de veille.

Maharaj: Être impliqué totalement est essentiel.

95. *Vous avez rendu le 'lecteur' séparé*

Maharaj: Ne dépendez pas du savoir des livres, de la connaissance livresque. Vous avez suffisamment de connaissance littérale. Lire des livres spirituels, des livres sur la philosophie, et ensuite avoir des discussions stériles, peut vous procurer un bonheur momentané, du divertissement, mais rien de plus. Toute la connaissance spirituelle livresque, la connaissance littérale, est une connaissance inutile.

Oui, c'est lié à l'Identité Non Identifiée, mais quand vous lisez, vous séparez le lecteur de la connaissance : "Je suis le lecteur".
QUAND VOUS LISEZ,
SACHEZ QUE C'EST LA CONNAISSANCE DU LECTEUR.
QUAND VOUS ÉCOUTEZ,
SACHEZ QUE C'EST LA CONNAISSANCE DE L'AUDITEUR.
C'EST VOTRE CONNAISSANCE.
IL Y A UNITÉ, NON PAS DUALITÉ.
Lisez comme si quelqu'un écrivait votre biographie : "Oh, c'est ma biographie ! C'est mon histoire !" C'est de cette manière, afin qu'il n'y ait pas de séparation, pas de dualité.

Vous lisez votre propre histoire dans ces livres spirituels, pas une histoire au sujet de quelque chose de différent, quelque chose de séparé qui est appelé *Brahman, Atman, Paramatman* ou Dieu. Ce sont des concepts indiquant la Réalité, votre Réalité. Il est très important de savoir comment lire, et comment écouter. C'est la plus grande histoire jamais contée, votre histoire !

TOUT LE MONDE LIT DES LIVRES,
MAIS SOUS FORME CORPORELLE,
AVEC LE MENTAL, L'EGO, L'INTELLECT.
ENSUITE ILS ANALYSENT LES MOTS ET COMPARENT
LES ENSEIGNEMENTS ET LES MAÎTRES.
C'EST LA CONNAISSANCE STÉRILE.
LAISSEZ LE LECTEUR INVISIBLE LIRE LES LIVRES.
LAISSEZ L'AUDITEUR INVISIBLE ÉCOUTER LE MAÎTRE.

Sans la Conviction de l'Unité, la connaissance est inutile.

L'AUTEUR DU LIVRE, LES MOTS,
ET LE LECTEUR, SONT UN.

C'est la Réalité. Vous pouvez parler et parler encore de la même chose, en utilisant différents mots. Je place devant vous, votre Réalité, pas la Réalité de *Brahman, Atman, Paramatman*, Dieu.

'CELA', N'EST EN AUCUNE FORME.

La connaissance, que pointait la connaissance ? N'essayez pas de l'analyser ou d'examiner les mots. Il y a tant de mots ici-bas, que nous pouvons facilement nous perdre dans un labyrinthe.

Vous avez une bonne base. Vous avez de bonnes fondations. Vous avez de la maturité et Conviction, mais vous vous 'redescendez', prenant l'ego en analysant, et en faisant des comparaisons avec tout ce que vous lisez. L'Orateur Invisible en moi, et l'Auditeur Invisible en vous sont Un seul et même.

L'ORATEUR, [ici le Maître]
QUI DONNE LA CONNAISSANCE
COMMUNIQUE SIMPLEMENT
LA CONNAISSANCE DE L'ORATEUR INVISIBLE.
L'AUDITEUR EST SUPPOSÉ ÉCOUTER
LA CONNAISSANCE DE L'AUDITEUR INVISIBLE.

Oubliez l'identité mondaine ! Comme je vous l'ai dit, vous n'êtes pas un corps, et vous n'allez pas rester un corps. Quoi que vous écoutiez, quoi que vous lisiez provient de votre Présence seule.

Avec l'être, vous avez commencé l'identification avec 'Dieu', disant, 'Dieu est grand'. Avant d'être vous ne connaissiez pas le mot 'Dieu'. "Qu'est-ce que *Brahman* ? Qu'est-ce que Dieu ?" Dieu est un concept. Vous ne connaissiez rien concernant 'le Maître et ses disciples'. Tous ces concepts sont venus au moment où l'Esprit a cliqué avec le corps.

J'ATTIRE VOTRE ATTENTION SUR CE QUI EST AVANT LA CONNAISSANCE CORPORELLE.

Après avoir atteint la destination, jetez l'adresse. Nisargadatta Maharaj disait : Ce n'est pas une voie, c'est la Vérité Ultime, la Vérité Finale, la Destination Finale.

**VOUS ÊTES LA DESTINATION FINALE.
IL N'Y A PAS DE VOIE.
OÙ TOUTES LES VOIES FINISSENT,
LÀ VOUS ÊTES.**

Quand mon Maître a dit aux gens d'oublier tout ce qu'ils avaient lu, et ensuite de parler, ce qu'il voulait dire était qu'il ne voulait pas qu'ils parlent depuis le cercle de la connaissance livresque, de la connaissance littérale.

**CETTE CONNAISSANCE EST
CONNAISSANCE MATÉRIELLE
CAR C'EST UN CORPS MATÉRIEL.
LE CORPS EST UN CORPS MATÉRIEL.**

Vous êtes la Vérité Ultime. Maintenant à vous de vous convaincre.

96. Les lunettes de Dieu

Q: Si vous dites que l'éveil est soudain, alors ça signifie qu'il n'est pas profond ?
Maharaj: Ce n'est pas comme ça. Vous devez avoir une foi totale en vous-même. Quand vous en viendrez à connaître la Vérité Ultime, que "Je suis le Soi Sans Soi", la porte sera ouverte, et aucun effort ne sera nécessaire.

Quand vous parvenez à la connaissance : "Je suis une personne riche et non un mendiant", c'est une réalisation soudaine. Le changement est instantané. Le mendiant ne va pas continuer avec ses histoires d'être un mendiant pendant les quinze prochaines années. Cette personne, qui fut une fois un mendiant, n'est plus.

Q: Cette personne disparaît ?
Maharaj: Elle est partie ! Il n'y aura pas de personne. Ne vous prenez pas pour la forme corporelle. C'est un fait. Oubliez la spiritualité. Je vous l'ai dit, d'abord vous êtes un petit garçon, puis vous devenez de plus en plus vieux. Ces changements s'appliquent au corps uniquement. Il n'y a pas de personne !
Q: Aussi en tant qu'enfant, on se pense comme si l'on était en cheminement. Même en temps qu'adulte nous pensons que nous sommes en cheminement spirituel, alors qu'il n'y a pas de 'nous', en premier lieu. Donc c'est une fausse identité. Il n'y a pas de cheminement, pas de…

Maharaj: C'est l'histoire du cerf musqué.
Q: Sautillant, se cherchant lui-même.
Maharaj: C'est pareil. Nous utilisons tant d'histoires pour établir la Vérité Ultime. Toutes ces histoires ont pour simple objectif d'établir votre Vérité Ultime. Vous êtes la Vérité Finale. Vous êtes non né.
Q: Êtes-vous établi dans la Vérité Ultime ?
Maharaj: Que puis-je dire ? Il n'y a pas de 'vous', il n'y a pas du tout de 'je'. Cela reflète. Par la grâce de mes Maîtres, je ne pense pas. Des réponses dans l'instant apparaissent spontanément. Cela peut vous arriver aussi, [il le dit en élevant la voix]. Ce que je vous dis peut vous arriver à vous aussi, mais à moins que vous ne soyez Absorbé en Soi vous trouverez ça difficile. Le Maître vous donne des lunettes à porter, les lunettes de Dieu, des yeux pour voir à travers le monde illusoire.

Ne prenez pas mes mots littéralement. Les mots sont uniquement le médium nécessaire. Ce dont nous parlons est l'histoire de l'Auditeur Invisible. Mais l'Auditeur est Anonyme, Invisible. Quand je dis quelque chose, vous écoutez. Il y a une analyse qui se met en place spontanément. Qui est l'analyste ? Qui discrimine ? Cela se produit spontanément.

J'invite l'attention de cet analyste, qui analyse les pensées, que vous questionnez. Qui a créé les pensées ? Votre Présence Invisible est derrière les pensées. Hors de cette Présence, les pensées sont projetées instantanément.

Je dis quelque chose, puis les questions arrivent, les réponses arrivent, les pensées arrivent. Comment ce processus de pensée a-t-il débuté ? Il a démarré hors de votre Présence spontanée. Les pensées sont projetées hors de cette Présence. Hors de cette Présence, les pensées sont projetées. Vous avez commencé à penser : "Je suis quelqu'un". Vous n'êtes personne.
Q: Combien de temps un Guru est-il nécessaire ?
Maharaj: Aussi longtemps que vous êtes un disciple. La Présence du Guru est déjà en vous, mais vous vous voyez comme un corps. Vous vous considérez comme étant la forme corporelle. Un Guru est donc nécessaire. Vous avez une adresse, et cette adresse vous a mené ici. Une fois arrivé à cet ashram, vous n'avez plus besoin de l'adresse. Elle a servi son but.

VOUS ÊTES ARRIVÉ.
VOUS ÊTES ARRIVÉ À DESTINATION CAR VOUS ÊTES LA VÉRITÉ FINALE, VOUS ÊTES LA VERITE ULTIME.
MALHEUREUSEMENT,
VOUS N'ACCEPTEZ PAS LA VERITE ULTIME,
ET C'EST LE PROBLÈME.

Le même principe, la même chose est placée devant vous encore et encore, en différents mots, différentes phrases, en utilisant différentes histoires, mais le principe est un. "Excepté votre Soi Sans Soi, il n'y a pas de Dieu, pas de *Brahman*, pas d'*Atman*, pas de *Paramatman*, Pas de Maître".

Vous êtes votre propre Maître. Vous êtes votre propre *Paramatman*. Mais depuis que vous vous identifiez à la forme corporelle, vous êtes inconscient de votre Vérité Ultime.

Vous devez rester sur vos propres pieds. Vous n'êtes pas handicapé. Toute cette connaissance corporelle a fait que vous vous voyez comme handicapé, désavantagé, incapable. Le Maître dit : "Vous n'êtes pas handicapé du tout. Vous pouvez marcher en utilisant vos propres jambes. Enlevez ces membres artificiels. Vous devez apprendre à vous tenir sur vos propres pieds".

Vous devez avoir du courage ! C'est un manque de courage et un manque de confiance qui mènent aux problèmes : "Oh je suis faible". Sautez et nagez ! C'est le seul moyen d'être fort. Le professeur de natation a jeté l'enfant dans l'eau, et alors, le moment suivant, il nage. Sa confiance grandit. Le Maître crée la confiance en vous.

LE MAÎTRE CONSTRUIT LA CONFIANCE EN VOUS.
VOUS DETENEZ TOUTE CETTE PUISSANCE,
MAIS VOUS L'IGNOREZ.
VOUS ÊTES INCONSCIENT DE VOTRE FORCE.
VOUS POUVEZ FAIRE FACE À N'IMPORTE QUELLE ÉPREUVE.

Ayez du courage : "Laissez toutes les circonstances venir à moi et j'y ferai face de front". C'est comme ça que vous devriez être. Ne fuyez pas les circonstances difficiles. Les pensées vont et viennent, vont et viennent.

VOUS ÊTES SUR LA BERGE DE LA RIVIÈRE
OBSERVANT LA RIVIÈRE QUI S'ECOULE.
VOUS ÊTES CALME, IMPERTURBABLE, EN PAIX.

97. *Devrais-je laisser tomber mon travail ?*

Q: Lorsque nous sommes en quête, est-ce utile de se désengager de nos activités, disons, par exemple, laisser tomber ma profession ?
Maharaj: Ne vous préoccupez pas à ce sujet. Ça n'a rien à voir avec vos activités corporelles. Vous pouvez continuer normalement.
Q: Non, mais mon travail demande de la réflexion, et donc je dois fonctionner en tant que corps mental.
Maharaj: Aussi longtemps que vous vous considérez comme étant quelqu'un, comme un individu, toutes ces questions continueront. Vous n'êtes personne du tout !

VOUS N'ÊTES PERSONNE, ET COMME VOUS N'ÊTES PERSONNE,
VOUS ÊTES TOUT LE MONDE.

PUISQUE VOUS N'ÊTES PERSONNE, VOUS ÊTES TOUT LE MONDE.

Vous avez eu cette connaissance corporelle votre vie entière. Vous avez été conditionné par un flot continu de concepts, par tant de pensées rapides, sans fin, comme un train express. Cela se produit. Mais maintenant vous devez être courageux et arrêter. Arrêtez de tant penser ! Concentrez-vous ! Concentrez-vous sur Celui qui se concentre. Tout est en vous. C'est la Vérité Nue. Vous pouvez l'accepter ou la rejeter.

Q: Mais pourquoi n'abandonnons-nous pas quelque chose ?

Maharaj: La Vérité complète, en totalité, est en vous. Ayez une confiance absolue en cela ! Pourquoi ces questions ? Vous essayez de guérir une faiblesse du mental, une faiblesse de confiance. À moins que cette faiblesse ne soit supprimée, vous continuerez à vous heurter à toutes sortes de difficultés.

Vous croyez que vous êtes faible. Vous n'êtes pas faible du tout ! Rien ne vous est impossible. Pourquoi faire des compromis ? Ayez du courage ! Ayez foi en vous-même !

C'EST LA VÉRITÉ, LA VÉRITÉ ÉTABLIE, LA VÉRITÉ FINALE. QUELLE QUE SOIT LA VÉRITÉ, JE LA PLACE DEVANT VOUS.

Je partage cette connaissance, donnée par mon Maître. Je place votre connaissance en face de vous. Vous pouvez l'accepter ou pas, c'est à vous de voir.

Nisargadatta Maharaj me disait la même chose : "Tu dois avoir du courage. Ne gaspille pas ta vie. Écoute-moi, écoute-moi", disait-il.

L'AUDITEUR INVISIBLE ENREGISTRE TOUT SANS QUE VOUS EN AYEZ CONNAISSANCE. PAR LA SUITE CETTE CONNAISSANCE VOUS SERA EXPOSÉE ET RÉVÉLÉE.

J'avais foi en mon Maître, une foi totale. Aussi je vous parle maintenant depuis l'Expérience Directe. J'ai réalisé que rien n'est jamais impossible.

Q: Quand je suis tombé pour la première fois sur Maharaj dans *Je Suis*, une des phrases qui m'a sauté aux yeux était quand il disait à certains visiteurs américains ou d'ailleurs : "Je suis au-delà de tout ça ! Au-delà du monde, au-delà du ciel, au-delà de l'univers, au-delà de tout ça". Et j'ai pensé, Wow ! C'est réellement impressionnant ! Et pour lui, d'avoir cette Conviction, était encore plus impressionnant. C'est ce qui m'a attiré.

Q2: J'ai trouvé Ramakant Maharaj grâce à Facebook, et mon ami en avait entendu parler via le site web. Vos enseignements sont vraiment absolus. Ils ne sont pas pour tout le monde, à cause de ce que vous dites : "Toute la connaissance corporelle doit s'en aller". Mais quand quelqu'un est mûr, les enseignements sont parfaitement adaptés.

Maharaj: Le temps est très court. Chaque moment de votre vie est précieux.

SOYEZ AVEC VOUS !
NE VOUS LAISSEZ PAS EN ARRIÈRE
JUSQU'À LA FIN DE VOTRE VIE.

Essayez de vous connaître dans un sens réel maintenant, autrement les concepts, les illusions, les pensées, continueront à faire pression sur vous. Votre vie finira dans la confusion et le conflit.

Ayez le courage de faire face au concept de la mort. Il n'y a pas de mort pour vous, seulement pour le corps. Votre vie devrait être dénuée de peur. Elle peut être sans peur : enlevez juste l'ego ! La connaissance littéral n'est pas utile. La connaissance littéraire n'est pas utile. Ce sont toutes de petites connaissances. Vous n'êtes pas petit, vous êtes grand. Vous êtes Tout-Puissant ! Vous êtes Grand ! Donc trouvez votre Grandeur ! Découvrez-vous, découvrez votre propre Connaissance. Alors vous trouverez la Grande Connaissance en abondance.

LA CONNAISSANCE INTELLECTUELLE
N'EST PAS SUFFISANTE.
VOUS DEVEZ ALLER À LA RACINE.
ALLEZ DE PLUS EN PLUS EN PROFONDEUR.

Les livres peuvent vous donner un soulagement temporaire à la souffrance du monde, mais vous devez aller à la racine et découvrir qui vous êtes. Allez à la Source, et Réalisez votre Pouvoir. Vous vous sous-estimez tout le temps. Écoutez-moi et acceptez ce que je vous dis :

VOUS ÊTES GRAND.
VOUS ÊTES TOUT-PUISSANT.

Maintenant est venu le temps d'être sérieux, de regarder à l'intérieur, d'aller à la racine. Le moment de mourir devrait être un moment heureux.

98. *Il n'y a pas de 'je' dans le ciel*

Q: J'ai une question concernant le travail sur l'ego, faut-il faire des efforts pour dissoudre l'ego. Que puis-je faire ?
Maharaj: Aussi longtemps que nous nous considérerons comme la forme corporelle, toutes ces questions s'élèveront.
Q: Même si j'essaye, il semble impossible de faire quelque chose pour m'en débarrasser…
Maharaj: Cela se produira automatiquement. Nisargadatta Maharaj disait : si vous prenez une goutte de poison vous n'avez pas besoin de demander, "Quelle en sera la conséquence ?"
DE MÊME, CETTE CONNAISSANCE SPIRITUELLE

**EST UNE GOUTTE DE NECTAR QUI SUIVRA SON COURS AUTOMATIQUEMENT.
ELLE EST ADRESSÉE À L'AUDITEUR INVISIBLE,
ET NON PAS À VOUS.**

N'amenez pas le 'je' là. Vous n'avez pas besoin de penser, à ce qui peut ou ne peut pas arriver.

Q: Ça fonctionne tout seul ?

Maharaj: C'est adressé à l'Auditeur Silencieux, et non pas à vous.

Q: Je veux juste disparaître.

Maharaj: Faites attention à ne pas être embrouillé avec le 'je'. Vous êtes comme le ciel.

Q: Oui, je sais, même au-delà du ciel…

Maharaj: Le ciel est partout. Le ciel anglais, le ciel américain, le ciel Indien, il n'y a aucune différence. Nous avons divisé le ciel en le nommant : 'Ciel anglais', 'ciel américain', ciel russe', mais il n'y a pas de différence du tout, parce que le ciel est le ciel. De même, avec la connaissance spirituelle, *Brahman* est *Brahman*. Ce n'est pas vrai que le *Brahman* de James est différent du *Brahman* de Michael, car *Brahman* est *Brahman*.

La Vérité Ultime est appelé *Parabrahman*, ou *Atman* mais nous discriminons en utilisant le mental et l'intellect. Donc n'utilisez pas votre mental ! Oubliez-le ! Le mental est venu après. Il n'a pas sa propre existence indépendante. Vous fournissez le pouvoir au mental. C'est uniquement grâce à votre pouvoir que le mental fonctionne.

**LE MENTAL FONCTIONNE AVEC VOTRE POUVOIR.
C'EST VOTRE POUVOIR SEUL
QUI FAIT FONCTIONNER LE MENTAL.**

L'ego fonctionne avec votre pouvoir. S'il n'y avait pas de pouvoir, qu'arriverait-il à ce corps ? Le fait est que vous êtes la Vérité Finale, et donc que vous êtes non né. Pour avoir cette Conviction, vous devez suivre ce processus. La Connaissance doit être absorbée. Si vous avez des questions ou des doutes, ne les gardez pas pour vous. Clarifiez tous les doutes.

Q: Je sais tout ça, je sais que c'est l'Ultime, totalement, mais il y a encore une certaine individualité qui se maintient.

Maharaj: Quand vous dites "Je sais ça", c'est illusion. Avant d'être, vous ne connaissiez rien. Avant d'être, vous ne saviez pas que vous étiez *Brahman*, *Atman* ou *Parabrahman*, Dieu. Vous ne saviez rien. C'était comme : "Je ne sais pas". "Je ne sais pas" est la réponse parfaite. Vous êtes votre propre Maître, et vous serez capable de répondre à toutes les questions.

Q: Je ne peux pas me dissoudre moi-même, et je suis frustré. Je sais que je n'existe pas. Ce "je n'existe pas" est juste comme une pensée. 'Je' vient, et puis il s'en va.

Maharaj: Arrêtez de penser ! Demeurez simplement ! Soyez ! Le poison agit, cette goutte de nectar a déjà pénétré à l'intérieur. Ne vous inquiétez pas de ce qui peut, ou ne peut pas arriver, ou à propos des conséquences. Le mental est un mental fou. Le mental est très fou.

**IL DEVIENT SILENCIEUX POUR QUELQUE TEMPS,
ET PUIS IL TROUVERA UN CHEMIN POUR REVENIR.
C'EST COMME LA QUEUE DU CHIEN
QUI INSÉRÉE DANS UN TUBE SE REDRESSE.
MAIS AUSSITÔT LE TUBE ENLEVÉ
LA QUEUE REPREND SA FORME.**

Q: Quand le mental devient silencieux, je ne pense pas qu'il soit dissout, peut-être juste en train de se cacher.
Maharaj: Écoutez-moi ! Je martèle la même chose :

**LE MENTAL N'A PAS D'EXISTENCE PROPRE.
NOUS AVONS DONNÉ NAISSANCE AU MENTAL.**

Où est le mental ? Pour cette discussion nous utilisons le mental. Il a pris naissance au moment où l'Esprit a cliqué avec le corps, et vous avez commencé à dire : "C'est mon mental". Nous avons donné naissance au mental. Fait établi.
Q: Mais ce 'je' ? Quand vous dites "mon mental", "mon ego", ce 'je' est-il l'ego ?
Maharaj: Toute cette confusion est causée par les mots. Et comme je vous l'ai dit, il n'y avait pas de mots avant d'être. Pourquoi donnez-vous tant d'importance à ces illusions ? 'Je', est aussi une illusion, et c'est pourquoi je vous ai dit : "il n'y a pas de 'je', pas de mental, juste le ciel… pas de 'Je', pas de mental, juste le ciel. Est-ce que le ciel a un ego ?

L'impact de toute cette connaissance corporelle doit se dissoudre. Pour cela, on vous donne la pratique de la méditation afin que, lentement, lentement, lentement, vous en veniez à la Vérité Ultime, pour dire : "Ah ! Alors ce Je ! Je Suis Cela"

Je me connais sous forme corporelle. Ce corps est un corps de nourriture. Qui agit dans ce corps de nourriture ? Ce corps de nourriture ne va pas survivre. Il a un âge limite, une limite de temps. Si vous voulez vous connaître dans un sens réel, vous êtes venu au bon endroit. Y a-t-il des questions ? Je suis là pour répondre à toutes les questions.
Q: Il y a tant à absorber ! Je veux juste tuer le 'je'.
Maharaj: Ces propos n'ont aucun sens.

**IL N'Y A RIEN À TUER.
JE VOUS L'AI DIT
LE 'JE' EST ILLUSION.**

Faites votre pratique, et développez votre connaissance de base aussi. Lisez *Je Suis* encore et encore et *Le Maître de la Réalisation du Soi*.

Le livre *Le Maître de la Réalisation du Soi* a été écrit par Nisargadatta Maharaj, et est constitué des notes qu'il a prises lors des entretiens avec son Maître Siddharameshwar Maharaj. À cette époque, il n'y avait pas d'enregistreur. Une partie de ces discours a été perdue, mais Nisargadatta Maharaj a géré l'écriture de la majorité de ces entretiens, parce qu'il avait une base forte. Il a été capable de comprendre ce que Siddharameshwar Maharaj souhaitait transmettre, et le résultat est un livre très efficace.

Toute cette Connaissance est très simple, une Connaissance très simple, mais les gens l'ont rendue si compliquée, que maintenant elle apparaît comme appartenant à quelqu'un d'autre, et non pas à vous.

**VOTRE CONNAISSANCE EST DEVENUE ÉLOIGNÉE, ÉTRANGÈRE.
MAIS ELLE N'APPARTIENT PAS À QUELQU'UN D'AUTRE !
ELLE VOUS APPARTIENT !
C'EST VOTRE CONNAISSANCE !**

Q: Parfois je me sens très connecté à ce que vous dites, à chacun de vos mots, mais à d'autres moments, ce n'est pas si clair.

Maharaj: Comme je vous l'ai dit, cela se produit à cause de toutes ces impressions sur votre corps subtil. Cela cause un déséquilibre des pensées. Mais rappelez-vous juste que le mental, l'ego, et l'intellect sont venus après.

Comparez-vous à un acteur dans ce monde. Nous agissons comme un homme ou une femme dans le théâtre de la vie. Mais vous n'êtes ni un homme ni une femme. De cette manière, essayez de convaincre votre Identité Invisible, Anonyme, Non Identifiée.

99. *L'amour de soi*

Maharaj: Maurice Frydman a fourni beaucoup d'efforts pour le livre *Je Suis*. Il avait dans les soixante-dix ans. C'était un homme frêle, de petite taille. Il avait une grande connaissance sur de nombreux enseignements spirituels, il avait été avec Ramana Maharshi, J. Krishnamurti, le Dalaï Lama, Gandhi, etc. Son terminus fut Nisargadatta Maharaj. Il trouva la Connaissance de mon Maître exceptionnelle, et se sentit obligé de porter ces enseignements à la connaissance du monde. Il emmenait son magnétophone et sa caméra avec lui, et passait des heures à écouter les traductions en Marathi, en Hindi, en Anglais. Il était très, très, humble. Bien, des questions ?

Q: Pas maintenant. J'ai absorbé, en essayant d'intégrer toutes ces choses. Hier, vous parliez de l'amour de soi ?

Maharaj: L'amour de soi concerne le corps. Avant d'être, il n'y avait pas d'amour, pas d'affection. Il n'y avait rien. C'est à cause de l'attachement au corps que vous aimez ce corps, et que vous vous aimez le plus.

Q: Devons-nous transcender l'amour de soi ou être dans l'amour de soi ?

Maharaj: Il ne devrait pas y avoir d'amour orienté vers le corps, d'amour orienté vers le mental, d'amour orienté vers l'ego.

**L'AMOUR DU SOI SPONTANÉ
SIGNIFIE AVOIR UNE PAIX COMPLÈTE.**

Nous utilisons les mots pour essayer d'imprimer la Réalité. Quand vous êtes venu avec le corps, vous êtes venu avec l'amour, l'affection, l'ego, l'intellect, le mental. Avant cela, il n'y avait rien.

C'est naturel, l'amour est nécessairement là, parce que nous sommes attachés au corps, et que nous avons beaucoup d'affection pour lui. Nous avons des relations corporelles avec notre mère, notre femme, notre mari, notre sœur, notre frère, notre père, aussi l'affection est liée au fait d'être là. Si quelqu'un de proche 'disparaît', meurt soudainement, vous vous sentez triste. C'est tout à fait naturel. Supposons que votre ami proche ou votre père, sœur, mère, meurt, il est naturel pour vous de ressentir une certaine tristesse, à cause de cet amour, cet amour établi. Bien que nous sachions que cet amour du corps n'est pas permanent, même ainsi, ce sentiment se doit d'être là.

Avec la spiritualité, cet attachement reste seulement momentané. Immédiatement, nous venons à savoir que ce monde est illusion. Tout un chacun va devoir quitter ce monde, qu'il le veuille ou non. Aussi, vous retirez du courage de cette Connaissance de la Réalité ou Vérité Ultime. Vous dites : "Eh bien, ça arrive". Et vous avez cette sensation juste pour une seconde. "Aujourd'hui c'est lui, demain cela pourrait être moi". Votre attachement doit être dissous.

**CE NON ATTACHEMENT ARRIVERA SPONTANÉMENT
QUAND LA VERITE ULTIME SERA ÉTABLIE DANS UN SENS
REEL.**

Sens réel signifie qui n'est pas dans le sens du corps ou au niveau mental, pas au niveau intellectuel. Tous ceux-là vont et viennent, vont et viennent. Soyez le témoin !

Supposez que vous aimiez un individu dans un rêve, et puis dans ce rêve, il meurt. Quand cela se produit, vous commencez à pleurer. Mais aussitôt que vous vous réveillez, vous dites : "Oh, c'était juste un rêve !" Qu'est-il arrivé à ce rêve, et à votre bien-aimé ? Dans le rêve vous criiez et pleuriez, mais au réveil, tout est rapidement oublié.

La spiritualité signifie s'éveiller hors de l'illusion, hors des pensées illusoires et des sensations. Cela signifie avoir la Conviction que le monde entier est illusion, y compris votre corps de nourriture. Toute la connaissance

corporelle de nourriture doit être dissoute. On ne devrait pas faire d'effort délibéré, juste comprendre, essayer de comprendre.
VOUS DEVEZ JUSTE CONNAÎTRE LA RÉALITÉ, JUSTE ACCEPTER LA RÉALITÉ, VOTRE RÉALITÉ.

Avant la connaissance corporelle, votre Présence était là. Après la dissolution de la connaissance corporelle, votre présence sera là, mais sous aucune forme. Si vous voulez faire des comparaisons, comparez-vous au ciel. Durant un tremblement de terre, les maisons peuvent s'effondrer. Est-ce que quelque chose arrive au ciel ?

Le ciel semble ne pas être là quand nous vivons à l'intérieur des murs. Le ciel est présent, mais nous disons : "C'est un temple, c'est un ashram, c'est une cuisine, ce sont les chambres". Nous donnons des noms. "C'est l'Angleterre, c'est la Russie". Pouvez-vous apporter un petit morceau d'Amérique en Inde ? Non ! Les noms vous causent des problèmes, créent des séparations et l'illusion.

SORTEZ DE CES COMPARTIMENTS, DE CES SÉPARATIONS. S'IL Y A UN ÉNORME TREMBLEMENT DE TERRE TOUTES LES MAISONS S'EFFONDRENT. MAIS QU'EST-IL ARRIVÉ AU CIEL ? RIEN, IL N'A PAS ÉTÉ AFFECTÉ !

De même, votre Existence Spontanée ne se connaît pas elle-même, qu'il s'agisse de 'je suis' ou de 'vous êtes'. C'est l'État Ultime : pas de 'je suis' ou pas de 'vous êtes'. Écoutez-moi juste, à cause de l'identité au corps nous nous connaissons les uns et les autres, mais si l'identité du corps disparaît, ça reste comme le ciel.

Pour réaliser cela, vous devez continuer la pratique, pas à pas. Petit à petit, vous connaîtrez tout. La Connaissance doit être établie avec la Conviction. Conviction ! Conviction ! Puis, il y aura une Paix complète. Vous parlerez, vous ferez votre travail, vous vous occuperez de votre famille, mais sans implication, en étant détaché et décontracté.

100. Il doit y avoir un arrêt total !

Q: Maharaj, il est très important pour moi d'avoir votre initiation et le *Naam Mantra*.
Maharaj: Tout d'abord, avez-vous un Guru ou un Maître ?

Q: Oui ! Mon Guru est Nisargadatta Maharaj, et vous êtes son disciple. Pour moi c'est le seul moyen d'obtenir l'initiation dans cette Lignée. Et c'est pourquoi je suis venu pour vous rencontrer.

Maharaj: Vous donner le Mantra n'est pas un problème, mais seulement si vous avez l'intention de suivre une discipline stricte. Sans la méditation, vous ne serez pas capable de réaliser la Vérité Ultime.

Vous savez déjà, "Je suis *Atman*, *Paramatman*, *Brahman*, Dieu, tout". Néanmoins, pour établir la Réalité en vous, un fort dévouement est nécessaire. Certaines personnes prennent le Mantra sans aucune concentration, et aussi sans le prendre au sérieux. Puis ils vont ailleurs à cause de leur mental vagabond et de leur manque de Conviction.

Le Mantra n'est pas un outil miraculeux, ce n'est pas une baguette magique. La baguette magique est en vous. Nous régénérons votre Pouvoir. Le Pouvoir est là, mais vous en êtes inconscient. Vous avez un Pouvoir immense en vous.

Q: Donc, durant la méditation, je devrais me concentrer sur le Mantra et avoir la sensation que je suis *Brahman* ?

Maharaj: Ne ressentez pas ! Ne ressentez rien durant la méditation. Vous ne devez pas ressentir. Ne faites aucun effort délibéré, cela sera spontané. Ne faites rien, suivez cela seulement. Ne pensez à rien, du genre "Je suis *Brahman*, je suis *Atman*", cela arrivera automatiquement, spontanément.

Quel que soit le Mantra donné, récitez-le simplement. Répétez le Mantra. Ne pensez pas : "Que fera-t-il pour moi ?" Ne pensez pas du tout, à quoi que ce soit. Cela se produira automatiquement, spontanément. C'est la Clé Maîtresse.

La Connaissance est en vous, pas à l'extérieur de vous. Tout le monde a la connaissance, mais vous êtes inconscient de la Réalité, aussi vous mendiez des bénédictions. "Oh mon Dieu aidez-moi, bénissez-moi, faites quelque chose !" Et vous allez en différents lieux pour voir différents Maîtres.

Nous avons créé des mots très très mélodieux, comme *Brahman*, *Atman*, *Paramatman*, Dieu, mais ce ne sont que des mots. De beaux mots, de belles histoires dans des livres spirituels.

DE QUI EST-CE L'HISTOIRE ?
QU'Y A-T-IL DERRIÈRE *BRAHMAN* ?
ALLEZ DE PLUS EN PLUS PROFOND.
PAS DE FOI AVEUGLE !

Q: Je ne sais pas ce qui m'est arrivé durant les *bhajans*, mais je ne pouvais pas m'arrêter de rire. Je sentais que j'allais juste de plus en plus haut, j'étais rempli de tant de bonheur, que j'ai explosé de rire. J'essayais de me contenir, mais je n'ai pas pu m'arrêter.

Maharaj: C'est bien ! Les *bhajans* apporte beaucoup de bonheur spontané. Les vibrations sont très fortes, avec une haute signification.

Q: J'aime réellement celui du soir, il y a une ligne qui dit, "Méditez toujours sur le Guru qui est l'Absolu. N'oubliez pas de le vénérer parce qu'il est le seul à donner la compréhension correcte". Et puis quelque chose comme, "Il est toute Connaissance. Chantez les *bhajans* parce qu'il est l'illuminateur". C'est juste merveilleux !

Maharaj: La méditation et les *bhajans* ensemble sont une très bonne combinaison. Les *bhajans* et la méditation sont le plus important parce qu'avec les *bhajans*, l'Esprit intérieur obtient un Bonheur Spontané. Bhausaheb Maharaj disait :

"VOUS VIENDREZ À CONNAÎTRE LA REALITE ULTIME, À TRAVERS LE MANTRA ET LES *BHAJANS*".

Nisargadatta Maharaj disait : "Il doit y avoir un arrêt complet à toute cette recherche. C'est l'arrêt total, l'Ultime, la Vérité Finale". Vous n'aurez plus aucune tentation d'aller ailleurs. Après la Réalisation, vous ne serez plus tiré ou poussé dans différentes directions. Lorsque vous réaliserez que l'essence Divine, que le Maître est en vous, le tout sans ego, sans intellect, sans mental, cela sera spontané. Vous êtes *Brahman*. Vous êtes avant tout cela, vous êtes avant le monde.

CE QUE JE DIS VA VRAIMENT CONTINUER INVISIBLEMENT, SILENCIEUSEMENT, EN PERMANENCE EN ARRIERE-PLAN. RÉALISEZ CELA !

Un mental errant n'est pas la voie. Vous devez avoir une foi complète, une foi forte en vous-même, et n'allez vers aucun autre Maître. Une foi complète, un complet dévouement sont essentiels. Quels livres avez-vous lus ?

Q: Tant de livres: beaucoup sur Nisargadatta Maharaj, des parties du *Dasbodh* et *Yoga Vasistha* que j'aime beaucoup.

Maharaj: Vous avez une bonne base. Quoi que vous lisiez vous devez le mettre en pratique. La connaissance spirituelle intellectuelle est seulement un passe-temps.

IL Y A BEAUCOUP DE LIVRES SUR LA SPIRITUALITÉ ICI-BAS. L'AUDITEUR OU LE LECTEUR DE CES LIVRES EST LA REALITE ULTIME.

Ne les prenez pas juste comme une autre histoire d'*Atman*, de *Brahman*.

Quand vous lisez des livres sur la spiritualité, vous devez avoir la compréhension, la Conviction que, "C'est mon histoire", c'est-à-dire votre histoire comme Réalité Sans Forme. C'est un fait établi que vous n'êtes pas dans la forme corporelle. Le corps est la couverture extérieure, avec une limite de temps, une fin.

Vous devez être conscient de la Vérité Ultime. Tout est en vous, mais vous êtes inconscient de la Réalité. Je vous rappelle, j'invite l'attention de votre Auditeur Invisible en vous, que Vous êtes *Brahman*, *Atman*,

Paramatman. Mais le mental, l'ego, l'intellect ne vous permettent pas de garder cette foi. Ils disent, "Comment puis-je être *Brahman* ? Je suis untel".
Q: C'est très important pour moi de vous l'entendre dire. C'est encourageant et fortifiant d'entendre cela directement de vous, donc merci beaucoup.
Maharaj: Nisargadatta Maharaj avait une puissance exceptionnelle. Je partage la même Connaissance avec tout le monde. C'est le moment approprié, le bon moment. Chaque instant ne reviendra plus jamais. De plus, il vous faut sortir de toutes ces pensées illusoires, car en réalité, vous êtes totalement non né, vous n'êtes jamais né. Donc la naissance et la mort s'appliquent uniquement au corps, que vous n'êtes pas, et que vous n'étiez pas.

Il y a cent ans, vous n'aviez pas de corps. La mort arrivera au corps uniquement, ce que vous n'êtes pas, et que vous n'avez jamais été. Dans cent ans vous ne connaîtrez pas votre corps. Cela signifie : comment vous étiez avant cette connaissance corporelle, et ce que vous serez après la dissolution de la connaissance corporelle, CELA est votre Vérité Ultime, votre Vérité Finale, *Brahman*, *Atman*, *Paramatman*, Dieu, le Maître. Vous pouvez utiliser les mots que vous voulez.

**CE QUE VOUS ÉTIEZ AVANT LA CONNAISSANCE CORPORELLE,
ET CE QUE VOUS SEREZ APRÈS SA DISSOLUTION,
CELA EST VOTRE VERITE ULTIME,
LA VÉRITÉ FINALE.**

101. Addict aux mots

Maharaj: Après avoir écouté le Maître, vous devez sortir de ce monde de concepts. De l'engagement est nécessaire dans cette tâche. De nombreux livres existent. Ce n'est pas suffisant de lire, donc si vous lisez des livres sur la spiritualité, vous devez en même temps poursuivre la pratique.
RAPPELEZ-VOUS TOUJOURS QUE L'AUDITEUR, LE LECTEUR, EST LA REALITE ULTIME.

Ne regardez pas ces livres sur la spiritualité comme s'ils n'étaient que l'histoire d'*Atman*, de *Brahman*. Quand vous lisez des livres, vous devez avoir la compréhension, la Conviction que : "C'est mon histoire". [Pas sous forme corporelle.] C'est un fait que vous n'êtes pas la forme corporelle. Le corps est votre couverture extérieure, il a une limite de temps, une fin.

Vous êtes comme moi. [Le même que moi. Il fait un geste de la main.] Oubliez ça, [Indiquant ses vêtements], le corps est juste une couche, une couverture ! Donc vous devez l'accepter de cette façon.
QUAND LE MAÎTRE VOUS DIT QUELQUE CHOSE,

**VOUS DEVEZ L'ACCEPTER
COMME VOTRE VÉRITÉ, VOTRE RÉALITÉ,
PARCE QUE C'EST VOTRE HISTOIRE.**
Vous devez écouter, et comprendre ces enseignements de cette manière : "C'est mon histoire", comme si quelqu'un narrait l'histoire de votre vie depuis le commencement, jusqu'à maintenant.
**CE QUE JE NARRE EST VOTRE BIOGRAPHIE,
VOTRE HISTOIRE.
DE CETTE MANIÈRE, VOUS DEVEZ
ABSORBER CETTE CONNAISSANCE,
DE SORTE QUE VOUS VOUS CONNAISSIEZ
DE FOND EN COMBLE.**
Tous les livres sur la spiritualité offrent des indications. La majorité des chercheurs dépendent de leur connaissance livresque. Cela peut vous apporter du bonheur dans une certaine mesure, mais quand le moment sera venu de quitter le corps, les profondeurs de cette connaissance seront testées. Récemment, un de nos dévots ici a vécu une perte. Il était bouleversé et tremblait. Sa fondation [Connaissance] était faible. J'insiste toujours sur cela avec tous ceux qui viennent : "Votre fondation doit être solide".
**POURQUOI S'EMBÊTER AVEC LA MÉDITATION,
LE MANTRA, LES BHAJANS ?
CAR CE SONT LES PIERRES FONDATRICES
QUI SONT NÉCESSAIRES POUR ÉTABLIR LA RÉALITÉ
À L'INTÉRIEUR DE L'IDENTITÉ INVISIBLE,
NON-IDENTIFIÉE.**
Nisargadatta Maharaj disait que, alors que certaines personnes trouvaient le langage du Maître difficile à comprendre, ceux qui étaient de réels disciples, de vrais disciples étaient capables de comprendre ses enseignements. Les enfants comprennent le langage de leur mère. La mère connaît les besoins de ses enfants. La mère sait !

Donc soyez simple, soyez humble, et ne stressez pas votre cerveau. Je place devant vous, votre Vérité, la Vérité Finale, votre Vérité Ultime, LA VÔTRE ! La Vérité de l'Auditeur Invisible, de l'Auditeur Anonyme. Pas de complication, pas de confusion, pas de conflit.

Tant de pensées individuelles et de concepts sont apparus depuis le début de votre enfance. Il y a tant de pensées en vous. Vous n'avez commis aucun crime ou péché dans votre dernière vie. Qui est coupable ? Le karma de qui ? Le prarabdha de qui ? Nous avons créé des mots sans fin et des pensées imaginaires, lesquels ont été imprimés en nous, et acceptés aveuglément.
**VOUS VOUS NOYEZ DANS UNE MER DE MOTS,
DE PENSÉES, DE CONCEPTS ILLUSOIRES.
TOUT EST IMAGINATION !**

Une Fondation Parfaite, une base solide est nécessaire pour la spiritualité, pour que l'Unité soit là en quoi que vous lisiez, écoutiez ou étudiiez. Sans une fondation, la dualité continuera. Toute cette connaissance que vous avez maintenant est relative au corps, c'est uniquement la connaissance corporelle. Vous saisissez la connaissance intellectuellement. Votre lecture est une lecture intellectuelle qui est faite avec l'ego subtil : "Je suis un individu, et je lis ce livre. Je suis quelqu'un [d'autre], et je lis ce livre".

Vous essayez de comprendre et de saisir avec votre connaissance basée sur le corps et votre compréhension. Je porte cela à votre attention à nouveau car c'est très important. Lorsque vous lisez un livre à propos d'un aspect d'Atman, Paramatman, Dieu, vous le lisez à travers le médium de la connaissance corporelle. Peut-être que vous comprenez, mais :

BIEN QUE VOUS SAISISSIEZ TOUT INTELLECTUELLEMENT,
CE N'EST PAS ÉTABLI EN VOUS,
CAR VOUS N'ÊTES PAS UN AVEC LA VERITE ULTIME.

Vous êtes séparé de CELA lorsque vous lisez. Vous êtes séparé de CELA lorsque vous écoutez, et lorsque vous approchez divers Maîtres, vous vous êtes séparé de la Vérité Ultime !

VOTRE FONDATION ET POINT DE DÉPART
EST BASÉ SUR LE CORPS.
VOUS VENEZ D'UNE CONNAISSANCE
BASÉE SUR LE CORPS.

Cela signifie que la connaissance spirituelle que vous acquérez est empilée au sommet de cette base corporelle, fragile et illusoire.

DANS VOS RECHERCHES SPIRITUELLES,
VOUS UTILISEZ LE MENTAL, L'EGO, L'INTELLECT,
MAIS LA VERITE ULTIME EST AU-DELÀ DE TOUT ÇA.

Vous n'arrêtez pas de demander : "Quand le mental, l'ego, l'intellect sont-ils apparus ?" Vous ne vous êtes pas investigué et découvert que le mental, l'intellect, l'ego, sont arrivés après, avec l'être, et donc qu'ils ne pouvaient pas vous servir, qu'ils ne pouvaient pas être des instruments pour trouver la Vérité Ultime.

COMMENT LE MENTAL PEUT-IL
TROUVER CE QUI EST AVANT LUI ?

Au moment où l'Esprit a cliqué avec le corps, "je suis" commence. Et avec "je suis" tous ces concepts sont apparus. Votre base est donc formée en dehors des concepts illusoires.

Une chose est claire et simple, si vous réfléchissez à cela : Avant d'être nous ne sommes pas tombés sur *Brahman*, *Atman*, *Paramatman*, Dieu, le bonheur ou la paix. Il n'y avait rien. Tous ces termes et conditions sont venus à l'existence, lorsque votre Présence est venue à l'existence avec le corps, c'est-à-dire quand l'Esprit a cliqué avec le corps.

La Présence seule ne connaît pas le bonheur, la paix ou le sentiment d'existence. C'est la combinaison du corps et de la Présence, comme l'association d'un ventilateur et de l'électricité, qui cause cette illusion. Le corps ne peut pas dire 'Je', l'Esprit ne peux pas dire 'Je'. La lumière est allumée, et le ventilateur fonctionne grâce à l'électricité.

De même, quand l'Esprit a cliqué avec le corps, vous avez dit instantanément, 'Je', et alors avec le 'Je', sont apparus toutes les attentes, les demandes, et les besoins : "Je veux le bonheur. Je veux la paix. Je veux quelque chose de plus".

AUSSI, ESSAYEZ DE VOUS CONNAÎTRE VOUS-MÊME.
OÙ ÉTAIT VOTRE PRÉSENCE
AVANT LA CONNAISSANCE CORPORELLE ?
COMMENT ÉTAIT VOTRE PRÉSENCE ?

Avant la connaissance corporelle, vous ne connaissiez rien, et vous n'aviez rien. À la lumière de cela, vous devriez avoir la Conviction que : "La forme corporelle n'est pas ma Vérité Ultime".

Que dire du Paradis et de l'enfer ? Il y a tant de peur autour de ces concepts. À nouveau, vous n'aviez aucune connaissance du paradis ou de l'enfer avant d'être. Vous avez acquis ces connaissances après.

QUELLE EST L'UTILITÉ DE LA CONNAISSANCE SPIRITUELLE
QUAND IL N'Y A PAS DE CONNAISSEUR ?
S'IL N'Y A PAS DE CONNAISSEUR,
ALORS QUELLE EST L'UTILITÉ DE TOUTE
VOTRE CONNAISSANCE SPIRITUELLE ?

Le connaisseur illusoire est tombé sur le corps. Le connaisseur est invisible, dépourvu de forme. Il y a ni 'connaisseur' ni 'non connaisseur'. Ainsi toute cette connaissance spirituelle est aussi illusion.

Q: Si toute cette connaissance spirituelle que nous avons est illusion, alors comment puis-je trouver la Vérité Ultime ?

Maharaj: Vous avez oublié votre Identité. Quand l'esprit a touché le corps, vous avez oublié votre Identité. Donc la connaissance est requise seulement pour établir la Vérité en vous que : "Vous êtes la Vérité Ultime. Vous êtes la Vérité Finale".

LA CONNAISSANCE AGIT COMME UN ASCENSEUR,
POUR VOUS EMMENER AU DERNIER ÉTAGE.

Une fois là-haut, vous n'en aurez plus besoin.

Ne dépendez pas de la connaissance corporelle qui disparaîtra avec le corps. Vous n'êtes ni *Brahman*, ni *Atman*, ni Dieu. En fait, vous n'êtes rien. Votre base doit être solide.

IL Y A TANT DE CONNAISSANCE SPIRITUELLE
AUTOUR DE VOUS !
QUOI QUE VOUS LISIEZ DEVRAIT

ÊTRE UNE CONNAISSANCE PUISSANTE.

Les gens qui lisent des livres sans arrêt, peuvent être les Maîtres des livres, les Maîtres de philosophie, mais toute cette connaissance a une limite de temps. Au moment où le corps s'en va, tout s'en va, donc la connaissance est aussi illusion. La connaissance n'est pas la Vérité Finale, c'est juste un médium.

QU'EST-CE QUE LA CONNAISSANCE ?
LA CONNAISSANCE SIGNIFIE JUSTE
SE CONNAÎTRE DANS UN SENS REEL.

Vous vous connaissez comme la forme corporelle : "Je suis un homme. Je suis une femme. Je suis *Brahman*". Cette illusion-ci, cette illusion-là, "Je fais cette activité-ci, cette activité-là", ajoutant toujours plus d'ego, d'ego, d'ego. Vous êtes totalement maintenu dans ces concepts égotiques. "Je ferai cette activité. J'ai fait quelque chose". Vous ne pouvez rien faire.

VOUS NE POUVEZ RIEN FAIRE AVEC CE CORPS
CAR CE CORPS N'EST PAS VOTRE BASE.
SI VOUS TROUVEZ VOTRE BASE,
ALORS VOTRE FONDATION SERA PARFAITE.

Q: Quel est mon fondement ?

Maharaj: Votre fondement sera établi après le nettoyage de toute la connaissance corporelle. Je martèle la même chose. Écoutez attentivement ! Avant d'être, il n'y avait pas de besoins. Paix, bonheur, peur, *Brahman*, *Atman*, tous ces concepts sont venus après.

C'est une chose très simple, aussi, regardez juste et demandez-vous : "Où en suis-je après avoir lu tout ce savoir pour le corps ?" Nous sommes devenus addicts à tous ces concepts. Nous sommes devenus les victimes de nos propres concepts, signant ceci aveuglément, approuvant "Je suis un homme, je suis une femme. J'ai fait de mauvaises choses. J'ai fait de bonnes choses". Maintenant il est temps de se réveiller et de Connaître la Réalité !

CONNAISSEZ LA RÉALITÉ.
LA RÉALITÉ EST PLACÉE DEVANT VOUS.
C'EST UN SECRET QUI VA DE SOI.

Essayez de sortir du cercle. Vous n'êtes pas en servitude. La connaissance est limitée, elle est seulement utile tant que vous êtes en vie. Il n'y a pas de connaissance, pas de connaisseur, pas de concepts. C'est la Vérité Finale. Pas de disciple, pas de Maître, pas de Dieu, pas de dévot. Toute cette illusion a commencé lorsque vous êtes tombé sur le monde. Maintenant vous savez que le monde est votre Projection Spontanée. Pour voir le monde, votre Présence est nécessaire.

VOUS N'ÊTES À L'INTÉRIEUR D'AUCUN MOT.
VOUS N'ÊTES PAS À L'INTÉRIEUR DE L'UNIVERS.
L'UNIVERS EST EN VOUS.

Au moment où la Présence clique, vous voyez le monde. Sans votre Présence, vous ne pouvez voir le monde. J'invite l'attention de cette Présence, cette Présence Invisible, cette Présence non Identifiée. Cela Vous Êtes [pointant du doigt le visiteur].

Naissance et mort n'ont rien à voir avec vous. C'est la Réalité, votre Réalité. Je dis la même chose à tout le monde : "N'analysez pas la signification littérale de ces mots, arrêtez de prendre les livres, en demandant, "Qu'est-ce que ceci ? Qu'est-ce que cela ? Ramana Maharshi l'a dit comme ceci, Nisargadatta Maharaj l'a dit comme cela". Ne comparez pas les livres, les Maîtres, les enseignements.

Ce qu'ils voulaient vous communiquer hors de leurs déclarations est ce qui est important. Pas de comparaisons ! Vous n'étudiez pas la connaissance spirituelle.

NOUS NOUS ATTENDONS À LA CONVICTION, PAS À L'ÉTUDE.

Tant de gens viennent ici en demandant ce qu'est la signification de ceci, et de cela. En demandant, Pourquoi ? Pourquoi ? Pourquoi ? Qu'allez-vous obtenir de ces études comparatives ? Ça ne vous aidera pas. Vous devez sortir de ce monde illusoire.

CONCENTREZ-VOUS SUR LE 'CONCENTRATEUR'.
NE NAGEZ PAS PARMI LES SIGNIFICATIONS LITTÉRALES.
CESSEZ DE VOUS NOYER DANS UNE MER DE MOTS.
VOUS N'ÊTES PLUS UN ADDICT.

102. Lire tous ces livres – pour qui ?

Q : Vous ne semblez pas très enthousiaste de nous voir lire des livres spirituels. Est-ce que lire des livres n'aide pas la pratique ?

Maharaj : Vous pouvez lire des livres, bien sûr, lire des livres qui vous donnent la connaissance. Mais en lisant ces livres spirituels, vous devez établir que votre Vérité Ultime n'est pas séparée de vous. Ce que vous lisez est l'histoire du Lecteur.

Le Lecteur n'est pas dans une forme. Quand vous lisez des livres spirituels, lisez-les de telle manière que vous sachiez que c'est votre histoire que vous lisez, l'histoire du Lecteur Invisible. En définitive, c'est votre histoire sans aucune forme. Ce n'est qu'alors que cette Connaissance sera établie.

Q : Vous voulez dire qu'on ne doit pas se séparer du contenu du livre. Nous avons tendance à lire de telle manière que c'est l'individu, pour ainsi dire, qui utilise le mental pour rassembler de l'information, comme une sorte d'exercice intellectuel. C'est la dualité. Ce que vous dites Maharaj, est que le lecteur est invisible. Qu'il est comme l'Auditeur Silencieux se parlant à lui-même, comme Dieu parlant à Dieu ?

Maharaj: Quand vous lisez n'importe quel livre, comme *Le Maître de la Réalisation du Soi* ou *Je Suis*, ils vous donnent un message, le message du Lecteur, Votre Vérité.

Cette phrase, donnée par mon Maître, devrait être la conclusion de toutes les lectures : "Excepté votre Soi Sans Soi, il n'y a pas de Dieu, pas de *Brahman*, pas d'*Atman*, pas de *Paramatman*, pas de Maître." C'est l'essentiel, le principe de tous les livres philosophiques ou spirituels.

CE PRINCIPE A ÉTÉ COLORÉ PAR DES MOTS DIFFÉRENTS ET DES HISTOIRES SANS FIN. CE QUI A OBSCURCI CE PRINCIPE FONDAMENTAL QUI INDIQUE LA CONNAISSANCE DU LECTEUR. LE LECTEUR N'A PAS DE FORME. LE LECTEUR EST LE LECTEUR INVISIBLE.

Comme je parle de quelque chose avec vous, vous êtes en train d'écouter. Non seulement vous écoutez, vous analysez. Et non seulement vous analysez ce qui est dit, mais vous êtes témoin de ce que vous analysez. Instantanément, les choses surviennent dont vous êtes témoin à nouveau. J'invite l'attention de ce Témoin, le Témoin Invisible en vous, qui a été appelé *Brahman*, *Atman*, *Paramatman*, Dieu, Maître.

Après avoir lu bon nombre de livres, il doit bien y avoir une conclusion. Quel est le résultat ? Qu'avez-vous obtenu de la lecture de tous ces livres ? Dans quelle mesure toutes ces lectures ont-elles aidé votre Vérité Ultime ? Quelle a été l'utilité de tout ça ?

IL DOIT Y AVOIR UNE CONCLUSION. VOUS DEVEZ ABOUTIR À UNE CONCLUSION, AUTREMENT VOUS GASPILLEZ DE PRÉCIEUX MOMENTS.

Rassembler la connaissance, accumuler la connaissance, c'est une connaissance inutile qui ne vous aidera pas sur votre lit de mort.

LIRE TOUS CES LIVRES, MAIS POUR QUI ?

Q: J'imagine que j'aime juste lire des livres spirituels.

Maharaj: Si tout ce que vous faites est de lire des livres, alors tout ce qui arrivera est que vous allez devenir un 'Maître des livres', un Maître littéraire, et non pas un Maître de la Réalité. Cela ne vous aidera pas.

Pourquoi voulez-vous en savoir de plus en plus, en ajoutant de plus en plus d'ignorance ? Les livres ont déjà indiqué que vous êtes la Vérité Ultime. Vous devez être établi dans cette Vérité Ultime. Donc pourquoi cette compulsion à lire plus et plus, encore et encore.

Q: Je comprends ! Je dois laisser ces livres spirituels parler à l'Auditeur Invisible en moi, plutôt qu'au mental ?
Maharaj: Oui ! Parce que vous n'êtes plus un individu. Vous savez ! Ne soyez pas un rat de bibliothèque ! Vous êtes la Vérité Ultime, la Vérité Finale.

TANDIS QUE VOUS LISEZ LE CONTENU
QUI EST CONNECTÉ AVEC LA VERITE ULTIME,
SACHEZ QUE
VOUS ÊTES LA VERITE ULTIME.

C'est votre Connaissance, pas une connaissance livresque. "Oui, Je Suis Cela !" C'est la Conviction. C'est la Méditation. Une vigilance continue spontanée que vous êtes la Vérité Ultime est nécessaire.

Q: Vous dites souvent que nous ne devons pas prendre les mots dans leur sens littéral, ou les comparer à ce que nous avons déjà lu ailleurs. Je suppose que nous restons collés aux mots, accrochés ?
Maharaj: La connaissance est là, mais l'interpréter et la mettre en pratique est le problème. Si vous n'utilisez pas la connaissance de la bonne façon, cela vous créera des problèmes. Tout ce qui est en excès est poison.

Q: Certains livres comme *Je Suis,* et *Le Maître de la Réalisation du Soi* invitent à une plus grande attention de l'Auditeur Invisible que les autres livres. Vous êtes un avec le contenu parce qu'il parle directement à La Réalité Ultime, pour ainsi dire…

Maharaj: Oui, oui.

Q: Merci pour cela Maharaj. Ce que vous avez dit sur le lecteur se séparant lui-même de la connaissance du lecteur est vraiment utile. Ce que vous avez souligné est une différence subtile, mais plus j'y réfléchis, plus cela fait une énorme différence. Je réalise que j'ai lu beaucoup de grands classiques de la spiritualité, en me disant "C'est merveilleux", mais une partie de moi était séparée. Il y avait dualité parce que, même si je pouvais m'identifier avec le contenu, il n'y avait pas le ressenti que c'était "mon histoire", enfin pas complètement.

Et c'est là où votre approche est réellement utile, Maharaj, en nous rendant conscient que ces livres sur *Brahman* ne sont pas des livres sur *Brahman*, mais "mon histoire" car "Je suis *Brahman*". [Sans le dire avec ego.] Être un avec la Vérité est ce qui est exprimé, c'est ce que vous dites. C'est difficile à exprimer. Je reviendrai vers vous à ce sujet, mais quelque chose de profond s'est déroulé.

Maharaj: Très bien, très bien !

Q: Et ce n'est pas juste en relation avec les livres. Je vous écoute maintenant, Maître, et ce que vous narrez, est mon histoire. C'est si réel, et c'est accepté totalement et complètement. Je sais que c'est la Vérité. Je le sens profondément. Je me sens Un avec la Vérité que vous me transmettez.

Maharaj: Très bien ! Vous avez une implication profonde. Continuez d'aller de plus en plus profondément.

103. 'Je Suis'

Q: Qu'est-ce que 'je suis' avec des mots simples, et qu'est-ce qu'il n'est pas ?
Maharaj: "Je suis" est une indication de votre présence spontanée anonyme, mais elle est sans aucune forme, sans aucune couleur. Des noms ont été donnés à '*Atman*', '*Paramatman*', 'Dieu', juste pour comprendre, pour communiquer. La Réalité est au-delà de l'imagination. Il ne devrait pas y avoir de confusion. Il semble que certaines personnes aient créé une maison spéciale pour 'je suis'. Au niveau avancé, 'je suis' est aussi illusion.

À nouveau, soyons clair, il n'y a pas de 'je suis', il n'y a pas de 'vous êtes', ce sont simplement des m.o.t.s. Avant d'être vous ne saviez pas ce qu'était le 'je' ou le 'vous'.
**VOUS VOUS FAÇONNEZ ARTIFICIELLEMENT,
EN DISANT : "JE SUIS UN INDIVIDU",
ET À LA LUMIÈRE DE CETTE CONNAISSANCE,
VOUS PENSEZ, VOUS MÉDITEZ SUR 'JE SUIS'.**
Vous limitez votre Réalité en la nommant, en l'enfermant. Rappelez-vous, 'je suis' est un concept. Nous utilisons juste des mots pour essayer de comprendre, nous échangeons des mots à travers lesquels nous invitons l'attention de l'Auditeur Invisible Anonyme en vous. Tous les mots sont utilisés dans le but de comprendre.
**ESSAYEZ DE CONNAÎTRE VOTRE IDENTITÉ.
ESSAYEZ DE CONNAÎTRE VOTRE IDENTITÉ NON IDENTIFIÉE.
LE CONNAISSEUR DISPARAÎTRA.
EN ESSAYANT DE CONNAÎTRE LA VÉRITÉ ULTIME,
LE CONNAISSEUR DISPARAÎTRA.
PAS DE CONNAISSANCE, PAS DE CONNAISSEUR.**
Q: La compréhension est que 'je suis' est très profond…
Maharaj: Qui comprend cela ? [Maharaj rit.] 'Je' comprends. Qui comprend ça ? Tout ça requiert la Présence, mais votre Présence n'a aucune forme ou aspect. Elle est dénuée de forme. Pas d'être, pas de non être, pas de conscience, pas d'inconscience. Pas de connaisseur, pas de connaissance, etc.

Vous négligez 'Cela' qui existe déjà en vous. L'Identité Sans Forme, Invisible, Non Identifiée. Vous êtes Cela. Vous êtes *Brahman*, *Atman*. 'Je' est comme le ciel. Le ciel dit-il 'Je suis' ? Le ciel est totalement inconscient de son existence. De même, votre Présence est totalement inconsciente de votre existence.

Tous ces mots sont connaissance corporelle. L'être est aussi illusion. Qui dit être et non être ? Quand vous êtes venu avec le corps vous avez créé un grand champ d'illusion : être, non être, conscience, inconscience.

**VOUS VAGABONDEZ DANS LE CHAMP,
EN ESSAYANT D'EN EXTRAIRE LA CONNAISSANCE,
SORTEZ DU CHAMP !
SOYEZ BRAVE,
SOYEZ COURAGEUX !**

Q: Je pense parfois que la pratique du 'Je Suis' a été prise trop littéralement, et a peut-être grandi hors de proportion. Il y a aussi beaucoup de confusion à ce sujet, plus de trente ans après la mort de Nisargadatta Maharaj. Cette pratique a enflé en quelque chose…

Maharaj: Ce qui se produit est que les chercheurs, dévots, ou disciples lisent des livres, et sur la base de leurs lectures, ils forment un carré, et puis espèrent des réponses provenant de l'intérieur du carré. Donc vous devez quitter tout ça.

**QUOI QU'IL SOIT RÉALISÉ
DEPUIS L'EXISTENCE DU CORPS, EST ILLUSION.**

Vous vous êtes rendu dans le champ de la confusion, faisant usage de mots confus. Vous êtes une victime de vos propres idées, de vos propres concepts : 'Je suis', 'Tu es', 'Il', 'Elle', *'Brahman'*…

Q: Lorsqu'on demeure dans 'Je suis', comment dois-je y rester ou aller au-delà ?

Maharaj: Oubliez les propos spirituels. Dire 'Je' est ego. Pourquoi essayez-vous de rester dans, ou en tant que 'Je' ? Ça signifie que vous prenez de l'ego en disant : "Je suis quelque chose, un individu, quelqu'un d'autre. Je suis !" Ça signifie que vous pensez que vous êtes quelqu'un d'autre, et que vous devez rester comme ceci, 'Je', [en fermant les yeux]. C'est la dualité.

Vous n'avez pas à faire d'efforts. Au début, vous devez accepter que votre 'Je suis' est dans l'existence, et que vous connaissez 'Je suis' à travers le corps seulement. C'est un fait que le corps n'est pas votre identité. Mais tandis que vous restez dans le 'Je suis', vous vous considérez comme quelqu'un d'autre et, avec l'ego subtil, vous restez comme 'Je suis', en disant 'Je'.

**VOUS ESSAYEZ D'EXPÉRIMENTER 'JE'
POUR ETRE *BRAHMAN*, *ATMAN*,
ET POUR FAIRE CELA,
VOUS DEVEZ ETRE QUELQU'UN DE DIFFÉRENT,
QUELQU'UN D'AUTRE.**

Q: Donc il y a dualité, il y a séparation.

Maharaj: Immédiatement, si vous essayez de rester comme ça. Pourquoi essayer ? Je veux rester comme John. "Je suis John". Vous êtes déjà John, alors pourquoi dire 'Je suis John'. John est le nom qui a été donné à ce corps, ce n'est pas votre Réalité Ultime. De même, votre Présence Spontanée, votre existence est sans forme. Ne faites pas d'effort. Ne prenez pas la signification littérale de ces mots spirituels, mais plutôt de ce qu'ils essaient de communiquer.

Vous êtes votre propre Maître. Donc quoi que vous écoutiez ou lisiez, dans une certaine mesure, cela vous aide mais une fois arrivé à destination, vous n'avez plus besoin de l'adresse. Aussi ne prenez pas littéralement ce que disent les Maîtres. Ce qu'ils veulent communiquer est le plus important. Vous avez créé une ballon. Faites éclater ce ballon !

TOUT CE QUE VOUS AVEZ À FAIRE EST DE RÉALISER QUE LE CORPS N'EST PAS VOTRE IDENTITÉ. QUAND VOUS MÉDITEZ, VOUS VOUS PRENEZ POUR QUELQU'UN D'AUTRE, ET DONC LA MÉDITATION EST DUELLE.

Le 'je suis' n'est qu'une indication, alors pourquoi l'analysez-vous autant ? Toute cette méditations, concentration, Connaissance, investigation du Soi – ne sont que différentes étapes, elles font partie d'un processus sur la voie de la Vérité Finale. Après la Conviction que vous n'êtes pas le corps, il n'y a rien de plus à faire. Votre réaction sera action Spontanée.

Vous êtes déjà 'je suis'. Vous avez juste à vous connaître dans un sens réel. Excepté votre Soi Sans Soi, il n'y a pas de 'je suis'. Alors pourquoi rester dans ce petit monde, ce monde littéral du 'je suis' ? Vous êtes déjà là, au complet vingt-quatre heures sur vingt-quatre. Pourquoi rester dans quelque chose qui est créé artificiellement, ou qui est une conjecture imaginée ?

Ne luttez pas avec les mots. Ils sont juste des indications de la Vérité Ultime, et de comment cette Vérité est votre Identité. Mais la Vérité est invisible et Anonyme. Donc cessez d'imaginer, de supposer. N'utilisez pas la logique ou l'intellect.

VOUS ÊTES PRÉSENCE VINGT-QUATRE HEURES SUR VINGT-QUATRE, ALORS PAS BESOIN D'ESSAYER, D'ÊTRE, DE PENSER À 'JE SUIS' DU TOUT.

Vous êtes au-delà de l'au-delà.

104. 'Je Suis' est illusion

Q: Je fais ma méditation régulièrement, et j'essaye de rester dans le 'je suis'.
Maharaj: Quand vous en venez à connaître la Réalité, pourquoi voulez-vous essayer de rester dans le 'je suis' ? Soyez tel que c'est. C'est très simple ! Ne faites rien. Il n'y a pas d'action, pas d'acteur donc ne faites pas d'efforts délibérés. Vous êtes partout. Ne faites pas, n'essayez pas de rester dans le 'je suis'. C'est bien, mais c'est un jeu d'enfants, et vous n'êtes plus un enfant. Tout le monde sait que 'je suis' est la base.

MAIS COMBIEN DE TEMPS ALLEZ-VOUS CONTINUER À DIRE : "C'EST LA BASE, C'EST LA BASE" ?

Q: Nisargadatta Maharaj dit que 'je suis' est le premier concept et…
Maharaj: Souvenez-vous toujours que les mots ne sont qu'un médium, un instrument qui est utilisé pour indiquer quelque chose. À nouveau, je dois répéter la même chose : ne prenez pas les mots utilisés par les Maîtres littéralement. Ne prenez pas les mots littéralement, ou logiquement.

Qu'est-ce que le corps ? Juste un signe d'être, 'je suis', une sorte de sensation 'je suis'. Vous ressentez 'je suis', et hors de cette sensation spontanée vous voyez le monde. Tôt le matin, au premier instant, vous avez cette sensation. Au début, vous n'avez pas de corps et puis instantanément vous voyez le monde, donc 'je suis' est une indication. 'Je suis' est l'indication de votre Identité Spontanée Invisible et Non Identifiée. C'est la phrase parfaite. Hors de cet Esprit Spontané 'je suis' est.

'JE SUIS' EST L'INDICATION DE VOTRE IDENTITÉ SPONTANÉE, INVISIBLE, ET NON-IDENTIFIÉE.

Individualité, dualité, nous nous battons avec des mots. Ne vous battez pas avec les mots ! Je place la Vérité Ultime devant vous. Oubliez tout ce que vous avez lu et écouté.

COMMENT ÉTIEZ-VOUS AVANT D'ÊTRE ? QUE SAVIEZ-VOUS DE *BRAHMAN*, D'*ATMAN*, DE *PARAMATMAN*, DE DIEU ? RIEN ! QUE SAVIEZ-VOUS DE 'JE SUIS' ? RIEN !

Q: Vous parlez de la dissolution de la connaissance corporelle, est-ce que cela inclut le 'je suis' ?
Maharaj: La sensation de 'je suis' est Spontanée car c'est la connaissance corporelle. C'est Spontané parce qu'à travers la connaissance corporelle vous connaissez 'je suis'. Avant d'être, vous étiez inconscient de ce 'je suis'. Donc c'est juste une sensation de 'je' où il n'y a pas de corps, pas d'intellect, pas de connaissance, rien.

Avant que l'Esprit ne touche le corps, vous étiez inconscient, et inconnu de vous. C'est votre Identité. Donc pourquoi souhaitez-vous rester dans le 'je suis' ? Vous le faites artificiellement. Vous êtes déjà là. Votre Présence est déjà là. Si vous essayez, ça signifie que vous endossez l'ego. Vous êtes la Vérité Finale mais vous avez oublié votre Identité, et ainsi vous essayez de rester dans le 'je suis' psychologiquement, et mentalement.

Q: Donc dans un sens le 'je suis' peut vaporiser, dissoudre…

Maharaj: 'Je suis' indique votre Présence Spontanée. Je vous l'ai dit, pour dire 'je suis' votre Présence est requise.

'JE SUIS' EST PROJETÉ HORS DE VOTRE PRÉSENCE.
VOTRE PRÉSENCE EST INCONNUE,
ANONYME, INVISIBLE, ET NON-IDENTIFIÉE.

Q: Je pense qu'il y a une confusion à propos de la Présence, et sur la signification exacte de 'je suis' ?

Maharaj: Vous donnez beaucoup trop d'importance à cela ! Ce sont juste des mots, 'je suis'. Vous luttez avec les M.O.T.S. Vous êtes avant les mots, avant le 'je suis'.

Q: Donc la Présence est avant, avant 'je suis' ?

Maharaj: Oui, oui, évidemment. Votre Présence est, comme Saint Toukaram le dit : "Antérieure, antérieure, antérieure. Précédent le ciel, Dieu et toutes les Déités. Quand il n'y avait pas de ciel, pas de lumière, votre Présence était là. Quand il n'y avait pas de lumière, pas de ciel, votre Présence était là. Nous sommes antérieurs à Dieu, et à toutes ces déités". Saint Toukaram était illettré, il atteint seulement l'école primaire. Son éducation était très pauvre. Alors comment cette Vérité est-elle apparue en lui ?

LA VÉRITÉ EST APPARUE À L'INTÉRIEUR DE TOUKARAM.
LA VÉRITÉ PEUT APPARAÎTRE EN VOUS AUSSI.
MAIS VOUS N'ÊTES PAS CONCENTRÉ,
VOUS NE PRÊTEZ PAS ASSEZ ATTENTION,
VOUS ÊTES PLUS INTÉRESSÉ À JOUER AVEC LES MOTS,
ET À VOIR CE QUI SE PASSE DANS LA FORME CORPORELLE.

Qui a créé le langage ? Connaissez-vous cette histoire de Bhausaheb Maharaj ? Gurudev Ranade écrivait en anglais, et ensuite le lisait à haute voix à son Maître. Bhausaheb Maharaj ne connaissait pas l'anglais, mais malgré tout, il put signaler une phrase et dire : "Cette phrase est incorrecte !"

Gurudev Ranade répondit : "Comment le savez-vous ?" La réponse de Bhausaheb Maharaj fut : "Qui a créé le langage ? Le langage est éternel. Vous placez les mots l'un à côté de l'autre, mais le sens de ces mots réside au-dedans. Le langage est connu par l'Esprit Tout-Puissant, le langage n'est pas une barrière".

Q: Ma propre expérience est que même si la pratique du 'je suis' est supposée être une passerelle, elle a prouvé être un obstacle. Je sens qu'on peut être facilement trop pris par les mots 'je suis' et, après tout, ce n'est encore qu'un concept. Vous, Maharaj, ne parlez pas vraiment de concepts, vous allez directement à l'Absolu, et vous restez là. C'est une façon efficace de tout éclaircir d'un seul coup.

En utilisant peu de mots, vous simplifiez la plus Haute Connaissance. Votre Approche Directe fonctionne, et avec la méthode du martèlement et de la répétition, il y a une grande clarté. L'enseignement a un élément non verbal aussi, car votre présence est très puissante.

105. Au-delà des mots, au-delà des mondes

Maharaj: Avant d'être, il n'y avait rien. Vous étiez complètement inconnu à vous-même. Après avoir quitté le corps, que restera-t-il ? Rien ! Donc pourquoi voulez-vous parler de cette connaissance corporelle ?
CETTE EXISTENCE EST SORTIE DE RIEN ET RETOURNERA ÊTRE ABSORBÉE EN RIEN.
'Je suis' est un concept. Arrêtez de vous identifier comme forme corporelle : Ce dont je parle est au-delà de 'je suis', avant le 'je suis'. La Vérité est la Vérité, et c'est la même pour tous. D'où vous venez il n'y avait pas de système de mesure. Pourquoi voulez-vous continuer à parler de la connaissance corporelle ?
Q: J'ai pratiqué la méditation sur le 'je suis' et je suis capable de tourner mon attention sur la sensation d'être moi, d'être 'je suis' indépendamment de toute identité sociale ou conditionnée. Je sens la béatitude. Mais cette sensation de bonheur va et vient et je me sens découragé. Que puis-je faire ?
Maharaj: Toutes les sensations sont des sensations basées sur le corps.
Q: Donc cette Présence Spontanée que je sens comme étant moi, ce n'est pas réel ?
Maharaj: Vous êtes connu de vous à travers le corps. Avant le corps, avant d'être, vous étiez inconnu de vous.
VOTRE PRÉSENCE EST NÉCESSAIRE POUR DIRE, 'JE SUIS'. VOTRE PRÉSENCE EST ANONYME, INVISIBLE, SANS FORME. IL N'Y A PAS D'EXPÉRIENCE, ET PAS D'EXPÉRIMENTATEUR.
Q: Cette expérience d'être sans forme, est-ce juste le fruit du hasard? Aurait-on l'expérience d'être libre, d'être libre de tout ?
Maharaj: Vous êtes totalement libre. Vous vous considérez être en esclavage uniquement à cause de la connaissance corporelle.
Q: J'imagine que c'est une expérience avant le 'je suis' ?

Maharaj: Correct ! Votre Présence Spontanée est avant le 'je suis'. Avant d'être, vous étiez inconnu à votre Présence.
Q: Je ne suis pas connu d'elle ?
Maharaj: Inconnu de cette Présence !

LA PRÉSENCE EST INTRAÇABLE.

Au moment où vous êtes venu avec le corps, vous avez commencé à connaître 'je suis'. En bref, vous êtes la Réalité. Vous êtes la Vérité Ultime, la Vérité Finale sans aucun forme corporelle.
Q: Y a-t-il des efforts au début, pour s'identifier avec cela ?
Maharaj: Au début vous devez faire un effort pour vous connaître dans un sens réel, car beaucoup de pensées et de concepts ont été enveloppés autour de vous. Vous êtes encombré de pensées illusoires, donc pour supprimer tout ça, il vous faut de l'aide sous la forme de la connaissance spirituelle, ainsi que la discipline de la méditation.
Q: Parfois je médite sur la sensation de 'je suis', et à d'autres moments je médite sur 'Qui suis-je ?'
Maharaj: Quand vous vous demandez-vous "Qui suis-je ?", la réponse est le questionneur.
Q: Le questionneur lui-même est la réponse ?
Maharaj: Le questionneur est le Questionneur Invisible, Anonyme. À travers la forme corporelle vous vous posez la question, "Qui suis-je ?" car vous avez oublié votre Identité.

DONC, QUAND VOUS POSEZ LA QUESTION "QUI SUIS-JE ?", LA RÉPONSE EST "VOUS ÊTES TOUT. VOUS ÊTES LA VÉRITÉ ULTIME, VOUS ÊTES LA VÉRITÉ FINALE", PARCE QUE VOUS N'AVEZ AUCUNE FORME.

Sans votre Présence Spontanée, vous ne pouvez prononcer un seul mot. Donc, votre Identité est au-delà de cela, au-delà de l'être, avant l'être.
Q: Diriez-vous que ma méditation sur le 'je suis' est utile ou non, pour réaliser ce dont vous parlez ?
Maharaj: Au début c'est bon. Mais si vous vous concentrez sur le 'je suis', cela signifie que vous utilisez le corps pour vous aider. Vous n'êtes pas le corps. C'est une évidence ! Vous êtes la Présence Invisible. Votre Présence était là sans aucune connaissance basée sur le corps.

CONCENTREZ-VOUS SUR 'CELUI QUI SE CONCENTRE'. PAR LA SUITE, 'CELUI QUI SE CONCENTRE' DISPARAÎTRA.

De cette manière, il n'y aura plus aucun 'Je suis'. Pratiquez cela mais n'en faites pas un problème. Détendez-vous.
Q: J'imagine que je suis un peu confus dans cette approche ?
Maharaj: 'Je suis', 'Je', ce sont des concepts. C'est bon quand vous utilisez une approche physique. Mais vous êtes déjà 'Je', donc réellement vous n'avez

pas besoin d'y porter tant d'attention, de vous rappeler, ou de connaître ce 'Je' parce que vous l'êtes déjà. Tant de gens disent : "Je dois méditer sur le 'Je suis'", oubliant que c'est juste une indication de votre Identité Non Identifiée.

'JE SUIS', EST JUSTE UNE INDICATION DE VOTRE IDENTITÉ NON IDENTIFIÉE.

Je continue à dire à tout le monde la même chose : "Ne prenez pas les mots littéralement". Nous avons créé les mots : 'Je', 'je suis' et nous leur avons donné des significations pour communiquer, afin d'indiquer, de pointer, d'identifier quelque chose. Mais ce sont juste des mots. Vous êtes détourné du droit chemin par les mots.

VOTRE EXISTENCE, VOTRE PRÉSENCE EST AU-DELÀ, AU-DELÀ DES MOTS, AU-DELÀ DES MONDES.

Voyez-vous tel que vous êtes spontanément, et alors le méditant disparaîtra sans votre connaissance. La forme disparaîtra, et avec elle, la mémoire de 'je suis'.

QUAND TOUT DISPARAÎT, VOUS ÊTES LÀ SOUS FORME INVISIBLE.

Q: Donc, il y a un point où tout ça s'en va, comme nager dans la lumière ou quelque chose comme ça ?

Maharaj: Vous pouvez utiliser tous les mots que vous voulez, aussi longtemps que vous gardez en mémoire que vous êtes la Vérité Ultime, que vous êtes la Vérité Finale. Vous êtes *Brahman*, *Atman*. Vous êtes *Paramatman*. Vous êtes Dieu ! Vous êtes le Maître.

ULTIMEMENT, CE QUI EST LE PLUS IMPORTANT, EST QUE CETTE RÉALITÉ SOIT TOTALEMENT ABSORBÉE.

Aucune individualité quelle qu'elle soit ne restera après l'Absorption. Il ne restera rien.

Q: Réellement ? Est-ce juste la paix, la béatitude, la non-béatitude ?

Maharaj: La paix appartient à l'expérience. La paix et le silence sont en rapport avec l'expérience, la béatitude aussi. Avant d'être, il n'y avait pas de paix, pas de bonheur, pas de malheur, pas de dépression. Il n'y avait rien.

NOUS AVONS BESOIN DE PAIX ET DE SILENCE CAR NOUS SOMMES DANS UNE FORME CORPORELLE. QUAND TOUTE CONNAISSANCE DISPARAÎT, LÀ VOUS ÊTES, CAR LA CONNAISSANCE AUSSI EST ILLUSION.

Q: Ça me semble être un très long chemin.

Maharaj: Il n'y a pas de 'chemin', et il n'y a pas de 'long'. Votre Présence Spontanée est un miracle. Vous étiez inconnu à vous même. À travers le corps, vous avez commencé à vous connaître, et vous avez voulu survivre dans le corps le plus longtemps possible.

Q: C'est ça ! Et une fois que c'est vu ou réalisé, tout s'en va ?
Maharaj: Après la Réalisation, il n'y aura plus aucune peur, aucune mort, aucune naissance, parce que vous réaliserez que 'je ne suis pas né'. Rappelez-vous une chose, tout cet entretien, tout ce que nous avons dit juste maintenant, concerne l'enfant non né.

TOUT CE QUE NOUS AVONS DIT CONCERNE L'ENFANT NON NÉ.

Q: Après toutes mes luttes ! [Rire], cela semble juste merveilleux ! J'imagine qu'une fois que vous savez que vous n'êtes pas le corps, qu'une fois que vous savez réellement que vous n'êtes pas le corps, vous êtes au-delà de cela...
Maharaj: Arrêtez d'imaginer ! Aucune imagination n'est nécessaire. Soyez spontané ! Restez spontané ! Quand vous imaginez, vous prenez à nouveau la forme du corps.
Q: Oui ! D'accord.
Maharaj: Restez simple. Demeurez simple. Votre Présence est très simple, sans aucun concept, sans aucune imagination, sans aucune supposition, sans aucune activité intellectuelle.

NOUS AVONS UNE BONNE CONNAISSANCE, MAIS NOUS DEVONS L'APPLIQUER, LA METTRE EN PRATIQUE. CELA EST APPELÉ LA CONVICTION.

Après la Conviction, vous n'aurez plus aucun problème, plus aucune question. Vous êtes le questionneur, et donc la réponse est en vous. Donc soyez silencieux ! Regardez-vous vous-même, et ce que vous étiez avant toute cette connaissance corporelle.

IL N'Y A AUCUNE QUESTION, AUCUNE RÉPONSE, AUCUN BONHEUR, AUCUN MALHEUR, AUCUNE NAISSANCE, AUCUNE MORT. TOUT SERA DISSOUS, DANS LA LUMIÈRE DE LA RÉALITÉ.

Bonheur Spontané, Silence Spontané, Paix Spontanée émergeront.

VOUS ÊTES SANS FORME, VOUS ÊTES SANS FORME. IL N'Y A PAS DE FORME, PAS D'INDIVIDUALITÉ.

Q: J'espérais avoir plus de questions, mais j'atteins un état où aucune ne me vient.
Maharaj: Une bonne chose ! C'est un signe d'absorption de la Connaissance, de la fusion de la Connaissance. Contemplez ces entretiens. Cela vous sera utile.
Q: Je suis en feu ! J'apprécie réellement vos enseignements.

Maharaj: C'est par la grâce de mon Maître, Nisargadatta Maharaj, que je partage ces enseignements, ces mêmes enseignements que mon Maître a partagé avec moi.

Q: Merci, Maharaj. Je me sens très fortuné de vous avoir trouvé.

106. Un maître jusqu'à l'os

Maharaj: Rappelez-vous ce que je vous ai dit et pratiquez-le. Théoriquement vous savez, vous comprenez, mais cette Connaissance doit être appliquée et vécue pragmatiquement. La récitation du Mantra et des *bhajans* pénétrera profondément, afin que tous les concepts illusoires se dissolvent par leurs vibrations.

JE VOUS AI CONVAINCU.
VOUS DEVEZ VOUS CONVAINCRE AUSSI.

Convainquez-vous que vous n'êtes pas le corps. Cela vous rendra sans peur, et prêt à faire face à n'importe quel problème avec pleine force et pouvoir. Ne négligez pas vos responsabilités et vos devoirs familiaux. Vivez une vie heureuse ! Pratiquez ce que vous lisez. La connaissance théorique n'est pas suffisante. Faites la méditation, et écoutez votre voix intérieure.

SOYEZ SIMPLE ET CONNAISSEZ-VOUS
DANS UN SENS REEL.

Quand le corps de Bhausaheb Maharaj fut brûlé, certaines personnes dirent que le *Naam Mantra* a pu être entendu venant des os. Le *Naam Mantra* a été entendu provenant de ses os. Le Mantra ne faisait plus qu'un avec son corps entier. Tout son corps, chacune des parties de son corps, émettait spontanément le son du Mantra.

TOUS LES MIRACLES SE PRODUISENT À CAUSE DE VOUS
SEUL, EN VOUS SEUL.

Quand cette Connaissance aura été mise en pratique, et absorbée par chacune des parties de votre corps, votre identité physique disparaîtra simplement.

En spiritualité, vous devez vous garder vide, totalement vierge. Les gens rendaient visite à Siddharameshwar Maharaj et lui disaient : "Je suis *Brahman*", le Maître répondait : "Alors pourquoi êtes-vous là ?".

Utilisez le Mantra pour vous libérer de tous ces concepts. 'Lentement' signifie que lorsque vous récitez le Mantra, il n'est pas facile de supprimer les concepts. Donc c'est fait lentement, silencieusement, et définitivement. Enlevez-les un par un. "Ce n'est pas vrai, ce n'est pas vrai, ce n'est pas vrai", comme si vous enleviez des obstacles obstruant la route. Vous connaissez la spiritualité intellectuellement, mais pas de façon pratique.

IL VOUS FAUT DONNER UNE GRANDE VALEUR,
AUTANT AU MANTRA QU'AU GURU.

Le Guru joue le rôle le plus important. Il peut vous guider car il a eu une expérience de première main du processus.

LE MAÎTRE RÉALISÉ CONNAÎT TOUT, CHAQUE DÉTAIL,
PARCE QU'IL EST LUI-MÊME PASSÉ À TRAVERS ÇA.
DE PAR SA CONNAISSANCE PRATIQUE,
IL PEUT VOUS FAIRE COMPRENDRE
LA CONNAISSANCE, LA RÉALITÉ.

Tout ce que vous savez maintenant, n'a été connu que via les mots. Vous avez une connaissance littérale. Quand vous récitez le Mantra, des pensées viennent, peut-être avez-vous du mal à vous concentrer. C'est bon, lentement le Mantra commencera à fonctionner. La connaissance corporelle se dissoudra, et la Connaissance sera absorbée. Le Médicament Ultime mettra du temps à être digéré.

TOUT LE MONDE PEUT DIRE : "TOUT EST ILLUSION",
MAIS ACCEPTER CE FAIT EST UNE AUTRE HISTOIRE.
LES GENS NE L'ACCEPTENT PAS.

De cette manière, la Connaissance sera absorbée. Parfois, pour que l'eau atteigne une plante, un sillon doit être creusé. Alors seulement l'eau sera absorbée.

SI JE DIS, "TOUT EST ILLUSION",
CE N'EST PAS ACCEPTÉ.

De cette manière, cela sera absorbé, absorbé lentement, jusqu'à ce que l'eau ait pu remplir.

Tout d'abord il vous faut approcher un Maître qui soit Réalisé, ensuite, vous devez avoir une foi complète en lui. Siddharameshwar Maharaj dit qu'il vous faut faire un pas vers le Maître. "Il doit y avoir coopération". Vous devez avancer. Ce n'est pas à sens unique. Il vous faut accepter la Connaissance totalement. Une foi partielle n'est ni suffisante, ni pragmatique. Vous devez avoir une foi complète.

NOUS NOUS ATTENDONS À LA VÉRITÉ DANS LA FORME
CORPORELLE.

Quand la connaissance spirituelle explose, et éclate en vous, il y aura un enivrement spirituel silencieux. "Oh !" Après la connaissance de la Réalité, vous serez très calme et tranquille. Si un ennemi du passé refait surface, vous lui répondrez d'une manière différente d'auparavant,

CAR VOUS VOUS VOYEZ EN CHACUN.

Vous oublierez la connaissance corporelle, et aussi longtemps que vous serez impliqué, et gardez les pensées à distance, vous serez rempli d'un

Bonheur Spontané. Une implication totale est nécessaire pour rester avec la Vérité Ultime.

Il y a beaucoup de Maîtres qui exploitent les chercheurs parce qu'ils savent que les gens recherchent le bonheur. Nous savons cela, mais nous devons avoir une attitude d'indifférence. Nisargadatta Maharaj n'a jamais critiqué aucun Maître. Après l'illumination, il n'y a pas de fondement pour de mauvais sentiments comme la jalousie ou la colère.

TOUT LE MONDE N'EST PAS UN DÉVOT, MAIS LE MAÎTRE A LE DEVOIR DE PARTAGER LES ENSEIGNEMENTS.

Quand les gens quittent l'ashram sans problèmes, c'est mon bonheur. Mon souhait est de vous soustraire de l'illusion. Je n'ai pas d'attentes, juste votre paix et votre bonheur. Tous les gens saints font des sacrifices pour rendre les autres illuminés.

Si, après la connaissance de la Réalité, vous êtes encore dans l'attente de quelque chose, disons d'argent ou de gain matériel provenant de quelqu'un, c'est une indication de votre chute imminente. Soyez prudent ! L'ego, *maya*, le mental essayent de trouver une place une fois de plus dans le corps spirituel. *Maya* est là pour faire de vous un esclave. *Maya*, l'illusion est un concept erroné. Vous êtes un Maître. Vous pouvez surmonter l'illusion. Vous avez votre décision propre. Vous êtes un Maître.

VOUS ÊTES LE MAÎTRE DE *MAYA*.

Avant la Conviction, le mental vous dictait, plus maintenant. Maintenant vous avez une stature. Ne devenez pas la victime de qui que ce soit, Dieu inclus.

SAVOIR QUE "DIEU EST MON BÉBÉ", EST UN SIGNE DE RÉALISATION.

Le Maître vous donne du courage. Vous recevez du courage pour surmonter toutes ces influences illusoires. Le courage vient de votre implication, de votre dévotion, du *Naam* mantra. Il vient de l'observation de la dévotion des Maîtres. Je ne parle pas des Maîtres égoïstes. Vous ne pouvez être impressionné par qui que ce soit, car vous savez ce qu'est Dieu, et vous vous êtes vu dans un sens réel.

VOUS N'ÊTES PLUS UN CORPS. '*CHIDANANDA SHIVOHAM SHIVOHAM*'.

Après la connaissance de la Réalité, vous devez continuer avec le processus pour vous convaincre, et pour absorber la Connaissance. Siddharameshwar Maharaj disait : "Mâchez le chocolat, mâchez le chocolat de *Brahman*. Cela vous donnera du bonheur".

Aucun homme ne peut servir deux Maîtres. Respectez les autres ! Vous devez changer intérieurement et extérieurement. Lumière et Pouvoir vous ont été donnés. Le Pouvoir est vôtre, mais n'en faites pas mauvais usage.

"Votre langue est comme une épée", disait Nisargadatta Maharaj. Faites attention à comment vous l'utilisez. Je vous dis de faire attention car vous aurez un peu de Pouvoir après la dévotion. Évitez de mal utiliser ce Pouvoir, autrement l'ego prendra possession du corps spirituel. Faites preuve de prudence !

Dans l'enfance, certaines impressions de spiritualité peuvent apparaître. Mais maintenant, vous avez grandi spirituellement, vos expériences sont matures parce que vous avez établi la Vérité.

LA VÉRITÉ EST ÉTABLIE EN VOUS.
VOTRE FONDATION SPIRITUELLE
EST LE RÉSULTAT DE VOTRE DÉVOTION,
DE VOTRE IMPLICATION.

Vous savez que vous n'avez rien à voir, et que vous n'avez aucune relation avec le corps : "Ma Présence sans le corps est la Vérité Ultime". Vous connaissez la Réalité. Maintenant il faut continuer, comme en faisant du yoga, et garder la forme. Cela vous rendra spirituellement en forme.

CONTINUEZ À RESTER DANS VOTRE VERITE ULTIME.

Votre Présence Invisible est très sensible. Elle attire tout instantanément, comme un aimant. Votre Présence Invisible est très sensible. Vous devez être vigilant. Faites attention aux choses extérieures. Les effets sont instantanés ! Continuez à rester dans cette atmosphère, ainsi vous ne serez pas affecté. De la sorte vous resterez indifférent à tout. Si quelque chose arrive au travail, cela n'aura pas d'impact physique sur vous. Vigilance !

"JE NE SUIS PAS CONCERNÉ PAR LE MONDE"
EST LA QUALITÉ DU SAGE ILLUMINÉ.

Nous définissons : "C'est bon, c'est mauvais", néanmoins avant d'être, il n'y avait pas de bon ou de mauvais. Après la connaissance de cela, tous les soucis s'évaporeront simplement.

SI VOUS ACCEPTEZ LA VÉRITÉ TOTALEMENT,
ELLE SERA ABSORBÉE TOTALEMENT EN VOUS.

Vous n'aurez pas d'autres pensées, pas d'arrière-pensées, pas de doute, pas de suspicion.

"JE SUIS CE QUE J'AI CHERCHÉ",
EST LA CONVICTION SPONTANÉE.

Et cette Conviction vous permet de rester calme, sans lutte, sans doute. Soyez libre de doute ! Un petit moustique de doute créera des problèmes. Un immense silence sera là, un silence total et complet. Rien ne va arriver. Il n'y a pas de différenciations. Devenez votre propre professeur, votre propre Maître, debout sur vos propres pieds. Vous n'êtes plus dépendant. Vous êtes indépendant. N'attendez pas d'aide de qui que ce soit, n'attendez pas de miracle.

LE MIRACLE EST EN VOUS.

SANS VOTRE PRÉSENCE,
VOUS NE POUVEZ PERCEVOIR AUCUN MIRACLE.

Q: Vous dites que nous ne devrions attendre aucune aide. Le Guru ne nous aide-t-il pas ?
Maharaj: Le Guru ne vous aide pas. Il vous montre votre Vérité Ultime que vous avez oublié. Vous êtes déjà riche. Tout est déjà en vous.
Q: Je sens que le Guru est mon père.
Maharaj: Siddharameshwar Maharaj disait : "N'attendez rien de *maya*, de l'illusion". Vous avez donné naissance à *maya*. Qu'est-ce que *Brahman* ? Vous avez donné naissance à ces noms. Tous ces concepts sont enracinés au corps. Avant d'être, que saviez-vous de *maya* ? Dans un but de compréhension nous utilisons tous ces mots raffinés.
Q2: Après avoir passé quelque temps en votre Présence, Maharaj, je me sens bien pendant quelques mois, mais après je commence à redescendre.
Maharaj: Vous vous considérez toujours en tant qu'individu. Il y a seulement l'Unité. Il n'y a pas de différence entre le Maître et le disciple. Acceptez cette Vérité. Aussi longtemps que vous vous considérez séparé du Maître, ces sensations sont tenues d'être présentes. Vous devez être en contact avec votre Soi Sans Soi vingt-quatre heures sur vingt-quatre.

Vos propres concepts créent des cendres. Le feu est toujours présent. Balayez les cendres avec le balai de la Connaissance. Votre Présence Spontanée est le signe du Maître. Quand vous dites, "Mon Maître est en Inde", vous créez des concepts, et des problèmes pour vous-même. Le Maître n'est pas séparé de vous. Il n'est pas dans la forme corporelle, il est comme le ciel.

VOUS POUVEZ ÊTRE N'IMPORTE OÙ DANS LE MONDE.
LE MAÎTRE EST PARTOUT DANS LE MONDE.

Nous vous avons donné les lunettes de la Connaissance. Donc ne pensez pas : "Je suis différent, et séparé de mon Maître". Une totale implication de soi est nécessaire. Le Maître révèle votre Identité, révèle votre Puissance.

ARRÊTEZ D'ÊTRE UN DISCIPLE,
ET COMMENCEZ À ÊTRE UN MAÎTRE !

"Je suis loin de mon Maître". Ne pensez pas comme ça ! Restez toujours en contact avec votre Soi Sans Soi. "Mon Maître dit que je suis là !"

Contemplez ce que vous avez écouté. Gardez ce feu en vie, autrement il y aura davantage de cendres. Ne laissez pas la tentation entrer ! Votre Présence Spontanée n'a pas de mots. Votre Vérité Ultime n'a pas de mots, rien. À présent maintenez-la ! Rappelez-vous des discussions, lisez, faites la méditation. Soyez humble ! Ne luttez pas ! Restez simple !

Tenez-vous à l'écart de *maya*. Ne devenez pas victime de vos propres idées illusoires, de vos concepts. Si vous prenez de simples précautions, personne n'osera vous approcher. Vous avez un Pouvoir Exceptionnel, un Pouvoir Divin. Ce cercle de Pouvoir est en vous.

107. Soyez entouré par votre Maître Intérieur

Maharaj: C'est vraiment très simple : Nous allons quitter ce corps. Qu'arrive-t-il après ?
**LA SCIENCE SPIRITUELLE DIT QUE
VOUS N'ALLEZ NULLE PART, VOUS ALLEZ PARTOUT.**
Swami Ramdas dit : "Après que votre corps soit brûlé, vous n'allez nulle part". Vous êtes comme le ciel. Si un bâtiment s'effondre, qu'arrive-t-il au ciel ou à l'espace ? Rien ! Le ciel est partout. De même, l'Orateur Invisible, l'Auditeur Invisible, ne va nulle part. Quand le corps s'en va, l'Esprit de l'Auditeur ne va nulle part.

Si l'Esprit ne va nulle part, alors vous êtes immortel. La Présence de l'Auditeur est Spontanée, Invisible. Nous sommes tout le temps, en train d'essayer d'imaginer à quoi ressemble cette Présence, en utilisant l'intellect, et demandant, "Pourquoi ceci ? Pourquoi cela ? Pourquoi ? Pourquoi ?" Ce n'est pas votre faute car chaque jour nous vivons avec l'aide de l'ego, du mental et de l'intellect.

La pensée, l'intellect, examine, puis instantanément, l'intellect transmet ses instructions à l'ego qui met en œuvre les pensées. C'est le processus, le fonctionnement naturel. Par lui-même, le corps ne peut rien faire. À travers le corps, vous voyez le monde entier.

La partie invisible qui est dans chaque être, est le pouvoir qui est appelé *Brahman*, *Atman*. Instantanément, ce pouvoir va à travers l'intellect, ensuite l'intellect décide si les pensées sont bonnes ou mauvaises, tout comme un portier. Tout ceci concerne le corps, car nous sommes inconnus de nous-mêmes. Avant le corps : pas de connaissance. Le bon et le mauvais sont différents pour différentes personnes. Ce que j'essaye de communiquer est que:
**LE MONDE ENTIER EST VOTRE PRÉSENCE SPONTANÉE.
C'EST LA CONCLUSION.
VOUS ÊTES LA VÉRITÉ ULTIME, SANS NAISSANCE.**
Quand le corps s'en ira, vous ne serez pas préoccupé par le corps, et vous n'aurez pas peur. Le corps est le médium à travers lequel vous pouvez vous connaître. La peur de la mort sera retirée. Le mental ne créera plus de peur - cela disparaîtra.

Quelle est la conclusion de la spiritualité ?
VOUS ÊTES LA VÉRITÉ ULTIME.

OÙ QUE VOUS ALLIEZ,
SOUVENEZ-VOUS QUE VOUS ÊTES LA VÉRITÉ ULTIME.

Quand vous voyagez pour visiter certains lieux, sachez que le Visiteur Invisible en vous est la Vérité Ultime. Connaissez-vous dans un sens réel. Sachez cela, et vous aurez une vie simple et harmonieuse. Ne négligez pas la famille ! Faire la spiritualité en oubliant les membres de sa famille est une spiritualité égotique.

TOUS LES PROBLÈMES ONT COMMENCÉ
QUAND VOUS ÊTES DEVENU CONNU DE VOUS-MÊME.
DONC SOYEZ AVEC VOUS.
SOYEZ TOUJOURS AVEC VOUS,
ET NON PAS AVEC LE MENTAL, L'EGO, L'INTELLECT.
ALORS VOUS OBTIENDREZ UNE PAIX RÉELLE,
UNE RÉELLE STABILITÉ.

Un mental hésitant est toujours dangereux. Un mental suspicieux est toujours dangereux. Il gâchera votre vie spirituelle.

SOYEZ ENTOURÉ DE VOUS !

Le monde sera là aussi longtemps que votre Présence sera là. Quand le corps s'en va, qui va parler de Dieu ? Le mental, l'ego, l'intellect n'acceptent pas la Réalité à cause de leur propre importance.

Q: Ce n'est pas facile avec l'ego.

Maharaj: Ce sont des mots qui n'ont pas leur propre Présence. C'est à cause de votre Présence que vous voyez l'ego, le mental, l'intellect. Où va tout ça quand le corps s'en va ? Ne considérez pas les choses dans la forme corporelle. Vous voyez les choses depuis la base du corps. Tous ces mots sont illusion.

Qui a créé ce monde de rêve ?

VOUS ÊTES LE PÈRE DE CE MONDE DE RÊVE.
DE MEME, VOUS ÊTES LE PÈRE DE CE LONG MONDE DE RÊVE.

Q: C'est difficile de vivre avec cette Présence !

Maharaj: Ce n'est pas difficile. Vous vivez juste une vie normale. Vous savez que c'est un rêve. Vous agissez, réagissez. La question de s'il y a un faiseur ne se pose jamais.

SI DANS UN RÊVE, VOUS FAITES DE MAUVAISES CHOSES,
VOUS N'EN ACCEPTEZ PAS LA CULPABILITÉ
A VOTRE RÉVEIL.
MAIS, PARCE QUE NOUS ENDOSSONS L'EGO POUR FAIRE
QUELQUE CHOSE DE BON OU DE MAUVAIS,
NOUS EN PRENONS LES CONSÉQUENCES.
DANS CE RÊVE ICI, SI QUELQUE CHOSE SURVIENT,
VOUS N'EN SEREZ PAS DU TOUT PREOCCUPE.

Quand ces questions surviennent, c'est le début de l'investigation du Soi. Vous devez trouver les réponses en vous, en faisant usage de discrimination. Vous n'avez pas à trouver les réponses par des pratiques ascétiques. Les *Sadhus* se torturent eux-mêmes. Que veulent-ils obtenir ? Pour qui font-ils cela ? Pour le corps ? Le mental doit être dissous, être complètement supprimé, alors, il ne restera rien à faire, excepté vivre une vie simple, une vie humble. Vivez une vie simple et humble !

**VOUS ÊTES L'ARCHITECTE
DE VOTRE PROPRE VIE SPIRITUELLE.
C'EST À VOUS DE DÉCIDER COMMENT AGIR
OU NE PAS AGIR
À LA LUMIÈRE DE CETTE CONNAISSANCE.**

Les Saints crient, crient sur quiconque court après le bonheur, et la paix. Ce bonheur et cette paix ne sont pas séparés de vous.

**VOUS COUREZ ICI ET LÀ CAR VOUS NE CONNAISSEZ PAS
CELUI QUI COURT.**

L'ego ne vous permet pas 'd'être avec Vous', à cause de la fierté. Abandonnez cet ego qui vous empêche de vous connaître.

Q: Il y a aussi fierté dans la connaissance intellectuelle.

Maharaj: Il n'y avait pas d'intellect avant d'être. L'ego, l'intellect, le mental ont pris possession de votre corps tout entier, et puis l'ont administré et ont mené le spectacle.

**LES ÊTRES HUMAINS VIVENT
COMME DES ESCLAVES,
EN SUIVANT LES INSTRUCTIONS DE
L'EGO, DU MENTAL, DE L'INTELLECT.
ILS UTILISENT VOTRE POUVOIR.
VOUS ÊTES LE PROPRIÉTAIRE, LE POUVOIR.
VOUS ÊTES LE FOURNISSEUR DE CE POUVOIR.**

108. *Vous êtes un Sadhu. Vous êtes un Maître.*

Maharaj: Votre propre histoire est écrite partout. Vous êtes la Vérité Ultime. Les livres sur la spiritualité signalent que vous, le Lecteur Invisible, êtes la Vérité Ultime. Mais la lecture n'est pas suffisante, car vous ne faites qu'ajouter de la connaissance à la base corporelle. Vous lisez, lisez, lisez et augmentez votre confusion.

Le principe derrière la spiritualité est de vous identifier. La Connaissance est nécessaire pour oublier votre identité corporelle, et pour cela un processus est essentiel.

Lire des livres n'est pas suffisant. Les gens lisent des milliers de livres et ne font toujours aucun progrès. Il vous faut une confiance, une foi, une implication complète. Si l'objectif n'est pas clair quant au pourquoi lire des livres, alors c'est une perte de temps.

Rendez votre mental fort pour le dernier moment, quand très souvent il y a une immense peur. La spiritualité vous enseigne comment être fort, et vous rappelle que vous êtes non né. Combien de temps allez-vous encore lire ? Qu'avez vous obtenu de tous ces livres ?

JE NE DIS PAS DE NE PLUS LIRE DE LIVRES, MAIS LISEZ-LES AVEC LA COMPRÉHENSION QUE VOUS ÊTES EN TRAIN DE LIRE VOTRE PROPRE CONNAISSANCE.
C'EST LA CONNAISSANCE DU LECTEUR.
LE LECTEUR N'EST DANS AUCUNE FORME.

Changez intérieurement ! Il y a tant de Maîtres qui n'enseignent rien d'autre que la connaissance qu'ils ont puisée dans les livres. Et ensuite ils vous le font payer.

POURQUOI PAYER ? VOUS ÊTES LA VÉRITÉ.
JE NE FAIS RIEN POUR VOUS.
JE PLACE JUSTE DEVANT VOUS VOTRE VÉRITÉ FINALE QUI EST VOTRE PROPRIÉTÉ.
VOTRE PROPRIÉTÉ EST INCONNUE DE VOUS, DONC JE VOUS MONTRE VOTRE PROPRIÉTÉ.

Pourquoi devrais-je vous faire payer pour quelque chose qui vous appartient ? Pour quelque chose que vous avez simplement oublié ? Vous avez besoin d'une foi forte en vous-même, ainsi qu'en votre Maître.

L'INCONNU EST VENU À L'EXISTENCE,
ET EST DEVENU CONNU À TRAVERS LE CORPS.
L'INCONNU EST VENU À ÊTRE CONNU.
LE CONNU SERA ABSORBÉ DANS L'INCONNU.
SIMPLES ENSEIGNEMENTS !

Questionnez votre Maître Intérieur ! Sainte Janabai était dévoué à Saint Namdev. Elle avait une foi inébranlable et disait : "Je me saisis de Dieu et me vois en tous les êtres". C'est la Conviction !

UNE TOTALE IMPLICATION EST INDISPENSABLE.

Il vous faut être pragmatique dans cette vie, car des choses simples vous causeront des difficultés. Vous devez être concret.

Q: Mes doutes sont partis, Maharaj. Vous avez résolu mes doutes. Maintenant il n'y a que le silence, me marteler, et la pratique.

Maharaj: Bien ! Il y a tant de concepts qui ont le potentiel de causer de la colère et de déranger émotionnellement. Il doivent tous partir, car ils vous distrairont de la Réalité.

**LA CONNAISSANCE AGIT COMME UN RALENTISSEUR
AFIN QUE QUAND LES ÉMOTIONS S'ÉLÈVENT,
L'IMPACT SOIT RÉDUIT.**

Lire des livres avec un peu de méditation ne suffira pas. Vous devez aller de plus en plus profondément dans votre Soi Sans Soi. L'Essence du Maître est avec vous. Vous êtes un *Sadhu*, vous êtes un Maître, mais vous prêtez attention aux choses extérieures.

Il n'y a rien excepté votre Soi Sans Soi. Vous êtes Dieu Tout-Puissant. C'est votre Connaissance, votre droit. Rendez-vous digne de cette Connaissance, et ensuite acceptez-la totalement, pas de façon égoïste.

**ACCEPTEZ-LA DU PLUS PROFOND
DE VOTRE CŒUR SPIRITUEL,
À TRAVERS LEQUEL VOUS ÉCOUTEZ.
SOYEZ BRAVE,
OUBLIEZ LE MONDE : "AFIN QUE 'JE' !"
VOYEZ VOTRE SOI SANS SOI,
ET ALORS CELUI QUI VOIT DISPARAÎTRA.
VOYEZ VOTRE SOI SANS SOI,
ET LE VOYANT DISPARAÎTRA.**

Celui qui voit s'évanouira comme un seau d'eau qui est jeté dans la mer. Vous devez vous jeter dans l'océan de la spiritualité. Vous êtes non né !

Q: Vous dites qu'il nous faut une forte volonté, il me faut aussi une bonne attitude envers ma famille.

Maharaj: Vous vous considérez comme un individu, et c'est pourquoi ces pensées viennent. Illusion !

VIVEZ COMME VOUS ÉTIEZ AVANT D'ÊTRE !

Qui veut le bonheur ? Voyez le corps comme appartenant à quelqu'un d'autre. Le corps est l'enfant de votre voisin. Quand la Connaissance sera complètement absorbée, vous serez capable de tolérer toutes les choses déplaisantes qui viennent à votre rencontre.

109. Pas de haut et pas de bas

Maharaj: La Connaissance est nécessaire pour réduire cette vie douloureuse et dissoudre tous les concepts, y compris "je suis *Brahman*". Tous ces processus existent pour vous, afin que vous acceptiez la Réalité spontanément.

Q: Pourquoi est-ce que parfois je me sens de plus en plus proche, mais qu'à d'autres moments, c'est comme si j'allais à reculons ?

Maharaj: Vous ressentez des hauts et des bas. Il n'y a pas de haut et pas de bas. Je place la Réalité face à vous. Quand vous sentez les hauts et les bas c'est parce que vous avez une foi forte dans le corps. Il vous faut continuer le processus jusqu'à ce que vous ayez la Conviction. Soyez comme vous étiez avant d'être.

**NOUS ALLONS DU CONNU VERS L'INCONNU.
AVANT D'ÊTRE.
L'INCONNU EST DEVENU CONNU À TRAVERS LE CORPS.
À NOUVEAU, LE CONNU DEVIENDRA INCONNU
EN QUITTANT LE CORPS.
TOUS CES PROCESSUS SONT LÀ POUR
EFFACER LA FORME CORPORELLE.**

Quand vous sentez les hauts et les bas, concentrez-vous !

Q: Donc il n'y a pas de haut ni de bas ?

Maharaj: Je vous ai dit de ne pas prendre les mots littéralement. C'est une connaissance simple, une connaissance directe. La méditation est nécessaire, aussi longtemps que vous vous prenez pour la forme corporelle. Après avoir quitté le corps, il n'y aura pas besoin de méditation. Il ne devrait plus y avoir d'autre rêve comme celui-ci.

**LA CONNAISSANCE SPIRITUELLE EST
LA REINE DE L'AUTOGUÉRISON.
CONNAISSANCE DU SOI SIGNIFIE AUTOGUÉRISON.**

Siddharameshwar Maharaj disait : "Combien de temps allez-vous encore parler de cet ABC, connaissance préliminaire, le *Brahman*, *Atman* ?" C'est seulement là pour que vous ayez une bonne fondation, une bonne base.

Le Maître dit que vous êtes au-delà de votre fausse identité. En utilisant différentes déclarations, le Maître essaye de vous conduire, de vous pousser vers la Vérité Ultime. Vous devez briser le cercle.

**VOUS DEVEZ DISSOUDRE L'EGO,
LE MENTAL, L'INTELLECT,
ET ÊTRE COMME VOUS ÉTIEZ, AVANT D'ÊTRE.
C'EST SIMPLE !**

Vous n'êtes plus un bébé. Vous n'êtes plus à la crèche, ou à l'école. C'est un cours de troisième cycle ici !

**COMBIEN DE TEMPS ENCORE DOIS-JE
VOUS ENSEIGNER L'ALPHABET ?
DECOUVREZ JUSTE CE QUE VOUS ÉTIEZ
AVANT D'ÊTRE, ALORS LA DOULEUR S'EN IRA.**

Pourquoi y a-t-il de la douleur ? Parce que nous avons oublié notre Identité.

**APRÈS AVOIR RÉALISÉ VOTRE PUISSANCE,
TOUTE VOTRE DOULEUR SE DISSOUDRA.**

Je raconte des histoires de cette façon, afin de diluer la Connaissance, comme lorsque l'on donne de la nourriture à des petits enfants. Nos histoires sont une alimentation diluée. ALIMENTATION DILUEE ! Regardez ! Jetez un œil à vous-même, à comment vous étiez avant d'être, et à comment vous serez après avoir quitté le corps.

C'EST UNE CONNAISSANCE EXCEPTIONNELLE.

Un garçon est venu ici l'autre jour portant une robe couleur safran. Il avait une coupure fraîche à l'oreille. Son Maître lui avait dit de faire cela car c'était un signe d'être un *Sadhu*.

QUAND VOUS ÊTES NÉ,
ÊTES-VOUS VENU VÊTU D'HABITS SAFRANS,
AVEC UNE COUPURE À L'OREILLE ?

C'est de la connaissance corporelle !

DANS NOTRE LIGNÉE, NOUS NE DONNONS PAS
D'IMPORTANCE À NOUS-MÊMES EN TANT QUE MAÎTRES,
MAIS AUX AUDITEURS.
ILS SONT LES MAÎTRES 'POTENTIELS'.
TOUS LES MAÎTRES DE NOTRE LIGNÉE
ÉTAIENT TRÈS HUMBLES.

Ce visiteur vêtu d'une robe était un professeur de yoga, et un instructeur de karaté. Je lui ai demandé si son entraînement l'avait rendu sans peur. Ce n'était pas le cas. Il avait encore peur de différentes choses. Le yoga physique est bon pour le corps, mais en même temps, il a pour effet de gonfler l'ego.

Dans notre Lignée, nous utilisons une Approche Directe pour l'enseignement. La Connaissance Directe sans entre-deux. De nombreux Maîtres impriment leur connaissance illusoire sur des chercheurs qui ne connaissent rien de mieux. La leur peut-être une nouvelle version, mais c'est juste une autre version de l'illusion. Dans notre Lignée, il n'y a pas de concepts de *Brahman*, d'*Atman*.

Q: Quand le Maître est proche, la Connaissance est proche !

Maharaj: Non ! Ce n'est pas comme ça ! Je ne suis pas la forme, je suis déjà dans votre cœur.

CE QUE JE PLACE DEVANT VOUS,
EST QUELQUE CHOSE D'EXCEPTIONNEL.

À la lumière de la Réalité, vous devez briser ce cercle de concepts illusoires. Vous n'êtes pas la forme, le Maître n'est pas la forme. C'est une Connaissance simple ! Avant d'être, vous n'aviez pas de forme corporelle. A cause des associations avec le corps, vous avez accepté la forme en vous-même, et en tous les autres. Le résultat est que vous avez accepté une vie de douleur.

Brahman, *Atman* sont de vieilles poupées, des poupées raffinées avec lesquelles vous jouez toujours. Jetez ces poupées !

Q: Comment pouvez-vous être si patient ? Pouvez-vous me donner une puissance supplémentaire ?
Maharaj: Ce n'est pas comme ça. 'Qui' demande de la puissance ? Investiguez ! La Puissance n'est pas séparée de vous ! Cela se produira en vous, le Maître Intérieur. Cela se produira spontanément en vous, et alors vous oublierez votre identité intérieure et extérieure. Oubliez la puissance en tant que concept.
**ÉCOUTEZ-MOI !
LA PENSÉE SANS PENSÉE APPARAÎTRA.
POURQUOI LA PENSÉE SANS PENSÉE ?
LES PENSÉES SONT CONNECTÉES AVEC LE CORPS.
LA PENSÉE SANS PENSÉE
EST CONNECTÉE AVEC LA VÉRITÉ ULTIME.**
Chaque mot a une profonde signification. Les pensées sont des pensées simples. Elles sont connectées avec le corps : pensées mentales, pensées égotiques, pensées intellectuelles.
LA PENSÉE SANS PENSÉE SIGNIFIE QU'ELLE VIENT SPONTANÉMENT DE L'INTÉRIEUR DE VOUS.
Cette expérience exceptionnelle de la manière dont vous étiez avant d'être apparaîtra en vous, et alors vous vous rapprocherez de plus en plus de votre Soi Sans Soi.
**TOUS LES ÊTRES ONT PEUR DE LA MORT.
LES ÊTRES HUMAINS N'ONT PAS BESOIN D'AVOIR PEUR CAR ILS PEUVENT CONNAÎTRE LA RÉALITÉ.**
Ils ne devrait plus y avoir de rêves. La porte de la Connaissance a été ouverte. Le secret de la Connaissance est vôtre. Soyez sincère et sans suspicion. Ne quittez pas des yeux le sommet de la montagne. Après la Connaissance de la Réalité, maintenez-la ! Il n'y a rien au-delà.
Les gens deviennent victimes de la spiritualité, des *Sadhus* errant dans un monde de confusion. Avec une forte foi en votre Maître, il n'y aura pas de tentations.
**MAINTENANT VOUS AVEZ LE STATUT, LES STANDARDS.
CONTINUEZ COMME ÇA !**
La façon dont vous vous comportez est importante : toutes vos actions sont supposées être dévotionnelles. La dévotion au Soi Sans Soi avec la Conviction Spontanée. Vous connaissez le prétendu secret. Le silence régnera, même dans des circonstances déplaisantes. Nous vous donnons le courage de faire face à toute ambiance déplaisante.
Ce corps est une boîte magique, une boîte magique ! Toute la Vérité est en vous ! La façon dont vous agissez ou réagissez dépend de vous. Il n'y a pas de questions et pas de réponses. Elles étaient pour la forme corporelle.
DE RIEN,

À QUELQUE CHOSE,
À RIEN.

Quelque chose est toute chose, juste des mots à nouveau… Le principe de base de la spiritualité est de vous aider à devenir sans peur pour le moment où vous devez quitter le corps. La Conviction Spontanée que "je suis non né" fera que cela se produira.

Ne négligez pas l'Esprit, ou n'adoptez pas une approche désinvolte. Soyez vigilant, prudent, avec une foi forte. Ne soyez pas victime de qui que ce soit, incluant vous-même. Qui quitte le corps ? Vous n'allez nulle part. Notre culture crée des lignes de démarcation : Inde, Chine, Angleterre. Vous devez vous convaincre qu'il n'y a pas de frontières.

110. La balle est dans votre camp. Smashez-la !

Maharaj: Vous devez rester au plus haut niveau, c'est pourquoi il est si important que la Connaissance soit absorbée. Demeurez au plus haut niveau. Tout le monde est sous l'influence de la peur, et c'est pourquoi les disciplines, la méditation et la récitation du *Naam mantra* sont essentielles.

Vous avez peur de la naissance, de la mort, de la renaissance. Vous vous sentez coupable de choses que vous êtes supposé avoir faites. Vous n'êtes pas coupable. Vous n'avez rien fait.
RIEN N'EST ARRIVÉ, RIEN N'ARRIVE,
RIEN NE VA ARRIVER.
Pourquoi accepter des choses que vous ne connaissez pas ? Il n'y a pas de renaissance. Jetez tous ces concepts et acceptez la Réalité que vous êtes la Vérité Ultime.
EST-CE QU'UNE LAMPE RENAÎT
PARCE QU'ELLE EST TOMBÉE À COURT D'HUILE ?
Vous n'êtes pas le corps, donc pourquoi s'inquiéter ? Soyez calme, tranquille, totalement sans pensées, pas de bonnes ou de mauvaises pensées. La Présence est là, la Présence Silencieuse, la Présence Anonyme. Une lueur de 'Je', juste 'Je'. Il n'y a pas de conscience, juste 'Je', simplement 'Je', quelque chose qui ne peut pas être défini par les mots.
Q: Comme un 'Je' sans murs ?
Maharaj: Il n'y a pas d'expérience et pas d'expérimentateur. Je dois utiliser certains mots pour communiquer. Vous connaissez le principe de base, maintenant vous devez l'accepter totalement. La renaissance de qui ? La destinée de qui ?
"JE SUIS IMMORTEL",

DONC IL N'Y A PAS DE PEUR DE QUOI QUE CE SOIT.
Vous étiez libre, vous êtes libre, et vous allez rester libre. Maintenant c'est entre vos mains. La balle est dans votre camp. Smashez-la !
OUBLIEZ TOUS LES CONCEPTS, ET RESTEZ VIDE.
Une maladie peut survenir à cause de problèmes d'estomac, de même, le mental est la cause de maladies. Quelles que soient vos sensations, quelles que soient vos impressions, elles sont automatiquement reflétées.
Q: C'est difficile à accepter.
Maharaj: La Vérité Finale est facile à accepter, tout comme vous avez accepté d'être un homme. Vous trouverez ça difficile seulement si vous acceptez les diktats, et êtes pressuré par le mental, l'ego, l'intellect.

Cette question fut posée une fois à J. Krishnamurti : "Comment est-on supposé vivre après soixante ans ?" Il répondit : "Comme un cadavre, sans considération pour la famille, l'univers, quoi que ce soit. Totalement indifférent". Un cadavre n'a pas de sensations, pas d'exigences, pas de besoins. Il ne va pas dire : "Oh ! Je ne veux pas être enterré ou brûlé !" Être brûlé ou enterré ne fait aucune différence pour un cadavre.
JETEZ, ABANDONNEZ TOUS VOS DOUTES.
MAINTENEZ VOTRE ÉTAT AU PLUS HAUT NIVEAU,
ET NE REGARDEZ PAS EN ARRIÈRE.
Les montagnards sont formés à ne pas regarder en bas. Si vous regardez en bas, vous chuterez. Oubliez le passé ! Votre passé est parti. Il n'y a pas de passé, pas de futur, pas de présent. Le ciel n'a pas de passé, de futur, de présent.
C'EST LA RÉALITÉ, L'INESTIMABLE RÉALITÉ,
VOUS RENDANT FORT POUR FAIRE FACE
À TOUTES LES CIRCONSTANCES DE LA VIE.
C'est à vous d'accepter, ou de ne pas accepter la Réalité qui vous a été présentée. Cette Connaissance est une Connaissance établie.

Dans notre Lignée, rien n'est gardé caché. C'est la Vérité Établie librement partagée sans aucune expectative. Il ne doit y avoir aucune exploitation commerciale de cette Connaissance. C'est votre propriété. Je place devant vous votre Vérité. Vous pouvez l'accepter ou non, c'est entièrement à vous de décider.

111. Osez vivre sans concepts

Maharaj: Il n'y a aucune différence entre nous, excepté le corps. Nous sommes le même. L'Esprit est Un. Le Maître connaît son Identité propre.

L'Auditeur a oublié son Identité. Ils apparaissent comme deux corps, deux identités mais l'Esprit est le même. Le Maître se connaît dans un sens réel.
IL EST DANS LE SOI SANS SOI.
L'Auditeur peut connaître son Identité à travers le médium du Maître. Le Maître dit : "N'analysez pas ce que je dis. Ne prenez pas les mots littéralement."
CE QUE JE DIS EST LA VÉRITÉ ULTIME.
CONCENTREZ-VOUS SUR CELA.
Il n'y a rien de mal à lire des livres spirituels, aussi longtemps que vous acceptez qu'ils ne soient que des indicateurs de la Réalité.
TOUT CE QUE VOUS CONNAISSEZ EST
CONNAISSANCE CORPORELLE,
ET PAR CONSÉQUENT ILLUSION.
Vous ne pouvez pas dire : "Je suis *Brahman*", sans votre Présence. Votre Présence Spontanée est essentielle. Sans elle, il ne peut y avoir aucune action ou réaction.

Q: J'ai contemplé longuement ce que vous avez dit sur la lecture des livres spirituels, et une percée s'est produite. Quand je lisais des livres dans le passé, j'acceptais : "Je suis *Brahman*", et je restais avec ce concept, pour le dire ainsi. J'avais aussi des expériences autour de *Brahman*, que je chérissais et considérais comme très hautement significatives.

Mais maintenant je réalise qu'il y avait encore une séparation entre la Réalité de *Brahman* et 'ma' Réalité. Ce que vous dites, Maharaj, est que derrière le 'Je suis *Brahman*', derrière tout, en fait, repose notre Présence Spontanée. Et cette présence Spontanée se doit d'être là en premier. Elle doit être là pour prononcer, "Je suis *Brahman*".

Pour résumer, j'étais attaché aux mots ou au concept de 'Je suis *Brahman*' que je prenais pour la Réalité. Désormais je sais que ma Présence Spontanée vient en premier, et qu'elle est la Réalité, l'Indéfinissable Réalité.

Maharaj: La Vérité Finale, la Vérité Nue. Si le corps n'est pas mon identité, alors, qui suis-je ? '*Brahman*', '*Atman*', etc. Ce sont juste des mots. "Qui suis-je ?" Ces mots et ces noms sont utilisés pour identifier cette Présence Spontanée Invisible. Sans votre Présence Spontanée, il ne peut y avoir aucune action, aucune sensation, aucune pensée, aucun livre.
PAR CONSÉQUENT TOUT CE QUE VOUS VOYEZ ET
COMPRENEZ
EST ILLUSION,
SI VOUS DITES : "J'AI VU DIEU",
C'EST LE REFLET DU VOYANT,
LA PROJECTION DU VOYANT.
Avant d'être, vous ne connaissiez rien. Maintenant nous disons : "Ceci est appelé 'Dieu', et cela est appelé 'fantôme'". Ce sont des couches sur votre

Réalité. "J'ai fait quelque chose de terrible et je me sens coupable", est une autre couche d'illusion. Vous n'avez rien fait, et vous n'êtes coupable de rien. Investiguez, et découvrez-le par vous-même.

CONNAIS-TOI TOI-MÊME,
ET SOIS DANS LE SOI SANS SOI.

Quel est le but de la connaissance spirituelle ? Si vous voulez que cette Connaissance s'ouvre, alors vous devez être discipliné. La méditation élimine toutes les illusions. Vous ne pouvez pas voir votre visage si le miroir est sale. De même, votre miroir a besoin d'être parfaitement nettoyé. La Connaissance du Soi mène à la Conviction, laquelle est Réalisation du Soi. Vous devez avoir une confiance totale. Pas de doutes !

LE SECRET DE LA VÉRITÉ FINALE AVEC TOUTES LES PREUVES
EST PLACÉ DEVANT VOUS.
C'EST LE SECRET DE L'AUDITEUR,
LE SECRET DE L'ORATEUR.

Comment pouvons-nous décrire cet Auditeur ? "Invisible, Anonyme, Non Identifié" ? Il nous faut utiliser certains mots. Vous devez accepter et absorber la Connaissance. Ce n'est pas difficile du tout.

Q: Quand je pense à vivre sans concept, j'éprouve une grande peur.

Maharaj: Après la Connaissance de la Réalité, pourquoi nagez-vous encore dans cette mer de concepts ?

C'EST UN TERRAIN INCONNU. LAISSEZ FAIRE.

Explorez, allez plus profond, découvrez-vous, mais rappelez-vous que ce ne peut pas être nommé, défini, comparé.

Q: Récemment, durant la méditation, je ne pouvais pas retrouver mon corps. J'étais surpris, effrayé.

Maharaj: Cela se produit. Ne vous inquiétez pas ! Quand vous êtes impliqué dans le Soi Sans Soi, de nombreuses expériences se produisent. Toutes ces expériences sont très bonnes, ce sont des étapes progressives.

Il y a trois types d'expérience : Le *Darshan* de voir, entendre et toucher le Maître. Vous pouvez voir les Maîtres ou des Déités. Vous pouvez sentir quelqu'un vous toucher. Vous pouvez entendre le Maître vous parler. Ces expériences arrivent. Les Maîtres se manifestent grâce à votre foi et à votre Unité avec le Maître. Ils prennent une forme et parlent avec vous.

Par exemple, une disciple de Bhausaheb Maharaj avait la peste. Elle priait pour que son Maître, Bhausaheb Maharaj, apparaisse et la soigne, bien qu'il n'était plus dans son corps. Cette disciple eu une vision de son Maître grâce à sa dévotion.

ELLE DEVINT UN AVEC CELA,
UN AVEC L'IDENTITÉ DE SON MAÎTRE.

Cette expérience n'a rien à voir avec l'intellect. C'est une étape progressive, c'est encourageant. Ces miracles arrivent à partir de votre Présence. Ici, je parle de quelque chose de plus avancée, néanmoins, ces expériences sont des indications de progrès. Les miracles se produisent quand vous n'avez aucun doute et une forte dévotion.

À l'étape finale - non pas qu'il y ait vraiment des étapes - toutes les traces de connaissance corporelle seront parties. Jusque-là, écoutez simplement sans suspicion, sans un mental hésitant qui fait surgir des doutes. Je fais de mon mieux pour vous convaincre de cette Vérité Simple, de cette Vérité établie, de cette Vérité Finale. Une forte foi est nécessaire. Soyez sincère, ne dites pas quelque chose, et puis son contraire. La Vérité entière est placée devant vous.

Q: En parlant des expériences, Maharaj, aujourd'hui j'ai vu Nisargadatta Maharaj ici dans l'ashram.

Maharaj: Bien ! Bon progrès ! Cela signifie que vous êtes en train d'oublier l'identité corporelle. Chacun a différentes expériences durant le processus de dissolution, de fusion, d'absorption de la Connaissance en Soi Sans Soi.

Q: Combien de personnes réalisées connaissez-vous ?

Maharaj: Que voulez-vous dire par réalisé ? Les gens disent : "Est-il réalisé ? Est-elle réalisée ?" Réalisé signifie la Conviction Spontanée. Il n'y a pas de signe de Réalisation. Hors de la Conviction Spontanée, votre entière vision, et toutes vos actions changent. Il n'y a pas 'un grand signe' de Réalisation. Ce ne sont que des mots pour faire comprendre.

**CE QUE VOUS ÉTIEZ AVANT D'ÊTRE,
ET CE QUE VOUS SEREZ
APRÈS AVOIR QUITTÉ LE CORPS,
EST LA RÉALISATION.**

112. La Connaissance au-delà des miracles

Maharaj: Les mots délicats comme 'conscience', 'illumination', 'réalisation' et 'Dieu' apparaissent hors de votre Présence. Ils ne sont pas si importants. Je place devant vous 'Avant d'être'. Questionnez-vous, comment étiez-vous avant d'être ?

Q: Vous ne pouvez pas sonder cela, vous ne pouvez même pas commencer à imaginer ce que vous étiez.

Maharaj: Parce que votre Identité est au-delà de l'imagination. Votre Présence est au-delà de l'imagination. Quand vous imaginez quelque chose, vous utilisez l'ego du corps, alors que vous n'êtes pas le corps du tout.

Q: Donc, à la minute où nous parlons, nous participons à une fiction.
Maharaj: Utilisez les mots pour établir votre Vérité Ultime. Ne jouez pas avec les mots ! Écoutez ce que le Maître transmet. Votre Identité n'a rien à voir avec le corps. Votre Identité est partout. Vous n'avez plus besoin de toute cette connaissance corporelle, de ces mots comme conscience, illumination, Dieu. Vous savez que cette discussion est inutile. Vous savez bien. Pas de connaissance est connaissance. Tout est sorti de rien. Tout se dissout en rien.
Q: C'est une plaisanterie cruelle.
Maharaj: Une plaisanterie cruelle pour qui ? Il n'y a pas de passé, pas de futur, pas de présent. Pas de passé, pas de futur, pas de présent. Les livres sur la spiritualité indiquent votre Vérité Ultime. Acceptez seulement cela. Les gens sont influencés par les mots et en deviennent confus. Ne jouez pas avec les mots. Faire cela est comme jouer aux cartes pour un moment de plaisir.
Q: En faisant des choses, est-il valable d'offrir toutes les actions au *Sadguru*, à votre Maître Intérieur ou au Maître lui-même ?
Maharaj: Pourquoi offrez-vous ? À nouveau, vous pensez être : "Je suis quelqu'un d'autre, et j'offre quelque chose à mon Maître". Vous vous considérez comme différent de moi. Il n'y a pas du tout de différence entre nous.
Q: L'ego est rusé.
Maharaj: Rusé, oui.
Q: Il se faufile en douce.
Maharaj: L'ego, le mental, l'intellect, vous jouent encore des tours et vous attrapent. Vous devez être vigilant, donc continuez avec la méditation, la Connaissance, et les *bhajans*. De la sorte, vous ne serez pas leurré, trompé. Des forces extérieures sont là à chaque moment, essayant de vous jouer des tours. [Maharaj tient ses mains en l'air, faisant le geste, stop !] Gardez le trafic à distance. Maintenant, vous êtes le contrôleur du trafic !
Q: J'avais prévu de vous poser autant de questions que possible pendant mon séjour ici. Mais maintenant il me semble que je n'ai plus aucune question à vous poser. Pourquoi ?
Maharaj: Toutes les questions ont été résolues. Notre Connaissance est très pratique. Aussi, si vous avez une foi totale, et si vous acceptez que la Réalité ne soit pas séparée de vous, ce n'est pas très difficile. Vous devez l'accepter.

Vos vies sont généralement modelées sur l'illusion. Vous tentiez de trouver la paix depuis l'illusion.

LE BONHEUR EST INHÉRENT EN VOUS.
VOUS VOUS CONSIDÉREZ
SÉPARÉ DE LA VÉRITÉ ULTIME.
CETTE CONFUSION EST ÉLIMINÉE
PAR LES MAÎTRES RÉALISÉS.

Nous invitons l'attention du Chercheur. 'Il' ou 'Elle' est la Vérité Ultime. Le Chercheur est la Source de ce monde. Après la connaissance de cela dans un sens réel et pratique, vous n'avez plus besoin d'aller nulle part ailleurs.

Une autre confusion concerne les pouvoirs surnaturels. Les gens s'en font une mauvaise idée. Les miracles surviennent hors de votre Présence Spontanée.

VOUS FAITES ERREUR EN CRÉDITANT DIEU OU LE MAÎTRE POUR TOUT MIRACLE QUI PEUT SURVENIR.
VOUS AVEZ OUBLIÉ QUE VOUS ÊTES UN MAGICIEN.
IL Y A UNE BOÎTE MAGIQUE EN VOUS.
VOUS ÊTES UN MAGICIEN
AVEC SA PROPRE BOÎTE MAGIQUE !

Le Maître vous fait vous tenir sur vos propres pieds. Vous pouvez le faire ! Vous devez avoir du cran, et en même temps, suivre complètement les principes du Maître.

APRÈS LA CONVICTION,
TOUTE LA RECHERCHE S'ACHEVE.
TOUT RECHERCHE PART DE VOUS,
TOUTE RECHERCHE FINIT AVEC VOUS.
LÀ VOUS ÊTES.

Votre Connaissance est au-delà de tout miracle. Certaines personnes sont effrayées par la magie blanche ou la magie noire parce qu'elles ne connaissent pas leur propre pouvoir.

IL N'Y A PAS DE POUVOIR
EXTÉRIEUR À VOUS-MÊME.

Mais vous ne vous donnez pas encore assez d'importance. Vous n'écoutez pas toujours, ou vous n'acceptez pas ce que je dis.

C'EST UNE CONNAISSANCE SIMPLE
QUI DOIT ÊTRE ACCEPTÉE
AVEC VOTRE FORTE VOLONTÉ.
LE PRINCIPE EST QUE TOUT PART DE VOUS,
ET FINIT AVEC VOUS.

Q: J'étais dans le Sud de l'Inde, et avant que je m'en sois rendu compte, je me suis mis à pratiquer une *sadhana*.

Maharaj: Quand vous savez que c'est la Réalité, pourquoi souhaitez-vous toujours voyager au Sud de l'Inde, afin de vous tenir debout sur de la glace et torturer votre corps ?

Q: Cette fois, cette pratique est arrivée, comme d'elle-même.

Maharaj: Toute pratique a un but. Vous connaissez déjà la Réalité. Ce voyage est une diversion, un certain amusement, ou autre.

Vous êtes ici parce que vous souhaitez résoudre le mystère, le mystère de votre Existence Spontanée, parce que vous êtes inconnu de Cela. Tous vos problèmes seront résolus après la connaissance de la Réalité. Personne n'est bon, et personne n'est mauvais. Ce sont tous des termes relatifs au corps. Tout disparaîtra. Rien ne restera.

Toutes les actions doivent être naturelles, sans aucune conscience de soi. La non-discrimination est une qualité des personnes saintes. Tout est en vous. Vous êtes le professeur, l'étudiant, le Maître, le dévot. L'adorateur et l'adoré ! Gravez tout cela en vous. Si quelqu'un dit : "Dieu se tient sur le pas de la porte", répondez lui juste "Désolé !" et ignorez-le.

**C'EST UNE GRANDE CONNAISSANCE,
QUI N'EST PAS CONNECTÉE DU TOUT
À LA CONNAISSANCE BASÉE SUR LE CORPS.
"DIEU EST UNE RÉFLEXION DE MA PRÉSENCE.
MA PRÉSENCE LAISSE DIEU APPARAÎTRE".**

113. *Nager dans une mer de peur*

Maharaj: Vous devez sortir de cette peur de la mort. Vous n'avez aucune raison d'avoir peur ! Vous êtes non né et, comme dans l'histoire de la corde et du serpent, vous avez peur d'une illusion. Vous êtes non né, immortel, donc il n'est pas question de naissance et de mort !

Quand le temps sera venu de dire au revoir au monde, ce devrait être un moment heureux. Essayez de connaître la réalité derrière la 'mort'. Qui meurt ? Votre Présence était là avant que l'Esprit ne clique avec le corps, avant votre être.

Si la Présence n'était pas, comment pourrait-il y avoir naissance ou mort pour le corps ? L'Esprit est non né, il est toujours là en tant que Présence. La spiritualité est là, la méditation, la Connaissance, la prière, etc, afin d'établir la Conviction que "Vous êtes non né".

Vous lisez différents livres spirituels à propos de XYZ, et ensuite vous analysez tout ce qui a été dit. Pourquoi toute cette analyse, quand vous, le Lecteur Sans Forme Invisible êtes la Vérité Ultime ? À moins que la connaissance du corps de nourriture ne se dissolve, vous ne serez pas capable de vous connaître dans un sens réel, et il n'y aura pas de Conviction.

**VOUS DEVEZ CONNAÎTRE
LE PRINCIPE DE LA SPIRITUALITÉ.
LA CONNAISSANCE EN TANT QUE TEL
N'EST QU'UN DIVERTISSEMENT SPIRITUEL.**

Vous nagez dans un océan illusoire de concepts et de peurs, de péchés et de vertus. Le principe de la religion a été submergé, et converti en un ensemble de règles par les êtres humains. Ces règles ont été créées dans des intérêts égoïstes afin de réguler la société. Les chefs spirituels, les chefs des églises ont créé tant de peurs et d'illusions chez les gens, obscurcissant la Réalité, rendant les gens dépendant d'eux, de la religion et de Dieu.

Oubliez toutes ces règles fabriquées par les hommes. Toutes ces illusions sont sorties de votre Présence. Toutes ces actions sont enregistrées depuis le rêve illusoire. Qui enregistre ? Qui prend plaisir au rêve ? Découvrez ! Il n'y a pas de serpent et il n'y a pas de mort.

VOUS NE DONNEZ PAS AU VOYANT ASSEZ D'IMPORTANCE. OUBLIEZ CE QUI EST VU, CE N'EST QUE VOTRE RÉFLEXION.

Q: Ce que vous dites, Maharaj, est qu'en devenant complètement indépendant, on sera complètement autonome, sans aucun conditionnement ?

Maharaj: Cette compréhension n'est pas une compréhension logique, c'est une Compréhension Spontanée, comme de savoir que vous êtes un homme, sans y donner aucune pensée.

Vous avez une connaissance théorique, mais ce qui est nécessaire est une connaissance pratique. Et cela n'arrivera qu'à travers la méditation.

Q: La méditation est-elle comme donner la vie, quelque chose comme ne plus donner de lumière à l'ego, et déplacer son attention vers la Réalité ?

Maharaj: Un processus de nettoyage se déroule à travers les vibrations. Si le miroir est sale, vous ne pouvez pas voir votre image. Tous les concepts illusoires vont se dissoudre, et alors : "Oui ! Je Suis Cela !" Nous nous considérons comme handicapés, incomplets. Ce n'est pas vrai.

Q: Nous devons être indépendants de tout ce qui renforce l'illusion ?

Maharaj: Allez plus profondément, plus profondément…

Q: Pourriez-vous dire : 'acceptez' avant d'être, au lieu de 'excepté', comme dans : "Excepté votre Soi Sans Soi, il n'y a pas de Dieu…", etc ?

Maharaj:

VOUS JOUEZ AVEC LES MOTS, EN RESTANT AU SEC ET EN SÉCURITÉ SUR LA RIVE, AVEC UNE CONNAISSANCE STÉRILE.

Ne vivez pas une vie de trouillard, nagez. Plongez dans la mer et commencez à vivre comme un lion ! N'ayez pas peur de l'eau ! Une personne qui a peur à chaque instant est un trouillard.

Q: Nous devons avoir l'attitude que "c'est mon Pouvoir", mais en même temps que "ce n'est pas mon Pouvoir", de sorte qu'il n'en soit pas fait mauvais usage ?

Maharaj: C'est une discussion stérile ! Une discussion stérile ne vous aidera pas. Vous devez mettre la Connaissance en pratique !

114. Lisez votre propre livre

Q: Je digère la Connaissance.
Maharaj: Très bien, c'est bon signe. Maintenant que vous connaissez la Vérité Ultime, vous devez la maintenir. Continuez avec la méditation, c'est le plus important. Chantez les *bhajans* durant la journée, ils vous donneront un Bonheur Spontané. Faites ces pratiques régulièrement. Elles sont essentielles, aussi nécessaires que votre nourriture de tous les jours.

Le but de la spiritualité est de dissoudre la connaissance basée sur le corps. Pour que cela arrive, le processus de nettoyage doit continuer. Chaque jour vous devez rafraîchir votre Conviction.

**NE LISEZ AUCUN LIVRE,
LISEZ VOTRE PROPRE LIVRE.**

Votre ordinateur portable a un compte, un mot de passe, un numéro de téléphone, tous les détails dont vous avez besoin. Vous êtes un moteur de recherche, comme Google ou Yahoo ! Tous les sites web doivent être trouvés en vous. Tous les sites web sont 'Un' en vous.

Q: Parfois je suis très distrait.
Maharaj: Ne prêtez pas attention à cette sensation. La méditation aide à la concentration. Toutes les pensées s'évanouiront. Lentement, lentement, toutes s'évanouiront.

VOUS ÊTES LE PRINCIPE DU MONDE.

À cause d'une vie d'impressions, ces couches ne vont pas être supprimées immédiatement. Cela prendra un certain temps. Poursuivez votre travail et faites-le bien et efficacement.

**AYEZ CETTE VISION QUE VOUS ÊTES PARTOUT :
PAS D'HOMME, PAS DE FEMME, TOUT EST *BRAHMAN*.
LENTEMENT, SILENCIEUSEMENT,
LA STABILITÉ SERA ÉTABLIE.**

Q: Au début, c'est un peu comme vivre dans une maison qui est pleine de squatters. Puis vous commencez à réaliser que vous êtes le propriétaire, et qu'ils ne sont que des locataires.
Maharaj: Lorsque vous saurez que vous êtes le propriétaire de la maison, vous voudrez la nettoyer. D'abord vous devrez vous débarrasser des locataires qui aiment vivre dans cette maison, et qui ne veulent pas la quitter. Patience et fermeté seront nécessaires à ce moment car ils vous malmèneront alors qu'ils sont en train d'être expulsés.
Q: Ensuite les locataires peuvent devenir soumis et même demander : "Que désirez-vous patron ?"
Maharaj: Des changement spectaculaires surviendront. Attendez et observez, lentement, silencieusement, définitivement. Poursuivez la méditation, c'est

votre fondation. Ne tombez pas sous l'influence des concepts de quelqu'un d'autre. Un mental faible est très dangereux. Vous savez bien !

La force mentale est très importante afin que vous ne preniez pas à bord les pensées de qui que ce soit d'autre. Ayez confiance en vous afin que personne n'ose vous approcher. Personne n'essaiera même de vous enseigner car vous êtes la Vérité Ultime. Qui a créé les *Vedas*, les *Upanishads* ? Ce sont vos bébés.

TOUTE LA CONNAISSANCE SPIRITUELLE EST SORTIE DE VOTRE PRÉSENCE SPONTANÉE.

Vous êtes Maître de ce monde. C'est un fait. Non pas égoïstement !

Q: Les vieilles habitudes sont très fortes.

Maharaj: C'est naturel à cause de cette longue association avec le corps. Ne vous voyez pas comme un patient qui a besoin d'un psychologue. Il y a avait une dame qui souffrait de douleurs dans ses articulations sur le coup de trois heures précises, tous les jours ! On lui conseilla d'ignorer trois heures. Quand elle suivit ce conseil, son problème s'évanouit.

De même, les gens normaux sont des patients avec des problèmes psychologiques. À cause des innombrables concepts que chacun a accepté sans se poser de question, tels que faire du bien ou du mal, le péché, l'enfer, la culpabilité, etc, nous ressentons avoir fait quelque chose de mal, et en conséquence nous nous sentons coupables et effrayés.

Le Maître dit : "Vous n'êtes pas du tout coupable. Pourquoi signez-vous toutes ces confessions et aveux de culpabilité devant la Cour Criminelle ? Vous êtes devenu victime de vos propres pensées et sensations, victime de votre propre rêve. Et dans ce rêve, vous pleurez, pleurez. Le seul crime dont vous êtes coupable est de penser à tort que vous êtes un 'être humain'.

VOUS ÊTES *BRAHMAN*, PAS UN ÊTRE HUMAIN.
LE CRIMINEL EST UN ÊTRE HUMAIN,
MAIS VOUS N'ÊTES PAS UN ÊTRE HUMAIN.
DONC VOUS N'ÊTES PAS COUPABLE.
AFFAIRE CLASSÉE !

Supposons que quelqu'un vous emprunte de l'argent, et ne le rende pas. Vous lui dites : "Je t'ai prêté de l'argent, maintenant il faut me le rendre". Vous lui remémorez en permanence, en disant : "Je t'ai fait un prêt. Allez, paye ! Tu m'escroques. J'ai besoin de l'argent".

Donc de même nous disons : "Non, non ! Vous n'êtes pas le corps du tout, vous êtes l'Esprit. Vous êtes *Brahman*, vous êtes *Atman*. Vous essayez à tort de prendre ma place. Vous êtes assis sur mon trône. Vous me trompez, vous m'escroquez ! Allez, foutez le camp !"

C'EST UN GRAND PÉCHÉ D'ACCEPTER CE QUE VOUS N'ÊTES PAS !
ET DE CONTINUER À PLEURER DANS LE RÊVE !

115. Votre histoire

Q: Souvent les gens sont blessés par des relations proches.
Maharaj: La personne spirituelle n'est pas supposée blesser les sentiments de quiconque. Vous pouvez ignorer quelqu'un, mais ne luttez avec personne. Oubliez et pardonnez ! Nous avons tous la même essence, mais différents standards et éducations. Les atmosphères déplaisantes ne resteront pas constantes. Vous êtes un être spirituel, pas un être humain.

Si un tigre apparaît et que vous vous mettez à courir, le tigre vous poursuivra. Si vous lui faites face, les yeux dans les yeux, le tigre s'enfuira. Si quelqu'un tente de vous insulter, cela ne vous touchera pas. La spiritualité vous enseigne : votre professeur inhérent, vous instruira. Cela se produira spontanément hors de votre méditation. Vous devenez un avec Soi Sans Soi à travers la méditation. Quand des tentations s'élèvent, vous serez guidé intérieurement pour savoir comment agir.

LA SIMPLICITÉ EST LA MEILLEURE POLITIQUE.
ÉVITEZ LES GENS DIFFICILES !

Votre propre Maître vous enseignera comment vivre dans des circonstances difficiles. C'est la plus haute sorte de dévotion, lorsque les questions et les réponses s'écoulent, comme un dialogue intérieur. Ne demandez pas pourquoi il y a des problèmes, c'est juste pour les enfants apprenant l'alphabet. Ici vous devenez un Maître du langage !

C'est une façon d'approcher votre Soi Sans Soi, en écoutant, en recevant des répliques, et en prenant conseil. Ce flot Spontané est un signe de votre Réalisation.

Q: Que voulez-vous dire par "Connaissance du Lecteur", quand vous parlez de la lecture de livres spirituels ?
Maharaj: Quand vous lisez ces livres, lisez-les comme votre histoire, et non pas juste comme une histoire au sujet de *Brahman*. C'est la Connaissance du Lecteur, la Biographie du Lecteur, votre 'Spiritographie'. Soyez calme, et tranquille ! Quoi que vous écoutiez, utilisez-le pour rafraîchir votre mémoire, il n'y a rien de complexe.

SOYEZ AVEC VOUS !
OUBLIEZ LE MONDE.
N'ALLEZ PAS REGARDER ICI ET LÀ.

La Connaissance spirituelle vous enseigne comment vivre et agir dans ce monde. La méditation est efficace pour calmer l'ego, l'intellect. Quand vous remarquez que ces sensations viennent, ignorez-les. Ne leur prêtez pas attention, Tout comme vous ignorez un chien qui aboie ! Vous vous enseignez à vous-même. C'est 'l'Enseignement du Soi'.

Au début, le disciple travaille à devenir proche du Soi Sans Soi. Il continue à se mouvoir de plus en plus proche du Soi Sans Soi. Initialement, des efforts délibérés et de la discipline sont requis pour arriver à ce mouvement, en utilisant les outils de l'investigation du Soi, de la méditation, de la récitation du Mantra, des *bhajans*, et des lectures spirituelles, de la réflexion, de la contemplation. Le disciple s'enseigne à lui-même, s'auto-enseigne.

Après l'absorption de la Réalité, l'Éveil Spontané apparaît à l'intérieur du dévot. Le dévot a Réalisé la 'Déité' intérieurement. Il a 'fusionné avec l'océan', pour ainsi dire, et n'a plus besoin de faire des efforts ou des actions délibérés.

Dès lors, toute action se produit spontanément. Car le Soi Sans Soi et le dévot sont UN. Par conséquent, dans les différentes situations de la vie, le comment agir, le quoi faire, sont désormais devenus automatiques, sans aucun effort délibéré nécessaire. Il y a une Supervision Intérieure, un flot spontané d'indications. Nous appelons cela l'Enseignement du Soi, sans aucun effort délibéré. Avant l'Éveil, de vous enseigner demandait certains efforts, plus maintenant. Le dévot est devenu un Maître, un Maître du Soi Sans Soi, un Enseignant du Soi Sans Soi. Rappelez-vous ! Ce ne sont que des mots. Regardez la signification derrière eux, l'essentiel.

Vous êtes maintenant un 'Enseignant' de votre Soi Sans Soi. Vous êtes un 'Maître' de votre Soi Sans Soi. Donc utilisez votre Pouvoir spirituel, votre Connaissance spirituelle dans tous les domaines et les étapes de la vie, que ce soit dans votre vie familiale, sociale, ou spirituelle.

Q: Vous dites, ne soyez pas une victime, n'écoutez pas les concepts des autres ?
Maharaj: Nisargadatta Maharaj disait qu'après la connaissance de la Réalité, vous ne devez pas être distrait. C'est un monde illusoire avec des gens qui essaieront de secouer votre foi et votre confiance, vous rendant suspicieux une fois de plus. Maintenant que vous avez la Réalité, maintenez-la avec la méditation. D'autres personnes parlent de connaissances livresques : "Les *Vedas* disent ceci et cela", et ils peuvent vous distraire avec leurs connaissances hasardeuses. Cela mènera à la chute. Prenez garde !

C'est une simple Connaissance, mais une Connaissance essentielle. Pourquoi avons-nous besoin de cette Connaissance ? Car le corps n'est pas notre identité, et que nous sommes inconnus à nous-mêmes. Nous devons nous connaître dans un sens réel.

**IL VOUS FAUT DU COURAGE POUR DIRE
'AU REVOIR' À CE MONDE ILLUSOIRE.**

Vous connaissez la Source Directe, la Vérité Ultime. Maintenant vous devez digérer, absorber cette Connaissance avec une récitation et une méditation constante. De cette façon, votre 'mémoire corporelle' sera constamment rafraîchie par la Réalité.

Quand Nisargadatta Maharaj parlait de la Connaissance, il disait : "Mâchez-la comme du chocolat, et le chocolat fluide rafraîchira de lui-même."
Q: Je suis en train de lire un livre de Ranjit Maharaj. Il parlait à propos de ne rien faire, ne pas parler, ne pas manger. Devons-nous faire ces choses ou non ?
Maharaj: Pourquoi ces ruses imaginaires ? C'est bon pour les débutants, mais à ce niveau particulier, quand vous savez que votre Présence est Invisible, pourquoi poser cette question ? Il n'y a pas de 'je', donc qui parle de "je ne mange pas".

**VOUS AVEZ OBTENU TANT DE CONNAISSANCE,
VOUS NE DEVEZ PAS REVENIR EN ARRIÈRE.
APRÈS AVOIR ÉCOUTÉ PENDANT TOUT CE TEMPS,
JE M'ATTENDS À CE QUE VOUS AYEZ UNE BASE,
QUELQUE FONDATION.**

Mais si vous trouvez du bonheur avec ça, alors lisez-le !

116. Vous êtes l'administrateur

Maharaj: Le docteur a besoin de certaines informations sur ses patients pour les conseiller et déterminer quels médicaments prescrire. Vous êtes votre propre Maître. Toute cette Connaissance mène à la Conviction. Si vous avez une base solide, une fondation solide, une bonne connaissance de base, alors tout ce dont vous avez besoin est un clic, un contact du Maître.

Mais vous devez avancer, et vous abandonner, afin d'être guidé et d'obtenir la bonne prescription, en fonction de votre maturité spirituelle. Rien n'est impossible, et tout est facile, quand la fondation est solide. Ce faisant, la Connaissance sera automatiquement exposée dans votre Soi Sans Soi. Votre Connaissance est déjà là.

**NOUS CREUSONS UN PUITS,
NOUS RETIRONS LES PIERRES, RETIRONS LA BOUE,
NOUS CREUSONS, CREUSONS,
NOUS RETIRONS LES PIERRES NON DESIREES.**

Comme je vous l'ai dit, la méditation crée des vibrations intérieurement. Lentement, silencieusement, définitivement tout sera supprimé, à la lumière de ces vibrations.

**IL VOUS FAUT DU COURAGE POUR VOUS Y JETER.
JE SUIS LÀ POUR VOUS PROTÉGER.**

Vous avez aussi les trois veilleurs que sont la Connaissance, la méditation, et les *bhajans*, pour vous protéger vingt-quatre heures sur vingt-quatre.

La première chose dont vous avez besoin est un bon professeur, qui vous enseigne lentement, lentement, comment être un bon nageur. Puis vous devez vous jeter dans l'océan de la spiritualité. De mauvaises pensées viennent, de mauvais concepts viennent. Continuez !

Quand vous creusez un puits, des pierres apparaissent, puis de la boue. Avec patience et persévérance, après avoir creusé et creusé, vous découvrirez finalement de l'eau pure. Hors des vibrations, toutes les choses inutiles, tout ce qui est indésirable sera supprimé.

VOUS DEVEZ VOUS CONVAINCRE.
VOUS ÊTES L'ADMINISTRATEUR.

Vous êtes l'administrateur de votre propre Connaissance spirituelle.

Dans notre Lignée, nous avons une méthode de méditation qui est utilisée, pour acquérir une Connaissance spirituelle pratique, la Connaissance du Soi. De cette manière, la Connaissance est transmise d'une façon organisée, pas à pas, systématiquement, et scientifiquement.

Tout le monde connaît les différents médicaments disponibles, mais seul le docteur sait comment administrer la dose. Vous pouvez connaître la loi, mais vous avez besoin d'un avocat pour la mettre en pratique. Vous avez étudié beaucoup de livres spirituels, mais pas d'une façon systématique ou scientifique.

Je vous donne ce que vous avez déjà, mais que vous avez oublié. Je vous le retourne simplement. Je vous ai donné la Connaissance systématique. Tout ce qui manquait, était une méthode d'organisation de cette Connaissance. La Connaissance n'était pas là. Vous avez maintenant une forte Conviction. Tout est en vous. Vous avez juste à cliquer dessus, la mettre en marche, l'allumer. Le feu est déjà là.

GRAVEZ CETTE CONNAISSANCE.
EMBRASSEZ CETTE CONNAISSANCE.
ACCEPTEZ COMPLETEMENT CETTE CONNAISSANCE.

Très peu de dévots s'impliquent. Certains viennent ici à l'ashram de façon désinvolte. Ils ne se prosternent même pas. Ce n'est pas un problème s'ils ne se prosternent pas devant moi, mais ils devraient se prosterner devant mes Maîtres, qui sont de grands Saints. Ne me respectez pas, mais respectez-les. Prosternez-vous devant eux !

Q: Se prosterner est une coutume dans chaque église, chaque religion.

Maharaj: Certains visiteurs ont fait de longs voyages. Je dois partager la connaissance avec eux. En même temps, je m'attends à, au moins, un certain respect pour ces grands Saints ici sur le mur.

Q: Quelqu'un a parlé de détachement un peu plus tôt…

Maharaj: Cela signifie que vous n'avez aucune attirance pour le monde. Après la Conviction, il n'y a plus aucune attirance. Votre Présence est là, mais c'est la Présence inconnue, l'Identité Invisible, Anonyme, Non Identifiée.

Après la Connaissance de la Réalité, le détachement devient vide de sens. Quand vous étiez dans le cercle, vous espériez de l'argent, un statut, de la puissance. Il y avait de l'avidité, aussi. Après la Connaissance de la Réalité, vous avez Réalisé : "Qui va utiliser tout cet argent ? Pour combien de temps ? Quelle est l'utilité de cette avidité si mon existence n'est pas basée sur le corps ?" Et vous demeurez indifférent au monde.

La Connaissance est supposée mener à la Réalisation. Quand la Connaissance est absorbée, alors rien ne reste, il n'y a pas d'expérimentateur. Vous fusionnez avec votre Soi Sans Soi. Quand la Connaissance a été totalement acceptée et absorbée, il n'y a plus de trace. Tout s'évanouit, rien ne peut être vu. Tous les concepts sont dissous.

LE 'NIVEAU AVANCÉ' SIGNIFIE QUE LA CONNAISSANCE EST ABSORBÉE TOTALEMENT.

Mais vous n'êtes pas encore tout à fait prêt à accepter cette Vérité. La méditation est une base nécessaire. Comme je vous l'ai dit, si les fondations sont faibles, le bâtiment tout entier est faible. Vous grandirez en courage et en puissance, afin qu'au stade ultime il n'y ait plus aucune pensée. Alors il y aura le Silence Spontané, l'enivrement spirituel. Vous resterez dans votre propre monde.

Entre-temps, tous les concepts doivent être supprimés, et l'ego, dissous. Utilisez cette Connaissance pour effacer toute illusion. Tout le monde est égal. Il n'y a pas besoin de compétition ! Qui entre en compétition avec qui ? Avec l'éveil de votre Maître Intérieur, toutes les questions seront résolues automatiquement. C'est la Guérison du Soi, l'Enseignement du Soi.

VOTRE IDENTITÉ EST PLACÉE DEVANT VOUS À TRAVERS LE MÉDIUM DU MAÎTRE.

Quand vous en viendrez à connaître votre Maître Intérieur, vous saurez que les différences n'existent pas. Il n'y a pas de différences entre qui que ce soit et quoi que ce soit.

Aussi longtemps qu'il y a identification au corps, où vous vous identifiez en tant qu'individu, vous trouverez des différences. Il n'y a pas de différences ou distinctions. Acceptez cette Vérité. C'est la Vérité Finale. C'est votre histoire. C'est le but derrière la spiritualité, afin que vous puissiez connaître votre histoire.

117. La Réalité devrait toucher votre cœur

Q: Récemment, Maharaj, il y avait tant de pensées m'envahissant que je ne pouvais pas méditer.

Maharaj: Ne luttez pas avec elles, laissez juste les pensées s'écouler. C'est naturel, relatif au corps. Soyez témoin de ces pensées, voyez-les, puis ignorez-les.

    Vous êtes complètement inconnu au Soi Sans Soi. Et Soi Sans Soi est comme le ciel. Le ciel ne connaît pas sa propre existence. Vous êtes dépourvu de forme. Le Méditant a oublié son Identité et se prend pour la forme corporelle. Vous n'avez jamais été la forme corporelle. Vérité Finale.

    Votre Présence Spontanée émet un flash et depuis la réflexion du Voyant, vous voyez le monde-rêve. Sans le Voyant Invisible, Anonyme, vous ne pouvez pas voir le monde.

TOUT SORT DE VOUS.
LA PRÉSENCE SPONTANÉE EST REFLÉTÉE,
MAIS ELLE EST SANS FORME, NON-IDENTIFIÉE.

Q: Les choses se produisant vous poussent-elles plus loin dans la méditation ? Mon patron me tape sur les nerfs.

Maharaj: Tous les problèmes physiques et mentaux seront dissous avec la méditation. La recherche montre qu'un grand pourcentage de gens qui méditent en profite. Il a été scientifiquement prouvé que la méditation réduit le stress, les problèmes physiques, mentaux, et émotionnels. La Connaissance spirituelle aide à surmonter les problèmes physiques.

    À travers ces discours, je vous présente à l'Identité de l'Auditeur Invisible. Vous êtes la Vérité Ultime, la Vérité Finale. Cette Réalité devrait toucher votre cœur.

Q: Et à un certain point l'ouvrir ?

Maharaj: Dans ce monde tout est illusion. Ne laissez aucun doute en suspens. Gardez en tête que c'est un monde illusoire. Tout est vrai et tout est faux dans ce monde de rêve.

RAPPELEZ-VOUS, VOUS ÊTES LA VÉRITÉ ULTIME,
SANS AUCUNE FORME.

    Vous savez cela, mais vous restez encore dans le cercle de l'illusion, essayant d'en extraire la paix et le silence. Qui veut le silence ? Le ciel veut-il le silence ? Afin d'avoir cette Conviction, toutes ces disciplines sont nécessaires. Ces entretiens ne sont pas un numéro de cirque, ou un spectacle de mots. Ils sont la Réalité indiquant votre Réalité Invisible.

    Votre ego puissant, ne vous permet pas d'atteindre Soi Sans Soi. Tout le monde écoute calmement et tranquillement en restant à l'intérieur du cercle de la connaissance illusoire, pensant encore, "Je suis quelqu'un d'autre, je suis *Brahman*, *Parabrahman*". Vous embrassez une identité qui n'est pas du tout la vôtre.

C'EST UN LONG RÊVE,
ET IL NE VA PAS DURER.

Vous avez fait des milliers de rêves depuis votre enfance. Où sont-ils tous allés ? Qui a capturé toutes ces images ? Qu'arrivera-t-il après la mort ? Qui meurt, qui prend naissance ?
  POSEZ TOUTES CES QUESTIONS AU SOI SANS SOI.
Elles sont supposées être résolues par Soi Sans Soi.
  L'ego doit se dissoudre totalement. Il vous faut vous abandonner au Soi Sans Soi, alors seulement, la Réalité avancera en vous. Votre Présence Spontanée projette la Réalité. Aucun effort n'est nécessaire, c'est seulement votre implication qui est le plus important.
  DÉBARRASSEZ-VOUS DE L'EGO.
ET ALORS CETTE RÉALITÉ, QUI EST PLACÉE DEVANT VOUS, TOUCHERA VOTRE CŒUR.
Cela devrait toucher votre cœur et vous émouvoir. Vous devriez ressentir quelque chose comme :
  "J'AI GASPILLÉ TOUT MON TEMPS JUSQU'À AUJOURD'HUI. MAIS MAINTENANT C'EST LE MOMENT".
  Comme ça, vous ne vous sentirez pas mal après. Si vous l'ignorez, le temps se glissera peu à peu derrière vous, et vous direz : "Oh qu'ai-je fait, ou pas fait ! J'avais la chance de faire quelque chose, et je l'ai ignorée." Les attractions de ce monde illusoire vous ont maintenu dans le cercle.

118. Le sommet de la montagne

Maharaj: Quand vous arrivez à un certain niveau, soyez prudent. Ne permettez à aucune pensée de rentrer à nouveau. Gardez la connaissance corporelle dehors !
  RESTEZ AVEC "IL N'Y A RIEN ICI".
  Pas de suspicions et pas de doutes. Gardez vos yeux sur l'objectif, le sommet de la montagne. Si vous perdez votre concentration, si vous entendez un bruit, ou si vous êtes pris par une attraction, vous ne serez pas capable de 'voler vers le paradis' ! Vous êtes déjà là. Il vous faut juste vous convaincre vous-même. Si vous prêtez attention aux pensées d'autres personnes, vous serez distrait à la fin de votre vie.
  C'EST UNE ROUTE DIRECTE, IL N'Y A PAS DE RACCOURCI.
AVEC LE MARTÈLEMENT DIRECT,
VOUS SAUREZ QUE VOUS ÊTES LA VÉRITÉ FINALE.
VOUS ÊTES LA VÉRITÉ FINALE.
  Une fois que vous tenez une position spirituelle, il vous faut être ferme et vigilant. Il y avait un dévot fidèle. Je lui disais : "Vous êtes proche du

sommet". Soudainement, il développa un problème physique, et il arrêta de venir à l'ashram. Il laissa tout tomber pour une raison mesquine. Il n'est pas nécessaire de laisser les problèmes physiques ou corporels prendre le dessus. Vous devez rester ce que vous étiez avant le corps, avant d'être.

VOS PROPRES PENSÉES, VOS PROPRES SENSATIONS VOUS CRÉENT DES PROBLÈMES À VOTRE INSU.

Q: Vous disiez : "Soyez comme vous étiez avant, avant d'être ! Je ne peux pas imaginer cela…

Maharaj:
CET ESPRIT, QUI NE PEUT PAS ÊTRE IMAGINÉ, EST LA PRÉSENCE SPONTANÉE, INVISIBLE, ANONYME.

Q: À quoi devrions-nous penser pour savoir à quoi cela ressemble ?

Maharaj: C'est au-delà de penser !
APRÈS LA CONNAISSANCE DE LA RÉALITÉ : 'LE MONDE EST À L'INTÉRIEUR, EN MOI', ACCEPTEZ TOTALEMENT CETTE VÉRITÉ ULTIME. PAS PHYSIQUEMENT, PAS MENTALEMENT, MAIS SPIRITUELLEMENT.

Q: Pourquoi est-ce que le *karma* n'est pas expliqué par *Krishna* dans la *Gita* ?

Maharaj: Beaucoup de choses sont expliquées. Quel *karma* ?

Q: Si vous faites quelque chose de mal…

Maharaj: Il n'y a pas de mauvais, pas de bien. Ce qui est mauvais pour l'animal, est bon pour le boucher. Oubliez les *Upanishads*, les *Védas*, *Krishna*, *Rama*. C'est un divertissement spirituel. Je parle d'avant d'être. Toute cette connaissance littérale est une connaissance stérile. Sans votre Présence, qui va parler des *Upanishads*, du *Mahabharata*, des *Védas* ? Restez avec ce qui précède être !

ESSAYEZ DE VOIR À L'INTÉRIEUR DE VOTRE SOI SANS SOI. VOTRE PRÉSENCE INVISIBLE EST LE PÈRE DE TOUTE CETTE CONNAISSANCE.

J'invite l'attention de l'Auditeur Invisible en vous. Avant la connaissance corporelle, connaissiez-vous les *Védas*, les *Upanishads* ? Vous m'avez offert *Namaskaram*. Qui est ce 'moi' ? Qui est ce 'moi' ? C'est cette Présence Invisible. Rejetez toute illusion ! Toute cette connaissance extérieure vous a handicapé. Avez-vous vu Dieu, un quelconque Dieu ?

Q: Parfois !

Maharaj: Seulement parfois, pas toujours ?

Q: Un certain phénomène.

Maharaj: Sans votre Présence, il n'y a pas de Dieu. Vous n'acceptez pas cette Vérité.

**LE DÉVOT EST TOUJOURS DIEU,
MAIS LORSQU'IL RÉALISE QU'IL EST DIEU,
LE DÉVOT DISPARAÎT ET SEUL LE UN, DEMEURE.**

Après la connaissance de la Réalité, vous devez supprimer tous les concepts. Mon Maître disait, "Tout ce que vous avez lu et écouté, soustrayez-le tout entier, et puis parlez".

**PENSEZ HORS DU CERCLE,
HORS DES RACINES DU CORPS.**

Ne stressez pas l'intellect. C'est une Connaissance très, très simple. Nous sommes devenus des victimes, piégés dans notre propre toile de connaissance, *Brahman*, *Atman*, etc. Qui dit ces choses ?

**J'INVITE L'ATTENTION DE CE QUESTIONNEUR,
À TRAVERS LEQUEL CETTE QUESTION SURGIT.**

Ne hochez pas la tête, à moins que vous ne soyez convaincu !

Q: Mais cela pourrait prendre une centaine d'années !

Maharaj: Si vous étiez resté assis dans une grotte sombre pendant des années, et soudainement vous avez de la lumière, allez-vous dire : "Je ne vais pas utiliser la lumière dès maintenant. Je vais encore attendre une centaine d'années." ? Non ! Le changement est instantané, immédiat.

Quand vous voyez la lumière, n'hésitez pas, ne remettez pas à plus tard en restant dans le noir. Il n'y a pas de lendemain. Ne vous prenez pas pour la forme corporelle. Connaissez-vous juste dans un sens réel. Nous avons été dépendants de ce que nous avons lu et écouté.

**NOUS AVONS ESSAYÉ DE CONNAÎTRE
LA VIE SPIRITUELLE À TRAVERS
LA CONNAISSANCE PHYSIQUE.**

Tous ces dieux imaginaires seront dissous, avec tous les concepts, incluant l'enfer, et le paradis. Les gens ont si peur des concepts tels que l'enfer, même si personne ne l'a jamais vu !

**VOTRE MAÎTRE INTÉRIEUR EST TRÈS PUISSANT.
FAITES PLAISIR À VOTRE MAÎTRE INTÉRIEUR.
IL EST DIEU.**

Votre Maître extérieur vous a dit que vous êtes Dieu Tout-Puissant, Omniprésent, la Vérité Ultime. Vous ne l'acceptez pas si facilement. Quelque part il y a un doute : "Comment puis-je être Dieu Tout-Puissant ?"

**VOUS DEVRIEZ AVANCER AVEC CONVICTION,
ET UN RESSENTI DISANT :
"OUI, JE SUIS DIEU TOUT-PUISSANT".**

Il vous faut une foi totale en vous et dans le Maître, et alors vous irez de l'avant. Pas de demi-mesure. Une implication totale est indispensable ! Vous savez comment nager, donc plongez, pratiquez ! Vil vous faut plonger avec courage, force, cran. Tout est en vous, mais vous n'utilisez pas votre pouvoir. Vous pouvez contrôler les mauvaises pensées avec la Clé Maîtresse.

**CHANGEZ VOTRE VISION
POUR VOIR VOTRE SOI SANS SOI.**

Avec courage, sachez et ressentez : "Je ne suis pas le corps, je suis *Mahatma*". Cette Conviction mène à la Connaissance. Oubliez les *Vedas*, ils vous ont amené ici. La connaissance littérale a indiqué que vous êtes un Maître, vous êtes la Vérité Ultime. Pas besoin d'être si sérieux non plus. Soyez heureux ! Soyez heureux, car vous connaissez la Réalité ! Le Chercheur a trouvé ce qu'il cherchait.

**CE QUE VOUS CHERCHIEZ A ÉTÉ TROUVÉ EN VOUS.
ÇA A TOUJOURS ÉTÉ LA !**

"Je suis allé à la recherche de Dieu, et je suis devenu Dieu !" a dit Swami Vivekananda. Vivekananda déambulait en demandant aux gens : "Avez-vous vu Dieu ?" Il n'obtint pas de réponse jusqu'à sa rencontre avec Ramakrishna auquel il posa la même question. Ramakrishna lui répondit : "Oui, mon fils, j'ai vu Dieu. Je Le vois, comme je vous vois ici, mais plus clairement. Dieu peut être vu. On peut Lui parler. Je peux vous montrer Dieu."

Swami Vivekananda ne fut pas seulement surpris, il fut abasourdi. Il savait que les mots de Ramakrishna avaient été prononcés du plus profond de lui-même. "Oh ! C'est la première fois que j'entends quelqu'un dire cela", dit Vivekananda.

Vivekananda sût intuitivement qu'il était face à face avec un authentique Maître. Il était face à face avec la Réalité. Dieu était bien vivant en lui. Vivekananda n'avait aucun doute sur ce Maître, personne avant lui n'avait parlé de la sorte. Il a dit :

**"J'AI VU DIEU,
ET JE PEUX VOUS LE MONTRER !"**

C'est quelque chose d'exceptionnel. La même chose fut dite par Nisargadatta Maharaj : "Je ne fais pas de vous un disciple, car le Maître est déjà en vous. Je vous montre le Maître en vous".

119. *Le Maître est le Dieu de Dieu*

Maharaj: Vous devez avoir confiance, une grande confiance dans le Maître, sur le fait qu'il vous rendra illuminé. Nisargadatta Maharaj disait que s'il n'avait pas rencontré son Maître Siddharameshwar Maharaj, il serait resté un homme commun, sans but courant ici et là, d'un temple à un autre.

Il doit y avoir du respect pour le Guru, le Maître. Saint Kabir dit : "Si mon Maître et Dieu apparaissent devant moi, je donnerais le respect à mon Maître, car c'est uniquement par Lui que je connais Dieu". Donc vous devez donner de l'importance au Maître, au Guru.

LE MAÎTRE EST LE DIEU DE DIEU.
LE MAÎTRE EST LE DIEU DE DIEU.

Vous pouvez voir la Lignée ici. [Maharaj pointe les photos des Maîtres : Bhausaheb Maharaj, Siddharameshwar Maharaj, Nisargadatta Maharaj, Ranjit Maharaj.] C'étaient des gens ordinaires, mais ils n'avaient pas d'ego, pas d'intellect puissant, pas d'attente. Ils étaient humbles. Quand cette qualité apparaît en vous, c'est un signe d'illumination.

Si quelque chose de déplaisant arrive dans votre vie, le mental devient agité, et vous ressentez : "Oh ! Quelque chose ne va pas". Donc la discipline est très facile, mais, en même temps, elle est très difficile car la connaissance corporelle, la 'connaissance du corps de nourriture' doit être totalement dissoute. C'est une connaissance très simple, qui est au-delà de l'imagination. Votre intellect ne vous aidera pas. Comment étiez-vous avant d'être ? Vous répondez : "Je ne sais pas".

VOUS VOYEZ, IL N'Y AVAIT PAS D'EGO, PAS D'INTELLECT, PAS DE MENTAL, PAS DE DIEU.
CE N'EST QUE PARCE QUE VOUS ÊTES DANS LA FORME CORPORELLE QU'IL Y A UN BESOIN DE DIEU.

S'il n'y a 'personne', où est alors ce Dieu, ce Maître, cette connaissance dont vous parlez, que vous avez trouvée dans les livres ? Vous avez oublié votre Identité, et par conséquent, nous invitons l'attention de l'Auditeur Silencieux, Invisible en vous, lequel est appelé *Brahman* ou Dieu.

Le changement se produira. Avec une forte dévotion, une forte volonté, et un peu de sacrifice, ce ne sera pas difficile. Chaque moment est très important. C'est votre moment.

SOYEZ SÉRIEUX !
NE CHERCHEZ PAS LA VERITE ULTIME DE MANIÈRE DÉSINVOLTE.

Il y aura une Paix Totale et complète, sans aucune cause matérielle. Une Paix Intérieure, sans perturbation du mental, de l'ego, de l'intellect, de quoi que ce soit. Même si l'atmosphère extérieure est défavorable, vous serez en paix. Même quand il y a le chaos, le dévot illuminé aura une Paix Complète, car il est toujours indifférent, et intouché par quoi que ce soit à tous moments.

LA CONNAISSANCE TOTALE EST ABSORBÉE DANS L'UNITÉ. IL N'Y A PAS DE DUALITÉ.

Les nuages arrivent, les nuages s'en vont. Le soleil est tel qu'il est.

Nous pouvons continuer à parler de philosophie pendant des heures et des années ensemble. Tout ce que vous en obtiendrez sera du 'divertissement spirituel', rien de plus que ça. Pour avoir une forte Conviction, vous avez besoin de la discipline de divers processus, la méditation, les *bhajans*, la prière, et la Connaissance.

Vous devriez être très sérieux et très ardent, avec une pointe d'inquiétude et d'anxiété. Après avoir pensé et repensé à tout cela, un jour, vous vous exclamerez : "Oh ! Maintenant je vois !"

Nous sommes si fortunés d'avoir eu cette Lignée de Maîtres avec une telle Connaissance Directe. Bien qu'ils aient parlé de *maya*, *Brahman*, *Atman*, *Paramatman*, il y avait moins d'emphase sur ces mots raffinés. Le 'dernier *prarabdha*', le 'futur *prarabdha*', tous ces mots vous font tourner en rond et en rond dans des cercles, et vous prennent au piège. Le point focal a été déplacé de ses mots raffinés à des mots plus terre à terre, à un langage direct :

TOUT EST EN VOUS.
TOUT EST EN VOUS.

Afin d'obtenir l'attention directe de l'Auditeur Invisible, la Connaissance Directe est utilisée. Avec l'attention concentrée sur l'Auditeur Invisible en vous, nous vous disons :

VOUS ÊTES LA SOURCE DU BONHEUR.
VOUS ÊTES LA SOURCE DE LA PAIX,
PAS SOUS FORME CORPORELLE.

Graduellement, jour après jour, vos attachements vont se relâcher et se réduire. Vous avez tellement d'attachement pour le corps, beaucoup d'amour et d'affection. Quand tout sera dissous, alors vous en viendrez à connaître la Réalité. C'est un fait connu, un fait établi, la Vérité Etablie, la Vérité Ultime, la Vérité Finale.

Notre Lignée de Maîtres nous a montré comment cela peut se produire. Ils nous ont montré que la Réalisation du Soi est possible. Cela leur est arrivé, donc cela peut vous arriver.

Lentement, silencieusement, et en permanence avec la pratique, les pensées illusoires seront dissoutes, jusqu'à leur totale disparition.

C'est un processus de nettoyage, tout comme quand votre ordinateur portable est rempli de fichiers indésirables que vous devez supprimer à cause des virus. La méditation est un logiciel anti-virus. Ce logiciel anti-virus peut contrôler et surveiller, monter la garde, et vous maintenir sur le qui-vive.

Chaque jour, il est nécessaire de nettoyer sa maison. De même, vous avez à nettoyer 'cette maison'. Chaque jour avec la méditation, les *bhajans* et la Connaissance, et alors ce sera très facile. Mais vous devez être dévoué :

UNE DÉVOTION, UNE EXTRÊME DÉVOTION,
UNE DÉVOTION EXCEPTIONNELLE,
UNE IMPLICATION EXCEPTIONNELLE EST NÉCESSAIRE.

Nisargadatta Maharaj disait : "Une spiritualité désinvolte n'aidera pas, une spiritualité désinvolte ne vous aidera pas à trouver la paix complète". Tout est en vous, mais vous regardez encore ici et là, essayant de trouver quelque chose d'autre, quelque chose de différent, quelque chose de plus. Pendant que vous êtes toujours occupé à essayer de trouver, trouver ceci, trouver cela, vous oubliez Celui qui trouve.

VOUS AVEZ OUBLIÉ CELUI QUI TROUVE.
CELUI QUI TROUVE EST LA SOURCE DE CE MONDE.
MAIS CELUI QUI TROUVE EST INVISIBLE,
ANONYME.
IL NE PEUT PAS ÊTRE DÉFINI PAR DES MOTS.

Il est possible d'avoir la Conviction, mais vous devez avoir une foi forte, et du courage. Les difficultés seront là, elles seront forcément là. Aussi vous devez avoir une foi totale, des fondations parfaites, de solides fondations.

C'est une Connaissance très simple. Une Connaissance sans complications ou complexités. C'est la Connaissance Directe. Il n'y a pas besoin d'aller ici et là, et de lire de plus en plus de livres qui vous rendront de plus en plus confus. Vous pouvez lire des livres, mais ne devenez pas dépendants des mots.

RESTEZ AVEC LE PRINCIPE.
VOUS ÊTES LE PRINCIPE,
DERRIÈRE TOUS LES MOTS ET TOUS LES LIVRES.

De même, vous êtes votre propre enseignant, vous êtes votre propre guide, et l'architecte de votre propre vie. Voyez votre Soi Sans Soi. Comment pouvez-vous voir ce Soi Sans Soi ? La Clé Magique vous a été donnée. Le *Naam Mantra*, la Clé Maîtresse, vous aidera à voir votre Soi Sans Soi.

120. *Le Maître attise le feu*

Q: Quand vous donnez le *Naam Mantra*, le pouvoir Shakti est-il donné en même temps ?

Maharaj: Si vous acceptez le *Naam Mantra* et le Maître totalement, du pouvoir accompagnera le Mantra. S'il n'y a pas de suspicion ou de doute, alors ce Pouvoir qui est déjà en vous explosera.

LE POUVOIR EST DÉJÀ EN VOUS.

Tout ce qui est nécessaire est un contact. À travers le Maître, vous obtenez un contact. C'est comme je vous ai dit, le feu est là, tout ce qui est nécessaire pour produire le feu, est que l'allumette touche la boîte. Au moment où l'allumette frotte la boîte, vous voyez le feu.

Q: Et si vous acceptez le *Naam*, l'initiation, et le Maître totalement…?
Maharaj: Votre Pouvoir surgira spontanément car votre Présence est Spontanée. Chaque action et réaction est connectée à votre Présence Spontanée. C'est une ligne directe vers votre Vérité Ultime. Réciter le Mantra est un peu comme une torture spirituelle au début : "Je suis *Brahman*, je suis *Brahman*, je suis *Brahman*." Mais maintenant il y a abandon : "Oui, Je Suis *Brahman* !"

Toukaram dit : "Les gens se noient. Je tente de les aider, mais ils n'acceptent pas mon aide". Tout comme vous devez ignorer les rêves, vous devez ignorer les autres, car vous savez ce qu'il en est.

AVEC GRAND EFFORT,
VOUS ÊTES ARRIVÉ À UN CERTAIN NIVEAU.
NE RECULEZ PAS MAINTENANT.

Vous êtes proche du sommet de la montagne. négligez l'atmosphère extérieure. Allez directement au paradis ! Ne perdez pas votre concentration.

Un groupe de garçons apprenait le tir à l'arc, Arjuna était présent, le plus grand des archers. L'un d'entre eux installa un perroquet artificiel sur un grand arbre à une distance lointaine de l'endroit où ils se trouvaient. On leur demanda ensuite s'ils pouvaient tous voir le perroquet. Tout ce qu'ils pouvaient voir était le ciel, tant la cible était lointaine. Il y eu un brouhaha, et beaucoup de mots furent échangés à propos de cette tâche impossible. Quand on demanda à Arjuna s'il pouvait voir la cible, il dit : "Je peux seulement voir l'œil, je ne vois pas le perroquet".

Ça a une grande signification, une signification profonde… "Je peux seulement voir l'œil". Il visa l'œil et frappa la cible. Cela illustre qu'il y a de nombreux dévots, mais peut-être seulement un qui a la Conviction du Soi. Tout le monde dit : "Je suis *Brahman*, je suis *Brahman*".

Tout le monde est un 'dévot', mais manquant de cette forte dévotion, cette nécessaire concentration totale. Donc lentement, silencieusement, en permanence, concentrez-vous sur votre Soi Sans Soi. À chaque moment, la vie diminue, diminue, de plus en plus, donc ne le prenez pas à la légère, ou avec désinvolture.

MON MAÎTRE M'A DIT :
"TU ES LA VÉRITÉ FINALE".
DONC, JE SUIS LA VÉRITÉ FINALE.

Il n'y a pas d'ego, seulement une sensation spontanée. Il vous faut l'accepter. Ayez une foi forte en vous-même et en votre Maître.

NE PRENEZ PAS LE MAÎTRE POUR LA FORME CORPORELLE.
VOTRE MAÎTRE FAIT PARTIE DE VOTRE PRÉSENCE
SPONTANÉE.

Votre Maître fait partie intégrante de votre Présence Spontanée, de votre Présence Spontanée Anonyme, qui ne peut être définie par les mots. Regardez à l'intérieur ! Qui écoute, qui parle ? Méditation stricte. Concentration totale – seulement deux heures de pratique !

Q: Quand nous récitons le Mantra devrions-nous nous concentrer sur la signification ?

Maharaj: Pas à un niveau intellectuel, juste spontanément. Vous devez avoir une confiance totale. Un usage excessif du mental, de l'ego, de l'intellect, gâtera votre vie spirituelle.

**SOYEZ TOUJOURS AVEC VOUS.
SOYEZ AVEC VOUS CONSTAMMENT.
ÇA SIGNIFIE, NE VOUS MELEZ PAS AU MAUVAIS
TYPE D'ATMOSPHERE**

Ces mots spirituels vont automatiquement mettre en œuvre la Réalité en vous. Comme avec le poison, les conséquences sont déjà en train de se produire à l'intérieur. C'est une goutte de nectar. "Je Suis Cela !" Toute illusion sera dissoute. Acceptez ce que je vous ai dit. Ne vous sous-estimez pas. Tout est en vous.

Q: Environ deux jours après avoir reçu le *Naam Mantra*, Bhausaheb Maharaj est apparu. J'étais surpris parce que je ne me sentais pas en connexion avec lui, en fait, j'en savais très peu sur ce Maître particulier. Je me sentais fortement connecté à Siddharameshwar Maharaj et à Nisargadatta Maharaj.

La première fois que j'ai vu Bhausaheb Maharaj, il est apparu dans une méditation comme une gigantesque figure au-dessus de moi. Il plaça une couronne sur ma tête et dit : "C'est votre héritage légitime". J'ai compris qu'il faisait référence à la Connaissance. Durant une autre méditation, il est apparu habillé en tenue d'apparat d'un bleu profond, environné d'un décor bleu profond. Il y avait la sensation de quelque chose s'ouvrant en moi. Bhausaheb Maharaj parla : "La grâce va à travers vous". Ce furent des visions très claires du Maître, et une très puissante énergie stimulante.

Il se passe beaucoup de choses, qui sont, j'en suis sûr, des conséquences du *Naam Mantra*. Par exemple il y a des épisodes de rires spontanés, et à d'autres moments ce sont des pleurs spontanés. Les larmes étaient une sorte d'épanchement. Autant les rires que les pleurs n'avaient pas de liens avec l'humeur, comme être heureux ou triste. Donc, quoi qu'il en soit, il se passe beaucoup de choses, et c'est fantastique. Ce qui arrive semble réellement puissant et intéressant. J'exprime ma gratitude aux Maîtres pour leur forte Présence, et je leur demande de continuer à m'aider avec le processus.

Maharaj: Vous n'avez pas besoin de leur demander de l'aide. L'aide est déjà là.

**LES MAÎTRES SONT DERRIÈRE VOUS,
TRAVAILLANT IMPERCEPTIBLEMENT EN ARRIÈRE-PLAN.**

Vous avez de bonnes expériences car vous êtes profondément impliqué.

En prenant le *Naam* vous recevez aide et pouvoir des Maîtres de cette Lignée. Vous êtes Un avec les Maîtres. En allant de plus en plus profondément, vous trouverez cela très intéressant. Vous pouvez le prendre à différents niveaux, cela dépend de votre contexte. Je suis heureux ! Profitez de votre spiritualité !

121. Maya ne veut pas vous laisser aller à la Vérité Ultime

Maharaj: Vous pouvez avoir une grande dévotion, mais quand vous vous rapprochez de votre Soi Sans Soi, à un point critique, si vous perdez votre concentration, vous pouvez retomber tout d'un coup. Même une petite pointe de doute peut gâter ou même ruiner votre position toute entière.
MAYA NE VEUT PAS QUE VOUS ATTEIGNIEZ VOTRE VÉRITÉ ULTIME.
Vous devez rester vigilant, autrement ce que vous avez gagné sera perdu.
FAISANT USAGE DE DIFFÉRENTES HISTOIRES, JE TENTE DE 'PARLER' À LA DESTINATION, AU PIC DE LA MONTAGNE. NE REGARDEZ PAS EN ARRIÈRE. NE REGARDEZ PAS EN BAS.
Si quelque chose vient à vous attirer, cela se mettra entre vous et votre objectif, avec pour résultat une perte de concentration. Comme dans le jeu d'enfants des 'Serpents et des Échelles', vous glisserez jusqu'en bas. Aussi, dans le monde, une simple glissade peut vous faire chuter tout le long de la montagne.
JE VOUS AVERTIS, JE VOUS METS EN GARDE ! VOUS MONTRANT COMMENT ÉCHAPPER À CES SERPENTS APPELÉS PENSÉES ILLUSOIRES, AVIDITÉ, EGO, MENTAL, ETC.
C'est un corps matériel, il y a forcément des attractions mondaines et matérielles là. Après la connaissance de la Réalité, il n'y aura plus du tout de tentations.
Soyez courageux et fort, venez-vous en aide. Maintenant que vous êtes votre propre Maître, vous devez convaincre votre Soi Sans Soi. "Je suis la Vérité Ultime sans aucun ego. Je suis la Vérité Ultime, je suis la Vérité Finale, mon Maître le dit". Vous devez croire en votre Maître, quel qu'il soit. Croyez en votre Maître.
LA CONNAISSANCE EST SUPPOSÉE ÊTRE ENRACINÉE

À TRAVERS LE MAÎTRE UNIQUEMENT.
SI VOUS NE FAITES QUE LIRE DES LIVRES SPIRITUELS, LA CONNAISSANCE NE SERA PAS IMPRIMÉE EN VOUS.

Cette Connaissance devrait vous toucher, elle devrait vous toucher au plus profond de votre cœur.

Q: Maharaj, je voulais vous poser une question sur les bébés. Si un bébé vient de naître, et disons que vous commencez à lui enseigner cette Connaissance dès son plus jeune âge. Ce bébé comprendra t-il son état naturel, ou tout ça est-il totalement prédéterminé ?

Maharaj: Bonne question ! Ce qui est imprimé sur un enfant est reflété. Le bébé arrive comme une ardoise vierge. Supposons qu'un enfant naisse dans une famille de criminels. L'enfant va-t-il devenir un criminel ? L'Esprit attire tout comme un aimant. Chaque chose, les souvenirs d'il y a trente ans, "Oh ! Je connais cela". Comme un appareil photographique automatique et spontané, l'Esprit enregistre tout, tout le temps, y compris les rêves. L'Esprit d'un enfant est totalement vierge, comme un nouvel ordinateur ! Donc, oui, quoi qu'il soit ressenti est reflété. Les impressions seront gravées.

Q: Donc, ce que vous dites est que vous pouvez influencer un petit bébé. Nisargadatta Maharaj semble dire que tout est prédéterminé à partir des cinq éléments. Que vous soyez illuminé ou non ne fait aucune différence.

Maharaj: Il n'y a pas de 'prédéterminé'.

QUI PRÉDÉTERMINE ?

Ce dont vous parlez est la connaissance corporelle. Vous êtes au-delà de cela. Qui détermine ?

Q: La combinaison des cinq éléments.

Maharaj: La combinaison des cinq éléments était-elle là avant d'être ? Y avait-il une quelconque combinaison ?

Q: Je voulais dire après la manifestation.

Maharaj: Connaissiez-vous les cinq éléments avant ? Rien n'était connu par vous.

Q: Tout est conceptuel ?

Maharaj: Quand nous enseignons, nous utilisons l'ego. À travers l'enseignement, nous essayons d'inviter l'attention de l'Auditeur sur le fait que vous êtes la Vérité Ultime. Ce que nous communiquons est des plus important. Chaque chose est enregistrée à l'intérieur de votre gros ordinateur. Des milliers de programmes sont stockés là. Depuis l'enfance jusqu'à aujourd'hui, une multitude de programmes vous ont envahi, à un point tel que vous pouvez répondre instantanément et automatiquement à cause de ce conditionnement.

Vous connaissez encore chaque personne avec qui vous êtes rentré en contact depuis votre enfance. Vous êtes comme une Boîte Magique, un ordinateur très puissant. Je continue à vous dire que vous avez une puissance immense. Vous n'avez pas besoin d'aller ailleurs.

Vous êtes la Vérité Ultime, la Vérité Finale, donc ne vous prenez pas pour la forme corporelle. La méditation amène le changement. Vous êtes sur la bonne voie.

Q: Mais parfois j'ai l'impression de perdre la tête.

Maharaj: Le mental ne vous créera des problèmes que si vous y prêtez attention. Quand vous connaissez ce 'mental', vous l'ignorez comme il tente de vous entraîner dans le mauvais sens. Vous savez qu'il ne fait que jouer des tours.

Q: Cela vous donne une impression de puissance. *Maya* vous joue des tours.

Maharaj: N'analysez pas les déclarations du Maître. C'est le secret de votre Présence qu'il souhaite vous communiquer. Vous êtes la Vérité Ultime, la Vérité Finale. Chacun utilise différentes techniques, différents mots pour faire cela.

Q: Comment puis-je investiguer 'avant d'être' ?

Maharaj: Avant d'être, vous étiez inconnu de vous-même. Puis vous vous prenez pour un homme ou une femme, faites peut-être un peu d'investigation du Soi, et puis quittez le corps. Rien ne reste. Pourquoi la spiritualité ? Parce que vous avez oublié votre Identité. Comment étiez-vous avant d'être ? Sans forme ! Pas de forme ! Vous étiez sans forme.

122. Martelez et martelez encore

Maharaj: Nous vous martelons encore et encore ! Vous ressentirez de la douleur alors que nous retirons les parties indésirables de la pierre. La pierre est *Bhagavan*, le Seigneur et la Déité. Le Maître retire les parties indésirables du corps illusoire pour faire une belle statue de la Déité. Le martèlement cause de la douleur juste sur le moment, mais ça en vaut la peine. Après, vous sourirez en vous exclamant : "Ah ! Je suis heureux !"

SOYEZ IMPLIQUÉ !

Maintenant que vous avez du Pouvoir et que vous connaissez la Réalité, vous pouvez mettre la Connaissance en pratique. Il y aura des distractions, des blocages, des obstacles, des difficultés, *maya* sous des formes différentes essaiera de vous faire chuter. Ces attractions matérielles peuvent causer un bref déséquilibre, mais vous serez capable de vous contrôler. Vous serez guidé par votre Maître Intérieur, votre Voix Intérieure vous dira : "Ne fais pas ça", ou "Fais ça !" ou "Fais attention", etc.

Q: Dans ma vie professionnelle, il y a beaucoup de politiques en cours au bureau. Je suis entraîné dedans.
Maharaj: Ne soyez pas découragé ! Faites votre devoir et rentrez chez vous. Ignorez les gens, même s'ils vous insultent.
SOYEZ HONNÊTE AVEC VOS DEVOIRS SPIRITUELS.
SOYEZ HONNÊTE AVEC VOTRE SOI SANS SOI.
Oubliez votre famille, votre cercle d'amis, la vie sociale où il y a toujours de la compétition. Ici vous obtiendrez la Perfection.
Des clients en colère venaient à la Banque où je travaillais. La première chose que je faisais était de leur offrir une tasse de thé en essayant de les calmer.
Q: La vie pratique et la vie professionnelle aident-elles la vie spirituelle ?
Maharaj: L'expérience et la pratique vous aideront certainement dans la vie de tous les jours. Si vous êtes patient, et n'avez pas de préjugés, vous développerez une approche positive. Votre spiritualité peut vous aider à agir avec tact dans le monde, et vous enseigner comment utiliser l'ego et l'intellect avec modération. Vous devez être le juge des pensées, lesquelles garder, et lesquelles ne pas garder.
Q: Je dois être critique ?
Maharaj: Utilisez la discrimination ! Vous êtes le Maître ! Votre Existence repose au-delà du mental, de l'ego, de l'intellect. Ce ne peut pas être décrit en mots.
DEMEUREZ EN CELA !
SOYEZ DANS CETTE VÉRITÉ ULTIME.

123. *Prosternez-vous devant votre grandeur*

Q: Un Guru ou un Maître est-il nécessaire ?
Maharaj: Oui, il est requis pour vous montrer la Réalité. Vous êtes comme le garçon mendiant jusqu'à ce qu'il rencontre son Maître, qui lui dit qu'il peut marcher sur ses propres pieds.

Quand vous faites un effort avec la vie spirituelle et la pratique, tout d'abord, il se peut que vous chutiez, mais vous pouvez vous relever à nouveau. Le Maître vous encourage à continuer d'essayer. Vous avez l'habitude de vous décourager et de devenir déprimé car vous manquez de confiance, car derrière ça, il y a de l'ego, de la fierté, ou de la dignité. Ce sont les ennemis sur la voie, sur le chemin de la spiritualité.

Dans la culture Indienne, les gens se prosternent quand ils vont au temple. Leur action est votre action.

**VOUS DEVEZ VOUS ABANDONNER,
ABANDONNEZ-VOUS INTERIEUREMENT.
PROSTERNEZ-VOUS DEVANT VOTRE SOI SANS SOI.
VOUS ÊTES GRAND !**

En faisant cela, vous obtiendrez une indication de votre grandeur. Ceux qui sont grands, sont toujours humbles, humbles et bons, c'est la marque des gens saints.

Ce qui arrive dans la vie est que les gens disent : "J'ai un statut, une dignité". C'est un savoir futile. Cette Connaissance devrait vous toucher. Elle devrait vous toucher au fond de votre cœur. Elle devrait toucher le fond de votre cœur.

Le Maître vous avertit. Le Maître est là pour vous guider. Le Maître a une stature. Le Maître vous donne le Pouvoir à travers sa stature. Un Pouvoir impérieux ! Ce qui est dit par son Pouvoir est mis en pratique. Soyez digne de ce Pouvoir.

**TOUT CE QUI EST DONNÉ DEVRAIT ÊTRE MÉRITÉ.
IL VOUS FAUT ACCEPTER CE POUVOIR
SANS AVOIR DE DOUTES.
SI VOUS L'ACCEPTEZ AVEC SUSPICION,
IL NE S'ACCOMPLIRA PAS.**

Donc tout est en vous. Tous les secrets vous sont révélés – les secrets établis. Comment agir et réagir dépend de vous. Le Maître vous a donné les pistes, les indications, les avertissements au sujet des distractions qui limiteront vos chances, ainsi que les incidents qui peuvent détourner votre attention.

Mais les gens ignorent les conseils du Maître. Ceux qui disent : "Je suis un dévot", ignorent les mots du Maître à cause du mental, de l'ego, de l'intellect qui génèrent des doutes. La Vérité entière est placée devant vous, donc pourquoi avoir des doutes ? Vous ne devez pas suivre les instructions du mental, de l'ego, de l'intellect.

**LA VÉRITÉ ETABLIE,
LA VÉRITÉ PURE ET SIMPLE VOUS A COMPLÈTEMENT
ÉTÉ PRÉSENTÉE, ET SE TROUVE DEVANT VOUS.
NOUS ESSAYONS DE FAIRE DE NOTRE MIEUX POUR VOUS
CONVAINCRE DE LA RÉALITÉ.**

L'Auditeur est sous pression, par conséquent, la méditation amène l'abandon.

Je tente de vous convaincre ! Nous disons : "Dieu est Grand", mais la personne qui dit "Dieu est Grand" est plus grande que Dieu. Si nous donnons une note de vingt sur vingt à un étudiant nous disons : "Excellent !" Mais cette excellence vient de votre excellence. Dire "C'est beau !" signifie que le principe de beauté est en vous. Nous disons "Très bien !", cela signifie qu'une très bonne nature est en vous. "Bon garçon !" signifie qu'il y a de la bonté en vous.

Vous ignorez vos propres qualités et ne donnez pas assez d'importance à votre Boîte Magique. Après une période de concentration, la Clé de la Méditation ouvrira votre Boîte Magique.

124. Vous devez connaître le secret, votre secret

Maharaj: En fin de compte, nous avons beaucoup d'attachement au corps, beaucoup d'affection qui doit être dissoute. Alors seulement serez-vous sans peur. Tout être est craintif car l'Esprit qui est appelé *Brahman*, *Atman* ne connaît pas sa propre existence. Il ne se connaît que dans la forme corporelle.

Quand l'Esprit a cliqué avec le corps, il a accepté "je suis ceci", et il aime, apprécie et veut survivre au travers du corps. À travers ce corps, il en retire bonheur et paix. L'Esprit Invisible est complètement inconscient de sa propre existence.

L'EXISTENCE DE L'ESPRIT EST SEULEMENT REMARQUÉE À TRAVERS LE CORPS.

Le corps est son médium fait de chair, de sang, et d'os. Ce corps produit une famille à cause de l'Esprit. Vous devez connaître ce secret, votre secret.

CE N'EST PAS LE SECRET DE DIEU,
OU LE SECRET DE *BRAHMAN*, *ATMAN*, *PARAMATMAN*.
C'EST VOTRE SECRET, SANS AUCUN FORME CORPORELLE.
DONC CONNAISSEZ-VOUS, ET RESTEZ TRANQUILLE.

Arrêtez de vous battre avec les mots. Ce n'est pas un débat. Les gens posent des questions tout le temps, parlant, parlant, pourtant le monde entier est illusion.

CONNAISSEZ-VOUS ET RESTEZ TRANQUILLE.

Comment pouvez-vous parler de l'enfant non né ? L'enfant n'a pas pris naissance. Cet enfant dont nous parlons tout le temps est illusion. Rien n'est arrivé. Rien ne va arriver.

LE MAÎTRE VOUS CONVAINC DE VOTRE RÉALITÉ,
ENSUITE, VOUS DEVEZ VOUS-MÊME VOUS CONVAINCRE.

Le Maître vous persuade, ensuite vous devez vous convaincre jusqu'à ce que vous arriviez à la conclusion, jusqu'à atteindre la Conviction. Se convaincre mène à la Conviction. Se convaincre mène à la Conviction : "Oui ! Après toutes ces errances ici ou là, enfin je suis certain". Vous savez que vous êtes la Destination. Vous êtes la Vérité Ultime, la Vérité Finale.

VOUS SAVEZ QUE VOUS ÊTES LA DESTINATION.

VOUS ÊTES LA VÉRITÉ ULTIME,
LA VÉRITÉ FINALE.

On devrait voir le Voyant ! Mais le Voyant ne peut pas être vu car il est Invisible, Anonyme, Non Identifié.

Que voulons-nous dire par Connaissance Spirituelle ? Vos yeux spirituels sont votre Connaissance Spirituelle. 'Je' disparaît. Il n'y a personne : Pas de 'je', pas de 'tu', rien. Vous êtes totalement détaché, indifférent au monde. Pas d'expérience, pas d'expérimentateur, pas de témoin, pas de dualité, rien. Pas de dualité ou d'individualité. C'est une connaissance rare. Quand tout disparaît, là vous êtes.

Avec implication de soi, à travers une profonde implication, vous parviendrez à cela. Vous en viendrez à connaître de première main ce dont je parle maintenant comme Connaissance du Soi, C'est la Connaissance de Soi.

CE QUE JE DIS MAINTENANT,
VOUS EN VIENDREZ À LE CONNAÎTRE
ET À LE RÉALISER DIRECTEMENT.
L'IMPLICATION DE SOI MENE À LA CONNAISSANCE DE SOI.

Quand je vins à Nisargadatta Maharaj la première fois, je ne fus pas capable de comprendre ce qu'il disait. Pour moi, c'était comme une langue étrangère. Donc il utilisa une approche directe car mon mental, ma capacité spirituelle étaient nuls. Mais il m'encourageait toujours, disant : "Écoute-moi, écoute-moi !". Et à présent cette Connaissance a été exposée. Avec le temps, la compréhension vint naturellement, avec facilité.

Q: À quel âge avez-vous rencontré Nisargadatta Maharaj ?

Maharaj: J'avais environ vingt et un ans en 1962. Ce qui arrive souvent est que les circonstances vous forcent à aller vers la Vérité Ultime. Si vous avez une vie confortable, vous n'irez pas, mais s'il y a des difficultés, alors vous l'embrassez. Un simple exemple, disons, quand vous êtes enfant et que quelque chose vous effraie, vous criez : "Il y a un fantôme !" et courez vers Maman. Vous étreignez votre mère parce qu'elle est l'Ultime, elle est votre protectrice. C'est la même chose avec le Maître et le disciple. Le Maître est la mère, le Maître est le père. Le Maître est tout. Le Maître est Dieu.

Nisargadatta Maharaj disait :

"SI JE SUIS FORTUNÉ,
LE MALHEUR CROISERA MON CHEMIN.
LES DIFFICULTÉS VIENDRONT À MOI".

Il eut vraiment beaucoup de difficultés dans sa vie, tellement de souffrances, tellement de pertes. Mais il n'a pas fui. Il est toujours resté ferme, et fort, peu importe les situations impossibles auxquelles il fit face. Il eut de nombreuses épreuves.

Et même à la fin, mon Maître continua à enseigner jusque quelques jours avant qu'il s'éteigne. Il était dans de telles souffrances avec son cancer de la gorge, crachant du sang, mais il ne se plaignait jamais. Cela vous montre sa grandeur.

En général les gens ont tendance à fuir les problèmes. S'ils font de la méditation ou d'autres pratiques, ils demandent souvent : "Pourquoi ai-je ces problèmes ?", comme s'il y avait une connexion.

IL N'Y A PAS DE CONNEXION ENTRE LA VIE SPIRITUELLE ET LES PROBLÈMES DU MONDE.

N'emmêlez pas la connaissance corporelle avec la connaissance spirituelle. Elles ne sont pas interdépendantes. Faites vos fondations fortes, très fortes, solides. Cela mènera à la Conviction : À l'exception de ça, il n'y a rien.

Aussi ne laissez personne ou quoi que ce soit vous divertir de cette Connaissance précieuse. Les tests viendront, donc soyez vigilant et fort à tous moments. Ne soyez pas distrait par les gens ou les choses. D'autres personnes peuvent être sous la pression de l'illusion et désireuses d'imposer leurs illusions sur vous. Maintenez la continuité.

Q: Je dois continuer comme ça, et aussi faire attention avec qui je passe du temps ? D'accord !

Maharaj: Bien sûr, c'est des plus important. Nisargadatta Maharaj conseillait à ses dévots et disciples : "Ne vous mélangez pas avec les gens qui vous perturberont et vous distrairont de votre principe" le principe qui est Vérité Ultime. Vous devez être vigilant. Rappelez-vous : 'Je sais'. Si le mental est faible, alors il sera distrait, aussi il les guidait à être très prudents. Il disait :

NE SOYEZ PAS SI BON MARCHÉ QUE LE MONDE VOUS METTE EN POCHE.

Il donnait souvent des astuces simples. Elles étaient bonnes car très pratiques. "Vous devez avoir du respect pour vous", disait-il. Il était très terre à terre, très pragmatique. Je ne reçus une éducation que grâce à mon Maître qui l'arrangea pour moi.

AUTREFOIS J'ETAIS VRAIMENT PETIT, SI PETIT, MAIS MAINTENANT JE SUIS UN MIRACLE, JE SUIS RÉELLEMENT UN MIRACLE.

Je connais mon passé. Ce que je suis aujourd'hui, tout ce que je suis aujourd'hui, tout est dû à mon Maître. Ce n'est qu'à cause de lui. Des changements spectaculaires sont survenus dans ma vie grâce à mon grand Maître, Nisargadatta Maharaj. Je partage maintenant la même Connaissance avec tout un chacun.

COMBIEN D'ENTRE VOUS SONT PRETS A L'ACCEPTER ? C'EST À VOUS DE DÉCIDER SI VOUS L'ACCEPTEZ OU NON. C'EST MON DEVOIR DE RÉVÉLER LE SECRET.

La grotte aux joyaux a été ouverte pour vous. Votre trésor perdu a été retrouvé. Prenez-le ! Puisez dedans autant que vous voulez. Prenez ce que vous pouvez, prenez votre plein, suivant votre capacité.
Q: Je prendrai tout, pas juste un peu ! Je le veux ! Je sens que j'ai attendu si longtemps pour trouver ce rare trésor, que ma soif et ma faim sont sans limites.

125. Transfert de Pouvoir

Q: Qu'est-ce que la grâce ? J'ai récemment entendu quelques personnes demandant votre grâce.
Maharaj: La grâce est une sorte de support, d'encouragement. Les gens disent : "Le *Sadguru*, ou Maharaj vous donnera la grâce ou vous bénira". Cela signifie donner l'assurance que ce que vous désirez se matérialisera. Il y a beaucoup de superstition autour de la grâce, même encore aujourd'hui, autour de la grâce et de la malédiction.

Si quelqu'un n'obtient pas ce qu'il veut, il peut dire : "je vais vous maudire". Mais dans notre langage spirituel, la grâce signifie que quoi que nous attendions de notre Soi Sans Soi se matérialisera. Cela se produira. Donc pour faire plaisir à Dieu, pour faire plaisir au Maître, le dévot montre de la dévotion et exprime son amour. Je parle d'amour désintéressé, sans attentes, pas de l'amour égoïste.

Quand le Maître est satisfait de son dévot, et peut voir qu'il est un vrai dévot, il lui donne sa grâce.

QUAND LE DÉVOT MONTRE AU MAÎTRE SON AMOUR DÉSINTÉRESSÉ, LE MAÎTRE LUI DONNE LA GRÂCE AVEC SON POUVOIR.

Le Maître a un immense Pouvoir. Pour bien vous faire comprendre, je vais utiliser une image, que vous devrez vite oublier. La philosophie Indienne parle du 'Transfert de Pouvoir'. Comme vous savez, tout Pouvoir réside en vous. Mais juste pour la compréhension, de tels concepts existent, tels que 'le Transfert de Pouvoir'.

Vous avez déjà le Pouvoir, l'énergie, mais vous avez oublié. Le Maître vous montre que vous avez un Pouvoir immense. Il va par conséquent vous donner la grâce avec ce Pouvoir.

LE MAÎTRE VOUS DONNE LA GRÂCE PAR CE POUVOIR, CE MÊME POUVOIR QUI EST EN VOUS.

Il n'y a pas de différence entre le Maître et le disciple, excepté la forme corporelle, et donc le Maître vous convainc de votre Pouvoir, via l'usage de diverses déclarations, répétitions, discours, et dialogues.

SI VOUS ETES COMPLETEMENT DEVOUE
A VOTRE SOI SANS SOI,
VOUS RECEVREZ LA GRÂCE.

Q : La difficulté consiste à être totalement dévoué, surtout quand vous vivez dans le monde avec une famille, et des problèmes relationnels, et des choses qui arrivent tout le temps.

Maharaj : Rien n'arrive. C'est un long rêve, un long rêve. Saint Samarth Ramdas dit : "C'est un long rêve dans lequel nous disons, ma mère, ma sœur, ma femme, mon fils. Avec beaucoup d'émotion et de sensibilité, nous disons, "C'est ma mère, mon père, mon frère, ma sœur, ma femme, mon Dieu". Nous disons tout cela, et pourtant il n'y a rien. Toutes ces relations sont relatives à la forme corporelle.

Avant la forme corporelle, il n'y avait pas de relations, personne, pas de frère, pas de sœur, pas de Maître, pas de *Brahman*, pas d'*Atman*, rien, rien, rien. Vous pouvez comprendre tout ça littéralement, mais cela demande d'être mis en pratique. Ce n'est qu'ainsi que cela mènera à la Conviction.

Vous pouvez le comprendre logiquement et intellectuellement, mais cette Connaissance doit être vécue. Vous devez vivre comme cela. Nisargadatta Maharaj a dit :

"JE VIS CETTE VIE, CETTE VIE SPIRITUELLE.
JE NE SUIS PAS EN TRAIN DE PARLER INTELLECTUELLEMENT
OU LOGIQUEMENT.
JE PARLE DEPUIS CETTE CONNAISSANCE VIVANTE".

Tout comme vous vivez l'histoire de Suzanne. Nous narrons votre histoire. Vous êtes Suzanne, aussi quand vous entendez votre prénom, vous vous exclamez : "Oh c'est mon histoire !". C'est comme de lire votre biographie car le Maître vous relate non pas une histoire imaginaire, mais votre histoire réelle, votre histoire vraie. Aussi la grâce vient si vous êtes complètement impliqué, complètement dévoué, quand vous savez : 'Je vis cette vie".

Tous ces processus de lecture, de méditation, la Connaissance, la prière, etc, existent dans le seul but d'identifier votre Soi Sans Soi. Toutes ces disciplines sont là afin que vous puissiez parvenir à la conclusion.

Q : Quelle est la conclusion ?

Maharaj : Que rien n'est là ! Tout comme un oignon, après avoir enlevé les couches, une par une, rien ne reste. C'est un secret établi. J'ouvre le secret avec vous. Ce n'est pas une connaissance qui explique les choses de manière détournée et indirecte. C'est la Connaissance Directe. La Connaissance Directe Vivante. Digérez juste ça, digérez ça.

C'EST LA CONNAISSANCE DIRECTE.
LA CONNAISSANCE DIRECTE VIVANTE.

Q: Il y a une envie de dire quelque chose, mais il n'y a pas de mots.
Maharaj: Soyez calme ! Soyez silencieux !

126. *Divertissement spirituel*

Q: Qu'en est-il de la *Kundalini* et des *chakras* ?
Maharaj: Chakra par ci, *chakra* par-là, il n'y a pas de *chakra* ! Cette connaissance stérile est un divertissement momentané. Il n'y avait pas de *chakras* avant d'être. Que voulez-vous dire par *Kundalini* ? Tout ça est juste connecté avec le corps. Vous êtes au-delà de ça, au-delà de ça.

Ne devenez pas esclave de cette connaissance littérale. Regardez en vous, tout est ouvert. Des milliers de livres existent, des milliers de concepts. Tout le monde vous demande de faire cette chose-ci ou cette chose-là. Pourquoi ? Il n'y a pas d'action, il n'y a pas d'acteur.

**CETTE CONNAISSANCE EST EXCEPTIONNELLE, ET C'EST LA VÔTRE.
MAIS L'EGO NE VOUS PERMET PAS D'Y PRÉTENDRE.**

Il vous empêche de briser le cercle des pensées illusoires. Vous recherchez encore le salut. Pourquoi le 'salut' quand vous êtes déjà libre ? Pourquoi la 'libération' ? Il n'y avait pas de libération avant d'être. Vous êtes lié à vos propres pensées et concepts.

Q: Mais nous devons utiliser le corps pour connaître Soi Sans Soi, n'est-ce pas ?
Maharaj: Vous devez utiliser le corps, c'est un médium. L'Esprit ne se connaît qu'à travers le corps. Il ne sait pas qu'il est « *Brahman*, Dieu ».

"Je ne suis pas le corps, je suis *Mahatma*", disait Shankara. Il a vécu avec cette Conviction d'être *Brahman*. Cette Conviction mène à la Connaissance. Votre Présence est très précieuse. Ne gaspillez pas votre temps avec ces bavardages sur les *chakras* et la *Kundalini*.

Q: Quelle est la signification d'*upasana* ?
Maharaj: Vous n'êtes plus un bébé ! Que voulez-vous savoir ? Ce que vous lisez dans les livres n'est pas *upasana*. Ne soyez pas esclave de la connaissance littérale, vous n'êtes pas un débutant.

Q: Est-ce que le temps existe seulement dans la mémoire ?
Maharaj: La mémoire de qui ?
Q: Le temps doit être dans la mémoire, car sans la mémoire il n'y a pas de temps.

Maharaj: Si vous vous considérez comme la forme corporelle, alors il y a la mémoire, le temps, le *karma*, etc. Mais avant d'être y avait-il un *karma* ? Lisez-vous la *Gita* ?

VOUS DEVEZ VOUS PROSTERNER DEVANT VOUS-MÊME.
SE PROSTERNER SIGNIFIE SE PROSTERNER DEVANT 'CELA'
À TRAVERS LEQUEL VOUS CONNAISSEZ VOTRE SOI SANS SOI.
C'EST UN ACTE SPONTANÉ.

Quand vous parlez de *mukti*, *upasana*, *chakras* ou peu importe, vous parlez au sujet de l'enfant non né.

OUBLIEZ L'ENFANT NON NÉ,
ET RAPPELEZ-VOUS VOTRE GRANDEUR.

Je vous l'ai dit, vous êtes un Magicien, vous avez la Clé pour ouvrir la Boîte Magique du monde entier qui est en vous. Ces processus de méditation, *bhajans*, etc, sont là car vous avez oublié votre Grandeur. Même avec la Connaissance, vous voulez encore aller ailleurs. Vous êtes riche et possédez des millions de roupies, et pourtant vous continuez à dire : "Donnez-moi une roupie".

UN PLAT EN OR VOUS A DÉJÀ ÉTÉ DONNÉ,
MAIS VOUS UTILISEZ CE PLAT POUR MENDIER.

La Connaissance est là, la Réalité est devant vous, à l'intérieur de vous, autour de vous, partout.

Encore combien de fois, dois-je vous dire la même chose ? C'est pourquoi le martèlement continuel est nécessaire. Écoutez-moi ! Il n'y a pas de *prarabdha*, pas de *karma*, pas de destin. À travers la méditation et ses vibrations, vous allez, comme le poussin, percer la coquille et en sortir. Vous êtes *Brahman*, vous êtes *Atman* !

TOUTE CETTE RECHERCHE, OÙ SUIS-JE ? OÙ SUIS-JE ?
QUAND VOUS ÊTES LÀ, CONSTAMMENT.

Nisargadatta Maharaj disait : "Il n'y a pas de chemin, pas de mort, pas de voies, pas de chemin, vous êtes toujours avec vous". Martèlement direct ! Vous êtes le Terminus. Vous ne faites qu'ajouter de la confusion si vous êtes encore tenté d'aller ailleurs après avoir pris connaissance de la Réalité. Encore combien de temps allez-vous continuer à visiter tant d'endroits, quand vous, le Visiteur, êtes vous-même la Vérité Ultime ?

LE VISITEUR EST LA VÉRITÉ ULTIME.
TOUT CE QUE VOUS DEVEZ FAIRE,
EST DE VISITER VOTRE PROPRE SITE.
CE N'EST PAS UNE CONNAISSANCE INTELLECTUELLE,
C'EST LA RÉALITÉ.

Q: Comment devons-nous vivre ? Quelle est la meilleure manière ?

Maharaj: Je vous ai déjà dit comment vivre, vivez comme le ciel. Le ciel ne connaît pas sa propre existence. Il est inconnu de lui-même. Votre Présence est la Présence Inconnue. Nisargadatta Maharaj disait :
"LE RÉEL VOUS EST INCONNU, AUSSI, VIVEZ COMME CELA, ET CE NE SERA PAS UN PROBLÈME POUR VOUS".

Comment devez-vous vivre ? Comment serez-vous quand le corps sera dissous ? Oubliez aussi le passé aussi ! Pas de présent, pas de futur, pas de passé. Ce que vous avez fait jusqu'à maintenant, laissez-le juste tomber ! Il vous a amené à votre Destinée Finale. La Connaissance n'est pas concernée par ce que vous faites, ou ce que vous mangez. Tout ce qui est pris en excès est poison. Ne prenez pas les sens littéraux ! Ne vous laissez pas prendre dans les restrictions, et les luttes de choses à faire et à ne pas faire.
N'AYEZ PAS L'EGO D'ÊTRE CELUI QUI FAIT. VOUS NE POUVEZ RIEN FAIRE.

Q : C'est un travail difficile de se le rappeler tout le temps.
Maharaj : Ce n'est pas difficile, c'est simple. Si votre corps veut de la nourriture, nourrissez-le, mais pas excessivement. Trop de liberté est poison ! Respectez-vous vous-même, et respectez les autres. Soyez humble et charitable, pour garder l'ego subtil en échec. Dites 'Non' à l'ego.

Tous les Saints sont humbles. Soyez comme eux !
TOUS LES SAINTS SONT EN VOUS.

Vous les considérez comme étant séparés et différents de vous.
L'UNITÉ EST TOUT CE QU'IL Y A.

Vous devez vous enseigner à vous-même, tout comme vous vous enseignez le Hatha Yoga. Réalisez que rien n'est impossible.
ACCEPTEZ CETTE RÉALITÉ. ELLE EST EN VOUS. CETTE ESSENCE DU MAÎTRE EST EN VOUS. VOUS ARRÊTEREZ ENFIN DE VAGABONDER.

Le Maître vous a présenté à Dieu, vous a montré Dieu, c'est pourquoi Kabir se prosternait devant son Maître. Ne soyez pas esclave des pensées de quelqu'un d'autre.

Q : Je me vois toujours comme 'moi' et les autres comme 'eux'.
Maharaj : Pouvez-vous voir Celui qui voit ? Vous ne pouvez pas voir le Voyant, parce que le Voyant est la Vérité Ultime. C'est un entretien relatif au corps. Il n'y a pas de Dieu excepté vous. Dieu n'a pas d'existence propre. Arrêter d'imaginer la forme corporelle, vous n'êtes pas le corps, mais le support du corps. Vous n'avez pas à imaginer la forme corporelle.
VOUS N'ÊTES PAS LE CONSTRUCTEUR DU CORPS, MAIS LE SUPPORT DU CORPS.

Utilisez votre vision interne pour voir ! Soyez fort spirituellement. Votre connaissance corporelle doit être dissoute totalement. Continuez à récitez le *Naam* !

Vous êtes le Projeteur de ce monde, pas les projections. Le Questionneur est Invisible. Le Questionneur lui-même est la réponse. Restez simple :

DIRE ILLUSION EST AUSSI ILLUSION.
NE FAITES RIEN.
VOUS NE FAISIEZ RIEN AVANT D'ÊTRE.
COMMENT POUVEZ-VOUS CONNAÎTRE VOTRE PRÉSENCE,
SI VOUS NE POUVEZ PAS UTILISER LE CORPS ET LE MENTAL ?
REGARDEZ-VOUS JUSTE,
REGARDEZ CE QUI TÉMOIGNE DE TOUTES CES PENSÉES.

Vous essayez de vous connaître avec une base corporelle illusoire. Impossible !

Connaissez-vous comme vous étiez avant d'être. Comment était-ce ? Vous dites : "Je ne sais pas". Cette réponse 'négative' est venue d'une 'positive'.

"JE NE SAIS PAS" SIGNIFIE "JE SAIS",
MAIS JE N'ÉTAIS DANS AUCUNE FORME.
LE CONNAISSANT EST LA PRÉSENCE, LE 'JE SUIS'.
VOUS SAVEZ QUE VOUS NE SAVEZ PAS.

Plus simplement, c'est comme l'exemple des enfants jouant, quand l'un dit "Toc, toc, qui est là", et que l'autre enfant répond, "Personne !" Ici, celui qui répond 'personne' signifie simplement, que 'quelqu'un' doit être là, avant de pouvoir dire 'personne'.

VIVEZ COMME CETTE PRÉSENCE INVISIBLE,
ANONYME, NON-IDENTIFIÉE !

Les gens viennent parfois ici comme s'ils visitaient un show-room. Ils s'assoient comme des statues, complètement indifférents et immobiles. Ils s'informent froidement, comme s'ils faisaient une étude de marché. Leur ego ne leur permet pas de sortir de leur cercle, de s'émerveiller de la grandeur de mes Maîtres.

Ils ne montrent aucun respect envers mes Maîtres. Ces entretiens, cette Réalité, devraient toucher les cœurs des gens. Un visiteur est resté ici une semaine, et je ne vois aucun effet sur son visage. Il est toujours une statue. Il est encore ici, mais je ne vois aucun changement se produire. Il reste une statue.

127. Retomber dans le fossé

Q: Vous dites qu'on doit être vigilant, être sur ses gardes, constamment, car des obstacles apparaissent tout le temps, sous beaucoup de formes différentes.
Maharaj: Durant le processus de la spiritualité, quand vous êtes très proche de votre Soi Sans Soi, cela se produit. Des pensées illusoires, des attractions, des tentations risquent d'être là, et elles peuvent vous distraire à un moment crucial.
CELA SE PRODUIT QUAND VOTRE PUISSANCE INTÉRIEURE, VOTRE ORIGINALITÉ EST EXPOSÉE.

C'est appelé *maya*. Mais en réalité, il y a seulement Soi Sans Soi, il n'y a pas de *maya*, pas de *Brahman*, pas d'*Atman*, pas de *Paramatman*. Cela survient quand vous être proche de l'Unité.
QUAND VOUS ALLEZ VERS LE SOI SANS SOI, ABSORBANT LA CONNAISSANCE, APPROCHANT DE PLUS EN PLUS DE L'UNITÉ, À CE MOMENT PRÉCIS, DES OBSTACLES APPARAISSENT QUI PEUVENT CAUSER DE LA CONFUSION ET DES CONFLITS.

À ce moment, des tentations ou des adversités font leur apparition. Ce qui se produit, c'est qu'après avoir atteint un certain niveau de détachement, vous pouvez être tiré en arrière à nouveau, par de petites attractions qui offrent un bonheur momentané.

Consciemment ou inconsciemment, en une seconde, vous pourriez oublier la Réalité, tout oublier, et retomber dans le fossé, sans penser aux conséquences. Puis, par la suite, quand vous réaliserez l'erreur, vous le regretterez et vous repentirez : "Oh ! Qu'ai-je fait ?"

Il y en a beaucoup d'exemples dans la littérature spirituelle. Un saint qui était tombé en disgrâce était le grand sage Vishvamitra. L'histoire raconte que pendant soixante mille ans, ce saint avait une dévotion intense et inébranlable. Il était si puissant ! Puis un jour, il rencontra une femme exceptionnellement belle, et tout d'un coup [Maharaj frappe dans ses mains] il devint attiré, et il abandonna tout. [il frappe dans ses mains à nouveau].
CETTE HISTOIRE ILLUSTRE LA NÉCESSITÉ D'UNE VIGILANCE DE TOUS LES INSTANTS. L'ILLUSION EST TOUJOURS LÀ POUR VOUS PIÉGER. QUELQUE CHOSE ARRIVE, QUE CE SOIT INNOCEMMENT OU DÉLIBÉRÉMENT, ET PUIS, SOUDAINEMENT, L'ESPRIT ATTIRE LA TENTATION, SANS AUCUNE RAISON !

Pour un bonheur momentané, vous perdrez tout : ce peut être pour la renommée, l'argent, ou le sexe. Sans penser aux conséquences, vous jetterez tout et retournerez dans l'illusion. Je me sens très mal quand ça se produit. Écoutez-moi !
**CELA NE DEVRAIT PAS ARRIVER.
NE LAISSEZ PAS LE MONDE ILLUSOIRE REVENIR.
VOUS ÊTES SI PROCHE DE VOTRE SOI SANS SOI,
NE REGARDEZ PAS EN ARRIÈRE.**

C'est comme quand vous escaladez une montagne. Si vous êtes très près du sommet, presque au sommet de la montagne. Vous ne devez pas regarder en arrière. Seulement continuer à monter et monter, jusqu'à atteindre votre but. Si vous regardez en arrière, vous perdrez pied, et finirez à nouveau en bas de la montagne.

À ce stade avancé, des mesures de précaution doivent donc être prises. Je n'insisterai jamais assez.
**APRÈS LA CONVICTION,
NE PRÊTEZ AUCUNE ATTENTION À QUELQUE SORTE
D'ATTRACTION OU DE TENTATION QUE CE SOIT.
NE PRETEZ PAS ATTENTION À L'ILLUSION.
SOYEZ SUR VOS GARDES,
ET NE DONNEZ PAS D'IMPORTANCE À *MAYA*.**

Le Maître vous donne un avertissement afin que vous preniez des mesures de précaution. Si vous mettez en pratique ces mesures et implémentez la Réalité, vous resterez vigilant et préparé pour ces défis, tests, et obstacles.
**MAINTENANT QUE VOUS AVEZ LA CONVICTION,
VOUS SAVEZ CE QU'IL EN EST.
VOUS N'ÊTES PLUS UN INDIVIDU,
AUSSI VOUS NE POUVEZ PLUS ÊTRE TENTÉ.**

Q: Si je suis tenté et tiré à nouveau dans l'illusion, cela signifie-t-il que la Conviction n'est pas réellement là, ou que les fondations ne sont pas assez solides ?

Maharaj: Correct ! C'est pourquoi vous devez être sérieux concernant la pratique. C'est pourquoi j'insiste sur la discipline de la méditation. Il vous faut une fondation parfaite, une fondation solide. La méditation est la base et est à la base de tout. Je vous ai dit de nombreuses fois qu'au Stade Ultime la méditation est aussi illusion, mais elle est nécessaire pour dissoudre la connaissance corporelle et établir la Réalité.
**VOUS DEVEZ VOUS CONVAINCRE,
SANS AUCUN EGO, QUE :
VOTRE IDENTITÉ NON-IDENTIFIÉE EST DIEU TOUT-PUISSANT.
VOTRE IDENTITÉ NON-IDENTIFIÉE EST DIEU TOUT-PUISSANT,
*BRAHMAN, ATMAN.***

**EMBRASSEZ CETTE RÉALITÉ,
EMBRASSEZ CETTE RÉALITÉ.**

Vous embrassez le corps de nourriture au lieu de la Réalité, et en conséquence vous dépendez de tout. Avant d'être, vous n'aviez besoin de rien. Avant d'être, vous n'aviez besoin de rien. Quand il n'y a pas de forme corporelle, il n'est pas question de bonheur, de malheur, de paix, de vie sans tension ou d'absence de peur. C'est l'entièreté de la Réalité. C'est la Vérité Finale.

128. Pouvez-vous vider mon disque dur ?

Maharaj: Les Écritures, les livres, les Maîtres et autres, disent tous : "Dieu est comme ceci. Vous devez faire ceci ou cela. À cause de votre *karma*, vous devez faire ceci et cela". Tout ça n'est que de la connaissance corporelle.

**UN MAÎTRE QUI VOUS <u>MONTRE</u>
QUE DIEU EST EN VOUS,
EST UN MAÎTRE TRÈS RARE.**

Quand vous avez cette Conviction, après l'établissement d'une complète Conviction, vous saurez enfin et direz : "Oui ! Tout ce que je cherchais, et que j'essayais de trouver, n'avait rien à voir avec le corps. Maintenant JE SAIS que tout est à l'intérieur. Je Suis Cela !"

**POURQUOI DEVRAIS-JE ALLER QUELQUE PART
QUAND TOUT EST À L'INTÉRIEUR ?**

Ce ne sont pas des paroles égotiques. Hors de la Conviction Spontanée, il est réalisé que : "Ce que je cherchais, ce que j'essayais de savoir, ce que j'essayais de trouver, le bonheur que je cherchais, est et était à l'intérieur depuis le début". Il n'y a plus la nécessité d'aller où que ce soit.

**POURQUOI REGARDER AILLEURS
QUAND VOUS ÊTES LA SOURCE DE TOUT ?**

Il y a une modification, un changement définitif après la Conviction, car vous êtes convaincu de ne pas être le corps. Jusque là, vous vous considériez comme forme corporelle. Et avec cette forme corporelle vous essayiez de trouver Dieu, ou le bonheur et la paix.

**VOUS ESSAYIEZ DE TROUVER DIEU,
LE BONHEUR OU LA PAIX AVEC LA FORME CORPORELLE.**

Allez à la cause première ! Restez avec la cause première car le corps n'est pas une chose permanente. Qu'on le veuille ou non, nous devons quitter ce corps. Donc, qui veut le bonheur ? Qui veut le bonheur ? L'Esprit trouve le corps intolérable. Il ne supporte pas d'être dans le corps. Quand il n'y avait pas de corps, il n'était pas question de tolérance ou d'intolérance, de bonheur, de malheur, de paix, ou d'absence de paix, car rien n'était requis.

Q: Donc il n'y avait pas de besoins, pas de problèmes, et rien à chercher ?

Maharaj: Comme je continue à vous le répéter, avant que l'Esprit ne clique avec le corps, vous ne vous connaissiez pas vous-même. Vous étiez complètement inconnu de vous. Il n'y avait pas de 'je', pas de 'tu', pas de 'il', pas de 'elle'. Tous ces besoins, toutes ces demandes et attentes sont venus avec le corps.

Restez avec la cause première. Après la Conviction vous réaliserez que : "Toutes ces choses que je ne suis pas, je les avais acceptées aveuglément, comme si j'étais un individu. Le corps n'est pas ma Réalité, ce n'est pas la Réalité Ultime." Vous étiez innocemment inconscient de cela.

VOUS AVEZ ACCEPTÉ LE CORPS COMME ÉTANT LA VÉRITÉ ULTIME, CE QUI VOUS A FAIT PENSER : "JE SUIS LE CORPS". ALORS TOUS VOS PROBLÈMES ET SOUCIS ONT DÉBUTÉ.

Q: Quand la maladie survient dans le corps, ou la vieillesse, le challenge est encore plus grand. Avec une bonne santé vous pouvez garder le corps en arrière-plan, et être en quelque sorte plus centré réellement dans ce que vous êtes.

Maharaj: Votre Présence est au-delà de toute cette connaissance corporelle. Vous devez maintenir la pratique. Ici nous administrons les médicaments pour vous garder fort.

Q: Je pense que ce n'est pas facile pour moi de me débarrasser de tous mes doutes.

Maharaj: Votre disque dur est plein.

Q: Mon voyage a été si long et j'ai vu tant de Maîtres.

Maharaj: Après avoir atteint la destination, vous pouvez vous débarrasser de l'adresse. Oubliez votre voyage. Maintenant vous avez atteint le terminus.

Q: Je me sens fatigué et vieux, et je me demande si je ne me suis pas réveillé trop tard ?

Maharaj: Qui est fatigué ? Qui est vieux ?

QUEL ÂGE AVIEZ-VOUS AVANT D'ÊTRE ? QUAND AVEZ-VOUS COMMENCÉ À COMPTER LES ANNÉES ?

Ce sont toutes des pensées, illusion. Oubliez tout ! L'ordinateur devrait être totalement vierge.

Q: Pouvez-vous vider mon disque dur, Maharaj ?

129. Regardez-vous ! Regardez-vous !

Maharaj: Jetez-vous de tout cœur dans la Réalisation du Soi. Ces enseignements sont directs. Vous devez continuer l'investigation du Soi, ce n'est pas suffisant de penser "je ne suis pas le corps". Vous devez le savoir en votre for intérieur. De même, au fond vous devez savoir que vous êtes *Brahman*. Maintenant est tout ce que nous avons, qui ne se répétera jamais.
Q: Que voulez-vous dire, quand vous dites : "Chaque moment de votre vie est très important" ? Vous le dites très souvent.
Maharaj: Car continuer avec la connaissance corporelle peut vous conduire dans un autre rêve comme celui-ci. Pour avoir cette Conviction, vous devez utiliser chaque moment pour connaître la Réalité, car il est naturel que des obstacles se présentent tout le temps. Donc il vous faut rester vigilant pour absorber la Réalité. Vishvamitra ne fut distrait qu'un seul instant, et à cet instant, il a tout perdu.

**VOUS POUVEZ VOUS RÉALISER DANS CETTE VIE
CAR VOUS AVEZ UN INTELLECT,
ET POUVEZ CONNAÎTRE LA RÉALITÉ.**

Donc soyez vigilant ! Par la suite ce sera Spontané, et vous oublierez le corps/monde.
Q: Cela semble très difficile de ne pas être distrait même un bref instant.
Maharaj: C'est pourquoi nous avons la pratique de la méditation dans notre Lignée. De cette façon, la Réalité qui a été oubliée, est imprimée et gravée en vous.

**VOUS AVEZ UNE AMITIÉ ERRONÉE.
VOUS AVEZ MAL PLACÉ VOTRE AMITIÉ
ET ETES DEVENU AMI AVEC LE CORPS.
C'EST UNE FAUSSE AMITIÉ.
VOUS DEVEZ ÊTRE VOTRE PROPRE AMI, VOTRE PROPRE AMI.**

Quand vous conduisez, vous éviterez normalement les fossés et les nids de poule. Si vous ne le faites pas, vous tomberez dedans, ou serez coincé. De même, dans la vie il y a tant de fossés, de blocages que vous devez éviter, sans vous endommager.

Vous devez vous enseigner de diverses manières. Vous êtes votre propre Maître, donc laissez-Le vous guider. Si vous L'ignorez, alors les accidents se produiront. Vous devez manœuvrer et prendre des mesures préventives. Ce corps est sujet aux accidents.
Q: Vous dites que je ne suis pas celui qui fait, mais je me sens encore coupable pour des choses qui sont arrivées dans le passé.

Maharaj: Avant d'être, vous n'aviez rien fait. Pas de péché, rien, donc comment peut-il y avoir de la culpabilité ? Vous étiez totalement inconnu. Pas de vie passée, pas de vie future.

Vous faites des allégations comme quoi vous êtes coupable, et que vous auriez fait de mauvaises choses, que vous êtes né. Vous avez adopté les concepts de renaissance, d'enfer et de paradis. Toutes sont de fausses allégations. Pour passer outre ces concepts, vous devez voir votre Soi Sans Soi. Allez à l'intérieur, et essayez de connaître la Réalité. Vous allez à l'extérieur vers différents Maîtres pour trouver le bonheur.

**VOUS N'APPROCHEZ PAS LE VÔTRE,
UN MAÎTRE TRÈS PUISSANT ET TRÈS FORT.**

Cela se produit à cause de votre manque de foi et de confiance en vous-même. Et cela, par la suite, vous mène à un manque de confiance envers les Maîtres. Soyez comme ces Maîtres ! Vous pouvez avoir le Maître que vous voulez, mais soyez-lui loyal.

**ARRIVEZ À UNE CONCLUSION !
REGARDEZ-VOUS !
REGARDEZ-VOUS !**

Alors la porte cachée s'ouvrira. Si vous ne faites qu'écouter la connaissance, sans aucun effort ni implication, ça ne servira pas votre intérêt.

**VOUS DEVEZ AVANCER.
FAITES UN PAS,
JE FERAI LE SUIVANT.**

Ce n'est pas un trafic à sens unique. Vous devez être profondément intéressé, non pas monétairement. Prenez tout du Maître. Cette Connaissance est gratuite, mais devrait être considérée. Nous n'attendons rien, mais si vous venez ici, vous devez prendre la Connaissance au sérieux, et l'apprécier dans sa profonde signification.

Q: J'ai entendu une étrange histoire venant du sud où il y a un couple, connu sous le nom de 'Mr & Mme Dieu', [Mr & Mme *Bhagavan*], qui se font payer en euros par secondes et minutes passées. Ils invitent les étrangers en leur disant : "Je vous donnerai la paix, ou quoi que vous vouliez".

Maharaj: Ils tirent profit des dévots, les trompant en leur promettant des miracles.

Ici, votre bonheur est notre capital. Votre paix est notre capital, le capital du Maître. Prenez quelque chose de nous ! Je vous montre l'éléphant entièrement ! Quand vous connaîtrez la Réalité, comme l'aveugle et l'éléphant, vous ne serez pas impressionné par les déclarations de quiconque concernant *Atman*, *Brahman*, *Paramatman*. Les joyaux vous sont offerts, mais vous prenez seulement les pierres, et continuez à mendier.

**QUAND ON VOUS A MONTRÉ QUE TOUT EST EN VOUS,
POURQUOI MENDIER ?**

ALERTE ! ALERTE !
LA RÉALITÉ EST EN VOUS.

Ne soyez pas distrait du principe. C'est pourquoi chaque moment est important, afin de vous empêcher de glisser. Si vous manquez ce moment particulier, une force vous fera chuter. Les ennemis attendent, à l'affût de vos faiblesses, vos lacunes. Ils vous attaqueront quand votre garde sera baissée.

Et par conséquent, je vous demande d'être vigilant, de méditer. Maintenez les soldats en poste, montant la garde jour et nuit, surveillant. Assurez-vous que les gardes-frontière soient eux aussi vigilants ! S'ils ignorent ce qui est autour d'eux, alors les intrus, les immigrants illégaux entreront dans le pays. C'est un grand pays, aussi une fois qu'ils seront entrés, il sera difficile de les renvoyer. Vous êtes le capitaine, le colonel en charge des soldats, donc soyez vigilant tout le temps. Si vous vous endormez, alors qui sait ce qui pourrait arriver.

SI VOUS VOUS ABANDONNEZ COMPLÈTEMENT,
CE NE SERA PAS DIFFICILE,
CAR VOTRE EGO SERA TENU EN ÉCHEC.
RESPECTEZ VOTRE SOI SANS SOI.

Évitez la fierté ! Évitez l'ego ! Vous savez bien que la fierté est signe d'ego.

130. Pas de pays, pas de nationalités

Maharaj: La science spirituelle dit qu'il y a six qualités désirables. Vous pouvez juger de vos progrès et voir si vous les possédez. Ce sont le pardon, la patience, le souhait de la Réalisation, le désir de savoir, la dévotion totale, et en dernier la foi dans le Maître.

Q: Les Indiens, de manière générale, les possèdent, n'est-ce pas ? Aussi, je me demandais pourquoi il n'y avait pas plus de personnes illuminées en Inde ?

Maharaj: Ne vous préoccupez pas des autres personnes. Ne soyez pas préoccupé par les autres. Soyez préoccupé par vous-même. Je vous l'ai dit, c'est un rêve. La vie que vous vivez dans ce monde est un rêve.

IL N'Y A PAS D'INDIENS, PAS D'AUSTRALIENS, PAS D'ANGLAIS.

Avant d'être, où était l'Inde, la Russie, l'Australie ? Avez-vous dit : "Je vais naître en Australie, en Chine" ? Quand vous prenez un corps, vous commencez à imaginer le pays.

Vous ne connaissiez aucun pays avant d'être. Vous étiez comme le ciel ! Changez votre vision ! Votre Présence est Vérité Ultime, tout comme le ciel.

Vous vous déconnectez à nouveau en tant que forme corporelle, en voulant voir différentes nationalités.

NOUS NE SOMMES PAS PRÉOCCUPÉS PAR CELA.
NOUS SOMMES PRÉOCCUPÉS PAR SOI SANS SOI.

Vous ne pouvez pas voir l'Inde, le Japon ou où que ce soit sans Soi Sans Soi. Le monde entier est en vous. Au moment où vous vous réveillez, vous voyez le monde. Le monde entier est une réflexion de votre Présence.

La Projection du Voyant est Spontanée, non délibérée. Mais ce qui arrive dans ce monde, est, que nous nous considérons sous la forme d'êtres humains. Comme je vous l'ai dit de nombreuses fois, le corps n'est qu'une couverture, un cadavre. Tous ces pays sont sortis de votre Présence.

Ce que vous voyez est la Réflexion du Voyant, sous la forme des mots, et du monde. Votre Présence est derrière tout cela, derrière tout. Essayez d'éviter toutes ces pensées illusoires. Regardez-vous !

JE NE SUIS PAS LE CORPS. JE PARLE, VOUS ÉCOUTEZ.
LE CORPS EST SEULEMENT UN MÉDIUM.
L'AUDITEUR EST SILENCIEUX, INVISIBLE.
L'AUDITEUR EST INVISIBLE, ANONYME.

Cette Puissance Surnaturelle est déjà en vous. Entre les deux, il y a le blocage de l'ego, de l'intellect, du mental, qui ne vous permettent pas d'atteindre la Vérité Ultime.

TOUT LE MONDE DEVRAIT ÊTRE ILLUMINÉ !

Regardez-vous, et nulle part ailleurs ! Il n'y a pas d'Inde, pas de Chine, pas de pays. Nous avons donné des noms au ciel, au temple, aux toilettes, à la cuisine, à la salle de bains, à la salle à manger. Dans une même maison nous donnons différents noms au même ciel.

Nous enfermons le ciel entre différents murs, temple, cuisine, toilettes. Nous faisons la même chose avec les pays. "C'est l'Australie, l'Inde", etc. Nous avons construit ces murs avec notre imagination. Ces gens sont des Indiens, et ceux-là des Australiens. Qui discrimine ? Je parle dans ce sens-là.

Par conséquent vous devez avoir la Conviction de ne pas être ce corps. Après un certain temps, vous devez dire "Ciao !" au corps, mais jamais à votre Présence. Le ciel est, était et sera, et vous êtes plus subtil que le ciel. Les maisons peuvent s'effondrer, mais le ciel meurt-il ?

C'est très, très, important. Regardez-VOUS et voyez comment ce monde est projeté. Nous avons créé le langage avec l'alphabet, et donné des significations aux mots. Je ne suis pas concerné par les mots et leur signification, j'invite l'attention de Cela, cette Vérité Ultime que vous êtes.

PENSEZ SÉRIEUSEMENT !
ALLEZ DE PLUS EN PLUS PROFONDÉMENT DANS LE SOI SANS SOI.
TOUT LE SECRET DE LA SPIRITUALITÉ

**EST CACHÉ EN VOUS. IL VOUS FAUT L'OUVRIR.
BIEN SÛR, UNE FORTE IMPLICATION ET FOI SONT
NÉCESSAIRES,
LA FOI EN VOUS.**

Vous devez avoir confiance, confiance totale. Ne vous préoccupez pas des études comparatives, sur qui est ou n'est pas, réalisé ou illuminé. Après avoir pris Connaissance de la Réalité, vous devez avoir une confiance totale.

**OUBLIEZ LES AUTRES PERSONNES. POURQUOI ?
CAR CE SONT DES PERSONNES DU RÊVE.**

Le corps est périssable, mais parce que nous n'acceptons pas ce fait, nous posons tant de questions. La méditation est la base, c'est l'ABC qui va dissoudre l'illusion, afin que la Vérité Finale soit totalement établie.

**VOUS POUVEZ VISITER N'IMPORTE QUEL MAÎTRE,
MAIS COMME JE L'AI DIT DE NOMBREUSES FOIS,
VOUS, LE VISITEUR INVISIBLE DANS LA FORME
CORPORELLE,
ÊTES LE MAÎTRE DES MAÎTRES.
ÊTRE LE MAÎTRE DES MAÎTRES
DOIT DEVENIR VOTRE CONVICTION.
NE NIEZ PAS VOTRE PROPRE GRANDEUR
EN L'AFFIRMANT CHEZ QUELQU'UN D'AUTRE.**

Dans la culture Indienne, vous vous prosternez dans les temples, offrant votre respect, et l'abandon de votre ego. C'est une bonne coutume dans chaque religion, se prosterner à l'église que l'on soit illuminé ou non. Parfois l'ego ne permet pas à quelqu'un de se prosterner, comme quand certains visiteurs viennent à l'ashram et ne souhaitent pas se prosterner devant les photos de ces grands saints de notre Lignée.

La connaissance stérile n'aidera pas. Vous pouvez être un Maître des mots, donnant des discours spirituels avec la littérature que vous avez apprise par cœur. C'est juste de l'apprentissage mécanique, et non pas la Connaissance pratique.

**DONC CONNAISSEZ-VOUS ET RESTEZ TRANQUILLE.
PENSEZ-Y ! PENSEZ-Y !
EN PENSANT, LE PENSEUR DISPARAÎTRA,
ET LÀ VOUS ÊTES !**

Dans votre vie de tous les jours, vous devez être enivré par la spiritualité, ce qui signifie qu'il vous faut "Être avec vous ! Demeurer en vous !", tandis que vous jouez votre rôle dans la pièce de théâtre. C'est une bonne pièce, où les enfants disent : "Mon père", où les amis disent : "Mon ami", et où le patron dit : "Mon employé". Tous un, mais avec différents noms.

**VOUS DEVEZ VOIR VOTRE SOI SANS SOI DE CETTE FAÇON.
CETTE RÉALITÉ REPOSE DÉJÀ EN VOUS.**

MAIS VOUS NE REGARDEZ PAS.
Q: Disons que je veuille aller voir un autre Maître, est-ce un signe que je n'ai pas accepté que tout soit en moi ?
Maharaj: Cela se produit à cause d'un manque de confiance et de foi en vous-même, peut-être le doute, l'ego, la fierté. Soyez pragmatique dans votre vie quotidienne. Allez toujours au-delà de ce qui est vu, regardez derrière, et restez avec votre Présence Invisible.

Quand vous voyez quelque chose se produire, regardez derrière cela, avec la Connaissance que "rien n'arrive". Quand vous dites que quelque chose arrive, ou n'arrive pas, allez à la Source, "Qui dit cela ?" Vous devez vous entraîner de cette manière afin que votre point de vue soit que "rien n'arrive".
AVANT D'ÊTRE, QU'ARRIVAIT-IL OU PAS ?
APRÈS LA DISSOLUTION DU CORPS,
QUI VA PARLER DE CE QUI ARRIVE OU N'ARRIVE PAS ?
Qui décide de ce qui est bon ou mauvais ? La compréhension de chacun est différente. Nos visions sont différentes à cause de l'impact du corps, et de toutes les impressions que nous avons absorbées depuis notre enfance jusqu'à aujourd'hui. Bon, mauvais, vrai, faux, comment vous voyez le monde, toute cette connaissance corporelle doit être dissoute.
ALLEZ DE PLUS EN PLUS PROFONDÉMENT
À L'INTÉRIEUR DU SOI SANS SOI.
Vous êtes déjà sans forme. Il n'y a pas de forme !
Q: Parfois je n'en doute pas, et je le ressens très fortement.
Maharaj: C'est une Superpuissance que vous négligez, Vous oubliez votre Réalité à cause des impressions du corps.
VOUS DEVEZ VOUS EN TENIR À LA RÉALITÉ,
PUIS LA PORTE S'OUVRIRA,
ET LA VOIE SERA LIBRE.
Q: La porte s'ouvrira ?
Maharaj: Ce sont juste des mots que j'utilise. Il n'y a pas de porte ni de voie. Tout est déjà ouvert. Soyez calme et tranquille !
Q: Si quelqu'un vous attaque, Maharaj, vous devez réagir.
Maharaj: Évidemment ! Si un serpent essaye de vous mordre, vous vous enfuirez. Vous voulez protéger votre corps, et le serpent veut protéger le sien. L'intention est une seule et même. Chacun a des expériences difficiles, comment y réagir se produira spontanément. Toutes les instructions seront données par votre Maître Intérieur.
Q: Je suppose que l'ego devra être dissous afin qu'on puisse entendre la voix du Maître Intérieur ?
Maharaj: Il n'y a pas d'ego ! Quel est votre statut dans le monde ? Le corps n'a pas de statut. Le corps n'a pas de valeur. Vous êtes une Superpuissance,

avec un Pouvoir Surnaturel, mais vous ne vous connaissez pas encore. Si, par conséquent, vous désirez encore voyager :
> **CONCENTREZ-VOUS SUR LE VOYAGEUR EN VOUS.**
> **LE VOYAGEUR EST LA VÉRITÉ ULTIME,**
> **QUI N'EST EN AUCUNE FORME.**

C'est une Connaissance vraiment exceptionnelle, une Réalité exceptionnelle.

131. Regardez à l'intérieur

Q: Vous dites qu'il est très important de rester vigilant. Qui est vigilant tout le temps ?
Maharaj: C'est Spontané, sans effort délibéré. Votre Vigilance sera Spontanée. Ne dépendez pas des histoires, souvenez-vous juste du principe derrière les histoires, ce qu'elles véhiculent.
> **TOUS LES CONCEPTS SERONT DISSOUS,**
> **QUAND VOTRE PRETENDU SECRET**
> **SERA PROJETÉ SPONTANÉMENT.**

C'est un monde d'illusion, dans lequel vous vous considérez en tant qu'homme ou femme. Avant d'être, qui étiez-vous ? Digérez cette connaissance. Jetez-vous dans la spiritualité. Ça signifie une implication totale.
> **REGARDEZ EN VOUS-MÊME.**
> **LE POUVOIR EST CACHÉ EN VOUS.**

Chacun a différentes expériences selon leur statut spirituel.
Q: Que voulez-vous dire par statut spirituel ?
Maharaj: Ça signifie à quel point vous êtes impliqué, et comment est votre approche. Avec quel sérieux prenez-vous tout cela ? La spiritualité n'est pas là pour que nous devenions des experts en spiritualité, des Docteurs en Philosophie. Son but est de nous débarrasser de toute illusion et peur, afin que nous soyons heureux quand vient le moment de quitter le corps.

Personne ne meurt et personne n'est né. Un an, deux ans, cinquante ans, quatre-vingts ans sont les âges du corps de nourriture matériel. Le ciel n'a pas d'âge.

Le Voyant est important, la vision ne l'est pas. Vous mettez plus l'accent sur l'illusion que sur la Réalité. Nous essayons de nous connaître à la lumière de tous ces concepts. Soyez déterminé comme le poussin transperçant sa dure coquille, telle une robuste porte, pour qu'il puisse voir le monde. De même, vous devez transpercer les couches solidifiées des concepts illusoires.

Vous acceptez toute cette Connaissance à travers l'intellect. Elle doit être acceptée Spontanément. Vous n'avez pas décidé d'être un homme, mais

vous vivez en compagnie de ce nom. Votre Maître vous a donné le nom de "*Brahman*", mais il y a encore de la résistance. C'est à vous de voir. Quand le moment est passé, c'est passé. Vous ignorez votre Maître Intérieur, votre propre Existence, votre propre Présence.
Q: Pourquoi ignorons-nous tout cela ?
Maharaj: À cause de la pression de la connaissance corporelle. Vous connaissez le secret.

TOUT SORT DE RIEN.

Q: N'est-ce pas un processus naturel de penser "je suis le corps" ?
Maharaj: Où était ce processus naturel avant d'être ?

NOUS AVONS CRÉÉ CE PROCESSUS.
AVANT D'ÊTRE, IL N'Y AVAIT PAS DE CONNAISSANCE,
RIEN DU TOUT.

Pas de nature ! Pourquoi ceci ? Pourquoi cela ? Tout est lié au corps !

QUELLE QUE SOIT LA CONNAISSANCE QUE VOUS AYEZ
RÉCOLTÉE JUSQU'À AUJOURD'HUI,
SOUSTRAYEZ-LA, ET ENSUITE PARLEZ.
SI VOUS FAITES ÇA,
VOUS CONSTATEREZ QUE VOUS NE POUVEZ PAS PARLER.

132. *Brûler de savoir*

Maharaj: Les pensées arrivent dans le mental, et immédiatement elles sont transmises à l'intellect. L'intellect instruit alors : "Fais ça !" Vous êtes un Maître, donc vous pouvez contrôler le mental, l'ego, l'intellect. Vous pouvez arrêter une pensée sur place en l'empêchant d'atteindre l'intellect. Si vous faites ça, il n'y a pas d'action. Mais si vous permettez à la pensée de voyager jusqu'à l'intellect, alors il y aura un martellement immédiatement.

Vous êtes le Maître de tous ces éléments subtils. Vous êtes au-delà de tous ces corps invisibles. Par la méditation, vous pouvez contrôler toute chose. Il y a de grands bénéfices venant de la méditation qui vous donneront une grande puissance, force, et vigilance. Si une personne non désirée vous approche, vous pourrez la stopper. Si des pensées non désirées apparaissent, vous pourrez les arrêter : "Je suis le technicien, pas le mental, l'ego, l'intellect". De cette façon, vous pourrez aisément vous contrôler, avec pour résultat que toutes les activités seront contrôlées spontanément.
Q: La seule valeur que je vois dans la vie est pour la conscience de trouver son chemin de retour où elle devrait être.

Maharaj : Connaissiez-vous la conscience ou l'inconscience avant d'être ? Cognition, Non cognition ? Ce sont les mots doux servant juste à la compréhension. Conscience, réalisation, illumination, Dieu, mental, ego, intellect. Tant et tant de mots ! Tous ces mots sont apparus hors de votre Présence. Je place devant vous "Avant d'être". Questionnez-vous ! Comment étiez-vous avant d'être ?
Q : Je ne sais pas. Je ne peux même pas imaginer cela.
Maharaj : Votre Présence est au-delà de l'imagination.

"C'est ma maison ! C'est mon corps !" Il y a un attachement au corps, même une sorte de Conviction que "c'est ma maison", et vous restez dans votre maison. Votre ego est arrivé et a déclaré : "Je suis le propriétaire de cette maison". Vous menez à bien toutes vos activités à travers cette maison.

Vous me regardez, mangez, marchez, vous bougez votre main. Comme vous le savez, le corps par lui-même n'a aucun pouvoir. Nous discutons, questionnons, écoutons, pensons, utilisons le mental, l'intellect. Mais n'oubliez pas, c'est le corps et le Pouvoir combinés qui permettent l'action.

VOUS DEVEZ AVOIR CETTE CONVICTION.
BIEN QUE VOUS DEMEURIEZ DANS CETTE MAISON,
ELLE EST LOUÉE.
VOUS SAVEZ QU' IL Y UN AUTRE PROPRIÉTAIRE,
QUI EST APPELÉ *BRAHMAN*.

Le propriétaire vous dit de quitter la maison maintenant, car dans le futur, vous devrez quitter le corps. Pourtant, en dépit de savoir cela, il y a encore beaucoup d'attachement au corps.

VOUS CONNAISSEZ LA VÉRITÉ,
TOUT LE MONDE SAIT,
MAIS LA VÉRITÉ DOIT TOURNER EN CONVICTION
ET DEVENIR VÉRITÉ ÉTABLIE.

La Conviction n'est pas là, si vous êtes tenté d'aller ailleurs.
Q : L'ego dit : "Je suis le corps".
Maharaj : Cette conviction est enracinée à travers le corps, et donc n'est pas la Conviction. Des doutes sont là !
Q : Pourquoi suis-je si attaché au corps ?
Maharaj : C'est naturel, ce n'est pas de votre faute. L'Esprit est très sensible. Comprenez que votre Existence, Présence est la Vérité Ultime. Le corps n'est pas. Tous les conforts sont nécessaires pour le corps, pas pour vous. Écoutez avec pleine concentration car vous avez tellement de questions.
Q : Est-ce que l'Esprit est indépendant ?
Maharaj : Bien sûr, mais il ne se connaît pas. Il ne se connaît qu'à travers le corps. L'intérêt de ces discussions est de vous communiquer votre importance. Vous devez avoir la volonté, une forte volonté pour l'accepter.

ÉCOUTEZ-MOI TRÈS CALMEMENT,

**ET AVEC UNE CONCENTRATION TOTALE.
ÉCOUTEZ-MOI TRÈS ATTENTIVEMENT.
C'EST LE PRINCIPE, LA RÉALITÉ DE L'AUDITEUR.**
Mais encore et encore, l'ego s'élève, et avec lui, davantage de questions. Vous devez écouter avec attention. Vous avez lu des livres, vous vous êtes concentré un moment sur ce que vous avez lu, et puis tout est oublié ! Trente ans, quarante ans de spiritualité, et toujours rien. Pourquoi le faites-vous ?
Q: Pour les expériences spirituelles, peut-être.
Maharaj: C'est une discussion corporelle. Il n'y avait pas d'expérience avant d'être. Maintenant, tout est mis en évidence. Acceptez-le ou ne l'acceptez pas. C'est à vous de voir. Une attitude désinvolte et une utilisation excessive des pensées ne vous causera que des difficultés, et ne vous fera pas avancer. La méditation signifie que votre corps tout entier, tout votre sentiment d'être brûle de SAVOIR, et donc vous pensez constamment à votre Soi Sans Soi.
**CELA DEVRAIT TOUCHER VOTRE CŒUR.
CELA DEVRAIT VOUS DONNER UN COUP AU CŒUR.
LA RÉALITÉ EST SUPPOSÉE VOUS TOUCHER
PROFONDÉMENT.**

133. Irritation

Q: J'ai remarqué que je ne pouvais plus supporter certaines choses maintenant, alors que je le pouvais avant.
Maharaj: La tolérance est connectée au niveau du corps, et à l'influence du mental et de l'ego. Maintenant que vous connaissez la Réalité, identifiez ces choses que vous trouvez intolérables. Pensez à ces déclencheurs, et pourquoi ces choses sont intolérables. Souvenez-vous, ce que vous pensez n'est pas votre Identité. Cela à travers duquel vous pensez est votre Identité.

Parce que le fait d'être est intolérable, il vous faut beaucoup de distractions : se marier, avoir une famille, manger une glace.

Mais parce que vous avez un fond de spiritualité, et que vous savez que cela vient du mental, vous devez minimiser le problème. Ne le laissez pas à l'intérieur. C'est une très mauvaise chose d'enregistrer ces pensées. Tant de choses arrivent dans la vie, mais à présent vous connaissez l'art du management.

Le grand saint Eknath fut mis à l'épreuve de nombreuses fois durant sa vie. Il grandit en tolérance. Une personne crachait sur Saint Eknath chaque fois qu'il le voyait. Quand cela se produisait, le saint prenait un bain. À la fin, après avoir craché sur lui une quarantaine de fois, son opposant se prosterna aux pieds du saint et dit : "Je n'ai pas été capable de vous mettre en colère". Le saint répondit qu'il était très heureux car il avait pris quarante bains auspicieux !

Ceci est tolérance. C'était un test dans sa vie spirituelle. Il y a toujours des tests, et quand ils viennent, il vous faut voir tout le monde comme vous-même ! Il n'y a pas de différence entre vous et n'importe qui d'autre - amis ou ennemis ne sont que des mots. Cette qualité de se voir dans les autres est la voie. Ce sera là spontanément. Ne soyez pas irrité ! Pacifiez-vous ! La spiritualité vous montre comment agir dans les situations difficiles. Reconnaissez que cette vie à un temps limité !

**SI VOUS L'IGNOREZ AUJOURD'HUI,
VOUS L'IGNOREZ POUR TOUJOURS.**

À nouveau, vous vous retrouverez dans un autre rêve. C'est une opportunité, donc faites-en usage pleinement. Ne prêtez pas attention à ces pensées et sensations. Maintenant est votre moment, soyez-en conscient, ou vous le manquerez, et cela serait très regrettable.

Q: Je devrais savoir cela, mais je suppose que je ne le prends pas assez sérieusement.

Maharaj: Vous gagnerez force et puissance de la spiritualité. Ces incidents sont momentanés, donc quelle est l'utilité de se mettre en colère. Restez fort ! Il y aura de nombreuses épreuves et tests sur la voie. Je vous donne une formation commando. Cela vous rendra polyvalent, afin que vous puissiez agir intelligemment en toute circonstance.

134. Vous avez donné naissance au monde

Q: Il y a cette sensation, une certaine sensation ici que le Maître renforce quelque chose que le disciple connaît déjà.

Maharaj: À l'état initial, le Maître et le Disciple sont deux identités, mais l'Esprit est Un. Nous disons "Maître", "Disciple", pour des raisons de compréhension. Comme vous avez oublié votre Identité, le Maître est nécessaire pour indiquer votre Identité Sans Forme. Le Maître place devant vous votre Vérité Ultime.

Q: Donc, il n'y a pas d'expérimentateur, pas d'expérience, juste l'expérimentation ?

Maharaj: Avant la connaissance corporelle, il n'y avait pas de tels mots. Nous devons effacer tous ces termes, et pour cela, le Maître est nécessaire.

Q: Le "je suis" est-il comme un point de pivot ? Cela semble être le seul choix, aller vers l'ego, ou aller vers la Vérité ?

Maharaj: Votre Présence est nécessaire pour dire "Je suis". Sans la Présence, vous ne pouvez pas prononcer un seul mot. Tous les mots sont venus avec le corps. Après avoir quitté le corps, qui va dire "Je suis" ? "Je suis" est une indication de votre Présence Spontanée, non pas en forme corporelle.

LE MONDE ENTIER EST LA PROJECTION DU 'CONCENTRATEUR',
LE 'CONCENTRATEUR' INVISIBLE, ANONYME.
LA PROJECTION SPONTANÉE DU 'CONCENTRATEUR'.

Vous ne pouvez pas deviner la nature du 'Concentrateur'. Vous ne pouvez pas l'imaginer ni en déduire quoi que ce soit. Vous ne pouvez pas utiliser la logique pour comprendre. Voyez simplement comment vous étiez avant d'être. "Je ne sais pas" signifie que vous vous connaissez, mais vous vous connaissez comme dépourvu de forme.

Il ne peut y avoir de cognition ! Il vous faut fixer votre Identité Non Identifiée à la lumière de ces mots.

Q: Quand vous dites : "Avant d'être", est-ce la même chose que "avant la conscience", signifiant que nous étions séparés de…

Maharaj: Nous utilisons tous ces mots juste pour essayer de comprendre. Chaque fois que vous utilisez des mots, vous êtes autre que ce que vous êtes.

Vous devez effacer toute la connaissance corporelle.

Q: Donc le plus proche est l'expérimentation ?

Maharaj: Vous avez donné naissance au monde. Le monde est la réflexion du Voyant. Sans le Voyant, vous ne pouvez pas connaître le monde. Fondamentalement, vous connaissez le monde à travers les mots, à travers l'alphabet, joignant une guirlande de lettres ABC et ensuite leur donnant du sens.

Q: Donc ce que vous dites, est que nous avons donné une signification à tout ce que nous appelons la connaissance, et tout cela n'est réellement que connaissance corporelle, pas la Connaissance du Soi ? Par conséquent, ce que vous préconisez est un processus d'accumulation inversé ou un conditionnement inversé pour se défaire de tout ?

Maharaj: En bref, vous avez oublié votre Identité ! Il vous faut connaître le Principe de la Connaissance. Ça signifie se connaître dans un sens réel. Il vous faut une base solide pour vous connaître, pour connaître la Réalité. Il vous faut aussi la Conviction et la confirmation du Maître.

135. L'amour du cœur

Q: Je crois comprendre que l'amour du cœur, et le Soi Sans Soi, sont un et la même chose ?
Maharaj: L'amour du cœur est connecté avec le corps. L'amour du cœur est venu avec le corps. Où est le cœur ? Où est l'amour ? Où est l'affection ? Tous ces mots sont venus avec le corps. Il n'y avait pas un chose telle que "l'amour du cœur" avant d'être, car votre Présence était inconnue.

Toute cette connaissance est connaissance corporelle. J'attire votre attention avant le corps, antérieur à l'être. Il n'y avait pas de cœur, pas d'amour, pas d'affection. Nous disons "Soi Sans Soi" car "soi" est connecté au corps. Soi Sans Soi signifie sans corps, sans mental, sans ego, sans intellect. C'est appelé Soi Sans Soi.

"Je suis" est connecté au corps, à la sensation du corps. Avant cela, il n'y avait pas de "je suis", pas de soi. C'est donc appelé "Soi Sans Soi".
**AUCUNE CONNAISSANCE N'ÉTAIT LÀ, PAS D'IGNORANCE, PAS D'EXPÉRIENCE, PAS DE TÉMOIN, PAS D'EXPÉRIMENTATEUR.
VOUS ÊTES COMME LE CIEL, NE SACHANT PAS QUE "JE SUIS LE CIEL".
LE SOI SANS SOI EST COMME LE CIEL.
PAS D'IDENTITÉ !**
Q: Donc il n'y a pas d'amour ?
Maharaj: Cet amour est venu avec le corps. Est-ce que le ciel aime ? Qui est là pour aimer, quand tout est Un, quand l'Esprit est Un ? Il n'y a pas de différences, pas de séparation, pas d'individus. Le ciel Australien aime t-il le ciel Indien ? Toute cette discussion sur l'amour et l'affection a commencé avec le corps.

Le mental, l'ego, l'intellect, l'amour, l'affection, sont tous des concepts illusoires, que vous utilisez car vous vous prenez pour la forme corporelle. Avant d'être, vous n'étiez pas connecté à tout ceux-ci. Vous ne saviez pas "Qui suis-je ?" Tout est derrière votre Présence Spontanée, votre Pouvoir Invisible. Votre Présence est Invisible. Ce sont juste des mots que j'utilise pour communiquer.
**LE VOYANT NE SAIT PAS QUE CE QU'IL PROJETTE
EST SA PROPRE PROJECTION.
CE QUE LE VOYANT VOIT EST INVISIBLE,
ANONYME, IDENTITÉ NON-IDENTIFIÉE.**
Par conséquent la connaissance corporelle est supposée se dissoudre. Votre Présence Spontanée n'a pas besoin de nourriture. La Présence ne sait pas "je suis le corps" ou "je suis quelqu'un". Quand l'Esprit a cliqué avec le

corps, vous avez dit : "Je suis". L'Esprit ne se connaît qu'à travers le corps. Votre Identité est Non Identifiée, Identité Invisible. Vous devez avoir la Conviction. Oubliez tout ce qui concerne l'amour et l'affection, c'est juste de la connaissance corporelle.

Le monde entier est illusion. Votre point de vue devrait être quelque chose comme ceci :

    MA PRÉSENCE EST PARTOUT, EN CHAQUE ÊTRE.
    DONC QUI PUIS-JE HAÏR, AVEC QUI PUIS-JE ME BATTRE ?
    C'EST APPELÉ RÉALISATION, RÉALISATION SPONTANÉE.

C'est très facile, si vous vous regardez. Rappelez-vous de tout ce que vous avez entendu.

    TOUT EST EN VOUS UNIQUEMENT.
    "REGARDEZ-VOUS"
    RAPPELEZ-VOUS CES MOTS,
    PUIS APPLIQUEZ-LES À VOUS-MÊME.
    C'EST VOTRE CONNAISSANCE.

Votre ego subtil ne vous permet pas d'atteindre la Réalisation. La 'Réalisation' est déjà là, mais est encore inconnue. La Réalisation avec la Conviction, est ce qui est nécessaire, la Conviction de la Réalité. Vous êtes la Réalité. La méditation est nécessaire pour atteindre cela. Ne faire qu'écouter sans agir est inutile.

    LA CONNAISSANCE, LA VÉRITÉ QUI EST COMMUNIQUÉE,
    DEVRAIT VOUS TOUCHER AU CŒUR.
    VOUS DEVRIEZ ÊTRE SI PROFONDÉMENT ÉMU PAR ELLE,
    QU'ELLE ATTEIGNE VOTRE CŒUR.

Ici, quand je parle du "cœur", je parle de quelque chose qui est profondément ressenti. Un "ressenti profond". Si quelqu'un vous attaque avec un langage injurieux, vous le ressentez profondément. Votre cœur, votre cœur au plus profond le ressent, car votre confiance, votre foi a été heurtée ou trahie. Je parle de ce cœur-là.

Q: Pour ce que j'ai lu, il y a une autre signification au cœur. C'est une chose consciente.

Maharaj: Quand on vous dit que "Vous êtes *Brahman*", votre réponse devrait être comme un tournant profond et significatif,

    "OUI ! JE SUIS TOUCHÉ ET ÉMU CAR JE SUIS *BRAHMAN*".
    VOUS ÊTES TOUCHÉ CAR VOUS AVEZ VÉCU SI LONGTEMPS
    COMME UN HOMME OU UNE FEMME.

Quand vous avez commencé à connaître "je suis", vous avez soudainement embrassé tous les concepts et les autres personnes. Vous ne devez faire aucune sorte d'effort délibéré. C'est Spontané. Oubliez les autres !

    LES AUTRES N'EXISTENT QU'À CAUSE DE VOTRE PRÉSENCE.

Q: Et si on prend la décision consciente de pardonner quelqu'un ?

Maharaj: Non ! C'est spontané, ce sera un processus naturel. Jusqu'à maintenant vous vous êtes considéré comme un homme coupable. La méditation est la fondation. Elle nettoie et purifie tout. Puis, en pleine lumière, la Connaissance sera plantée.

Les fermiers brûlent la terre et appliquent des engrais afin que les graines poussent bien. Si des choses indésirables sont encore présentes, comme des pierres ou des mauvaises herbes, ces petites graines n'auront pas l'opportunité de croître.

PAR CONSÉQUENT, VOUS DEVEZ ENLEVER LES CONCEPTS, ET PLANTER LA RÉALITÉ DE LA CONNAISSANCE.
LA CONNAISSANCE SIGNIFIE LA RÉALITÉ.
APRÈS CELA, VOUS DEVEZ L'ENCOURAGER À CROÎTRE AVEC LA MÉDITATION ET LA PRIÈRE.

C'est simple. Votre implication est le plus important. C'est tout ce qui est nécessaire.

JETEZ UN ŒIL À LA CONNAISSANCE QUE J'ESSAYE D'IMPLANTER EN VOUS.
FAITES UNE NOTE DE CE QUE VOUS AVEZ ÉCOUTÉ.
RAPPELEZ-VOUS DE CE QUI A ÉTÉ DIT.
TOUTE CETTE CONNAISSANCE EST ENREGISTRÉE PAR VOTRE ENREGISTREUR INTÉRIEUR.
IL NE RESTERA PLUS AUCUNE QUESTION À POSER, VOUS NE SEREZ PLUS MARTELÉ PAR AUCUN CONCEPT.

Vous devez abandonner l'ego, la volonté, et la confiance. L'ego, la dignité et la fierté. Pourquoi laisser l'ego vous dicter alors qu'il n'a pas d'existence et ne demeurera pas.

LE CORPS EST COMME DU BOIS DE CHAUFFAGE, IL SERA BRÛLÉ, OU ENTERRÉ.

Ne luttez pas dans la vie. Soyez paisible et vivez une vie tranquille. Tous les êtres veulent une vie paisible. Vous pouvez avoir une vie paisible si vous connaissez votre Soi Sans Soi. Si vous n'avez pas la paix, alors changez votre route et évitez les gens qui dérangent votre paix. Ces gens peuvent être des membres de votre famille. Évitez-les !

VOTRE PAIX EST LA CHOSE LA PLUS IMPORTANTE.
VOUS ÊTES LA VÉRITÉ ULTIME,
VOUS ÊTES LA VÉRITÉ FINALE.

136. Jouez dans votre propre film

Q: Même maintenant, il y a des périodes de confusion.
Maharaj: Quand il y a confusion, demandez : "Qui connaît la confusion ?" C'est vraiment un bon signe car cela montre que vous connaissez la Réalité. Et quand vous savez, vous pouvez ramener votre attention sur Soi Sans Soi. Quand vous remarquez la confusion se produisant au-dedans, c'est bon signe car vous savez ce qui est en train d'arriver.
**LE CONNAISSEUR EST VIGILANT.
CELA SIGNIFIE QUE VOUS ÊTES SÉPARÉ DE CE QUELQUE CHOSE,
CE QUELQUE CHOSE QUI SE PRODUIT.**

Maintenant vous êtes séparé du corps car vous savez que "le corps est séparé de moi". Si quelque chose se passe dans la maison, vous le remarquez. Ça signifie que vous êtes séparé de la maison, séparé du corps. Quand il y a quelque chose que vous n'appréciez pas, vous pouvez changer votre route.

Auparavant, disons que vous vous vous sentiez déprimé, vous tombiez juste dedans. Maintenant vous savez ce qui se produit. C'est un bon signe car vous êtes de plus en plus proche du Voyant. Vous savez que quelque chose se produit, et vous pouvez y faire quelque chose.
**C'EST UNE SIMPLE FORMULE :
LA CONNAISSANCE ET VOUS SONT UN.
IL N'Y A PAS DE DIFFÉRENCE.**

Votre Soi Sans Soi est séparé du corps, séparé du monde. Les changements d'humeur sont tenus de se produire car le corps appartient aux cinq éléments. Chaque déséquilibre dans les cinq éléments est reflété. Quand vous le remarquez, vous vous dites : "Quelque chose est en train de se passer". Le corps entier est constitué des cinq éléments. La même chose arrive avec les trois qualités [*gunas*], quand il y a déséquilibre.

La qualité *'Tama'* est la plus dangereuse, lutter avec les autres, délits, criminalité, etc. *'Sattva'* aime la prière et la méditation, elle est donc très bénéfique pour la spiritualité. *'Raja'* recherche les plaisirs, l'amusement, et donc vous distrait de la Réalité. Si une de ces qualités est portée à l'excès, il y aura déséquilibre. Maintenant oubliez les *gunas* !
VOUS ÊTES AU-DELÀ DE TOUS CES *GUNAS*.

Soyez conscient et vigilant, et tout ira bien pour vous. Si vous allez de plus en plus près du Soi Sans Soi, vous resterez séparé du monde, et ces qualités n'auront pas d'effet sur vous. Tout est en vous. Où étaient les *gunas* avant d'être ? Quand êtes-vous tombé sur une telle connaissance ? Ça signifie que vous êtes au-delà de ça.
Q: Vous voulez dire que je peux choisir le *guna* ?

Maharaj: Pourquoi choisir ?
**POUR CHOISIR, IL FAUT QUE QUELQU'UN SOIT LÀ.
IL N'Y A PERSONNE ICI !
SOYEZ COMME VOUS ÉTIEZ AVANT D'ÊTRE.
RESTEZ COMME CELA.**

Il n'y a pas de *gunas* ! *Sattva* est bon pour établir la Vérité, mais ce n'est pas la Vérité Ultime. Sortez de tous les *gunas* ! C'est du niveau de l'école primaire. Pas de *gunas* et pas de connaissance corporelle !

SOYEZ COMME VOUS ÉTIEZ AVANT D'ÊTRE - VÉRITÉ ULTIME.

Une implication totale est nécessaire. Si vous voulez nager dans la mer profonde, vous devez plonger profondément. On vous a tout enseigné, donc n'ayez pas peur. Vous devez créer la confiance en votre Soi Sans Soi.

**VOUS AVEZ LA CONNAISSANCE.
COMBIEN DE TEMPS ALLEZ-VOUS ENCORE RESTER
SUR LA BERGE DE LA RIVIÈRE ? MAINTENANT PRATIQUEZ !**

Q: Qu'arrive-t-il si quelqu'un ne sait pas nager, ne va t-il pas mourir ?
Maharaj: Il n'y a pas quelqu'un, il n'y a que vous-même, votre Présence Spontanée.

**QUAND LE CONNAISSEUR ET LA CONNAISSANCE
DISPARAISSENT, LÀ VOUS ÊTES. PAS DE FORME !**

Pourquoi penser aux autres ? Penserez-vous aux autres quand le temps viendra de quitter le corps ?

**AVEZ-VOUS AMENÉ UNE FEMME OU DES AMIS AVEC VOUS
QUAND VOUS ÊTES VENU DANS LE CORPS ?
OUBLIEZ AU SUJET DU RÊVE !
LA GRANDE FAMILLE EST UN RÊVE !
VOTRE MARI EST UN RÊVE, VOTRE FEMME EST UN RÊVE.
APRÈS L'ÉVEIL, OÙ TOUT CELA VA-T-IL ?**

Toutes les réponses et questions sont en vous, mais vous ne regardez pas à l'intérieur. Vous ne regardez pas avec Soi Sans Soi. Ne prenez pas ce que je dis littéralement. Les mots que j'utilise ici, sont juste pour vous aider à comprendre, et indiquer votre Soi Sans Soi.

NOUS VIVONS DANS LE CERCLE DU SAVOIR MONDAIN.

Vous avez oublié votre Identité, et accepté des choses que vous n'êtes pas. Ayez une conversation avec votre Soi Sans Soi. Faites parler votre Maître Intérieur. Vous êtes Celui qui questionne et Celui qui répond. Vous êtes le Maître, et vous êtes le dévot. Il y aura le bonheur et la paix quand vous viendrez à connaître qu'il n'y a rien. Pourquoi se battre quand il n'y a rien ici ? Le monde entier, vous inclus, est une illusion, alors pourquoi se battre ?

Pas de connaissance est Connaissance. Après la Connaissance de la Réalité, vous réaliserez que vous tentiez de frapper, marteler, combattre, et vous battre avec le vent. Il n'y a pas besoin de lutter, parce que votre 'Je' est antérieur à l'être.

C'EST UNE OPPORTUNITÉ EN OR.
ABANDONNEZ-VOUS COMPLÈTEMENT !
UNE CONNAISSANCE PARTIELLE N'EST PAS SUFFISANTE.

La spiritualité pratique signifie que vous n'échappez pas aux problèmes, mais y faites face de front. Par exemple, vous n'abandonnez pas vos parents. Les abandonner n'est pas spirituel. Faites votre devoir, et prenez soin de vos parents. Pourquoi aller ici et là au nom de la spiritualité ? Vous savez que le monde entier est illusion, par conséquent convertissez les soi-disant mauvaises situations et circonstances, en de bonnes. Ce doit être vu comme un challenge et un test de votre Connaissance spirituelle.

Vivez comme si vous jouiez dans un film. Parfois le film est une tragédie, et à d'autres moments, ce peut-être une comédie. Parfois, vous êtes le méchant, mais quoi qu'il arrive, vous saurez toujours que c'est une illusion.

VOYEZ JUSTE VOTRE SOI SANS SOI,
ET COMMENT VOUS ÉTIEZ AVANT D'ÊTRE.

137. Voulez-vous un autre rêve ?

Q: Maharaj, les choses sont assez claires maintenant. J'ai une meilleure idée de la pratique.
Maharaj: Vous devez poursuivre avec la méditation disciplinée. Vous ne voulez pas un autre rêve. Quels que soient les concepts que vous puissiez avoir au moment de quitter le corps, ils peuvent se refléter. Cette réflexion est ce qui est appelé "renaissance", mais il n'y a pas du tout de renaissance. Donc maintenant vous savez !

EXIGEZ CE QUI EST VOUS REVIENT DE DROIT.
N'EN PRENEZ PAS JUSTE UN PEU. PRENEZ TOUT !

Vous êtes votre propre Maître. Votre façon de penser est supposée être une façon positive. Acceptez la Réalité sans avoir aucun doute. Qu'arrivera t-il ? Est-ce vrai ou faux ? Non ! C'est de la connaissance avec suspicion. C'est une façon de penser négative, des sensations négatives, des doutes. Il vous faut penser positivement. Acceptez votre Vérité Ultime de tout votre cœur.

À travers les mots, j'essaie de convaincre l'Auditeur Silencieux en vous. La nécessité de base est toujours la même : la connaissance corporelle doit être dissoute totalement avec la méditation. Il n'y a pas d'autre moyen.

Acceptez votre Connaissance, votre Réalité. Vous avez maintenant la technique qui vous montrera comment découvrir votre Soi Sans Soi.

VOUS AVEZ LES FAITS ET LES CHIFFRES EN MAINS, MAINTENANT TOUT CE QUI EST NÉCESSAIRE, EST VOTRE IMPLICATION SÉRIEUSE.

La méditation vous donnera le courage de l'accepter. Vous pouvez être n'importe où dans le monde, mais gardez toujours en tête qu'il n'y a que Soi Sans Soi. Il n'y a absolument rien d'autre.

Votre Présence est Présence Spontanée. Vous ne trouverez rien d'impossible si vous avez du courage et une forte volonté. Vous connaissez la Réalité, maintenant il vous faut dissoudre la connaissance du corps de nourriture. Soyez spirituellement fort ! Soyez sans peur car vous êtes non né. Pour établir cette Vérité, vous devez avancer. Faites un pas dans ma direction - ce processus demande une circulation dans les deux sens.

Vous devez avoir une forte volonté pour connaître la Réalité, et ne pas être tenté d'aller quelque part ailleurs. Si vous êtes encore attiré par un autre Maître, cela signifie que,

VOUS AVEZ UNE FAUSSE IMAGE DE VOUS-MÊME. TOUT EST EN VOUS, DONC IL N'Y A PAS BESOIN DE CONTINUER À MENDIER.

Q: Nisargadatta Maharaj disait, "L'enfant d'une femme stérile…".
Maharaj: Vagabonder dans le cercle de la connaissance littérale ne vous donnera pas le bonheur. N'analysez pas la connaissance. Ce que les Maîtres ont dit est correct, mais ce qu'ils voulaient indiquer est le plus important. Ce n'est pas une compétition spirituelle, ou un débat ou discussion avec argument et contre-argument.

OÙ VOUS VOUS TENEZ EST L'ULTIME. C'EST CE QUI EST IMPORTANT.

Vous n'êtes plus un étudiant de votre Maître. C'est le résumé de la Connaissance Spirituelle. C'est le principe, la base, l'essentiel de l'Auditeur Invisible.

Donc pensez positivement, et gravez cette Connaissance.

GRAVEZ CETTE CONNAISSANCE.

Ne la laissez pas disparaître ! Continuez avec elle, gravez-la définitivement ! Si quelque chose est gravé dans la pierre, le métal, le laiton ou l'or, il sera très difficile de l'effacer.

138. Vous êtes séparé du monde

Q: La question est de savoir comment vivre une vie spirituelle dans le monde, et comment rester conscient ?
Maharaj: Qui dit "savoir" ? Ce monde est un monde de rêve. Pas d'excitation ! Vivez une vie simple, une vie tranquille. Personne n'est un ami, personne n'est un ennemi. Pour connaître la Réalité, vous devez mener à bien les disciplines, puis vous serez totalement en paix. Le Mantra crée des vibrations qui supprimeront tous les fichiers de la connaissance corporelle, incluant tous les concepts raffinés tels que : '*chitta*', '*buddhi*', 'conscience', 'cognition', etc. Les gens aiment jouer avec des noms fantaisistes !

LES NOMS NE SONT PAS LA VÉRITÉ ULTIME.
VOUS ÊTES LA VÉRITÉ ULTIME.

Le *Naam Mantra* nettoie tout ce qui est en surplus aux nécessités. Mon Maître disait :

"LE CORPS EST LE PLUS SALE DES CORPS.
LE SUPPORT DU CORPS EST TOTALEMENT PUR
- LA PURETÉ LA PLUS PURE".

Le corps est important à cause de l'Esprit. Après la Conviction, il y aura un calme complet et la tranquillité, sans aucune attente ou avidité. Le signe de la Conviction est la Connaissance Absolue, l'Omniprésence.

NOUS AVONS OUBLIÉ QUI NOUS SOMMES.
NOUS AVONS ACCEPTÉ L'ILLUSION COMME VÉRITÉ.

L'objectif de votre vie est critique, crucial. Donnez de l'importance au Soi Sans Soi, car vous êtes la racine du monde entier. Ne suivez aucuns concepts, *karma*, ou "trente ans de recherche" ! Quelle est l'utilité de tout ça ? Torturer votre corps, faire une *sadhana*. La *sadhana* de qui ? Appliquez votre intellect spirituel.

VOUS VOUS SOUS-ESTIMEZ.
NE DEVENEZ PAS ESCLAVE DES CONCEPTS À NOUVEAU !

Qu'obtiendrez-vous en suivant une pratique ? Le bonheur, peut-être la paix ? Mais les bénéfices seront momentanés.
Q: Mon but est de manifester la *sadhana*.
Maharaj: Qui veut manifester la *sadhana* ? Qui ou quoi était manifesté avant d'être ?
Q: Quelque chose est arrivé avec un de mes amis. Je le connaissais socialement. Quoi qu'il en soit, il s'est avéré malhonnête. Je n'aime pas les gens malhonnêtes. Je vous le dis car ça vient juste de me venir à l'esprit.
Maharaj: La vie sociale est la vie sociale. La vie spirituelle est la vie spirituelle. Elles sont non connectées. Ne gardez pas cet incident en tête. Ne

vous attardez pas sur lui. Cette sorte d'énergie, d'excitation ou d'agitation devrait être momentanée. Ne la conservez pas.

L'ASTUCE EST DE L'OUBLIER RAPIDEMENT.
N'ENREGISTREZ PAS LES ÉVÉNEMENTS,
EN CONTINUANT À LES REJOUER ENCORE ET ENCORE,
COMME UN DISQUE.

Vous ne devriez pas continuer à vous remémorer ce genre d'incident. Ce n'est d'aucune aide. Ne retenez pas les pensées, l'excitation, la colère. Ce n'est pas sain !

SI VOUS TRANSPORTEZ CES SOUVENIRS AVEC VOUS,
VOUS FAITES REVIVRE LES EXPÉRIENCES À NOUVEAU.

Vous les rejouez encore et encore comme un disque. Quelque chose vous est arrivé il y a dix ans, et vous rejouez toujours ce même vieux disque encore et encore ! Non ! C'est une mauvaise habitude. Vous n'aviez pas tort dans votre réaction, mais transporter les souvenirs partout avec vous n'est pas bon, pas intelligent ! Essayez d'éviter d'ajouter de l'ego, de l'ego, de l'ego. Appliquez votre Connaissance Spirituelle.

Q: En tant qu'être Réalisé, Maharaj, vous mettez-vous en colère ?

Maharaj: Récemment un visiteur à l'ashram devint agité. Il voulait me présenter ses problèmes personnels. Je suis resté calme en essayant de le calmer. Pour moi, ce n'était rien. Aucun effet ! Ramakrishna Paramahansa, le Maître de Swami Vivekananda, était une fois avec un compagnon. Un insecte, un scorpion était proche. Son compagnon dit : "Pourquoi ne le tuez-vous pas ?" Ramakrishna répondit : "Il est dans sa nature de piquer. Il ne sait pas ce qu'il fait". Si quelqu'un vous attaque verbalement, oubliez-le simplement. Des choses se produisent tout le temps, ignorez-les, oubliez-les !

VOUS SAVEZ CE QU'IL EN EST.
VOUS ÊTES DIFFÉRENT DE L'HOMME ORDINAIRE.
IL NE CONNAÎT RIEN AU SUJET DE LA SPIRITUALITÉ.
SI NOUS ABONDONS AVEC SA NATURE,
ALORS IL N'Y A PAS DE DIFFÉRENCE ENTRE VOUS DEUX.

Je vous ai déjà raconté l'histoire d'Eknath sur lequel quelqu'un cracha quarante fois. Non seulement se baigna t-il dans les eaux sacrées quarante fois, il invita aussi son opposant à déjeuner !

Lorsque des choses déplaisantes se produisent, il se doit d'y avoir un peu d'excitation, d'agitation, un moment de colère. Mais vous devez le contrôler, et oublier ça le moment suivant.

Le mental aime mâcher encore et encore les choses négatives. Dans les rêves, vous pouvez faire du mal, même tuer, mais vous ne vous chargez pas des émotions, de l'aiguillon. De même, c'est un rêve, aussi ne retenez aucune agression. Vous êtes séparé de ce monde. L'essence Divine est en vous, l'essence du Maître est en vous.

**LORSQUE VOUS AUREZ UNE RÉELLE DÉVOTION,
UNE COMPLÈTE DÉVOTION,
MÊME SI VOUS ÊTES TENTÉ DE VOUS METTRE EN COLÈRE,
VOUS NE SEREZ PAS CAPABLE D'ÊTRE EN COLÈRE.
VOUS SEREZ FERMEMENT ÉTABLI DANS LA RÉALITÉ.**

Une fois, un visiteur commença à crier sur mon Maître. Il sauta au cou de Nisargadatta Maharaj. Il voulait le tester. Mon Maître était calme et tranquille. D'autres personnes dans la pièce étaient agitées. Cela s'est produit spontanément.

Tous les concepts illusoires seront dissous. C'est l'effet qu'aura le *Naam Mantra*.

Q: Est-ce que ce Mantra est le même que celui de Nisargadatta Maharaj ?

Maharaj: Oui, qui remonte à Dattatreya. Le Mantra n'est pas à usage commercial. Les médecins ruraux utilisent de nombreuses sortes de médicaments. Ils ne font pas payer, parce qu'ils croient que faire payer pour les médicaments dérange la connaissance. De même,

**TOUTE ASSOCIATION AVEC L'ARGENT
GÂTERA LE *NAAM MANTRA*.**

La *Sampradaya* ne demande rien.

**JE PARTAGE CETTE CONNAISSANCE LIBREMENT.
MAIS J'ATTENDS DE VOUS
QUE VOUS SUIVIEZ LES ENSEIGNEMENTS,
AFIN DE SORTIR DE TOUTE CETTE ILLUSION,
POUR VOTRE PROPRE BÉNÉFICE.**

Ne soyez pas esclave de votre mental. Le mental est toujours en train de demander, voulant une nouvelle maison, une voiture, des vacances, de l'argent et davantage d'argent.

**QUE FEREZ-VOUS AVEC TOUT CET ARGENT ?
POUVEZ-VOUS TOUT TRANSFÉRER À LA BANQUE AU
PARADIS ?**

Q: Peut-être acheter un terrain au paradis !

Maharaj: Si vous voulez faire une offre significative, alors déposez votre ego, votre intellect, votre mental ici avec moi.

139. Silence tangible

Maharaj: Maintenant, vous êtes absolument indifférent au corps. Vous savez que vous n'êtes pas le corps du tout. Qui est le soutien du corps ? Qui êtes-vous ? "Ils" disent que c'est *Brahman*, *Atman*, *Paramatman*, Dieu. Vous pouvez lui donner le nom que vous voulez. Vous êtes au-delà, quel que soit le nom donné.

VOUS ÊTES AU-DELÀ DE ÇA,
VOUS ÊTES AU-DELÀ DE ÇA.
VOUS ÊTES AU-DELÀ DU CIEL.

Après la Connaissance de la Réalité, les concepts illusoires seront dissous spontanément. La Connaissance Spirituelle signifie se connaître dans un sens réel. Nous nous connaissons dans la forme corporelle.

APRÈS LA CONNAISSANCE DE LA RÉALITÉ,
LA CONNAISSANCE BASÉE SUR LE CORPS
SERA DISSOUTE COMPLÈTEMENT.

En premier, vous vous êtes concentré sur la méditation, maintenant vous vous déplacez lentement vers le stade avancé, où vous oublierez tout, y compris vous-même.

IL Y AURA UN SILENCE EXCEPTIONNEL.
IL Y AURA UNE PAIX EXCEPTIONNELLE.

Q: Je voulais dire, Maharaj, que récemment, durant la méditation, la Présence des Maîtres a été très forte, Nisargadatta Maharaj hier, et aujourd'hui c'est Siddharameshwar Maharaj. C'est comme si ils étaient là pour nous aider dans la pratique en nous encourageant, ouvrant la voie et me poussant vers l'avant d'une manière aimable et douce.

Nisargadatta Maharaj, par exemple, ouvrait la porte et disait "Entrez !". Il agitait sa main, et me faisait signe d'avancer !

Maharaj: Les Maîtres vous aident et vous guident tout le temps. Par l'entremise de la méditation, vous identifiez spontanément votre Existence Invisible. Par la méditation, vous identifiez spontanément votre Identité Non Identifiée.

À TRAVERS LA MÉDITATION,
VOUS IDENTIFIEZ LA RÉALITÉ NON IDENTIFIÉE,
QUE VOUS ÊTES,
SANS AUCUNE FORME, SANS AUCUN CORPS.

Toutes les pensées, et tous les concepts relatifs au corps, se dissoudront. Vous deviendrez totalement sans peur. Vous pouvez avoir des difficultés, mais vous ferez votre travail en maintenant vos responsabilités, en restant totalement non concerné par ces difficultés, comme si vous agissiez dans un rêve.

Q: Il y a le plus grand silence et la paix. Un silence tangible !

Maharaj: Un silence exceptionnel, une paix exceptionnelle seront là, ne pouvant être décrits par aucuns mots.

La Vérité est au-delà de "Je suis *Brahman*", au-delà de cela, au-delà du silence. Cela peut être réalisé à travers le Soi Sans Soi. Il n'y a pas de soi. Quand le soi disparaît, rien ne reste. Cela est appelé Soi Sans Soi. Aussi

longtemps qu'une trace de soi est présente, vous serez capable de l'identifier. Quand tout s'en va, c'est indescriptible.
Q: Tandis que j'écoutais les entretiens, une nouvelle fois, Maharaj, je sentais croître l'absorption de tout ce que vous disiez. Et, c'est si bien, merveilleux ! Ce qui arrive semble être organique. Cela croît comme une plante.
Maharaj: C'est par la grâce de mes Maîtres.
Q: Jai Guru ! Je suis très heureux, et fort. La pratique devient plus forte et plus profonde. Tout va bien.
Maharaj: Très bien ! Restez fort et courageux.

140. Fusionner avec la mer

Maharaj: La chose essentielle à savoir est que la Connaissance est déjà en vous. La Connaissance spirituelle est déjà en vous. Vous avez juste à la rafraîchir, et à enlever les concepts illusoires. Et c'est pourquoi la méditation est là. La méditation réduira les forces de l'ego, du mental, et de l'intellect.
**UN CHANGEMENT SE PRODUIRA.
CE SERA UN CHANGEMENT SPONTANÉ.
ILS EST DÉJÀ INHÉRENT EN VOUS,
MAIS VOUS N'EN ÊTES PAS CONSCIENT.**
La Présence Silencieuse, Invisible, était là avant d'être. Après la dissolution du corps, cette Présence sera là, mais sans aucun témoin ou expérience. La Présence est partout, mais nous sommes limités par le corps. Ce n'est qu'à cause de l'attachement au corps que vous avez tant de questions.
**SI VOUS VOUS CONCENTREZ SUR LE QUESTIONNEUR,
VOUS TROUVEREZ LA RÉPONSE.
CONCENTREZ-VOUS SUR LA SOURCE,
OÙ LA QUESTION S'ÉLÈVE, ET SUR LE QUESTIONNEUR.
QUI EST LE QUESTIONNEUR ?**
En même temps, vous êtes témoin de cette question. Cela signifie que vous êtes à la fois la question et le Questionneur. Vous êtes à la fois l'Auditeur et l'Orateur. Mais à cause de ce corps de nourriture, vous avez oublié votre Identité. C'est pourquoi la méditation est nécessaire, pour rafraîchir les souvenirs de la Réalité, de la Vérité Ultime.
En plus de la méditation, vous avez besoin de la Connaissance. La Connaissance, comme je ne cesse de vous le dire, signifie juste se connaître soi-même dans un sens réel. Donc après la Connaissance, il y aura la Conviction : "Je suis l'Ultime, je suis la Vérité Finale".

Le prochain pas suivant la Conviction mènera à l'Absorption. La Connaissance sera absorbée dans le corps. Ainsi la Conviction signifie que VOUS SAVEZ. Et cela mène à la Réalité : "Oui ! Je connais la Réalité. Je suis le *Brahman*, je suis la Vérité Ultime". Mais cela est connu seulement par les mots. Cela devrait être absorbé à l'intérieur de votre Soi Sans Soi.

L'INDIVIDU S'EN VA APRÈS ÇA.
LA CONNAISSANCE DE LA RÉALITÉ A ÉTÉ ABSORBÉE.
L'INDIVIDU SERA PARTI.

Il n'y aura plus de dualité. Votre identité disparaîtra. Tout sort de rien, et tout retourne se dissoudre en rien.

LE CORPS ET CE QUE NOUS VOYONS
EN L'ESPACE DE CETTE VIE,
CE QUELQUE CHOSE À L'INTÉRIEUR DU RIEN,
RETOURNERA SE DISSOUDRE DANS LE RIEN.

A cause du corps, vous vous voyiez, vous vous connaissiez. Vous essayiez d'extraire du bonheur et de la paix du corps seul. Mais maintenant, vous savez ce qu'il en est. Vous savez que votre corps n'est pas votre identité, que c'est juste un corps de nourriture, qui continuera à survivre aussi longtemps que vous lui fournirez de la nourriture.

LA CONVICTION MÈNE À L'ABSORPTION,
CELA SIGNIFIE FUSION.
TOUT EST ABSORBÉ ET FUSIONNÉ DANS L'UNITÉ.

L'eau du seau qui est versée dans la mer, devient une avec la mer, inséparable de la mer. Elle devient la mer. Ainsi après l'absorption, il y a la fusion. Vous ne pouvez pas reprendre l'eau versée dans la mer, et cela même si vous le voulez.

Q: Donc laissez-moi voir si je comprends, Maharaj ? La première chose est la méditation et la Connaissance, puis la Conviction, qui vient du Maître cherchant à nous convaincre de la Réalité, et de notre propre Conviction au Soi. C'est une Conviction 'active' parce que nous travaillons sur elle pour accepter la Réalité.

Après la Conviction, qui signifie réellement "savoir" que nous ne sommes pas le corps, nous allons traverser une période d'absorption où toute la Connaissance est absorbée dans le corps. Ensuite, il y a l'étape finale de la Conviction Spontanée, et elle arrive quand elle arrive. Est-ce plus ou moins correct, Maharaj ?

Maharaj: Oui, oui. Et comment cette Connaissance est-elle absorbée ? Je continue à répéter la même chose, c'est en réalisant la pratique de base, la méditation. La méditation réduit les forces du mental, de l'ego, de l'intellect, et c'est pourquoi le Mantra secret est donné.

QUAND VOUS RÉCITEZ LE MANTRA,
VOUS INVITEZ L'ATTENTION DU RÉCITANT.

ÉCOUTEZ-MOI ATTENTIVEMENT !
PAR LE MANTRA, VOUS DÉPLACEZ L'ATTENTION DU CORPS, EN RAPPELANT AU RÉCITANT QUE VOUS ÊTES LA VÉRITÉ ULTIME, QUE VOUS ÊTES LA VÉRITÉ FINALE.

Et après avoir récité, et continuellement invité l'attention du Récitant, elle devient alors ce Je !

Votre Présence Spontanée résiste d'abord au Mantra, à cause de la longue association avec le corps. Mais comme vous le savez maintenant, après une récitation continue, après une invitation continue de l'attention de la Présence Invisible, l'Ultime… Cela survient soudainement. À cet instant, 'Il' devient immédiatement indifférent au monde.

Vous oubliez votre identité externe, vous oubliez 'Je', vous oubliez tout. Vous oubliez votre Présence aussi. Vous n'êtes préoccupé par aucune connaissance corporelle. Vous n'avez pas besoin de paix ou de bonheur.

IL Y A BONHEUR SPONTANÉ, PAIX SPONTANÉE.
IL N'Y A PAS DE TENSION NI DE PEUR,
CAR VOUS SAVEZ QUE,
"JE NE SUIS JAMAIS NÉ".

Donc, comme je vous l'ai dit, Votre Conviction mène à l'Absorption de la Connaissance. Après la Conviction, l'Absorption est le plus important. C'est une sorte de dissolution. Vous utilisez votre corps, mais sans aucune attente, sans aucun attachement, amour ou affection. Vous fonctionnerez spontanément.

APRÈS LA CONVICTION, LA VIE SERA SPONTANÉE,
OÙ TOUTES LES ACTIONS SERONT SPONTANÉES,
NON DÉLIBÉRÉES.
C'EST UNE CHOSE SIMPLE.
TOUT EST EN VOUS.
TOUT EST EN VOUS.
POUR FAIRE SIMPLE : VOUS ÉTIEZ
INNOCEMMENT INCONSCIENT.

C'est une Connaissance simple, qui a été rendue compliquée par l'intellectualisation et les livres. C'est une connaissance directe qui concerne votre Soi Sans Soi. Il n'y a nul besoin d'aller ailleurs pour trouver, car le Chercheur lui-même est la Vérité Ultime.

LE CHERCHEUR LUI-MÊME, EST LA VÉRITÉ ULTIME.

Nous cherchions le Chercheur, cherchant ici et là. Le Chercheur, Celui qui cherche, est la Vérité Ultime, mais elle est couverte par le corps, le corps de nourriture. Et à cause de notre longue association avec le corps, toute notre connaissance était une connaissance égotique. Maintenant l'ego se dissout, se dissout.

141. Rien signifie rien

Q: La Présence de qui ? En tant qu'enfant on grandit, devient conscient, et graduellement, avec un peu de chance, on s'éveille. Comment décririez-vous la Présence ?
Maharaj: Comment voyez-vous le monde entier ? Comment voyez-vous l'enfant, l'homme ou la femme, le monde ? Tout est le reflet, la projection de votre Présence, de votre Présence Spontanée. Il n'y a pas d'individualité, juste la Présence qui est très vaste, partout. Nous lui avons donné un nom 'Présence', mais le mot, comme vous savez, est aussi illusion.

Ne soyez pas pris par les mots. Allez derrière les mots. Si nous disons 'enfant', 'cognition', 'être', 'conscience', nous utilisons simplement ces mots comme un moyen de communication. Donc, de même, Présence est un mot qui vous dirige vers votre Identité Non Identifiée. Cela met en mots votre Identité Non Identifiée.

IL N'Y A PAS DE MOTS.
IL N'Y A PAS D'EXISTENCE. IL N'Y A PAS DE PRÉSENCE.

Quand nous parlons de la Présence, nous utilisons des pensées égotiques, intellectuelles et logiques. Il n'y a pas de logique, pas d'intellect, pas de mental, pas d'ego. Il n'y a absolument rien.

MAIS HORS DE RIEN, VOUS VOYEZ TOUT.
QUAND LE RIEN DISSOUT, ABSORBE,
LÀ VOUS ÊTES.

Q: Donc la Présence Spontanée ne peut être définie par aucun mot ?
Maharaj: Le mot est juste utilisé pour indiquer, juste pour la Conviction, juste pour connaître l'Identité propre de l'Auditeur Invisible, qui est comme le ciel. Vous voyez le ciel, vous voyez la mer ! C'est le reflet du Voyant. Votre Identité est au-delà de cela, au-delà de cela.

Q: Qui s'éveille ?
Maharaj: Il n'y a personne qui s'éveille. Il n'est pas question de quoi que ce soit relatif à la forme corporelle. Pas d'éveil, pas de conscience, pas d'au-delà de la conscience, pas d'avant la conscience. Ce sont les mots que nous utilisons pour comprendre, juste pour la Conviction. Nous n'avons rien à voir avec ce monde, rien à voir avec l'individualité. Toutes ces explications sont utilisées pour inviter l'attention de l'Auditeur Invisible, l'Auditeur Spontané en vous, qui n'a pas de forme.

Q: Vous avez dit que tout vient de rien, et retourne être absorbé en rien. Alors qu'est-ce que rien ?
Maharaj: Rien est rien ! Rien ne peut être défini. Rien n'est rien. Il ne peut pas être défini. Qu'est-ce que l'absence de connaissance ? C'est l'absence de connaissance. Je vous ai dit que nous parlions de l'enfant non né !

NOUS PARLONS DE CET ENFANT, L'ENFANT QUI N'EST PAS NÉ. RIEN, PAS NÉ, NON NÉ.

Q: Mais, y a t-il encore un quelque chose après la dissolution, quelque chose dans le rien ?

Maharaj: Non, pas de rien, pas de quelque chose, pas de dissolution. Tout ça ce sont des mots. Des M.O.T.S. à nouveau, vous parlez depuis votre information corporelle.

Q: Oui ! Mais vous avez dit qu'il y a toujours quelque chose. Quand tout disparaît et qu'il n'y a rien, il y a un petit…

Maharaj: Les mots vous piègent tout le temps ! Ne les prenez pas si littéralement. J'ai dit : "Là vous êtes" en relation avec la Conviction. Nous devons utiliser des mots.

Q: Et "Là vous êtes" est la Présence Spontanée ?

Maharaj: Oui ! Vous ne pouvez pas voir le monde sans votre Présence Spontanée qui est Invisible, Anonyme, et Non Identifiée. Je demande à tout le monde de ne pas analyser les mots, mais plutôt, de se concentrer sur ce qu'ils essaient de transmettre. Ne prenez pas le sens littéral de ce qui est communiqué.

Q: Nisargadatta Maharaj parle du moment où nous sommes un petit enfant, avant que l'on s'identifie avec le corps et le nom, vous savez, comme un bébé. Il parle beaucoup à ce sujet, l'état "avant je suis", avant l'identification avec le corps.

Maharaj: À nouveau, ce qu'il dit ne doit pas être pris littéralement. Il pointe simplement la Présence, pour vous convaincre de la Présence, en l'abordant sous différents angles et dimensions.

Q: Avant "je suis" ? Avant le corps ?

Maharaj: C'est votre propre anticipation. "Qu'est-ce qui était-là avant "je suis" ? Toute cette anticipation est relative à la forme corporelle. Il n'y a pas de mots.

TOUS LES MOTS FINISSENT LÀ. PAS DE LANGAGE, PAS DE MOTS.

Même 'l'existence' est anonyme. Cela ne peut pas être défini par des mots. Toutes ces questions s'élèvent à cause de la forme corporelle.

Q: Les réponses sont dans le silence.

Maharaj: Le silence est la réponse à toutes les questions.

142. Écouter avec des oreilles neuves

Maharaj: Il doit y avoir un connaisseur, pour que la connaissance soit là. Pour dire 'connaissance', il doit y avoir un connaisseur. Quand la connaissance disparaît, le connaisseur disparaît. Le connaisseur n'a aucune identité. Quand vous dites : "Je suis *Brahman*, je suis *Atman*, j'ai obtenu la connaissance", ça signifie que vous vous séparez de la Source. L'ego subtil fait que vous vous voyez comme quelque chose d'autre, quelque chose de séparé.

QUAND LA CONNAISSANCE ET LE CONNAISSEUR DISPARAISSENT, LÀ VOUS ÊTES.
QUAND LA CONNAISSANCE ET LE CONNAISSEUR DISPARAISSENT, LÀ VOUS ÊTES.

La Connaissance est relative au Connaisseur. Le Connaisseur et la Connaissance n'ont pas d'existence physique. Le Connaisseur n'a pas d'existence physique.

Q: J'ai la foi que si je continue à réciter mon Mantra, il tranquillisera le feu de mon mental.

Maharaj: 'Mon' n'est pas 'Je'. 'Mon corps !' Vous êtes séparé du corps. 'Ma' femme, 'mon' fils, vous êtes séparé d'eux. 'Mon' Dieu, 'mon' Maître, il est séparé de moi. Tout sort de votre Présence. Hors de la Présence, vous parlez de 'mon ceci, mon cela'.

Q: Quand le mental s'en va, et quand le corps s'en va, que reste-t-il ?

Maharaj: Il y a tant de mots, il y en a des centaines de millions pour vous faire comprendre, pour vous alerter. Mais,

LA RÉALITÉ N'A RIEN À VOIR AVEC QUELQUES MOTS OU QUELQUES MONDES QUE CE SOIT.
LA RÉALITÉ N'A RIEN À VOIR AVEC QUOI QUE CE SOIT.

Le Maître vous présente votre Vérité Ultime. Il imprime sur vous cet état Ultime, dans lequel vous êtes totalement indifférent au monde, car vous savez que votre Présence est totalement Invisible, Anonyme, et Non Identifiée.

Vous savez ! Vous savez ce qu'il en est, mais vous ne l'acceptez pas encore complètement, et c'est la misère de votre vie. Maintenant vous savez tout, mais vous devez accepter la Connaissance et l'utiliser, la mettre en pratique dans votre vie de tous les jours. Vous avez une bonne Connaissance, mais vous ne l'appliquez pas.

Au moment où vous accepterez cette Réalité, tout s'évanouira. Je parle du moment où vous accepterez votre Réalité.

ACCEPTEZ VOTRE RÉALITÉ, PAS LA RÉALITÉ DE *BRAHMAN*, *ATMAN*, *PARABRAHMAN*, DIEU. VOUS ÊTES LA RÉALITÉ,

SANS AUCUNE FORME.
VOUS ÊTES TOTALEMENT DEPOURVU DE FORME.
Les Maîtres dans notre Lignée essayent d'imprimer en vous la Réalité de la Vérité Ultime "Que Vous Êtes" ! Le Maître est en vous, mais vous n'en êtes pas pleinement conscient. Vous n'êtes pas pleinement conscient de votre importance, de votre grandeur, aussi la seule chose que nous faisons ici est de vous montrer 'Cela'. Nous vous présentons, et nous vous montrons votre grandeur, votre valeur, et votre importance.

Q : J'écoute avec des oreilles neuves, Maharaj, et plus vous me martelez, plus vous répétez la même chose encore et encore, plus c'est facile pour moi d'accepter ma Réalité.

Maharaj : Le message n'est pas compliqué, je le simplifie, et je place devant vous votre Vérité, et non pas la Vérité de *Brahman*, d'*Atman*, de *Paramatman*, ou de Dieu. Ce sont des mots raffinés, des mots très raffinés.

Vous pouvez tenir sur vos propres pieds. Vous n'êtes pas handicapé du tout. Vous ne l'avez jamais été. Vous n'êtes pas dépendant, vous êtes indépendant. Jetez toutes ces béquilles illusoires !

143. Un roi sur un trône royal

Maharaj : Lorsque Maurice Frydman vint à Nisargadatta Maharaj, il était impliqué dans de nombreuses bonnes causes. Il aidait les orphelins, les animaux, et s'impliquait dans différents travaux sociaux. Un jour, Maharaj lui demanda : "Combien de temps allez-vous encore aider les autres ? Aidez-les, mais faites-le sans ego. Ne ressentez jamais que vous faites du bon travail ou votre ego interne se développera. Allez à la cause première et restez-là."

Qui allez-vous aider après avoir quitté le corps ? Qui aidiez-vous il y a cent ans ? C'est pourquoi je dis toujours, faites votre travail, mais sans ego. Investiguez et assurez-vous que l'ego ne soit pas impliqué.

Q : Voulez-vous dire que l'investigation du Soi doit continuer ? J'ai fait beaucoup de méditation dans ma vie, mais je dois confesser que je n'ai pas fait beaucoup d'investigation du Soi.

Maharaj : L'investigation du Soi mène à Connaissance du Soi, et la Connaissance du Soi mène à la Réalisation du Soi, et vice-versa. Donc, oui, continuez l'investigation du Soi.
CONTINUEZ L'INVESTIGATION DU SOI.
Ne soyez pas un lâche ! Tout est en vous, mais vous devez regarder.
CONNAIS-TOI TOI-MÊME !

Soyez brave comme un lion et rugissez ! Comportez-vous comme un roi ! Comportez-vous comme un roi sans ego. Vous êtes un roi sur un trône royal. Vous n'êtes pas un mendiant, vous êtes un millionnaire !

Q: C'est bon à savoir, Maharaj.

Maharaj: Vous êtes un millionnaire, mais vous n'êtes pas conscient de votre propriété, de vos biens.

CETTE PROPRIÉTÉ, VOTRE PROPRIÉTÉ, VOUS EST MONTRÉE À TRAVERS LE MÉDIUM DU MAÎTRE.

Vous êtes un millionnaire, mais vous n'êtes pas conscient de votre richesse. Votre Réalité vous est montrée via le médium du Maître. Vous vous voyez comme un mendiant, et c'est illusion. Le Maître élimine l'illusion. Il vous montre la Réalité.

Q: Maharaj, vous tenez le miroir qui me montre que je suis un lion et non pas un mouton.

Maharaj: Oui ! Nous essayons de vous indiquer votre Identité d'une façon simple, en utilisant des mots simples, et un langage simple. Une pléthore de mots et de livres a compliqué cette très simple connaissance.

Vivez une vie pratique ! Discuter du spirituel est très, très facile. Vous devez vivre dans cet état, en tant que support du corps. Quand vous avez la Conviction, vous devez vivre comme cela. Pourquoi être un esclave du mental, de l'ego et de l'intellect, quand ce sont vos bébés ? Arrêtez de leur fournir nourriture et pouvoir, et ils deviendront finalement muets, réduits au silence.

ARRÊTEZ DE FOURNIR NOURRITURE ET POUVOIR AU MENTAL, À L'EGO, À L'INTELLECT, ET ILS SERONT RÉDUITS AU SILENCE.

Continuez à vous convaincre.

CONVAINQUEZ-VOUS !

Si vous faites cela, votre style de vie spirituel changera complètement. Votre vie spirituelle changera totalement. Ne comptez pas sur les déclarations de quelqu'un d'autre au sujet de la Réalité. Écoutez-vous vous-même, écoutez-vous, non pas les autres. 'Vous' signifie cet Auditeur Invisible, ce Maître Intérieur qui est votre force.

VISITEZ UN SEUL TEMPLE, VOTRE TEMPLE, LE TEMPLE INTÉRIEUR.

Q: J'imagine que c'est là que la méditation va nous aider avec le processus d'élimination de toutes les impressions accumulées avec les années ?

Maharaj: Oui, vous devez réciter le Mantra pour garder la maison propre ! Les Maîtres de ma Lignée ont tous récité le même Mantra. Nisargadatta Maharaj, Ranjit Maharaj, Siddharameshwar Maharaj, Bhausaheb Maharaj. C'est le seul moyen, le seul moyen efficace pour vous ramener à votre état originel, et vous mener à la vraie Connaissance du Soi.

RÉCITEZ LE MANTRA,

ET IL VOUS MÈNERA À VOTRE ÉTAT ORIGINEL.

C'est une Approche Directe. Nous utilisons des mots pour essayer d'imprimer en vous votre Identité Ultime. Tous les mots sont des directives, des indications, qui communiquent un message. De même, tous les livres sont comme des phares. Leurs flashs de lumière indiquent un message.

Q: La récitation du Mantra se produit déjà spontanément, Maharaj ! C'est là le matin quand je m'éveille, et cela se prolonge toute la journée jusqu'à ce que je m'endorme !

Maharaj: Oui ! Spontanément ! Gardez une foi forte en vous-même, et dans votre Maître. Je place devant vous la Vérité Finale. Il n'y a rien au-delà. Vous pouvez être d'accord ou non.

APRES LA CONNAISSANCE DE LA REALITE, POURQUOI ALLER AILLEURS ?

Mais c'est ce qui se produit, car les gens ont encore un mental vagabond, ou parce qu'ils recherchent des expériences miraculeuses.

Il y a des milliers de Maîtres, des centaines de milliers [lakhs] de Maîtres dans le monde, qui soutirent de l'argent de gens comme vous. Nous ne faisons rien payer, mais l'ironie est que les choses gratuites semblent dépourvues de valeur dans la société d'aujourd'hui.

Bhausaheb Maharaj a dit : "Dans notre Lignée, vous ne devez prendre aucun argent des dévots". Nisargadatta Maharaj ne prit jamais un centime. Rien ! Quand les occidentaux vinrent à lui, il leur dit : "Je ne suis pas un homme d'affaires." Il était très strict.

Q: La Vérité est gratuite, la connaissance est gratuite. Bien sûr, ce devrait être gratuit !

Maharaj: Avec effort, nous vous sortons du fossé illusoire. Mais des gens ressautent dedans. Que peut-on faire ?

Avant de partir, prenez quelques photos pour vous rappeler de cette atmosphère. Elles feront apparaître la Réalité, et vous rappelleront les enseignements.

Q: Je remarque que vous prenez différents angles à chaque fois. Quelquefois j'entends un message, d'autres fois non. Mais quand c'est dit encore d'une autre manière, il y a l'effet eurêka, le moment "Aha !" Et c'est si puissant ! Mais je pense, Maharaj, que vous avez un seul message, et vous le délivrez de différentes façons, jusqu'à l'arrivée de la compréhension au final. Martelez, martelez, martelez!

Mais, nous devons faire notre propre part. Travailler au questionnement du Soi, faire la méditation, réciter le Mantra. Cela fonctionne comme vous dites, avec notre coopération. Ce n'est pas à sens unique, je comprends cela. Je dois faire aussi le travail, et alors j'obtiens plus d'aide de la part du Maître.

Comme vous dites, vous ne faites pas de nous des disciples, mais des Maîtres. Je suis si heureux de vous avoir trouvé, parce qu'il y a tant d'enseignants aujourd'hui avec si peu ou pas de substance. Vous vous démarquez ! Les enseignements sont solides et forts, avec toute la Lignée derrière. C'est solide comme le roc, et si pur, tellement pur et extrêmement puissant.

Il y a beaucoup d'intérêt aux États-Unis pour l'Unité, mais je ne suis pas sûr qu'il y ait de solides enseignants en Amérique aujourd'hui, ou quelque part ailleurs, dans ce domaine. Je me sens fortuné de vous avoir trouvé. Merci, Maharaj. Je me prosterne devant vous.

Maharaj: Mon Maître vous donne ses encouragements, [il regarde la photo sur le mur, d'un Nisargadatta Maharaj souriant], disant : "Ne vous inquiétez pas, je suis là". Vous voyez cette photo juste là, mon Maître vous dit : "Ne vous inquiétez pas, je suis là".

**IL FOURNIT LE POUVOIR,
ET JE TRANSMETS CE POUVOIR EN VOUS.**

Quand vous partirez, et retournerez chez vous, rappelez-vous juste que vous êtes la Vérité Ultime.

VOUS ÊTES LA VÉRITÉ ULTIME !

144. Ce n'est pas une idée – Vous êtes la Vérité Finale

Maharaj: La connaissance stérile ne se matérialisera pas en pratique, car elle est saisie avec la base de la connaissance corporelle, et donc ancrée à travers la connaissance matérielle. Pour un disciple, la Connaissance Directe ne devrait pas être enracinée dans ou à travers le corps, elle devrait être acceptée par Soi Sans Soi, sans qu'il y ait de soi. En d'autres mots, par Soi Sans Soi ! Ça signifie que le corps est seulement le médium, à travers lequel vous pouvez écouter l'histoire de l'Auditeur Invisible. [Maharaj frappe dans ses mains.]

Bien que vous utilisiez le corps, les oreilles et l'intellect, la Conviction que vous devez maintenir, est que cette Connaissance est la Réalité de l'Auditeur Invisible. Ce n'est pas l'histoire d'une quelconque connaissance corporelle de *Brahman*, *Atman*, *Paramatman*.

C'EST LA RÉALITÉ DE L'AUDITEUR INVISIBLE EN VOUS.

C'est votre Réalité, la Réalité Finale. L'Auditeur n'a pas de forme, par conséquent n'utilisez pas l'ego subtil pour essayer de saisir la Réalité.

Q: Est-ce une connaissance stérile parce que nous utilisons le mental et l'intellect pour la comprendre ? Et en faisant cela, cela crée la dualité et devient conceptuel ? Le mental est au travail plutôt que…?

Maharaj: Oubliez le mental ! Le mental n'a pas d'existence, il est juste le flot des pensées. Laissez le Soi Sans Soi accepter la Connaissance.

Q: Alors ce dont vous parlez est au-delà de la connaissance ?
Maharaj: Oui, oui, au-delà de la connaissance, au-delà des mots. Nous ne disons 'au-delà' que pour la compréhension, comme nous disons 'avant la connaissance', ou 'avant d'être'. Ce sont juste des mots pour se comprendre, pour la Conviction seule, pour la Réalisation. Il n'y a pas 'd'au-delà'. Il n'y a pas 'd'avant', il n'y a pas de 'rien'. Tout cette discussion a pour but de communiquer et d'illustrer la Réalité. Des doutes ?
Q: Non, Maharaj, aucun. Avec la pratique, je sens que je suis bien enraciné dans la Réalité.
Maharaj: Tout ce que vous avez entendu à ce jour, est l'histoire de l'Auditeur, la Réalité de l'Auditeur. C'est la Vérité Ultime de l'Auditeur, la Vérité Finale. Après un certain temps, comme je l'ai dit, la pratique sera spontanée et automatique. Quand vous arrivez au niveau avancé, toute la Connaissance est absorbée. Rien ne reste.

QUAND TOUTE LA CONNAISSANCE SERA ABSORBÉE, IL NE RESTERA RIEN.

Q: Comme un oignon, on l'épluche en entier ?
Maharaj: Une couche, deux couches, trois couches, puis plus rien. Quand tout aura été finalement enlevé, il ne restera plus rien. Quand tout disparaît, là vous êtes. C'est pour cela qu'il y a toute la pratique, ces étapes progressives, ces points de repères. Quand vous atteindrez la destination, le Terminus Final, tous ces repères s'évanouiront. Nous n'utilisons des mots que pour convaincre l'Auditeur.
Q: Je pense que vous donnez un enseignement qui est au-delà des mots.
Maharaj: Vous êtes la Vérité Ultime. Il n'y a pas 'd'au-delà'.

**CE N'EST PAS UNE IDÉE. CE N'EST PAS UN CONCEPT.
VOUS ÊTES LA VÉRITÉ FINALE.
VOUS ÊTES LE TERMINUS FINAL,
OÙ IL N'Y A PAS DE COMMENCEMENT,
ET IL N'Y A PAS DE FIN.
PAS DE COMMENCEMENT, PAS DE FIN.**

Si vous dites 'au-delà', au-delà implique qu'il y a 'quelque chose' là ! Au-delà de quoi ? Il n'y a rien là ! Où tout finit, où tout vient à un arrêt complet, là vous êtes. Là vous êtes, sans forme.

**QUAND TOUT FINIT, LÀ VOUS ÊTES :
SANS FORME.**

Soyez fort, soyez ferme. Ne faites pas pression sur votre mental, ne stressez pas votre intellect. La Réalité n'a rien à voir avec eux. Quand vous quittez l'ashram, larguez tout ici. Déposez tout ici. Vous pouvez lire des livres si vous souhaitez, pas de problème, aussi longtemps que vous n'ignorez pas le Lecteur.

N'IGNOREZ PAS LE LECTEUR.

NE SOUS-ESTIMEZ PAS LE LECTEUR INVISIBLE, ANONYME.
Des questions, des doutes ?
Q: Il me semble que depuis que j'ai commencé la pratique, beaucoup de mes vieilles habitudes ou addictions reviennent, et refont surface.
Maharaj: C'est bien, très bien. Tout est en train de fondre, c'est le processus de fusion. Vous pourrez visualiser les nombreux changements au-dedans. Lentement, silencieusement, définitivement, tous les concepts partiront, un par un, et il y aura un Bonheur exceptionnel et indescriptible, une Paix exceptionnelle. Vous trouverez ce pourquoi vous avez lutté si longtemps. Allez-y, allez-y ! Allez de plus en plus profondément.

145. Secret Établi

Maharaj: La Présence ne peux pas être tracée. Pas de connaissance est connaissance. Pas de connaissance est connaissance.
Q: Donc maintenant je suis La Réalité Ultime !
Maharaj: Ce ne sont que des mots. Maintenant vous devez suivre la Conviction. Vous êtes déjà là. C'est le Secret Établi.
VOUS ÊTES DÉJÀ LÀ.
Vous étiez là tout le temps, sans aspect, sans forme, mais vous n'en étiez pas conscient. C'est le Secret Établi. Vous étiez toujours en recherche de quelque chose d'extérieur, comme la nourriture pour le corps, ou des pensées pour le mental.
AVEC LA LUMIÈRE DANS VOS MAINS,
VOUS COURIEZ APRÈS L'OBSCURITÉ.
C'est le Secret Établi. C'est votre moment. Maintenant est votre moment. C'est une opportunité en or. Le plus important est une implication totale. Le plus important d'avoir une implication totale. Que voulez-vous de plus ? Arrêtez de chercher plus d'explications.
VOYEZ VOTRE GRANDEUR !
UTILISEZ VOS YEUX SPIRITUELS.
Il n'y a rien de plus à aller chercher, car le Chercheur a été trouvé et a été exposé. C'est ce qui conclut la spiritualité, la conclusion de la spiritualité. Vous êtes la Vérité Ultime, vous êtes la Vérité Finale. Vous êtes Spontané, Autonome.
Q: Vous avez dit hier que le Maître parle depuis le fond de la Réalité ?
Maharaj: Oui, c'est la Projection Spontanée, hors de la Présence Spontanée. Le secret s'ouvrira à vous lorsque vous identifierez l'Identité Non Identifiée, avant d'être. Le secret vous sera dévoilé alors que vous identifiez :

**VOTRE EXISTENCE INVISIBLE AVANT D'ÊTRE.
TANDIS QUE VOUS IDENTIFIEZ VOTRE IDENTITÉ ANONYME,
NON IDENTIFIÉE,
LE SECRET SERA RÉVÉLÉ.**

Comme je vous l'ai dit tant de fois, avant d'être, votre Présence était Invisible, Anonyme, Non Identifiée. Il n'y a pas de 'je'. Il doit y avoir quelqu'un pour dire 'je'. À vrai dire, quelqu'un est personne, parce qu'il est tout le monde. Vous devez avoir une forte Conviction. En dehors de ça, il n'y a rien.

Q : Maharaj, quand avez-vous réalisé ceci, que vous étiez juste le Soi Sans Soi ? Était-ce quand vous étiez avec Nisargadatta Maharaj ?

Maharaj : Oubliez ça ! Après l'association avec Soi Sans Soi, à la lumière d'un Guru ou Maître, le secret est dévoilé graduellement, graduellement et spontanément.

Q : Ai-je raison quand je dis que, tout comme l'Auditeur Silencieux Invisible, ces enseignements sont compris par les voyageurs chevronnés, les aspirants qui ont cherché depuis presque un demi-siècle ? Nous savons ces choses mais nous n'avons pas réussi à les mettre en pratique. Vous êtes l'agent pour réaliser cela. C'est comme un ordinateur. Il y a un nouveau programme, et vous appuyez sur le bouton pour le lancer. Vous, Maharaj, êtes celui qui appuie sur le bouton pour activer ce programme ?

Maharaj : Vous devez appuyer vous-même sur le bouton pour activer le programme. La télécommande est dans votre main. Vous pouvez le mettre sur 'on' ou sur 'off'.

146. *La plante grimpante*

Maharaj : Le *Naam Mantra* est très important. Les gens disent : "J'ai obtenu la connaissance, pourquoi ai-je besoin du *Naam Mantra* ?" Ça va, mais,

**SI VOUS SOUHAITEZ VOUS CONNAÎTRE
VOUS-MÊME PARFAITEMENT,
LE *NAAM MANTRA* EST EXTRÊMEMENT IMPORTANT.**

Si vous voulez vous identifier parfaitement, le processus du *Naam Mantra* est extrêmement important. L'humanité a beaucoup de connaissances au sujet de *Brahman*, *Atman*, *Paramatman*, toutes ces choses, mais ce n'est pas une connaissance pragmatique. C'est une connaissance stérile qui ne sert que pour la discussion.

Q : Des gens prétendent qu'ils ont une connaissance pratique sans le *Naam Mantra*. Ils disent qu'il est suffisant de lire les livres de Nisargadatta Maharaj, et de suivre ses instructions. Ils affirment avoir trouvé la Connaissance Absolue, l'État Absolu, sans le *Naam Mantra*.

Maharaj: Il n'est pas question de trouver l'État Ultime, car :

TOUT CE QUI EST TROUVÉ,
N'EST TROUVÉ QUE DANS LE DÉCOR
DE LA CONNAISSANCE BASÉE SUR LE CORPS.

Ici, [Maharaj indique son corps], la connaissance basée sur le corps est à l'intérieur. Donc, à moins qu'elle ne soit dissoute, tout ce que vous construirez par-dessus s'effondrera. La condition requise, basique, fondamentale, est de dissoudre la base corporelle !

Q: Ce que vous dites, est que la connaissance ne peut pas être construite sur les fondations de la base corporelle ?

Maharaj: Oui ! Les gens qui suivent l'enseignement spirituel sans le *Naam Mantra*, en disant : "J'ai obtenu la connaissance", c'est bien, mais ça n'offre qu'un soulagement temporaire.

Q: Donc nous avons besoin de dissoudre en premier la connaissance corporelle ? Ce que vous dites, est qu'il nous faut l'aide du Mantra pour faire ça ?

Maharaj: Oui ! L'on devrait suivre ce processus. Je vais vous donner un exemple de ceci, d'un grand philosophe et politicien, âgé d'environ soixante-dix ans. Il passa cinq ou six mois à parler de sujets spirituels avec Nisargadatta Maharaj. Il avait beaucoup lu, de philosophie, les *Védas*, Jnaneshwar, Toukaram, etc. Puis il annonça un jour : "Je connais très bien votre connaissance, mais ce n'est pas encore vraiment imprimé en moi".

Nisargadatta Maharaj utilisait l'analogie de la plante grimpante, pour répondre : "Vous connaissez cette plante grimpante qui pousse sur les murs ? Comment fait-elle pour croître ainsi ? Elle a été capable de pousser parce que les graines ont été plantées au bon endroit. La plante croît proche du mur en s'agrippant à lui, s'en servant comme support elle devient plus forte et pousse de plus en plus haut. De même,

LA CONNAISSANCE SPIRITUELLE
DEVRAIT ÊTRE ENRACINÉE COMME CELA,
AUX MAITRES SEULEMENT, AU GURU SEULEMENT.

Si vous essayez de planter des graines d'une plante grimpante ailleurs, elles ne s'épanouiront pas. Le Maître plante la plante de la Réalité dans votre Soi Sans Soi. C'est la Connaissance Directe de l'Orateur Invisible à l'Auditeur Invisible. Ils sont un seul et même.

Maurice Frydman, en une autre occasion, dit à son Maître qu'il pouvait comprendre la Connaissance, mais qu'il n'était pas sûr de pouvoir l'absorber et de l'établir. Il ne l'avait pas dans un 'sens réel'. Nisargadatta Maharaj à nouveau utilisa l'exemple de la plante grimpante. Le dévot devrait être enraciné au Maître. Le Maître est la base et le support. La Connaissance peut seulement être établie à travers le Maître.

Vous devez suivre ce que le Maître dit.

**UTILISEZ CE PROCESSUS DU GURU MANTRA,
AU STADE INITIAL.
IL FAIT LA FONDATION PARFAITE
POUR VOTRE CONNAISSANCE SPIRITUELLE.**

Mais bien sûr, chacun a des opinions différentes.

Q: Nisargadatta Maharaj voulait-il que les gens prennent le Mantra ?

Maharaj: Non. Il n'a jamais insisté pour qui que ce soit, fasse quoi que ce soit, que la personne soit ordinaire, célèbre, étrangère, ou autre. Il n'a jamais dit : "Prenez le Mantra et soyez mon disciple". Cela arrivait spontanément, comme pour le politicien dont j'ai parlé. Il décida par lui-même, et dit à Nisargadatta Maharaj : "Maintenant, je veux prendre le Mantra du Guru". Pour lui, l'importance du Mantra grandit avec le temps, jusqu'à ce qu'il devienne nécessaire, et essentiel.

Q: Y a-t-il d'autres moyens d'en arriver là, d'atteindre l'Absolu ?

Maharaj: Il y a d'autres moyens, par exemple, [Maharaj serre son poing et le secoue], une dévotion forte comme Saint Eklavya. Ce n'est pas impossible de le faire en utilisant une autre méthode, mais ce n'est pas si facile. Vous ne le ferez pas juste avec des lectures spirituelles désinvoltes.

**VOUS DEVEZ ÊTRE HABITÉ :
"OUI, JE VEUX CONNAÎTRE LA RÉALITÉ.
JE DOIS SAVOIR !"**

Vous devez vous abandonner totalement au Maître, qui que puisse être ce Maître. C'est aussi très important.

Q: Qu'en est-il si on est dévoué à un Maître qui a quitté son corps, Maharaj ?

Maharaj: Sa Présence peut ne pas être là dans la vie, il peut ne pas être dans l'existence, mais si l'implication est très forte, alors cette voie est aussi possible. Cependant, une parfaite dévotion arrive rarement. C'est difficile car il ne devrait y avoir aucune sorte de mental duel, ou de trace de dualité qui reste.

Q: Et vous Maharaj, voulez-vous que les gens prennent le Mantra ?

Maharaj: Je n'insiste pas sur quoi que ce soit. Beaucoup de gens viennent à moi, mais je n'insiste pas pour qu'ils prennent le Mantra, le Mantra du Guru, et qu'ils deviennent mes disciples. Non, pas du tout. Avec eux, je partage ouvertement tous les secrets spirituels. Je ne garde rien pour moi-même. Je leur donne tous les secrets.

C'est ensuite à eux de déterminer l'effet de cette Connaissance sur eux. Certains sont profondément impressionnés, d'autres pas tant que ça. Certaines personnes sentent qu'il est important d'être initié, tandis que d'autres ne sont pas intéressées. C'est différent pour chacun. Cela dépend aussi de leur maturité spirituelle.

147. *Un Mantra inestimable*

Q: Récemment, je suis tombé sur un passage à propos de Nisargadatta Maharaj et du *Naam Mantra*. Il disait : vos parents vous ont donné un nom, et vous ont appelé avec celui-ci. De même, le *Naam Mantra* vous est donné. C'est votre nom réel, votre Identité réelle.

Il disait : "Le Mantra est très puissant et efficace. Mon Guru m'a donné ce Mantra, et le résultat est tous ces visiteurs venant du monde entier. Cela vous montre son pouvoir". Ainsi Nisargadatta Maharaj lui donnait une grande importance ! Le Mantra semble avoir été ignoré et omis depuis lors. Les sources en Occident tendent à le minimiser.

Maharaj: C'est vraiment à vous de voir ! Si vous lui donnez une grande valeur, il vous assistera puissamment. Si vous le traitez avec désinvolture, il n'y aura pas de bénéfices. Ceux qui ont connaissance de quelque chose, comprennent sa vraie valeur.

C'EST COMME CELA AVEC LE MANTRA. DIFFÉRENTS DISCIPLES LUI DONNENT UNE VALEUR DIFFÉRENTE. JE DIS À TOUT LE MONDE QUE LE MANTRA A UNE GRANDE VALEUR. CES DISCIPLES QUI ACCEPTENT CE QUE DIT LE MAÎTRE, LUI DONNENT DONC UNE GRANDE VALEUR.

Les disciples qui ont une foi totale dans le Maître, donnent une grande valeur au Mantra, et en bénéficient le plus. Le Mantra est le Mantra, mais la valeur qu'on lui donne peut énormément varier. Pour ceux qui le prennent avec désinvolture - 'sans valeur !' Cela dépend de vous.

Q: Un jour, peu après l'initiation, je méditais ici, dans le hall. Au fil des ans, je n'ai pas tellement fait de méditation, je préférais la conduite ! Quoi qu'il en soit, soudainement pendant la méditation, j'étais dans le siège conducteur une fois de plus. Tout ce que je pouvais voir était ce pare-brise de voiture boueux apparaissant devant mes yeux. Je ne voyais rien du tout à l'extérieur !

Mais d'un seul coup fluide et silencieux d'un essuie-glace 'magique', en un instant, la vitre du pare-brise devint complètement claire. Cette clarté était sereine, paisible, immensément puissance, vivante et abyssale. Les mots ne peuvent pas décrire cette transformation ! Cela m'a révélé la puissance

merveilleuse et bienveillante du Mantra. Cette clarté est maintenant continue. Je suis tellement reconnaissant.
Maharaj : Si vous utilisez le Mantra de façon correcte, vous remarquerez des changements spectaculaires en vous, des changements spontanés. Ces changements se produiront au niveau physique et mental. Des expériences spirituelles se produiront aussi.

Après avoir médité pendant quelque temps, les sages parlent de trois types d'expérience via la vue, l'ouïe ou le toucher. Vous pouvez voir votre Maître dans sa forme physique. Vous pouvez entendre votre Maître vous parler. Vous pouvez sentir le Maître vous toucher.

CES TYPES D'EXPÉRIENCES PEUVENT SE PRODUIRE, MAIS ILS NE SONT PAS LA VÉRITÉ ULTIME.

Ce sont des étapes progressives. Les étapes de chacun sont différentes.

NE VOUS ARRÊTEZ PAS LÀ !

Parfois vous pouvez expérimenter un pouvoir miraculeux, ou vous trouvez à dire quelque chose, et ensuite, un bref moment après que vous l'ayez dit, cette chose se produit ! Le Pouvoir est en train d'être régénéré en vous. Mais ce n'est pas non plus la Vérité Ultime. Ne vous arrêtez pas là !

Des changements auront lieu spontanément. Cela vous mènera à la Vérité Ultime. "Ah !" Un calme total, pas de désirs, pas de tentations, seulement : "*Om, Shanti, Shanti, Shanti*". C'est le stade Final. Vos activités continueront normalement, mais sans l'ego. Le 'je' est parti. Oubliez le passé. Oubliez le passé. Ce que vous avez entendu est Votre Histoire !

148. La mort

Q : Maharaj, qu'en est-il de la mort ?
Maharaj : Qui meurt ? La mort de qui ? La mort est une illusion. Pourquoi parler de la mort ? Mieux vaut parler de qui vous êtes. C'est bien plus important. Découvrez-le maintenant, pendant que vous en avez encore l'opportunité. Demandez-vous : "Qui suis-je ?" Le concept de mort rampe lentement vers vous, et puis un jour, que vous le vouliez ou non, vous devrez quitter ce corps. Fait établi !

Le corps a un temps limité, mais vous n'êtes pas le corps. Vous êtes non né. Tous les jours nous entendons que des gens meurent.

RÉVEILLEZ-VOUS ! VOUS AVEZ UNE OPPORTUNITÉ EN OR POUR VOUS ASSURER QUE QUAND VOUS QUITTEREZ LE CORPS, CE SERA UN MOMENT TRÈS HEUREUX.

Q : Il y a quelques jours vous avez mentionné que Bhausaheb Maharaj frappait des mains avec grand bonheur lors de ses derniers instants !
Maharaj:
QUI MEURT ? QUI VIT ?
CONNAIS-TOI TOI-MÊME.

Je rafraîchis votre mémoire. Cette peur de la mort est venue de votre identification avec le corps. Depuis le tout début, nous avons été conditionnés pour croire que nous sommes nés, et que nous allons mourir. Et nous avons accepté cette information aveuglément, comme étant un FAIT. Nous sommes devenus si fortement attachés au corps que maintenant nous sommes effrayés de le laisser partir. Nous trouvons ça très difficile de nous libérer.

Beaucoup de gens clament avoir la connaissance spirituelle. Vous dites : "Je ne suis pas le corps", "Je suis *Brahman*", "Je suis *Atman*", MAIS, quand quelque chose d'imprévu survient, comme un accident ou une maladie, ou quand vous souffrez sur votre lit de mort, toutes ces vérités s'évanouissent, comme si elles étaient de simples déclarations. Et tout ce que vous pouvez faire est de trembler plein de peur. Je parle ici en général. Cela signifie que la Conviction que "Je ne suis pas le corps", n'a pas pris racine. Ce n'est pas une Conviction réelle, et votre connaissance 'spirituelle' n'est pas réellement la Connaissance du Soi. Quelque part dans les fondations, il y a une faille.

Q : Alors que puis-je faire pour m'assurer qu'il n'y a pas de failles ?
Maharaj: Pour cela, vous avez la Clé Maîtresse. Continuez à utiliser le *Naam Mantra*. C'est une bonne assurance. Si vous voulez vous connaître parfaitement, le processus du *Naam Mantra* est le plus important. Ce Mantra que je vous ai donné est venu de Dattatreya, il a une histoire longue de mille ans. C'est plus que des mots. Il a la science derrière lui et une longue histoire. L'humanité a beaucoup de connaissances concernant *Brahman*, *Atman*, *Paramatman*, mais ce sont principalement des connaissances vaines pour la discussion et la distraction.

Vous voyez, la connaissance corporelle est ici [le Maître indique le corps].
À MOINS QUE LA CONNAISSANCE BASÉE SUR LE CORPS NE SOIT DISSOUTE, QUOI QUE VOUS CONSTRUISIEZ DESSUS S'EFFONDRERA.

Q : Comme construire des châteaux de sable ?
Maharaj: Ces gens qui disent : "J'ai la connaissance sans le *Naam Mantra*", bon, ça peut aller, mais c'est toujours un analgésique, offrant peut-être un soulagement temporaire. Il y a beaucoup de lait [La connaissance], ici. Mais si vous ajoutez une pincée de sel, tout ce lait sera gâté. Cela signifie que si nous avons un tout petit doute, il produira une petite secousse, puis une faille, qui progressivement sera suivie par un tremblement de terre. Et alors, ce ne sera plus qu'une question de temps pour que le bâtiment s'effondre.

Si vous récitez le *Naam Mantra*, il vous donnera une très bonne et solide fondation, un très bon départ. Notre fondation sera si ferme, si solide que rien ne pourra l'affecter ou la pénétrer. C'est cent pour cent garanti !

Q: Alors la méditation est le médicament prescrit pour nous tous ?

Maharaj: Je vous l'ai dit, la méditation sur le *Naam Mantra* est "l'anti-virus pour l'illusion chronique". Il vous faut le Mantra pour dissoudre toute la connaissance corporelle, pour nettoyer et vider votre disque dur de l'illusion. En plus de tout nettoyer, le Mantra régénéra aussi votre Pouvoir, en vous remémorant votre Réalité : "Je suis *Brahman*, *Brahman* je suis".

Chaque moment de votre vie est très précieux, il ne se répétera jamais. Maintenant il est temps de savoir si vos fondations sont solides ou non. Voyez ! Examinez ! Découvrez ! Y a-t-il des doutes qui persistent ? Menez l'enquête maintenant. Si vous reportez et attendez le dernier moment, il sera trop tard.

C'EST UN LONG RÊVE, UN LONG FILM.
VOUS ÊTES LE PRODUCTEUR, LE METTEUR EN SCÈNE,
L'ARCHITECTE DE VOTRE PROPRE VIE.
C'EST À VOUS DE DÉTERMINER
LE DERNIER ACTE DE VOTRE FILM.

Q: Ce que vous dites, Maharaj, est que c'est entièrement à nous de décider de la fin du film, comment le scénario final va se jouer ? Nous pouvons soit mettre les voiles dans la félicité de l'immensité inconnue, soit avec appréhension, laisser la "faucheuse" nous dévorer.

Si nous voulons une sortie plaisante, nous devons sérieusement nous confronter à nous-mêmes, dès maintenant, et découvrir si notre connaissance n'est pas seulement superficielle.

Maharaj: Ça vous revient totalement. La Connaissance du Soi doit être pragmatique, afin que quand viendra le moment de quitter le corps, vous serez sans peur. Il ne doit y avoir aucun attachement résiduel pour vous distraire. Je martèle cela encore et encore.

VOUS N'ÊTES PAS LE CORPS, VOUS N'ÉTIEZ PAS LE CORPS,
VOUS NE RESTEREZ PAS LE CORPS.
C'EST UNE ÉVIDENCE !
IL VOUS FAUT ACCEPTER CETTE VÉRITÉ.

Si vous n'êtes pas le corps, qui êtes-vous ? Vous n'êtes pas né. Découvrez-le par vous-même, et alors vous saurez, vous SAUREZ réellement que vous n'avez rien à voir avec le corps. Utilisez la discrimination, jetez un œil, contemplez. Pensez sérieusement à votre Existence !

Votre Existence ne se connaît pas elle-même. Je parle à propos de Cela. Je place devant vous une image claire de votre Vérité Ultime, utilisant des mots brefs, des mots directs. Il n'y a pas d'entre-deux. Afin de convaincre les gens, je dois utiliser des phrases. Sans elles, comment pourriez-vous être convaincu ?

Personne ne pense, tout le monde accepte tout aveuglément. Découvrez vos faiblesses ! Vous les connaissez mieux que quiconque. Découvrez si vous êtes sur un terrain glissant. Peut-être avez-vous lu un grand nombre de livres spirituels. Peut-être avez-vous la foi, une croyance qui vous est chère, et vous pensez que vous êtes préparé. C'est bien. Mais soyez certain, soyez sûr.

Q: Ce que vous dites, est que nous devrions nous tester nous-mêmes, pour nous assurer que nos pieds soient fermement plantés dans la Réalité ?

Maharaj: Les Maîtres de notre Lignée étaient tous très pragmatiques dans leur approche. Posez-vous quatre questions : "Suis-je totalement sans peur ? Suis-je totalement paisible ? Ai-je un bonheur complet ? Suis-je libre de tension ?" Si la réponse à ces questions est "Non", alors il semble que tous vos efforts, toute votre connaissance, ont été en vain, et n'ont servi à rien. La devise que vous avez achetée s'est révélée être du toc, de la fausse monnaie. [Gloussements du Maître.]

Demandez-vous : "Où en suis-je ?" avant qu'il ne soit trop tard. Il est mieux de faire face à ces fantômes illusoires maintenant, plutôt que d'attendre que nos corps approchent de leur fin. A ce moment, vous tremblerez de peur en gémissant "Ooh, Ooh". Il n'y aura pas de paix, seulement la peur.

Q: Oui, Je comprends. La Réelle Connaissance Spirituelle, la Connaissance du Soi, doit être pragmatique. Elle doit être mise en œuvre dans la vie de tous les jours. Si elle reste simplement théorique, connaissance intellectuelle comme vous dites, alors elle est simplement inutile.

Maharaj: Vous savez qu'il n'y a ni naissance ni mort. Vous savez que vous êtes non né. Quand vous connaîtrez la Réalité, vous verrez que cette peur écrasante n'avait aucun fondement. Cette peur qui vous a suivi et hanté depuis votre 'naissance', était une grande illusion. Maintenant le ballon a éclaté !

VOUS AVEZ FAIT ÉCLATER LE BALLON !

Q: Nous découvrons que toutes nos peurs étaient enracinées dans la grande peur de la mort. Et que cette peur de la mort est juste un concept, connaissance corporelle, et donc sans fondement, c'est du vent.

Je ne sais pas pourquoi je ris, mais il s'avère que notre lourd bagage de crainte et d'inquiétude autour de la mort, que nous avons transporté de décennies en décennies, était complètement inutile. Quel gâchis ! L'on a, ou j'ai, dépensé toute cette énergie pour maintenir à distance ce gigantesque monstre. Et cette bête, ce monstre, n'a jamais vraiment existé. Eh bien ! Il est parti maintenant. L'illusion se dissout. Mieux vaut maintenant que jamais.

Maharaj: L'investigation du Soi mène à la Connaissance du Soi et à la Réalisation du Soi. La Réelle Connaissance du Soi est tellement importante, car sans elle, la fin sera douloureuse, sans pitié.

Demandez-vous ceci : "Pourquoi ai-je peur de la mort ?" À moins que vous ne connaissiez la Réalité, cette peur murmure, la peur se multiplie. L'état

dépourvu de peur au moment de mourir est la Connaissance Réelle, la Connaissance Pragmatique, la Vérité Ultime.
[Le Maître sourit chaleureusement]:
SOYEZ VIGILANT ET PRÉPAREZ-VOUS POUR CET HEUREUX ET PAISIBLE MOMENT, QUI EST LE BUT DU CHERCHEUR SÉRIEUX.
Q: Le grand *Mahasamadhi* ! Merci, Maharaj.

149. Vous êtes antérieur à Dieu

Maharaj: Siddharameshwar Maharaj disait : "Si vous faites un pas, je lèverai votre pied et ferai le prochain pour vous." L'amour à sens unique n'est pas efficace, il doit être là des deux côtés. Vous devez avoir une foi profonde envers votre Maître, et lui rester loyal.

Des années après le départ de Siddharameshwar Maharaj, Nisargadatta Maharaj disait : "Mon Maître est en vie. Il peut ne pas être ici physiquement, mais mon Maître est vivant. Je ne suis pas une veuve".

Q: Comme s'il était marié à Siddharameshwar Maharaj ?

Maharaj: Oui ! Il avait une foi des plus fortes. Vous devez avoir une forte foi en votre Maître, qui qu'il puisse être. Alors seulement, la Connaissance sera implémentée, convertie, et mise en pratique. Avoir foi à moitié, avoir confiance à moitié, est de peu d'utilité.

MÊME SI DIEU APPARAÎT DEVANT VOUS, VOUS DEVEZ AVOIR LE COURAGE DE RECONNAÎTRE ET DE NIER CECI, ET DE DIRE : "NON, NON, MON MAÎTRE EST PLUS GRAND QUE VOUS, CAR C'EST HORS DE MA PRÉSENCE QUE VOUS APPARAISSEZ EN TANT QUE DIEU."

Il doit y avoir cette Conviction. Dieu ne peut pas apparaître sans votre Présence. Votre Présence vient en premier, et ensuite, Dieu. La Conviction est : "Hors de ma Présence Spontanée, vous apparaissez comme Dieu. Si ma Présence n'était pas là, alors, qui pourrait voir Dieu ? Je suis donc antérieur à vous, Dieu".

CE RESSENTI SPONTANÉ N'EST PAS UNE BLAGUE, C'EST LA FOI SOLIDE DES MAÎTRES.

Le Guru, le Maître est plus grand que Dieu. Kabir disait : "Si Dieu et mon Maître apparaissaient devant moi, je me prosternerais devant mon Maître, et non devant Dieu, car mon Maître m'a montré Dieu". Le Maître dit, "C'est Dieu", alors je crois mon Maître. J'ai une foi totale en mon Maître. Je ne savais pas ce que Dieu était, mais mon Maître me l'a montré : "Voici Dieu". Donc, je me prosterne devant mon Maître, en premier".

Une spiritualité désinvolte ne vous aidera pas. Les gens disent : "Je suis allé voir ce Maître, il est très bon. Et puis, je suis allé voir un autre Maître, qui est encore meilleur, super". Ce sont des visiteurs, des vagabonds, des voyageurs sans stabilité. Vous devez faire de ça la dernière destination.

**SI UN MAÎTRE VOUS MONTRE LA RÉALITÉ ULTIME,
VOUS DEVEZ RESTER AVEC CE MAÎTRE,
ET LUI ÊTRE DÉVOUÉ ET LOYAL.
LE MAÎTRE EST COMME UNE MÈRE,
VOUS NE CHANGEZ PAS VOTRE MÈRE.**

Il est extrêmement important de maintenir la Conviction que vous n'avez pas besoin d'aller ailleurs. Vous SAVEZ qu'il n'y a rien de plus à trouver.

**SI VOUS SOUHAITEZ ENCORE PARTIR
POUR VOIR UN AUTRE MAÎTRE,
ALORS C'EST UN SIGNE
QUE VOUS N'AVEZ PAS ENCORE LA CONVICTION.
VOUS ÊTES TOUJOURS À ERRER, À VAGABONDER.**

Je partage la même Connaissance qui fut partagée par mon Maître avec moi. Je serais heureux si l'un d'entre vous se dirigeait vers la Vérité Ultime. Ce serait mon paiement. Soyez un Maître de la Réalité et pas juste un Maître de Philosophie ou de Spiritualité. Un professeur peut enseigner, en parlant de la vérité, alors qu'un Maître la vit. C'est une Connaissance pratique, vivante.

Soyez fort ! Ayez une foi profonde dans le Maître. Le même Maître existe en vous.

**NE VOUS CONSIDÉREZ PAS COMME DIFFÉRENT
OU SÉPARÉ EN AUCUNE FAÇON.
IL Y A SEULEMENT UN MAÎTRE.
LE MAÎTRE EST UN SEUL ET MÊME.**

Tous les Maîtres dans notre Lignée, étaient très simples, et très humbles. Nisargadatta Maharaj servait au comptoir d'un magasin. Il ne disait pas : "Oh ! Je suis un Maître. J'ai une spiritualité". Non ! Il avait une totale humilité. Cependant,

**N'ESPÉREZ PAS QUE VOTRE EGO SOUHAITE LA BIENVENUE
À VOS TENTATIVES D'ÊTRE HUMBLE.**

Q: Donc c'est très important d'être humble ?
Maharaj: Après la Connaissance de la Réalité, l'humilité est un processus automatique. Après la Connaissance de la Réalité, il y a seulement... tout ce qui reste est : "Je ne suis rien, rien."
Q: C'est comme l'opposé de ce que l'on pourrait espérer. Après le long voyage et tous les efforts, je pense que j'irai bien mettre une couronne !

Maharaj: Quand la Conviction vient, quand elle s'élève spontanément, quand vous savez que vous n'êtes rien, alors vous serez tout.

QUAND IL Y A LA CONVICTION QUE "VOUS N'ÊTES RIEN", CELA SIGNIFIE QUE "VOUS ÊTES TOUT".

Soyez vigilant ! Soyez prudent !

Q: Et patient ?

Maharaj: Vous devez avoir une foi profonde comme ces Maîtres. C'étaient des gens ordinaires, mais ils ont accepté la Connaissance, la Réalité qui était donnée par les Maîtres, totalement et complètement. Ils sont de merveilleux exemples de foi profonde, de forte dévotion, d'implication totale.

Q: C'est pourquoi il est important pour nous que vous continuiez à nous marteler, en répétant la même chose, encore et encore.

Maharaj: La même chose, parce que c'est nécessaire.

Q: Je me convaincs moi-même, en même temps. Mais quand cela vient de vous, c'est plus efficace.

Maharaj: Oui, mais vous devez être vigilant, tout le temps. C'est pourquoi Bhausaheb Maharaj planifiait précisément la méditation et les *bhajans*. Il vous faut être vigilant à votre Présence, qui est la Vérité Ultime, vingt-quatre heures sur vingt-quatre. Le martèlement sans fin est nécessaire. Faites vos activités normales, mais en même temps, vous devez toujours rester avec le, "Oui, je suis *Brahman*, Je Suis Cela".

Q: Ce matin, nous lisions la Préface de Nisargadatta Maharaj dans "*Le Maître de la Réalisation du Soi*", où il parle de sa dévotion à son Guru Siddharameshwar Maharaj, et de l'importance que cela avait, combien spécial c'était. En gros, il disait que si vous n'avez pas une foi totale dans le Maître, vous gaspillez votre temps.

Maharaj: Et une forte foi en vous, aussi. Ce devrait être votre dernier voyage. Il ne devrait y avoir aucune tentation d'aller à la recherche d'un autre Maître. Vous devez vous stabiliser, et être fort.

LE MAÎTRE EST EN VOUS.
AYEZ FOI EN VOTRE MAÎTRE.
TROUVEZ LA STABILITÉ ICI.

Q: Que voulez-vous dire par "soyez fort" ?

Maharaj: Soyez fort intérieurement. Soyez déterminé, et ayez du courage. Croyez que ce que vous entendez est vrai, et acceptez-le. Continuez à vous convaincre.

LA VÉRITÉ NUE A ÉTÉ PLACÉE DEVANT VOUS.
VOTRE VÉRITÉ,
VOTRE VÉRITÉ ULTIME,
VOTRE VÉRITÉ FINALE.

Soyez avec vous ! Allez de plus en plus profondément en vous-même. Il y a tant de Maîtres de nos jours, que l'on doit être prudent, et être avec un Maître approprié, un vrai Maître qui se connaît, un qui soit Réalisé.

COMMENT QUELQU'UN PEUT-IL GUIDER LES AUTRES À LA RÉALISATION DU SOI, S'IL N'EST PAS LUI-MÊME RÉALISÉ ?

Q: C'est vrai ! C'est comme l'aveugle guidant l'aveugle.

Maharaj: Un bon, un vrai Maître est difficile à trouver. Vivekananda cherchait et cherchait un Maître qui pourrait lui montrer Dieu. Finalement, il rencontra Ramakrishna Paramahamsa qui lui dit qu'il pourrait lui montrer "Dieu en lui-même". Mon Maître disait la même chose :

"JE NE FAIS PAS DE VOUS UN DISCIPLE, CAR LE MAÎTRE EST DÉJÀ EN VOUS. JE VOUS MONTRE LE MAÎTRE EN VOUS".

Q: J'aime cela ! Nous sommes le même, nous sommes égaux. Vous ne nous rendez pas dépendant. Vous agissez comme un miroir, afin que nous puissions nous voir, voir notre véritable Réalité ?

Maharaj: Le Maître est plus qu'un miroir ! Avec un miroir, il y a toujours de l'obscurité à l'arrière. Le miroir montre seulement une image.

LE MAÎTRE VOUS MONTRE LE MONDE ENTIER, DERRIÈRE, DEVANT, LES CÔTÉS. TOUTES LES DIRECTIONS VOUS SONT OUVERTES. "CLAIRÉALITÉ" !

Q: Et si je marche dans les pas du Maître avec une foi totale, alors petit à petit, je vais devenir le Maître ?

Maharaj: Pas devenir, vous êtes déjà le Maître.

Q: D'accord, le Maître Réalisé, alors ?

Maharaj: Faites attention ! Ce sont juste des mots que nous utilisons. Dites-vous, "Je deviens Suzanne ?" Vous êtes déjà Suzanne. Les mots sont des indications de la Vérité Ultime. Chaque mot a sa propre limitation. Votre Existence est au-delà de toutes les limitations.

Q: Je suis encore tombé dans le piège des M.O.T.S !

Maharaj: C'est une Connaissance exceptionnelle. Acceptez-la ! La Conviction du Soi est plus importante à la lumière des enseignements du Maître. La Conviction du Soi est très importante. À l'école, le professeur vous donne des nombres, disons, des sommes que vous devez faire concorder. Vous essayez de les additionner de différentes façons afin d'obtenir la bonne réponse. De même, le Maître vous donne la Connaissance. C'est à vous de travailler dessus, de faire le compte, de faire l'addition et d'atteindre la vraie Conviction, la réelle Conviction, la pleine Conviction.

Q: Oui, nous prenons l'entière substance que vous nous avez donné, sans avoir aucun doute et nous ajoutons le tout. Il n'y a pas de discussion en tant que tel, pas de débat.

Maharaj: Correct, pas de débat. Ici, la Connaissance n'a pas à être testée. Ce n'est pas un sujet politique, ni un sujet philosophique. Ce n'est pas un débat.

**SIMPLEMENT CONNAÎTRE,
ET RESTER CALME.
SIMPLEMENT CONNAÎTRE LA RÉALITÉ,
ET RESTER CALME.**

La Clé vous a été donnée. Le Secret a été révélé. Le Pouvoir est là. Il est vôtre. Il a été déverrouillé. Vous devez utiliser cet immense Pouvoir.

**N'INSULTEZ PAS VOTRE MAÎTRE INTÉRIEUR,
EN VOUS NÉGLIGEANT.**

Persuadez-vous de cette manière : Vous avez maintenant été promu au poste de 'Capitaine'. Avant vous étiez juste le 'moussaillon'. Après l'obtention du poste de Capitaine, allez-vous continuer à dire : "Oui Monsieur, oui Monsieur ?" Non ! Car vous n'êtes plus un 'moussaillon'. De même, le Maître vous a donné un poste haut-placé, un poste important. C'est terminé avec le 'moussaillon' et ses "Oui, Monsieur".

Après la Connaissance de la Réalité, vous devez avoir une foi totale : "Mon Maître m'a montré mon Identité. Je suis Tout. Je suis la Vérité Ultime", sans le dire. Il n'y a pas de "Je", il n'y a pas de "Vous", mais il y a Conviction Spontanée.

**IL Y A CONVICTION SPONTANÉE
SANS 'JE',
SANS 'VOUS'.**

150. *Ils parlent depuis leur existence invisible*

Maharaj: Il est important que vous ne voyiez pas les sages, Maîtres, grands Saints en tant que forme corporelle. Les secrets qu'ils ont divulgués sont venus de leur Réalité, leur propre Identité, leur Identité Invisible.

**LES SECRETS QU'ILS ONT RÉVÉLÉS
VIENNENT DE LEUR IDENTITÉ INVISIBLE,
ET NON PAS DE LEUR FORME CORPORELLE.**

Leurs Vérités sont administrées, adressées, et atteignent l'Identité Invisible du Lecteur.

**ELLES DEVRAIENT CORRESPONDRE.
C'EST L'UNITÉ. IL N'Y A PAS DE DUALITÉ**

Tous les saints racontent leurs histoires depuis leur Existence Invisible. Votre Existence Invisible est la même que la leur.

Q: Que signifie être Réalisé ?

Maharaj: Tant de gens me demandent si je suis Réalisé. Que voulez-vous dire par Réalisé ? Cette question n'est pas pertinente. Qui est Réalisé ? Quand quelqu'un dit : "Je suis Réalisé. Je suis Illuminé", cela indique la Présence Spontanée Sans Pensée.

Les gens essayent toujours de faire des distinctions, de comparer les Maîtres. Arrêtez ça ! Ce n'est pas bon pour la spiritualité. Cela se produit car vous êtes instruit, et que vous avez une bonne éducation spirituelle.

**VOUS AVEZ COLLECTÉ DE LA CONNAISSANCE,
DES COUCHES DE CONNAISSANCE.
MAIS QUOI QUE VOUS PUISSIEZ DIRE
N'EST PAS LA VÉRITÉ ULTIME.**

Si vous parlez de Siddharameshwar Maharaj en critiquant ses enseignements comparativement à Nisargadatta Maharaj, par exemple, alors évidemment ce n'est pas bon. Pourquoi êtes-vous venu ici ?

**L'ESPRIT N'APPRÉCIE PAS QUE L'ON PARLE
DES MAÎTRES DE CETTE MANIÈRE.**

Je vous l'ai dit, vous n'êtes pas ici pour débattre, pour mesurer, comparer. Vous êtes des personnes intellectuelles, et vous êtes aussi des dévots ou disciples. Ça a des inconvénients. Si vous pensez à un niveau intellectuel, alors c'est un inconvénient. N'évaluez pas ces déités, Maîtres spirituels tels que Ramana Maharshi, Siddharameshwar Maharaj de cette manière. Cela vous éloignera de l'Esprit.

Q: J'entends ce que vous dites. Les Maîtres parlent depuis leur Existence Invisible et nous essayons de les analyser depuis notre mental. Je voudrais dire aussi, que c'est votre Présence qui est importante. Votre Présence est très forte, Maharaj, et elle est non verbale.

Ainsi, les enseignements ne sont pas seulement ce que vous nous apportez, mais il y a une autre sorte de transmission. Ou, comme vous dites, l'Auditeur et le Maître sont Un, et c'est expérimenté d'une manière difficile à expliquer. Ce sont des vagues de clarté. Ce n'est pas facile pour moi de le décrire, mais ça l'est pour vous. Je ne suis pas le Maître, pas encore.

Maharaj: Comment pouvez-vous dire que vous n'êtes pas le Maître ? Vous êtes déjà le Maître, mais vous n'êtes pas encore conscient de cette essence du Maître en vous. Vous créez un voile, et vous vous emmêlez dedans. Il n'y a pas d'obstacles. Vous êtes victime de votre propre toile de pensées, et c'est le seul obstacle.

Rappelez-vous que les Saints, et les Maîtres, parlent et s'expriment à leur manière. Ce qu'ils ont souhaité vous transmettre est primordial ! Ne comparez pas les Maîtres. Nous ne sommes PAS concernés par les forme corporelles de Ramana Maharshi, Siddharameshwar Maharaj, Ranjit Maharaj, Nisargadatta Maharaj.

OÙ ÉTAIENT CES MAÎTRE AVANT D'ÊTRE ?

C'est uniquement après l'être, que nous avons commencé à connaître ces Déités, et tous ces Maîtres.

**VOUS ÊTES LE MAÎTRE DES MAÎTRES,
CAR SANS VOTRE EXISTENCE,
VOUS NE POUVEZ PAS RECONNAÎTRE TOUTES CES DÉITÉS,
ET TOUS CES MAÎTRES.
VOTRE PRÉSENCE ÉTAIT LÀ AVANT TOUT.
LE MONDE ENTIER,
INCLUANT TOUTES LES DÉITÉS,
ET TOUS LES MAÎTRES,
EST LA PROJECTION SPONTANÉE
DE VOTRE SOI SANS SOI.**

Pour dire 'Dieu', votre Présence est nécessaire. Vous dites : "Dieu est grand !" Qui a donné à Dieu cette grandeur ? Vous l'avez fait ! Vous lui avez mis vingt sur vingt !

**VOUS ÊTES L'EXAMINATEUR,
VOUS ÊTES DIEU.
DIEU EST GRAND.
VOUS ÊTES GRAND.**

Mais vous devez être simple, et humble.

Q: Je comprends !

Maharaj: Oui, mais vous devez l'accepter totalement. Votre compréhension n'est pas censée être au niveau physique, au niveau mental, au niveau intellectuel, au niveau logique ! Où la connaissance corporelle finit, là vous êtes.

**LE MAÎTRE VOUS DONNE LA VISION,
LES LUNETTES DE LA CONNAISSANCE,
AFIN QUE VOUS VOYIEZ VOTRE SOI SANS SOI.**

Le monde entier est projeté hors de votre Présence Spontanée Invisible. Il n'y a pas besoin d'aller où que ce soit.

**C'EST TRÈS FACILE À COMPRENDRE,
MAIS POUR QU'ELLE SOIT ABSORBÉE,
POUR QUE VOUS AYEZ LA CONVICTION
DE CETTE CONNAISSANCE,
C'EST UN PEU DIFFICILE.**

151. Cercles de lumière

Q : Au début, Maharaj, il se passait beaucoup de choses pendant que je récitais le *Naam Mantra*. Il y avait beaucoup d'expériences. Une dont je me souviens bien m'est arrivée juste après la prise du Mantra. J'étais assis dans la salle de méditation, quand j'ai ressenti la vague présence d'une figure solennelle avançant vers moi.

C'était Bhausaheb Maharaj, le Fondateur de la Lignée. Il se tenait en face de moi, silencieusement, paisiblement. Le message non verbal qu'il me transmettait, était de prendre au sérieux la méditation et de la faire. Puis cette énergie se glissa à travers moi, et s'en alla dans un flash de lumière.

Maharaj: Durant le processus de méditation, chaque dévot peut vivre différentes expériences. En tant que dévot, ne recherchez pas les expériences, cela ne vous amènera que frustration et déception. Si elles viennent, c'est bien, sinon, c'est bien aussi ! Certains voient des cercles de lumière, des anneaux brillants, des flashs, des lumières éclatantes. D'autres se sentent en apesanteur, ou s'expérimentent en train de voler dans les airs. Différentes expériences pour différents dévots.

Au stade initial, c'est un signe de progrès. L'activité égotique s'arrête spontanément avec juste un clic du Mantra, et ensuite la Connaissance s'épanouit. Des flashs spontanés de lumière se produisent. Même si vos yeux sont fermés, il peut y avoir de grands flashs de lumière, plus brillants que le soleil. C'est la "Lumière de l'Esprit" (*Atma Prakash*).

Ce sont les étapes que certaines personnes traversent. Vous pouvez vous voir comme dépourvu de forme. Il y a un bonheur et une paix exceptionnels, des rires spontanés, etc.

Q: Ces expériences font partie du processus de fusion ?

Maharaj: Oui, le processus de fusion est en cours. Il a un effet immédiat et direct.

LENTEMENT, LENTEMENT, L'IDENTITÉ CORPORELLE FOND, ET ENSUITE SE TOURNE VERS LA VÉRITÉ ULTIME, OÙ IL N'Y A PAS D'EXPÉRIENCE, PAS D'EXPÉRIMENTATEUR.

Durant le processus de cette méditation, des expériences surviennent. Mais elles ne sont pas la Vérité Finale. Nisargadatta Maharaj les appelait des étapes progressives. Elles sont bénéfiques.

CE SONT DES REPÈRES, DES REPÈRES SUR LE CHEMIN DE LA RÉALISATION. MAIS LES REPÈRES NE SONT PAS LA VÉRITÉ ULTIME, LA VÉRITÉ FINALE, LA DESTINATION OU LE TERMINUS.

Donc vous devez avancer comme ceci, puis comme-ça, comme-ça, comme-ça [avancer petit à petit], comme dirait Nisargadatta Maharaj, jusqu'à ce que vous atteigniez la dernière étape. Ce sont les étapes où les débutants de la spiritualité ont différentes expériences.

Mon Maître disait : "Ne divulguez pas vos expériences à qui que ce soit, car cela peut engendrer de la compétition. Et deuxièmement, des gens peuvent chercher à vous décourager à cause de la jalousie". Il peut y avoir là des problèmes d'ego, de sorte que si vous parlez à votre femme de votre expérience, elle puisse dire : "Je veux cette expérience aussi", etc.

Par conséquent, il était très strict à ce sujet, disant : "Ceux qui sont illuminés ne devraient pas discuter de ces choses avec ceux qui sont ignorants." Votre expérience peut ne pas lui être utile, et vice-versa.

SI VOUS VOULEZ DEMANDER QUELQUE CHOSE CONCERNANT VOS EXPÉRIENCES, DEMANDEZ AU MAÎTRE : "OÙ EN SUIS-JE ?"

Si vous vous sentez malgré tout tenté de confirmer vos expériences, confirmez-les avec le Maître uniquement, et personne d'autre. Quelqu'un d'autre, avec une connaissance hasardeuse, vous apportera distraction et confusion.

Bhausaheb Maharaj avait une profonde compréhension du fonctionnement psychologique du comportement humain. Il savait qu'après la Conviction, d'une façon ou d'une autre, l'ego peut essayer de revenir à nouveau, sans que vous en soyez conscient, et ensuite tout gâcher.

Un virus peut s'infiltrer dans votre ordinateur portable, sans que vous en ayez connaissance, avec pour résultat d'endommager tous vos fichiers. Ainsi, il insistait sur le Mantra et les *bhajans*, pour garder le mental occupé. Vous devriez être vigilant à tout moment.

Utilisez toujours votre anti-virus. Chaque jour, sans exception, Lancez un scan pour voir si votre ordinateur est sans virus. De même, tous ces logiciels que sont les *bhajans*, la Connaissance, la méditation, sont le processus anti-virus.

Q: Votre pratique spirituelle doit être stable et constante, car le monde survient constamment, de différentes manières, par derrière aussi, sans être vu.

Maharaj : Ces cinquante dernières années, j'ai vu tant de fidèles retomber dans le fossé. Un homme devint attiré par les miracles et abandonna son Maître. Ses derniers jours furent très, très misérables. Il était confus, récitant les noms de différentes déités. Il se sentait aussi coupable parce qu'il avait abandonné Nisargadatta Maharaj.

VOUS DEVEZ RESTER CONTINUELLEMENT EN CONTACT AVEC VOTRE SOI SANS SOI. SOYEZ CONTINUELLEMENT EN CONTACT AVEC VOTRE SOI SANS SOI.

Faites votre travail, mais vous devez être toujours continuellement en contact avec votre Soi Sans Soi.

Q: C'est un engagement important comme ils disent en Occident. À plein-temps !
Maharaj: Cela se produira si vous avez une foi profonde, comme Nisargadatta Maharaj.
Q: Maharaj, un éclaircissement, est-ce que tout était parfait avant d'être ?
Maharaj: Comment pouvez-vous dire ça ? Des gens ont demandé la même chose, et je leur ai dit, c'est votre imagination. Que veut dire parfait ? C'est la connaissance corporelle ! Il n'y a pas de 'parfait' avant d'être. Je vous l'ai dit, il n'y a rien ! Vous devez voir par vous-même. Je vous montre une image, ensuite vous verrez la même chose, mais ce n'est pas vu par l'intellect.

Nisargadatta Maharaj racontait cette histoire à propos de deux personnes. L'une d'elles était au sommet d'une colline, agitant ses mains au-dessus de sa tête. La seconde personne était en bas de la colline. Elle demanda : "Pourquoi faites-vous ça ?" La première personne dit : "Vous devez monter ici ! Vous ne pouvez pas faire l'expérience d'en bas. Venez au sommet et vous saurez !"

De même, vous ne pouvez pas faire l'expérience 'd'en bas'. Vous devez en venir à cet état pour découvrir "pourquoi il agite ses bras". Vous ne faites qu'imaginer.

**CE QUE JE VOUS DIS,
N'EST PAS LE FRUIT D'HYPOTHÈSES.
C'EST LA RÉALITÉ DE L'AUDITEUR.
N'ESSAYEZ PAS DE DEVINER INTELLECTUELLEMENT.
C'EST LA RÉALITÉ.**

Q2: J'avais aussi une question, mais je vois à présent que c'est aussi une conjecture idiote : Soi Sans Soi ou *Parabrahman* doit se connaître, n'est-ce pas le cas ?
Maharaj: Comment peut-il se connaître ? Il n'a pas de forme, sans forme. C'est imagination, conjecture. Vous faites une conjecture et essayez d'obtenir la Connaissance à travers le mental et l'intellect. Et c'est pourquoi vous ne l'obtenez pas.
Q3: Je sens que j'absorbe les enseignements, Maharaj. J'ai remarqué que la Connaissance était d'abord située dans le lobe frontal du cerveau et maintenant j'ai la sensation qu'elle est allée plus profondément. Cela semble plus naturel. Mais cela semble venir de mon imagination, non ?
Maharaj: Sous la supervision du Maître, les couches de l'oignon sont retirées. Supprimez une couche, bien, une autre couche, bien. Après tout cela, que reste-t-il ? Le Maître vous dit combien il en reste. Aucune ! Ainsi, toutes les couches sont retirées, toutes les peaux sont retirées, et rien ne reste.
Q: Est-ce plus naturel ? Ils parlent de "nisarga", naturel ?

Maharaj: Non, il n'y a pas de nature. C'est totalement authentique. Il n'y a pas de nature, pas de nature, c'est authentique, Ultime, Final. Jusqu'à ce que vous soyez convaincu, vous interpréterez de façon erronée.
**REGARDEZ DANS LE MIROIR,
ET VOYEZ COMMENT VOUS ÊTES.
VOUS POUVEZ VOUS VOIR DANS LE MIROIR.**

152. Le Poussin et l'œuf

Q : D'après ce que j'ai entendu, vous ne vous référez pas du tout au 'Je suis'.
Maharaj: Pourquoi rester dans le monde littéral du 'Je suis', quand vous êtes Dieu Tout-Puissant ? Votre Existence Spontanée n'a aucun centre. Quand vous faites un effort pour rester dans le 'Je suis', l'ego subtil entre en jeu.

À nouveau, je vais dire la même chose, ne prenez pas ces mots spirituels littéralement. Ils indiquent votre Identité Invisible, Anonyme, Non Identifiée. Faites éclater cette balle illusoire, cette bulle illusoire !

Vous connaissez 'le poussin'? Le poussin et l'œuf ? À l'intérieur de l'œuf, le poussin pique et pique la coquille dure avec son bec, jusqu'à ce qu'il puisse en sortir. Le bec vous a été donné sous la forme de la Connaissance. Vous êtes dans le cercle de l'illusion. Avec ce bec de la Connaissance, vous allez sortir du cercle.
**EN UTILISANT LE BEC DE LA CONNAISSANCE,
VOUS BRISEREZ LE CERCLE VICIEUX DE L'ILLUSION.**
Le poussin, le petit oisillon, perce spontanément à travers l'épaisse enveloppe.
Q: Le bec représente la Connaissance qui est utilisée pour percer la coquille ?
Maharaj: La Vérité Ultime est comme ça. C'est ce que nous appelons *Brahman, Atman, Paramatman*. Son action est Spontanée.
**QUAND L'ŒUF ARRIVE À MATURITÉ,
LA PERCÉE A LIEU.**
Vous voyez, c'est une coquille très dure, mais le petit poussin arrive à la briser. De même, un noyau très dur d'illusion est tissé tout autour de nous, mais avec la Connaissance, la Connaissance Ultime, la Vérité Spirituelle donne des coups de bec, pique, jusqu'à ce qu'elle en sorte finalement.
**LA VÉRITÉ ULTIME EST COMME CECI.
CE QUE VOUS APPELEZ *BRAHMAN*, CONNAISSANCE ULTIME,
VÉRITÉ SPIRITUELLE PIQUE PEU À PEU ET SORT.**
Donc, ne vous forcez pas à rester avec 'je suis' parce que vous êtes déjà là, mais le colorez avec la forme. Avant d'être, où était ce 'je suis' ? Où était le 'je' ? Comme je vous l'ai dit, 'Je' est comme le ciel. C'est la Réalité.

Nous nommons cette Réalité avec des mots comme Amérique, Inde, Londres, et lui donnons des noms comme *Brahman*, *Atman*, *Parabrahman*, alors que tout le temps, ce que nous appelons 'Je' est là, Anonyme, Silencieux et Invisible. Donc pas besoin de se concentrer sur lui. Vous ÊTES déjà. Attardez-vous sur comment vous étiez avant d'être.

**LE PRETENDU SECRET RÉSIDE DANS,
"JE NE SAIS PAS".**

Je vais vous raconter l'histoire d'un étranger visitant l'Inde. Il demande au guide : "Qui a construit le Taj Mahal ?" Le guide répond : "Je ne sais pas". Ils visitèrent de nombreux endroits, et à chaque fois le visiteur posa la même question et reçut la même réponse. "Qui sont ces gens ?" "Je ne sais pas", fut la réponse. Puis, voyant un cadavre que l'on transportait non loin, il demanda, "Qui est-ce ?". Le guide répondit : "Je ne sais pas".

**CELA SIGNIFIE QU'IL NE CONNAÎT PAS LE NOM DE QUOI QUE CE SOIT OU DE QUELQUE PERSONNE QUE CE SOIT.
TOUT EST UN RÊVE, ET DONC :
"JE NE SAIS PAS".
"JE NE SAIS PAS QUI EST MORT".**

Le monde entier est "je ne sais pas". Nous disons cela dans un but de compréhension. Avant d'être, il n'y avait pas de 'je'. Après la dissolution de l'être, pas de 'je'. Quoi que ressente ce 'je', est ressenti à travers le corps uniquement. Donc ici vous donnez forme à ce 'je' ou 'je suis', lequel n'a pas d'identité.

**VOUS DONNEZ FORME AU SANS FORME,
ET IDENTITÉ À L'IDENTITÉ NON-IDENTIFIÉE.**

Q: J'avais l'impression que pour Nisargadatta Maharaj, le 'je suis' est la porte, comme un tunnel que l'on doit traverser, comme le poussin et l'œuf. Je n'ai pas trouvé beaucoup de mouvement dans ma propre pratique. Et récemment durant une méditation, ce concept a surgi : "Rester à la porte, la porte est ouverte". Et à ce moment, je savais que la 'porte' était devenue un bloc, un obstacle. Quand j'ai réalisé cela, la porte conceptuelle s'est dissoute. Il n'y avait plus de porte.

Maharaj: Il n'y a pas de porte du tout. Il y a des murs parce qu'il y a des corps.

Q: J'ai enlevé la porte et j'ai traversé. Ce que je veux dire, est que la porte a disparu.

Maharaj: Donc comme le poussin, vous êtes passé à travers. Le Maître vous a donné la clé, la Connaissance qui est nécessaire pour ouvrir la porte. Tous ces processus ne sont là que pour inviter l'attention de l'Invisible Auditeur ou Lecteur. Avant d'être, vous ne vous connaissiez pas. Comment étiez-vous ? "Je ne sais pas". Après avoir quitté le corps, comment serez-vous ? Vous dites, "Je ne sais pas". C'est correct.

LE VOYANT DE "JE NE SAIS PAS",

DIT : "JE NE SUIS EN AUCUNE FORME".

Votre être est aussi une illusion. Quand avez-vous rencontré les mots être et non être, conscience, inconscience, cognition ? C'est un grand champ illusoire. Vous étiez en train d'errer, de vagabonder dans ce champ en essayant d'en extraire le bonheur et la connaissance. Maintenant soyez audacieux ! Soyez courageux. Sortez de ce champ et restez en dehors !

VOUS ÊTES LA VÉRITÉ ULTIME.
ARRÊT COMPLET. FIN DE L'HISTOIRE.

Vous n'êtes pas le disciple du Maître, mais le Maître des Maîtres. Quand vous considérez votre identité, il n'y a rien qui aille de travers ou qui fasse défaut avec elle. C'est parfait. Enlevez tous ces vêtements extérieurs, tous ces vêtements illusoires, et voyez-vous. Vous êtes total, complet.

Arrêtez de voyager ! Tout est en vous. Visitez votre propre site web, et non pas celui de quelqu'un d'autre.

VISITEZ VOTRE PROPRE SITE WEB.
NETTOYEZ VOTRE PROPRE MAISON.

Acceptez la Vérité ! Le Maître dit : "Vous êtes la Vérité Ultime." Jusqu'à ce que cette Conviction soit établie, vous devez combattre.

Q: Regarder et attendre ?

Maharaj: Pas d'attente ! Cela arrive tout seul.

SI VOUS ACCEPTEZ D'ÊTRE LA VÉRITÉ ULTIME,
OÙ EST LA QUESTION D'ATTENDRE ?

Continuez la méditation jusqu'à ce que la Conviction s'élève, jusqu'à ce qu'il y ait Conviction. Avec certaines personnes cela se produit immédiatement, pour d'autres, cela peut prendre plus de temps d'effacer toutes les impressions. Je vous l'ai dit de nombreuses fois :

À MOINS QUE TOUTES VOS IMPRESSIONS NE SOIENT EFFACÉES,
VOUS NE SEREZ PAS CAPABLE DE VOUS CONNAÎTRE.

Les gens disent : "Je veux voir un Maître vivant".

VOUS ÊTES UN MAÎTRE VIVANT.

Si vous voulez aller voir un Maître vivant, un Maître vivant authentique, alors allez-y. Mais ensuite restez avec ce Maître. Soyez loyal !

Ce qui arrive, est que lorsque le Maître vivant quitte la forme corporelle, ensuite les gens vont chercher un autre Maître vivant. Ils courent toujours après différents Maîtres.

CONCENTREZ-VOUS SUR LE CONCENTRATEUR.
CESSEZ D'IGNORER VOTRE PROPRE MAÎTRE VIVANT.

Allez ailleurs, si vous voulez ! Combien de temps allez-vous continuer à errer ?

IL N'Y A NULLE PART OÙ ALLER,
EN DEHORS DE LA CONNAISSANCE DIRECTE
DE LA REALITE ULTIME.

Q: Je pense que ce qui arrive avec les Occidentaux - peut-être aussi avec certaines personnes ici en Inde - est que nous aimons voyager et collectionner les Maîtres, de nombreux Maîtres différents. C'est comme rassembler tous les ingrédients pour faire une soupe, et ensuite les mélanger tous ensemble.

Maharaj: Vous êtes allé paître loin de La Réalité Ultime en pensant : "Je suis un homme dans le monde. Je suis quelqu'un d'autre sous la forme d'un homme ou d'une femme". À moins que votre individualité se dissolve, absolument et complètement, vous ne serez pas capable de vous connaître dans un sens réel.

J'ai essayé de convaincre l'Auditeur Invisible sur le fait que vous êtes la Vérité Ultime.
**PUISQUE VOUS ÊTES LA VÉRITÉ ULTIME,
VOUS N'AVEZ DONC AUCUNE RAISON D'ALLER AILLEURS.**

153. Où était le karma avant la première naissance ?

Maharaj: Le Maître souhaite communiquer l'histoire de l'Auditeur, l'histoire de l'Auditeur Invisible, de sorte que vous puissiez absorber la Réalité. Mais vous préférez jouer avec les mots sophistiqués, les mots doux, comme "*Brahman*" et "*Atman*", que nous avons créés, et qui sont d'une importance secondaire, car ils sont connaissance corporelle. Ce qui est essentiel est la Conviction. Il doit y avoir Conviction, Conviction Totale.
**À LA LUMIÈRE DE TOUTE CETTE CONNAISSANCE,
VOUS DEVEZ VOUS ENSEIGNER,
CAR VOUS ÊTES VOTRE PROPRE MAÎTRE.**

Chaque moment de votre vie a une grande valeur, est inestimable. C'est le moment. Il ne devrait pas y avoir de foi aveugle. N'acceptez pas les choses avec lesquelles vous êtes en désaccord. Il y a beaucoup de concepts dans les environs, tels que la renaissance, la dernière naissance, la naissance spirituelle, le dernier *karma*, le futur *karma*. Le *karma* de qui ? La science spirituelle dit que nous sommes nés à cause de notre dernier *karma*. Réfléchissez-y !
**AVANT LA TOUTE PREMIÈRE NAISSANCE,
OÙ ÉTAIT ALORS LE KARMA ?**

Il n'y a pas de *karma*, pas de *dharma*, pas de religion. Nous avons créé et formé les religions pour établir des sociétés civilisées.

Ici, nous parlons de la Connaissance Directe, la Connaissance franc-parler. C'est votre Connaissance, que vous trouvez difficile à accepter car vous êtes sous la pression de cette atmosphère illusoire.

Oubliez *Brahman*, *Atman*, *Paramatman*, Dieu, tous ces mots raffinés. Combien de fois vous ai-je martelé avec la même chose : Votre Identité est

Invisible, Anonyme, Non Identifiée. Vous êtes non né. La question de la mort ne se pose pas.

PERSONNE N'A D'EXPÉRIENCE DE LA NAISSANCE ET DE LA MORT.

À une occasion, Nisargadatta Maharaj parlait de ce sujet quand un dévot lui posa une question au sujet de sa naissance passée et de sa renaissance. Le Maître répondit : "Quand vous êtes né, quelle était la couleur du sari de votre mère ? Oubliez votre dernière naissance".

"SI VOUS NE POUVEZ PAS PARLER DE CETTE NAISSANCE, COMMENT POUVEZ-VOUS PARLER DE VOTRE DERNIÈRE NAISSANCE, OU DE VOTRE FUTURE NAISSANCE ?"

Ce qui arrive est que nous acceptons tout aveuglément, et y apposons notre signature en disant : "Oui, oui je veux le salut". Mais qui veut le salut ? Vous êtes totalement libre de tout lien.

Vous pouvez dire que la naissance et la mort sont zéro, mais même pour dire 'zéro', votre Présence est nécessaire. La connaissance est zéro. Donc, à la lumière de tout ceci, vous devez convaincre votre Soi Sans Soi : Je ne suis pas le corps, je ne vais pas rester le corps. Qui suis-je ? Je suis l'Identité Invisible Non Identifiée, laquelle n'a pas de naissance, pas de mort. Je suis totalement dépourvu de naissance. Bien que je supporte ce corps, ce n'est pas la Vérité Ultime. Ce corps est juste comme des vêtements, une enveloppe extérieure.

À la fin de l'existence corporelle, votre connaissance sera testée. Aussi vous devez être audacieux et avoir du courage, comme ceci : "Je ne meurs pas. Mort et naissance ne concernent que le corps. Je ne suis pas le corps du tout, je n'étais pas le corps du tout". Sachez que la naissance et la mort concernent le corps uniquement.

C'EST LE MOYEN DE VOUS CONVAINCRE VOUS-MÊME, LE MOYEN POUR VOUS DE CROÎTRE DANS LA CONVICTION DU SOI.

C'est un Prétendu Secret. Je place devant vous votre propre secret, le Secret Dévoilé. C'est VOTRE secret. Comment vous l'acceptez, et dans quelle mesure, cela dépend de vous. Il est tout à vous.

UNE FOIS QUE VOUS AVEZ REÇU CETTE CONNAISSANCE, ET QUE VOUS AVEZ LA CONVICTION, SI VOUS ÊTES ENCORE TENTÉ D'ALLER AILLEURS, FAITES ATTENTION ! ÇA SIGNIFIE QUE QUELQUE CHOSE FAIT DÉFAUT.

Cela démontre un déséquilibre mental, de la confusion, de la contradiction. Soyez en conscient, et méfiez-vous ! Les distractions sont partout : Un lieu auspicieux est ici, une rivière auspicieuse est là. Les gens comptant les perles, en disant '*Ram, Ram, Ram*', récitant '*Ram, Ram, Ram*'. Pourquoi ? Ils comptent les perles des milliers de fois, des millions. Les perles sont comme une partie du corps. Ils font des exercices pour les doigts, c'est tout.

Et il y a ceux qui restent sans bouger dans la rivière, blessant leurs corps, ou qui gardent un bras en l'air pendant des années, jusqu'à ce qu'il dépérisse. Pourquoi ? Tout cela est illusion. Vous devez avoir du courage et être audacieux !

NE RETOMBEZ PAS EN DEVENANT UN ESCLAVE DE VOTRE MENTAL, EGO, INTELLECT, DEMANDANT AUX AUTRES LEURS BÉNÉDICTIONS :
"OH, DIEU BÉNISSEZ-MOI !"

Vous savez ce qu'il en est ! Maintenant vous savez. Vous savez que Dieu est un concept.

DIEU NE PEUT PAS EXISTER SANS VOTRE PRÉSENCE.
IL N'Y A PAS DE DIEU SANS VOTRE PRÉSENCE.

Vous savez, vous savez ce qu'il en est ! Les questions de mort et de naissance ne surgiront plus jamais. Et quand le temps viendra, à ce moment particulier, vous aurez du courage, de sorte qu'il n'y ait pas de peur de la mort. C'est un signe de Connaissance établie, de Conviction de votre Connaissance. Quand vous êtes sans peur, totalement sans peur, à ce moment particulier, c'est un signe de réelle Conviction.

Vous dites : "J'ai approché beaucoup de Maîtres différents. J'ai lu des bibliothèques de livres". D'accord, d'accord. Mais pendant tout ce temps, vous ajoutiez de l'ego, plus d'ego, d'ego subtil. Le fait est que :

LE MONDE ENTIER, INCLUANT TOUS LES MAÎTRES, TOUS LES LIVRES, TOUTE LA CONNAISSANCE SPIRITUELLE, EST UNE PROJECTION DE VOTRE PRÉSENCE SPONTANÉE.

Aussi, j'ai répété maintes fois, ce que Nisargadatta Maharaj disait avec raison :
IL N'Y A RIEN EXCEPTÉ VOTRE SOI SANS SOI.
IL N'Y A QUE SOI SANS SOI, SOI SANS SOI.

C'est l'essentiel de toute cette Connaissance Spirituelle.

Après des années de connaissance stérile, les gens disent : "Oh, par votre grâce, Maître", jouant toujours avec les mots spirituels, et demandent toujours des bénédictions : "S'il vous plaît, Maître, posez votre main sur ma tête et bénissez-moi".

POSEZ VOTRE MAIN SUR VOTRE PROPRE TÊTE.
BÉNISSEZ-VOUS VOUS-MÊME !
PROSTERNEZ-VOUS DEVANT VOUS-MÊME !

Pourquoi être esclave des mots raffinés ? Soyez sérieux ! Sérieux concernant ce que vous avez appris. Concentrez-vous ! Sortez du piège, du grand cercle vicieux, et abandonnez toute cette illusion. Pour résumer :

VOUS ÊTES L'IDENTITÉ INVISIBLE, ANONYME, NON-IDENTIFIÉE.
VOTRE IDENTITÉ INVISIBLE, ANONYME, ET NON-IDENTIFIÉE EST LA VÉRITÉ ULTIME.
EN DEHORS DE ÇA ? RIEN.

Vous pouvez aller n'importe où dans le monde, et votre Présence sera là. Où que vous alliez dans le monde, le ciel est là.
LE CIEL EST LE CIEL.
VOTRE PRÉSENCE EST AU-DELÀ DU CIEL.

Il y a seulement l'Unité. Pas de séparation, pas de différenciations. Souvenez-vous juste de ce que je vous ai dit. Nous pouvons continuer à parler et parler. Je peux vous marteler avec la même chose de différentes façons, en utilisant différents mots. Mais maintenant cela dépend de vous.

La balle est dans votre camp. Tout Pouvoir est en vous.
JE VOUS AI PRÉSENTÉ LE PLATEAU D'OR DE LA RÉALITÉ.
CE N'EST PLUS LA PEINE D'ALLER MENDIER À NOUVEAU !
VOUS ÊTES LA DESTINATION FINALE.
OÙ TOUS LES CHEMINS FINISSENT, LÀ VOUS ÊTES.

Pour atteindre la Vérité Ultime, vous avez comparé telle station, avec telle autre. Il y avait tant de voies que l'on pouvait choisir.
MAINTENANT VOUS POUVEZ JETER LA CARTE. OUBLIEZ-LA !
VOUS AVEZ ATTEINT LA DERNIÈRE STATION,
LA STATION ULTIME.

154. Conviction

Maharaj: Mon cher dévot, vous êtes un Dieu, pour qui il n'y a pas de mort, pas de naissance, pas d'aller ni de venue.
Q: C'est si exaltant ! Je veux cette Conviction. Peut-être que la Conviction devient plus facile en vieillissant ? À un certain niveau, l'on sait qu'il n'y a pas de mort, mais quand le corps tombe malade, la panique s'installe !
Maharaj: Ce problème particulier se doit de survenir, en raison de la nature matérielle du corps.
UNE FOIS QUE VOUS AVEZ LA CONNAISSANCE DE LA REALITE, TOUTE MALADIE SERA SUPPORTABLE.
Vous aurez du courage pour rester détaché, et indifférent à ce qui se passe avec le corps. Pourquoi ?
CAR AVANT D'ÊTRE,
IL N'Y AVAIT PAS DE MALADIE POUR L'IDENTITÉ INVISIBLE.

Après l'être, tous ces problèmes avec la maladie psychologique, physique, mentale, et tant d'autres choses, comme le malheur, la dépression, ont commencé. Comme vous le savez, tout ça a démarré à cause de la connaissance corporelle.

Si vous êtes conscient de votre Vérité Ultime, vous direz : "Je ne suis pas concerné par cette maladie". Même s'il y a maladie, le mal-être sera tolérable.

CAR VOUS CONNAISSEZ LA PERFECTION.

Les gens saints sont Un avec la Vérité Ultime, c'est pourquoi ils ne portent pas tant d'attention à la maladie.

Q: Il y a détachement.

Maharaj: Pas d'attachement du tout. Saint Kabir était assis en méditation, quand un chien errant se dirigea vers lui et commença à lui mordre la jambe. Il n'en était pas conscient. Des passants dirent : "Oh ! Regardez ! Regardez le sang couler". Kabir répondit : "Laissez le chien continuer ! Je ne suis pas préoccupé par ce corps. Je ne suis pas dérangé". C'est ce qui se produit quand vous êtes absorbé dans l'Ultime.

QUAND VOUS ÊTES ABSORBÉ DANS L'ULTIME, RIEN NE PEUT VOUS DÉRANGER.

Je vais vous donner un autre exemple. L'épouse de Nisargadatta Maharaj venait juste de mourir. Peu de temps après, un frère disciple, Ganapatrao Maharaj, arriva de loin et souhaita parler avec lui sur un point de l'enseignement. Après qu'ils eurent discuté pendant environ une heure, il lui dit : "Oh ! Ma femme est morte".

Un tel courage, dans des circonstances si difficiles, est un signe de vraie Conviction. Quelle que soit la difficulté, quelles que soient les circonstances, il y a toujours une Paix Spontanée.

VOUS N'ATTENDEZ RIEN DE PERSONNE. C'EST LA QUALITÉ, L'IMPORTANCE DE CETTE CONNAISSANCE.

Quand vous avez la Conviction, vous n'êtes plus concerné par le corps. Alors tous ces problèmes se tasseront, leur sévérité sera réduite.

Avant la concentration, avant la Conviction, nous prêtons tant d'attention au corps. Nous gémissons, nous nous plaignons, "Ooh ! Ooh ! Cette douleur-ci, cette douleur-là". Nous nous plaignons beaucoup. Après la Conviction, nous donnons à ces choses très peu d'attention. Dire "je ne suis pas le corps" est facile, mais cela devrait être la Réalité.

CE DEVRAIT ÊTRE AU NIVEAU DE LA REALITE ULTIME, PAS AU NIVEAU LIVRESQUE, AU NIVEAU LITTÉRAL.

Q: J'allais vous demander à propos d'un problème de santé que j'ai ?

Maharaj: Quels que soit les problèmes que vous ayez, le Maître n'est pas là pour les résoudre. Les gens espèrent : "Oh, allons voir le Maître. Il nous aidera". Les gens s'attendent parfois à des miracles, ou à quelque chose de magique venant du Maître. Je ne suis pas ici pour guérir les problèmes de santé, les problèmes sociaux ou les problèmes personnels.

Il y a tant de gens qui s'inquiètent au sujet du passé, du futur, du présent.
TOUT BONHEUR VIENT DE NE PAS SE RAPPELER LE PASSÉ.
Le passé est parti. Le présent s'en ira. Il n'y a pas de passé, pas de présent, pas de futur. Le mental et l'intellect ne sont pas requis pour la spiritualité.
AVEC LA MAIN SUR LE CŒUR, VOUS DEVEZ ACCEPTER : "C'EST MON HISTOIRE".

L'éducation n'est pas essentielle non plus. Nisargadatta Maharaj et Siddharameshwar Maharaj ont seulement atteint le niveau de l'École Primaire, pourtant ils sont devenus connus dans le monde entier.
COMMENT EST-CE ARRIVÉ ? C'EST ARRIVÉ SPONTANÉMENT.

155. Finis les voyages

Maharaj: Premier Guru, deuxième Guru, troisième Guru, Guru, Guru, Guru. De combien de Gurus avez-vous besoin ? Vous n'avez besoin que d'un Maître. Vous devez avoir foi dans un Maître uniquement. Placez votre totale confiance dans ce Maître.
VOUS POUVEZ PASSER CENT ANS AVEC UN MAÎTRE, MAIS SI VOUS NE L'ACCEPTEZ PAS, ET N'AVEZ PAS UNE FOI COMPLÈTE EN LUI, ALORS TOUT CECI A ÉTÉ UNE PERTE DE TEMPS.

Vous devez avoir une complète foi en vous, et en même temps en votre Maître. Vous pouvez avoir n'importe quel Guru parce que votre Guru Intérieur, ou Maître, est le point le plus important. Nous utilisons les mots "extérieur", "intérieur", juste pour l'enseignement, pour vous convaincre. Donc, à nouveau, ne prenez pas le sens littéral de ce qui est dit. Votre Maître Intérieur, votre Présence Spontanée Anonyme a une vaste Connaissance. Votre Maître régénère ce pouvoir.

Après la Conviction, il ne devrait plus y avoir aucune sorte de tentation en vous, aucun désir d'aller ailleurs pour plus de connaissance. J'ai vu des gens comme vous avant. Ils prennent le Mantra et puis s'en vont ailleurs. Je suis navré pour eux, je passe du temps à essayer de les convaincre, et ensuite ils s'en vont courir après un autre Maître. Malheureusement, cela se produit.
SUR UN MILLIER, IL Y A PEUT ÊTRE UN CHERCHEUR SÉRIEUX.

Il n'y a rien en dehors de ça. Il n'y a rien en dehors de cette Connaissance. C'est la Vérité Finale. "Vous êtes *Brahman*, vous êtes *Brahman*". Je martèle la même chose tous les jours, mais vous ne l'acceptez pas, car vous ne voulez pas sortir de ce monde illusoire, auquel vous êtes devenu si attaché.

Oubliez la spiritualité ! Le corps a un temps limité. Le temps est compté, et un jour, que vous le vouliez ou non, vous devrez quitter le corps. Fait établi.

CONSTAMMENT, LE CONCEPT DE MORT SE RAPPROCHE DE PLUS EN PLUS.

Combien de temps allez-vous encore errer ? Vous n'êtes plus un voyageur, car vous êtes la destination, le terminus. Finis les voyages !

Q: Je suspecte aussi que les gens se fuient eux-mêmes. C'est la raison pour laquelle ils continuent à errer.

Maharaj: Il est dit qu'une personne sur cent milles [*Lakh*] pense à la Spiritualité, et qu'une sur dix millions [*Krore*] peut avoir la Conviction de la Réalité. Une sur des millions pourrait être convaincue de la Réalité.

Q: Donc cette complète Conviction est très rare ?

Maharaj: Car vous n'ignorez pas votre individualité, et que vous n'acceptez pas votre Réalité. Par conséquent, quoi que je dise part à la poubelle.

AUSSI LONGTEMPS QUE VOUS PRÊTEZ ATTENTION À VOTRE INDIVIDUALITÉ, VOUS N'ACCEPTEREZ PAS VOTRE RÉALITÉ, ET LE DÉSIR DE VAGABONDER CONTINUERA.

Q: Est-ce parce que nous sommes lents à changer, à faire des changements ?

Maharaj: Non ! Les gens ne veulent pas réaliser les changements à l'intérieur d'eux-mêmes. Ils ont les impressions de tant de pensées.

Q: Les habitudes ?

Maharaj: Pas les habitudes, mais leurs fondations illusoires. J'essaye de les sortir de leur fossé illusoire, mais ils veulent toujours retourner sauter dedans.

Q: Parce que le fossé est devenu trop confortable, trop familier ?

Maharaj: C'est une Réalité simple. J'essaye encore de la simplifier !

Q: Donc la force qui amène ce changement, afin que l'on ne retourne pas dans le fossé est ?

Maharaj: Cela signifie que vous devez avoir une totale Conviction. Vous devez accepter la Réalité, votre Réalité. Une phrase importante en Marathi dit : "Le Maître dit qu'après la Connaissance de la Réalité, vous devez avoir une foi complète, une foi forte".

"MON MAÎTRE M'A MONTRÉ MON IDENTITÉ. JE SUIS TOUT. JE SUIS LA VÉRITÉ ULTIME, SANS LE DIRE".

Il n'y a pas de 'je', il n'y a pas de 'vous'. Mais il y a la Conviction Spontanée. Vous êtes l'architecte de votre propre Connaissance Spirituelle, l'architecte de votre propre Connaissance Spirituelle. Je vous ai donné la Clé pour révéler le secret.

**VOUS AVEZ LA CLÉ,
VOUS AVEZ LE POUVOIR,
MAINTENANT VOUS DEVEZ UTILISER CE POUVOIR.**

Q: Après en avoir su autant que possible de toute la littérature spirituelle disponible, alors la recherche d'un Guru survient. Nous souhaitons bénéficier du *darshan* d'un Maître Réalisé.

Maharaj: Oui, pour la confirmation, pour la Conviction. Beaucoup de gens ont quelque expérience de réalisation, mais c'est une réalisation basée sur le corps. Si vous parlez avec eux, ils parlent pompeusement de la connaissance spirituelle. C'est celui qui est exceptionnel, qui reste calme et tranquille. Totalement calme et tranquille, sans tentations, "*Om Shanti, Shanti, Shanti*". Pas d'excitation, pas d'individualisme, pas de recherche.

Q: Que signifie réalisation ?

Maharaj: Ça signifie que vous avez la Conviction que la Connaissance est totalement établie en vous. Si quelqu'un vous dit : "Le Seigneur Krishna se tient devant vous", vous ne serez pas tenté. Vous serez indifférent. Si quelqu'un dit qu'une grande déité, ou qu'un grand Dieu se tient ici, vous n'y prêterez aucune attention.

**C'EST UN SIGNE DE RÉALISATION,
PARCE QUE VOUS SAUREZ QUE LE SEIGNEUR KRISHNA,
OU CES SOI-DISANT DIEUX,
SONT LA PROJECTION DE VOTRE PRÉSENCE SPONTANÉE.**

Cette Conviction est présente, alors pourquoi être excité ou curieux, ou souhaiter découvrir et trouver davantage ?

**C'EST LA CONVICTION SPONTANÉE.
QUAND TOUTE RECHERCHE PREND FIN, LÀ VOUS ÊTES.**

Il y a quelques années, une dame est venue me voir. Elle était Docteur en Philosophie. Elle voyageait en permanence ici et là, pour ceci ou pour cela. Elle avait de bonnes expériences, certaines miraculeuses. Je lui dis : "À moins que votre recherche s'arrête, vous ne pourrez pas atteindre l'illumination". Elle se mit à pleurer, croyez-moi, elle se mit à pleurer. Cela arrive. Je ne suis pas en train de critiquer cette dame, mais cela arrive.

Vous pouvez avoir beaucoup de connaissance, de connaissance spirituelle, mais cela ne vous apportera aucune stabilité. Il vous faut de la stabilité : "Oui, c'est juste". Vous SAVEZ que vous êtes arrivé à destination. Ne continuez pas à chercher de plus en plus d'expériences.

**VOTRE RECHERCHE EST TERMINÉE.
C'EST LA DERNIÈRE STATION, LE DERNIER ARRÊT.
SI CETTE CONNAISSANCE, RÉALITÉ N'EST PAS ÉTABLIE,
ALORS LE SOI-DISANT MENTAL VOUS FORCERA**

À CONTINUER À VOYAGER, ET CONTINUER À CHERCHER.

Q: Très juste, très juste.
Maharaj: Aussi ce type de rechute surviendra si le mental, l'ego, l'intellect, qui sont des parties du corps, du corps subtil, ne sont pas complètement dissous.

Beaucoup de gens ont une bonne connaissance, et savent qu'ils sont *Brahman*, mais cette Réalité n'est pas établie, causant de l'instabilité. Si la fondation n'est pas bonne, le bâtiment s'effondrera. Si un petit tremblement de terre survient, alors il s'effondrera. Le tremblement de terre est un petit doute, et avec ce petit doute, vous pouvez facilement vous retrouver à la case départ, comme dans le jeu des serpents et des échelles.

Q: De quatre-vingt-dix-neuf à un !
Maharaj: [Riant] Vous touchez un serpent, et puis vous tombez. Un doute est tout ce qui est nécessaire. Vous avez beaucoup de lait [la connaissance], une pincée de sel suffit pour tout gâcher. Un petit doute créera des problèmes. Vous devez vous convaincre car vous êtes l'Architecte, le Maître. C'est l'Abandon du Soi, [*Atma Nivedanam Bhakti*]. Vous devez tout abandonner, abandon total, afin que rien ne reste : Pas de 'vous', pas de 'je'. Vous devez vous tenir sur vos propres pieds. La théorie et la pratique sont différent toujours.

Tous ces saints, Nisargadatta Maharaj, Siddharameshwar Maharaj, avaient comme je l'ai dit, peu d'éducation, mais leur simple et profonde dévotion était suffisante.

La simple dévotion est suffisante. Nisargadatta Maharaj disait : "Le simple dévot peut avoir une immédiate perfection, mais le dévot avec un bagage intellectuel pense toujours intellectuellement, logiquement, en comparant, demandant : "Pourquoi ceci ? Pourquoi cela ? Pourquoi ? Pourquoi ? Pourquoi ?"

Q: Les gens très intelligents utilisent le mental et tout ce qui va avec, garder le cerveau en activité est l'idée de l'homme intelligent.
Maharaj: Une humilité totale est le plus important. Un abandon total. Des forces extérieures chercheront toujours à vous attirer. Dans une vie humaine, les trois tentations que sont la publicité, le sexe, et l'argent, seront là, aussi longtemps que vous serez dans le corps. Beaucoup de saints ont chuté, même après une vie de dévotion.

Ici, nous donnons une Connaissance directe, directe, une Connaissance très directe. Mais, même ainsi, il y a des gens qui viennent ici, et ensuite continuent encore à voyager. Ce sont des touristes de la spiritualité, allant et venant, allant et venant.

Q: Parcourant l'Inde !

156. Arrêtez vos clowneries !

Maharaj: Des gens viennent à cet ashram en me disant qu'ils sont allés ici et là, partout en Inde. Une Européenne est venue me voir avec son *mala*. Elle comptait les perles du chapelet tout le temps. Je lui ai dit : "Vous n'êtes plus une enfant. "Ram, Ram, Ram, qu'obtenez-vous en faisant ça ? C'est une perte de temps".

**L'ESPRIT QUI DIT "RAM, RAM, RAM",
VOUS NE POUVEZ PAS LE COMPTER,
VOUS NE POUVEZ PAS EN FAIRE QUELQUE CHOSE.**

Divertissement ! Les gens disent : "J'ai compté les perles un millier de fois". Pendant qu'ils font cela, ils ajoutent de d'ego, de l'ego subtil. Je leur dis qu'ils ne sont plus des enfants.

VOUS IGNOREZ CELUI QUI COMPTE.

S'ils n'aiment pas ce que je dis, ils vont autre part et continuent à compter leurs perles.

Les distractions sont partout. Après la Connaissance de la Réalité, soyez prudent avec qui vous vous mélangez. Si vous êtes en mauvaise compagnie, vous pouvez être influencé à nouveau, et retomber dans l'illusion. Les gens avec une connaissance hasardeuse peuvent vous distraire.

**APRÈS ÊTRE VENU ICI,
ET APRÈS LA CONNAISSANCE DE LA RÉALITÉ,
VOUS N'AVEZ BESOIN D'ALLER NULLE PART AILLEURS.**

Les gens viennent, et j'essaye de les convaincre. Parfois, après leur départ, je n'entends plus parler d'eux. J'espère que certains d'entre eux continuent la pratique et restent loyaux au Maître.

Après la Conviction, faites attention à qui vous vous mêlez. Ils vous diront que le mental est réel et que *Brahman* existe. Ils vous diront qu'il y a un *Karma* passé et un *karma* futur, le *prarabdha*, la renaissance, etc. Et, avant que vous ne vous en soyez rendu compte, vous aurez à nouveau rejoint le cirque, de retour sur le manège, à faire le clown.

**JE FAIS DE MON MIEUX POUR VOUS TIRER
DE CE CERCLE VICIEUX, MAIS À NOUVEAU,
VOUS VOULEZ RETOURNER VOUS JETER DANS LE FOSSÉ.
ARRÊTEZ VOS CLOWNERIES !**

Q: En Occident, vous voyez, c'est un peu différent. D'une façon générale, les jeunes peuvent être intéressés par les questions spirituelles, mais pas exclusivement. Il y a des exceptions, bien sûr, mais généralement ce sont les personnes plus âgées qui sont les plus engagées.

Maharaj: Tout le monde dit : "Donnez-moi le *Naam Mantra*", espérant des miracles, ou des changements magiques. Donc maintenant j'ai décidé de placer certaines restrictions. Je ne vais pas juste donner le Mantra à n'importe qui. Je considérerai d'abord le degré de la foi de la personne.

Les doutes doivent être éclaircis par le Maître, autrement, avant même que quelqu'un ait la Conviction, il est retourné dans le cercle, le rêve, le fossé illusoire. Je partage la même Connaissance Directe avec tout le monde. Nous ne jouons pas à cache-cache ici. C'est votre temps. Chaque moment de votre vie est très, très important. Il ne reviendra pas à nouveau.

VOUS SAVEZ QUE VOUS ÊTES L'ULTIME,
VOUS ÊTES LA VÉRITÉ FINALE,
VOUS ÊTES LA DERNIÈRE DESTINATION.
PRÊTEZ ATTENTION À LA RÉALITÉ.
NE NÉGLIGEZ PAS VOTRE RÉALITÉ.

Vous venez ici pour discuter, pour du divertissement spirituel, pour tester votre intellect, et pour tester mon intellect. Vous voulez tester ma connaissance, m'impressionner avec votre connaissance. Les gens viennent ici, et veulent juste utiliser leur intellect pour me communiquer leurs connaissances livresques.

La même chose arrivait avec Nisargadatta Maharaj. Ils venaient avec leur ego, se croyant si intelligents, et veulent exhiber leur intelligence. Ils veulent prouver qu'ils en savent plus que les Maîtres. Ils n'ont pas de dévotion.

Q: Il y a moins de dévotion et de compréhension de la dévotion en occident, à part pour ceux qui vouent un culte au concept de "Dieu au Paradis".

Maharaj: Il n'y pas de dévotion au Soi Sans Soi.

C'EST TRÈS, TRÈS RARE
QUE LES GENS PENSENT SEULEMENT À CELA.
UN SUR MILLE, PEUT-ÊTRE.

Des visiteurs du monde entier viennent ici. Ils parlent de Dieu, de différentes déités, de différents Maîtres. C'est une discussion vaine !

ILS NE SAVENT RIEN.

Ils sont pleins de questions et de doutes. Ils viennent avec leurs lectures de livres, leurs expériences, et avec les connaissances entendues de différents Maîtres. Ils sont dans le champ de la confusion. Je dis toujours aux gens : "N'acquiescez pas si vous avez des doutes". Vous dites "Oui, oui" alors qu'intérieurement vous ressentez "Non, non", ou "Je ne suis pas sûr de ça", mais vous ne dites rien.

TOUS LES DOUTES DOIVENT ÊTRE ÉCLAIRCIS,
AUTREMENT, VOUS PRENDREZ CES DOUTES AVEC VOUS,
ET CONTINUEREZ À VOYAGER.

Vos jours de voyage sont terminés. Vous savez cela.

Q: Absolument, Maharaj !

TROISIÈME PARTIE : RÉALISATION DU SOI

157. Mâchez le chocolat

Maharaj: Vous devez avoir une foi forte dans le Maître, une foi puissante, une confiance forte, une dévotion forte. Vous êtes un Maître vivant ! Avec pleine concentration et pleine confiance, vous obtiendrez la Connaissance Spontanée, la Réalité. Une foi forte est le plus important. C'est le seul moyen pour que cette Connaissance soit absorbée. Je vois les gens changer leurs Maîtres tout le temps. Cela ne devrait pas arriver.
**PARMI TOUS LES MAÎTRES,
CELUI QUI VOUS MONTRE QUE DIEU EST EN VOUS,
EST UN GRAND MAÎTRE.
IL EST LE MAÎTRE QUI SE DÉMARQUE DE TOUS LES AUTRES.**
Après la Conviction, il vous faut maintenir la Réalité continuellement. Vous dites d'accord, d'accord, mais au moment où vous quittez les lieux, quelque chose tentera de gagner son entrée. Donc soyez fort, soyez vigilant, constant, discipliné, déterminé, courageux.
**CELA PREND LONGTEMPS
AUX RACINES DE L'ARBRE SPIRITUEL POUR CROÎTRE.
MAIS CET ARBRE PEUT ÊTRE ABATTU
EN QUELQUES MINUTES.**
Q: Ce que vous dites Maharaj, est que, même à un niveau avancé, nous devons être discipliné, continuer la pratique, et éviter d'être en compagnie de personnes pouvant nous influencer négativement et nous déstabiliser. Un jeune arbre est juste un bébé, et peut donc être renversé facilement.
Maharaj: Cette Connaissance est une Connaissance exceptionnelle. Elle doit être absorbée et digérée complètement. La Réalité a été plantée en vous. La plante de la Réalité a été plantée en vous. Maintenant vous devez la nourrir, et la cultiver avec des fertilisants. Fertilisez-la avec la dévotion et la méditation. Si vous plantez quelque chose, cette plante aura besoin d'eau et de fertilisant.
**JE VOUS AI DONNÉ LA PLANTE À NECTAR.
MAINTENANT VOUS DEVEZ EN PRENDRE SOIN.
SI VOUS NE L'ARROSEZ PAS ET NE LA FERTILISEZ PAS,
ALORS ELLE MOURRA.**
Donc, prenez-en soin et vous obtiendrez de très bons résultats ! Des fruits en abondance !

Continuez la méditation et les *bhajans*. Le rythme des *bhajans* crée des vibrations qui permettent à 'l'inconnu' d'être 'connu'. Cette Existence

Spontanée, Présence Spontanée qui vous est inconnue, deviendra connue. Du fait de ces vibrations, vous en viendrez à connaître l'inconnu.
VOUS EN VIENDREZ À CONNAÎTRE L'INCONNU.

Maintenant que vous avez la Conviction, vous serez indifférent à ce qui arrive, ou n'arrive pas dans le monde. Vous utiliserez votre corps comme avant, mais en même temps, SACHANT que ce n'est pas la Vérité Ultime, "Ce n'est pas ma Vérité". Vous avez compris et accepté le principe sous-jacent, et vous avez établi de solides fondations. Votre base est maintenant la Réalité, au lieu d'une base illusoire, et donc instable et chancelante, de la connaissance corporelle.

MAINTENANT VOUS SAVEZ,
SANS L'OMBRE D'UN DOUTE,
QUE QUOI QUE VOUS VOYIEZ,
EST LA PROJECTION DU VOYANT INVISIBLE.
MAINTENANT VOUS SAVEZ,
QUE VOTRE PRÉSENCE SPONTANÉE
EST INVISIBLE, ANONYME, IDENTITÉ NON-IDENTIFIÉE.

Nous devons utiliser des mots, et ces mots s'approchent de la description de la Réalité.

Q: Je remarque que vous utilisez des mots comme, 'anonyme', 'spontané', 'non identifié', 'invisible', des mots qui font allusion à ce qui est caché et qui s'approche de 'l'inconnu', du 'non révélé', pour ainsi dire. Je les ai trouvés réellement efficaces, car ils ne se laissent pas facilement attraper par le 'mental'. À la place, ils le désarment et empêchent l'imagination d'évoquer des pensées, et des concepts associés.

Maharaj:
APRÈS LA CONNAISSANCE DE LA RÉALITÉ,
TOUS LES CONCEPTS DISPARAÎTRONT.

Avant de venir ici, vous étiez dans l'illusion en vous considérant comme un individu. Vous aviez de nombreux problèmes illusoires. Maintenant tout a changé. Soyez calme et tranquille. Soyez extrêmement calme et tranquille. Vos luttes sont terminées !

Il n'y a plus le besoin d'obtenir une quelconque sorte de connaissance supplémentaire puisque votre Présence est la Connaissance Vivante.

VOUS ÊTES LA CONNAISSANCE VIVANTE.
VOUS ÊTES UN MAÎTRE VIVANT.
MAINTENANT VOUS SAVEZ CE QU'IL EN EST.
MAINTENANT VOUS SAVEZ.

Vous savez que la Réalité est en vous. Un disciple dit une fois à Nisargadatta Maharaj : "Chaque jour je vois le même soleil, les mêmes gens, le même monde". Maharaj répondit : "Chaque jour vous vous voyez en premier, et ensuite vous voyez le monde". C'est la Réalité.

Maintenant que vous n'êtes plus un individu, tous ces concepts tels que "le Voyant", "le Connaissant", etc, s'en iront. Ils ont servi leur but. Ils n'étaient utilisés que pour communiquer et comprendre. Après la Connaissance de la Réalité, tous les concepts disparaîtront. La Connaissance Spirituelle vous aide à vous connaître, tel que vous étiez avant d'être, et tel que vous serez après la dissolution de l'être. La Connaissance a simplement été utilisée pour identifier votre Identité Non Identifiée. Elle a bien servi pour se débarrasser de toute l'illusion et des concepts, confusions, contradictions, de la peur irrationnelle autour de la mort, etc.

VOUS ÊTES AU STADE AVANCÉ.
ÇA SIGNIFIE LE STADE APRÈS LA CONVICTION.

Vous n'avez rien à faire avec une quelconque Connaissance. Vous n'avez rien à faire avec quelque Connaissance que ce soit. La Connaissance a été le médium pour vous conduire à la Vérité Ultime. Son travail est maintenant terminé !

Q: Quand vous êtes établi dans la Réalité Ultime, devez vous encore être vigilant ?

Maharaj: Pas après la Conviction Spontanée. Non ! Qui va être vigilant ou prendre des précautions ? La vigilance de qui ? Vous ne pouvez être vigilant que si vous vous considérez encore comme un corps, en tant que forme corporelle. À ce stade, tout langage disparaît, [il frappe dans ses mains], tout processus de pensée disparaît. [il frappe à nouveau dans ses mains.]

IL N'Y A PAS DE PENSÉE,
ET PAS DE PROCESSUS DE PENSÉE,
CAR LE PENSEUR EST INCONNU.

À ce stade de 'non savoir', vous ne savez pas "je suis le penseur", aussi toutes les pensées s'évanouissent. Le Penseur est Sans Forme, Anonyme, Invisible. Quand vous nommez le Penseur ou le Connaisseur, 'Maître', 'Dieu' ou '*Brahman*', c'est juste pour savoir, juste pour connaître. C'est une Connaissance rare. Ce n'est pas une connaissance livresque. C'est la Connaissance Directe.

158. *Lentement, silencieusement, en permanence*

Q: Vous dites souvent que nous ne réalisons pas notre propre pouvoir et que nous n'en sommes pas conscient. Mais cette conscience n'est pas physique ?

Maharaj: C'est Conscience Spontanée. Vous pensez quelque chose à propos de la conscience, lui donnant quelque attribut, alors que la Réalité est Spontanée. Tous les processus de pensée sont relatifs à la connaissance corporelle : "Je suis une femme spirituelle". Étiez-vous une femme spirituelle avant d'être ? Et qu'en est-il après la disparition du corps ? Non ! Que restera-t-il après la disparition du corps ? Vous dites : "Je ne sais pas".

"JE NE SAIS PAS",
SIGNIFIE JE NE SUIS EN AUCUNE FORME.
JE SAIS !

Par conséquent soyez patient ! Cela prend du temps d'absorber la Connaissance. Je vous ai dit que la Conviction Spontanée viendra avec la méditation. Donc soyez déterminé et faites la méditation, mais soyez patient aussi.

Voici une histoire simple : Quelques disciples se plaignaient auprès de leur Maître qu'après l'avoir écouté, ils n'obtenaient pas la Connaissance. Le Maître leur dit de creuser une tranchée dans le grand jardin, afin que l'eau puisse atteindre les plantes. Ils versaient l'eau depuis le point le plus haut, mais elle ne s'écoulait pas. Ils devinrent impatients et abandonnèrent. Cependant un disciple déterminé continua à verser et à verser de l'eau jusqu'à ce qu'elle fasse finalement un clair sillon jusqu'aux plantes, qui absorbèrent ensuite toute l'eau.

De même, cela prend du temps et de la patience pour que la Connaissance soit absorbée. Et pour que cela se produise, vous devez continuer avec la méditation. Au moment où cela commencera à s'écouler, vous n'aurez plus besoin de pratiquer. Ce sera Spontané.

L'eau commencera à s'écouler car toute cette Connaissance a été absorbée par la terre. L'eau sera absorbée dans la terre, lentement, silencieusement, absorbant l'eau qui afflue.

Les gens disent : "Pourquoi cela n'est toujours pas arrivé ? J'ai pratiqué pendant trente ans". La pratique devra être scientifique, pas de rester debout dans la neige ou de torturer le corps, ou des choses comme cela. Ce n'est pas la Connaissance. La Connaissance sera révélée en vous Spontanément. C'est déjà là. Soyez patient !

Q: Une fois l'eau absorbée en dessous, ensuite il y aura une fontaine, un jet !
Maharaj: J'essaye de vous convaincre en utilisant différentes approches. Je continue à vous dire de ne pas vous sous-estimer avec des pensées illusoires, ou des doutes tels que : "Ce que le Maître dit, comment serait-ce possible ?" ou "Est-ce que ça va réellement se produire ?" Soyez courageux ! Le Maître vous donne courage, force et puissance, avec pour résultat de vous rendre capable de faire face à n'importe quel problème. Si les pensées vous attaquent, le Maître vous dit que vous serez alerte et non affecté.

SI LE MAÎTRE VOUS DIT QUE
QUELQUE CHOSE ARRIVERA,
CELA ARRIVERA.

Par conséquent suivez toujours les instructions, les enseignements donnés par votre Maître et n'écoutez pas les autres.

Nisargadatta Maharaj disait, "Mon Maître est Grand". C'est un signe de Réalisation. Vous aurez des tests, des défis, des tentations. Mais si vous avez confiance et foi en vous et dans le Maître, vous ne serez attiré par aucune attraction. Parfois, des pensées négatives ou dépressives peuvent venir. Elles se doivent d'émerger. Quand cela arrivera, vous serez alerte, préparé et n'y prêterez aucune attention. On vous a montré la Réalité, "ClaiRéalité" ! Pas de doutes, pas de conflits, pas de confusion.

Q: ClaiRéalité ! Absolument ! Je suis fort. Pas d'inquiétudes. Comme le dit une ligne dans un des *bhajans*, "J'ai Dieu dans ma poche".

159. Soyez loyal envers vous !

Maharaj: Vous avez beaucoup d'informations, et la Connaissance du Soi Sans Soi. Maintenant vous devez maintenir ça. Votre Présence Spontanée est couverte par le corps, et cela ne vous permet pas de sortir de la connaissance corporelle. Vous devez être pragmatique. L'amour et l'affection pour le corps doivent être dissous.

SOYEZ AVEC VOUS, PAS AVEC LE CORPS.

Q: C'est difficile de maintenir ça pendant une quelconque durée.

Maharaj: Vous devez oublier tout ce que vous avez accumulé, et ensuite vous concentrer sur le Concentrateur. Vous devez vous jeter en Soi Sans Soi. Vous ne connaîtrez pas la Réalité Ultime à moins que les attachements matériels ne soient dissous.

QUAND CET ATTACHEMENT EST DISSOUT, LÀ VOUS ÊTES !

Utilisez votre corps pour vous connaître dans un sens réel. Le corps est seulement le médium à travers lequel la Vérité Ultime peut être connue. Vous êtes la Vérité Finale. Votre Présence Anonyme est partout, sans aucune forme. Vous n'êtes pas capable de vous connaître à cause de votre attachement à la forme. Ayez un fort courage et une profonde implication ! Une approche désinvolte et à à temps partiel n'est pas suffisante.

Le monde est une Projection de votre Existence, de votre Présence. Aussi, abandonnez-vous entièrement et complètement. L'ego est un blocage sur le chemin de la spiritualité.

**MAINTENANT QUE VOUS AVEZ
TOUTE CETTE CONNAISSANCE,
NE LAISSEZ PAS L'EGO SUBTIL LA GÂTER.**

Le corps peut aller et venir, mais vous n'allez nulle part. Quand vous courez vers la vieillesse, de la peur peut apparaître au-dedans. Si une quelconque faiblesse vient à se montrer, des problèmes surgiront, donc retirez de la force de votre dévotion.
**PARFOIS VOUS VOUS CONCENTREZ SUR LE MONDE,
ET NE PRÊTEZ PAS ATTENTION À VOTRE
SOI SANS SOI, L'IGNORANT MÊME.
RESTEZ AVEC VOTRE SOI SANS SOI EN TOUT TEMPS.**
C'est une route directe. Il n'y a pas de voies. Où toutes les voies finissent, là vous êtes. Vous êtes la Destination Finale.
**SOYEZ LOYAL À LA RÉALITÉ,
PAS À LA MATÉRIALITÉ.**
Q: Vous avez tout couvert, et maintenant le reste dépend de moi.
Maharaj: Tout a été présenté, et placé devant vous.
**MAINTENANT VOUS DEVEZ L'ACCEPTER TOTALEMENT.
JETEZ UN COUP D'ŒIL,
RÉCITEZ ET MÉMORISEZ.
CE SERA SUFFISANT !**
La chose basique est de dissoudre l'illusion tenace de "je suis quelqu'un". Tout est clair et simple. C'est un fait que le corps n'est pas votre Identité, et ne le demeurera pas. C'est à vous de surveiller les pensées. Prenez soin de ne pas être la victime de vos propres pensées. Les pensées peuvent gâter votre vie spirituelle toute entière, De même qu'un petit moustique peut apporter la maladie au corps entier.

La chose la plus importante est de rester loyal à votre Réalité.
**VOUS DEVEZ VOUS ABANDONNER,
ABANDONNER VOTRE ATTACHEMENT AU CORPS,
DISSOUDRE TOUTE PEUR,
EN UTILISANT LE COURAGE QUI VIENT DE LA
CONNAISSANCE QUE VOUS ÊTES NON NÉ.
METTEZ EN ŒUVRE LA CONNAISSANCE,
ABSORBEZ ET APPRÉCIEZ.**
Nous ne sommes pas là pour analyser et disséquer les mots. Cela ne cause que la confusion. Nous ne sommes pas ici pour discuter le panthéon des déités, ni pour comparer les saints et les Maîtres. Ce que les Maîtres souhaitent enseigner et transmettre est Votre Histoire, l'Histoire du Lecteur.
**QUI A DONNÉ NAISSANCE À TOUTES CES DÉITÉS,
DIEUX ET DÉESSES ?
SI VOUS IMAGINEZ QU'ILS SONT PLUS GRANDS QUE VOUS,
CELA SIGNIFIE QUE VOUS ÊTES RETOURNÉ
DANS LE FOSSÉ DE L'IGNORANCE.**

Je vous ai déjà dit de nombreuses fois que personne, et que rien, n'est plus grand que VOUS ! Vous n'êtes plus un bébé. L'habitude que vous avez de comparer et d'analyser n'est rien d'autre que celle de nager aveuglément dans une mer de connaissance littérale.

L'Histoire du Lecteur est l'Édition Finale. Vous êtes l'Édition Finale, la Dernière Identité, l'Identité Finale, la Vérité Ultime. Quand tout finit, là vous êtes. C'est l'essentiel, le résumé de toute la Connaissance.

SOI SANS SOI EST LA VÉRITÉ FINALE.
C'EST LE NECTAR.

Combien de temps allez-vous continuer à lire des livres ? Lisez la Connaissance du Lecteur. Connaissez l'Identité du Lecteur. Le mental est entré, et a gâté la Connaissance, compliquant ce qui est réellement une Vérité très, très simple.

QUAND LES SAINTS VOUS COMMUNIQUENT
VOTRE HISTOIRE, VOUS DEVEZ PRENDRE, ENTENDRE,
ÉCOUTER ET COMPRENDRE LE PRINCIPE DE L'HISTOIRE,
NON PAS LA NARRATION.
PRENEZ LE PRINCIPE DE L'HISTOIRE, NON LA NARRATION.
CE N'EST PAS UN PROGRAMME DE DIVERTISSEMENT.

Q: Vous voulez dire que ce ne sont pas des histoires pour s'endormir ?
Maharaj: Le Maître dit : "Vous êtes *Brahman*", et ensuite vous retournez en courant sur la berge de la rivière. Vous prenez de l'ego chaque fois que vous commencez à analyser la connaissance.

QUI ANALYSE LES HISTOIRES ?
CETTE CONNAISSANCE EST LA RÉALITÉ, LA VÉRITÉ.
VOTRE RÉALITÉ, VOTRE VÉRITÉ.
CE N'EST PAS INTELLECTUEL.

Vous ne connaissiez rien sur la spiritualité et sur la philosophie avant d'être.

BRISEZ LE CERCLE.
LA CONNAISSANCE EST IGNORANCE.
VOUS ÊTES L'ULTIME.
POURQUOI SOUHAITERIEZ-VOUS RETOURNER AU CORPS ?

Les pensées sont comme les bactéries, un virus qui corrompt la Pureté Simple de la Réalité.

UN GRAND EFFORT EST NÉCESSAIRE POUR TOUT EXPULSER.

Siddharameshwar Maharaj disait : "Soyez sérieux ! La Spiritualité n'est pas un jeu pour les enfants".

VOUS NE SEREZ PAS CAPABLE DE CONNAÎTRE LA RÉALITÉ
À MOINS D'AVOIR UNE MATURITÉ SPIRITUELLE.

Vous devez avoir de la patience. Le mental a un grand intérêt pour les histoires. C'est la mesure du mental ! Notre seul et unique intérêt se trouve dans le principe, l'essentiel des histoires. C'est le plus important.

160. Embrassez votre Réalité

Q: Vous dites, oubliez le monde et pensez à votre Soi Sans Soi ?
Maharaj : Au stade initial, vous étiez entouré par la connaissance corporelle et par l'illusion. Maintenant, vous avez plus de discrimination et êtes plus détaché. Maintenant vous connaissez la Réalité. Mais il y a encore quelque chose qui essaie de vous retenir : la confusion et l'illusion aux alentours. Restez en contact avec VOUS. Gardez vous spirituellement en forme, De même que vous maintenez votre corps en forme et en bonne santé avec de l'exercice régulier.

Il vous faut une pleine concentration pour garder l'Esprit en bonne santé. Prenez tout avec légèreté. Ne soyez pas affecté par quoi que vous fassiez. Restez complètement distant, et inaffecté dans n'importe quelle atmosphère.
"JE N'AI RIEN À VOIR AVEC LE CORPS".
Cette Réalité, ce fait, est supposé être accepté de la même façon que vous avez accepté le fait que "vous êtes un homme".
LA RÉALITÉ N'EST PAS UN CONCEPT,
C'EST VOTRE VÉRITÉ, LA VÉRITÉ FINALE.
ELLE DEVRAIT ÊTRE GRAVÉE PROFONDÉMENT
DANS VOTRE CŒUR.
Protégez-vous des concepts illusoires qui viennent à votre rencontre sous différents aspects.
PROTÉGEZ VOTRE CONNAISSANCE SPIRITUELLE,
VOTRE CORPS SPIRITUEL.
Ne prenez pas mes mots littéralement ! Vous devez atteindre le sommet. Ne soyez pas influencé par qui que ce soit. N'écoutez personne en dessous de vous, qui dit : "Descends ! Rejoins-moi !" Ne perdez pas votre concentration, et ne glissez pas en arrière ! Vous ne pouvez pas éviter l'illusion autour de vous, mais vous devez être fort intérieurement. Mettez votre Connaissance en pratique.

Les gens essayent d'intégrer leur vie spirituelle dans leur vie familiale. La vie familiale est illusion, connaissance corporelle. Krishna avait cinq femmes. En quoi cela vous concerne t-il ? Les gens ont pour habitude de prendre intérêt à des sujets personnels, et à la vie familiale des Maîtres. Faites ce que les Maîtres disent, pas ce qu'ils font ! Les pensées idiotes ne devraient pas s'introduire. Restez en société, mais n'acceptez aucunes pensées idiotes.

C'est une opportunité de sortir de la connaissance corporelle et d'embrasser la Réalité. Si vous ne donnez pas d'importance à votre Réalité, Vérité Ultime, il y aura un autre rêve appelé 'renaissance'. Vous devez profondément imprimer votre Réalité, votre Vérité Ultime sur vous-même.

Faites attention à ne pas devenir victime des pensées de qui que ce soit. Ayez le courage d'être impliqué, et nagez dans la mer profonde. Trouvez le courage de nager dans la mer profonde, et vous y trouverez du plaisir : "Oui, c'est génial !" Vous ne connaissez pas votre propre Pouvoir. Vous êtes tout !
TOUT CE QUI EST NÉCESSAIRE EST UN PEU DE COURAGE.
NE DÉPENDEZ PAS DE LA MISÉRICORDE DE QUI QUE CE SOIT.
PLACEZ VOTRE MAIN SUR VOTRE TÊTE, ET BÉNISSEZ-VOUS.
   Soyez guidé par le Maître. Il n'y pas de différence entre vous et moi, excepté le corps. Y a-t-il une différence entre le ciel en Allemagne et le ciel en Amérique ? Vous avez le pouvoir de la pensée, le pouvoir de la pensée spirituelle. Utilisez-le ! Utilisez votre discrimination spirituelle. Nisargadatta Maharaj disait à juste titre : "Ne vous sous-estimez pas en laissant les autres vous mettre dans leur poche".
   Il y a tous ces gens aux alentours qui égrènent les perles, qui portent des robes couleur safran et des guirlandes. Tout ce qu'ils font est de décorer le corps, décorant le corps illusoire.
SI VOUS SOUHAITEZ DÉCORER QUELQUE CHOSE,
DÉCOREZ VOTRE MAÎTRE INTÉRIEUR,
VOTRE AUDITEUR INTÉRIEUR,
AVEC LA CONNAISSANCE SPIRITUELLE, AVEC LA FOI.
C'EST CE QUI EST LE PLUS IMPORTANT.
C'est très, très simple. Une forte volonté et détermination sont essentielles.
OUI ! JE DOIS ME CONNAÎTRE.
C'EST LE POINT FINAL.
ÉTABLISSEZ CETTE CONVICTION !
   Maintenant que vous connaissez la Réalité, il ne devrait y avoir aucun désir d'aller autre part. Pourquoi souhaiteriez-vous mettre en péril votre statut nouvellement trouvé ? Votre attitude devrait être solide :
"JE NE VAIS NULLE PART AILLEURS.
J'AI ATTEINT LA DESTINATION".
   Vous ne trouverez aucune paix avec un mental instable, qui est emporté dans toutes les directions. Soyez fort intérieurement ! Vous êtes fort physiquement, mais soyez fort spirituellement.
ABANDON COMPLET !
ABANDONNEZ-VOUS TOTALEMENT !
Soyez humble ! Votre vision du monde a changé avec la Connaissance.
VOUS ÊTES UN AVEC SOI SANS SOI.
VOUS ÊTES DEVENU UN AVEC VOTRE SOI SANS SOI.
MAINTENANT VOUS SAVEZ :
"MA PRÉSENCE EST COMME LE CIEL
ET ELLE EST EN CHAQUE ÊTRE.
IL N'Y A PAS DE SÉPARATION.

**COMMENT PEUT-IL Y AVOIR UN BON CIEL,
ET UN MAUVAIS CIEL ?
QUEL CIEL EST BON, ET LEQUEL EST MAUVAIS ?"**

Pouvez-vous discriminer ? Non ! Le changement interne qui a pris place est d'une importance capitale. Votre perception et vos vues ont radicalement changé.

**BIEN QUE VOUS MAINTENIEZ TOUJOURS LE CORPS,
VOUS N'ÊTES PLUS CONNECTÉ À LUI,
CAR MAINTENANT, VOUS N'ÊTES PLUS CONNECTÉ À L'ÊTRE.**

Qu'arrivera-t-il quand l'être est laissé derrière ? Qu'arrivera-t-il quand il est temps de quitter le corps ? Rien n'arrivera ! Toutes ces discussions sur le paradis et l'enfer sont des discussions absurdes, quand personne n'a jamais vu un paradis ou un enfer ! Nisargadatta Maharaj disait :

**"COMMENT POUVEZ-VOUS PARLER DE RENAISSANCE,
QUAND VOUS NE CONNAISSEZ PAS
VOTRE NAISSANCE PRÉSENTE ?"**

Si vous ne pouvez pas parler de celle d'à présent, comment pouvez-vous parler de renaissance ? Ne l'acceptez pas ! C'est le principe de la spiritualité qui est supposé être absorbé spontanément. Méditez jusqu'à ce que vous ayez la Conviction.

**PENSEZ À VOTRE RÉALITÉ ! PENSEZ À VOUS-MÊME !
MAINTENANT VOUS AVEZ LE MIROIR DE LA CONNAISSANCE.**

La méditation et les *bhajans* garderont votre Soi Sans Soi logé en toute sécurité. Cette continuité est absolument essentielle. Il y aura toujours des forces extérieures, et un barrage de concepts essayant de vous tirer à nouveau dans l'illusion. Ils ne réussiront pas. Votre attitude est ferme, solide. Ces disciplines vous maintiennent alerte afin que l'ennemi n'ose pas entrer. Les concepts illusoires n'oseront pas entrer en vous. Vous avez installé le logiciel anti-virus pour vous débarrasser des virus. Vous êtes maintenant une force puissante avec laquelle il faut compter. Vous n'avez pas d'opposition.

161. Identifiez votre Soi Sans Soi

Maharaj: Bhausaheb Maharaj a conçu un plan systématique pour contrer le flot interminable des illusions et des concepts belliqueux. Il connaissait les embûches et avec quelle facilité les distractions pouvaient ruiner la concentration. Il passa dix-huit ans en méditation, méditant debout dans la forêt. Notre pratique journalière de récitation du Mantra, méditation et *bhajans*, vient directement de l'expérience de première main de ce Maître. Il connaissait trop bien les faiblesses et les pièges, les ayant lui-même expérimentés. Nous bénéficions maintenant de ses découvertes et de sa sagesse, et avons une pratique qui est infaillible.

Quand il y a perte de paix, perturbation, inconstance du mental, souvenirs, etc, quand tout ceux-ci arrivent, ils peuvent potentiellement menacer votre stabilité. Pour éviter que cela n'arrive, la méditation et les *bhajans* sont essentiels pour nous servir de constant rappel que : "Vous êtes la Réalité Ultime".

ACCOMPAGNÉS DE LA DISCRIMINATION, LA MÉDITATION ET LES *BHAJANS* VOUS AIDERONT À RESTER VIGILANT.

Utilisez la discrimination ! Votre bonheur repose au-delà des trois attractions que sont la renommée, l'argent et le sexe. Votre bonheur est Bonheur Spontané. Il ne requiert aucune cause matérielle pour être là. Un Silence Total et Spontané résultera de votre pratique.

PRENEZ LA RÉALITÉ AU SÉRIEUX ! TRAITEZ VOTRE VRAI STATUT AVEC LE PLUS GRAND SOIN, SI VOUS LAISSEZ ENTRER LES PENSÉES SANS DISCRIMINATION, ELLES PEUVENT CRÉER UN AUTRE RÊVE. GARDEZ LES PENSÉES DANGEREUSES À DISTANCE.

Vous ne voulez pas un autre rêve comme celui-ci. La renaissance est un concept qui a été planté depuis l'enfance. Débarrassez-vous en !

Au moment où vous baissez votre garde, l'ego vous attaquera. Par conséquent, avec une concentration totale, soyez impliqué avec VOUS. Concentration totale ! Un jour, vous quitterez ces os, ce sang et cette chair. Soyez préparé ! Passez du temps dans un cimetière, ou près des lieux où les corps sont brûlés. Ce peut être un exercice utile et pragmatique !

IDENTIFIEZ VOTRE SOI SANS SOI. VOUS ÊTES LA VÉRITÉ FINALE. VOUS ÊTES *BRAHMAN*, VOUS ÊTES DIEU. VOUS N'ÊTES PAS SÉPARÉ DE VOUS-MÊME. VOUS VOUS CONSIDÉREZ COMME FORME CORPORELLE. VOUS N'AVEZ JAMAIS ÉTÉ LE CORPS. VOTRE PRÉSENCE INVISIBLE A TOUJOURS ÉTÉ LÀ. IDENTIFIEZ VOTRE SOI SANS SOI.

Maintenant est une merveilleuse opportunité pour vous de réellement savoir et de réaliser que vous n'êtes ni homme ni femme, vous êtes *Brahman* ! La Conviction Spontanée apparaîtra.

EMBRASSEZ LA RÉALITÉ QUE VOUS ÊTES.

Le mental, l'ego, l'intellect, ne vous permettent pas d'accepter cette Réalité complètement. Qu'est-ce que la Réalité ? Vous êtes la Vérité Ultime !

C'est la Réalité. Gravez-la avec la pratique. À ce stade, pas besoin d'étude supplémentaire, d'enseignements supplémentaires. Vous n'avez plus aucun usage pour tous ces mots qui sont venus après votre Présence, mots que nous avons créés.

Q: Ne pensez-vous pas que les enseignements de la Lignée aident, le *Parampara* ?

Maharaj: Ça va, mais où était ce "*Parampara*" avant d'être ? Quand vous êtes tombé sur le corps, vous êtes tombé sur toute cette connaissance corporelle.

PAS DE CONNAISSANCE EST CONNAISSANCE.
PAS DE CONNAISSANCE EST CONNAISSANCE.

Étudiez-vous. Faites votre propre investigation spirituelle et trouvez votre propre Connaissance du Soi, pas la connaissance du *Parampara* ! Pourquoi souhaitez-vous encore rendre visite à ces mots doux ? "*Parampara*", "*upasana*", "*prarabdha*" ! Trouvez votre propre Connaissance du Soi !

VOUS NE CONNAISSEZ RIEN AU SUJET DU MONDE,
RIEN AU SUJET DU *PARAMPARA*,
RIEN AU SUJET DE LA SPIRITUALITÉ.
EN FIN DE COMPTE, LA SPIRITUALITÉ EST AUSSI IGNORANCE.

'Conviction', 'Conviction Spontanée', ne laissez pas non plus ces mots vous bloquer ! Tout est illusion, l'habillage de divers concepts.

VENEZ-EN À SAVOIR QUE C'EST UN RÊVE.
ENLEVEZ CES VÊTEMENTS QUI SONT
PLEINS DE CONCEPTS.

Rappelez-vous que toutes ces relations, mari, épouse, toutes les relations du corps sont liées au corps, rien de plus. Avant le corps, il y avait seulement le ciel et nous sommes au-delà du ciel. Nous ne sommes pas concernés par toutes ces activités et incidents.

RIEN N'EST ARRIVÉ,
RIEN N'ARRIVE,
RIEN N'ARRIVERA.

Soyez audacieux, mais pas audacieux de façon égotique. Acceptez, mais assurez-vous que ce que vous acceptez est basé sur le raisonnement. Respectez votre Soi Sans Soi, à travers lequel ce monde est projeté. Ce n'est pas votre Identité du tout, aussi ne l'acceptez pas.

Ce 'moment de mourir' ne devrait pas être misérable. Il devrait être joyeux, plein d'anticipation et de hâte : "Allez, allez !"

ACCEPTEZ LA RÉALITÉ, VOTRE RÉALITÉ.
VOUS ÊTES LA VÉRITÉ FINALE.
VOUS ÊTES LE TERMINUS FINAL,
LA DERNIÈRE DESTINÉE.
IL N'Y A PAS D'ENTRE-DEUX.

Avant de venir à l'ashram, vous aviez une adresse qui vous a menée ici. **LA CONNAISSANCE SPIRITUELLE EST JUSTE COMME CETTE ADRESSE. ELLE VOUS A ÉTÉ DONNÉE AFIN QUE VOUS PUISSIEZ ATTEINDRE VOTRE SOI SANS SOI.**

Il devrait y avoir une forte Conviction. Vous devez avoir une forte volonté. Tous les Maîtres avaient une forte volonté. Ayez la foi comme Nisargadatta Maharaj ! Si vous avez cette sorte de foi, vous viendrez à la Réalité. Soyez stable ! L'instabilité au début vous distraira de vos racines. **VOUS POUVEZ ALLER À N'IMPORTE QUEL MAÎTRE RÉALISÉ, MAIS IL EST PLUS IMPORTANT D'ALLER À, ET D'ÊTRE ENSEIGNÉ PAR VOTRE MAÎTRE INTÉRIEUR.**

Les *Sadhus* marchent autour d'Arunachala de nombreuses fois. Très bien ! Mais qu'essaient-ils d'accomplir exactement ? Pourquoi troubler le corps et le soumettre au stress ? **VOUS ÊTES DÉJÀ AVEC VOUS. LES LIVRES INDIQUENT LA MÊME CHOSE. SOI SANS SOI EST TOUT CE QU'IL Y A. MAINTENANT VOUS SAVEZ, VOUS DEVEZ LE MAINTENIR.**

Il n'est pas nécessaire d'imposer au corps quelque sorte de torture, ou de test d'endurance que ce soit.

La maintenance est essentielle ! Si vous ne continuez pas la pratique, et négligez votre Réalité, l'illusion reviendra. Renforcez votre fondation et rendez-la parfaite. Si vous avez une fondation parfaite, vous en viendrez à connaître la Perfection. Perfection Spontanée ! Paix Totale !

Cette identité est momentanée. La pendule fait tic-tac pour le corps. Le corps est une pendule. Ayez une implication stricte, et oubliez le monde. C'est à vous de voir maintenant. Ayez un seul désir, le désir d'être libre, dans le sens réel. Je m'adresse à l'Auditeur Invisible en vous. **AVANCEZ AVEC UN FORT DÉSIR : "JE VEUX CONNAÎTRE LA RÉALITÉ !" AUTREMENT, LE MAÎTRE NE SE MONTRERA PAS.**

Vous devez vous abandonner au Soi Sans Soi. Soyez humble, poli, respectueux et paisible. Pas de jalousie, pas d'attraction, pas de lutte, pas de querelle. Juste paisible ! Pourquoi se battre ? Qui combattez-vous ? L'Esprit est Un. L'ego est dangereux et doit être dissous complètement afin que vous puissiez être calme.

Vous pouvez vous évaluer par les six qualités dont nous avons parlé plus tôt, pour voir à quelle profondeur votre spiritualité est absorbée. Ce sont

le pardon, la patience, l'attente de la Réalisation, le désir de savoir, la dévotion totale, et pour finir, la foi dans le Maître. En vous rapprochant de plus en plus, le monde entier sera oublié. Si vous gardez vos yeux ouverts et n'acceptez rien aveuglément, vous en viendrez à connaître la Réalité en vous. Suivez le conseil de Nisargadatta Maharaj :
> "NE SOYEZ PAS SI BON MARCHÉ
> QUE LE MONDE PUISSE VOUS METTRE EN POCHE".

Certains enseignants facturent cent dollars pour vous apprendre comment respirer ! Ne suivez aucun de ces enseignants. Ne suivez personne ou quoi que ce soit aveuglément.
> SOYEZ LOYAL À VOUS-MÊME.
> RESPECTEZ VOTRE SOI SANS SOI.
> STOPPEZ LA RECHERCHE,
> ET CONCENTREZ-VOUS SUR LE CHERCHEUR
> QUI EST LA VÉRITÉ ULTIME.

Ayez une foi forte en votre Maître qui vous a montré l'essence Magistrale en vous. Un jour, vous pourriez vous trouver en train de parler spontanément, de la même façon que je suis en train de parler.
> LE FLOT DE CONNAISSANCE SERA SPONTANÉ.
> VOUS DEVEZ RESPECTER VOTRE SOI SANS SOI.
> VOUS DEVEZ RESPECTER LA RÉALITÉ.
> "JE SUIS LA VÉRITÉ FINALE".

162. Un avec Soi Sans Soi

Maharaj: Vous avez écouté le Maître. Ensuite, vous avez contemplé la Connaissance qui amena la compréhension. Par une intense méditation, vous avez acquis la conviction intellectuelle. Tout ça est une bonne chose. Au stade avancé, tout doit être absorbé. Une méditation intense mènera à la Conviction Spontanée, une expérience directe de la Vérité.

À cet instant, vous comprenez, vous savez, mais en même temps, il y a encore des interrogations, peut-être juste un peu. C'est bon ! La Conviction Spontanée arrivera, et alors vous direz : "Oui, je suis *Brahman*", aussi sûrement que vous êtes un homme ou une femme !
> LE SUPPORT DE CE CORPS EST APPELÉ *BRAHMAN*,
> ET N'A PAS DE CONNEXION AVEC LE MONDE ET LE CORPS.
> C'EST LA QUALITÉ DE LA CONVICTION.

Les signes de la spiritualité sont le calme total, la quiétude, et la sérénité. Ces qualités sont internes. Elles ne sont pas là pour le spectacle !

Vous êtes déjà avec VOUS. Mais il reste toujours à donner plus d'importance à votre puissance cachée. Continuez avec la pratique de la méditation et de l'investigation du Soi. C'est essentiel au départ. Bien que vous sachiez que c'est seulement un escalier, et non pas la Vérité Ultime, vous devez toujours aller au-delà, continuer à aller plus profondément et poser la question :
"POUR QUI EST-CE QUE JE FAIS CETTE PRATIQUE ?"
Q: Je comprends ce que vous dites. Il y a le danger de se perdre dans la pratique et il y a des tonnes de pratiques dans lesquelles piocher.
J'ai rendu visite à un Guru récemment qui avait une pratique spécifique que nous devions suivre. Je devais suivre cinq règles concernant les cheveux : comment les porter, ne pas les couper, etc.
Maharaj: Aviez-vous des cheveux avant d'être ?
VOUS ÊTES INCONNU À VOUS-MÊME.
VOUS NE VOUS CONNAISSEZ PAS.
Oubliez les cheveux ! Il n'y avait pas de connaissance matérielle, pas de connaissance intellectuelle avant d'être. Vous étiez inconnu à vous-même. Ces règles insensées à propos des cheveux sont seulement liées au corps, au mental, à l'ego, à l'intellect. Tout ça est connaissance matérielle.
LA CONNAISSANCE DU SOI SPONTANÉE EST CONNECTÉE
AU PLUS PROFOND DE VOTRE RÉALISATION,
AU PLUS PROFOND DE VOTRE RÉALISATION,
SANS LE CORPS, SPONTANÉMENT !
Mes mots sont très spécifiques. Le savoir spirituel et intellectuel, et le mental, l'ego, l'intellect sont tous des connaissances physiques, intellectuelles.
CETTE SORTE DE CONNAISSANCE
EST CONNAISSANCE MATÉRIELLE,
CONNECTÉE À LA PARTIE SUBTILE DU CORPS.
ELLE N'ÉTAIT PAS LÀ AVANT D'ÊTRE.
Elle est venue avec le corps, et elle sera dissoute avec le corps.
PAR CONSÉQUENT, VOUS AVEZ DONNÉ NAISSANCE
AU MENTAL, À L'EGO, À L'INTELLECT, ET À TOUTE
LA CONNAISSANCE SPIRITUELLE.
Il y a tant de discussions au sujet du "spirituel". Chaque fois que vous prêtez attention à toutes ces discussions spirituelles, et aux dires du dernier 'Guru sur la place', vous ignorez votre Auditeur Invisible, lequel est Vérité Ultime. Non seulement vous sous-estimez vous, mais vous vous insultez. Soyez impliqué avec VOUS !
Quand vous vous jetez dans l'Océan de la Spiritualité, vous vous amuserez ! Vous trouverez cela très intéressant et plaisant. Ne restez pas juste sur la berge de la rivière, essayant anxieusement de rester au sec et en sécurité.

Nagez dans la mer profonde ! Là, vous trouverez du plaisir. "Oui ! C'est génial !" Vous en viendrez à connaître votre Pouvoir. Vous êtes tout !
NE DÉPENDEZ PAS DE LA MISÉRICORDE DE QUI QUE CE SOIT. POSEZ VOTRE MAIN SUR VOTRE TÊTE !
Sous la direction du Maître, et avec la méditation, vous avez appris la technique de la spiritualité, spiritualité pragmatique.

Compter les années, torturer le corps avec différentes pratiques, porter des robes couleur safran, des guirlandes, décorer le corps, etc. Pourquoi ? Pourquoi tout ça ? Qu'obtiendrez-vous en faisant tout ça ? Rien !
SI VOUS SOUHAITEZ DÉCORER QUELQUE CHOSE, DÉCOREZ VOTRE AUDITEUR INTÉRIEUR AVEC LA CONNAISSANCE SPIRITUELLE, AVEC LA FOI ! C'EST LE PLUS IMPORTANT !
Comment être ? C'est très, très simple ; tout ce qui est nécessaire est votre volonté :
OUI, JE DOIS SAVOIR ! C'EST L'ARRÊT TOTAL. CETTE CONVICTION EST SUPPOSÉE ÊTRE PRÉSENTE. OUI !
"Oui ! C'est mon adresse finale. C'est ma Maison ! Je ne vais nulle part ! Je ne bouge pas !" Soyez fort intérieurement ! Soyez fort spirituellement !
ABANDONNEZ TOTALEMENT, ABANDON TOTAL ! VOTRE VISION DU MONDE A CHANGÉ ! IL N'Y A JAMAIS EU QUE L'UNITÉ. CONTINUEZ, DE PLUS EN PLUS PROCHE, DE PLUS EN PLUS PROCHE DU SOI SANS SOI.
Ce changement interne qui a pris place, signifie que vous n'avez pas de connexion avec l'être. C'est le Principe de la Spiritualité qui est en train d'être absorbé spontanément.
PENSEZ À VOUS-MÊME. ON VOUS A DONNÉ LE MIROIR DE LA CONNAISSANCE. C'EST VOTRE MIROIR.
Avec une pratique et une absorption continue :
CONNAISSEZ-VOUS ET SOYEZ DANS LE SOI SANS SOI. CONNAISSEZ-VOUS ET SOYEZ DANS LE SOI SANS SOI.

163. En pleine lumière

Q: Cet état très tranquille est-il silence ? À quoi ressemblera ce silence exceptionnel ?

Maharaj: Ces questions et ces réponses sont en vous seul. La science spirituelle parle de quatre étapes du 'Mot' prenant naissance, de l'étape silencieuse à l'étape verbale. Mais oubliez ça ! Toutes les réponses à vos questions doivent être trouvées à l'intérieur de vous seul.

LA VIE DANS LE CORPS EST DOULOUREUSE.
AVANT LE CORPS, IL N'Y AVAIT PAS DE DOULEUR
CAR IL N'Y AVAIT PAS DE PERTURBATIONS
ET D'EFFETS CORPORELS.
ICI LA SPIRITUALITÉ VOUS AIDERA.

Q: Donc le 'Je' réel est au-delà de Dieu ?
Maharaj: Comme vous savez, "Dieu" est juste un nom donné à un pouvoir surnaturel. Votre Existence Spontanée est au-delà de tout, par conséquent il n'y a pas de définition.

VOUS ÊTES AU-DELÀ DU CIEL.

Q: Nisargadatta Maharaj disait : "Dieu existe pour l'adoration". Maintenant je comprends cela pour la première fois.
Maharaj: Des gens adorent une pierre ou une statue en tant que Dieu. La statue ne sait pas "Je suis Dieu". Ils donnent de l'importance à cette statue car ils ne connaissent pas leur propre importance, qu'ils sont eux-mêmes, en fait, Dieu.

VOUS ÊTES DIEU, VOUS ÊTES LE DIEU QUE VOUS ADOREZ.
VOUS ÊTES L'ADORATEUR ET L'ADORÉ.

La connaissance corporelle a apporté de nombreuses différentes sortes de souffrance. Il y a cent ans, vous n'aviez pas de connaissance ! Dans cent ans, il n'y aura pas de connaissance ! Pourtant à présent, vous dites avec fierté : "J'ai une bonne connaissance. J'ai tellement de connaissances".

QUEL EST L'INTÉRÊT DE CETTE CONNAISSANCE,
SI ELLE NE VOUS REND PAS FORT,
ET NE VOUS AIDE PAS À RÉALISER QUE
"JE NE MEURS PAS" ?

La spiritualité vous aide à réaliser que "le corps est l'enfant de votre voisin" car vous avez atteint la Vérité de "Qui suis-je ?" Le résultat est que vous êtes indifférent au corps. La méditation vous confère du pouvoir, et le pouvoir vous aidera à augmenter votre tolérance et capacité à endurer quoi qu'il vienne sur votre chemin.

Le dernier moment se doit d'être un moment heureux C'est le but de la spiritualité. C'est à vous de vous assurer que ce dernier moment soit doux.

J'INSISTE SUR LE FAIT QUE VOUS PRÊTIEZ ATTENTION
À VOTRE SOI SANS SOI.
VOUS AVEZ TOUTE CETTE CONNAISSANCE MAINTENANT,
DONC PRÊTEZ ATTENTION !

L'ego subtil est partout, nous faisant préférer vivre dans notre propre cercle avec toutes ses attentes et récriminations comme : "Ma femme devrait être comme ceci. Elle n'est pas à la hauteur de mes attentes", ou, "Mon mari devrait trouver un meilleur travail", etc.

NE RETOMBEZ PAS DE LA SORTE, ET N'ALLEZ PAS CHERCHER LE BONHEUR DANS LES CHOSES MATÉRIELLES.

Vous savez ce qu'il en est ! Vous connaissez les limitations. Quand vous mangez du chocolat, vous obtenez un moment de bonheur. Et après ?

Connaissez-vous, et alors toutes les souffrances se dissoudront. C'est une Connaissance simple. Certaines personnes dépensent des centaines de milliers de roupies dans leur recherche d'une réponse à "Qui suis-je ?" Ils sont entourés de soi-disant enseignants dont le principal intérêt est commercial. Ils savent que les chercheurs sont souvent ignorants et incapables de discriminer entre le véritable enseignant et l'imposteur.

Il vous faut de la maturité spirituelle pour connaître votre Soi Sans Soi. Chaque moment de votre vie est très important. Vous demandez, "Où suis-je ? Où est James ? Où est James ?" Vous êtes James. Vous êtes en train de vous chercher vous-même. James est ici. Je place les faits et les chiffres face à vous.

C'est pourquoi nous reconnaissons nos Maîtres et disons : "Mon Maître est grand", "Il est au-delà de Dieu". Vous êtes au-delà de Dieu. Quand vous rencontrez un Maître Réalisé, votre recherche arrive à sa fin. Cette essence du Maître est déjà en vous. Le Maître ne fait que vous en rendre conscient.

AYEZ UNE FOI PROFONDE EN VOTRE MAÎTRE, ET UNE FORTE FOI EN VOUS-MÊME.

Où que vous soyez dans le monde, soyez avec votre Identité Non Identifiée. Placez votre main sur votre tête, et bénissez-vous !

Q: Le 'Je' réel est au-delà de toute image de Dieu.

Maharaj: Oui !

CAR VOUS N'ÊTES PAS CONNU DE VOUS-MÊME.

Ce dont on peut parler, comme une image d'une déité (*murti*), est relatif à la connaissance corporelle, à l'intellect, à la logique et est un signe d'illusion.

CE DONT ON NE PEUT PARLER EST UN SIGNE DE RÉALITÉ.

Vous étiez comme le garçon mendiant, vous étiez riche tout du long. Simplement, vous ne connaissiez pas votre richesse. Maintenant que vous connaissez la Réalité, vous êtes Illuminé.

Le Maître n'est pas le corps. L'Orateur et l'Auditeur : Rendre l'un comme l'autre ! La réflexion du Voyant. Le Voyant est grand ! Nous respectons le Voyant ! Le Voyant est dépourvu de forme, et non pas les os, la chair et le sang.

LE MENTAL N'EST PAS.

**L'EGO N'EST PAS.
LÀ VOUS ÊTES.**

En cet instant, vous pouvez seulement imaginer à quoi le silence ressemblera. Comment serez-vous sans les mots ? Comment serez-vous ?
**L'INCONNU EST DEVENU CONNU.
LE CONNU SERA DISSOUS DANS L'INCONNU.**

Vous en êtes venu à vous connaître à travers le corps, car VOUS êtes inconnu à vous-même. Par la suite, le corps retournera se dissoudre dans l'inconnu. C'est une connaissance très intéressante, si vous allez de plus en plus profondément.
**J'INSISTE POUR QUE VOUS ALLIEZ
DE PLUS EN PLUS PROFONDÉMENT
DANS VOTRE SOI SANS SOI.**

Avec la méditation, la porte qui vous a été refusée, sera ouverte. La porte sera grande ouverte. Une grotte profonde de Connaissance s'ouvrira, au-delà de votre imagination. C'est la Clé du Maître ! Le monde de la méditation est la Clé Maîtresse. Vous devez vous appliquer, puis :
**OUVREZ, OUVREZ, OUVREZ,
JUSQU'À VOIR VOTRE SOI SANS SOI
EN PLEINE LUMIÈRE.**

164. Faites en sorte que le dernier moment soit doux

Maharaj: Pourquoi méditons-nous, prenons-nous le Mantra, récitons-nous le Mantra, faisons-nous l'investigation du Soi, contemplons-nous, lisons-nous des livres ? Parce que le dernier jour, le dernier moment est supposé être un moment heureux, un doux moment. Nous nous préparons et nous assurons que, quand le moment viendra pour l'Esprit de se séparer du corps, il n'y ait pas de pensées telles que : "Je suis en train de mourir".
**QUAND CE MOMENT VIENDRA, VOUS SAUREZ,
AVEC TOTALE CONVICTION QUE "JE SUIS NON NÉ".**
Cette Conviction est là, déjà établie et réelle. Elle est là afin que vous puissiez être d'une humeur plaisante et joyeuse, pour faire du dernier moment un moment heureux.

C'est une Connaissance très, très simple, ne laissant aucune place aux arguments ou contre-arguments. Ce n'est pas un débat. Ce n'est pas au sujet de "Qu'est-ce qui est vrai ?" ou "Qu'est-ce qui est faux ?", car il n'y a pas de vrai ou de faux. La Vérité Ultime signifie qu'il n'y a ni 'vrai', ni 'faux'. C'est appelé Vérité Ultime.

Au fil des semaines, nous avons parlé de 'l'enfant non né'. Que nous ayons parlé à propos de spiritualité ou de philosophie, toute discussion est pour l'enfant non né.

Rien n'est arrivé. Nous parlions du fait que rien n'arrive. En tant que disciples, vous devez aller à la racine, à la base. La racine est votre Soi Sans Soi. Demeurez-là tranquillement et calmement sans mots, sans monde. Avant d'être - pas de mots, pas de monde.

**LÀ, VOUS POUVEZ VOIR LE PRINCIPE,
L'AUDITEUR SILENCIEUX INVISIBLE.
EN DEHORS DE ÇA, RIEN.**

Même si nous continuons à parler ensemble pendant des heures, pendant des années, le principe sera toujours le même. Le principe restera le même.

Q: Qu'en est-il de la dévotion, Maharaj ? Est-elle nécessaire après la Conviction, la Réalisation ?

Maharaj:
**APRÈS LA CONVICTION TOTALE,
APRÈS QUE LA VÉRITÉ ULTIME AIT ÉTÉ ÉTABLIE,
LA DÉVOTION DOIT CONTINUER.
VOUS DEVEZ CONTINUER LA DÉVOTION
CAR NOUS MAINTENONS LE CORPS.**

Il est nécessaire, absolument essentiel de continuer la dévotion. Un dévot avait l'habitude de venir me voir. Il écrivait des livres de philosophie. C'était un homme très honnête et très humble.

Puis, soudainement, il devint distrait et fut attiré par la politique. Il fut si impliqué qu'il voulut même se présenter aux élections. Il fut pris par surprise, et sans même se rendre compte de ce qui arrivait, il se débarrassa de sa spiritualité, juste comme ça. Sa vie devint très occupée par la politique, trop occupée pour donner une quelconque place à la dévotion. Il perdit son objectif, sa concentration.

**LA DÉVOTION APRÈS LA CONNAISSANCE EST ESSENTIELLE.
LA DÉVOTION VOUS GARDERA HUMBLE.**

Q: Je suis heureux Maharaj, car je suis maintenant au dernier stade, après avoir cherché pendant plus ou moins quarante ans. Hier, je me sentais sans corps aussi !

Maharaj: De quel stade parlez-vous ? Il n'y a pas de stade, et qui compte ? Trente ans, quarante ans. Comment pouvez-vous vous sentir sans corps, quand personne n'est là ? Sans votre Présence, vous ne pouvez pas compter. Sans votre Présence vous ne pouvez pas avoir d'expérience. Votre Identité est au-delà de l'expérience.

Il n'y a aucun doute que ce type d'expérience est bon, mais ce n'est pas la Vérité Ultime, ce n'est pas la Vérité Finale. Rappelez-vous que ce sont des étapes progressives, des points de repère. Aujourd'hui, vous pouvez expérimenter "Je suis *Brahman*", et demain, "Je suis Dieu Tout-Puissant". De bonnes expériences, mais toujours des expériences. Pour que vous ayez ces expériences, toute expérience, ça signifie que quelque illusion est encore persistante ici, une trace d'illusion.

VOUS N'ÊTES NI *BRAHMAN* NI DIEU.
N'ALLEZ PAS VAGABONDER AVEC CES TYPES D'EXPÉRIENCES SPIRITUELLES.

Il est facile d'être attaché aux expériences spirituelles, mais elles vont simplement ramener l'ego. Vous êtes séparé de tout ça. "J'ai eu une merveilleuse expérience. J'ai eu une expérience tellement géniale de *Brahman*, *Atman*, *Paramatman*, Dieu." Cela ramènera l'ego.

Vous êtes totalement sans forme, il n'y a pas d'expérience et pas d'expérimentateur. Quoi que vous expérimentiez est une addition à votre Présence Spontanée, un ajout.

RESTEZ AVEC VOTRE PRÉSENCE SPONTANÉE,
AU LIEU DE PARLER À PROPOS D'EXPÉRIENCE.

Q: Vous savez, je n'en étais même pas conscient. J'étais excité et me suis laissé emporter par ma grande expérience spirituelle.

Maharaj: Si vous avez une expérience, alors ce n'est pas la Vérité Ultime.

LA VÉRITÉ ULTIME EST AU-DELÀ DE CELA,
AU-DELÀ DE CELA,
AU-DELÀ ET AU-DELÀ ET AU-DELÀ.
QUAND TOUTE EXPÉRIENCE FINIT, LÀ VOUS ÊTES.

Il y a beaucoup d'ignorance dans ce que les gens disent, "Oh! J'ai la connaissance ! Je suis illuminé !" Ils peuvent avoir lu des livres, ou écouté les autres parler, mais beaucoup d'entre eux vont simplement imiter le Maître. Ils font le perroquet comme dans l'histoire du chauffeur d'Einstein, Harry. À cause de sa longue association avec Einstein, le chauffeur était capable de parler avec facilité. Mais Harry ne peut jamais être Einstein.

EINSTEIN EST EINSTEIN, PAS LE CHAUFFEUR.

De même, après avoir lu la littérature spirituelle, les paroles des Maîtres, etc, vous pouvez être capable de parler de ce que vous avez lu et retenu de ces sources extérieures. Mais quand les gens commenceront à lancer des questions, vous n'en aurez aucune idée.

C'est ce qui arrive quand vous lisez des livres et rendez visite à des Maîtres, en omettant toute investigation du Soi et Connaissance du Soi. Vous pouvez avoir collecté de la connaissance, des couches de connaissance dont vous pouvez parler. Mais tout ceci est connaissance matérielle, non pas la Vérité Ultime.

Q: Je sais que compter les années n'a aucun sens, mais néanmoins, les gens deviennent plus anxieux en vieillissant. Et quelques-uns, dont moi, tentent toujours de saisir la Vérité avec le mental et l'intellect.

Maharaj: Quoi que vous ayez lu et entendu par le passé, toute cette connaissance que vous avez collectée, vous devez la lâcher ! Mais les gens ne veulent pas faire ça.

LES GENS NE VEULENT PAS ABANDONNER LEUR CONNAISSANCE CORPORELLE, OU CE QU'ILS VOIENT COMME LEUR INVESTISSEMENT SPIRITUEL.

"Oh ! J'ai passé trente ans à faire ceci ! Mes quarante ans de spiritualité." Aussi ils n'acceptent pas facilement la Vérité Ultime. Ils veulent rester comme ils sont, mais en même temps, ils veulent connaître la Réalité.

VOUS VOULEZ RESTER DANS LE MONDE ILLUSOIRE, MAIS EN MÊME TEMPS, VOUS VOULEZ CONNAÎTRE LA RÉALITÉ.

Q2: J'ai été un étudiant des enseignements de Nisargadatta Maharaj durant plus de vingt ans. Parfois, je me sens comme un individu qui tourne en rond. Oui, l'enseignement est édifiant, mais je sens que je manque de direction, et il s'ensuit peu ou pas de mouvement. Je sens que je peux avoir été "dérouté" par les enseignements en utilisant la spiritualité comme une autre sorte d'identité. Je peux voir cela maintenant. Le Maître est toujours là-bas, séparé, donc il y a quelque dualité.

Maharaj: Vous avez lu les livres du Maître, mais vous ignorez votre Maître Intérieur. Posez-vous la question : Quelle que soit la connaissance spirituelle que vous possédiez aujourd'hui, vous aidera-t-elle lors du dernier souffle ? Vous voyez, cette soi-disant connaissance spirituelle est la plus grande des illusions.

La compréhension intellectuelle ne vous aidera pas. Jouer avec les mots du Maître nourrit l'ego subtil. L'identification avec le nom d'un Maître nourrit aussi l'ego. Vous n'êtes pas séparé du Maître.

CETTE ESSENCE DE MAÎTRE EST UNE. CETTE MÊME ESSENCE QUI EST EN NISARGADATTA MAHARAJ, EST AUSSI EN VOUS.

Vous vous identifiez et vous vous attachez au nom, peut-être même à la forme du Maître. Le Maître n'est pas le nom. Le Maître n'est pas la forme, qu'il soit Nisargadatta Maharaj, Ranjit Maharaj, Siddharameshwar Maharaj, Ramana Maharshi, Swami Vivekananda, Shankara.

OÙ ÉTAIENT CES MAÎTRES AVANT D'ÊTRE ?

Vous vous dites : "Que veut-il dire par ceci ? Que veut-il dire par cela ?" Les mots du Maître sont des indicateurs, ne soyez pas empêtré avec eux. Ayez foi en ce que dit le Maître, et acceptez son message. Laissez le mental derrière, stoppez l'analyse et la dissection des mots. Restez avec la signification de ce que les Maîtres disent, et essayent de vous transmettre. Arrêtez de vous accrocher aux mots.

C'EST VOTRE HISTOIRE, VOTRE RÉALITÉ.
ACCEPTEZ LA RÉALITÉ.

Cette Réalité est infiniment plus importante que de rester éternellement un étudiant de la spiritualité.

VOUS AVEZ LU DES LIVRES CONTINUELLEMENT,
MAIS VOUS N'AVEZ PAS LU LE LECTEUR.

Les livres vous ont mené ici. Mais quoi que vous ayez lu n'est pas suffisant. Il vous faut découvrir le principe derrière vos études. Que cherchez-vous ? Quel concept vous donne le plus de problème ? La mort et la peur de la mort ? Vous étudiez ce que dit ce Maître ou ce que ce Maître disait, et tout le temps vous ignorez l'étudiant.

N'IGNOREZ PAS L'ÉTUDIANT !

Au lieu de vous concentrer sur l'étude, découvrez qui étudie, investiguez. Restez avec vous, le Lecteur Invisible.

Après avoir lu les livres et écouté la Connaissance du Maître, il vous faut lire votre propre livre, votre propre histoire.

LISEZ VOTRE PROPRE LIVRE,
DÉCOUVREZ LE SOI. REGARDEZ-VOUS !

Mon Maître disait : "Le Réel vous est totalement inconnu, donc vivez de cette manière, et ce ne sera pas un problème pour vous". Faites connaissance avec Soi Sans Soi. Faites l'investigation du Soi, pratiquez la méditation, récitez le Mantra, chantez les *bhajans*. Écoutez les enseignements de votre Maître Intérieur. Vous êtes un Maître.

Q: Je suppose qu'à vrai dire, nous sommes trop peureux et peut-être ne voulons nous pas faire effectivement le saut, et devenir Cela. Il n'y a pas de devenir, n'est-ce pas ? Et nous sentons qu'il n'y a pas de retour en arrière aussi.

Peut-être que nous aimons tout simplement recueillir de plus en plus de connaissance, en caressant l'ego. Cela apporte confort à ce faux ego. Ou peut-être nous ne souhaitons pas réellement aller assez profondément dans les enseignements, et regarder la signification qu'il y a derrière ?

Maharaj: Je vous l'ai dit ! Ce n'est pas difficile ! Une fois que vous connaissez la Réalité, cela arrivera comme dans l'histoire de la corde et du serpent. Quand vous savez que c'est une corde, instantanément, vous dites : "Oh! Je sais ! Pourquoi aurais-je peur de cette corde. C'est mon illusion". Tout change à chaque instant. C'est pareil avec le mendiant. Lorsqu'il a découvert qu'il était millionnaire, il n'est pas allé à mendier le jour suivant.

Q: Cependant, nous continuons encore à mendier le jour suivant, parce que si nous ne le faisons pas, ces quarante années de recherche sembleront avoir été gaspillées, insensées, vaines, je suppose ?
Maharaj: Vous comptez les années parce que vous avez oublié le Chercheur. Qui compte les années ?
Q: Bon, oui, je sais que tout est illusion. C'est juste que je suis conscient que le corps est comme un fusible, comme un bâton d'encens et je sens un sentiment d'urgence.
Maharaj:
VOTRE MAÎTRE INTÉRIEUR EST TOUT-PUISSANT.
Demeurez avec cette Vérité ! Vous comptez les années, vous rappelant, sans difficulté, avec émotion tous les noms et les endroits visités par le corps illusoire. Mais combien il est facile, il est aisé pour vous d'oublier votre Maître Tout-Puissant.
VOUS OUBLIEZ VOTRE MAÎTRE TOUT-PUISSANT EN VOUS.
Siddharameshwar Maharaj dit : "Si les gens sont aveugles, ils ne connaîtront pas la Réalité, ils ne sauront pas qu'ils sont Dieu. Ils sont aveugles. Dieu est en vous. Dieu fait tout à travers vous". L'ego subtil : "Je fais ceci et cela", doit être fondu totalement.
**COMME JE VOUS L'AI DIT DE NOMBREUSES FOIS, VOUS NE FAITES RIEN.
VOUS NE POUVEZ RIEN FAIRE.
IL N'Y A PAS D'ACTEUR.**
Q: Donc, en tant que Maître, et Professeur, vous n'êtes pas vraiment intéressé par les histoires des gens, par exemple, mon long et ardu voyage spirituel ?
Maharaj: Ils savent quand ils viennent ici, qu'après avoir quitté le chemin de l'ignorance, le corps illusoire, il n'y a pas de différence entre le Maître et le disciple. Le Maître est déjà en vous. Vous êtes un lion, vous êtes un Maître. Vous avez eu une longue association avec le corps et pour cette raison, il n'est pas si facile d'accepter la Réalité.
Q: Une pratique continue vingt-quatre heures sur vingt-quatre, c'est plutôt une surprise !
Maharaj: Vous passez vingt-quatre heures par jour à 'penser', mais alors, ça c'est normal pour vous ! [Rires]
Q: D'accord, alors, pratique non-stop ! Les gens qui viennent ici sont surpris, au début, de l'intensité. Ce n'est pas un jeu ou quelque chose à temps partiel. Aussi, leur perception est que la méditation est tout à fait séparée de leur vie, par exemple, "Je méditerai cinq ou dix minutes, une heure, deux heures", tandis que le reste de leur vie est complètement différent.
Maharaj: La Connaissance est simple. C'est très simple, mais vous devez être guidé par un Maître Réalisé qui vous martèle, qui vous indique d'inviter

l'attention de l'Invisible Auditeur en vous: "Vous êtes la Vérité Ultime, vous êtes la Vérité Finale". Martelez ! Martelez ! Après le martèlement du Maître de cette grosse pierre, une sculpture se révélera. Une figure de la Déité sera exposée.

Q: Marteler et marteler. Marteler et ciseler ! J'ai besoin de beaucoup de martèlement !

Maharaj: La Déité repose à l'intérieur de cette grosse pierre. Le Maître doit retirer les parties indésirables. Vous pouvez ne pas apprécier cela, mais vous devez le tolérer. Si vous voulez découvrir Dieu, vous devez supporter le martèlement. Vous devez être brave et tolérer le Maître, tandis qu'il retire les parties indésirables de la pierre.

Vous traitez avec les processus de votre vie, aussi, vous êtes certain de rencontrer des difficultés, et des résistances. Ne donnez pas trop d'importance à ces difficultés ou problèmes.

Q: Vos enseignements, Maharaj, sont extrêmement radicaux et profonds. Ils coupent à travers tout, très directs, absolus, cependant, en même temps, ils sont très terre-à-terre, très simples. Un Enseignement Élevé Direct. Cette Connaissance est fraîche et n'a jamais été entendue auparavant de cette manière. C'est révolutionnaire.

Maharaj: C'est par la grâce de mon Maître, Nisargadatta Maharaj.

165. Un bonheur exceptionnel

Q : Maharaj, pouvez-vous nous en dire plus sur la Réalité, l'État Sans État, La Réalité Ultime ? Hier, vous disiez que c'est très intéressant.

Maharaj: C'est unique pour chacun. Chacun a un parcours différent, donc cette Réalité, cette Vérité Ultime se déploie d'une façon unique pour chacun de vous. Voici un exemple : Quand vous connaissez l'adresse, vous pouvez atteindre la destination. Quand vous arrivez, cela vous procure un grand bonheur. Quand vous CONNAISSEZ la destination, quand vous êtes allé directement à la destination, il y a un bonheur, un bonheur qui ne peut pas être exprimé.

Après toute cette implication, dévotion, pratique, étude, Connaissance, quand vous réalisez soudainement : "Oh ! Ce que je cherchais ! Alors c'est ce Je !", vous oubliez la connaissance corporelle, instantanément. Au moment de la Conviction, bien que vous supportiez le corps, la Réalisation que "Je suis la Vérité Finale, je suis le Terminus Final", avec le bonheur qu'elle apporte, ne peut être décrite par aucun mot. Ce bonheur dont je parle est un Bonheur Exceptionnel, indescriptible.

Swami Ramdas disait : "Si une personne muette mange une friandise comme le jaggery, elle ne sera pas capable de décrire le goût que cela a." De même, après la Conviction, vous ne serez pas capable de l'expliquer. Vous ne pouvez pas décrire le Bonheur, ou dire le plaisir que vous ressentez. Vous êtes sans voix. Cela ne peut pas être expliqué car la paix, la satisfaction, ces qualités, sont au-delà de toute explication.
C'EST LE LIEU OÙ TOUS LES MOTS FINISSENT.
C'est le lieu. Ne prenez pas les mots littéralement. Il n'y a pas 'de lieu où tous les mots finissent'. Il n'y a pas 'de lieu' du tout.

Il n'y a pas de témoin, pas d'expérience, pas d'expérimentateur. Il y aura un Bonheur Intérieur, une Paix Intérieure exceptionnelle. Vous resterez totalement non concerné par le corps, et par tous les mots connectés au corps.
LE MONDE ENTIER EST CONNECTÉ AU CORPS.
LE MONDE ENTIER EST CONNECTÉ AU CORPS.
ET QUELLE QUE SOIT LA CONNAISSANCE DISPONIBLE,
EST SOUS FORME DE MOTS.
CES MOTS SONT EUX-MÊMES
TOUS CONNECTÉS AU CORPS.

Si le corps est là, la connaissance est là. Si le corps n'est pas là, à quoi servent la connaissance et tous ces mots ? La connaissance nous donne des indications, elle n'est pas l'Ultime. En conséquence, tout existe pour le corps. Au moment où le corps se dissout, tout se dissout.

Toutes les questions sont des questions relatives au corps. Quand vous n'étiez pas le corps, il n'y avait pas de question, parce qu'il n'y avait pas de présence physique. Vous êtes la Présence Spontanée, il n'y a pas d'individualité. Présence Spontanée, pas d'individualité, pas de 'Je', pas de 'Tu'. Quand nous rencontrons le corps, nous disons 'Je', 'Je suis', 'Je suis *Atman*', '*Brahman*'. Personne ne sait ce qu'est *Atman* ou *Brahman*. Ces noms comme 'Ultime', 'Vérité Ultime', 'Vérité Finale', 'Soi Sans Soi', sont des indications de l'Identité Invisible, de l'Identité Non Identifiée de l'Auditeur.
AU-DELÀ DE CELA,
IL N'Y A RIEN D'AUTRE.
IL N'Y A RIEN AU-DELÀ.

Donc, soyez fort, et ne commencez pas à accumuler de la connaissance à nouveau. Pour quoi faire ? Pour en faire quel usage ? Pour qui accumulons-nous ? Pour qui collectons-nous tant d'argent ? Pour la satisfaction de qui, pour la paix de qui ?
LA RÉALITÉ EST INVISIBLE, INCONNUE,
DONC VOUS COLLECTEZ DE L'ARGENT
POUR L'ENFANT NON NÉ.
VOUS DEVEZ ÊTRE CONVAINCU DE CECI.
ALORS IL N'Y AURA PAS DE TENTATIONS OU D'ATTIRANCES,

**JUSTE UNE PAIX EXCEPTIONNELLE,
SANS AUCUNE CAUSE MATÉRIELLE.**

La nature, la qualité de cette paix ne peut être expliquée, tout comme cette personne muette mangeant une friandise. Même si quelqu'un disait : "C'est sucré", que veut dire 'sucré' ? Vous devez goûter par vous-même. Ce que vous devez faire est de goûter. Vous ne pouvez pas dépendre des mots.

**VOUS DEVEZ MAINTENIR
CETTE CONVICTION INTÉRIEURE DU SOI,
ET NE PAS VOUS LAISSER DISTRAIRE PAR LES MOTS À NOUVEAU.**

Ne vous fiez pas aux mots. Tous ces livres spirituels, et toute cette connaissance sont connectés à la connaissance corporelle : "*Brahman*, *Atman*, *Paramatman*, Dieu, les quatre corps, le salut, les graines, la naissance, la renaissance, le *prarabdha*". Tant de mots sont là-dehors, tous connectés à la connaissance corporelle.

VOUS ÊTES AU-DELÀ DE TOUT ÇA.

Ces mots sont autour de votre Présence Spontanée. Le monde entier, l'univers entier est autour de votre Présence Spontanée.

**NE TOMBEZ PAS DANS LA CONNAISSANCE CORPORELLE.
VOUS SAVEZ QUE TOUT EST EN VOUS.
IL N'Y A RIEN À L'EXTÉRIEUR.
IL N'Y A RIEN DE PLUS À TROUVER.**

Faites votre pratique, remplissez vos obligations. Faites-le ! [Il donne une tape sur sa jambe.] Mais sans aucun ego. Partagez cette Connaissance avec ceux qui sont intéressés. Mais si vous le faites, faites-le sans une once d'ego, aucune sorte d'ego, car vous n'êtes pas le corps. Soyeux courageux ! Franchissez les limites ! La science spirituelle est limitée. Elle a créé un cercle, et dans ce cercle, vous tentiez de vous comprendre.

**MAINTENANT QUE VOUS ÊTES SORTI DU CERCLE,
VOUS RÉALISEZ QUE VOTRE IDENTITÉ
EST AU-DELÀ DE TOUT CELA, AU-DELÀ DE TOUT.**

Si vous avez la Conviction, il n'y aura pas de luttes, discussions ou argumentations. C'est un fait. Je me sens navré pour les gens qui viennent de si loin écouter la Connaissance, et qui en partant, sont encore tentés d'aller ici ou là.

Allez visiter un autre enseignant, ou un autre site sacré, si vous le souhaitez. Pas de problème ! Mais, qu'allez-vous obtenir en allant ailleurs ? Qu'allez-vous accomplir ? Rencontrer Maharaj puis rencontrer quelqu'un d'autre, faisant quelque rituel ou autre. Ça va ! Ça va d'aller ailleurs, aussi longtemps que vous n'avez aucune attente d'en obtenir quelque chose.

Récemment, quelqu'un est arrivé de Tiruvannamalai, où il avait tourné non-stop autour d'Arunachala. Il avait causé le chaos dans son corps en le torturant, en demeurant dans des grottes durant de longues périodes.
ÉTIEZ-VOUS DANS UNE GROTTE AVANT D'ÊTRE ?
DEMEURIEZ-VOUS DANS UNE GROTTE AVANT D'ÊTRE ?
Cette idée a évolué à partir de l'imagination. C'est venu directement de l'imagination. Un concept s'est développé, puis les gens se mettent à marcher en rond. Une mode fut créée et ensuite les gens ont pris la suite, sans se poser la moindre question sur le but.

Ce que je dis, est qu'il est très, très rare, pour quelqu'un de même penser à la spiritualité. Un sur cent milles pense peut-être à la spiritualité. C'est très, très rare. Et parmi ceux-là, bien qu'ils aient pu pratiquer la spiritualité pendant vingt, trente, quarante ans, ils sont encore avec leurs peurs, principalement la peur de la mort.

Q: Pourquoi leur spiritualité ne fonctionne t-elle pas ?
Maharaj: Parce que leur base est celle du corps, et que leur spiritualité nourrit l'ego subtil : "J'ai fait ce rituel, Je fais cette pratique". Aussi, ils persistent à jouer et à combattre avec les mots.
Q: Comme couper les cheveux en quatre ?

166. La Réalité n'a rien à voir avec les mots

Maharaj: Pourquoi toutes ces luttes et combats pour comprendre les mots et leur signification, toutes ces analyses intellectuelles, toutes ces comparaisons, et toutes ces conclusions ? La Réalité n'a rien à voir avec les mots, et rien à voir avec l'intellect. Elle est au-delà de toute la connaissance corporelle.
VOUS NE POUVEZ PAS DIRE COMMENT
VOUS ÉTIEZ AVANT D'ÊTRE.
IL N'Y AVAIT PAS DE MOTS, PAS DE CONNAISSANCE, RIEN.
LES MOTS NE PEUVENT DÉCRIRE 'RIEN'.
La connaissance spirituelle est bonne pour la forme corporelle, aussi longtemps que la forme corporelle existe. Quand la forme corporelle disparaît, qui sait ce qui arrivera ? Après la Conviction, cette Connaissance vient de façon rapide et aiguisée, très rapidement, avec un tranchant. Quand cela se produit, il n'y a plus aucun besoin de bonheur ou de paix.
LE BONHEUR ET LA PAIX SONT POUR LE CORPS,
CAR L'EXISTENCE DANS LA FORME CORPORELLE
EST INTOLÉRABLE.

Au moment où vous êtes convaincu que la forme corporelle n'est pas votre Vérité Ultime, alors quelle que soit la chose 'négative' qui puisse arriver au corps, est vue avec de la distance, comme quelque chose qui est arrivée à l'enfant de votre voisin, et non pas à vous. Vous le ressentirez, parce que ce corps est un corps matériel. En même temps, vous ne serez pas impliqué car cela concerne le fils de votre voisin, et non pas vous.

LE DÉTACHEMENT EST UN DES SIGNES DE LA RÉALISATION.

Q: Avant ce stade, il y a un fort sens de propriété, que les gens possèdent leur corps, lequel est très important ?

Maharaj: Oh oui ! Mais ce n'est pas votre propriété, vous n'êtes pas le propriétaire. Ce sont les cinq éléments. Vous restez sur une base de location. À fournir de la force aussi longtemps que le corps est là : à fournir de l'eau, à fournir de la la nourriture. Pour quelques années vous avez un permis, le permis est prolongé, Défense d'entrer ! Aussitôt que vous arrêtez de fournir nourriture et eau ?

Q: Alors vous êtes jeté hors de votre maison !

Maharaj: C'est une cage, pas une maison. Vous restez dans une cage, comme un perroquet. Ce peut-être une cage en or, une cage en argent, en bronze, selon les circonstances qui sont là. Les riches ont une cage en or et les pauvres ont une cage en fer.

Q: Ce n'est toujours qu'une cage.

Maharaj: Un sage demeure dans cette cage. C'est une "cage du sage". Au moment où vous avez la Conviction, vous briserez cette cage. Je vous donne du courage :

VOUS DEVEZ PARTIR !
OUVREZ LA CAGE !
OUVREZ-LA LARGEMENT !
VOUS ÊTES UN OISEAU LIBRE !

Ce sont les moyens de la Conviction, en utilisant des histoires, différents mots, des métaphores et analogies. Mais écoutez-moi ! La science spirituelle toute entière ne fait que parler de l'enfant qui n'est pas né.

AU STADE INITIAL, LES GENS ÉCOUTENT.
MAIS ENSUITE, ILS NE SONT PLUS SI NOMBREUX QUI CONTINUENT DE PLUS EN PLUS PROFONDÉMENT DANS LA RÉALITÉ.
ILS PRÉFÈRENT DE LOIN DISSÉQUER LES ENSEIGNEMENTS, ET CONTESTER LES MOTS QUI ONT ÉTÉ UTILISÉS POUR LES EXPRIMER.

Quand on arrive au point critique, généralement les gens n'ont plus tellement envie de se tourner vers l'intérieur et d'être tranquille. Ils sont plus à l'aise avec les vieilles habitudes de la connaissance corporelle. Ils trouvent

ça plus facile de discuter et débattre de la signification de la Réalité. C'est futile !
LA RÉALITÉ N'EST PAS LÀ POUR LA DISCUSSION OU LE DÉBAT.
C'est pourquoi je pose à chacun la même question : "Quelle est votre conclusion après avoir lu tous les livres spirituels" ? Si vous êtes sans peur, alors c'est bon, vous serez, je l'espère, sans peur quand le moment sera venu de quitter le corps. Mais soyez en sûr ! Si la peur erre encore autour de vous, alors toutes vos poursuites littéraires ont été une perte de temps.
TREMBLER FACE À LA PEUR N'EST PAS LA CONNAISSANCE.
LA CONNAISSANCE DOIT VOUS ÊTRE UTILE
SUR VOTRE LIT DE MORT.
La spiritualité vous rend sans peur, avec pour résultat une Paix et un Bonheur Spontanés. Par exemple, si vous n'avez pas d'argent en poche, vous n'avez pas de raison de craindre le voleur. Laissez venir le voleur ! Votre poche est vide ! Maintenant que vous avez la Conviction, cela vous aidera le moment venu. Il n'y aura pas de peur, rien, juste la paix. Un jour ou l'autre, vous devrez quitter cette maison.
CHAQUE JOUR, VOUS DEVEZ VOUS DIRE :
"CETTE MAISON N'EST PAS LA MIENNE".
OUBLIEZ-LA !
Vous avez une opportunité d'utiliser ce corps pour connaître votre Soi Sans Soi et comment vous étiez avant d'être. Chaque moment de votre vie est très, très important. Chaque moment dans votre vie est très, très important. Autrement il y aura un autre rêve, un autre rêve, un autre rêve.
VOUS DEVEZ SORTIR DE CE CERCLE VICIEUX.
VOUS POUVEZ LE FAIRE AVEC VOTRE PROPRE POUVOIR.
BRISEZ LE CERCLE VICIEUX
AVEC VOTRE PROPRE POUVOIR.
VOUS POUVEZ LE BRISER !
CAR VOUS ÊTES LA REALITE ULTIME.
Ne signez rien aveuglément à nouveau ! Vous êtes non né. Soyez prudent ! N'ignorez pas la Réalité à cause de pressions provenant de forces extérieures, de forces invisibles. N'ignorez pas la Réalité à cause de forces spirituelles, de forces physiques, de forces mentales, de forces logiques, de forces intellectuelles.
N'IGNOREZ PAS LA RÉALITÉ.
Chacun essaye d'imprimer ses propres idées au nom des Maîtres. Généralement, on s'attend à ce que vous acquiesciez en disant : "Correct, correct". Pas vous ! Pas vous, c'est fini !
MAINTENANT VOUS POUVEZ DÉCIDER,
CE QUI EST CORRECT OU INCORRECT,

**AUTHENTIQUE OU INAUTHENTIQUE,
EN UTILISANT LE MIROIR DE LA CONNAISSANCE.
À LA LUMIÈRE DE CE MIROIR DE LA CONNAISSANCE,
VOUS POUVEZ DISCRIMINER ET DÉCIDER.**

Vous avez la Conviction ! Il se peut que vous ayez besoin d'utiliser des mots, rappelez-vous juste que ces mots ne sont pas la Vérité Ultime.
**NE DEVENEZ PAS UNE VICTIME DES MOTS À NOUVEAU.
NE TOMBEZ PAS ENCORE DANS CE PIÈGE.
CELA ARRIVE. JE L'AI VU ARRIVER.**

Q: Je ne suis plus séduit par aucun livre ou aucun Maître, Maharaj. Vous ne devez pas vous inquiéter à ce sujet. Je comprends les limitations de la connaissance corporelle. Et pourquoi devrais-je chercher la connaissance corporelle, quand la Connaissance du Soi se développe comme jamais auparavant ?

Maharaj: Très bien ! Nous avons créé les mots et leur avons donné des significations. Nous utilisons des mots tout le temps. Prenez les mots 'Dieu' et 'singe'. Nous disons 'Dieu' est une déité alors que 'singe' est un animal. Si nous disons que "Singe signifie Déité", qu'arrive-t-il ? Rien ! Ce sont simplement les mots qui ont changé, pas leur essence ou leur substance. Oubliez les mots. Soyez avec la Réalité ! Passez un bon moment, savourez votre spiritualité.
SOYEZ TRANQUILLE ET HEUREUX !

167. Soyez en Soi Sans Soi

Maharaj: Continuez à vous marteler pour dissoudre tous les concepts illusoires qui errent toujours autour de vous. Débarrassez-vous de tous les vestiges restants. Avancez vers Soi Sans Soi, et soyez en Soi Sans Soi. Continuez à abandonner les concepts illusoires, continuez à abandonner le "soi" du Soi Sans Soi. Comme je continue à dire,
**LA REALITE ULTIME N'ÉMERGERA PAS,
TANT QUE TOUTE LA CONNAISSANCE CORPORELLE
N'AURA PAS ÉTÉ DISSOUTE.**

Continuez les disciplines, la méditation, la récitation du Mantra. Chanter les chants dévotionnels élèvera l'Esprit, et vous aidera à oublier le corps.

Maintenant vous êtes à un stade où le feu brûle avec éclat. Vous faites preuve d'un grand sérieux. Vous êtes plus déterminé que jamais à découvrir la Réalité et à retourner à la Source. Les doutes ne sont plus, et vous vous êtes abandonné. Avec pleine Conviction, confiance dans le Maître et en vous-même, rien ne peut vous arrêter maintenant !

Q: C'est vrai, Maharaj. Je suis déterminé. JE DOIS SAVOIR. Je dois aller de plus en plus profondément. De plus en plus est en train d'être révélé. Je suis dans une poursuite effrénée, pour ainsi dire.

Maharaj: Vous avez suivi le processus : du Dévot, à la Dévotion et à la Déité. La statue de la Déité en vous a juste besoin d'être découverte de plus en plus. Cela se produira alors que l'Absorption de la Connaissance prend place lentement, silencieusement et de façon permanente. Cela se produira quand toute trace de soi se sera évanouie, et qu'il ne restera plus que le Soi Sans Soi.

Ne laissez pas l'illusion revenir ! Continuez la pratique. Vous êtes comme un alpiniste approchant du pic de la montagne. Vous y êtes presque. Ne regardez pas en arrière! Si vous le faites, vous perdrez votre concentration. Ne pensez pas au sujet de ce qui se produit. Ne stressez pas le cerveau !

Ayez confiance dans le développement régulier de la plante nectar. Ne faites pas d'effort ! La Conviction est là, allant plus profondément, en train d'être absorbée et établie. Puis il y aura la Conviction Spontanée, l'Illumination, la Réalisation – appelez ça comme vous voulez, vous savez que les noms ne sont pas importants. Quand le moment sera venu, vous SAUREZ, "Je Suis Cela !".

Q: Maharaj, avant, il y avait un sentiment d'être séparé de vous, mais c'est fini maintenant. Vous nous avez dit de nombreuses fois que "l'Orateur Invisible en vous, et l'Auditeur Invisible en moi sont Un seul et même". JE SAIS cela maintenant, je le sais réellement. C'est comme si une fusion avait eu lieu. Maintenant c'est comme si nous étions Un, vous êtes en moi et je suis en vous.

Maharaj: C'est un bon signe, un très bon signe. Le processus de fusion est en marche vers l'Unité. L'Unité était toujours là, mais elle était cachée, recouverte par les cendres de concepts illusoires.

Q: L'autre jour, Maharaj, votre Présence était fortement ressentie durant la méditation. Votre énergie, votre puissance était si forte.

Maharaj: VOTRE énergie, VOTRE puissance! Rappelez-vous c'est votre énergie, c'est votre puissance ! Cela provient de vous. Parce que vous êtes proche du Maître, il y a ce ressenti de force et de puissance. Cela se produit ! C'est l'essence du Maître en vous. Cela vient de votre Maître Intérieur. Avec l'aide du Maître extérieur, vous avez été guidé pour vous rapprocher de plus en plus de votre Maître Intérieur. Vous découvrirez que votre Maître intérieur est votre meilleur ami, toujours loyal.

Q: Vous utilisez l'analogie entre le Maître et le sculpteur, martelant. Je ressens que c'est ce qui est en train de m'arriver. Vous avez réussi à débarrassez toutes les parties indésirables qui recouvrent la Déité. Je ne dis pas que toutes les illusions s'en sont allées, loin de là. Vous avez martelé et encore martelé,

enlevé des morceaux, ciselé, allant de plus en plus profondément, jusqu'à ce que la couverture indésirable ait disparue. Remarquable ! Je ressens de la surprise et de l'excitation! Je suis convaincu à plus de cent pour cent, et j'ai une confiance inébranlable que la Déité va être Spontanément révélée dans toute sa splendeur.
Maharaj: Je suis très heureux car vous avez une forte dévotion. Cette sorte de spiritualité exceptionnelle est rare. C'est par la grâce de mon Maître, Nisargadatta Maharaj. Vous voyez, je ne fais rien. Je ne vous dis rien de nouveau. Je ne fais que vous montrer, et réveiller Cela qui est DÉJÀ EN VOUS. C'est votre Connaissance, votre Pouvoir, votre Réalité, votre Vérité.
Q: Aussi, Maharaj, quand vous disiez : "Vous êtes couvert de cendres, en dessous le feu brûle", c'était approprié. Les pensées tourbillonnaient aux alentours, une sorte d'agitation, avec des souvenirs aléatoires faisant surface. Mais maintenant, tout ça est parti. Il y a très peu de pensées.

Le ressenti global, si on peut dire, est celui de la vacuité, couplé avec une paix et un contentement immense. Les cendres ont été soufflées, et ce feu sous-jacent s'est embrasé de bonheur. 'Bonheur' ne peut pas réellement le décrire. C'est au-delà du bonheur, au-delà des mots. Je vous suis tellement reconnaissant, Maharaj.

Intuitivement, j'ai juste cet élan, la plupart du temps, de me prosterner devant vous avec le plus grand respect et gratitude.
Maharaj: Prosternez-vous devant VOUS ! Quand vous vous prosternez devant le Maître, vous ne vous prosternez pas devant lui, vous vous prosternez devant Soi Sans Soi ! Alors prosternez-vous devant vous ! Prosternez-vous devant vous ! Allez de plus en plus proche de Soi Sans Soi.
SOYEZ AVEC SOI SANS SOI.
J'EXHORTE VOTRE MAÎTRE INTÉRIEUR.
Parlez à votre Maître Intérieur. Posez des questions et vous aurez des réponses. Demandez des réponses ! Votre Maître Intérieur répondra, et vous donnera des instructions. Votre essence Magistrale vous guidera. Embrassez le Soi Sans Soi. Votre Maître Intérieur s'est réveillé.
VOUS ÊTES LA VÉRITÉ ULTIME.
VOUS ÊTES LA RÉALITÉ ULTIME.
VOUS ÊTES LA RÉALITÉ FINALE.
Il n'y a rien de plus à dire. Nous sommes au-delà des mots. Ils sont maintenant redondants. Je vous ai dit que la Connaissance est illusion. Nous avons utilisé cette épine illusoire pour retirer la première épine illusoire. Maintenant que cette Connaissance a servi son but, nous n'en avons plus du tout besoin. Elle a facilité la suppression de l'illusion, de l'ignorance. Maintenant l'illusion de la Connaissance doit aussi être dissoute.
LA CONNAISSANCE TOTALE EST ABSORBÉE DANS L'UNITÉ.
LA CONNAISSANCE TOTALE EST ABSORBÉE DANS L'UNITÉ.

Le processus de l'illusion à la Réalité, pour ainsi dire, est terminé. Mais ne prenez pas les m.o.t.s. Littéralement : il n'y a pas de commencement, pas de fin, pas de processus, pas d'illusion.
SOYEZ EN SOI SANS SOI.
Soyez calme et tranquille ! Soyez heureux ! Savourez la paix exceptionnelle, le silence exceptionnel. Soyez enivré par le nectar du Soi Sans Soi.

Q: J'ai entendu ce que vous avez dit concernant la prosternation, mais je ressens encore le besoin de me prosterner devant vous, Maharaj, parce que j'ai un profond sentiment de gratitude qui jaillit à l'intérieur tout le temps.

Maharaj: C'est bon. Continuez avec la dévotion. Il est très important de maintenir la continuité de la dévotion. Elle nous garde humble.
LA CONNAISSANCE SANS DÉVOTION
EST STÉRILE ET CREUSE,
ELLE EST DÉNUÉE DE SENS.
Le Maître a montré au disciple qu'il est la Réalité Ultime, la Vérité Finale, donc, il est naturel que cette sorte de Gratitude Spontanée s'exprime.
EXCEPTÉ VOTRE SOI SANS SOI,
IL N'Y A PAS DE DIEU,
PAS DE *BRAHMAN*, PAS D'*ATMAN*, PAS DE *PARAMATMAN*,
PAS DE MAÎTRE.
Cette phrase contient l'essentiel des enseignements. Gardez-la proche de vous.
CONNAISSEZ VOUS VOUS-MÊME,
ET SOYEZ À L'INTÉRIEUR DU SOI SANS SOI.
Cela signifie SACHEZ que vous êtes Dieu Tout-Puissant, *Brahman*, *Atman*, *Paramatman*, sans le dire.
VOUS ÊTES DIEU TOUT-PUISSANT, SANS LE DIRE.
DONC SOYEZ EN SOI SANS SOI,
SOYEZ À L'INTÉRIEUR DU SOI SANS SOI.

168. *Soyez un Maître de la Réalité*

Maharaj: Soyez un Maître de la Réalité, pas juste un Maître de Philosophie ou de Spiritualité. Cette Connaissance est une Connaissance pratique, donc, devenez votre propre enseignant. Vous êtes à la fois celui qui questionne et celui qui répond. Quand toute la connaissance corporelle a été oubliée, il n'y a plus de place du tout pour aucune sorte de discrimination, ou de différenciation : pas de Maître et de disciple, pas d'Orateur et d'Auditeur.
LES MAISONS SONT DIFFÉRENTES, MAIS LE CIEL EST UN.

LES CORPS SONT DIFFÉRENTS, MAIS L'ESPRIT EST UN.

De temps en temps, il y aura des perturbations, et c'est pourquoi vous devez rester fort. Vous n'aurez pas de problèmes car votre fondation est inébranlable. Quand un léger tremblement surviendra, vous resterez ferme. Parfois des tremblements de terre se produisent, mais vous ne serez pas affecté, parce que vous avez eu une formation commando intense.

Cela vous a donné une stature imposante, à un tel point que vous accueillerez les tests en disant : "Laissez les secousses venir. Venez, venez !" C'est le résultat de la méditation et des pratiques associées. Vous êtes puissant, vous êtes Tout-Puissant.

Q: Oui, je me sens invincible, indestructible. L'autre différence remarquée, ce sont toutes ces choses, qui se produisent à l'intérieur. Merveilleux ! C'est comme un spectacle de lumière cosmique ! En ce moment, je ne ressens le besoin d'aucune compagnie.

Maharaj: Oui, des explosions se produisent, comme si quelque chose était en ébullition. Vous pouvez voir de la lumière, des ondulations. Vous pouvez traverser beaucoup d'expériences miraculeuses. Ce sont de bonnes étapes progressives. Cela signifie que la Vérité Ultime est exposée lentement, et est en train de sortir. Ce progrès vous donne un tel bonheur interne qu'il est naturel pour vous de ne pas vouloir être avec les autres.

DONC SOYEZ AVEC VOUS, ET RESTEZ EN COMPAGNIE DU SOI SANS SOI. PARLEZ AU SOI SANS SOI.

Discutez tout avec Soi Sans Soi. Cultivez cette amitié, cette dévotion. Rappelez-vous que votre Maître Intérieur est votre meilleur ami. Allez profondément, profondément, profondément. Laissez-le toucher votre cœur ! Toutes ces pratiques existent juste pour établir la Vérité Ultime, laquelle est déjà en vous. Elles sont là pour vous apporter le Silence Ultime et le calme.

Vous êtes la Vérité Finale. Vous êtes la Vérité Ultime. Il n'y a rien excepté Soi Sans Soi. Swami Ramdas dit : "Tout ce qui est mentionné dans le *Dasbodh* est le résultat de pensées rationnelles. C'est une Connaissance du Soi rationnelle".

Q: Quand nous méditons sur le chant du *Dasbodh*, je me sens parfois très ému. Évidemment, je ne comprends pas ce qui est dit, puisque c'est en Marathi, mais plusieurs fois j'ai été ému jusqu'aux larmes.

Maharaj: Bien que vous ne connaissez pas la langue, votre Cœur Intérieur, votre Présence Intérieure la connaît, et elle est touchée.

Q: Je me sens emporté parfois. Ça a une énergie, c'est vibratoire.

Maharaj: Mon Maître m'a enseigné à lire le *Dasbodh* afin que la signification de chacun des mots soit reflétée. Je l'ai lu tôt le matin durant environ cinq ans. J'ai été très, très fortuné d'avoir eu l'association de Nisargadatta Maharaj.

Q: Et nous sommes très fortunés maintenant. Qu'en est-il de la prière, Maharaj ?

Maharaj: Chanter des chants dévotionnels, prier, les prières, tout ça est très bien. L'Esprit l'apprécie, il retire bonheur et paix de la prière. À travers ça, il y a Unité avec la Vérité Ultime car l'identité externe est oubliée.

Dans cette dévotion, il n'y a pas d'expérimentateur, pas d'expérience, pas de témoin, et par conséquent l'Esprit devient Un avec la Vérité Ultime. La *Gita* dit : "Je ne demeure pas au paradis, je ne suis pas dans le cœur des saints. Où mes dévots prient, là Je suis."

Allez profondément, et toujours plus profondément, vous trouverez un bonheur exceptionnel. Ce bonheur est au-delà de toute description.

VOUS NE POUVEZ PAS TROUVER CE BONHEUR DANS LES LIVRES. VOUS POUVEZ LE TROUVER EN VOUS CAR VOUS ÊTES LA SOURCE DU BONHEUR. VOUS ÊTES UN MAÎTRE DE LA RÉALITÉ.

Q: Des enseignements rares !

Maharaj: C'est par la grâce de mes Maîtres. Ce qu'ils ont partagé avec moi, je suis maintenant capable de le partager avec vous.

LA GROTTE DE LA CONNAISSANCE VOUS EST OUVERTE. ACCEPTEZ-LA ! PRENEZ AUTANT DE TRÉSORS QUE VOUS VOULEZ !

Q: J'ai attendu si longtemps que je vais prendre tous les joyaux avec le coffret !

Maharaj: Vous avez appris à très bien nager. Maintenant vous devez plonger dans la mer profonde et vous enfoncer plus profondément dans l'océan.

169. La Réalité sans pensée

Maharaj: Je ne pense pas. Sans penser, je parle et je réponds à vos questions, parlant spontanément. Ce même pouvoir est en vous. Au moment de la Réalisation, de la Conviction Spontanée, vous serez capable de faire la même chose. Tous les saints, Ramana Maharshi, Siddharameshwar Maharaj, Nisargadatta Maharaj, parlaient du plus profond de la Réalité.

ILS VIVAIENT LA VÉRITÉ ULTIME. ILS S'EXPRIMAIENT SANS PENSER.

Après la Réalisation, il n'y aura pas de supposition, pas d'imagination, pas de magie, rien. La Vérité Simple, la Réalité Sans Pensées.

Q: Pas de trucs astucieux ?

Maharaj: Non ! Pas d'entre-deux. C'est très simple. Nous sommes sous la pression de ce monde illusoire, du mental, de l'ego, de l'intellect, des livres, des interprétations erronées, des pensées erronées, des inférences erronées, des doutes, des nuages qui se forment, de l'obscurcissement. Et à nouveau vous vous trouvez à vous mouvoir dans ce cercle. Vous devez sortir de ce cercle. À ce stade Ultime, vous devez rester en dehors.

MAINTENANT IL NE DOIT PAS Y AVOIR DE CONNAISSANCE, PAS DE CONNAISSEUR. PAS D'EXPÉRIENCE, PAS D'EXPÉRIMENTATEUR. PAS D'AVANT D'ÊTRE, PAS D'APRÈS L'ÊTRE. "AVANT D'ÊTRE" ET "APRÈS L'ÊTRE" NE SONT QUE DES MOTS. IL N'Y A PAS D'AVANT OU D'AU-DELÀ DE L'ÊTRE. DÉBARRASSEZ-VOUS DE TOUS CES MOTS DOUX ET RAFFINES !

Q: Cela inclut-il Soi Sans Soi ? Qu'en est-il de Soi Sans Soi ?
Maharaj: Évidemment ! Ce ne sont que des mots. Votre position est supposée être claire maintenant, très claire.
Q: Malgré toute sa simplicité, la Réalisation est encore un événement rare !
Maharaj: Peut-être qu'une personne sur cent milles [*Lakh*] pense à la spiritualité et une sur dix millions [*Krore*] est un dévot, au sens réel du mot.
Q: Il doit y avoir des milliers d'obstacles illusoires sur le chemin de l'éveil.
Maharaj: Il y a seulement un obstacle, une illusion, et c'est de vous considérer comme un individu. Il n'y a pas du tout d'illusion, pas du tout d'obstacle. Si vous en faites un obstacle, ça restera un obstacle. Écoutez à nouveau :

IL Y A SEULEMENT UN OBSTACLE, UNE ILLUSION, CELLE DE VOUS CONSIDÉRER COMME UN INDIVIDU.

Q: Nous faisons de nous même des victimes. Comme vous le disiez : "Vous dérangez la paix". Je suis victime de mes propres pensées.
Maharaj: Nous créons les toiles dans lesquelles nous nous emprisonnons. Il n'y a pas d'obstacle pour l'enfant non né. Il n'y a pas d'obstacle. Parfois l'humeur change, une petite lutte peut se présenter à vous. Mais vous serez vigilant. Vous saurez que cela se produit, et vous le reconnaîtrez simplement comme une couche d'expérience.

CAR VOUS SAVEZ QUE VOUS ÊTES TOTALEMENT DIFFÉRENT DE TOUT CECI.

Q: Ainsi la formation commando nous a rendu super vigilant, afin que nous ne soyons pas pris au dépourvu ?
Maharaj: Les nuages vont et viennent. Parfois il y a du soleil, parfois des nuages, mais c'est toujours un moment qui passe, temporaire, impermanent. Dépression, tristesse, morosité, bonheur, paix, nuages, etc. À travers tout ça, vous êtes stable. Vous êtes stable dans, et à travers tout.

C'est comme si vous étiez dans un train. Le train avance. Les arbres bougent mais vous êtes là, immobile. Parfois quand vous voyagez, vous voyez des choses plaisantes, des choses déplaisantes. Quoi que vous voyiez n'a pas d'effet sur vous. Vous êtes stable.

**LE TRAIN BOUGE. VOUS NE BOUGEZ PAS.
VOUS ÊTES STABLE.**

Aussi ne soyez pas découragé ! C'est simple, appliquez la Connaissance à votre vie de tous les jours. C'est une Connaissance pratique. Vous êtes stable, même quand les flots de pensées arrivent, que les pensées soient 'bonnes' ou 'mauvaises'. Les pensées dépressives, les pensées tristes, les pensées heureuses, ce sont toutes des pensées, illusion ! À tout moment, à cause de votre formation, vous serez vigilant, car vous savez que vous n'avez rien à voir avec toutes ces pensées. Et vous ne serez victime d'aucune d'entre-elles.

**VOUS ÊTES LE MAÎTRE, AUSSI VOUS DEVEZ DÉCIDER
QUELLE ATTENTION DONNER AUX PENSÉES QUI
APPARAISSENT.
VOUS SAVEZ QUE SI VOUS PRÊTEZ ATTENTION À CES
PENSÉES INDÉSIRABLES, IL Y AURA SOUFFRANCE.
SI VOUS LES IGNOREZ, PAS DE SOUFFRANCE !**

Si un petit enfant tombe, disons par exemple, une petite fille tombe, et ensuite vous lui prêtez attention. Une fois qu'elle sait qu'elle a votre attention, elle va en faire un drame de sa chute en continuant à pleurer. Si l'enfant est ignorée, elle ne pleurera pas. C'est de la psychologie de base, mais vraie. Par conséquent si vous êtes compatissant envers tout ce qui arrive, il y aura souffrance, mais si vous ignorez ce qui se produit, alors pas de souffrance ! C'est à vous de voir, vous êtes le Maître.

Le moment où la connaissance corporelle est dissoute, est le moment le plus heureux, le moment le plus paisible. Nisargadatta Maharaj a dit : "Je n'étais pas un mendiant. Toute cette souffrance, tout, ce n'était qu'un rêve. Puis après l'éveil, la Réalité était là".

Les questions seront présentes, jusqu'à ce que vous puissiez dire : "Tout est illusion. Il n'y a pas de mental, pas d'ego, pas d'intellect". Tout vient de rien, et est absorbé en rien.

**POUR LE CONNAISSEUR QUI EST RÉALISÉ ET ILLUMINÉ,
CES PENSÉES, SENSATIONS ET HUMEURS
SONT RECONNUES POUR CE QU'ELLES SONT.
NE LEUR PRÊTEZ AUCUNE ATTENTION,
CAR VOUS N'ÊTES PLUS PRÉOCCUPÉ PAR LE CORPS.**

C'est la façon dont vous devez appliquer la Connaissance. Vous vous connaissez dans un sens réel. Maintenant, il vous faut vivre dans la lumière de cette Connaissance.

170. Profitez du secret

Maharaj: Vous n'obtiendrez nulle part ailleurs ce type d'expérience directe, parce qu'ici, personne ne clame son importance, se pavanant fièrement en disant : "Je suis grand". Les Maîtres de la Lignée passent leur grandeur aux autres, la partageant d'une manière tranquille et humble.

De même, je ne prétends pas être un grand Maître, je partage simplement avec vous tout ce que mon Maître a partagé avec moi. Soyez heureux ! Soyez totalement heureux ! Maintenant vous connaissez le secret.
**PROFITEZ DU SECRET DE VOTRE VIE.
QUE VOULEZ-VOUS ?
RIEN !**
Remplissez vos obligations et ne vous empêtrez pas dans les pensées illusoires.
**RESTEZ AVEC LA RÉALITÉ,
VOTRE RÉALITÉ.
VOUS ÊTES LA RÉALITÉ,
VOUS ÊTES LA VÉRITÉ ULTIME.**

Les pensées et les sensations que vous expérimentez ne sont que des sensations corporelles. Ce sont comme des vagues allant et venant. Vous êtes enraciné, ancré, stable. Voyez tout ce qui arrive comme un film. Vous observez les différentes scènes, où parfois vous pleurez, et parfois vous riez. Ce que vous voyez est juste un film, un scénario projeté hors de vous. Vous êtes un magicien !
**CE QUE VOUS VOYEZ,
EST VOTRE PROJECTION.**
Ne jouez pas avec le mental qui demande toujours quelque chose. Le mental est séparé de vous. Vous n'avez rien à voir avec lui.

Les Maîtres dans notre Lignée, comme Siddharameshwar Maharaj, et Nisargadatta Maharaj, étaient tous complètement dévoués à leurs Maîtres. Cette implication de soi, ce type de dévotion active est nécessaire.
**SI VOUS CONTINUEZ À AVOIR UNE FORTE DÉVOTION
EN VOTRE MAÎTRE,
ALORS TOUT APPARAÎTRA DE L'INTÉRIEUR.
ET VOUS VOUS PROSTERNEREZ,
CAR LA CONNAISSANCE COMMENCE À S'ÉCOULER
DE L'INTÉRIEUR DE VOUS.**

Sans que vous en ayez conscience, il se peut que vous commenciez à parler. C'est une sorte d'éveil du Maître Intérieur. Sans le savoir, toute cette Connaissance commencera à s'écouler comme une rivière. Cela se produira spontanément, sans qu'il y ait besoin de quelques pensées délibérées que ce soit.

Si cela vous arrive, alors les gens commenceront à vous prier, et dirons : "Il est un homme-Dieu !" Ce que je dis est un fait, et non de la fiction ! C'est ce qui est arrivé aux grands Maîtres.

SI VOUS AVEZ UNE DÉVOTION TOTALE POUR LE MAÎTRE, SANS COMPROMIS, QUEL SERA L'EFFET ?
LA GRANDEUR DU MAÎTRE SERA REDIRIGÉE VERS VOUS.

Q: C'est comme un transfert de pouvoir ?

Maharaj: Alors, comme votre Maître, vous commencerez à avoir des expériences miraculeuses. Vous ressentirez un profond bonheur, et une paix exceptionnelle. Il n'y aura plus de peur, plus d'attirance, plus de perturbation.

CE SERA COMME UNE SORTE D'IVRESSE,
UN ACCOMPLISSEMENT DU SOI.

Vous vous accomplissez sans aucune connaissance matérielle, objets ou causes. C'est le bonheur du Soi, la paix du Soi. Le bonheur généré par le Soi, la paix générée par le Soi.

LÀ VOUS ÊTES.
VOUS,
SEUL.
IL N'Y A RIEN D'AUTRE.

171. *Restez en compagnie du Soi Sans Soi*

Maharaj: Après l'absorption de la Connaissance, il y aura Conviction Spontanée. Vous êtes déjà Réalisé, mais dû à l'association avec le corps, vous ressentez que vous êtes différent de la Réalité. Il est très important de savoir ça. C'est un obstacle subtil qui peut se trouver sur le chemin.

CETTE SENSATION DOIT SE DISSOUDRE.
PUIS TOUT SERA CLAIR.

Q: Ce que vous dites est vraiment intéressant, Maharaj. Dans une récente méditation, j'ai justement pris conscience de cela. Je regardais pour voir ce qu'il fallait encore laisser, abandonner, cherchant les traces de la connaissance corporelle, et cela est apparu. J'ai réalisé qu'il y avait une sensation autour du concept de la Réalisation, qui était devenue un obstacle, exactement ce que vous venez juste de dire.

Maharaj:
VOUS DEVEZ VOUS ABANDONNER
À VOTRE SOI SANS SOI.

Alors il n'y aura plus aucune différenciation, ou séparation, car vous êtes un Maître, et vous êtes un disciple. Vous êtes Dieu, et vous êtes un dévot.

Tout est en vous. Tout est en vous uniquement. Car comme je vous l'ai dit, sans votre Présence, votre Présence Spontanée, vous ne pouvez pas voir le monde. Comme vous le savez, le monde entier est une projection de votre Présence Spontanée.

VOUS ÊTES PÈRE DE CE MONDE.

En même temps que le corps, tant de concepts sont apparus en vous. Les concepts sont troublants, mais après la connaissance de la Réalité, la force des concepts sera notablement réduite.

VOUS DEVEZ PRENDRE LES CONSEILS DU MAÎTRE.
SUIVEZ CE QUE JE VOUS DIS.
UNE MÉDITATION CONTINUE EST UN IMPÉRATIF
POUR EFFACER TOUTES LES MÉMOIRES.

Q: J'ai lu quelque part qu'il est très bénéfique de rester en compagnie des saints.

Maharaj: Rester en compagnie des saints, (*Santa Sangha*) ou l'association avec des saints, signifie réellement rester en association avec Soi Sans Soi. Il ne s'agit pas des gens saints, d'associations physiques ou basées sur le corps, mais il s'agit d'une association permanente avec votre Soi Sans Soi, sans lequel vous ne pouvez dire, 'je'.

Donc cet entretien a juste pour but la discussion. La Connaissance est supposée être absorbée. Vous avez beaucoup de Connaissance à absorber. En utilisant différents angles, différentes dimensions, nous disons la même chose, martelant la même chose tout le temps : il n'y a rien en dehors de votre Soi Sans Soi.

Donc, ouvrez-vous à la Vérité Finale.

C'EST VOTRE VÉRITÉ, LA VÉRITÉ DE L'AUDITEUR.

Ce n'est pas la vérité de *Brahman*, *Atman*, *Paramatman*, Dieu.

VOUS NE POUVEZ PAS SAVOIR,
IL EST IMPOSSIBLE DE SAVOIR
QUAND LA VÉRITÉ FINALE SERA TOTALEMENT ÉTABLIE.

Les gens se baignent dans les rivières auspicieuses. Du nord au Sud, ils visitent ces lieux sacrés, et font toutes sortes de rituels, et de pratiques d'abnégation. Torturer le corps n'est pas la Vérité Ultime. Il y a tant de guérisseurs guérissant, tant de religions.

TOUTES CES PRATIQUES SONT BASÉES SUR LE CORPS.
IL EST RÉELLEMENT INCROYABLE QUE LES GENS PENSENT
SINCÈREMENT QUE DES CHOSES EXTERNES PEUVENT
LES RENDRE RÉALISÉS.

Tout est à l'intérieur. Vous savez cela maintenant, et en conséquence ne serez plus tenté d'aller ailleurs. Cela ne veut pas dire que vous ne visiterez pas d'autres endroits, simplement, il n'y aura aucune pression, aucune attente

comme : "J'obtiendrai quelque chose en allant là" ou "Je serai illuminé après avoir visité ce lieu".
Q: Rishikesh ?
Maharaj: Ah Rishikesh ! Et tous ces endroits. Cette année la Kumbha Mela sera à Nashik ! En Inde, il y a tant d'endroits auspicieux du nord au sud.

LES GENS VISITENT DES ENDROITS.
MAIS IGNORENT LE VISITEUR.
ILS IGNORENT LE VISITEUR.

Ils ignorent le Visiteur car ils n'ont pas de vision. Le Maître vous donne la vision, les lunettes de la Connaissance, afin que vous voyiez votre Soi Sans Soi, et pas 'les autres'. Pourquoi aller ici et là, quand vous savez que le monde entier est projeté hors de votre Présence Spontanée Invisible ? C'est pourquoi je dis que les enseignements sont faciles à comprendre, mais difficiles à absorber, parce que tout autour il y a l'illusion.

NE TOMBEZ PAS DANS LE PIÈGE
DES ATTRACTIONS MONDAINES
QUI SONT PARTOUT.
SOUVENEZ-VOUS QUE VOUS AVEZ CRÉÉ CES ILLUSIONS.
***MAYA* EST VOTRE BÉBÉ !**

Restez en Compagnie du Soi Sans Soi constamment.

172. *Votre bonheur est mon bonheur*

Q: Je réalise que je ne peux rien faire sans Soi Sans Soi. J'essaye de m'enfoncer dans cette Connaissance qui m'est venue intuitivement. Soi Sans Soi est la seule chose importante. Le mental ne fait que fabriquer des histoires tout le temps, quand je suis éveillé et quand je rêve. Je regarde tout ceci, étant témoin de tout depuis un niveau profond. La Connaissance et la compréhension s'approfondissent, mais à certains moments je suis de retour dans le corps, donc cela prend du temps. Avons-nous besoin de la grâce pour que la Conviction Spontanée arrive ?
Maharaj: Non, c'est un ressenti spontané, comme être un homme ou une femme.
Q: Tout ce que vous disiez qu'il arriverait, arrive maintenant, Maharaj.
Maharaj: Rien n'arrive !
Q: Malgré tout, comment puis-je rendre la Conviction réellement ferme, afin qu'elle soit présente tout le temps ?
Maharaj: Cela se produira à travers le processus de méditation, le *Naam mantra*, les chants dévotionnels, etc. L'Esprit l'acceptera spontanément.

LA RACINE DU POUVOIR SURNATUREL EST EN VOUS.

Q: Bien que la compréhension soit très profonde, une partie de moi demande encore : "Où est Dieu ?"

Maharaj: Rappelez-vous ce que je vous ai dit ! Le nom 'Dieu' est donné au pouvoir surnaturel, mais pour dire 'Dieu', votre Présence doit être là en premier.

Q: La plupart du temps, je ne ressens aucune forme, juste la vacuité. Mais quand je retourne au travail, je reviens dans la forme. Je deviens un peu impatient parfois. Cela prendra-t-il très longtemps pour atteindre la Conviction Spontanée, Maharaj ?

Maharaj: Non ! c'est instantané. Au moment où vous réalisez, alors c'est la Conviction Spontanée. Je suis heureux que vous ayez une bonne fondation.

Q: La bénédiction du Guru est toujours là ! J'ai eu une très profonde compréhension, Maharaj, lors de l'anniversaire de Siddharameschwar Maharaj. J'ai su alors que la grâce est toujours disponible. Le Guru, le Maître, est toujours avec vous, si vous avez les yeux pour voir. C'est si beau de comprendre que tout est Un. J'avais appris à prier, et a honorer un Dieu extérieur à moi. Maintenant j'ai atteint la conclusion : "Qui honore qui ?" En prière, je ne demande rien car qui demande à qui ? Tout ce que je fais est dévotion, adoration, seulement ceci. Je remercie juste, prière, adoration. Je ne demande jamais !

Maharaj: La signification du processus de dévotion, de méditation et de Connaissance, est très importante.

CAR VOUS RAFRAÎCHISSEZ CONSTAMMENT VOTRE RÉALITÉ, ET RESTEZ VIGILANT.

Q: La méditation est réellement importante car elle me mène de plus en plus près.

Maharaj: La méditation nettoie tous les concepts illusoires.

AVEC LA MÉDITATION, VOUS DEVEZ ACCUEILLIR LA PEUR DE LA MORT, ET SES VIBRATIONS CONNEXES.

Q: Je vois maintenant que tout fait juste partie des cinq éléments, aussi j'essaie de ne pas prêter attention à ce qui est autour de moi. Je ne donne pas d'importance à quoi qu'il soit vu. Cette façon de s'accrocher aux choses s'en va graduellement.

Maharaj: Bien ! Très bien ! Car toutes ces choses n'étaient pas là avant d'être.

Q: Il y a des problèmes dans le monde, comme les relations familiales, le travail, ce genre de choses. Mais ensuite je me dis, si je ne remplis pas mes obligations, les autres n'en bénéficieront pas.

Maharaj: Vous pouvez remplir vos obligations. C'est séparé de la spiritualité. C'est un rêve !

**LA VIE EST UN LONG RÊVE.
SOYEZ NORMAL !**
Q: Merci Maharaj ! J'ai tant de gratitude pour tout ce que vous m'avez enseigné. Je ne pense pas avoir jamais eu le bonheur et la joie que j'expérimente maintenant.
Maharaj: Votre bonheur est mon bonheur !

173. Désir intense

Q: En utilisant constamment la discrimination, je suis devenu de plus en plus détaché, impassible. Comment savez-vous quand vous approchez, je ne veux pas dire "vous", mais comment savez-vous que la Réalisation du Soi est imminente ?
Maharaj: Après une pratique constante, en récitant le Mantra, en utilisant la discrimination, alors les attirances et les tentations s'amoindrissent automatiquement, car vous savez. Vous savez ce qu'il en est. Et parce que vous savez, la logique veut que vous ne retourniez pas dans l'illusion. Ensuite, c'est une question de continuité de la vigilance, du détachement, de la concentration, et de la stabilité.
Q: Oui, mais y a-t-il des signes ?
Maharaj: Vous pouvez vous examiner pour voir quelles qualités sont présentes en vous. Cela vous donnera une idée. La science spirituelle liste six qualités ou vertus. Vous pouvez les parcourir et mettre une coche ou une croix. Mais ne prêtez pas trop d'attention à ça. En bref : tranquillité en tout temps, suivi par, pas de tentation. Vivre paisiblement car les désirs sont partis. Endurance, afin qu'il n'y ait pas d'instabilité. Dévotion et foi dans le Guru et en vous-même. Et finalement, indifférence totale au monde. Vous pouvez mesurer votre progrès avec ces six qualités, si vous souhaitez.
**CE QUI EST PLUS IMPORTANT QUE CELA,
EST D'ÊTRE CONDUIT PAR UN DÉSIR :
LE FEU QUI BRÛLE CONSTAMMENT EN VOUS.
UN DÉSIR INTENSE,
D'ALLER DE PLUS EN PLUS PROFONDÉMENT,
D'ÊTRE DE PLUS EN PLUS PROCHE
DU SOI SANS SOI.**
Abandonnez-vous complètement et sans aucune réserve. C'est la meilleure, et la plus haute sorte de dévotion. Offrez votre ego inconditionnellement, totalement. Avec cet abandon complet, il n'y aura pas

de tentations, pas d'attirances mondaines, pas d'amour et pas d'affection relative au corps. Tout sera Spontané. Soyez Illuminé !

174. Je ne sais rien

Q: La compréhension s'est encore approfondie cette semaine. Je n'existe pas. Réellement, je n'existe pas. Je comprends aussi qu'il n'y a rien à saisir, rien à comprendre car je ne sais rien. Il n'y a rien à savoir, rien à prendre, juste le vide, juste le vide. Et la beauté de cela, est que la graine a déjà été plantée et pousse par elle-même. Personne ne fait rien.
Maharaj: Elle pousse spontanément.
Q: Les réponses viennent d'elles-mêmes maintenant. L'analogie avec le ciel que vous utilisez a approfondi la compréhension. Le ciel ne sait pas ce qu'il est. Le ciel n'est même pas conscient de lui-même, donc de même, il n'y a pas de 'vous', pas de 'je', rien de quoi être conscient, juste le vide.

Ma gratitude à tous les Maîtres pour la compréhension ! J'ai mis tant d'années à comprendre, mais maintenant elle a vraiment pris racine. Ce que je comprends maintenant, je crois que c'est comme avant ma conception. Rien n'était là. C'est la même chose qui se passe même maintenant. Et cette réponse vient. Je n'ai plus aucune tension, plus aucun désir conscient. C'est juste comme c'est. C'est comme c'est.
Maharaj: Car votre Existence Spontanée est au-delà de tout.
Q: Oui, la Présence est toujours là. Avant, il y avait seulement les livres et à travers eux, je gagnais la compréhension intellectuelle. Mais maintenant, je sais que ce n'est pas intellectuel, mais plus profond.

L'autre chose que j'ai trouvée utile était ce que vous disiez au sujet du poison. C'est devenu très vivant pour moi. Quand le poison se répand dans le corps, il n'y a pas besoin de demander ce qu'il va faire. Vous savez et acceptez que le poison va faire son œuvre. Donc je l'ai pris très sérieusement et cela m'a mené à la compréhension que le nectar, la Connaissance, est en train d'être absorbée. Aussi il n'y a pas vraiment besoin d'une quelconque compréhension, car il n'y a rien à quoi s'accrocher ou à saisir.
Maharaj: C'est une Conviction exceptionnelle. La compréhension est une chose, la Conviction est quelque chose d'autre. La Conviction Spontanée est autre chose : " Je n'ai rien à voir avec ce monde." C'est juste comme je vous l'ai dit :

**LA CONNAISSANCE SPIRITUELLE EST AUSSI
LA GRANDE ILLUSION.
ELLE N'EST LÀ QUE POUR ÉLIMINER**

LA PREMIÈRE ILLUSION.
Quand nous lisons des livres, nous ajoutons de l'ego.

Q: Je pense que nous en avons besoin au début, autrement nous n'avons pas idée.

Maharaj: Bien sûr ! C'est juste comme l'épine, et ensuite les deux épines sont jetées.

APRES LA CONVICTION, VOUS N'AVEZ PLUS BESOIN DE LA CONNAISSANCE. LA CONNAISSANCE EST AUSSI ILLUSION.

Q: Le Maître est réellement à l'intérieur, donc toutes les méthodes sont du gâchis parce qu'elles sont tournées vers l'extérieur. Le Maître est au-dedans, vous donnant toutes les réponses.

Maharaj: C'est juste. C'est appelé "la dévotion du Soi Sans Soi" où il y a une conversation s'écoulant, les questions et les réponses s'écoulent. C'est une discussion fluide ! C'est la dévotion du Soi Sans Soi.

LES PENSÉES SPIRITUELLES NE SONT PAS DES PENSÉES DU TOUT.
C'EST LA RÉALITÉ, LE FLOT DE LA RÉALITÉ SPIRITUELLE.

Le flot se produit au dedans, et alors à travers cette Réalité, toutes les questions sont dissoutes.

Q: Les questions se dissolvent car la compréhension s'approfondit, et les réponses viennent de l'intérieur.

Maharaj: Je suis très heureux de votre progrès.

Q: Aussi, le problème de blâmer les autres ne peut plus survenir. Comment pouvez-vous blâmer quiconque, quand vous savez que cela vient de vous ? Tout provient de vous. Donc il n'y a personne à blâmer et personne pour quoi que ce soit. Seulement Soi Sans Soi. Je ne pense pas avoir de questions. Peut-être qu'elles viendront, je ne sais pas.

Maharaj: Une période sans questions est nécessaire, parce qu'après la Conviction vous n'avez plus à suivre une quelconque éducation spirituelle.

Q: Mais la méditation est nécessaire car elle approfondit la compréhension.

Maharaj: Car la méditation invite l'attention du Méditant Invisible sur le fait que "vous êtes la Vérité Ultime".

Q: C'est la seule chose qui doit être faite, méditer, et aller plus profondément dans la Vérité. Il y a tant de bonheur après avoir lutté avec cela pendant des décennies.

Je reconnais que le Maître Intérieur était avec moi à chaque pas sur le chemin. Des gens m'ont donné des livres, des discussions, et puis finalement, je vous ai trouvé sur internet, et ai été mis en contact avec vous.

Maharaj: Vous avez une très bonne base, fondation, car il en a résulté la Conviction. Vous ne devez rien faire d'autre maintenant.

VOUS NE DEVEZ PAS ALLER AILLEURS.

Nisargadatta Maharaj disait :

MAINTENANT VOUS DEVEZ MÂCHER
LE CHOCOLAT DE LA PRÉSENCE.

Q: Je pense que l'approfondissement doit gagner en maturité. Dans les courts moments où j'ai parlé avec vous, les enseignements se sont mis en place dans mon cas. Plus nous parlons, le plus proche j'arrive au cœur de la spiritualité. Je n'ai plus besoin de livres.

Maharaj: Je suis très heureux quand je sais qu'un disciple ou qu'un dévot a une pleine Conviction, une claire Conviction, une complète Conviction. Quand on atteint ce stade, l'individualité est partie, et vous ne parlerez plus de la Présence. Vous ne vous référerez jamais à la Présence et il n'y aura pas d'expérience de la Présence.

LA PRÉSENCE EST AUSSI DISSOUTE
À LA DERNIÈRE ÉTAPE.

Q: Et devient Omniprésence ?
Maharaj: Oui, mais vous en êtes inconscient.
Q: Merci, Maharaj. Je vous suis reconnaissant pour le temps passé. Je suis sûr que vous avez nombre de gens à qui parler.
Maharaj: Avec plaisir ! J'aime les dévots sérieux. Je n'attends rien d'eux, mais si un seul a la Conviction, alors c'est mon capital, mon plaisir.

175. En feu de contentement

Q: Maharaj, j'ai médité pendant des années, mais c'est seulement depuis que j'écoute les enseignements et que j'ai pris le *Naam Mantra* que je semble être gonflé à bloc. Il y a tant de choses qui se produisent que c'en est vraiment remarquable. C'est difficile à décrire, excepté dire que le ressenti global est celui de la vacuité. Et avec la vacuité, il y a un grand bonheur. Et ce que je décris ne fait pas de va et vient, c'est constant ! Certaines nuits, je ne peux pas dormir car je suis en feu de contentement, allongé éveillé, avec un énorme sourire sur mon visage, en paix et béat !
Maharaj: Très bien ! C'est la fragrance venant du Soi Sans Soi.
Q: Aussi, il y a l'impression que quelque chose de très sacré est abordé. Je me sens tellement ému que parfois des larmes commencent à couler. Ma seule réponse est de me prosterner. C'est tout ce que je peux faire. J'ai tant de gratitude pour vous, Maharaj, pour tout. Il y a beaucoup de visions des Maîtres, et hier, j'ai entendu une voix disant : "Vous êtes Soi Sans Soi". C'était accompagné d'une lumière rose. Le message et la lumière rosée semblaient venir à la fois de l'intérieur et de l'extérieur. Mais je sais qu'il n'y a ni intérieur ni extérieur. Aussi, je me suis juste prosterné. C'était si clair et substantiel que

j'étais réellement encouragé. Je vais de plus en plus profondément, et m'approche de plus en plus. J'ai pleine confiance que "c'est" réalisable.
Maharaj: C'est votre Maître Intérieur. C'est exceptionnel ! C'est la Vérité Ultime ! Et si rapidement ! C'est par la grâce de mon Maître Nisargadatta Maharaj. Je suis très heureux de votre forte implication, de votre profonde implication. Continuez ! Allez-y ! Allez-y ! Les bénédictions de mon Maître sont toujours avec vous !

Au moment où la connaissance corporelle se dissout, vous ne verrez rien. C'est une sorte d'enivrement spirituel : "Ah! Donc, c'est tout cela !" [Maharaj remue les mains comme s'il était en transe.] Faites votre travail, et en même temps, buvez la connaissance spirituelle, le nectar.
Q: J'ai un réel désir de rendre grâce (*puja*). Mais quelle est la meilleure façon ? Je ne veux pas laisser tomber cela, c'est une si belle chose à faire.
Maharaj: *Puja* signifie de toujours rester en contact avec votre Soi Sans Soi. Vous êtes supposé toujours rester en contact avec votre Soi Sans Soi. C'est rendre grâce.

VOUS ÊTES L'ADORATION.
VOUS ÊTES L'ADORATEUR.
VOUS ÊTES L'ADORÉ.

Vous êtes tout ! Vous êtes le Maître, et vous êtes le disciple. Vous êtes Dieu, et vous êtes le dévot.
Q: Pourquoi faisons-nous les *bhajans* ?
Maharaj: Vous alertez votre Soi Sans Soi à cause des forces extérieures environnantes qui sont là pour vous distraire de la Réalité. L'Esprit aime les *bhajans* et la prière.

Spiritualité mise à part, si quelqu'un vous apprécie et vous complimente, cela vous rend heureux. De même, l'Esprit retire un grand bonheur de l'écoute des *bhajans*.

QUAND VOUS FAITES PLAISIR À VOTRE SOI SANS SOI,
VOUS RENDEZ HOMMAGE À VOTRE SOI SANS SOI.

Vous donnez de l'importance à votre Soi Sans Soi, non pas à un Dieu extérieur. Si quelqu'un vous rend hommage, vous vous sentez heureux et plein d'énergie. C'est pareil avec l'Esprit, lorsque vous chantez. Le Seigneur Krishna a dit : "Je réside dans le cœur des dévots". Prier donne du bonheur à l'Esprit. Quand les *bhajans* touchent l'esprit sensible, c'est le Dieu interne qui est loué. Et alors vous avez envie de danser. Vous êtes heureux et paisible.

En même temps, vous alertez votre Soi Sans Soi, avec pour résultat que les forces extérieures ne seront pas capables de vous attaquer, ou de vous distraire de la Réalité.
Q: Je n'écoute qu'un ou deux *bhajans* par jour et ça me rend très heureux. Je trouve qu'il est vraiment facile de se rappeler à soi de cette manière. Si je ne le fais pas, je peux facilement retomber dans de mauvaises habitudes. Il y a

toujours beaucoup de pression venant du monde extérieur, et les *bhajans* aident vraiment. Se rappeler de vous, Maharaj, m'aide aussi beaucoup. Et je sais que tout est à l'intérieur, je dois juste savoir l'utiliser de manière appropriée. La Conviction est vraiment, vraiment forte. Je sais.
Maharaj: Je vois mon bonheur dans votre bonheur.
Q: Il semble que vous souriez tout le temps sur l'écran. Juste un grand sourire. C'est fantastique, merci beaucoup. Peut-être vais-je apprendre un peu de Marathi pour en obtenir même davantage !
Maharaj: Le langage vient après. Allez de plus en plus profond en votre Soi Sans Soi et vous ne trouverez rien, car tout est sorti de Rien.
Q: Je ne sais pas comment tout cela vient, mais c'est grandiose !
Maharaj: Cette grandeur est en vous. Le Maître n'a rien fait du tout. Il vous a guidé vers vous-même afin que vous puissiez voir tout ce qui est en vous, la Réalité. Il a enlevé les cendres, dissipé l'illusion, et vous a donné la lumière avec laquelle voir.

**VOTRE PRÉSENCE SPONTANÉE
EST SILENCIEUSE,
INVISIBLE,
ANONYME,
IDENTITÉ NON-IDENTIFIÉE.**

Le processus de l'illusion à la Réalité est, pour ainsi dire, terminé. Il n'y avait pas de processus. Il n'y avait pas de commencement, et pas de fin.
LA CONNAISSANCE TOTALE EST ABSORBÉE DANS L'UNITÉ.

176. Le mental est parti

Q: Quand certaines personnes deviennent illuminées, elles choisissent de ne pas parler ou enseigner.
Maharaj: Cela dépend s'il y a un flot spontané de Connaissance. Certaines personnes sont réalisées, mais elles ne divulguent pas la Réalité. Tout le monde n'est pas un enseignant. Il y a sans doute très peu d'enseignants, très peu qui abondent avec la Connaissance. De même, beaucoup de gens ont la connaissance spirituelle, mais cette connaissance doit être absorbée. La réalisation intellectuelle n'est pas la réalisation. Ce devrait être la Réalisation Spontanée de l'intérieur, afin que vous viviez cette vie sans aucune identité.

Il n'y a pas de monde, et pas de mots pour le Réalisé. Vous êtes complètement absorbé en vous-même. Quand vous parlez, vous parlez comme si vous partagiez des éléments biographique, car vous connaissez la Réalité aussi bien, aussi complètement que vous connaissez l'histoire de votre propre vie. La Connaissance afflue spontanément et avec facilité, sans effort délibéré, imagination, ou inférence.

LE FLOT EST SPONTANÉ.

Nisargadatta Maharaj disait : "Si quelqu'un pose une question, je lui répondrais spontanément, comme si je parlais à propos de ma propre vie." Vous pouvez raconter l'histoire de votre vie car vous en connaissez les détails mieux que quiconque. De même,

SI VOUS VIVEZ LA VIE D'UN RÉALISÉ,
VOTRE CONNAISSANCE EST DE PREMIÈRE MAIN,
CONNAISSANCE SPONTANÉE.

Ce n'est pas une une connaissance littérale ou livresque. La Connaissance du Maître est absorbée en Soi Sans Soi. Il n'y a pas de séparation, c'est comme si vous parliez au sujet de votre Soi Sans Soi.

Votre nom est James, et depuis l'enfance, vous avez vécu votre vie en tant que James. Vous connaissez votre vie à l'envers. De même, ceux qui sont Réalisés, ces gens saints, parlent spontanément, avec fluidité. Il n'y a pas trace de mental restant, pas d'intellect. La Connaissance s'écoule d'eux, et ils sont en mesure de parler avec aisance. Pour certains, c'est ce qui se produit.

Par la grâce de mon Maître, quelque pouvoir m'a été donné, quelque pouvoir spirituel, ce pourquoi je suis capable de parler avec vous.

VOUS ME VOYEZ PARLER À TRAVERS
CET INSTRUMENT DU CORPS,
MAIS C'EST MON MAÎTRE, QUI, EN FAIT,
PARLE À TRAVERS MOI.

Ce n'est pas difficile. Quoi que vous entendiez, est déjà en vous. L'Esprit des grands saints est le même Esprit qui est en vous, en chacun. Vous ignoriez votre Présence Spontanée à cause des effets corporels. Vous avez été habitué à donner de l'importance à ce qui est vu, à présent vous demeurez avec le Voyant.

Vous aviez une adresse pour venir à cet ashram. Une fois arrivé ici, vous n'avez plus eu besoin de cette adresse. De même, je vous donne une adresse sous la forme de la méditation et de la Connaissance.

SI VOUS SUIVEZ LES DIRECTIONS DONNÉES
DANS CETTE ADRESSE,
CELA VOUS MÈNERA PROFONDÉMENT
EN VOTRE SOI SANS SOI.

Après la Conviction, jetez l'adresse. Gardez votre dévotion forte.

C'EST UNE OPPORTUNITÉ EN OR,
UN MOMENT TRÈS IMPORTANT.
APRÈS AVOIR QUITTÉ LE CORPS,
CETTE OPPORTUNITÉ SERA PASSÉE.

Après la Conviction Spontanée, comment allez-vous vivre ? Qu'êtes-vous supposé faire ? Toutes vos actions seront des actions spontanées. Tout votre comportement sera un comportement spontané, sans l'intellect, de sorte que vous pourrez continuer normalement, sans négliger votre vie familiale ou votre vie de tous les jours.

IL Y A LA CONVICTION SPONTANÉE, MÊME DANS LE SOMMEIL PROFOND.

Nous avons tous de l'amour et de l'affection pour le corps. Nous disons : "Je ne suis pas le corps", mais il y a toujours de subtils concepts de soi aux alentours.

CHAQUE PETITE CHOSE SANS EXCEPTION SERA EFFACÉE AVEC LA MÉDITATION.
LE BALAI SPIRITUEL ÉLIMINE TOUT,

toute bactérie, les bactéries subtiles, les bactéries ultra-résistantes. Parfois, même l'eau bouillante ne peut tuer la bactérie, ni les antibiotiques. Les bactéries sous forme de concepts doivent être anéanties en permanence avec la méditation.

LE MANTRA VOUS GUÉRIRA.
VOUS DEVEZ UTILISER LE MANTRA TOUT LE TEMPS.

Vous pouvez le réciter tout le temps.

Plus tard cela se produira spontanément, sans que vous ayez connaissance du récitant ou de la récitation.

À VOTRE INSU,
LE RÉCITANT INVISIBLE RÉCITE LE MANTRA.

Lentement, silencieusement, en permanence, vous êtes mené à la Conviction par le Mantra.

LENTEMENT, SILENCIEUSEMENT, EN PERMANENCE,
LA RÉALITÉ EST IMPRIMÉE SUR VOUS
À TRAVERS LE MANTRA.

Tout a un but, comme vous savez. Le but du Mantra est d'inviter l'attention du Méditant :

VOUS ÊTES LA VÉRITÉ ULTIME.

La Réalité est imprimée en vous. Qu'est-ce que la Réalité ?

JE NE SUIS PAS LE CORPS,
JE N'ÉTAIS PAS LE CORPS,
JE NE RESTERAI PAS LE CORPS.

Continuez à avancer, continuez à aller plus profondément :

LA CONNAISSANCE SPONTANÉE
COMMENCERA À S'ÉCOULER.

177. Votre histoire: La plus grande histoire jamais contée

Maharaj:
**VOTRE HISTOIRE A ÉTÉ CONTÉE.
C'EST LA PLUS GRANDE HISTOIRE JAMAIS CONTÉE.
CAR TOUT EST EN VOUS.**
Il n'y a rien excepté vous. Soyez calme et tranquille. Soyez heureux !
Appréciez la paix exceptionnelle, le silence exceptionnel.
**RESTEZ COMME VOUS ÉTIEZ AVANT D'ÊTRE.
RESTEZ AVEC "JE NE SAIS PAS".**
Souvenez-vous que pas de connaissance est connaissance.
PAS DE CONNAISSANCE EST CONNAISSANCE !
Bénissez-vous vous-même et soyez enivré par le nectar du Soi Sans Soi. Prenez plaisir !

Q: Je sens à certains égards, que mon autobiographie est terminée, et que ma 'spiritographie' vient juste de commencer ! Le voile se lève, et la pureté dépouillée du Soi Sans Soi resplendit. Il y a un massif sentiment de gratitude. Vous n'avez pas simplement parlé de la Réalité, mais l'avez montrée en 'moi'.

Maharaj: C'est par la grâce de mon Maître, Nisargadatta Maharaj. Je ne suis rien, juste un squelette, une marionnette.

Au début, le Maître disait : "Vous êtes déjà Réalisé. Il n'y a pas de différence entre vous et moi, excepté que je sais que je ne suis pas le corps, alors que vous ne le savez pas. Vous avez juste oublié votre Identité". Puis j'ai narré votre histoire, "l'Histoire de l'Auditeur" qui vous a réveillé.
**L'ESPRIT VIT SON PROPRE REFLET DANS LE MAÎTRE,
RECONNUT SON HISTOIRE,
ET RÉPONDIT.
IL SE MIT À DANSER DE NOUVEAU !**
Je vous ai montré votre Réalité Ultime, Vérité Finale. Maintenant vous CONNAISSEZ votre Identité.
**CONTINUEZ LA PRATIQUE ET LA DÉVOTION.
SOUVENEZ-VOUS QUE LA DÉVOTION
EST LA PERFECTION DE LA CONNAISSANCE DU SOI.**
Partez maintenant, laissez votre mental, ego, intellect derrière.
**CONTINUEZ D'ABSORBER.
SOYEZ TRANQUILLE ET HEUREUX.**
La phrase suivante contient l'essentiel de tous les enseignements. Gardez-la proche :

*À l'exception de votre
Soi Sans Soi
Il n'y a
Pas de Dieu,
Pas de Brahman,
Pas d'Atman,
Pas de Paramatman,
Pas de Maître.*

~~~~~

Hommage à Shri Nisargadatta Maharaj,

Shri Ramakant Maharaj,

et à tous les Maîtres de la Lignée.

Nous nous prosternons devant Soi Sans Soi.

Jai Sadguru!

GLOSSAIRE

Arati / Aarti - Un rituel où la lumière est offerte aux Déités.
Atman - Le Soi Suprême.
Atma Nivedanam Bhakti - La plus haute Dévotion, l'Abandon de soi.
Atma Prakash - La lumière de l'Esprit.
Bhajan - chant dévotionnel.
Bhakti - La dévotion.
Brahman – L'Absolu, la Réalité Ultime
Brahma - Le Dieu créateur de la trinité Hindou avec *Vishnu* et *Shiva*.
Brahmin - Prêtre.
Buddhi - La capacité d'intelligence liée à la réflexion et la discrimination.
Darshan - Vision(s) du Divin. (bénédiction)
Dattatreya - Le Guru Primordial des Neuf Maîtres (Adi-Guru of the Nath Masters). Considéré comme l'incarnation de la Divine Trinité de *Brahma*, *Vishnu* et *Shiva*.
Dharma – La loi naturelle. (voie)
Gunas - Les attributs, les qualités. Les trois *gunas*: *Rajas*, *Sattva*, *Tamas*.
Jiva - L'âme individuelle
Jnana - La Connaissance.
Jnani - Le Connaissant.
Karma - Action, cause et effet.
Krore - Dix millions.
Lakh - Cent mille.
Mahasamadhi - La Grande Fusion, le *samadhi* final. Le but Ultime du chercheur spirituel.
Mahatma - Grande Âme.
Maya - L'illusion.
Moksha / Mukti - La libération, l'émancipation.
Murti - Image ou idole symbolisant la Déité.
Naam Mantra - Le Mantra utilisé dans la Lignée Inchegiri Sampradaya.
Namaskaram - Une forme de salutation respectueuse : Se prosterner devant le Divin en quelqu'un.
Neti-neti - Méthode d'investigation 'Ni ceci ni cela'.
Nirguna - L'Inconditionné, sans attribut.
Om / Aum - Le Son Primordial. A pour *Brahma*, U pour *Shiva* et M pour *Vishnu*: la Trinité Hindou.
Parabrahman - La Réalité Suprême.
Paramatman - La Réalité Suprême.

Parampara - Succession des Maîtres, Lignée spirituelle.
Paramartha / Parmartha - Vie spirituelle. Sublime Vérité.
Prarabdha - Destinée, les effets enregistrés des actions passées.
Puja - Culte, adoration.
Rajas - Excitable, activité, agitation, égoïsme. Un des trois *gunas*.
Sadhana - Pratique spirituelle.
Satsang - Rencontre dans la Vérité.
Sattva - Illuminé, pure. Un des trois *gunas*.
Sadguru - Le Plus Grand des *Gurus* spirituels. Le Vrai *Guru*.
Sadhu - Ascète.
Sampradaya - La Tradition, succession de Maîtres, Lignée de Sagesse.
Samadhi - L'Unité avec le Soi. Absorption extatique.
Sannyasin - Le Renonçant.
Shanti - La Paix.
Shiva - Le Destructeur - Aussi connu comme *Mahadeva*, le Grand Dieu. Au niveau Ultime, *Shiva* est regardé comme sans limite, sans forme. Un des Dieux de la Trinité Indou avec *Vishnu* et *Brahma*.
Tamas - Contrainte - Obscurité, inertie, passivité. Un des trois *gunas*.
Upasana - S'asseoir près de, adorer.
Vishnu - Le Préservateur. Un des Dieux de la Trinité Hindou, avec *Brahma* et *Shiva*.
Vairagya - Détachement, absence de désir mondain.
Viveka - Discrimination.
Yama - Dieu de la mort.
Yoga - Union - Pratique pour atteindre l'Unité.
Yogi - Celui qui pratique le *yoga*.

Au sujet de l'éditrice

Ann Shaw fut fascinée par les questions ultimes de "Qui suis-je ?" "D'où suis-je venue ?" d'aussi loin qu'elle puisse se souvenir. Elle passa de longs moments dans la solitude et la réflexion, cherchant des réponses. Elle pratiqua la méditation, l'investigation du Soi, la contemplation et participa aussi à de nombreuses retraites en solitaire.

Trouver le sens de la vie devint le sujet le plus important. Poussée par une détermination ardente et en poursuite effrénée de réponses, Ann s'immergea dans une vaste variété de littérature spirituelle, d'orient comme d'occident. Cela incluait les mystiques, enseignants et maîtres de diverses traditions, incluant Ramana Maharshi, Paramahansa Yogananda, Joel Goldsmith, le Bouddhisme, le Taoisme, Rumi et le Soufisme, etc.

Son intérêt et sa passion la mena à l'étude académique de sujets chers à son cœur, tels que la psychologie, la théologie, le mysticisme, les religions comparées, etc. Ann fut diplômée de l'Edinburgh University's School of Divinity avec un Master of Arts en 1980.

Armée de savoir intellectuel et gratifiée de nombreuses expériences mystiques/spirituelles, la recherche continua de plus belle. Le voyage avait ses hauts et ses bas – avec de longues périodes "dans le désert", jusqu'à ce qu'enfin, plus loin sur la route illusoire, ce qu'elle était en train de chercher, la trouve !

Les enseignements de Shri Nisargadatta Maharaj et de son Maître, Shri Siddharameshwar Maharaj, libérèrent Ann du "Je" illusoire, menant par là-même sa recherche à sa fin. En 2013-2014, Elle passa presque six mois à Nashik, en Inde, avec son mari, en la présence du successeur de Nisargadatta, Shri Ramakant Maharaj, absorbant les enseignements et se soumettant aux différentes pratiques, simples, néanmoins puissantes. Elle avait atteint sa destination ! Ils restèrent en contact proche avec Maharaj avec les années, tandis qu'ils continuaient à répandre les enseignements autour du globe, permettant aux chercheurs d'aller voir Maharaj à Nashik.

De façon propice, Ann retourna à Nashik pour quelques mois de plus en 2018, afin d'être avec son Maître. Shri Ramakant Maharaj atteint le Mahasamadhi le 31 Août.

Ann est l'éditrice de *Soi Sans Soi*, (considéré depuis comme un classique spirituel), concernant les enseignements de Shri Ramakant Maharaj, qui fut publié en 2015, et a depuis été publié en plus de dix langues. Elle édita aussi le livre de Maharaj, S*oyez Avec Vous*, (2016) et *Vérité Ultime*[4], (2018).

Son livre *Intemporelles Années avec Shri Ramakant Maharaj*[5] *2012 – 2022 par Ann & Charles Shaw* fut publié le 1er mars 2022. C'est une fascinante histoire de leur temps en Inde passé avec leur Maître et offre un aperçu unique et profond de la vie de Maharaj et de la relation Guru-disciple ou Enseignant-étudiant.

Qui Suis-Je ?[6] Publié le 11 avril 2022, offre des réponses à quiconque cherchant une plus grande compréhension de qui nous sommes et pourquoi nous sommes ici. Non seulement cela, cette sagesse vibratoire, inspirante, permet une véritable expérience du Soi. Ce livre d'auto-assistance contient des directives et des techniques sur comment se connaître, mettre fin à la souffrance et trouver une paix et un bonheur durables. *Qui Suis-je ?* Est une lecture rafraîchissante qui franchit toutes les barrières. Sans être limité par un système de croyance, de philosophie, de religion, de spiritualité, ou de genre, il nous parle à tous.

Aussi bien que de continuer à écrire des livres, elle enseigne aussi la méditation du Naam Mantra, telle qu'elle fut instruite pour le faire, par Shri Ramakant Maharaj.

~~~~~

---

[4]*Ultimate Truth.*

[5]*Timeless Years With Shri Ramakant Maharaj.*

[6]*Who Am I?*

www.ingramcontent.com/pod-product-compliance
Lightning Source LLC
Chambersburg PA
CBHW072142070526
44585CB00015B/989